UTB **2497**

Eine Arbeitsgemeinschaft der Verlage

Beltz Verlag Weinheim und Basel
Böhlau Verlag Köln · Weimar · Wien
Wilhelm Fink Verlag München
A. Francke Verlag Tübingen und Basel
Haupt Verlag Bern · Stuttgart · Wien
Lucius & Lucius Verlagsgesellschaft Stuttgart
Mohr Siebeck Tübingen
C. F. Müller Verlag Heidelberg
Ernst Reinhardt Verlag München und Basel
Ferdinand Schöningh Verlag Paderborn · München · Wien · Zürich
Eugen Ulmer Verlag Stuttgart
UVK Verlagsgesellschaft Konstanz
Vandenhoeck & Ruprecht Göttingen
Verlag Recht und Wirtschaft Heidelberg
VS Verlag für Sozialwissenschaften Wiesbaden
WUV Facultas Wien

Handbuch der Geschichte Europas
herausgegeben von Peter Blickle

Band 1 Wolfgang Schuller
Das Erste Europa, 1000 v. Chr.–500 n. Chr.

Band 2 Hans-Werner Goetz
Europa im frühen Mittelalter, 500–1050

Band 3 Michael Borgolte
Europa entdeckt seine Vielfalt, 1050–1250

Band 4 Michael North
Europa expandiert, 1250–1500

Band 5 Günter Vogler
Europas Aufbruch in die Neuzeit, 1500–1650

Band 6 Heinz Duchhardt
Europa am Vorabend der Moderne, 1650–1800

Band 7 Wolfgang von Hippel
Europa zwischen Reform und Revolution, 1800–1850

Band 8 Jörg Fisch
Europa zwischen Wachstum und Gleichheit, 1850–1914

Band 9 Walther L. Bernecker
Europa zwischen den Weltkriegen, 1914–1945

Band 10 Rainer Hudemann
Europa auf dem Weg zur Union, 1945–1990

Handbuch der Geschichte Europas – Band 1

Wolfgang Schuller

Das Erste Europa
1000 v.Chr. – 500 n.Chr.

18 Karten

Verlag Eugen Ulmer Stuttgart

Prof. Dr. Wolfgang Schuller, geb. 1935, ist emeritierter Ordinarius für Alte Geschichte an der Universität Konstanz. Nach einer juristischen Ausbildung studierte er Altertumswissenschaften und wurde 1972 Ordentlicher Professor für Alte Geschichte an der Pädagogischen Hochschule Berlin, 1976 an der Universität Konstanz. Neben zeitgeschichtlichen Forschungen, insbesondere zur DDR-Geschichte, sind seine Forschungsschwerpunkte die griechische Geschichte, die antike Frauengeschichte und die spätantike Bürokratie. Seine wichtigsten Buchveröffentlichungen sind „Geschichte und Struktur des politischen Strafrechts der DDR bis 1968", 1980, „Griechische Geschichte", 5. Aufl. 2002 (neugriechische Übersetzung 2. Auflage 2001), „Einführung in die Geschichte des Altertums", 1994 (polnische Übersetzung 1997), „Frauen in Griechenland und Rom", 1995; die griechische und römische Geschichte in Band 2 der „Brockhaus Weltgeschichte" 1997 (2002 und 2003 in zwei Teilbänden neu aufgelegt).

Titelfoto:
„Die Philosophie: Die Schule des Aristoteles" Fresko, 1883/1888, von Gustav Adolph Spangenberg (1828–1891). Aus dem Zyklus „Die vier Fakultäten", Hauptgebäude der Universität, Treppenhaus, Halle (Sachsen-Anhalt).
(Foto: akg-images)

Bibliografische Information der Deutschen Bibliothek

Die Deutsche Bibliothek verzeichnet diese Publikation in der Deutschen Nationalbibliografie; detaillierte bibliografische Daten sind im Internet über http://dnb.ddb.de abrufbar.

ISBN 3-8001-2791-1 (Ulmer)
ISBN 3-8252-2497-X (UTB)

Das Werk einschließlich aller seiner Teile ist urheberrechtlich geschützt. Jede Verwertung außerhalb der engen Grenzen des Urheberrechtsgesetzes ist ohne Zustimmung des Verlages unzulässig und strafbar. Das gilt insbesondere für Vervielfältigungen, Übersetzungen, Mikroverfilmungen und die Einspeicherung und Verarbeitung in elektronischen Systemen.

© 2004 Eugen Ulmer GmbH & Co.
Wollgrasweg 41, 70599 Stuttgart (Hohenheim)
E-Mail: info@ulmer.de
Internet: www.ulmer.de
Lektorat: Dr. Caroline Schnyder, Antje Springorum
Herstellung: Otmar Schwerdt
Grafiken: Helmuth Flubacher, Waiblingen
Umschlagentwurf: Atelier Reichert, Stuttgart
Satz: KL-Grafik, München
Druck: Gutmann, Talheim
Bindung: Dollinger, Metzingen
Printed in Germany

ISBN 3-8252-2497-X (UTB-Bestellnummer)

Inhaltsverzeichnis

Verzeichnis der Abkürzungen 11

Vorwort des Herausgebers 13
Vorwort des Verfassers 14

1	**Charakter der Epoche**	17
1.1	Chronologische Abgrenzung	17
1.2	Europabegriff	18
1.3	Mittelmeer	20
1.4	Charakteristika	20
1.5	Ägypten und Alter Orient	25
1.6	Rezeptionen	27
1.7	Nachantike	38
1.8	Zusammenfassung	41
2	**Länder**	43
2.1	**Phöniker, Karthager, Juden, Perser, Inder**	43
2.2	**Griechenland**	47
2.2.1	Dunkle Jahrhunderte	47
2.2.2	Archaische Zeit	48
2.2.2.1	Homer	49
2.2.2.2	Sparta	49
2.2.2.3	Kolonisation	53
2.2.2.4	Bildung und Krise der Polis	55
2.2.2.5	Tyrannis	58
2.2.2.6	Kultur	60
2.2.2.7	Athen	62
2.2.3	Klassische Zeit	65
2.2.3.1	Perserkriege	65
2.2.3.2	Pentekontaetie	69
2.2.3.3	Peloponnesischer Krieg	71
2.2.3.4	Viertes Jahrhundert in Griechenland	75
2.2.3.5	Makedonien	77

2.2.3.6	Griechenland, Persien, Demokratie	78
2.2.4	Hellenismus	81
2.2.4.1	Alexander der Große	81
2.2.4.2	Diadochen	86
2.2.4.3	Ptolemäisches Ägypten	87
2.2.4.4	Seleukidenreich	91
2.2.4.5	Kleinere Diadochenstaaten	93
2.2.4.6	Makedonien	94
2.2.4.7	Bünde	95
2.2.4.8	Traditionelle Mächte	96
2.2.4.9	Parther	98
2.3	**Italiker und Etrusker**	98
2.4	**Rom**	101
2.4.1	Frühzeit	101
2.4.1.1	Königszeit	101
2.4.1.2	Republik	102
2.4.2	Hohe Republik	113
2.4.2.1	Erster und Zweiter Punischer Krieg	113
2.4.2.2	Eingreifen in Griechenland	118
2.4.2.3	Herrschaft über das Mittelmeer	120
2.4.2.4	Innere Entwicklung	121
2.4.3	Späte Republik	125
2.4.3.1	Gracchen	125
2.4.3.2	Weitere Krisen. Marius	129
2.4.3.3	Populare und Optimaten. Bundesgenossenkrieg	131
2.4.3.4	Sulla	133
2.4.3.5	Pompeius	136
2.4.3.6	Pompeius und Caesar	140
2.4.3.7	Caesar	143
2.4.4	Augustus	146
2.4.5	Kaiserzeit	153
2.4.5.1	Iulisch-claudische Dynastie	154
2.4.5.2	Flavier	158
2.4.5.3	Humanitäres Kaisertum	162
2.4.5.4	Severer	165
2.4.5.5	Soldatenkaiserzeit	167
2.4.6	Spätantike	168
2.4.6.1	Diokletian	169
2.4.6.2	Konstantinische Dynastie	171
2.4.6.3	Valentinianisch-theodosianische Dynastie. Ende im Westen	174
2.4.6.4	Stabilität im Osten	178

2.5	**Nachantike Völker**	180
2.5.1	Kelten	180
2.5.2	Germanen	185
2.5.3	Araber	187
3	**Sachbereichskapitel**	188
3.1	**Verfassung und Recht**	188
3.1.1	Griechenland	189
3.1.1.1	Polis und Demokratie	189
3.1.1.2	Hellenismus	198
3.1.2	Rom	199
3.1.2.1	Republik	200
3.1.2.2	Kaiserzeit	207
3.1.2.3	Spätantike	209
3.2	**Politik und Beziehungen zwischen den Staaten**	212
3.2.1	Griechenland	212
3.2.2	Rom	216
3.3	**Gesellschaft und Wirtschaft**	217
3.3.1	Gesellschaft	217
3.3.1.1	Sklaverei	217
3.3.1.2	Bürger und Fremde	220
3.3.1.3	Weitere Gruppen	221
3.3.1.4	Oben und unten	221
3.3.1.5	Klientel	222
3.3.1.6	Frauengeschichte – Geschlechtergeschichte	224
3.3.1.7	Sport	228
3.3.1.8	Alphabetisierung und Schule	232
3.3.2	Wirtschaft	233
3.4	**Kultur und Religion**	238
3.4.1	Griechenland	238
3.4.1.1	Literatur und Philosophie	238
3.4.1.2	Architektur und Bildende Kunst	248
3.4.1.3	Religion	252
3.4.2	Rom	254
3.4.2.1	Literatur und Philosophie	254
3.4.2.2	Architektur und Bildende Kunst	262
3.4.2.3	Religion	263
3.4.3	Christentum	263
4	**Forschung, Forschungsstand und Forschungsperspektiven**	270
4.1	**Forschungsgeschichte allgemein**	270
4.1.1	Europa und Mittelmeer	270

4.1.2	Rezeptionen	271
4.1.3	Altertumswissenschaften insgesamt	273
4.1.3.1	Zusammenfassende Publikationen und Großunternehmen	275
4.1.3.2	Klassische Philologie	277
4.1.3.3	Archäologie	277
4.1.3.4	Numismatik, Epigraphik, Papyrologie	278
4.1.3.5	Alte Geschichte	280
4.1.3.6	Geographie und Topographie	281
4.2	**Sachgebiete**	282
4.2.1	Politische Geschichte	282
4.2.2	Sozialgeschichte	283
4.2.3	Wirtschaftsgeschichte	285
4.2.4	Anthropologie	287
4.2.5	Kulturwissenschaft	289
4.2.5.1	Alltag und Sport	290
4.2.5.2	Religionsgeschichte	290
4.2.5.3	Rechtsgeschichte	291
4.2.5.4	Naturwissenschaft, Technik, Medizin	292
4.3	**Griechenland und Rom**	292
4.3.1	Völker des Altertums, Ethnogenese, Akkulturation	292
4.3.2	Griechenland	294
4.3.2.1	Frühes Griechenland	294
4.3.2.2	Klassisches Griechenland	296
4.3.2.3	Alexanderzeit und Hellenismus	298
4.3.3	Rom	300
4.3.3.1	Frühes Rom	300
4.3.3.2	Hohe Republik	302
4.3.3.3	Späte Republik	303
4.3.4	Kaiserzeit	306
4.3.4.1	Augustus	306
4.3.4.2	Hohe Kaiserzeit	307
4.3.4.3	Soldatenkaiser und Spätantike	310
5	**Schlusswort**	316
6	**Bibliographie**	317
6.1	**Übergreifendes**	317
6.1.1	Europa und Mittelmeer	317
6.1.2	Rezeption	318
6.1.3	Wissenschaftsgeschichte	320
6.1.4	Allgemeines und Einführungen	322
6.1.5	Nachschlagewerke	322

6.1.6	Gesamtdarstellungen	323
6.1.7	Prosopographien	323
6.1.8	Akkulturation, Ethnogenese	324
6.1.9	Anthropologie	324
6.1.9.1	Liebe und Sexualität	325
6.1.10	Nachbarwissenschaften	326
6.1.10.1	Klassische Philologie	326
6.1.10.2	Epigraphik, Griechisch, Lateinisch	326
6.1.10.3	Numismatik	326
6.1.10.4	Papyrologie	326
6.1.10.5	Archäologie	327
6.1.10.6	Geographie und Topographie (moderne)	327
6.2	**Länder**	**327**
6.2.1	Alter Orient	327
6.2.1.1	Ägypten	327
6.2.1.2	Juden	328
6.2.1.3	Karthager	328
6.2.1.4	Perser	328
6.2.1.5	Phöniker	328
6.2.2	Andere Völker	328
6.2.2.1	Araber	328
6.2.2.2	Etrusker	328
6.2.2.3	Germanen	329
6.2.2.4	Hunnen	329
6.2.2.5	Inder	329
6.2.2.6	Italiker	329
6.2.2.7	Kelten	329
6.2.2.8	Keltiberer	329
6.2.2.9	Parther	330
6.3	**Griechenland**	**330**
6.3.1	Vorklassische Zeit	330
6.3.2	Sparta	331
6.3.3	Athen	332
6.3.4	Klassische Zeit	333
6.3.5	Hellenismus	333
6.3.5.1	Alexander der Große	334
6.3.5.2	Ptolemäisches Ägypten	334
6.3.5.3	Seleukidenreich	335
6.4	**Rom**	**335**
6.4.1	Republik	335
6.4.1.1	Frühe und Hohe Republik	336
6.4.1.2	Späte Republik	336

6.4.2	Augustus	337
6.4.3	Kaiserzeit	338
6.4.3.1	Hohe Kaiserzeit	338
6.4.3.2	Soldatenkaiserzeit	339
6.4.3.3	Spätantike	339
6.5	**Verfassung und Recht**	**341**
6.5.1	Verfassung	341
6.5.1.1	Griechenland	341
6.5.1.2	Rom	343
6.5.2	Recht	344
6.5.2.1	Griechenland	344
6.5.2.2	Rom	345
6.6	**Politik und Beziehungen zwischen den Staaten**	**345**
6.6.1	Krieg und Soldaten	345
6.6.2	Zwischenstaatliches	346
6.7	**Gesellschaft und Wirtschaft**	**347**
6.7.1	Gesellschaft	347
6.7.1.1	Sklaverei	348
6.7.1.2	Klientel	348
6.7.1.3	Geschlechtergeschichte	349
6.7.1.4	Sport	349
6.7.1.5	Alltag und Feste	350
6.7.2	Wirtschaft	351
6.8	**Kultur und Religion**	**352**
6.8.1	Kultur	352
6.8.1.1	Literatur	352
6.8.1.2	Philosophie	354
6.8.1.3	Architektur	355
6.8.1.4	Bildende Kunst	355
6.8.1.5	Naturwissenschaften, Geographie (antike), Technik	356
6.8.2	Religion	357
6.8.3	Christentum	358

Zeittafel 1000 v. Chr.–500 n. Chr. ... 360

Verzeichnis der Karten ... 364
Personen-, Orts- und Sachregister ... 366
Autorenregister ... 391

Verzeichnis der Abkürzungen

A & A	=	Antike und Abendland
AA	=	Archäologischer Anzeiger
AfP	=	Archiv für Papyrusforschung und verwandte Gebiete
AncSoc	=	Ancient Society
ANRW	=	Aufstieg und Niedergang der römischen Welt
AnTard	=	Antiquité Tardive
AthMitt	=	Mitteilungen des Deutschen Archäologischen Instituts, Athenische Abteilung
AW	=	Antike Welt
CAH	=	The Cambridge Ancient History
CIL	=	Corpus Inscriptionum Latinarum
DNP	=	Der Neue Pauly
Freis	=	Helmut Freis, Historische Inschriften zur römischen Kaiserzeit
FS	=	Festschrift
G&R	=	Greece and Rome
GWU	=	Geschichte in Wissenschaft und Unterricht
HGIÜ	=	Historische Griechische Inschriften in Übersetzung
HZ	=	Historische Zeitschrift
IA	=	Iranica Antiqua
IG	=	Inscriptiones Graecae
IJCT	=	International Journal of the Classical Tradition
ILS	=	H. Dessau, Inscriptiones Latinae Selectae
IstMit	=	Mitteilungen des Deutschen Archäologischen Instituts, Istanbuler Abteilung
JAC	=	Jahrbuch für Antike und Christentum
JDAI	=	Jahrbuch des Deutschen Archäologischen Instituts
JHS	=	Journal of Hellenic Studies
JNG	=	Jahrbuch für Numismatik und Geldgeschichte
JRS	=	Journal of Roman Studies
JS	=	Journal des Savants
LexÄg	=	Lexikon der Ägyptologie
Mansfeld	=	J. Mansfeld, Vorsokratiker
MedAnt	=	Mediterraneo Antico
MH	=	Museum Helveticum
MHR	=	Mediterranean Historical Review
ML	=	R. Meiggs / D. Lewis, Greek Historical Inscriptions

NC	= Numismatic Chronicle
ND	= Neudruck
OGG	= Oldenbourg Grundriß der Geschichte
OGIS	= W. Dittenberger, Orientis Graeci Inscriptiones Selectae
PCPS	= Proceedings of the Cambridge Philological Society
P & P	= Past and Present
PP	= La Parola del Passato
QS	= Quaderni di Storia
RAC	= Reallexikon für Antike und Christentum
RE	= Realencyclopädie der Classischen Altertumswissenschaft
RGA	= Reallexikon der germanischen Altertumskunde
RhM	= Rheinisches Museum für Philologie
RöMitt	= Mitteilungen des Deutschen Archäologischen Instituts, Römische Abteilung
RPh	= Revue de Philologie
SavZ	= Zeitschrift der Savigny-Stiftung für Rechtsgeschichte, Romanistische Abteilung
SC	= Senatus consultum
Schumacher	= L. Schumacher, Römische Inschriften
SCI	= Scripta Classica Israelica
SCU	= Senatus Consultum ultimum
Syll	= W. Dittenberger, Sylloge Inscriptionum Graecarum, 3. Aufl.
TAVO	= Tübinger Atlas des Vorderen Orients
WJA	= Würzburger Jahrbücher für die Altertumswissenschaft, Neue Folge
WS	= Wiener Studien
WZ	= Wissenschaftliche Zeitschrift
YClS	= Yale Classical Studies
ZPE	= Zeitschrift für Papyrologie und Epigraphik

Vorwort des Herausgebers

Das Handbuch der Geschichte Europas (HGE) zeigt die historischen Voraussetzungen des modernen Europa. Es ermöglicht die kritische Auseinandersetzung mit Europa durch den Nachweis geschichtlicher Kontinuitäten und Brüche und dient damit dem Verständnis der europäischen Integration.

Das Handbuch der Geschichte Europas (HGE) umfasst 10 Bände in chronologischer Abfolge. Es behandelt jedes europäische Land gesondert sowie Europa als kulturelle Einheit insgesamt und ist in dieser Konzeption neu.

Das Handbuch der Geschichte Europas (HGE) vermittelt in kompakter Form gesichertes historisches Wissen auf dem neuesten Forschungsstand. Für jeden Band trägt ein Autor die Verantwortung. Alle Bände folgen einer einheitlichen Gliederung. In einem einleitenden Kapitel über den Charakter der Epoche bringt der Autor seine eigene Interpretation zur Darstellung. Das Länderkapitel behandelt jedes europäische Land entsprechend seiner Bedeutung für die Epoche. Im Sachbereichskapitel werden die europäischen Gemeinsamkeiten herausgearbeitet, systematisiert nach Verfassung und Recht, Politik und internationalen Beziehungen, Gesellschaft und Wirtschaft sowie Kultur und Religion. Ein Schlusskapitel erörtert Forschungsstand, Forschungskontroversen und Forschungsperspektiven, wobei die nationalen historiographischen Traditionen angemessen berücksichtigt werden. Gelegentliche Modifikationen des Schemas sind sachbezogen. Ein umfassendes Verzeichnis der Literatur schließt jeden Band ab.

Bern, im Frühjahr 2002 *Peter Blickle*

Vorwort des Verfassers

Europa ist ein Chronotop, die Zeit ist seine vierte Dimension.
Karlheinz Stierle[1]

Das vorliegende Buch soll, dem Charakter der Reihe entsprechend, ein Arbeitsbuch sein. Dabei unterscheidet es sich aber von den anderen Bänden in verschiedener Hinsicht. Zum einen muss es weitaus knapper und elementarer gehalten sein als diese, denn es umfasst eine genauso lange Zeitspanne wie die anderen neun Bände zusammen[2] – daher wird es vorwiegend Elementar- und Übersichtscharakter haben müssen. Weiter passt die Struktur der übrigen Bände nach einzelnen Ländern nicht auf die Antike, in der es Länder in diesem Sinne nicht gegeben hat. Ebenso ist manches, was in strengem Sinne unter „Sachbereiche" fallen müsste, schon im Länderteil behandelt, weil eine scharfe Trennung nicht immer möglich war und bestimmte Phänomene schon dort mit einer gewissen Tiefenschärfe erklärt werden mussten; auch sonst waren Überschneidungen wegen der Komplexität des Stoffes nicht zu vermeiden. Schließlich liegt es am elementaren Charakter des Buches, dass die Offenheit der Geschichte, die jeder Geschichtsbetrachtung zugrunde liegen sollte, seltener als ich gewünscht hätte zum Ausdruck kommen konnte.[3]

Noch ein Wort zu den Anmerkungen. Wegen des häufig nur summarischen Charakters dessen, was geboten werden kann, wäre es absurd, alle Aussagen mit Anmerkungen zu belegen, die dann uferlos werden müssten. Das meiste ist aus dem einigermaßen detaillierten Literaturverzeichnis und dem Register zu entnehmen, so dass in den Anmerkungen vor allem der berichtenden Teile nur Einzelbemerkungen stehen, einschließlich einiger durchaus punktueller und persönlicher Bemerkungen, die aber hoffentlich zur Verlebendigung beitragen – der Autor auch eines solch eher elementaren Buches ist keine Registriermaschine dessen, was jeweils publiziert worden ist, sondern erlaubt sich gelegentliche Gewichtungen und Vorlieben. Demgemäß konnte und sollte auch die Bibliographie natürlich nicht im Entferntesten vollständig sein. Wenn trotzdem der Eindruck entstehen sollte, dass ich mich selbst unverhältnismäßig oft

---

[1] K. STIERLE, Klassizismus, 93.
[2] Gerechterweise muss dieser Vergleich freilich insoweit eingeschränkt werden, als wir über die Antike alles in allem weniger wissen als über die folgenden 1500 Jahre insgesamt, wenngleich es doch einzelne Epochen gibt, über die wir aus der Antike besser unterrichtet sind.
[3] Nach meiner Kenntnis wird sie besonders eindrucksvoll in Lothar GALLS Bismarck-Buch deutlich: Bismarck. Der weiße Revolutionär, Berlin 1980.

nenne, dann geschah das weniger aus allzu großer Selbstgefälligkeit, sondern um darauf hinzuweisen, dass ich mich mit dem jeweiligen Gegenstand beschäftigt habe und nicht aus zweiter Hand berichte, was allerdings in vielen Fällen leider nicht zu vermeiden ist. Für Hinweise auf Versehen bin ich dankbar.

All diese Einschränkungen mindern nicht meine Dankbarkeit gegenüber Herausgeber und Verlag, die mir diese jedenfalls für mich selber lohnende Aufgabe anvertraut haben; ebenso danke ich Caroline Schnyder für ihre akkurate Lektoratsarbeit. Meine Dankbarkeit insbesondere Peter Blickle gegenüber ist umso größer, als er an mir, der ich ungewöhnlich säumig war – sein musste –, übermenschliche Geduld bewiesen hat.

Konstanz, im Frühjahr 2004 *Wolfgang Schuller*

1 Charakter der Epoche

> *Rom und Griechenland sind uns das nächste Fremde, und das vorzüglich Bildende an ihnen ist nicht sowohl ihre Klassizität und „Normalität", sondern daß uns das Eigene dort in einer anderen Möglichkeit, ja überhaupt im Stande der Möglichkeiten begegnet.*
> Uvo Hölscher[1]

> *Tatsächlich reicht die Antike als historisch wirkende Kraft bis in unsere Gegenwart, und zwar in erster Linie in Gestalt ihrer Verwandlungen.*
> Hagen Schulze[2]

1.1 Chronologische Abgrenzung

Als Erstes Europa benennen und behandeln wir hier die Epoche der griechisch-römischen Zivilisation. Wenn dabei mit der letzten Jahrtausendwende vor dem Beginn der christlichen Zeitrechnung eingesetzt wird, so liegt das weniger an der schönen runden Ziffer, sondern daran, dass um diese Zeit tatsächlich etwas ganz Neues in der Geschichte beginnt. „Um diese Zeit", deutlicher kann man nicht datieren, denn hier handelt es sich um die Umbruchszeit der Dunklen Jahrhunderte, von denen man wenig Konkretes weiß. Umgekehrt fällt der etwas schematisch gewählte Endpunkt des Jahres 500 nach Christi Geburt in einen Zeitabschnitt, der im hellen Licht der Geschichte mit genau zu datierenden Ereignissen liegt, so vielen, dass es sich hier nur um eine Durchschnittsziffer handeln kann. Daher endet das Buch einerseits mit dem Tod Kaiser Justinians 563, also deutlich über dieser Marke,[3] andererseits lässt es Informationen über die Germanen und die früher entstandenen Germanenreiche weg, die dem Folgeband überlassen bleiben. Denn zum einen stellte das Zeitalter Justinians trotz bereits mittelalterlicher Elemente doch sozusagen den letzten unmittelbaren Ausläufer der Alten Welt und zudem den letzten Versuch dar, Antikes in direktem Anschluss wiederzubeleben, und zum anderen reichen die Germanenreiche trotz vieler antiker Elemente in ihrer Kontinuität bis tief ins Mittelalter hinein.

---

[1] U. Hölscher, Chance, 81.
[2] H. Schulze, Wiederkehr, 381.
[3] Die jetzige neue Bearbeitung der CAH schließt ähnlich mit dem Jahr 600, nachdem die vorherige Auflage früher bereits mit Konstantin dem Großen geendet hatte; ebenso die Routledge History of the Ancient World.

Diese rund 1500 Jahre umfassen naturgemäß eine besonders große Fülle historischer Phänomene. Sie beginnen mit der Entstehung der griechischen Zivilisation beinahe aus dem Nichts, sie sehen den zunächst unbemerkt bleibenden Aufstieg einer weiteren, der römischen, sie verfolgen das Überlappen beider bis zum militärisch-politischen Sieg der römischen, sie sehen die Vereinigung beider in einem das gesamte Mittelmeergebiet umspannenden Reich, und sie enden mit dem Aufsteigen ganz neuer Mächte, vor allem des Islam, und der völlig veränderten Weiterexistenz eines bedeutenden Restes dieser Alten Welt in Gestalt des Byzantinischen Reiches. Dass diese Welt als Einheit dargestellt wird, liegt vornehmlich natürlich an ihr selbst, die eine Einheit tatsächlich war, aber auch daran, dass spätere Zeiten sie als Einheit gesehen haben und sich von ihr inspirieren ließen. Der Einschnitt zwischen ihr und der Folgezeit ist nämlich tief und stark, die Kontinuitätslinien sind – mit Ausnahme des beide verbindenden Christentums – über die nicht zu Unrecht abermals so genannten Dunklen Jahrhunderte hinweg schwach, so schwach, dass die spätere europäische Geschichte tatsächlich als Neuanfang anzusehen ist – es sei denn, man fasse die Zeit von der Spätantike bis zu Karl dem Großen als eine eigene Epoche auf, wofür einiges sprechen kann.[4]

Freilich als ein Neuanfang, der sich seiner Vorgängerkultur über lange Strecken hinweg bewusst war, sie immer wieder als Vorbild ansah und sie in stärkerem oder schwächerem Ausmaß wiederzubeleben, ja sie, jedenfalls teilweise, zu übernehmen suchte. Das geschah auf politischem Gebiet, so etwa in der Übernahme des römischen Kaisertums oder in zahlreichen Anknüpfungen an die römische Republik, und das geschah auf kulturellem Gebiet in den regelmäßig neu auftretenden Neuentdeckungen der vor allem griechischen bildenden Kunst (wenn auch zunächst nur durch römische Kopien), der griechischen schönen Literatur, Philosophie und Geschichtsschreibung, aber zunächst besonders der lateinischen Dichtung, des Werkes Ciceros und auch der lateinischen Geschichtsschreibung; das römische Recht ging später sogar unmittelbar in die europäische Rechtskultur ein. Diese unterschiedlichen Renaissancen oder Rezeptionsvorgänge überbrückten die tiefe Kluft, die zwischen der Antike und der Folgezeit klaffte, aber sie konnten das nur tun, weil bei allen tiefgreifenden Unterschieden auch wesentliche Gemeinsamkeiten da waren. Insofern also, wegen der Gemeinsamkeiten mit dem und wegen der Übernahmen von Seiten des späteren Europa können wir von der Antike auch als von einem Europa sprechen, freilich von einem anderen, einem ersten.

1.2 Europabegriff

Ein Hauptcharakter der Antike ist also der, dass sie eine erste Verkörperung dessen darstellt, was später Europa genannt wurde. In der Antike selber nannte man sich nur selten so, wenngleich es verschiedene Formen der Abgrenzung zu den Barbaren – hier neutral als Nichtgriechen beziehungsweise Nichtrömer verwandt – und zum Orient gab. Zunächst verstand man unter Europa nur eine eng begrenzte Gegend im nördli-

---

4 F. G. Maier, Verwandlung; F. Prinz, Konstantin.

chen Teil des heutigen Griechenland.⁵ Seit Herodot bekommt Europa eine erweiterte Bedeutung in dem Sinne, dass es Asien, vor allem Kleinasien und dem Perserreich gegenübergestellt wird, beides jedoch in ganz begrenztem Rahmen und ohne den Anspruch auf grundsätzliche Geltung. Dieses Gegenüber wurde eher – und das dann durch die ganze Antike hindurch – durch die Abgrenzung von den Barbaren bezeichnet, wobei der Terminus Barbar durchaus nicht immer wertend-abschätzig verwandt wurde. Im Allgemeinen war Europa nur eine geographische Bezeichnung und wurde einfach als Erdteil neben Asien, das heißt im heutigen Verständnis dem Nahen und Mittleren Osten und Libyen aufgefasst.

Eine politisch-kulturelle Bedeutung hatte es nicht. Europa in unserem Sinne Europa zu nennen beginnt vereinzelt im Mittelalter⁶ und ist vor allem neuzeitlicher Sprachgebrauch – und er schloss auch die Alte Welt ein. Dabei ist es eine eigenartige Tatsache, dass die politische Auflading des Europabegriffs oft dann eintrat, wenn dieser Erdteil in seiner Existenz bedroht war; durchaus schon mit den Perserkriegen, mit der Völkerwanderung, mit den Türkenkriegen und natürlich im 20. Jahrhundert, als Europa dabei war, sich selbst zu zerfleischen, und in dem die USA auf europäischen Wunsch zweimal entscheidend eingegriffen hatten. Darauf beruhten die Einigungsbestrebungen nach dem zweiten Weltkrieg, die jetzt immerhin auch ohne eine solche Bedrohung kontinuierlich weitergetrieben werden und in denen heute die einzige Möglichkeit gesehen wird, die uneingeschränkte Vorherrschaft der USA zu vermeiden. Oder sollte Europa das Schicksal der griechischen Welt im zweiten vorchristlichen Jahrhundert erleiden? Ist wenigstens ein Polybios in Sicht, der dieses Schicksal wenigstens erträglich gestalten lässt?

Dass die Antike eine erste Ausformung des Europäischen ist,⁷ ergibt sich natürlich aus den einzelnen Charakteristika selber, aber auch durch die Rezeption der Folgezeit. Wenn in diesem Umfang rezipiert werden konnte, muss es eine Übereinstimmung im Grundsätzlichen gegeben haben – und gleichzeitig wird man auch sagen müssen, dass die Epoche, wie wir sie wahrnehmen, erst durch ihre unterschiedlichen Rezeptionen konstituiert worden ist.⁸ Daher wird nach einer sozusagen statischen Skizze auf die Rezeptionen eingegangen, denn das, was für uns die Antike ist, wird eben durch das bestimmt, was wir von ihr wahrnehmen; das wechselte im Lauf der Geschichte. Nur das, was die jeweiligen Rezeptionen für überlieferungswürdig hielten und jeweils für sich verarbeiteten, ist durch diesen Selektionsprozess auf weite Strecken⁹ das, was wir heu-

---

5 Dass die von Zeus aus Phönikien geraubte Königstochter auch Europa heißt, ist eher eine etymologische Zufälligkeit. Zu allem G. Dietz, Europa.
6 M. Fuhrmann, Alexander von Roes.
7 Zur immer öfter verhandelten Frage, ob antike Organisationsformen Vorbilder für ein vereinigtes Europa abgeben könnten, siehe etwa für Griechenland K. M. Girardet, Bundesstaaten, und für Rom G. Alföldy, Imperium Romanum. – Für den spezifisch europäischen Aspekt der Alten Geschichte in Wissenschaft und Unterricht setzt sich ein der Verein „Alte Geschichte für Europa", und auf dem 44. Deutschen Historikertag 2002 beschäftigte sich eine Sektion mit „Europa in der Antike" (kurze Zusammenfassung bei A. Ranft/M. Meumann (Hg.), Traditionen – Visionen, 39–43); dazu: Ev. Chrysos/K. Buraselis, Idea.
8 Natürlich gehört zu diesem Rezeptionsprozess auch der in der Neuen Welt hinzu, der daher im Folgenden gelegentlich erwähnt werden wird.
9 Anders dann die Neuentdeckungen durch die Wissenschaft seit dem 18. Jahrhundert.

te von ihr wissen,[10] und das nicht nur quantitativ, sondern auch geprägt durch die unterschiedlichen Sichtweisen und Arten der jeweiligen Aneignung.

1.3 Mittelmeer

Zunächst muss herausgehoben werden, dass die antike Kultur auch eine Mittelmeerkultur war. Schon räumlich umfasste sie zur Zeit ihrer größten Ausdehnung im römischen Kaiserreich Europa vom Rhein bis zum Dnjestr, dann fast die gesamten Küsten des Schwarzen Meeres einschließlich der Krim und Georgiens, Kleinasien, Vorderasien bis zum Tigris, ganz Nordafrika, Spanien, den größten Teil Britanniens. Das Partherreich war eine eigene politische Größe, in dem freilich die hellenistische Vergangenheit noch lebendig war; Handelsverbindungen bestanden mit Indien und China.[11] Die antike Kultur war bestimmt durch die Nähe zum Meer; die meisten der bedeutenden Städte lagen am Meer oder hatten leichten Zugang zu ihm. Das gilt selbst für die ursprüngliche Landmacht Rom.[12] Obwohl schließlich dieser ganze Raum zivilisatorisch von einer Kultur geprägt war, die von Griechenland ausgegangen war, hat er doch seinerseits im Laufe der Jahrhunderte Konstitutives zu deren endgültiger Gestalt beigetragen; immerhin stammte das Christentum aus Vorderasien, hatte sich aber nur wegen der Befriedung des zu einem Binnenmeer gewordenen Mittelmeeres[13] durch die Römer auf den ganzen Raum verbreiten und schließlich auch Mittel- und Osteuropa an Europa anschließen können. Gewiss ließen die Sassaniden, dann endgültig der Arabersturm und der Islam Asien und Nordafrika wegbrechen; gleichwohl hat es auch in der Folgezeit mehr kulturell-politische Verflechtungen gegeben, als vielen bewusst ist, und es könnte sein, dass sich die heutige europäische Zivilisation[14] wieder in erneuerter Form über das Mittelmeer erstrecken wird.

1.4 Charakteristika

Wenn nun zunächst weitere Charakteristika der Epoche vorgeführt werden sollen, so ist das schwer und leicht zugleich. Schwer deshalb, weil schon wegen ihrer zeitlichen Ausdehnung eine besonders große Fülle von Sachverhalten über einen Kamm geschoren werden muss, leicht aber deshalb, weil die Epoche gleichwohl und trotz ihrer Zusammensetzung aus zwei Kulturen eine nicht geringe Kohärenz aufweist, und das

---

10 „Die Geschichte Europas ist in weiten Teilen ihre eigene Rezeptionsgeschichte", H. Schulze, Wiederkehr, 380.
11 Etwa F. F. Schwarz, Magna India Pliniana; J.-N. Robert, De Rome à la Chine; H. W. Haussig, Seidenstraße; K. Karttunen, India.
12 Zum Verhältnis Land : Meer siehe exemplarisch C. Schmitt, Land und Meer, 1942.
13 M. Galley/L. Ladjimi Sebai (Hg.), L'homme méditerranéen; H. Brückner, Das Mittelmeergebiet; K. Rosen (Hg.), Mittelmeer; P. Horden/N. Purcell, Corrupting Sea. Seit 1986 existiert mit der in Tel Aviv herausgegebenen „Mediterranean Historical Review" eine Zeitschrift, in der der Geschichte auch des Altertums ein bedeutender Platz eingeräumt wird.
14 Und sei es in der amerikanischen Variante.

auch in ihrem Selbstverständnis. Das wäre dann das erste und grundlegende Charakteristikum: Wir können an der Antike beobachten, wie zwei Zivilisationen unterschiedlichen Entwicklungsniveaus durch den militärisch-politischen Sieg der kulturell weniger entwickelten, der römischen, sich überlagern und allmählich zu einem Nebeneinander unter teilweiser Durchdringung zusammenwachsen, wobei die frühere, die griechische, trotz aller originären Schöpfungen der römischen Zivilisation und der lateinischen Sprache kulturell doch immer dominant blieb, während der letzten Jahrhunderte auch durch das zunächst griechisch geprägte Christentum.

Innerhalb oder unterhalb dieser beiden sich zu einem erheblichen Teil kulturell definierenden Großzivilisationen gab es keine „Länder" wie in Mittelalter und Neuzeit, wobei Griechenland aus zahlreichen – oder zahllosen – politischen, voneinander unabhängigen Gemeinwesen bestand, während Rom ein einheitliches, sich immer mehr vergrößerndes und andere immer weiter einschließendes staatliches Gebilde war. Daneben existierten freilich weitere Völker oder gar Staaten und, wenn es sein muss, Länder, die schon vor den beiden Großeinheiten bestanden (Phöniker, Karthager, Etrusker), teils neben ihnen (Perser und Parther), teils von ihnen inkorporiert wurden und mit ihnen verschmolzen (Italiker, Kelten, Germanen), teils ohne großen Kontinuitätsbruch, wenn auch mit erheblichem inneren Wandel bis in die Gegenwart hinein bestehen (Juden), teils ihre Zukunft noch erwarteten (Araber).

Damit ist impliziert, dass eines der politischen oder allmählich vielleicht sogar nur organisatorischen Kennzeichen der Epoche die durchgängige Vorherrschaft der verfassten Stadtgemeinde ist, von den Anfängen in der griechischen Archaik bis zum spätrömischen Reich.[15] Die Stadt hatte sich seit dem 6./5. vorchristlichen Jahrhundert in ihrer äußeren Freiheit mit großen, überregionalen Machtbildungen auseinanderzusetzen und unterlag schließlich den Römern, und deren Herrschaft ist es, die im Gegensatz zu den Griechen politisch Weiterwirkendes geschaffen hat. Im Inneren ging es um Art und Ausmaß der Mitbestimmung an den politischen Entscheidungen, um die politische Freiheit, bei Griechen wie Römern[16] – Grundrechte wie im neuzeitlichen Europa gab es nicht,[17] die Freiheit des Einzelnen wurde in Bezug auf den Staat gesehen. Der Verwirklichung der Freiheit in Bindung an die Gemeinschaft galten die Verfassunggebungen und dann überhaupt die Gesetzgebung. Unabhängig von der hier sich erstmals herausgebildeten Dichotomie von Aristokratie und Demokratie war ein übergreifendes Prinzip die Gleichheit aller – Vollbürger – vor dem Gesetz, die Öffentlichkeit von Gesetz und Rechtsprechung und der Anspruch des einzelnen, sich selber über seine Rechtsposition informieren zu können. Das galt nicht nur bei Griechen und Römern einschließlich der Kaiserzeit gleichermaßen, sondern das sind Prinzipien des öffentlichen Lebens, die starke Anklänge an den modernen Rechtsstaatsbegriff haben.[18]

---

15 F. Kolb, Stadt.
16 A. Heuss, Herrschaft und Freiheit; K. Raaflaub, Entdeckung der Freiheit; W. Nippel, Antike und moderne Freiheit.
17 H. Jones, Droits de l'homme.
18 W. Schuller, Rechtsstaat.

Der Durchdachtheit der republikanischen Verfassungen der antiken Städte entsprach das antike Staatsdenken.[19] Von den ersten Literaturwerken – Homer und Hesiod – bis zur letzten großen Gesetzgebung des Corpus Iuris Civilis Kaiser Justinians wurde über den Staat und seine Verfasstheit nachgedacht. Hier wurde nichts als naturwüchsig oder gottgegeben hingenommen, sondern hier nahmen sich Dichter, Philosophen, Historiker und Juristen das Recht, ihre eigenen Vorstellungen vom Zusammenleben der Menschen ohne Vorgaben nach ihrem eigenen Urteil rational zu durchdenken und öffentlich zu machen.

Dem entspricht das Verhältnis zur Religion. Obwohl es eindrucksvolle Beispiele individueller und kollektiver Religiosität gibt, existierte nicht nur eine strikte Trennung zwischen beiden Bereichen, sondern es war sogar so, dass es keine berufsmäßige Priesterschaft gab, sondern dass die Priestertümer bei Griechen wie Römern sozusagen weltliche Stellen waren und wie diese auch von Laien besetzt wurden. Gewiss durchzog die Religion und die Religionsausübung das öffentliche Leben viel stärker als das heute der Fall ist. Gleichwohl darf man die Präsenz des Religiösen in der Antike insofern nicht überbewerten, als Religion und Kulte, so unübersehbar und ins tägliche Leben integriert sie waren, dennoch von der politischen Praxis getrennt waren und bei den Staatsdenkern eben nicht zum Politischen gehörten.[20]

Ein säkularer Grundzug beherrschte also die Antike, bis er durch das Christentum teilweise beseitigt wurde. Seit dessen Sieg und bis zur Renaissance konnte – alles in allem – der öffentliche Diskurs vorwiegend nur innerhalb christlicher Kategorien stattfinden. In der nichtchristlichen Antike gab es demgegenüber keine Einschränkungen dessen, wie und worüber gesprochen und geschrieben wurde. Gewiss war ein gewisser Respekt vor der religiösen Dimension gefordert, dessen Verletzung geahndet wurde, jedoch beschränkte er sich eher auf äußerliches Verhalten. Es gab auch keine nichtreligiösen, moralischen und weltanschaulichen Vorstellungen, die das Monopol für sich beanspruchten. Die Öffentlichkeit war, im Rahmen der technischen und allgemeinmenschlichen Bedingungen, unbeschränkt. Es wurde über alles diskutiert und geschrieben, alles konnte in Frage gestellt werden und wurde es auch.

Gesellschaftlich war die Antike dadurch charakterisiert, dass es, wie weithin im späteren Europa, weder gesellschaftliche Gleichheit noch auch Vorstellungen von einer solchen Gleichheit gab.[21] Dass die Gesellschaft im Allgemeinen hierarchisch gegliedert war und nur individuellen Aufstieg zuließ, das war eine Selbstverständlichkeit. Ebenso leuchtete jedem ein, dass eine herausgehobene gesellschaftliche und wirtschaftliche Stellung auch zu größerem Ansehen und zu größerem Einfluss im staatlichen Leben führte. Auf der anderen Seite war die Schriftlichkeit derart konstitutiv für das öffentliche Leben, dass das Lesenkönnen weithin vorausgesetzt werden konnte.[22] Eine ver-

---

19 C. Rowe/M. Schofield (Hg.), Political Thought; H. Ottmann, Politisches Denken.
20 Siehe exemplarisch Aristoteles, Politik, sowie Cicero, De re publica. – Ebenso aus archäologischer Sicht gegen allzu modische Überbewertung des Religiösen T. Hölscher, Öffentliche Räume.
21 Selbst in der griechischen Demokratie, der fortgeschrittensten der Weltgeschichte, erstreckte sich das Gleichheitsdenken nicht auf das Ökonomische; siehe nur W. Lengauer, Gleichheitsdenken, und D. Hennig, Besitzgleichheit.
22 W. V. Harris, Literacy; E. A. Havelock, Schriftlichkeit.

mittelnde Rolle spielte insbesondere in Rom ein ausgebautes Klientelsystem.[23] Soziale und politische Anhängerschaften, Abhängigkeiten und im besonderen gegenseitige soziale Verpflichtungen gibt es in jeder Gesellschaft; in der römischen Republik aber waren sie zu einem System ausgebaut, sie waren den Beteiligten bewusster als anderswo, hatten verpflichtenderen Charakter und bildeten dadurch ein unverzichtbares Korrelat zu der meist verhältnismäßig weiträumig ausgebauten staatlichen Organisation.

Armut und Niedrigkeit waren Fakten, die man im Allgemeinen[24] durch keine Sozialpolitik zu mildern versuchte, sondern sich nur dann darum kümmerte, wenn das soziale und politische Gleichgewicht aus den Fugen zu geraten drohte und den Staat in Gefahr brachte. Das Altertum war grausam und kannte kein Mitleid als allgemeine oder allgemein geforderte Kategorie;[25] auch hier führte erst das Christentum eine Änderung herbei. Die Institution der Sklaverei freilich wollte auch das Christentum nicht abschaffen, wie es überhaupt für diese irdische Welt im Allgemeinen keine radikalen Änderungen anstrebte, sondern die Gleichheit der Menschen nur vor Gott und Ewigkeit verkündete,[26] freilich Großes im Lindern von Qual und Leiden vollbrachte, und Qual und Leiden waren überall.

Die Sklaverei[27] als Institution wird mit Recht als ein grundlegender Unterschied zwischen dem ersten und dem späteren Europa angesehen (in dem es Sklaverei freilich punktuell auch gab[28]), die übrigens erst durch den Marxismus ernsthaft ins Bewusstsein gerückt wurde (zu schweigen freilich von dem sklavereiähnlichen System des Staatsmarxismus). Auch sie war für die Zeitgenossen, einschließlich aufständischer Sklaven, etwas Selbstverständliches und wurde nie in Frage gestellt. Sie wechselte in Art und Ausmaß nach Zeit und Ort; es gab sie nicht immer und überall, und die wenigsten Sklaven führten das furchtbare Leben der Latifundien- oder gar Bergwerkssklaven – gleichwohl, für die antike Gesellschaft war Sklaverei konstitutiv.

Krieg[29] war es, wodurch man leicht in Sklaverei geraten konnte, und das war auch etwas Selbstverständliches, wie es der Krieg überhaupt war. Es gab kaum eine Stadt oder einen Staat mit längeren Friedensperioden, und jedenfalls gehörte die Vorsorge für den Fall eines Krieges zur alltäglichen Politik. Der Krieg stand am Anfang der politischen Entwicklung der antiken Städte: Die Erfordernisse, die er stellte, führten zur Heranziehung breiterer, wohlhabender Bevölkerungskreise, die daraus ihr politisches Mitspracherecht ableiteten und, oft nach schweren inneren Krisen, auch erhielten.

---

23 Siehe S. 232.
24 Siehe aber H. Kloft (Hg.), Sozialmaßnahmen.
25 Gewiss hat es Mitleid, spezifisch positiv gewertetes gegeben; als Beispiele seien nur erwähnt, dass im König „Ödipus" des Sophokles das mit zerschnittenen Fußfesseln ausgesetzte Kleinkind Ödipus, das so dem Tode ausgeliefert werden sollte, von einem Hirten aus Mitleid gerettet wurde (Vers 1178) oder dass selbst in Caesars „Commentarii" die misericordia keine ganz geringe Rolle spielt.
26 Paulus, Galater 3,28: Hier ist kein Jude noch Grieche, hier ist kein Knecht noch Freier, hier ist kein Mann noch Weib; denn ihr seid allzumal einer in Christo Jesu.
27 Zu ihr siehe S. 217–219 u. ö.
28 J. Osterhammel, Sklaverei (mit eher selektiven Angaben zur Antike).
29 Siehe die Bibliographie, 6.6.1 und passim.

Seiner Grausamkeit war man sich bewusst;[30] abgesehen von der Lebens- oder Verstümmelungsgefahr, in der die Kämpfenden schwebten, konnten sie im Fall der Niederlage regelmäßig getötet oder mindestens in die Sklaverei verkauft werden; Frauen und Kinder wurden in der Regel nur versklavt. Auch hier war die Antike grausam, bei vollem Bewusstsein. Trotzdem gewährte der Krieg höchstes gesellschaftliches Ansehen, da Bewährung in Gefahr auf diese Weise geehrt wurde. Zudem war ein Sieg oft gleichbedeutend mit der Weiterexistenz der Stadt, während eine Niederlage ihre Auslöschung bedeuten konnte.

Feste und öffentliche Spiele nahmen eine hervorgehobene Stellung im griechischen und römischen Leben ein[31] – dabei muss berücksichtigt werden, dass Sonntag und freies Wochenende unbekannt waren. Kultischen Ursprungs, verselbständigten sie sich bald, wenn auch unter Aufrechterhaltung kultischer Formen.[32] Bei den Griechen waren es zunächst sportliche Wettkämpfe, deren Bedeutung für das städtische und internationale Leben man kaum überschätzen kann. Diese Kämpfe waren die einzige Institution, bei der die in unabhängigen Städten lebenden Griechen sich ansatzweise als eine politische Einheit empfinden konnten. Sportliche Übungsstätten, Gymnasien, und die darin abgehaltenen Übungen gehörten zum selbstverständlichen öffentlichen Leben einer griechischen Stadt, wie Rathaus, Theater oder Volksversammlungsplatz,[33] und teilweise übernahmen das die Römer. Bei ihnen standen allerdings Feste und Spiele anderer Art im Vordergrund, Tierhatzen, Gladiatorenspiele und ähnliches. Wie sehr es sich jedoch auch dabei um öffentliche Veranstaltungen im politischen Sinne handelte, zeigt sich darin, dass die Willensbekundungen der Besucher schon in der Republik als Meinungsäußerungen des Volkes galten[34] und insbesondere und bekanntermaßen dann in der Kaiserzeit und im gesamten römischen Herrschaftsbereich Berücksichtigung fanden.

Für die antike Frauengeschichte[35] ist nicht spezifisch, dass die Frauen keine politischen Rechte hatten; die bekamen sie in der gesamten Weltgeschichte, wenn überhaupt, erst seit Beginn des 20. Jahrhunderts n.Chr. Hervorzuheben wäre demgegenüber vorläufig dreierlei. Im Allgemeinen waren die Frauen innerhalb der generellen Zurückgesetztheit, wie sie in der bisherigen Weltgeschichte immer herrschte und herrscht, bemerkenswert selbständig. In den meisten Fällen, in denen wir ausreichendes Quellenmaterial haben, beteiligten sich die Frauen mit großer Selbstverständlichkeit am Wirtschaftsleben, wenn auch in quantitativ geringerem Ausmaß als die Männer, und nahmen, von gelegentlichen topischen frauenfeindlichen Äußerungen abgesehen, ebenso selbstverständlich am alltäglichen und kulturellen Leben teil. An-

---

30 Im allgemeinen Bewusstsein nimmt man kaum die Tatsache wahr, dass schon und vor allem in den Kampfszenen von Homers „Ilias" die Verwundungen, Verstümmelungen und Tötungen mit einer grässlichen Genauigkeit beschrieben werden, wie man sie eher von Antikriegsbüchern erwarten würde.
31 Siehe die Bibliographie 6.7.1.5.
32 Zum Sport siehe S. 228–231.
33 Pausanias 10, 4, 1.
34 Siehe etwa Cicero, Für Sestius, 105 f., 115–118, 124–127; An Atticus 4, 15, 6; 10, 12a3; An Bruder Quintus 2, 15, 2; Ad familiares 8, 2, 1 (Caelius).
35 Zu ihr siehe S. 224–228.

ders, das heißt schlechter stellte sich ihre Situation ausgerechnet im demokratischen Athen und womöglich in anderen demokratischen Städten dar, wenngleich man auch dort von einer Unterdrückung nicht sprechen kann und schichtspezifische Unterscheidungen machen muss. Umgekehrt war die Position der Frauen in solchen Staaten besser, in denen eine Aristokratie oder jedenfalls eine herausgehobene kleine Schicht herrschte, wie etwa in Rom oder Sparta, wenn, wie in Rom, die rechtlichen Regelungen auf die an der Herrschaft beteiligten Frauen zugeschnitten waren. Wahrscheinlich sind das keine antiken Spezifika, sondern vielmehr Sachverhalte, die so in allen entwickelten Gesellschaften auftreten.

Die literarischen Produkte der Antike waren es vor allem, die in Mittelalter und Neuzeit rezipiert worden sind, erst in zweiter Linie kamen bildende Kunst und Architektur hinzu. Es ist natürlich völlig unmöglich, an dieser Stelle ein hinreichendes Bild dieser Schöpfungen und der Faszination zu geben, die sie auf immer neue Generationen ausgeübt haben und weiter ausüben. An allgemeinen Stichworten soll nur erstens auf das bis dahin fast völlig neue Faktum hingewiesen werden, dass alle diese Werke von Individuen verfasst wurden, die mit ihrem eigenen Namen – in der Dichtung zuerst Hesiod und Archilochos, in der Prosa Herodot – als solche hervortraten. Zweitens soll aufgezählt werden, was in der griechisch-römischen Antike erstmals geschaffen und gleichzeitig auf das höchste und meist bis heute wirkende Niveau gebracht wurde: Lyrik, Philosophie, Drama, Geschichtsschreibung, Roman, Rhetorik, Geographie. Drittens waren sie alle rationale Schöpfungen, mit kühlem Verstand gemacht, trotz immer mehr Vorgängern jeweils immer für sich stehend, Neues versuchend und hervorbringend, immer neu ansetzend und vor allem, abermals, säkular: Trotz zum Teil tiefer, auch persönlicher Frömmigkeit spielte die Religion keine zentrale Rolle.

Individualität (auch Politiker treten uns in Historiographie und Dichtung namentlich entgegen), Rationalität, Säkularität; Neuschöpfungen auf allen Gebieten des geistigen Lebens; höchstes Niveau – wenn das die Stichworte sein sollen, mit denen die Antike allgemein charakterisiert werden kann, so muss es, mit Ausnahmen, mit dieser Benennung sein Bewenden haben, weil das meiste sich an dieser Stelle noch einer Exemplifizierung entzieht und sich allenfalls nur auf dem Hintergrund der vorhergehenden Geschichte fassen lässt. Daher muss in wenigen Worten skizziert werden, inwiefern mit unserem Stichjahr 1000 v.Chr. tatsächlich etwas ganz Neues beginnt, das heißt es müssen einige Worte über die vorherigen Verhältnisse gesagt werden.

1.5 Ägypten und Alter Orient

Die vorangehenden altorientalischen Großreiche[36] waren zusammengebrochen oder auf ihre Kernbereiche reduziert, ebenso war die – griechisch sprechende – mykenische Kultur in Griechenland verschwunden, und in dieser weltpolitischen Windstille konnten sich kleinere Völker entfalten, die bisher im Schatten der Großmächte gestanden hatten, wie die Juden und Phöniker im Vorderen Orient, oder überhaupt erst heraus-

---

[36] Siehe die entsprechenden Bände der CAH sowie monumental, gleichwohl sehr lesbar und gut zugänglich A. KUHRT, Ancient Near East.

bilden, wie die Griechen in Europa. Um dieses Neue zu verdeutlichen, sei hier zunächst eine Skizze dessen gegeben, was diese Großreiche einschließlich der mykenischen Kultur ausmachte.

Obwohl durch die Archäologie stadtähnliche Siedlungen im vorderasiatischen Raum schon seit dem 9. Jahrtausend nachgewiesen sind, treten die altorientalischen Zivilisationen doch erst seit der Erfindung der Schrift vor etwa 3000 deutlich vor unsere Augen; an die Schrift schlossen sich alsbald eindrucksvolle Werke der Kunst und der Architektur an. Die ägyptische Geschichte verlief am übersichtlichsten: Nach der Begründung eines einheitlichen Reiches im Niltal um das Jahr 3000 unterscheiden wir – nicht die Ägypter selbst! – ein Altes, ein Mittleres und ein Neues Reich und eine Spätzeit, jeweils durch so genannte Zwischenzeiten unterbrochen, in denen das Reich auseinander fiel; das Neue Reich expandierte dann weit nach Vorderasien hinein. Immer stand das geeinte Ägypten unter einem starken Königtum mit ausgefeiltem Beamtenwesen. Dass die Vereinheitlichung nicht aus der Notwendigkeit resultierte, den Nilstrom zentral zu regulieren, folgt aus der mesopotamischen Entwicklung.

Dort setzte die Entwicklung mit den einzelnen sumerischen Stadtstaaten ein, die sich lange hielten. Abgelöst und inkorporiert wurden sie durch das Reich der semitisch sprechenden, aus der Wüste eingedrungenen Akkader, das dann in äußerst auch territorial wechselvollen und lang andauernden Prozessen durch andere Reiche mit anderen ethnischen Substraten und Sprachen abgelöst wurde; etwa durch das Babylonische Reich und vor allem durch die vom nördlichen Tigris kommenden Assyrer. Im 2. Jahrtausend drangen von Norden die eine indogermanische[37] Sprache sprechenden Hethiter nach Kleinasien ein, und ihr expandierendes Reich trat um die Mitte des Jahrtausends in Rivalität mit Ägypten und den anderen vorderasiatischen Reichen. Schließlich entstand auf Kreta ebenfalls im 2. Jahrtausend eine Hochkultur, die von uns die minoische genannt wird und die eine noch nicht identifizierte Sprache sprach; ähnlich dann, aber eben griechisch sprechend, seit der Mitte des Jahrtausends in Griechenland die mykenische. Sie alle wurden um 1200 v.Chr. teils durch innere Krisen, teils durch das Andringen von aus dem Norden kommenden Völkerscharen – nach den ägyptischen Quellen Seevölker genannt – entweder ganz vernichtet oder stark geschwächt.

Allen gemeinsam ist das Zivilisationsmerkmal par excellence, die Schrift, die fast immer eine Silbenschrift war. Die ägyptischen Hieroglyphen, obwohl vielleicht von Mesopotamien angeregt, nahmen eine gesonderte Entwicklung, während im Übrigen die von den Sumerern aus der Bilderschrift entwickelte Keilschrift diejenige Schriftart war, in der alle altorientalischen Sprachen geschrieben wurden, gleichgültig, welcher Sprachfamilie sie angehörten; nur das spätere Phönizische und ihm folgend das Hebräische entwickelten eine eigene Laut- und Buchstabenschrift. Die Staaten waren durchgängig monarchisch organisiert; die Städte waren entweder in die monarchi-

---

37 Ich ziehe den Terminus indogermanisch der Bezeichnung indoeuropäisch vor; letztere scheint mir aus dem Bestreben geboren zu sein, das nach dem 2. Weltkrieg in scheinbaren Verruf gekommene Wort germanisch zu vermeiden. Indogermanisch ist jedoch viel plastischer, weil es eine europäische Sprache nun einmal nicht gibt und die gemeinte Sprachfamilie vom Altindischen im Osten bis zum Germanischen – Island – im Westen reicht.

schen Flächenstaaten inkorporiert oder stellten selber Kleinkönigtümer dar, waren jedenfalls nur urbanistische Phänomene und hatten keine eigenen Verfassungen. Trotz säkularer Bereiche war das geistige Leben stark religiös geprägt, entsprechend die Literatur. Individuen machen sich im Vergleich zur griechisch-römischen Antike wenig bemerkbar. Die eigene Vergangenheit wurde in Königslisten oder chronikartigen Zusammenstellungen festgehalten.

Wenn diese wenigen Stichworte einen defizitären, absprechenden Unterton haben sollten, so ist er dadurch zu erklären, dass sie hier im Hinblick auf das zusammengestellt sind, was dann die spätere europäische Kultur ausmacht; über den Eigenwert und die Lebenskraft der ungeheuer formenreichen altorientalischen Kulturen sagen sie, zumal da sie natürlich äußerst unvollständig sind, selbstverständlich überhaupt nichts aus. Wenn man zudem ihre zeitliche Dauer in Rechnung stellt, dürfte ein eventuelles heutiges Überlegenheitsgefühl noch mehr schrumpfen. Rechnet man nämlich ihre Lebensdauer zusammengenommen und sehr überschlagsartig auf dreitausend Jahre und rechnet dann von heute zurück, dann befände man sich genau im Jahre 1000 v.Chr., also dem Datum, an dem wir einsetzen und mit dem wir unsere vielfältige gesamteuropäische Geschichte, den Gegenstand dieser Handbuchreihe, beginnen lassen – so erhält man eine Vorstellung von dem gewaltigen Ausmaß der altorientalischen Geschichte und ihrer trotz aller Wandlungen beachtlichen Stabilität.

Gleichwohl: Der Einschnitt am Ende des 2. Jahrtausends war so tief und so stark, dass die Kontinuität mit der späteren Geschichte außerhalb des Alten Orient selber abbrach. Die Griechen fingen unbeschadet der gleich zur Sprache kommenden altorientalischen Einwirkungen dennoch aufs Ganze gesehen von vorne an. Der Alte Orient war für sie ein unbekanntes, unerklärliches und zum Teil bewundertes Märchenreich, insbesondere Ägypten. Selbst mit der eigenen mykenischen Vergangenheit war die Verbindung abgebrochen. Demgemäß hat der Orient, abgesehen von dem Spezifikum des Christentums, wenig unmittelbare Auswirkungen auf die gesamteuropäische Geschichte gehabt. Erst mit der neuzeitlichen Wissenschaft um die Wende vom 18. zum 19. Jahrhundert begann man, ihre schriftlichen Hinterlassenschaften zu entziffern und zu lesen, und erst damit traten sie wieder in das Allgemeinbewusstsein; vorher waren sie allenfalls Gegenstand romantisch-phantastischer Spekulationen. Hethitisch ist sogar erst zu Beginn des 20. Jahrhunderts entziffert worden, und erst damit wurde die Existenz einer wirkungsmächtigen hethitischen Kultur und Geschichte bekannt; ebenso wurde erst im 20. Jahrhundert die minoische Zivilisation entdeckt, die außer einigen sagenhaften Bruchstücken von der gesamten griechisch-römischen Welt vergessen worden war. Daher ist es sachgerecht, ein Handbuch der europäischen Geschichte mit dem Jahr 1000 v.Chr. beginnen zu lassen. Die griechisch-römische Welt hatte von vorne angefangen.

1.6 Rezeptionen

Wir tun dasselbe in unserer vorliegenden Darstellung und versuchen, uns in einem neuen Ansatz der Antike zu nähern, und zwar über den Begriff, der eingangs als besonders charakteristisch bezeichnet wurde, nämlich über die verschiedenen Arten der

Rezeptionen. Dieser ursprünglich rechtshistorische, dann literaturwissenschaftliche[38] Terminus wird hier also auch auf historische Sachverhalte übertragen; nur er ist in der Lage, die Übernahme und das verändernde Weiterwirken kulturgeschichtlicher Phänomene zu beschreiben, und nicht nur das: Das Rezipierte selber erhält Form und Charakter im Bewusstsein der Nachwelt – und das sind auch wir – nur durch die verschiedenartigen Formen dessen, was jeweils rezipiert wurde und so weiterlebte. Einfache mechanische Tradierung ist selber zwar Voraussetzung, ist aber nicht schon Rezeption, weil für diese eine lebendige Anverwandlung erforderlich ist. Wenn also im Folgenden ein schneller Abriss der Rezeptionsvorgänge gegeben wird, so soll es sich um zweierlei handeln: Gewiss auch darum, die verschiedenen Formen und Inhalte der Antikerezeption als konstitutiv für das rezipierende Europa darzustellen, vornehmlich aber darum, unser Bild der Antike selber als Ergebnis der unterschiedlichen Rezeptionen plausibel zu machen.[39]

Schon in der Antike fand eine immerwährende Rezeption statt. Das begann damit, dass die im Entstehen begriffene griechische Welt der archaischen Zeit auf zahlreichen kulturellen Gebieten Altorientalisches übernahm oder sich von ihm anregen ließ, dieses freilich so vollständig anverwandelte, dass die Entdeckung dieser vielfältigen Verbindungen, die seit dem 19. Jahrhundert gemacht wurde, zunächst auf Unglauben und Widerstand stieß.[40] Umgekehrt ist die Ausdehnung der griechischen Zivilisation über den gesamten Vorderen Orient in der Folge der Eroberungen Alexanders des Großen zwar zum Teil durchaus damit zu erklären, dass ohnehin die Kultur von Eroberern eine erhebliche Anziehungskraft hat, aber doch nur zum Teil. Dass nämlich über die Jahrhunderte hinweg die griechische Kultur sich immer mehr durchsetzte und schließlich zur Zeit des Arabersturms fast die einzige war, ist nur dadurch zu erklären, dass sie auch aus sich heraus wirkte; besonders deutlich fällt das dadurch ins Auge, dass nicht wenige Städte auch unter parthischer Herrschaft griechisch geprägt blieben.[41] Auch sei auf die paradoxen Wirkungen des Makkabäeraufstandes verwiesen, der ja im Zeichen des Widerstandes gegen die griechische Zivilisation geführt und gewonnen wurde, der aber schließlich dennoch zu griechisch geprägten Königreichen in Palästina führte – immerhin ist der den meisten jüdisch vorkommende Name Herodes rein griechisch.

Schließlich ist die Zivilisation des militärisch-politisch siegenden Rom gerade nicht von den Griechen übernommen worden. Im Gegenteil haben die Römer auf zahlreichen Gebieten des geistigen Lebens von den Griechen gelernt, um das mindeste zu sagen. Das ist ihnen auch selber bewusst gewesen, wie etwa Cicero in einem Brief an seinen Bruder Quintus ausführt oder wie es Horaz in einem berühmt gewordenen Vers sagt: Das eroberte Griechenland eroberte den rauen Sieger und führte die Künste in

---

38 H. R. Jauss, Rezeption.
39 Über verschiedene Rezeptionen und Klassizismen siehe Abschnitt 8 „Renaissancen und Klassizismen" bei W.-D. Heilmeyer, Griechische Klassik.
40 Freilich keineswegs durchgängig; ich zitiere aus der 1. Auflage 1873 des für die Schule (!) gedachten Wörterbuches zu Homer von G. Autenrieth: „Man wird übrigens je länger je mehr zu der Einsicht kommen, wie die Altertümer des Orients zur Aufhellung der hellenischen zu beachten sind" (S. III der 12. Aufl., Leipzig und Berlin 1915).
41 M. L. Chaumont, Villes hellénisées.

das bäuerliche Latium ein.[42] Das bezieht sich auf die Literatur – etwa schon im 3./2. vorchristlichen Jahrhundert bei den Komödienschreibern Plautus und Terenz, dann die Dichterschule der Neoteriker oder die Stilrichtung des Attizismus –, die Philosophie und Rhetorik – vor allem Cicero selbst –, auf Kunst und Architektur – Augustus legitimierte seine Herrschaft unter anderem damit, dass er Elemente der klassischen griechischen Kunst des 5. Jahrhunderts verwendete[43] –, ja zu einem gewissen Teil sogar auf das, was als urrömisch gilt, auf das römische Recht.[44]

Freilich handelte es sich nicht um eine bloße Übernahme, sondern um eben das, was der Begriff Rezeption ausdrückt, um eine Anverwandlung; darin dürfte der Unterschied zur hellenistischen Kultur bestehen, die eine Weiterentwicklung der griechischen und keine Mischkultur war. Plautus und Terenz, die in ihren Prologen selber angeben, dass ihre Stücke jeweils nach bestimmten griechischen Vorlagen gearbeitet sind, haben eben doch lateinische Literatur geschaffen, erst recht die im alkäischen und sapphischen Maß beziehungsweise in Hexametern dichtenden Horaz und Vergil, und wenn die römische Rechtswissenschaft dadurch geboren sein sollte, dass auf das kasuistische Denken der römischen Juristen Kategorien der griechischen Philosophie angewandt wurden, dann genügt zur Relativierung dieses Faktors denn doch der einfache Hinweis darauf, dass die Griechen selber eben keine Rechtswissenschaft hervorgebracht haben.

Das römische Weltreich schließlich war eine der Bedingungen dafür, dass eine orientalisch-hellenistische Religion ihren Siegeszug antreten konnte, das Christentum. Seine Geschichte fast bis heute ist dasjenige Faktum, das die immerwährenden Rezeptionen antiker Kultur am eindringlichsten vor Augen führt – *fast* bis heute, denn es sieht so aus, als hätte auch das Christentum die Bindungswirkung verloren, die es über zwei Jahrtausende hin in zahlreichen Verwandlungen gehabt hat. Das Christentum selber ist ein komplex zusammengesetztes Phänomen. Seine Grundtexte, die des Neuen Testaments, sind griechisch geschrieben, und die Geschichte der frühen Theologie und die der frühen Kirche zeigen, wie sehr weltlich-heidnische Elemente im geistigen wie politischen Bereich sich mit solchen mischen, die man als genuin christlich bezeichnen muss. Hinzu kommt, dass trotz prinzipieller Ablehnung nichtchristlichen, als heidnisch geltenden Schrifttums ebensolche Texte – freilich keineswegs alle – doch weiter rezipiert und bewahrt wurden. Zum einen sind die Schriften der Kirchenväter ein lebendiges Zeugnis dieser Amalgamierung, zum anderen wurde die Streitfrage, ob man heidnische Texte selber bewahren dürfe im Ergebnis so entschieden, dass man es tat, und entscheidend wirkte hier der spätantike Gelehrte und hohe Beamte Cassiodor[45] sowie der Heilige Benedikt von Nursia[46], dessen Regel schon in früher Zeit dafür

---

42 An Bruder Quintus 1, 1. Auch sonst sind Ciceros Briefe selber – und sei es nur durch die Zitate und die ständigen Beispiele aus der griechischen Geschichte – der lebende Beweis dafür, wie die römische Kultur durchtränkt mit Griechischem war. – Horaz: Graecia capta ferum victorem cepit et artis / intulit agresti Latio. Briefe 2, 1, 156 f.
43 E. La Rocca, Klassizismus.
44 Siehe dazu S. 206.
45 Siehe S. 261.
46 Siehe S. 267.

sorgte, dass in den Klöstern auch nichtchristliche Texte immer wieder abgeschrieben und tradiert wurden.

Das römische Weltreich war es dann, das, großenteils auf dem Weg über das Christentum, zwei Völker oder Völkergruppen an die in ihm verkörperte Zivilisation heranführte, die zusammen mit den Völkern des Reiches selber die weitere europäische Geschichte bestimmen sollten: die Kelten und die Germanen. Die Herausbildung der unterschiedlichen europäischen Völker erfolgte durch einen höchst komplexen Vorgang, durch den sich diese Barbaren zivilisierten und miteinander neue Verbindungen eingingen, wobei vor allem die Kelten mit Romanen und Germanen verschmolzen – das Slawentum trat erst später in diesen Prozess ein. Die Fülle der europäischen Völker und Kulturen hat ihren Anfang im Zusammenstoß der ursprünglichen Barbaren mit der antiken Zivilisation und der nachfolgenden Auseinandersetzung mit ihr genommen. Das wichtigste kulturelle Movens dieses Prozesses war natürlich das allen gemeinsame Christentum, dessen Texte denn doch die Hauptmasse der aus der Antike in die Folgezeit hineinragenden Überlieferung ausmachten.

Gleichwohl sind es auch bei diesen neu sich herausbildenden Völkern die nichtchristlichen antiken Texte, die aller sonstigen Brüche unerachtet die lebendige Kontinuität zwischen dem Altertum und den darauf folgenden Epochen bewahrten.[47] Im westlichen Europa war es vor allem die lateinische Literatur, auf die in den folgenden anderthalb Jahrtausenden in immer erneuerten Renaissancen zurückgegriffen wurde;[48] die griechischen Texte hielten sich in ihrer Sprache vor allem, aber nicht nur, in Byzanz, aber von diesen waren viele durchaus schon vor der Eroberung von Byzanz durch die Türken in den Westen gekommen. Das erste Mal, dass der Rückgriff auf die antike Literatur in so starkem Maße erfolgte, dass man von einem Einschnitt sprechen kann, war durch die „Karolingische Renaissance" unter Karl dem Großen und wohl auch durch ihn persönlich.[49] Nicht nur, dass im Zusammenhang mit seiner Kaiserkrönung eine „renovatio imperii" verkündet wurde, es wurde auch auf geistigem Gebiet teilweise – neben, oder besser nach der Heiligen Schrift und den Kirchenvätern – an die Antike angeknüpft. Gewiss waren die ursprünglichen Motive das der Reinigung der verwilderten lateinischen Sprache und das der Wiederherstellung der christlichen Texte, gewiss waren die nichtchristlichen Texte zunächst die der Spätantike. Gleichwohl verdankt schließlich der größte Teil der uns überlieferten Texte der klassischen Literatur ihre bis heute gesicherte Existenz eben doch einzig und allein dieser Erneuerungs- oder jedenfalls Sammlungs- und Sicherungsbewegung.[50]

---

47 Daher konnte ein „Lexikon griechischer und lateinischer Autoren des Altertums *und* des Mittelalters" geschrieben werden: W. Buchwald/A. Hohlweg/O. Prinz.
48 Von Rolf Köhn stammt die einprägsame Formulierung der an sich bekannten Tatsache, dass durch die „begnadete Selbstdarstellung der italienischen Renaissance" die Tatsache verdeckt werde, dass deren Autoren ihre Funde ja nur machen konnten, „weil die wiederentdeckten Texte nie völlig verschwunden waren", in: J. Cobet u.a., Europa, 183.
49 Folgender Bd. 2: H.-W. Goetz, Europa im frühen Mittelalter 500–1050, 251–255.
50 Exemplarisch verfolgt das textgeschichtliche und inhaltliche Schicksal einer bedeutenden antiken Schrift, der „Naturalis Historia" des älteren Plinius, durch Mittelalter und Renaissance hindurch A. Borst, Buch der Naturgeschichte.

Diese Anknüpfung hatte nämlich eine ganz konkrete Folge, denn die Textgeschichte[51] zeigt,[52] dass die meisten Handschriften mit Texten aus der Antike auf karolingische Handschriften zurückgehen.[53] Das bedeutet, dass sie ohne diese groß angelegte Wiederbelebungsaktion verloren gegangen wären – die Funde, die die großen Gestalten der italienischen Renaissance machten, waren zumeist Werke, die ihr Überleben nur dem karolingischen Fleiß zu verdanken hatten. Inhaltlich erlebte etwa in Karls Biograph Einhard die Geschichtsschreibung nach dem Vorbild der römischen Historiographen[54] einen Aufschwung; amüsant und wohl auch amüsant gemeint war, dass sich gelehrte Tischgenossen Karls poetische Pseudonyme wie Flaccus, Pindar oder gar Homer zulegten. Die Anknüpfung an das römische Kaisertum war ebenfalls folgenreich; sie erlebte in den folgenden tausend Jahren ständige Wandlungen der renovatio imperii – höchst eindrucksvoll unter Otto III., dessen Mutter die byzantinische Prinzessin Theophanu gewesen war – und endete erst mit der Niederlegung der Römischen Kaiserkrone durch Franz I. 1806. Als einziges Beispiel für das, was man „Ottonische Renaissance" nennt, sei nur hingewiesen auf die legitimierende Ausschmückung kaiserlicher Architektur mit aus Italien herbeigeholten Spolien wie beispielsweise schon im Magdeburger Dom durch Otto den Großen.[55]

Die lateinische Sprache, die Sprache der Kirche, war es ohnehin, die für Kontinuität sorgte, so sehr sie sich auch vom Latein eines Cicero entfernt hatte beziehungsweise so verwildert sie in den Dunklen Jahrhunderten auf dem Kontinent geworden war – auf den britischen Inseln wurde sie allerdings weiter gepflegt, so dass die von dort ausgehende Missionierung auch dazu beitrug, das Latein wiederherzustellen. Diese Sprache überbrückte die Epoche des Niedergangs[56], und in ihr – und in der Vermittlung durch arabische Übersetzungen[57] – geschah dann die mittelalterliche Entdeckung und Wiederbelebung der aristotelischen Philosophie durch die Scholastik, so dass Aristoteles jetzt erst recht seinen Beinamen „der Philosoph" verdiente. Um abermals nur ein Beispiel zu nennen sei auf die Bibliothek des Erfurter Professors Amplonius hingewiesen, die Amploniana, in der Aristoteles so umfangreich vertreten ist, dass sich an ihr die Berechtigung seines Beinamens handgreiflich erfahren lässt.[58] Die „Carmina Bura-

---

51 Der gesamte Prozess bei D. L. REYNOLDS/N. G. WILSON, Scribes and Scholars; eindrucksvolle Beispiele bei P. L. SCHMIDT, Bemerkungen.
52 Zur Faszination, die von der Geschichte der erhaltenen Manuskripte – und dann natürlich auch von ihrem Inhalt – siehe sogar jetzt bei Cees NOOTEBOHM, Nootebohms Hotel, 2002, 175–178 – und da wir einmal dabei sind: Herodot spielt eine wichtige Rolle in Michael ONDAATJE, The English Patient, 1992.
53 „Wir können heute die klassischen lateinischen Autoren großenteils nur wegen der Begeisterung und des Fleißes karolingischer Schreiber lesen", H. SCHULZE, Wiederkehr, 365.
54 Zu Sueton in der „Karolingischen Renaissance" M. INNES, Classical Tradition.
55 C. MECKSEPER, Magdeburg.
56 „Although few ages are so dark that they are not penetrated by a few shafts of light, the period from roughly 550 to 750 was one of almost unrelieved gloom for the Latin classics on the continent; they virtually ceased to be copied [...] the author of one sermon was under the unfortunate impression that Venus was a man". D. L.REYNOLDS/N. G.WILSON, Scribes, 85, 92.
57 Siehe nur kürzlich H. H. BIESTERFELDT, Hellenistische Wissenschaften.
58 K. PAASCH, Amplonius.

na" auf der anderen Seite zeigen wahre Rezeption insofern, als sie deutsche Volkspoesie in lateinischer Sprache sind.

Noch vor der italienischen Renaissance oder jedenfalls ihrer Hochblüte haben wir einen ganz spezifischen Rezeptionsprozess zu verorten, der handgreiflich bis heute andauert, vielleicht sogar mit der europäischen Vereinigung in eine lebensvolle neue Phase tritt. Es ist die Rezeption des römischen Rechts. Zunächst freilich ist entgegen einer weit verbreiteten Meinung festzuhalten, dass das römische Recht nicht erst warten musste, bis es durch die Neuentdeckung des justinianischen Corpus Iuris wieder einigermaßen unmittelbar Geltung erlangte. Seine Neugeltung überschnitt sich nämlich mit einer germanischen Rechtskodifikation, der Lex Romana Visigothorum, die, im 6. Jahrhundert für die römischen Untertanen des Westgotenreiches in lateinischer Sprache zusammengestellt, jahrhundertelang weit über den Untergang dieses Reiches selber hinaus in Geltung blieb.[59]

Freilich war es denn doch ein Jahrtausendereignis, als Anfang des 12. Jahrhunderts nach früherem Auffinden der Institutionen und des Codex Iustinianus eine Handschrift – die einzige, die überlebt hatte![60] – der Digesten auftauchte, des wichtigsten Teiles des Corpus Iuris, eine schon zur Zeit ihrer Entstehung mit Gesetzeskraft ausgestattete nach Sachgruppen geordnete Sammlung von Zitaten römischer Juristen. Dieser Fund traf zusammen mit dem Aufleben der oberitalienischen Städte und mit dem römisch-deutschen Kaisertum in Italien, kam also zwei Bedürfnissen zu Hilfe: dem nach verfeinerten rechtlichen Vorschriften für das immer komplexer werdende Wirtschaftsleben Oberitaliens und dem des Kaisertums nach seiner Legitimierung durch das römische Recht, das eben als kaiserliches, und das bedeutet als das der Vorgänger der römisch-deutschen Kaiser angesehen wurde. Zunächst an der neu gegründeten Universität Bologna, dann schnell an weiteren Universitäten wissenschaftlich ausgelegt und bearbeitet, verbreitete es sich unaufhaltsam über ganz Europa, also nicht nur in Italien, sondern auch in Frankreich, Spanien, ja durchaus auch in England, erst zuletzt in Deutschland.[61]

Überall, in modifizierter Weise in England und Schottland, ersetzte es allmählich die einheimischen Rechte beziehungsweise ging mit ihnen eine neue Verbindung ein, die in Deutschland ius commune, Gemeines Recht genannt wurde. Erst teilweise wurde es mit der Aufklärung durch neue Kodifikationen ersetzt, so in Preußen durch das „Allgemeine Landrecht für die Preußischen Staaten" von 1794, in Frankreich durch den „Code Civil" von 1804, in Österreich durch das „Allgemeine Bürgerliche Gesetzbuch" von 1811 und im Deutschen Reich durch das „Bürgerliche Gesetzbuch" von 1900. Sämtlich orientierten sie sich am römischen Recht, sei es, dass sie dessen Regelungen unmittelbar übernahmen, sei es, dass sie zwar andere Regelungen trafen, diese jedoch innerhalb der vom römischen Recht herausgearbeiteten Problemlagen, sei es jedenfalls in ihrer Struktur und Denkweise. Das heute im Entstehen begriffene gesamteuropäische Zivilrecht greift auf diese gemeinsamen Grundlagen der europäi-

---

59 Zuletzt W. Schuller, Leitbild.
60 Kurz dazu mit Nachweisen W. Schuller, Einführung, 134 f.
61 P. G. Stein, Römisches Recht, 97 f. und öfter.

schen Rechte zurück und ist dabei, das römische Recht wieder zu einem aktuellen Bestandteil der europäischen Rechtskultur zu machen.[62]
Aber natürlich ist die Rezeption des römischen Rechts nur ein Teilaspekt des riesigen Gesamtereignisses der europäischen, von Italien ausgehenden Renaissance, des rinascimento – „Wiedergeburt" –, also desjenigen Geschehens, das zu einem Umsturz des gesamten europäischen Geisteslebens, wenn nicht überhaupt der europäischen Geschichte geführt hat. Sie setzt zunächst auf literarischem Gebiet ein, machtvoll durch Francesco Petrarca[63] und Giovanni Boccaccio im 14. Jahrhundert, nachdem sich bereits Dante im 13. Jahrhundert als in der Nachfolge Vergils dichtend verstanden hatte; Dante, Petrarca und Boccaccio dichteten und schrieben eben nicht nur in der Volkssprache, sondern selbstverständlich auf lateinisch,[64] nun aber in einem Latein, das nicht das ausgedörrte der christlichen Kirche war, sondern das der lebendigen antiken Texte. Denn das in fast unablässiger Folge stattfindende Wiederauffinden der klassischen Texte – die, um es noch einmal einzuschärfen, freilich größtenteils aus karolingischer Zeit stammten – war einerseits natürlich das Ergebnis bewussten Suchens,[65] das freilich selber schon auf einem neu entflammten Verständnis von der Vorbildhaftigkeit und der sprachlichen und gedanklichen Gewalt der Texte beruhte, andererseits entzündeten diese Werke ihrerseits weiter die Kreativität der zunächst nur italienischen, dann allmählich der gesamten europäischen Intellektuellen in sprachlicher, künstlerischer, gedanklicher Hinsicht.[66]

Diese literarische Bewegung als Teil der Renaissance wird mit dem erst zu Beginn des 19. Jahrhunderts aufgekommenen Begriff Humanismus bezeichnet;[67] Renaissance im engeren Sinne bezieht sich vornehmlich auf bildende Kunst und Architektur. Sie setzte ebenfalls in Italien ein, etwa um ein Jahrhundert zeitversetzt, erreichte ebenfalls erst später das übrige Europa und hatte ihre Hochblüte im 16. Jahrhundert; wohlgemerkt in ganz Europa, also auch in Ost- und Ostmitteleuropa, worauf hinzuweisen gerade heute im Zeichen der Annäherung beider Teile Europas durchaus seine Funktion haben kann[68]. Hatte der Humanismus durch sein Erfordernis der Wiederherstellung der authentischen Fassungen der biblischen Texte seinen Anteil an der Reformation – obwohl der größte Humanist des 16. Jahrhunderts, Erasmus von Rotterdam, der Reformation skeptisch gegenüberstand[69] – und hatte er insofern in geistiger Hinsicht das Gesicht Europas einschneidend verändert, so veränderte die auf Kunst und Architektur bezogene Renaissance auch sein äußeres Gesicht – Manierismus, Barock, Rokoko und Klassizismus waren dann nur weitere Folgen dieser einmal begonnenen Entwicklung.

Seit der Renaissance ist die Antike nie wieder vergessen worden und hat nicht nur immer zum selbstverständlichen Bildungsbesitz derjenigen Schichten und Personen

---

62 Problematisierungen dieser Frage bei C. KRAMPE, Europa; F. RANIERI, Romanistik, 966 f.
63 K. STIERLE, Petrarca.
64 F. HAUSMANN, Petrarca.
65 Schön geschildert in der Novelle Conrad Ferdinand MEYERS, Plautus im Nonnenkloster.
66 Speziell zu Homer G. FINSLER, Homer in der Neuzeit.
67 G. HUBER-REBENICH/W. LUDWIG, Humanismus.
68 M. FUHRMANN, Humanismus; R. SCHNUR, Polen (passim; vor allem bildende Kunst).
69 R. H. BAINTON, Erasmus, 176–187.

gehört, die etwas auf sich hielten, sondern hat auch immer wieder zu neuen Schöpfungen Veranlassung gegeben. So wenig wie im Vorstehenden eine Geschichte der Renaissance geschrieben werden konnte, so wenig können hier die darauf folgenden Wirkungen der Antike hinreichend vorgeführt werden. Erwähnt sei nur, dass die literarischen, künstlerischen und architektonischen Hervorbringungen der Antike immer wieder übernommen, kopiert, abgewandelt wurden oder dass sie jedenfalls zum Ausgangspunkt für das Eigene dienten. Als Beispiel sei zum einen auf Michel de Montaigne verwiesen, dessen Essays großenteils von griechischen und lateinischen Texten ausgehen und die infolgedessen von Zitaten antiker Autoren überquellen, zum anderen seien, schon in ihren Titeln sichtbar, die Dramen der großen französischen Dramatiker Corneille (z.B. Horace, Cinna, Polyeucte, La mort de Pompée, Rodogune) und Racine (La Thébaide, Alexandre le Grand, Andromaque, Britannicus, Bérénice, Mithridate, Iphigénie en Aulide, Phèdre) genannt. Freilich hat gerade zu dieser Zeit der Absolutheitsanspruch, der für die Antike erhoben wurde, in der Querelle des anciens et des modernes ernsthaft bestritten werden können, eines der äußeren Zeichen dafür, dass es neben den in immer neuen Verwandlungen auftretenden Wiederaufnahmen antiker Kultur eigenständige Entwicklungen gab und erst recht heute gibt.

Während also die Antike mindestens als Lieferant von Vorbildern[70] oder mindestens Metaphern immer lebendig blieb – die Lektüre Friedrichs des Großen bestand aus den antiken und den französischen Klassikern[71] – war ihr Weiterleben im ersten Verlauf des 18. Jahrhunderts in Barock und zum Schluss Rokoko doch, wie man sagen kann, stecken geblieben. Das gab schließlich Veranlassung zu zahlreichen dagegen gerichteten Bewegungen; es sei an den rousseauschen Natur- und Natürlichkeitskult – der freilich ebenfalls auf antike Vorbilder nicht verzichten konnte – oder für Deutschland an den Sturm und Drang erinnert. Auf der anderen Seite bestand eine besonders folgenreiche Gegenbewegung gerade darin, im Gegenteil und wieder einmal die Antike von den als verfälschend angesehenen Veränderungen zu befreien, die sie im Laufe der Jahrhunderte bekommen hatte, also zur Klassik zurückzukehren, und entsprechend heißt diese sich nun vor allem in der bildenden Kunst und der Architektur ausdrückende Bewegung Klassizismus.[72]

Ihre erste Ausprägung fand sie – nach dem Beginn der archäologischen Ausgrabungen in der Toscana, dem antiken Etrurien – in der Entdeckung der Eigenständigkeit der griechischen Kunst durch Johann Joachim Winckelmann in den sechziger Jahren des 18. Jahrhunderts[73] und drückte sich paradoxerweise vor allem darin aus, dass diese anscheinend unverfälscht wieder entdeckte Antike sofort Veranlassung zu ihr anscheinend genau folgenden Neuschöpfungen bot, die jedoch, glücklicherweise, Neuschöpfungen eigenen Rechts waren. Als Beispiel sei nur das Brandenburger Tor in

---

[70] Zu Gotthold Ephraim Lessing siehe jetzt U. Korzeniewski „Sophokles! Die Alten!".
[71] W. Schuller, Apollini et Musis, 168–172.
[72] Exempli gratia: W. Schuller, Klassizismus; Thüringer Landesmuseum (Hg.), Antlitz; dort weiterführende Literatur.
[73] J. J. Winckelmann, Schriften und Nachlaß.
[74] W. Arenhövel/R. Bothe (Hg.), Brandenburger Tor.

Berlin erwähnt,[74] das vermeintlich die Propyläen auf der Akropolis in Athen wiedergab, die fälschlich als ein Stadttor angesehen wurden. Wie viele andere Bauten Europas – für Preußen seien zahlreiche Werke Karl Friedrich Schinkels erwähnt – und nun auch Nordamerikas[75] bezeichnet es eine neue, eigene Phase der Kunstgeschichte. Einen politisch verursachten Schub erhielt diese Bewegung schließlich durch das Kaiserreich Napoleons, das schon im Namen „Empire" und in vielen Einzelheiten der Selbstdarstellung an das römische Kaiserreich anknüpfte und das dann ebenfalls einer (Unter-)Epoche den Namen gab.

Der eigenartigste Rekurs auf das, vor allem römische, Altertum war aber schon vorher durch die Französische Revolution geschehen.[76] Sie bezog einen nicht geringen Teil ihrer Legitimation daraus, dass sie beanspruchte, auf römische Verhältnisse, Geschehnisse und Symbole zurückzugreifen, angefangen von der Phrygischen Mütze, eines Kennzeichens befreiter Sklaven, über das regelrechte Nachspielen heroischer Ereignisse der römischen Geschichte bis hin zu der Tatsache, dass sich nicht wenige Akteure mit römisch republikanischen Namen schmückten. Das ging so weit, dass es angesichts des teilweise mummenschanzhaften Charakters dieser Dinge allmählich schwer fällt, von schöpferischer Anverwandlung zu sprechen. Freilich hat diese Übernahme den Anlass dafür gegeben, dass sich in der wissenschaftlichen Forschung und dann auch im allgemeinen Bewusstsein die rationale Kritik an der antiken Überlieferung durchsetzte.

Direkt durch die Revolution angestoßen nämlich war das Werk Barthold Georg Niebuhrs,[77] der die von den Revolutionären in Anspruch genommenen Nachrichten über die gracchische Ackerreform widerlegen konnte und der schließlich die gesamte Geschichte der römischen Republik quellenkritisch untersuchte, und auf griechischer Seite durch die Homeranalyse Friedrich August Wolfs. Nimmt man noch einen antiklassizistischen Affekt hinzu, der sich, nach Anfängen schon im 18. Jahrhundert, für die Geschichtswissenschaft etwa in dem Werk „Die Staatshaushaltung der Athener" August Böckhs[78] von 1817 beispielhaft zeigt, dann ist nicht schwer einzusehen, dass schließlich das eintrat, was Max Weber[79] „Entzauberung" nannte; neutral gesagt ist es die Verwissenschaftlichung der Beschäftigung mit dem Altertum. Zwar sind deren Voraussetzungen, Ursachen und ihrerseits wieder Bedingungen setzende Folgen nicht

---

75 Der nordamerikanische Klassizismus in der Architektur ist ein Kapitel für sich – freilich hängt er doch eng mit dem europäischen zusammen, weil er in der Phase der amerikanischen Unabhängigkeit aufkam und, als revolutionärer aufgefasst, diese Bestrebungen symbolisierte; siehe nur B. PICKENS, Jefferson; W. H. PIERSON jun., American Buildings (enzyklopädisch); J. M. FITCH, Vier Jahrhunderte (Kapitel: „Die römische Formensprache: Instrument des Fortschritts", „Traumbild Griechenland", „Athen jenseits der Appalachen"); L. M. ROTH, American Architecture (Kapitel „A new architecture for a new nation"). Zur politischen Rom-Rezeption bei der amerikanischen Revolution siehe P. A. RAHE, Republics Ancient and Modern.
76 C. MOSSÉ, Antiquité; gute Zusammenfassung in W. DAHLHEIM, Antike, 693–700.
77 A. HEUSS, Niebuhr; G. WALTHER, Niebuhr.
78 Hugo von HOFMANNSTHAL hat den Schluss der „Staatshaushaltung" in sein „Deutsches Lesebuch" aufgenommen.
79 Seine Agrargeschichte, im Rahmen der Gesamtausgabe neu kommentiert von Jürgen DEININGER, zeugt im Übrigen von seiner Kompetenz auf dem Gebiet der Alten Geschichte.

leicht auseinander zu halten, jedenfalls besteht das Ergebnis darin, dass die Antike seitdem ihren unbefragten Vorbildcharakter verloren hat.[80]

Allerdings verlief dieser Prozess in sich widersprüchlich. Einerseits erlangten das humanistische Gymnasium und die Erforschung der Antike auf den Universitäten gerade im 19. Jahrhundert – vor allem, aber nicht nur in Deutschland – einen seit dem Mittelalter noch nicht wieder da gewesenen Höhepunkt.[81] Dazu kam die Tatsache der Wiederentdeckung der altorientalischen Sprachen und Kulturen durch die Ausgrabungen und die Entzifferungen der Schriften, so dass man über sie jetzt besser Bescheid wusste als es sogar selbst die gesamte Antike getan hatte; ein Prozess, der bis heute anhält. Aber all das ist nur ein Ausdruck der Verwissenschaftlichung, also der wissenschaftlichen Forschung auf einem Gebiet, dessen Bedeutung sich nicht mehr unmittelbar und aus sich heraus ergab. Zudem drängten auf der anderen Seite die Naturwissenschaften und die Technik – also Gegenstände, deren Wichtigkeit auf der Hand lag – in einem noch nie da gewesenen Aufschwung nach vorne und bewirkten die Industrielle Revolution, und dieser Prozess ist es erst recht, der in immer stärkerer Beschleunigung bis heute und auf unabsehbare Zeit andauert.

Diese Verwissenschaftlichung der Beschäftigung mit der antiken Zivilisation und Geschichte hatte zwei Auswirkungen, die in der europäischen Geschichte etwas Neues darstellen. Zum einen bewirkte sie, dass die Rezeption in dem Sinne, wie es sie bisher in Europa gegeben hatte, abbrach. Die Erkenntnis der jeweiligen historischen Bedingtheiten dessen, was man von der Antike wahrnahm, nahm ihm die bis dahin immer noch bestehende Vorbildhaftigkeit. Zum anderen war man nicht mehr auf das angewiesen, was durch den Selektionsprozess der Jahrhunderte von der antiken Überlieferung ausgewählt worden und übrig geblieben war, sondern durch die Bodenfunde und die systematische Erschließung der neuen Quellenarten der Inschriften und der Papyri kamen jetzt Bereiche und Dimensionen des antiken Lebens zutage, die völlig verschollen gewesen waren und die nun ihre Wirkung auf die Erkenntnis ausüben konnten.

Umso eindrucksvoller ist es, dass trotzdem immer wieder auf Teilgebieten eine erhebliche Anziehungskraft der Antike zu konstatieren ist, die aus sich heraus wirkt und nicht im geringsten Nachahmung, sondern Neuschöpfung bedeutet.[82] Dass Aristoteles der kontinentaleuropäischen Politologie zumindest nach außen hin durchaus als Gründervater gilt, ist wohl einigermaßen bekannt, vielleicht überrascht es aber doch

---

80 Lediglich erwähnen kann ich an dieser Stelle nur die große Bedeutung, die Nichtantik-Orientalisches um dieser Zeit für die europäische Kultur gehabt hat und nenne hier nur Goethes Westöstlichen Divan und Schopenhauers Philosophie; in der bildenden Kunst die Chinoiserie des 18. und den Japonismus des 19. Jahrhunderts.
81 M. Landfester, Humanismus.
82 Wenigstens in einer Fußnote sei erwähnt, dass die Antike auch und besonders in der Trivial-, Abenteuer- und Kinderliteratur des 19. und 20. Jahrhunderts weiterwirkte, von den unmittelbar aus den Quellen geschöpften und eigenen künstlerischen Wert aufweisenden „Sagen des klassischen Altertums" von Gustav Schwab angefangen (jetzt sogar ins Chinesische übersetzt) über „Die letzten Tage von Pompeji" von Edward Bulwer Lytton und „Ein Kampf um Rom" von Felix Dahn bis hin zu – ja, doch! – Alix und Asterix (R. van Royen/S. Vegt, Asterix; K. Brodersen (Hg.), Asterix) oder den in der römischen Kaiserzeit spielenden, vorzüglich recherchierten heutigen Kriminalromanen von Lindsey Davis.

zu hören, dass die insbesondere englischsprachige Politikwissenschaft etwa in Thukydides und in der griechischen Geschichte immer wieder Grundmuster politischen Handelns und politischen Denkens sieht und für die eigenen Überlegungen fruchtbar macht.[83] Bekannter ist die Tatsache, dass die Literatur immer wieder auf antike Stoffe zurückgreift,[84] denen anscheinend überzeitliche Bedeutung beigemessen wird.[85] Als vier Beispiele aus der ungeheuren Fülle seien „Caesar und Kleopatra" von George Bernard Shaw[86] und Jean Giraudoux' Stück „Amphitryon 38" genannt, dessen Titel bereits besagt, dass es die achtunddreißigste Bearbeitung dieses Stoffes sei oder Henry de Montherlants „La Guerre Civile" von 1965. Und gerade in allerjüngster Zeit lebt Alain Robbe-Grillets „La reprise" von der Verschränkung sogar zweier antiker Motivkomplexe – dessen des Ödipus und dessen des Amphitryon – miteinander und mit Motiven des Nachkriegsberlin.[87] Die Bezugnahmen Carl Schmitts auf die Antike bedürfen noch einer grundlegenden Untersuchung.[88] Antike Vorlagen liegen bedeutenden Opern zugrunde wie Hector Berlioz' „Les Troyens"[89] oder der „Elektra" von Hugo von Hofmannsthal und Richard Strauss.[90]

Auch der künstlerische Film greift auf antike Stoffe zurück – immerhin haben aber auch Historienschinken mit Wagenrennen oder Kleopatra (VII.) anscheinend kassenfüllende Eigenschaften –, so etwa Federico Fellini mit dem „Satiricon" oder Pier Paolo Pasolini mit dem „Edipo Re". Pablo Picasso oder Fernand Léger sind neben vielen anderen bildenden Künstlern Beispiele für eine Adaption klassisch-antiker Vorbilder im 20. Jahrhundert in der Malerei, und eine besondere Rolle spielte zu dieser Zeit eine spezifische Form des Klassizismus in der Architektur. Im Allgemeinen erschien er oh-

---

[83] Siehe, als kleinen Ausschnitt, H. R. Alker, Melian Dialogue; S. Forde, Realism; G. Crane, Simplicity, oder auch die Diskussion über die These, dass Demokratien keine Kriege gegeneinander führten: S. R. Weart, Never at War, Kap. 8 mit T. Bachteler, Democratic Peace; neuestens im Zusammenhang der deutschen Staatslehre W. M. Schröder, Grundrechtsdemokratie. – Selbst im deutschen Tagesjournalismus mehren sich die Hinweise auf die Antike; siehe nur Jens Jessen, Wer hat Angst vor Thukydides? Vorschlag einer antiken Lektüre, um Amerikas Feldzug gegen den Terrorismus besser zu verstehen, in: Die Zeit Literatur, Juni 2002, 3 f., sowie Claus Koch, Wehrhafte Demokratie, in: Süddeutsche Zeitung, 2./3.November 2002, 15. Der Irak-Krieg bot so viele Gelegenheiten, auf antike Vorbilder insbesondere zu der Frage zu verweisen, dass der Ausgang von Kriegen nie vorherzusagen sei, dass auf Einzelnachweise verzichtet sei.
[84] V. Riedel, Antikerezeption.
[85] Karl Marx hatte es irritiert, dass nach seiner Geschichtsphilosophie die griechische Kultur einerseits ausschließlich zeitgebunden zu sein hatte, dass er aber andererseits nicht umhin kam, ihr eine überzeitliche Bedeutung zuzubilligen; dazu P. Kondylis, Marx.
[86] Am Hamburger Schauspielhaus mit Gustaf Gründgens in der männlichen Titelrolle hinreißend aufgeführt.
[87] Alain Robbe-Grillet, La reprise, 2001; siehe dazu B. Burrichter, Eine alte Geschichte.
[88] Vorläufig und, zum Teil ohne es zu wollen, nicht unamüsant A. Rink, Schwert im Myrtenzweige (mit meiner Besprechung in der Frankfurter Allgemeinen Zeitung, 8.1.2001).
[89] K.-D. Koch, Aeneis.
[90] Von der umfangreichen germanistischen Literatur über Heimito von Doderer unbemerkt – oder jedenfalls unbearbeitet – ist die Tatsache, dass Doderer der lateinischen Sprache und ihrer bewusstseinsbildenden Kraft eine bedeutende Rolle in seinen Romanen zugewiesen hat; siehe dazu W. Schuller, Doderer. – Ein besonderer Fall liegt vor, wenn die Aufnahme antiker Motive oder Formen nicht direkt auf die Antike, sondern auf Produkte von Rezeptionsvorgängen zurückgreift, wie es E. A. Schmidt, Notwehrdichtung, bei Rudolf Borchardts „Jamben" nachgewiesen hat.

nehin für repräsentative Bauten geeignet, im Besonderen freilich in den Weltanschauungsdiktaturen Stalins und Hitlers [91] (selbstverständlich auch Mussolinis, obwohl in seinem Fall auch patriotische Momente eine Rolle gespielt hatten[92]), was keineswegs heißt, dass diese Bauten immer minderer Qualität gewesen sein müssen. Schließlich charakterisiert sich moderner Klassizismus keineswegs nur durch eine unmittelbare Übernahme von Bau- oder Dekorationselementen, sondern durch eine Stil- und Geisteshaltung; so hat etwa das plastische Werk von Gerhard Merz Karlheinz Stierle zu einer grundlegenden Betrachtung des Klassizismus im 21. Jahrhundert überhaupt angeregt.[93]

Gelegentlich ist behauptet worden, es gebe einen Zusammenhang zwischen der Bildung vornehmlich des 19. und den europäischen Diktaturen des 20. Jahrhunderts, besonders in Deutschland. Sofern damit eine inhaltliche Affinität gemeint ist, ist das manifester Unsinn. Ernster zu nehmen ist die Klage, dass diese Bildung, sofern sie ein Humanitätsideal zum Gegenstand gehabt hatte – die reale Antike war ja keineswegs human –, diese Diktaturen nicht verhindert habe. Selten oder gar nicht wird der schlimmste und gleichzeitig am ernstesten zu nehmende Vorwurf gegen die antike Kultur geäußert, der darin besteht, dass sie und ihre Pflege als irrelevant oder als ungefährlich erschienen und daher der totalitären Zensur nicht zum Opfer fielen. Daher konnten in diesen Diktaturen Klassikerausgaben in Übersetzungen und Bildbände erscheinen, ohne dass von ihnen auch nur das Geringste zu befürchten gewesen wäre; die so geartete Pflege der Antike konnte vielleicht sogar der zu nichts verpflichtenden Kulturpropaganda dienen. Wenn Schul- und Universitätsunterricht in diesen Gegenständen eingeschränkt oder sogar abgeschafft wurden, dann lag das nicht an ihrer Gefährlichkeit, sondern an ihrer vermeintlichen Irrelevanz, ein Vorgang, der allerdings keineswegs auf Diktaturen beschränkt ist, anderswo aber in einem anderen Kontext stattfindet. Umgekehrt kann dann dieser Mangel dazu führen, dass Reiz und Zauber der Antike besonders intensiv empfunden werden, so dass nach Wegfall der Hemmnisse die Möglichkeit, sich wieder mit ihr zu beschäftigen, besonders enthusiastisch wahrgenommen wird; das Gymnasium Classicum in St. Petersburg ist ein eindrucksvolles Beispiel dafür.[94]

1.7 Nachantike

Falls im vorstehenden der Eindruck entstanden sein sollte, hier werde die Meinung vertreten, die nachantike europäische Kultur sei ganz wesentlich, vorwiegend oder sogar ausschließlich ein Derivat der antiken, so wäre dieser Eindruck grundfalsch. Ganz

---

91 H.-E. Mittig, Antikebezüge.
92 F. Scriba, Augustus im Schwarzhemd?
93 Siehe hier Anm. 1.
94 Das Gymnasium gibt die internationale wissenschaftliche Zeitschrift „Hyperboreus" heraus; dazu die Schülerzeitschrift „Abaris"; siehe die Skizzen bei W. Schuller, „Bei den Hyperboreern", in: Frankfurter Allgemeine Zeitung, 16.2.1996, sowie „Das ist Puristenlatein", ebenda, 8.6.2001. – Siehe dazu unten S. 161 den Hinweis auf E. Etkinds Bemerkung über die Relevanz von Tacitus im damaligen Leningrad.

selbstverständlich – und das soll hier nur gesagt werden, um diesem etwaigen Eindruck sofort entgegenzutreten – ist die nachantike europäische Geschichte in Kultur, Gesellschaft und Politik durch eigenständige Entwicklungen geprägt, die nichts, aber auch gar nichts mit der Antike zu tun haben[95] – auch dann, wenn modernen Phänomenen wie dem Cäsarismus[96] oder der Demokratie[97] antike oder antikisierende Bezeichnungen gegeben werden oder wenn Beispiele aus der Antike zur Charakterisierung der Gegenwart herangezogen werden[98]. Jedenfalls wäre eine neue Querelle des Anciens et des Modernes heute gegenstandslos. Es soll aber auf zwei Aspekte dieses Faktums hingewiesen werden, die es noch stärker akzentuieren.

Das eine ist die Tatsache, dass es mindestens ein *Selbst*betrug ist zu behaupten, ohne die – womöglich noch intensive – Kenntnis der Antike sei ein Verständnis der nachfolgenden oder etwa auch noch der außereuropäischen Epochen beziehungsweise deren kultureller und zivilisatorischer Erscheinungsformen und Leistungen, ja, schließlich auch ein Hervorbringen eigener Leistungen nicht möglich. Der tägliche Augenschein, die tägliche Praxis zeigen das Gegenteil. Man kommt sehr gut ohne die Antike aus,[99] schafft Neues und Eigenständiges derselben Kulturhöhe. Das dürfte auch für die Wissenschaften und sogar für die Geschichtswissenschaft selber gelten, und umgekehrt werden gute Leistungen in der Altertumswissenschaft ohne neuzeitlichen Bezug erbracht. Dabei kommt es allerdings ganz wesentlich auf die Bezugspunkte an, auf das, was man will, denn natürlich ist *vertiefte* historische *Erkenntnis* der europäischen Geschichte ohne die Antike nicht möglich, und sei es nur wegen der vielfältigen Formen ihrer Rezeption auf fast allen Gebieten des menschlichen Geistes oder auch nur als Folie oder Gegenbild. Dass das aus rein äußerlichen, das heißt Mengengründen immer schwieriger wird, ist eine andere Frage. Aber immerhin könnte die vorliegende Reihe mit ihrem ersten Band und im Zusammenhang wahrgenommen etwas dazu beitragen.

Das zweite Faktum, das die Eigenständigkeit der nachantiken Entwicklung deutlich vor Augen führt, ist die meines Wissens ebenfalls nie hinreichend bemerkte, gewürdigte, geschweige denn erklärte Tatsache, dass nach dem fast völligen Niedergang, ja Verschwundensein der antiken Zivilisation Europa seit Karl dem Großen noch einmal neu hat beginnen und in langen und verwickelten Prozessen die Kulturhöhe des frühen Mittelalters und der darauf folgenden Jahrhunderte hat erreichen können. Gewiss hat die antike Überlieferung dabei eine Rolle gespielt, noch mehr das Christen-

---

95 Allerdings – untersucht worden ist dieses Phänomen meines Wissens noch nie. Es fehlt nicht an Arbeiten, die das Weiterwirken der Antike zum Gegenstand haben, wie es ja auch die vorliegenden Ausführungen tun; sehr reizvoll und sehr nötig wäre aber das Umgekehrte, nämlich dasjenige Nachantike herauszuarbeiten, das keinerlei Verbindung mit der Antike aufweist. Das zeigt sich besonders an der politischen und kulturellen Entwicklung Amerikas, vor allem der Vereinigten Staaten, die bei aller auch stattgehabten Antikerezeption nun wahrlich eigene Wege gegangen sind.
96 H. Kloft/J. Köhler, Cäsarismus.
97 H. Münkler/M. Llanque, Demokratie.
98 Ein berühmter Fall ist Ludwig Quiddes Schrift „Caligula", mit welcher gegen Kaiser Wilhelm II. polemisiert wurde: K. Holl/H. Kloft/G. Fesser, Caligula.
99 Diese bereits in meiner „Einführung", 12 gemachte Bemerkung ist mir von altertumswissenschaftlicher Seite gelegentlich übelgenommen worden; siehe R. Günther in: Klio 78 (1996), 484.

tum, dieses aber, trotz der Schriften der Kirchenväter, dann schon nicht mehr in seiner Eigenschaft als antikes kulturelles Phänomen, sondern in ganz eigenständiger Weise. Sozusagen unterirdische Ströme anzunehmen wäre ein Ausweg, aber ein rein spekulativer. Dieser neue und nun ganz andersgeartete Aufschwung Europas wäre, wenn eine solche Kategorie einmal erlaubt sein darf, das eigentliche Wunder der europäischen Geschichte.

Der Vielgestaltigkeit und der Dynamik der Rezeptionen und Nicht-Rezeptionen und damit Europas selber entspricht die Vielgestaltigkeit, Wandelbarkeit und Dynamik der Antike. Es käme einem laienhaften Herunterspulen gleich, wollte ich jetzt in immer noch viel zu stichworthaftem Detail die ungeheure Fülle und den ständigen Wandel der Erscheinungen der politischen Formen, der künstlerischen Entwicklung, der Philosophenschulen, der literarischen Gattungen aufzählen, durch die diese Aussage untermauert werden könnte. Es bleibt eigentlich nur, auf den Text des Buches zu verweisen, der seinerseits knapp genug ist. Eigens betont sollen nur die Gebiete werden, auf denen in der Antike die Entwicklung sozusagen stecken geblieben ist, wenn man denn damit implizit eine Finalität des geschichtlichen Ablaufs als das Normale unterstellen will.

Wenn man aber die neuzeitliche Entwicklung als Folie nimmt, dann fällt zum einen auf, dass der Zug hin zur Demokratie in der Antike nicht stattgefunden hat; allerdings ist es ja noch keineswegs ausgemacht, ob diese Entwicklung wirklich das allgemein Bestimmende der Moderne ist oder gar bleiben wird.[100] Dass sich in Athen die Demokratie herausbildete – und sogar eine weit intensivere und lebendigere als alle neuzeitlichen Demokratien[101] – ist doch nur eine Besonderheit geblieben. Selbst in Athen verlor sie seit der Alexanderzeit an Vitalität, und ihre Übernahme durch die Mehrzahl der griechischen Städte hatte immer eher formalen Charakter; erst recht spielte sie im schließlich geschichtsmächtigsten römischen Reich keine Rolle. Zweitens hat es keine Herausbildung desjenigen Staatstyps oder der Staatsorganisation gegeben, wie sie sich in der Berufsbeamtenschaft verkörpert;[102] dieses Steckenbleiben fällt deshalb besonders ins Auge, weil es in der Spätantike kräftige Ansätze dazu gegeben hatte, die sich aber nicht durchsetzten. Auf kulturellem Gebiet sei hervorgehoben, dass die Antike trotz ausgedehnter Musikkultur die Instrumentalmusik kaum hervorgebracht hat, die eine ausschließliche Errungenschaft der Moderne ist.

Drittens muss die wenn auch wahrlich allbekannte Tatsache doch auch hier ausgesprochen werden, dass die Antike nicht im Entferntesten das Aufkommen von Naturwissenschaft und Technik kannte, wie sie die Moderne bestimmt hat und immer weiter bestimmt; beides braucht hier nicht weiter beschrieben zu werden. Allerdings ist gerade das Verhältnis beziehungsweise das Nicht-Verhältnis der Antike zur Technik[103] geeignet, ihren grundlegenden Unterschied zur Moderne zu charakterisieren und zu

---

100 Noch am ehesten in Europa beziehungsweise der verräterischerweise inhaltsleer so genannten westlichen Zivilisation; allerdings scheint sich weltweit durch Fernsehen, Filme und Popmusik eine Art Massenkultur durchzusetzen.
101 Dazu siehe S. 190–195.
102 W. SCHULLER in seiner Besprechung des Buches von K. L. NOETHLICHS Beamtentum in: Die Verwaltung 16 (1983), 264–267; siehe im Übrigen S. 313.
103 Dazu siehe S. 292.

benennen: Sie war eine literarische Kultur. Obwohl, insbesondere bei den Griechen, Rechenhaftigkeit, kalkulierender und konstruierender Geist auch in der Organisation der Gesellschaft und im Nachdenken über sie hervorstachen, fand doch alles im Medium der Sprache statt. Tabellen, Zeichnungen, Formeln, die als Ausdrucks-, Kommunikations-, ja Forschungsinstrumente eigenen Rechts an die Stelle der sprachlichen Vermittlung getreten wären, spielten eine nur untergeordnete Rolle. Das ist am anschaulichsten an einem Gegenstand zu beobachten, der zwar auch heute noch sozusagen zwischen zwei Buchdeckeln stattfindet, der aber doch wesensmäßig auch durch die Zeichnung bestimmt ist, die Geographie. Während heute Karten, also Landkarten konstitutiv dazugehören, hat es eine in diesem Sinne ausgebaute Kartographie in der Antike nicht gegeben. Die Vermittlung geschah immer vor allem durch das Wort.[104]

Wir stehen also vor einem Doppelgesicht der Antike: Einerseits ist sie für uns gerade dadurch bestimmt, dass sie vielfältiger Rezeptionen fähig war und wohl auch weiter sein wird, was nicht möglich wäre, wenn sie keinerlei Konvergenzen mit den nachantiken Gesellschaften aufwiese. Antike Kultur – und dazu gehört auch ihre Geschichte selber – hätte sonst nicht unmittelbar wirken und anverwandelt werden können. Auf der anderen Seite sind die Unterschiede so groß, dass es nicht möglich ist, sie auf allen Gebieten unbesehen in einen kontinuierlichen Traditionszusammenhang zu stellen und sie ohne weiteres in eine Linie mit der nachantiken Geschichte Europas zu stellen. Sie war etwas anderes, das uns freilich aus sich heraus und durch ihre jeweiligen Wiederaufnahmen näher als alle anderen Kulturen stand und steht. Sie war und ist nach dem oben zitierten glücklichen Ausdruck von Uvo Hölscher das „nächste Fremde".[105]

1.8 Zusammenfassung

Noch einmal zurück zu den Anfängen. Wir beobachten in den 1500 Jahren des antiken Europa seit seinem Entstehen fast aus dem Nichts ständige, unablässige Verwandlungen, Überlappungen, Neuschöpfungen, Übergehen in neue Aggregatzustände, Aufnehmen und Absterben von Früherem, Zunehmen, Abnehmen – all das kann durchaus unter dem geistesgeschichtlichen Topos von Werden, Blüte und Abstieg ge-

---

[104] A. Podossinov, Geographische Karte.
[105] Das soll freilich nicht heißen, dass die nachantike Geschichte einschließlich der des 20. Jahrhunderts uns fraglos nahe und nicht fremd sei. Als Zeithistoriker, der sich insbesondere mit der DDR-Geschichte befasst, stelle ich jedesmal fest, wie stark selbst noch kürzlich Gegenwart gewesene, aber abgeschlossene Epochen, wie es die DDR ist, in eine eigenartige, fast unzugängliche Ferne rücken (exemplarisch zur Methodik der Zeitgeschichtsforschung H. G. Hockerts, Zugänge). Daher hat der oft zu hörende Einwand so genannter Zeitzeugen seine jedenfalls auf die frühere *Atmosphäre* bezogene Berechtigung, die Berufshistorikern vorwerfen, die Dinge nicht richtig darzustellen. Ich selber fühle mich manchmal in dieser Situation, wenn ich im einzelnen durchaus zutreffende Arbeiten jüngerer Historiker über die DDR-Geschichte lese und trotzdem dabei das deutliche Gefühl habe, eigentlich wüssten sie nicht, worüber sie schrieben. Welche Reserven gegenüber ihrer eigenen Tätigkeit müssen daher Historiker weiter zurückliegender Epochen haben! Auch insofern ist das Bekenntnis dazu, dass man sich mit Rezipiertem abgibt, die einzige Rechtfertigung.

fasst werden, ebenfalls unter dem der Gegenüberstellung von zyklischem und linearem Geschichtsablauf. Beide Topoi treffen aber nicht die ganze Wirklichkeit. Was unter einem Gesichtspunkt als Abstieg aufgefasst werden kann, wäre unter einem anderen als Werden von neuem zu begreifen; was zyklisch erscheint, enthält lineare Elemente und umgekehrt. Alles jedenfalls geschieht im Medium der Zeit,[106] und alles gilt nicht nur für die Antike, sondern genauso für das nachantike Europa, beide umfassend, ganz im Sinne des als Motto vorangestellten Satzes. Oder mit den Worten eines, der in der Lage war, *sich von dreitausend Jahren Rechenschaft* zu geben:

Europa – diese unschätzbare Kultur seit mehreren tausend Jahren entsprungen, gewachsen, ausgebreitet, gedämpft, gedrückt, nie ganz erdrückt, wieder aufatmend, sich neu belebend und nach wie vor in unendlichen Tätigkeiten hervortretend.[107]

---

106 E. Chvojka, Zeit und Geschichte; M. H. Hansen, Triumph of Time.
107 Johann Wolfgang von Goethe, Wilhelm Meisters Wanderjahre, Erstes Buch, Siebentes Kapitel – übrigens im Buch von jemandem gesagt, der aus Amerika wieder nach Europa gekommen war.

2 Länder

Das Erste Europa kannte keine abgegrenzten „Länder" im neuzeitlichen und teilweise auch im mittelalterlichen Sinne. Ein Charakteristikum war demgegenüber, dass es aus zwei Weltkulturen bestand, der griechischen und der römischen, die nur in Teilen die Geschichte jeweils eines einzigen Volkes darstellten, sondern die als Kulturen zahlreiche andere Völker umfassten und nur deshalb weiterwirken und rezipiert werden konnten. Hinzu kommen weitere für sich bestehende Kulturen, die, sich meistens auf ein spezifisches Volk beziehend, den Griechen und Römern vorausgegangen waren, neben ihnen bestanden oder ihnen nachfolgten und die in unterschiedlicher Weise auf die antike Kultur einwirkten oder selber von ihr geprägt wurden. Daher ist dieser Abschnitt so aufgebaut, dass im Mittelpunkt Griechenland und Rom – als Zivilisationen verstanden – stehen, eingerahmt von kurzen Skizzen dieser anderen Kulturen, die nur in Beziehung auf Griechen und Römer Nebenkulturen genannt werden dürfen.

2.1 Phöniker, Karthager, Juden, Perser, Inder[1]

Die altorientalischen Großreiche brachen gegen Ende des 2. Jahrtausends v.Chr. teils aus inneren Gründen, teils durch Angriffe von außen zusammen. Als Stichwort seien hier die Seevölker[2] genannt, die als Teil einer größeren Völkerbewegung von Norden den Ostteil des Mittelmeergebietes verheerten und erst von Ägypten abgewehrt werden konnten; eine Gruppe von ihnen, die Peleset, wurde von den Ägyptern an deren Ostgrenze angesiedelt, wo sie Palästina den Namen gaben und durch das Alte Testament als Philister bekannt geworden sind. In dem so entstandenen Machtvakuum konnten sich kleinere Völker politisch und kulturell entwickeln, die die spätere europäische Kultur mitbestimmen sollten. Es waren die Phöniker, deren Gründung Karthago sich später verselbständigte, und die Juden.

Die westsemitischen, an der östlichen Mittelmeerküste in jeweils selbständigen Städten siedelnden Phöniker[3] – die diesen Namen von den Griechen wegen ihres Exportartikels Purpur (phoinós = rot) bekommen hatten – hatten schon eine lange Geschichte hinter sich, als um das Jahr 1000 Tyros die Führungsrolle übernahm, neben

---

1 Auch hierzu umfassend A. Kuhrt, Ancient Near East.
2 G. A. Lehmann, Umbrüche.
3 M. Sommer, Europas Ahnen (der die Bedeutung seiner Phöniker vielleicht etwas zu sehr betont).

Sidon und Byblos, während Ugarit durch die Seevölker zerstört worden war; regiert wurden die phönikischen Städte von Stadtkönigen. Die Städte trieben einen sich immer weiter ausdehnenden Handel, von Zypern (wo die Phöniker ebenfalls siedelten) über Kreta, die Ägäis, Sardinien, Spanien, Nordafrika, wobei sie Rohstoffe gegen Luxusartikel eintauschten. Hatten sie lange Zeit über nur Stützpunkte eingerichtet, gingen sie später auch dazu über, sich für dauernd niederzulassen, besonders wichtig auf Westsizilien (Motye, heute Mozia[4], oder Panormos, heute Palermo), am folgenreichsten in Nordafrika mit Utica und Karthago (Kart-Hadascht=Neustadt); viele griechische Kolonien vor allem an der spanischen Küste waren ursprünglich phönikische Gründungen.

Der phönikische Hauptgott war Melkart, dessen, wie im Semitischen üblich, drei den Wortstamm ausmachenden Konsonanten mlk – melek heißt im Hebräischen König – in vielen Namensvarianten vorkommt: Malik, Melech, Malchus, Moloch und andere. Dem Moloch sollen Kinder geopfert worden sein, eine Sitte, die bei den Juden Abscheu erregte,[5] die aber heute insofern angezweifelt wird, als die Bestattungen von Kindern auf dem Tophet, dem Kinderfriedhof, wie er zunehmend in Ausgrabungen zutage kommt, als Bestattungen nicht geopferter, sondern anderweitig verstorbener Kinder gedeutet wird. Abgesehen im Übrigen davon, dass es die Phöniker waren, durch deren Vermittlung die frühen Griechen ganz allgemein in Verbindung mit der Außenwelt traten – sie spielen in der Ilias und vor allem der Odyssee keine unwichtige Rolle, und ihre Waren sind in frühgriechischen Gräbern zu finden[6] –, haben sie in einem bestimmten Punkt die geistige Entwicklung Europas bis heute bestimmt: Durch sie haben die Griechen die Buchstabenschrift, das Alphabet kennen gelernt,[7] diese Schrift für ihre Bedürfnisse abgeändert, und vom griechischen stammt das lateinische Alphabet.

In der Mitte des 8. Jahrhunderts wurde Karthago[8] von Tyros aus gegründet, wohl nicht aus handelspolitischen Gründen, sondern als größere Auswanderungsbewegung wegen innenpolitischer Konflikte. Bald überflügelte es die Mutterstadt, gründete selber Niederlassungen (Ibusim, d.h. Insel des Bes, heute Ibiza) oder annektierte phönikische Gründungen wie die in Westsizilien. So wurde das westliche Mittelmeer seine Domäne, aus der es Fremde vertrieb wie 530, zusammen mit den Etruskern, in der Seeschlacht von Alalia bei Korsika Griechen aus Phokaia, oder die es vertraglich gegenüber anderen Mächten abgrenzte, so durch die römisch-punischen Verträge – das lateinische Wort „punisch" ist eine Variante von „phönikisch". Von den Karthagern

---

4 Zu einer berühmten dort gefundenen Statue, die Griechisches und Phönizisches miteinander verschmilzt, C. O. Pavese, Auriga.
5 „Er verunreinigte auch das Topheth im Tal der Kinder Hinnom, dass niemand seinen Sohn oder seine Tochter dem Moloch durchs Feuer gehen ließe" (2. Buch der Könige 23, 10); „und bauen die Altäre des Tophet im Tal Ben-Hinnom, dass sie ihre Söhne und Töchter verbrennen, was ich nie geboten noch in den Sinn genommen habe" (Jeremia 7, 31); „und haben dem Baal Höhen gebaut, ihre Kinder zu verbrennen dem Baal zu Brandopfern, was ich ihnen weder geboten noch davon geredet habe, was auch in mein Herz gekommen ist" (Jeremia 19, 5) – Übersetzung nach Martin Luther.
6 U. Gehrig/H. G. Niemeyer, Phönizier.
7 Das war ihnen selbst bewusst: Herodot 5,58.
8 W. Huss, Karthager.

selber sind keine literarischen Quellen erhalten, man muss sich auf Inschriften und auf die griechischen und römischen Berichte verlassen. Trotzdem lässt sich aus den griechischen und römischen Quellen erkennen, dass Karthago in vielem durchaus den griechisch-römischen Stadtstaaten glich. Es hatte kein Königtum mehr, hatte ein Bürgerheer, stützte sich freilich besonders stark auf ausländische Söldner, hatte aber auch eine Volksversammlung, einen (Adels-)Rat und gewählte Beamte.[9] Die jährlich wechselnden zwei Oberbeamten waren die Suffeten, wörtlich Richter.

Richter, Schofeten, hießen auch diejenigen Führer der hebräischen Stämme, von denen in der Zeit der höchst komplex vor sich gehenden Landnahme gegen Ende des zweiten Jahrtausends einzelne rettende Taten gegenüber anderen Völkern, Volkssplittern und Stämmen erzählt wurden. Ihre Geschichte[10] und die der Folgezeit wird in den alttestamentlichen Büchern der Richter, Samuel und der Könige erzählt; anders als dort geschildert war Saul wohl noch kein König, sondern der letzte der Richter. Das Beispiel der anderen Kleinkönige, vor allem aber die Notwendigkeit, sich gegen die Nachbarn, vor allem die Amoriter in Syrien (Hauptort Damaskus) und die Expansion der Philister zur Wehr zu setzen, bewirkte einen Zusammenschluss der hebräischen Stämme zuerst des Südteils, Judas, dann des Nordteils, Israels, unter einem Königtum. Der erste König, ab etwa 1000, war David, ein Söldnerführer zunächst Sauls und im Dienst der Philister; seine Hauptstadt war zunächst Hebron, dann Jerusalem, das von einheimischen Kanaanäern bewohnt war und von ihm erobert wurde. Er griff weiter aus und begründete ein über Juda und Israel hinausgreifendes Reich, dessen Bestandteile (Damaskus, Ammon östlich der Jordanebene, Moab östlich des Toten Meeres, Edom südlich von Juda) in unterschiedlicher Weise an seine Person gebunden waren. Im Inneren begann er, ein zentrales Militär- und Beamtencorps aufzubauen.

Sein Sohn und Nachfolger Salomon (965–932) hielt Frieden. Das Reich erlitt einige territoriale Einbußen, aber gute Beziehungen bestanden zu Hiram, dem König von Tyros. Die innere Struktur wurde ausgebaut, insbesondere der nördliche Teilstaat Israel wurde zu Abgaben herangezogen. Salomon entfaltete große Pracht und errichtete in Jerusalem Palast und Tempel, mit phönikischer Hilfe. Nach seinem Tod zerfiel der Doppelstaat, der nur durch den König zusammengehalten worden war, wieder in Israel, unter Rehabeam, und Juda, unter Jerobeam. Inzwischen hatte sich mit dem neuassyrischen Reich wieder eine Großmacht gebildet, diesmal aggressiver als alle Vorgänger. In einem äußerst langwierigen und komplizierten Prozess rückte sie immer näher heran, brachte die Nachbarstaaten zunächst in Abhängigkeit, vernichtete sie bei deren regelmäßigen Abfallversuchen und deportierte die Bevölkerung; die späteren Ereignisse dieses Prozesses sind Gegenstand der prophetischen Bücher des Alten Testaments. 722 wurde Israel als Staat ausgelöscht, die Bewohner teilweise deportiert, ohne dass sie je zurückkamen, und andere Untertanen dort angesiedelt.

701 belagerte der Assyrerkönig Sanherib Jerusalem, zog aber nach Zahlung von Tribut wieder ab, was später mit göttlichem Eingreifen erklärt wurde. 624 jedoch fiel Assur, 612 Ninive, die Hauptstädte Assyriens, unter dem Ansturm des aufstrebenden Me-

---

9 Besonders wenige Unterschiede sieht W. Ameling, Karthago.
10 M. Clauss, Israel; P. Schäfer, Geschichte der Juden; zur antiken Judenfeindschaft Ders., Judeophobia.

derreiches und des neubabylonischen Reiches. Dieses trat außenpolitisch jedoch ganz in die Fußstapfen Assyriens. Unter Nebukadnezar wurde 597 Jerusalem eingenommen, aber unter einem Satellitenkönig unangetastet gelassen, erst 587 wurde es nach einem Abfallversuch erobert,[11] geplündert, und der Tempel wurde zerstört. Die Bevölkerung wurde an den Euphrat deportiert.[12] Auch die meisten phönizischen Städte waren assyrisch geworden, 573 eroberte Nebukadnezar als letztes Tyros. Freilich erholten sie sich und florierten alsbald wieder unter der nicht drückenden persischen Herrschaft. 539 fiel nämlich Babylon vor dem Ansturm des Perserkönigs Kyros des Großen, der als König Kores in der jüdischen Geschichte hochgeehrt wird.[13] Er erlaubte den Juden die Rückkehr; es begann die Zeit des „Zweiten Tempels".

550 hatte es im Mederreich, das, im Bund mit Babylonien, vor nicht langer Zeit Assyrien hatte besiegen können, einen Umschwung gegeben. Der Stamm der Perser[14], nach den Medern der wichtigste, hatte durch den Adeligen Kyros die Verhältnisse umgekehrt, sich an die Spitze gesetzt und die Meder auf den zweiten Rang verwiesen, auf dem sie durchaus weiter an der Herrschaft teilhatten. Unter Kyros begann die Expansion. Er eroberte ganz Kleinasien, darunter das Lyderreich unter Kroisos mit der Hauptstadt Sardes, das seinerseits die griechischen Städte an der Westküste erobert hatte – so kamen Griechen unter persische Herrschaft. Danach wurde ganz Vorderasien bis an die ägyptische Grenze eingegliedert, Kyros fiel 530 bei einem Feldzug in Mittelasien. Sein Sohn und Nachfolger Kambyses gewann Ägypten hinzu, womit das Perserreich das größte aller altorientalischen Großreiche wurde. Nach dessen Tod 522 gab es Nachfolgewirren, aus denen Dareios als Großkönig hervorging. Unter ihm wurde das riesige Reich neu organisiert, indem es in Herrschaftsbezirke, Satrapien, aufgeteilt und indem die Heeresfolge und die Stellung von Abgaben einheitlich geregelt wurden. Von den Untertanen wurde außer diesen Leistungen und der Anerkennung der persischen Oberhoheit nicht mehr verlangt, was einerseits wegen des Riesenhaften des Herrschaftsgebietes und der Verschiedenartigkeit seiner Teile gar nicht anders möglich war, andererseits aber doch auch der toleranten und ritterlichen Mentalität der persischen Führungsschicht[15] entsprach. Das Vorrücken des Dareios bis zur Donau und der

---

[11] Wenn man das weiß, dann gewinnt die wenn auch hohl-großsprecherische Selbststilisierung Saddam Husseins als zweiter Nebukadnezar ihre spezifische Bedeutung.
[12] Das ist die Situation des 137. Psalms, der so herrlich anfängt: „An den Wassern zu Babel saßen wir und weinten, wenn wir an Zion gedachten. Unsere Harfen hingen wir in die Weiden, die daselbst sind [...]. Vergesse ich dein, Jerusalem, so werde meiner Rechten vergessen [...]", und der so schrecklich endet: „Du verstörte Tochter Babel, wohl dem, der dir vergilt, wie du uns getan hast. Wohl dem, der deine jungen Kinder nimmt und zerschmettert sie an dem Stein!" (Übersetzung nach Martin Luther).
[13] Im Buch Esra des Alten Testaments, das von der Rückkehr aus der Babylonischen Gefangenschaft handelt, heißt es: „So spricht Kores, der König in Persien: [...] Wer nun unter euch seines Volkes ist, der ziehe hinauf gen Jerusalem in Juda und baue das Haus des Herrn, des Gottes Israels [...] " (1, 2. 5) (Übersetzung nach Martin Luther). – Börries Freiherr von MÜNCHHAUSEN hat eine großartige Ballade auf den Auszug aus der Babylonischen Gefangenschaft gedichtet: „Triumphgesang der Juden".
[14] J. WIESEHÖFER, Persien.
[15] Die jungen Perser lernten nach Herodots wunderbarem Wort „reiten, bogenschießen und die Wahrheit sagen" (1, 136, 2).

gescheiterte Versuch, Griechenland zu erobern, ist dann schon – auch – Teil der griechischen Geschichte.

Im persischen Heer gab es, von Herodot mehrfach erwähnt, auch indische[16] Kontingente, die aus den östlichen Gebieten des Perserreiches kamen. Sie waren die westlichen Gebiete der unabhängig von allen anderen entstandenen indischen Hochkultur, die sich nach der arischen Einwanderung um 1500 v.Chr. herausgebildet hatte. Das Indoarische, das später zum Sanskrit wurde, war die Sprache dieser zum Teil bereits städtischen vedischen Kultur, die eine reiche Kunst und Literatur hervorbrachte. In der Mitte des 5. Jahrhunderts erschien mit der Gestalt des Buddha ein Religionsstifter, dessen Lehre eine neue Epoche einleitete, sich jedoch später vor allem in Ostasien verbreitete.

2.2 Griechenland

2.2.1 Dunkle Jahrhunderte

Die einschneidenden Veränderungen, die die Völkerumschichtungen im Vorderen Orient am Ende des 2. Jahrtausends bewirkt hatten, hinterließen ihre Spuren auch in Griechenland. Bis dahin hatte es dort die mykenische Zivilisation[1] gegeben. Ihre Existenz ist überhaupt erst seit den Ausgrabungen Schliemanns bekannt, und seit der Entzifferung ihrer Linear B genannten Schrift weiß man, dass man dort ein urtümliches Griechisch sprach. Sie ging durch diesen Ansturm völlig zugrunde. Darauf rückten ebenfalls griechisch sprechende Bevölkerungsteile aus dem Norden nach und verteilten sich in kleineren Einheiten über Teile Griechenlands, wobei sie sich mit der mykenischen, also frühgriechischen Bevölkerung in unterschiedlicher Weise auseinandersetzten. Entweder wurde sie dort, wo sie kompakt vorhanden war wie in Attika, umgangen – weshalb sich die Athener später stolz, und irrig, als Autochthone bezeichneten –, oder sie wurde integriert, oder sie wurde unterworfen; auf der Halbinsel Peloponnes scheint beides stattgefunden zu haben. Diesen Vorgang nennt man wegen der dorischen Variante des Griechischen, die ein Teil dieser Stämme und Stammessplitter sprach, Dorische Wanderung, obwohl sich der ursprünglich hinter dieser Bezeichnung stehende Gedanke einer flächendeckenden Einwanderung eines Großstammes der Dorer als unzutreffend erwiesen hat. Im 11. Jahrhundert fand dann eine weitere folgenreiche Wanderungsbewegung statt. Vordorische Griechen setzten, wohl durch die Dorische Wanderung veranlasst, über die Ägäis und besiedelten die Westküste Kleinasiens, ein Vorgang, den man wegen der ionischen Variante des Griechischen, den ein Großteil dieser Griechen sprach, Ionische Wanderung nennt. Der Mittelteil der Küste wurde von diesen Ioniern besiedelt, der Nordteil von äolisch, der Südteil von dorisch Sprechenden. Seit dieser Zeit gehört die Ägäis und Westkleinasien

---

16 H. Bechert/G. von Simson (Hg.), Einführung; M. Witzel, Indien.
1 Siehe zuletzt umfassend S. Deger-Jalkotzy (Hg.), Studia Mycenaea.

so zum griechischen Kulturraum wie das europäische Griechenland,[2] und wenn im Folgenden von Griechenland die Rede ist, ist dieses gesamte Gebiet gemeint.

Im Übrigen sind die Jahrhunderte nach dem Ende Mykenes und der Dorischen und Ionischen Wanderung eine Zeit, in der alle zivilisatorischen Errungenschaften der mykenischen Zeit verschwunden waren (Schrift, staatliche und wirtschaftliche Organisation, Großbauten) und in der die Menschen auf einfachstem Niveau auf dem Lande verstreut weiterexistierten. Man nennt diese Zeit wegen des zivilisatorischen Abfalls und wegen der geringen Kenntnisse, die man von ihr hat, die Dunklen Jahrhunderte. Was wir von ihr wissen, beziehen wir zum einen aus sehr unsicheren Rückschlüssen aus literarischen Quellen, vor allem aber durch die Archäologie. Besonders sie hat aber dazu beigetragen, dass sich das absolute Dunkel allmählich erhellt. Schon lange freilich war ein künstlerisches Erzeugnis vom Ende dieser Zeit bekannt, die Vasen geometrischen Stils.[3] In den Dunklen Jahrhunderten bildete sich nämlich erstmals eine charakteristische Bemalung der keramischen Gefäße heraus, die mit geometrischen Mustern, Kreisen und sich rechtwinklig brechenden Linien arbeitete und die vor allem in Attika zu Hause war, also dort, wo sich die mykenische Bevölkerung gehalten hatte und nicht durch Neueinwandernde überdeckt worden war. Man spricht daher auch von der geometrischen Zeit, die freilich in die anschließende Archaik hineinreicht.

Aus den Dunklen Jahrhunderten sind zum einen kleinere Siedlungen entdeckt worden, die den Eindruck des gewaltigen Abfalls bestärken. Dagegen hat man aber in Lefkandi auf Euböa auch Gräberfelder und ein Fürstengrab – vielleicht sogar Fürstensitz – gefunden, die den gegenteiligen Eindruck vermitteln.[4] Mit Beginn des späten 11. Jahrhunderts hatte sich dort nicht nur ein erheblicher Reichtum entwickelt, sondern zahlreiche Luxusgegenstände aus Fayence, Bronze, Glas und Gold, die aus Phönizien, Ägypten und dem Vorderen Orient stammen, zeugen von intensiven Handelsbeziehungen. Zieht man nun noch in Betracht, dass die Gräber von Lefkandi ein Zufallsfund sind und dass mit weiteren zu rechnen ist, so wird man sagen können, dass in den Dunklen Jahrhunderten der Abbruch im Verhältnis zur früheren Epoche zwar einschneidend war, dass aber nicht nur die Beziehungen zum Orient intensiv waren, sondern dass es auch mächtige lokale Fürsten gab. Gleichwohl war es im Ganzen eine Zeit, in welcher auf niedrigem Niveau neu angefangen werden musste.

2.2.2 Archaische Zeit

Scharfe chronologische Epochenabgrenzungen sind in der Geschichte immer wenig sachgerecht, allerdings noch am ehesten für die Zeiten angemessen, in denen die Überlieferungslage ohnehin undeutlich ist. Für Griechenland kann man in diesem Sinne feststellen, dass nun eine neue Zeit anbricht – die Dunklen Jahrhunderte kann man für das, was jetzt folgt, metaphorisch als Inkubationszeit bezeichnen.

---

2 Erst durch die – keineswegs unprovozierte – Vertreibung der kleinasiatischen Griechen durch Kemal Atatürk war das zu Ende.
3 Wunderbare Abbildungen bei E. Simon, Vasen.
4 M. Popham, Precolonisation.

2.2.2.1 Homer

Am Übergang zwischen den Dunklen Jahrhunderten und der nächstfolgenden Epoche, der archaischen Zeit, stehen die homerischen Epen der Ilias und der Odyssee.[5] Bis vor einiger Zeit hatte man sie – abgesehen von ihrer künstlerischen Bedeutung – als Quelle für die mykenische Zeit angesehen, dann sah man in ihnen die Verhältnisse der Dunklen Jahrhunderte wiedergegeben, während sie jetzt vor allem als Texte angesehen werden, die, vielleicht mit einigen Reminiszenzen aus den Dunklen Jahrhunderten, doch den Zustand reflektieren, der an deren Ende und zu Beginn der nächsten, qualitativ anderen Epoche Griechenlands bestand, der Archaischen Zeit. Mit Ilias und Odyssee sind zudem, nach jahrhundertelangem Schweigen, zwei vollendete Kunstwerke da, die heute noch in ihrer ganzen Pracht erhalten sind. Es sind zwei zusammen gut achthundert Druckseiten umfassende in Hexametern verfasste Gedichte, von denen das eine eine Episode aus dem sagenhaften Krieg um Troja an der Nordwestecke Kleinasiens (auch Ilios oder Ilion genannt), das andere die Abenteuer erzählt, die einer der griechischen Helden vor Troja, Odysseus, auf seiner gefahrvollen Rückkehr nach Ithaka erlebt.

Diese beiden höchst kunstvollen Gebilde sind natürlich nicht aus dem Nichts entstanden, sondern sie sind aus ursprünglich mündlich vorgetragenen Gesängen hervorgegangen, die von wandernden Sängern vor örtlichem Publikum vorgetragen und im 8. Jahrhundert dann zu den jetzigen Fassungen zusammengefasst, neu durchkomponiert und aufgeschrieben wurden; die Tradition gab ihnen einen Autor namens Homeros, in der deutschen Fassung Homer. Sie schildern Zustände, in denen Griechenland aus kleinen, teilweise schon städtischen Gemeinschaften mit einem König genannten lokalen Herrscher – nicht viel mehr als ein Großbauer – an der Spitze bestand, einem ihm fast gleichgestellten Adel, der einen Adelsrat bildete, die Gerichtsbarkeit ausübte und im Kriege zu Pferd kämpfte, schließlich aus freien Bauern als Fußsoldaten, die gelegentlich in einer Volksversammlung befragt wurden, sowie Hörigen; die Sklaverei gab es kaum.

Die Landwirtschaft, bei der die nötigen Gegenstände zu Hause angefertigt wurden, war die weit überwiegende Wirtschaftsform, die Herstellung von eisernen (in den Epen des altertümlichen Eindrucks wegen bronzenen) Waffen und Geräten war das wichtigste spezialisierte Handwerk, es gab Fernhandel mit Luxusgütern, der oft in der Hand von Phönikern lag. Der Adel und die Könige hörten sich die Gesänge an, bewunderten die Heldentaten ihrer von den Göttern abstammenden Vorfahren, erkannten aber in der Schilderung der allgemeinen Zustände ihre eigenen Verhältnisse wieder.

2.2.2.2 Sparta

Die Vielfalt dessen, was sich jetzt herausbildete, wird am deutlichsten auf einem Hintergrund, der sich noch am ehesten als Anschluss an die Dunklen Jahrhunderte auffassen lässt, nämlich der Geschichte Spartas, in den Quellen meist Lakedaimon oder

---

[5] Klassische deutsche Übersetzung von Johann Heinrich Voss, Prosaübersetzung von Wolfgang Schadewaldt; umfassende Einführung I. Morris/B. Powell, Companion; eindrucksvoll J. Latacz, Homer.

Lakonien genannt. Spartas politische und soziale Verfassung sind zwar in einiger Deutlichkeit erst aus historischer Zeit bekannt, da sie jedoch auch zu dieser Zeit noch sehr altertümliche Züge aufwiesen, ist der Schluss berechtigt, dass mit ihnen ein Stück Archaik in die spätere Zeit hineinragte, so dass von ihnen jetzt schon die Rede sei.[6]

Im Gegensatz zu fast allen anderen griechischen Staaten – mit Ausnahme Makedoniens, das jedoch von den Griechen nicht als griechischer Staat angesehen wurde –, hatte sich in Sparta das Erbkönigtum gehalten, allerdings mit der Besonderheit, dass es zwei gleichberechtigte Könige gab. Sie waren die Oberpriester, und ihre weiteren Kompetenzen waren die, das Kommando im Kriege zu haben und dort entsprechende Disziplinargewalt auszuüben; sie hatten einige richterliche Befugnisse, ihr Wort galt viel in den Beratungen, und sie waren sozusagen die Staatsoberhäupter. Weiter gab es natürlich die Volksversammlung, wie überall sonst auch Ekklesia genannt (ob sie Apella hieß, wird diskutiert[7]), der alle erwachsenen männlichen Vollbürger angehörten. Sie wählte die Beamten, sie entschied über wichtige Dinge wie Krieg und Frieden oder außenpolitische Verträge und sie hatte in politischen Prozessen zu entscheiden. Sie entschied, wie überall in frühen Verhältnissen, durch Zuruf,[8] und es sind erst die spätere Staatstheorie oder das heutige Bewusstsein, die diese Art der Abstimmung befremdlich oder gar lächerlich finden.

Die Oberaufsicht über alle staatlichen Angelegenheiten führte ein Rat der Alten, die Gerusia, bestehend aus adeligen Männern über 60 Jahren, den Geronten (das deutsche Wort Greis hat etymologisch dieselbe Herkunft); auch wurden wichtige Prozesse von ihm entschieden. Die Könige waren geborene Mitglieder der Gerusie, weitere 28 wurden von der Ekklesie auf Lebenszeit gewählt, so dass der Rat 30 Mitglieder umfasste. Schließlich gab es fünf Ephoren[9], Beamte mit besonderem Status und einjähriger Amtsdauer, die ebenfalls von der Volksversammlung gewählt wurden. Neben zahlreichen speziellen Aufsichtsfunktionen sowie der Anzeigepflicht von Verbrechen bei der Gerusie übten sie die Zivilgerichtsbarkeit aus. Jeden Monat wechselten sie mit den Königen einen Eid, in welchem sich Könige und Ephoren als Vertreter des Volkes verpflichteten, die Gesetze einzuhalten; da zudem immer ein Ephor mit einem König in den Krieg zog, war möglicherweise ihre oberste Kompetenz die, die Könige im Interesse des Volkes unter Aufsicht zu halten – Ephoros bedeutet Aufseher[10].

Die Angehörigen des spartanischen Staates gliederten sich in drei sehr unterschiedliche Gruppen, in die Spartiaten, Periöken und Heloten. Vollbürger oder überhaupt nur Bürger waren die männlichen Spartiaten. Ihre Anzahl betrug um das Jahr 500, als Größenordnung geschätzt, 8000. Nur sie traten in der Volksversammlung zusammen und hatten die Ämter inne, sie bildeten den Kern des Heeres, sie hatten das Eigentum an Grund und Boden. Innerhalb dieser herrschenden Schicht hatten die Frauen – wie überhaupt alle Frauen in vorindustrieller Zeit – keine politischen Rechte, aber sie hat-

---

[6] Neueste Übersichten und Forschungsdiskussionen M. Dreher, Athen und Sparta; P. Cartledge, Reflections; L. Thommen, Sparta, dazu weiter A. Powell/S. Hodkinson, Sparta.
[7] K.-W. Welwei, Apella.
[8] E. Flaig, Abstimmung.
[9] Sehr umfangreich, wie bei französischen Dissertationen üblich, N. Richer, Éphores.
[10] Die Etymologie ist unklar; es könnte sich auch insofern um „Beobachter" handeln, als damit eine rituelle Beobachtung der Sterne gemeint war.

ten beträchtliches Eigentum, verwalteten die Besitzungen der im Ort Sparta konzentrierten Männer und waren geachtete Mitglieder der spartanischen Gesellschaft. Von ihnen sind herausragende Persönlichkeiten namentlich bekannt, es wurde von ihnen berichtet, insbesondere dann, wenn sie sich zu politischen und gesellschaftlichen Fragen äußerten.[11]

Die Periöken, wörtlich „Herumwohner", waren eine Gruppe, die vor allem im östlichen Teil des spartanischen Gebietes, Lakoniens, ansässig war. Sie waren Freie, hatten aber keine politischen Rechte, wohl aber waren sie zum Heeresdienst verpflichtet. Von ihnen sind, was dem heutigen Bewusstsein seltsam vorkommt, keine Bestrebungen überliefert, an der Lenkung des Staates beteiligt zu sein. Die Heloten[12] dagegen, etwa siebenmal so viel wie die Spartiaten, bildeten eine unterdrückte Bevölkerungsschicht, die in jeder Hinsicht rechtlos war. Ihre Aufgabe war es, die Felder zu bewirtschaften und im Kriege zur Bedienung der Spartiaten da zu sein; in Notfällen wurden sie auch bewaffnet. Sie bestanden aus zwei großen Gruppen. Die erste, die im lakonischen Kernland wohnte, hatte anscheinend – noch seltsamer – auch kaum ein Bedürfnis, diesen Status des Unterworfenseins abzuschütteln. Eine zweite Gruppe freilich, die die Landschaft Messenien westlich des mit ewigem Schnee bedeckten Taygetos-Gebirges bewohnte, unternahm über die Jahrhunderte hinweg mehrere Aufstände gegen die Herrschaft der Spartiaten – der letzte gelang im Jahre 369 v.Chr., und erst seitdem gab es in Griechenland wieder einen messenischen Staat.

Die Messenier waren in zwei chronologisch nicht genau zu fixierenden Eroberungskriegen in der archaischen Zeit unterworfen worden, und dass sich ihr Freiheitsdurst so lange hielt, ist einerseits erstaunlich (und bewundernswert), andererseits aber wegen des besonderen Charakters der Unterdrückung der Heloten auch verständlich. Sklaven waren die Heloten insofern zwar nicht, als sie eine geschlossene Bevölkerungsgruppe darstellten, nicht in individuellem Eigentum standen und nicht individuell gekauft und verkauft wurden. Aber das ewige Dasein als Landarbeiter unter ständiger Aufsicht und ohne sonst selbst Sklaven gewährte Aufstiegsmöglichkeiten dürfte im Ganzen schrecklich gewesen sein; von der subjektiven Wahrnehmung wissen wir wenig, außer dass es eben kaum ernsthaftes Aufbegehren gab. Hinzu kamen aber zweitens spezifische Maßnahmen physischer Unterdrückung. Jedes Jahr wurde den Heloten förmlich der Krieg erklärt, was die Wirkung hatte und haben sollte, dass man sie ohne sakrale Blutschuld auf sich zu laden töten konnte. In einer bestimmten Phase ihrer öffentlichen Erziehung wurden die jungen Spartiaten zu Gruppen zusammengefasst, die nachts patrouillierten, um trotz Verbots sich draußen aufhaltende Heloten zu ergreifen und zu töten. Das sollte die jungen Spartiaten abhärten.

Diese Einrichtung, die Krypteia, lenkt den Blick zurück auf die über die bloßen politischen Institutionen hinausgehenden innerspartiatischen Verhältnisse. Am bedeutsamsten ist die gemeinsame Erziehung[13] aller männlichen Spartiaten, die Agoge. Bis zum 8. Lebensjahr blieb der Junge in der Familie, dann wurde er kollektiv erzogen. Bis

---

11 Neuester Stand P. Cartledge, Spartan Wives, in: Ders., Reflections, 106–126; S. Pomeroy, Spartan Women; neuzeitliches Frauenbild W. Schuller, Spartanische Frauen.
12 Neueste Problematisierung bei N. Birgalias, Helotage.
13 N. Birgalias, Education.

zum 13. Lebensjahr in kleinen Gruppen, den „Herden", ab dann in Jahrgangsgruppen, und ab dem 20. Lebensjahr bis zum 30. in Soldatengemeinschaften, in denen er sich ständig aufhalten musste. In den ersten beiden Etappen wurde er physisch abgehärtet und erhielt elementare geistige Erziehung – unter anderem die Fähigkeit, sich ohne viel Gerede knapp, eben lakonisch auszudrücken[14] –, in die dritte Etappe fiel die militärische Ausbildung. In der Zeit der Pubertät wurde darauf geachtet, dass sich zwischen den heranwachsenden Knaben und den sie beaufsichtigenden Männern ein gleichgeschlechtliches Verhältnis herausbildete, und zwar deshalb, weil man sich davon einen auch im Krieg nützlichen engen menschlichen Zusammenhalt versprach.[15]

Die Mädchen wurden weniger streng erzogen, jedoch durchliefen auch sie gemeinschaftliche Etappen, zu denen als wichtigste tänzerische und vor allem gymnastische Übungen gehörten. In der dritten Etappe ihrer Erziehung wurden die jungen Männer mit den Mädchen zusammengebracht in der Absicht und mit der Folge, dass sich daraus dann eheliche Gemeinschaften ergaben. Freilich waren diese wegen des aushäusigen Wohnens der Männer noch locker und dienten eher der Erzeugung von Nachkommenschaft, ab 30 konnten die Paare dann zusammenziehen. Wegen dieser jedenfalls anfangs geringen Festigkeit der Beziehungen und wegen gemeinschaftlicher sportlicher Übungen wurde den Spartiatinnen außerhalb Spartas Sittenlosigkeit nachgesagt, in Verkennung der Struktur und Funktion der Agoge. Auch ab 30 Jahren gab es regelmäßige gemeinsame Mahlzeiten der Männer, die den gewohnten Zusammenhalt zwischen Jüngeren und Älteren – die ab 60 keinen Kriegsdienst mehr leisteten – aufrechterhielten, die Frauen und Mädchen blieben in diesen Fällen weiterhin für sich.

Diese bis in die historische Zeit hineinragenden Verhältnisse finden wir nicht nur in Sparta; auch auf Kreta[16] gab es ganz ähnliche Organisationsformen. In beiden Fällen handelt es sich nicht nur um einheitliche Kollektivmaßnahmen. Zwar bezog sich die Einteilung in die verschiedenen Altersgruppen auf alle Spartiaten, aber innerhalb dieser Großgruppen bestanden, so auch auf Kreta, kleinere Gemeinschaften, die die eigentlichen Untergliederungen der Gesellschaft darstellten und deren Zusammensetzung auf freiwilliger Grundlage erfolgte. Nicht zu dem Bild von einem einheitlich durchorganisierten Zwangsstaat passt auch die Tatsache, dass das künstlerische Leben in Sparta lange Zeit dem des übrigen Griechenland durchaus ebenbürtig war.[17] Dichter wie Alkman und Tyrtaios oder die hoch entwickelten Künste der Vasenmalerei und der Bronzeplastik standen auf gesamtgriechischem Niveau.[18] Freilich müssen wir feststellen, dass all das um das Ende des 6. Jahrhunderts herum abbrach. Es gab seitdem keine spartanische Dichtung mehr, und alle weiteren geistigen Entwicklungen im übrigen Griechenland gingen an Sparta vorbei: Es gab weder Theater noch Philosophie noch Geschichtsschreibung.

---

14 Plutarch, Lykurg 18, 5. Zum Schreibenkönnen N. Boring, Literacy.
15 P. Cartledge, Spartan Pederasty, in: Ders., Reflections, 91–105.
16 H.-J. Gehrke, Gewalt und Gesetz.
17 Zum Problem der Datierung siehe den Forschungsteil S. 296.
18 Das berühmteste Beispiel ist der in einem keltischen Fürstinnengrab des französischen Ortes Vix gefundene überdimensionale bronzene Krater, von dem nur nicht völlig geklärt ist, ob er direkt aus Sparta oder aus der spartanischen Kolonie Tarent stammt; zu ihm zuletzt W. Kimmig, Import, 314–318, mit umfangreicher Literatur.

Das wirtschaftliche Leben verharrte auf urtümlicher Stufe, Münzen gab es nicht; Spartaner sollten Sparta nicht verlassen, Fremde wurden kaum hereingelassen beziehungsweise regelmäßig abgeschoben, Nachrichten über innerspartanische Verhältnisse und Vorgänge wurden nach Möglichkeit nicht hinausgelassen.[19] Gewiss ist vieles an der Staats- und Gesellschaftsstruktur Spartas mit dem Festhalten an solch frühen Verhältnissen zu erklären, für die die vergleichende Völkerkunde zahlreiche Parallelen aufweist. Aber eben die Tatsache, dass daran festgehalten wurde und dass sich das öffentliche Leben nur auf das Erzielen und Erhalten militärischer Tüchtigkeit konzentrierte, findet seine beste Erklärung in der Absicht, die Heloten, insbesondere die Messenier niederzuhalten.[20] Dem galten auch die gegenseitigen Beistandsverträge mit den umliegenden Staaten auf der Peloponnes, die Sparta im Lauf der Zeit abschloss und die – auch – vorsahen, dass die Nachbarn den Heloten keine Hilfe leisten sollten. Diese Verträge, zusammengenommen, stellten dann das erste Sicherheitssystem der Antike dar: wir nennen es den Peloponnesischen Bund.

2.2.2.3 Kolonisation

Die Eroberung Messeniens war wohl die Ursache dafür, dass Sparta – mit Ausnahme der Gründung Tarents – an der griechischen Kolonisation nicht beteiligt war, die in der Mitte des 8. Jahrhunderts begann, etwa zweihundert Jahre anhielt und das Aussehen der Mittelmeerwelt radikal veränderte, teilweise bis auf den heutigen Tag.[21] So tragen, um nur wenige zu nennen, die spanische Stadt Ampurias, die französischen Städte Marseille, Nizza und Antibes sowie die italienischen Städte Neapel und Reggio und auf Sizilien Syrakus, Taormina und Palermo griechische Namen: Emporion, Massalia, Nikaia, Antipolis, Neapolis, Rhegion, Syrakusai, Tauromenion, Panormos. Die heutige Bezeichnung „Kolonisation" kann irreführend wirken: Der Charakter der griechischen Kolonisation bestand darin, dass Griechen in einzelnen Expeditionen auswanderten, um in Übersee neue Städte zu gründen und sich dort anzusiedeln, wobei in den meisten Fällen deren Umland den Neuankömmlingen zur landwirtschaftlichen Nutzung zugeteilt wurde. Die Griechen siedelten an denjenigen Küsten, an denen es keine einheimische Macht gab, die ihnen die Ansiedlung verwehrt hätte; die im Landesinneren etwa vorhandenen einheimischen Stämme waren zunächst kein Hindernis. Etrurien, Karthago, Ägypten, Vorderasien kamen daher nicht in Betracht, es blieben Sizilien mit Ausnahme des Westteils, die Küsten Süd- und Mittelitaliens, Südfrankreichs, Südostspaniens, die Cyrenaica und das Schwarze Meer einschließlich der Krim. Insbesondere Sizilien und Süditalien wurden so eng mit Griechenstädten belegt, dass letzteres sogar Megale Hellas und später Magna Graecia genannt wurde, Großgriechenland, und in der Tat bildeten erst sie zusammen mit dem Mutterland die gesamte griechische Welt. Es gab politische Besonderheiten, zivilisatorisch aber war alles eine Einheit.

---

19 Allerdings berichtet Herodot ausgiebig über Sparta und sagt mit keinem Wort, dass es schwierig gewesen sei, an die Informationen heranzukommen. Zum Problem der Xenophobie zuletzt S. REBENICH, Fremdenfeindlichkeit.
20 So auch, etwas zu polemisch, E. BALTRUSCH, Mythos.
21 Eine neue Gesamtdarstellung nach J. BOARDMAN, Kolonien, von 1981 gibt es nicht; hier muss der Hinweis auf den Forschungsteil und die Abschnitte der CAH und bei W. SCHULLER, Griechische Geschichte, genügen.

Organisatorisch geschah die Auswanderung so, dass sich die Auswandernden um einen meist adligen Anführer zusammenschlossen, der sowohl bei der Seefahrt als auch am Ort der Niederlassung die Führung hatte; Anführer hieß auf griechisch Archegetes, für seine Funktion am Ort hatte er die Bezeichnung Oikistes oder Ktistes, Gründer; als solcher wurde er nach seinem Tod kultisch verehrt. Er war es nämlich, der jeweils die neue Stadt gründete, denn die Auswanderer verstreuten sich nicht als einzelne Bauern über das Land, sondern schlossen sich als Bewohner einer Stadt zusammen. Das Land wurde gleichmäßig verteilt, was man durch die modernen Ausgrabungen etwa in Metapont in Süditalien[22] oder in Chersonnesos auf der Krim heute wieder sehen kann. Die Stadt wurde ebenfalls planmäßig angelegt, mit Tempeln und öffentlichen Gebäuden, und sie erhielt eine Verfassung. Beides, die planmäßige Stadtanlage und die planmäßige Verfassunggebung, waren Vorgänge, die nur stattfinden konnten, weil man im Mutterland Vorbilder hatte, die aber auch, da man in Übersee jeweils ganz neu anfing, ihrerseits Erfahrungen mit sich brachten, die Rückwirkungen auf das Mutterland haben konnten. Im Allgemeinen wurden die politischen Institutionen jeweils von zu Hause mitgebracht, ebenso die jeweiligen Götter und ihre Kulte. Das war dann einfach, wenn die Aussiedler aus einer einzigen Stadt kamen; häufig hatten sich aber Auswanderer aus mehreren Städten zusammengeschlossen, und in diesen Fällen richteten sich weltliche Institutionen und Kulte nach dem überwiegenden Teil oder nach dem Archegeten, was meist auf dasselbe hinauslief. Die Beziehungen zur Mutterstadt waren zu Anfang gewiss äußerst eng, lockerten sich aber bald wegen der großen zu überwindenden Entfernungen[23] so stark, dass die Neugründungen politisch völlig selbständig wurden und nur noch – nicht unwichtige – gefühlsmäßige Bindungen aufrechterhielten; Ausnahme bestätigen die Regel.

Die Ursachen oder Triebkräfte der Kolonisation waren vielgestaltig. Eine Voraussetzung war, dass man geographische Kenntnisse von den Gegenden hatte, in die man zog. Zunächst wird das schwierig gewesen sein, obwohl durch die – heute in Lefkandi greifbaren – Verbindungen zum Orient und durch die Vermittlung durch die Phöniker schon Vorstellungen bestanden haben dürften; die Odyssee mit ihren abenteuerlichen Geschichten gibt eine Vorstellung von dieser frühen Zeit. Immerhin ist bemerkenswert, dass die erste chronologisch bestimmbare griechische Präsenz auf der Insel Pithekussai, dem heutigen Ischia, auf der von Griechen aus Chalkis auf Euböa Erzvorkommen ausgebeutet wurden, gegen 750 nachzuweisen ist.[24] Das zeigt einmal, dass man über sehr weite Strecken hinweg Bescheid wusste, und das zeigt zum zweiten, dass zu Beginn jedenfalls auch die Gewinnung von Rohstoffen beabsichtigt war. Je öfter man nun auszog, umso genauer lernte man die Küsten kennen und konnte durch Rückbindung an die Heimat immer genauere Auskünfte geben. Dazu trug weiter bei, dass berühmte Orakelstätten wie Delphi oder Olympia, die man vorher befragt hatte, ebenfalls durch Rückmeldungen immer mehr Wissen akkumulierten, das bei weiteren Anfragen verwendet werden konnte, ohne dass sie freilich die Auswanderungen lenkten.

---

22 E. M. De Juliis, Metaponto.
23 A. J. Graham, Colony and Mother City.
24 D. Ridgway, Phoenicians and Greeks; J. N. Coldstream, Prospectors and Pioneers.

Durch die zunehmenden Seefahrt erhielt man dann auch Kenntnisse über die sonstige Beschaffenheit der fernen Küsten, insbesondere davon, wo bebaubares und herrenloses Ackerland zur Verfügung stand. In Griechenland wurde nämlich durch die Zunahme der Bevölkerung das Land immer knapper, und einer der Auswege war der, nach Übersee zu ziehen und sich dort in neu zu gründenden Städten anzusiedeln. Wir nennen sie in Analogie zu den römischen coloniae und missverständlich Kolonien, besser ist der griechische Begriff Apoikie (wörtlich: Ab-Hausung). Der Vorgang der Aussiedlung war oft ein schmerzhafter Prozess, und die Aussiedler mussten teilweise mit Zwang dazu veranlasst werden; Frauen wurden in den meisten Fällen nicht mitgenommen, sondern die Aussiedler nahmen sich ihre Frauen von den Einheimischen. Berichte über Hungersnöte, über die bittere Notwendigkeit, auszusiedeln[25] sowie der archäologische Befund bei den meisten der Apoikien zeigen, dass die Haupttriebfeder durch Überbevölkerung hervorgerufene Landnot war. Wie nicht anders zu erwarten, konnten aber auch andere Ursachen eine Rolle spielen, nachdem sich die Möglichkeit der Kolonisation einmal eingespielt hatte. So ist die verhältnismäßig späte Besiedlung der Schwarzmeergegend durch Milet und Megara beziehungsweise durch Herakleia Pontike gewiss zum überwiegenden Teil durch den Druck zu erklären, den das kleinasiatische Lyderreich auf die ionische Küste ausübte.[26]

2.2.2.4 Bildung und Krise der Polis[27]

Überbevölkerung ist die Hauptursache für den Prozess im Mutterland, den man mit Polisbildung oder gar mit Staatsgründung bezeichnet und der der Kolonisationsbewegung großenteils parallel lief. Archäologisch hat man bemerkt, dass seit dem 8. Jahrhundert an zahlreichen Stellen Griechenlands die Bevölkerung zusammengelegt wurde: Das ist als Konzentrierungsprozess aufzufassen, der auch dafür sorgen sollte, die Bevölkerung vor Übergriffen zu schützen und, umgekehrt, sie selber in die Lage zu versetzen, über die eigenen Grenzen auszugreifen. Der Grund war regelmäßig der Kampf um bebaubares Land, also dasselbe Bedürfnis, das die Aussiedler nach Übersee trieb.

Diese Konzentration setzte voraus oder hatte zur Folge – Ursache und Wirkung sind hier, wie oft sonst auch, schwer gegeneinander abzuwägen –, dass das jeweilige Gemeinwesen intern fest strukturiert war, und, wenn hier wieder einmal eine wertende Bemerkung erlaubt sein darf, es ist eine der ganz großen Leistungen der Griechen, dass sie sich nicht damit begnügten, ihre kleinräumigen Gesellschaften, in denen jeder jeden kannte, irgendwie auf personaler Basis existieren zu lassen, sondern dass sie sie rational durchorganisierten, und zwar in so prägender Weise, dass sie für die gesamte Antike und für die Folgezeit das Grundmuster darstellten. Das homerische Königtum verschwand unmerklich, übrig blieben Adel[28] und freie Bauern. Allerdings war das, was wir Adel nennen, lange Zeit hindurch noch kein Geburtsadel, sondern man er-

---

25 Von Herodot 4, 150–160 mit sagenhaften Elementen für das nordafrikanische Kyrene ausführlich geschildert.
26 G. Tsetskhladze, Penetration.
27 Umfassend K.-W. Welwei, Polis.
28 Problematisierung E. Stein-Hölkeskamp, Adelskultur.

warb sich die Zugehörigkeit zur führenden Schicht durch in (land-)wirtschaftlicher und vor allem kriegerischer Tüchtigkeit erworbenes Prestige; erst im Laufe des Archaikums bildeten sich durch vererbte Tüchtigkeit Adelsgeschlechter heraus, die, etwa Geomoren (oder Gamoren = Landbesitzer) oder Eupatriden (= von edlen Vätern) genannt, oft göttliche Abkunft behaupteten und die Führung in der Stadt hatten. Ebenso erst in dieser Zeit – und nicht aus der Wanderungszeit übernommen – wurden die die Bevölkerung gliedernden Personenverbände der Phylen und Phratrien geschaffen, die durch Kulte zusammengehalten wurden und in denen den adligen Familien durch die Ausübung des Kultes der Einfluss auf ihre Gefolgschaft gesichert war.

Diese besser gestellten Leute berieten sich, so noch bei Homer, zunächst in informeller Weise miteinander, jedoch brachten es die Erfordernisse der politischen Konzentration mit sich, dass diese Beratung in zweierlei Weise institutionalisiert wurde.[29] Zum einen wurde das Zusammenkommen der Adelshäupter zu einem Rat, dem Rat der Alten, umgestaltet, zum anderen wurde eine Verteilung innerhalb der Erledigung der öffentlichen Aufgaben vorgenommen, das heißt, es wurden Ämter geschaffen. Die drei – und in so wenig komplexen Gesellschaften einzigen – klassischen Aufgaben waren der Verkehr mit den Göttern, die Kriegführung und die Rechtsprechung, und demgemäß entstanden die drei Ämter des obersten Priesters, des Heerführers und des Richters, die auch mehrstellig besetzt werden konnten. Da eine Adelsgesellschaft aber immer peinlich darauf achtet, dass keiner ihrer Angehörigen sich über den anderen erhebt, herrschte die Rotation, das heißt eine begrenzte, im Regelfall einjährige Amtsdauer.

Die Volksversammlung in Gestalt der in wichtigsten Angelegenheiten um ihre Meinung befragten Heeresversammlung kennen wir auch schon aus Homer,[30] und von ihr dürften die wesentlichen Veränderungen der Folgezeit ausgegangen sein. Ihre Angehörigen, die freien Bauern, kämpften als Fußsoldaten in eiserner Rüstung, in Reih und Glied, Schild an Schild und Helm an Helm[31] – Phalanx heißt eine solche Schlachtreihe. Sie wurde im Laufe der Zeit immer wichtiger. Bei den immer weiter zunehmenden innergriechischen Kriegen kämpfte der Adel zu Pferd, jedoch fielen die Entscheidungen bei der Eroberung bebaubaren Landes oder bei dessen Verteidigung zunehmend mehr durch die Kämpfer der Phalanx. Sie, die wohlhabenderen Bauern, waren in der Lage, sich ihre Rüstung, hoplon, selber bei den Schmieden anfertigen zu lassen, hießen daher Hopliten und legten als immer unentbehrlicher werdender Bestandteil der staatlichen Gemeinschaft immer mehr Wert auf Mitbestimmung, insbesondere darauf, ob überhaupt gekämpft werden und wer sie denn nun in die Schlacht führen solle.

Ein zweites Element der Unzufriedenheit kam hinzu. Schon bei Homer kommt es vor, dass die adeligen Gerichtsmagistrate ungerechte Urteile sprechen, und bei dem

---

29 In der Ilias schmiedet der Gott Hephaistos für Achill einen Schild, auf dem das idealtypische Bild einer noch sehr bäuerlichen Stadt und ihres Lebens dargestellt ist: Ilias Buch 18, 490–605, eine Gerichtsszene 497–507.
30 Ilias Buch 2.
31 „ […] und Fuß an Fuß gesetzt, und Schild an Schild gerieben, und Busch an Busch gepreßt und Helm an Helm, und Brust an Brust gestemmt": Tyrtaios Nr. 2, Verse 31–33 in der Übersetzung von J. LATACZ. Zu Tyrtaios M. MEIER, Aristokraten.

späteren Bauerndichter Hesiod ist das der Gegenstand einer berühmten Stelle[32]; in beiden Fällen handelt es sich um durch Geschenke hervorgerufene Parteilichkeit der Richter. Parteilichkeit konnte deshalb eintreten, weil die Rechtsvorschriften als göttliches Recht exklusives Wissen des Adels waren und weil die Richter ausschließlich von ihm bestellt wurden. Zudem trat, vielleicht auch durch diese zugunsten des Adels wirkende Rechtsprechung, eine zunehmende Verarmung von Teilen der Bauernschaft ein. Aus all dem ergab sich zum einen die Forderung, an der Bestellung auch der Richter beteiligt zu sein, sowie darauf, das Recht überhaupt erst einmal zu kennen. Die erste Forderung lief, zusammen mit Unzufriedenheiten bei der Kriegführung, darauf hinaus, der Volksversammlung das Recht auf die Wahl aller Beamten zu geben, die zweite, dass das Recht veröffentlicht werde, und beide Forderungen wurden im Laufe der Zeit erfüllt.

Besonders die Öffentlichkeit des Rechtes[33] ist durch eine eindrucksvolle Zahl erhaltener steinerner Inschriften rechtlichen Inhalts[34] nachgewiesen, von denen die im kretischen Gortyn erhaltene die ausführlichste und eindrucksvollste ist.[35] Durch sie war es nun jedem Polisbürger möglich, sich darüber zu unterrichten, wie die jeweilige rechtliche Regelung lautete, nach der er sich zu richten hatte und nach der die Gerichte Recht zu sprechen hatten. Damit war eine der Komponenten erfüllt, die den neuzeitlichen Rechtsstaatsbegriff ausmachen,[36] nämlich die Öffentlichkeit und Kontrollierbarkeit des Rechts. Aber auch der Inhalt des geltenden Rechts wurde, nachdem es nun bekannt gemacht werde sollte, in Frage gestellt. Soziale und andere Missstände verlangten nach besserer Regelung, und diese Regelungen konnten, wie die anderen wichtigen Angelegenheiten auch, nur von der Volksversammlung, also der Versammlung der wehrfähigen Bauern unter Einschluss des Adels beschlossen werden.

Ein letzter Schritt folgte. War der Adel ohnehin dadurch entstanden, dass er die Verfestigung ursprünglich einzeln erwiesener persönlicher Tüchtigkeit darstellte, so sahen es später nichtadelige, aber wohlhabende und zum Kriegführen unentbehrliche Bauern immer weniger ein, dass ihnen die Ämter verschlossen blieben, die sie gegebenenfalls besser ausfüllen konnten als mancher Adelige. So setzte es sich allmählich durch, dass die Berechtigung, am Staatsleben teilzunehmen, sich nach dem Beitrag staffelte, den der einzelne der Polis und ihrer Wehrtüchtigkeit leistete; der Maßstab war nun also das Vermögen, nicht mehr die ererbte Stellung. Dazu gehörte dann das Korrelat, dass diejenigen, die gar nichts besaßen, auch keine Stimme in der Polis hatten.[37] Da sich diese Zensusverfassung am wehrfähigen, sich selbst ausrüstenden Bau-

---

[32] Werke und Tage 38 f.
[33] Zur Konstituierung der Polis durch die Gesetzgebung K.-J. HÖLKESKAMP, Schiedsrichter.
[34] R. KOERNER, Gesetzestexte. – Zusätzlich hervorgehoben seien die menschlich bewegenden und in mehrfacher Hinsicht zeitgeschichtlich bedeutenden Nachworte von Bernd FUNCK und Klaus HALLOF.
[35] J. KOHLER/E. ZIEBARTH, Stadtrecht; problematisierend J. K. DAVIES, Deconstructing Gortyn.
[36] W. SCHULLER, Rechtsstaat.
[37] Für ein heutiges, auf uneingeschränkte Gleichheit orientiertes Bewusstsein, ist das natürlich inakzeptabel; jedoch könnte der Gedanke einleuchten, dass ein erwiesenermaßen Tüchtiger auch mehr Mitwirkungsrechte hat als jemand, dem es nicht gelang, sich aus der Stellung sagen wir eines einfachen Fischers emporzuarbeiten. Als umso größere Leistung ist dann die nachfolgende athenische Demokratie zu werten, die sich über diesen Gesichtspunkt hinwegsetzte.

ern, dem Hopliten, orientierte, wird sie heute Hoplitenverfassung oder Hoplitenstaat genannt. Wie die anderen Rechtsvorschriften auch wurde sie meist aufgeschrieben, und damit war die griechische Polis zum ersten Verfassungsstaat Europas geworden.

2.2.2.5 Tyrannis

Mit dem Vorstehenden ist eine Entwicklung zusammengefasst und systematisiert worden, die an den zahlreichen Orten Griechenlands in höchst unterschiedlicher Weise stattfand. Keineswegs überall spielte sie sich so geradlinig und zielgerichtet ab. Insbesondere durchliefen wichtige Städte Griechenlands eine besondere Etappe – von der wegen der Offenheit geschichtlicher Abläufe während ihres Vorkommens ja nicht klar war, dass sie eine Etappe bleiben würde –, die sich tief in das kollektive Gedächtnis Griechenlands und der Nachwelt eingrub, die Tyrannis.[38] Diese Herrschaftsform – deren Bezeichnung wahrscheinlich kleinasiatischen Ursprungs ist – bestand darin, dass ein mächtiger Aristokrat sich zum alleinigen Herrscher über eine Stadt aufschwang. Es war eine rein faktische Herrschaftsposition, die weder eine rechtliche noch eine sonstige Formalisierung erfuhr und die in der Regel auch die bisherige Verfassung bestehen ließ; nur sorgte der Tyrann durch die faktischen Machtmittel seiner Anhängerschaft und seiner Truppen dafür, dass ihm ergebene Männer in die staatlichen Positionen gelangten. In seine eigene Machtposition gelangte der Tyrann dadurch, dass er sich eine politische – auch außenpolitische, aus einem Konflikt mit einer Nachbarstadt bestehende – oder wirtschaftlich-soziale Krise zunutze machte und dabei oft die Partei des mit dem Adelsregime unzufriedenen Volkes ergriff; freilich war er kein Exponent der Unterschicht, sondern selber ein Adeliger, der sich möglichst auch durch seine Standesgenossen unterstützen ließ. Wenn man seine Position in aristokratischen Begriffen ausdrückt, dann war er jemand, der nichts weiter getan hatte, als die gegenseitige Kontrolle der Aristokraten zu durchbrechen und einfach als Sieger aus dem Adelsprinzip des miteinander Wetteiferns hervorgegangen war.

Die früheste Tyrannis war die der Kypseliden in Korinth im 7./6. Jahrhundert, also des Kypselos und dann seines Sohnes Periander, die von dessen Nachkommen nicht mehr gehalten werden konnte. Ihr Aufkommen hatte wohl mit inneren Zwistigkeiten der herrschenden Aristokraten zu tun und vielleicht auch mit Veränderungen, die der rudimentäre Handel der Seestadt Korinth mit sich brachten; nach dem Sturz der Tyrannis erhielt Korinth eine stabile Verfassung nach dem Zensussystem. Die Tyrannis auf Lesbos wurde vor allem durch Papyrusfunde mit Gedichten des adeligen Dichters Alkaios bekannt, eines der wenigen zeitgenössischen Zeugnisse, aus dem daher die Offenheit der geschichtlichen Situation jenseits von späteren, am Ergebnis orientierten Berichten deutlich hervortritt. Wir erkennen gerade aus dieser Primärquelle, dass soziale Spannungen dazu führten, dass verschiedene Adelige nach der Macht streben konnten und dass die innenpolitische Situation weitaus verwickelter war, als sie uns in anderen Fällen aus späteren zusammenfassenden Berichten hervorgeht. Spät, im 6. Jahrhundert, kamen in Athen die Peisistratiden an die Macht, die unten im athenischen Zusammenhang besprochen werden, noch etwas später entstand mit der Herrschaft des Polykrates auf Samos die berühmteste Tyrannis. Wie viele andere Tyrannen auch sorgte er durch

---

38 Neueste bibliographische und Quellenangaben bei L. D℮ L𝚒𝚋𝚎𝚛𝚘, Die archaische Tyrannis.

öffentliche Bauten – beispielsweise eine heute wieder freigelegte Wasserleitung[39] – für das Wohlergehen der Bevölkerung, er trieb sogar, wie die Kypseliden, eine großräumige Außenpolitik, in deren Verlauf er freilich mit dem expandierenden Perserreich zusammenstieß und umkam.[40] Auf Lesbos und Samos wurden anschließend – nicht ohne weitere innere Turbulenzen – Verfassungen nach Art des Hoplitenstaates eingerichtet.

Am spektakulärsten verlief die innere Entwicklung im Westen, vor allem auf Sizilien. In dieser reichen, weiträumigen Welt konnten sich die neu angelegten Städte zunächst so ungehindert entwickeln, wie es im engen Mutterland nicht möglich war; die prachtvollen Tempelanlagen in Selinunt (Selinus), Agrigent (Akragas) und Syrakus auf Sizilien oder Poseidonia in Italien zeugen davon.[41] Die Hauptkonflikte, die hier eintraten, unterschieden sich aber von denen im Mutterland. In Italien und anderswo auch, vor allem später am Schwarzen Meer, waren es die einheimischen Stämme, die von den reichen Städten angezogen wurden und sie entweder einfach plündern oder dann in Abhängigkeit bringen wollten, teilweise auch wirklich brachten, oder sie schließlich sogar ganz eroberten; auf diese Weise bekam Poseidonia den italischen Namen Paestum. Auf Sizilien aber waren es neben den Einheimischen meist die Karthager, mit denen die Griechen in militärische Konflikte gerieten – und diese Konflikte brachten, als Nothelfer gegen die Feinde, Tyrannen an die Macht, die in Glanz und Grausamkeit die mutterländischen Tyrannen überflügelten.

Phalaris von Akragas, der seine Gegner in bronzene Stiere steckte, unter diesen Feuer anzündete und sich am qualvollen Gebrüll der Gequälten erfreute, war der grausamste, die Brüder Gelon und Hieron von Gela und dann auch vor allem von Syrakus die glänzendsten. Sie und andere sizilische Tyrannen siegten bei den panhellenischen Festspielen und wurden dafür von großen Dichtern wie Pindar[42] und Bakchylides verherrlicht, zogen auch, ebenfalls wie Polykrates, Dichter an ihren Hof; Hieron, der bis tief ins 5. Jahrhundert hinein herrschte, war aber auch militärisch bedeutend und siegte 474 in einer Seeschlacht sogar bei der mittelitalischen Griechenstadt Kyme über die Etrusker und bewahrte so die Kymaier vor einer Fremdherrschaft. Der Glanz,[43] der von den Tyrannen als sozusagen gesteigerten Aristokraten ausging, wurde von den Zeitgenossen bewundernd wahrgenommen; als der Tyrann Kleisthenes von Sikyon im 6. Jahrhundert seine Tochter Agariste nur dem Vornehmsten verheiraten wollte, kamen Bewerber aus vielen – nicht allen – Teilen Griechenlands[44]. Freilich war es letzten Endes doch die Gewalt, die die Tyrannen an der Macht hielt. Daher wurden sie später durchgängig negativ bewertet, und dies auch deshalb, weil ihre Herr-

---

39 Man kennt sogar den Namen des Architekten: Eupalinos von Samos (Herodot 3, 60); die Wasserleitung ist archäologisch gefunden worden: H. Kienast, Wasserleitung des Eupalinos.
40 Eine von Herodot 340–43 berichtete Episode daraus schildert Schillers Ballade „Der Ring des Polykrates".
41 G. Gruben, Tempel, 285–340.
42 An Hieron von Syrakus sind Pindars Erste Olympische und die Erste bis Dritte Pythische Ode gerichtet, an Theron von Akragas die Zweite und Dritte Olympische und an Therons Bruder Xenokrates die Sechste Pythische und die Zweite Isthmische Ode; Bakchylides richtete die Dritte bis Fünfte Ode an Hieron.
43 Ein von den Etruskern erbeuteter Helm befindet sich als Weihegabe im Museum von Olympia (HGIÜ Nr. 49).
44 Mit amüsanten Zügen von Herodot 6, 126–130 geschildert.

schaft sehr selten über die zweite Generation hinausging und immer vom Verfassungsstaat abgelöst wurde. Das Wort Tyrann ist so, anders als in vielen zeitgenössischen Urteilen, bis auf den heutigen Tag das Synonym für einen illegitimen Gewaltherrscher geblieben.[45]

2.2.2.6 Kultur

Beginnen wir wieder mit dem 8. Jahrhundert, der früharchaischen Zeit, die eine der fruchtbarsten und kreativsten Epochen der europäischen Geschichte darstellt. Die homerischen Epen selber waren bereits derart kunstvolle und eine eigene Welt ausmachende Gebilde, dass sie allein für das eben ausgesprochene Urteil genügen würden. Heute sind sie wohl nur nach intensivem Einlesen zu würdigen und zu genießen, dann aber entfalten sie eine derartige Vitalität und Anziehungskraft, dass es einerseits nicht verwundert, dass sie bis in die Gegenwart hinein Gegenstand immer neuer Nachschöpfungen sind, dass aber andererseits anzuraten ist, sich nicht an diese, sondern an das Original zu halten, und sei es in Übersetzung. Die endgültige Komposition dieser bisher nur mündlich vorgetragenen Gedichte und ihre Niederschrift sind zwar in ihren Ursachen und ihrer Funktion noch nicht vollständig geklärt, ihr schließliches Ergebnis setzt aber die Schrift voraus.

Das ist ein umso rätselhafterer Vorgang, als die Griechen die Schrift gerade erst von den Phönikern übernommen hatten; um die Mitte des 8. Jahrhunderts setzen die ersten, noch ziemlich ungelenken Inschriften ein.[46] Sie zeigen die Abhängigkeit von der phönikischen Buchstabenschrift, und sie zeigen durch die Tatsache, dass es unterschiedliche griechische Alphabete gab, jetzt bereits die Differenziertheit der griechischen Welt. Die Schrift ist nicht das einzige, das aus dem Orient übernommen wurde. Neben manchem anderen haben große Teile der griechischen Mythologie orientalische, das heißt vor allem kleinasiatische Vorbilder,[47] und in der bildenden Kunst ist es schon lange gesicherte Erkenntnis, dass die archaischen Jünglingsstatuen in ihrer Körperhaltung genau derjenigen ägyptischer Statuen entsprachen.[48] Auch auf die Vasenmalerei wirkte der Orient prägend ein. Während der geometrische Stil auch eine Errungenschaft des 8. Jahrhunderts ist, wird er später durch lebendige Pflanzen- und Tierornamente und -darstellungen abgelöst, die auf orientalische Vorbilder zurückgehen und daher „orientalisierender Stil" genannt werden. Die Anverwandlung all dieser Vorbilder rief freilich dennoch unverwechselbare griechische Schöpfungen hervor. Das zeigt sich dann zur Evidenz darin, dass die nachfolgenden schwarzfigurigen Vasen aus Athen ein rein griechisches Produkt sind.

Dem 8. Jahrhundert gehören die ersten Tempelbauten an,[49] darunter so bedeutende wie der erste Heratempel auf Samos. Die Tempel sind nicht ohne Bedeutung für die Polisbildung. Obwohl viele der neuen Poleis um Anhöhen herum oder auf diesen gebaut wurden, auf denen frühere mykenische Siedlungen und Großbauten standen, sa-

---

45 Zum späteren Dionysios von Syrakus siehe S. 79.
46 Becher des Nestor von etwa 700, HGIÜ Nr. 1.
47 V. Haas, Vorzeitmythen; C. Penglase, Greek Myths.
48 Weiteres S. 250.
49 G. Gruben, Tempel.

hen die archaischen Griechen keine Veranlassung, ebenfalls weltliche Großbauten zu errichten. Stattdessen bauten sie Tempel als Häuser für die jeweilige Gottheit, und ein solcher Tempelbau in seiner im Verhältnis zu den bescheidenen menschlichen Behausungen überdimensionalen Größe erforderte nicht nur großes handwerkliches und architektonisches Können[50], sondern setzte auch Finanzmittel und vor allem eine gemeinsame organisatorische Leistung der gesamten Polis voraus, hatte also eine ganz wesentliche Funktion bei der Herausbildung der Polisidentität. Gegen Ende der archaischen Zeit, im 6. Jahrhundert, kamen dann die Münzen hinzu.[51] Die ersten Münzen stammen wahrscheinlich aus Lydien,[52] verbreiteten sich aber schnell in Griechenland und erfuhren dort ihre eigentliche Bedeutung. Sie wurden wohl nur in großen Nominalen hergestellt, dienten also nicht dem täglichen Handelsverkehr und waren mit großem künstlerischen Sinn ausgeführt. Chronologische Angaben trugen sie nicht, aber ihre Herkunftsstadt wurde durch Abkürzungen und Symbole dargestellt, wodurch ebenfalls die Identität der jeweiligen Stadt weiter befestigt wurde.

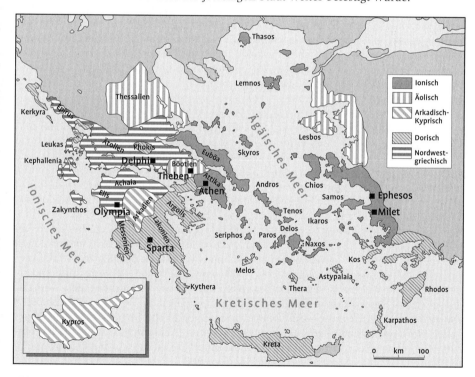

Abb. 1: *Die griechischen Dialekte.*

---

50 Der Architekt des syrakusanischen Apollon-Tempels zeichnet auf einer Treppenstufe stolz mit seinem Namen: Kleomedes; farbige Abbildung bei G. PUGLIESE CARATELLI, Sikanie, 48 f.
51 P. R. FRANKE/M. HIRMER, Griechische Münze mit vorzüglichen Abbildungen und Erläuterungen.
52 Diese Angabe bei Herodot 1, 94, 1, ist durch die Numismatik bestätigt worden.

Die homerischen Epen waren Endprodukt einer langen mündlichen dichterischen Entwicklung, aber mit ihnen setzte eine Überfülle neuer Dichtungsarten ein. Der böotische Bauerndichter Hesiod dichtete noch in Hexametern, die nach ihm entstehende Dichtung drückte sich in den verschiedensten neuen Versmaßen, Gattungen und Dichter- sowie Dichterinnenpersönlichkeiten aus – Alkaios, Archilochos, Ibykos, Sappho, Tyrtaios und viele andere. Die Dichtung war etwas Gemeingriechisches, das trotz unterschiedlicher Dialekte überall gelesen wurde und die Griechen sich als Gemeinschaft empfinden ließ, auch gegenüber den Barbaren, den Fremden, ein Wort, das nur zu einem geringen Teil abschätzig urteilen wollte. Eine organisatorische Klammer aber gab es, die die einzelnen griechischen Poleis miteinander verband. Das waren – neben weitern örtlichen Festen wie den Panathenäen – als wichtigste die panhellenischen[53] sportlichen Wettspiele. Auch sie sind in der archaischen Zeit entstanden. Die beiden bedeutendsten, die von Olympia und die von Delphi (die Pythischen Spiele), entstanden am Ort berühmter Orakel, später kamen die vom Isthmos von Korinth und vom peloponnesischen Nemea hinzu und wurden im Laufe der archaischen Zeit durch Hinzufügen neuer Sportarten immer weiter ausgebaut. Sie fanden alle vier beziehungsweise alle zwei Jahre statt; der Siegespreis war nur ein Kranz von Lorbeer, Eppich oder vom Ölbaum oder von der Fichte, das auch politische Prestige, das man als Olympionike oder Pythionke hatte, war aber ungeheuer. Nicht umsonst beteiligten sich auch die Tyrannen und später andere Politiker daran.

2.2.2.7 Athen

Zum Schluss Athen. Wir wissen verhältnismäßig viel von ihm, weil durch seine spätere Bedeutung viel über seine Vergangenheit geschrieben wurde. Künstlerisch ragte es durch die geometrischen und dann die schwarzfigurigen Vasen schon immer hervor, das war aber zunächst auch alles. Die frühe Gestalt des Gesetzgebers Drakon ist legendär, und erst um die Wende vom 7. zum 6. Jahrhundert tritt Athen in das Licht der überlieferten Geschichte, und das deshalb, weil sein führender Politiker Solon[54] politische Gedichte verfasst hat, von denen viele erhalten sind.[55] Danach hatte die bisherige Adelsherrschaft Athen in eine wirtschaftlich-soziale Krise gestürzt, in der unverhältnismäßig viele freie Bauern verarmt waren und ein Aufstand auszubrechen drohte. Alle Beteiligten einigten sich auf Solon als Vermittler, der den Staat reformieren sollte, und dementsprechend gab er 594/3 dem Staat eine neue Verfassung und erließ zahlreiche weitere Gesetze. Er, der selber adelig war, entmachtete den Adel dadurch, dass er das Volk in Vermögensklassen einteilte und die Besetzung der obersten Ämter der neun Archonten – ein oberster Archon, einer (Basileus) für die staatlichen Opfer, ein Oberkommandierender des Bürgerheeres (Polemarchos) und sechs Rechtsprechungsmagistrate (Thesmotheten) – nicht mehr von der Herkunft abhängig machte, sondern sie der obersten Vermögensklasse vorbehielt; womöglich schuf er einen Rat der 400, der neben dem alten Adelsrat des Areopag eingesetzt wurde und diesen

---

53 Panhellenisch bedeutet zwar gesamtgriechisch, aber auch an den meisten anderen Wettspielen nahmen Teilnehmer aus ganz Griechenland teil.
54 P. Oliva, Solon; E. Ruschenbusch, Introduzione.
55 Die wichtigsten zweisprachig bei J. Latacz, Archaische Periode 1, 184–209.

somit in seiner Bedeutung minderte; die Volksversammlung wählte die obersten Beamten. Als seine wichtigste Leistung aber sah Solon die Lastenabschüttelung (seisachtheia) an, durch die er die verschuldeten Bauern von ihren Schulden den Grundbesitzern gegenüber befreite und sie, falls sie in Schuldsklaverei waren, wieder freikaufte.

Solon war also der typische Gesetzgeber,[56] der den bisherigen Staat durch eine rational durchdachte Gesetzgebung auf eine neue Basis stellte; natürlich wurden seine Gesetze öffentlich aufgestellt. Diese Gesetzgeber waren durch die große Macht, die ihnen gegeben wurde, oft in der Versuchung, sich zum Tyrannen zu machen – bei manchen können wir heute gar nicht mehr unterscheiden, ob sie nun das eine oder das andere waren – , und auch Solon wurde das angeraten, freilich lehnte er es aus sittlichen Gründen ab. Trotzdem blieb Athen die Tyrannis nicht erspart. So berühmt die solonische Gesetzgebung als das Muster einer ausgewogenen Verfassunggebung war – Solon wurde unter die Sieben Weisen[57] gezählt – , so wenig war sie anscheinend in der konkreten athenischen Situation in der Lage, eine wirkliche Befriedung herzustellen. Das geschah erst durch den Adeligen Peisistratos,[58] der sich auf Grund der weiter bestehenden sozialen Unruhe im zweiten Drittel des Jahrhunderts zum Tyrannen machen konnte. Zwar brauchte er drei Anläufe dazu, aber schließlich saß er fest im Sattel. Unter ihm gab es eine Neuverteilung des Landes, die Solon nicht vorgenommen hatte, und dass dieses das entscheidende Problem gewesen war, ergibt sich daraus, dass die attische Bauernschaft seitdem befriedet war und dass die Herrschaft des Peisistratos in der athenischen kollektiven Erinnerung als eine glückliche Zeit weiterlebte. Nach seinem friedlichen Tod 528 traten seine Söhne Hippias und Hipparchos die Nachfolge an.

Unter Peisistratos waren die – allen Griechen offen stehenden – Wettspiele der Panathenäen neu organisiert worden, und auch sonst entfalteten die Peisistratiden all den Glanz, der eine Tyrannenherrschaft legitimieren konnte. Auf der Akropolis wurde ein neuer Athenatempel errichtet[59] und unterhalb ihrer einer für den Olympischen Zeus. Die zu hoher Blüte kommende Vasenmalerei wies Motive auf, die wahrscheinlich die Herrschaft der Peisistratiden stützten, und gegen ihr Ende hin entdeckte man in Athen, dass sich der rote Ton der attischen Vasen viel besser für die Darstellung von Personen eignete, und so drehte man die Maltechnik um und schuf die rotfigurigen Vasen. Die Herrschaft der Peisistratossöhne wurde als drückender empfunden als die des Vaters, insbesondere nachdem Hipparch aus privaten Gründen ermordet worden war und Hippias alleine herrschte. Immerhin wurde die Tyrannis nicht von den Athenern selber gestürzt, sondern 510 durch die Spartaner, die unter ihrem autokratischen König Kleomenes eine Erweiterung des Peloponnesischen Bundes anstrebten.

Der alsbald führende Politiker Kleisthenes[60] setzte den Schlusspunkt unter die athenische Verfassungsentwicklung. Hatten schon Solon und Peisistratos die Macht

---

56 Zu ihnen und Verwandtem K.-J. Hölkeskamp, Schiedsrichter.
57 B. Snell, Sieben Weise.
58 Quellen und Literatur wieder bei L. De Libero, Die archaische Tyrannis.
59 Er wurde erst unter Kaiser Hadrian vollendet!
60 D. M. Lewis, Cleisthenes and Attica; P. Funke, Wendezeit.

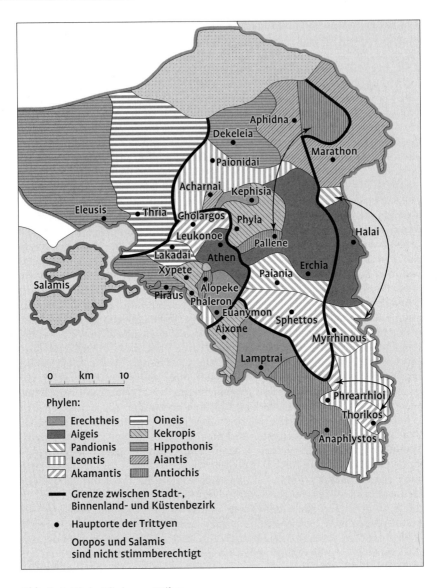

Abb. 2: *Politische Gliederung Attikas.*

des Adels eingeschränkt, so organisierte Kleisthenes den attischen Staat so vollständig um, dass altererbte Machtpositionen endgültig aufgelöst wurden. Er fasste die Bevölkerung Attikas in ein kompliziertes System von zehn neu geschaffenen Phylen, indem er die 139 attischen Gemeinden so zu nächsthöheren Einheiten zusammenfügte, dass die Bewohner weit auseinander liegender Regionen zusammenkamen. Jede dieser so zusammengesetzten neuen Phylen[61] stellte eine der zehn neuen Einheiten des Bürgerheeres und stellte 50 Abgeordnete in dem neu geschaffenen Rat der 500. Dieser Rat[62] wurde zum politischen Zentrum der athenischen Politik; er führte die eigentlichen Geschäfte. Die Volksversammlung blieb bei ihrer bisherigen Funktion, die nur insoweit erweitert wurde, als jetzt neben den Archonten- auch die Strategenwahlen hinzukamen; die neu geschaffenen zehn Strategen kommandierten die zehn Phylenregimenter. Dieser neue athenische Staat sollte bald seine Bewährungsprobe ablegen und glänzend bestehen.

2.2.3 Klassische Zeit

2.2.3.1 Perserkriege

Erstmals in der griechischen Geschichte kam nämlich jetzt ein Anstoß von außen (abgesehen von den Zusammenstößen im Westen mit Karthagern und Einheimischen), und mit diesem Zusammenstoß mit den Persern beginnt die klassische Zeit Griechenlands – und es war die Erforschung von Ursache und Verlauf dieser Perserkriege, die das erste Geschichtswerk der Weltgeschichte, die Historien Herodots hervorgebracht haben. Klassisch wird sie deshalb genannt, weil vor allem in ihr diejenigen politischen und kulturellen Leistungen erbracht wurden, die spätere Zeiten als maßstabbildend oder als beispielhaft ansahen. Das Perserreich, das letzte und umfangreichste altorientalische Großreich, war im 6. Jahrhundert immer näher an Griechenland herangerückt, ja, hatte sich in Gestalt der kleinasiatischen Westküste einen Teil von ihm bereits einverleibt.

513 wurde Europa ins Visier genommen, zunächst die Balkanhalbinsel. Der Großkönig Dareios zog mit einem Heer, bei dem sich auch von ihren Tyrannen kommandierte Kontingente aus griechischen Städten befanden, bis über die Donau, musste dann allerdings wegen der Taktik der verbrannten Erde durch die einheimischen Skythen wieder umkehren. Im Jahre 500 brach dann ein Aufstand der kleinasiatischen Griechen gegen Persien aus, der Ionische Aufstand, und es ist wohl nicht nur spätere griechische Stilisierung, dass neben persönlichem Ehrgeiz auch das griechische Freiheitsgefühl dafür ursächlich war. Hilfe aus dem europäischen Griechenland war kümmerlich; die Spartaner verweigerten sich ganz, und nur Athen und Eretria schickten ein paar Kriegsschiffe, zogen sie aber bald wieder zurück; Eretrias Fußtruppen kämpften bis zum Schluss. Nachdem die Griechen zunächst Sardes, die alte Hauptstadt des Lyderreiches, bis auf dessen Akropolis erobert hatten, war es den Persern schließlich aber doch ein Leichtes, die Griechen niederzuwerfen. 493 wurde Milet, das poli-

---

61 Die religiöse Einbindung bei U. KRON, Phylenheroen.
62 P. J. RHODES, Boule.

tische und kulturelle Zentrum Ioniens und wohl auch ganz Griechenlands, erobert und eingeäschert, ein Schock auch für die Griechen in Europa.[63]

Dabei wäre es wegen der expansionistischen Politik Persiens ohnehin nicht geblieben; es kam aber Athens wenn auch wenig bedeutende Hilfe beim Ionischen Aufstand und die Tatsache hinzu, dass der Perserkönig wegen eines ungeschickten Verhaltens

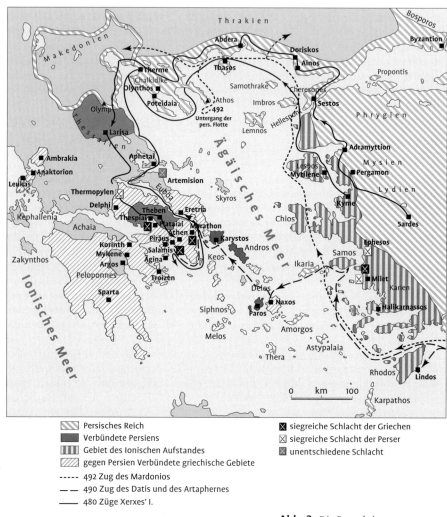

Abb. 3: *Die Perserkriege.*

---

[63] Der athenische Dichter Phrynichos hatte das Drama „Der Fall von Milet" aufführen lassen, worauf die Zuschauer in Tränen ausbrachen; er bekam eine Geldstrafe, und das Stück durfte nie wieder aufgeführt werden (Herodot 6, 21).

Athens ein paar Jahre vorher die Stadt als seine Untertanin betrachten konnte. 490 setzte daher eine persische Strafexpedition nach Griechenland über; sie führte den vertriebenen Tyrannen Hippias mit sich, den sie in erprobter Weise nach dem Sieg als Vasallen einsetzen wollte. Die Athener wollten kämpfen; man hatte eine Hilfszusage der griechischen Führungsmacht Sparta erhalten, und man hatte beschlossen, den Persern zu Land entgegenzutreten. In Athen befand sich nämlich inzwischen der Athener Miltiades, dessen Familie seit einiger Zeit auf der Chersonnes Tyrannen gestellt hatte und der selber beim persischen Balkanfeldzug mitgezogen war und daher die Art der persischen Kriegführung kannte.

Die Perser landeten mit ihrer Flotte an dem Küstenort Marathon, dem Herkunftsort der Peisistratiden, wo sie sich daher die Unterstützung der örtlichen Bevölkerung erhofften. Die sehr religiösen Spartaner konnten wegen eines Festes nicht rechtzeitig kommen, so dass die Athener, denen nur die benachbarten Plataier und Sklaven zu Hilfe gekommen waren, auf sich allein gestellt blieben. Unter der Führung des Miltiades, der einer der zehn Strategen war, unterliefen die Athener den Pfeilregen der Perser, stürmten dann vor und schlugen sie in die Flucht; mit ihrer Flotte zogen die Perser wieder ab. Die anschließend erscheinenden Spartaner konnten nur noch das Schlachtfeld besichtigen.[64] Niemand hatte mit dem Sieg gerechnet. Das persische Heer kann zwar nicht allzu riesig gewesen sein, aber trotzdem war es ein ungeheurer Erfolg, dass das Bürgerheer der bis dahin nicht sehr bedeutenden Stadt Athen das Expeditionskorps eines Weltreiches in die Flucht geschlagen hatte.

Zehn Jahre später kamen die Perser wieder, diesmal mit einem bedeutend größeren Heer und mit dem Großkönig selber, Xerxes, dem Sohn und Nachfolger des Dareios. Freilich hatte man das in Griechenland erwartet und war nicht untätig geblieben. Zum einen hatte man sich, erstmals in der griechischen Geschichte, zu einem Verteidigungsbündnis zusammengeschlossen, nach dem Muster des Peloponnesischen Bundes; wir nennen es den Hellenenbund. Sparta als die anerkannte Führungsmacht hatte das militärische Oberkommando, die anderen Mitglieder entsandten Delegierte in einen Rat. Nicht alle Griechen waren dabei, so fehlte als wichtigste Stadt Theben, und auch das Orakel von Delphi schätzte die Lage falsch ein und riet zur Kapitulation. Umso höher ist die Verteidigungsbereitschaft der anderen zu würdigen, zumal da auch alte Rivalen wie Athen und Ägina in der gemeinsamen Gefahr ihre Streitigkeiten hintanstellten.

Zweitens hatte sich besonders Athen auf den zweiten Waffengang vorbereitet, mit erheblichen Folgen für seine spätere innere Entwicklung. Die Entscheidung von 490, die Perser zu Lande zu bekämpfen, war nämlich nicht ohne Auseinandersetzungen getroffen worden. Der Archon von 493, der dämonische Themistokles,[65] hatte damals die Seekriegführung propagiert, war aber unterlegen. Jetzt war er erfolgreich. Miltiades hatte sich politisch selbst ausmanövriert, starb alsbald und Themistokles sicherte nun

---

[64] Die Geschichte von dem Boten, der die 42,195 km nach Athen zurücklegt, die Siegesnachricht überbringt und dann tot zusammenbricht ist (leider) erst eine kaiserzeitliche Erfindung (zuerst bei Plutarch, De gloria Atheniensium 347 C), aber sie charakterisiert gut das absolut Unerwartete des Sieges.
[65] Seine Büste ist in Ostia gefunden worden (K. SCHEFOLD, Bildnisse, Abb. 23).

seine eigene innenpolitische Stellung ab. Wohl auf seine Initiative ist es zurückzuführen, dass die neun Archonten von nun an nicht mehr gewählt, sondern erlost wurden, wodurch ihr politisches Gewicht erheblich absank, und ebenfalls 486 wurde ein merkwürdiges Verbannungsverfahren erstmals praktiziert, der Ostrakismos oder das Scherbengericht:

Einmal im Jahr konnten die Athener den Namen dessen auf eine Scherbe (Ostrakon) schreiben, den sie für zehn Jahres des Landes verwiesen sehen wollten, ohne dass es einer Begründung bedurfte und ohne dass damit eine ehrenrührige Verurteilung ausgesprochen war; wer mindesten 6000 Stimmen erhielt, musste gehen.[66] Ab 486 wurden auf diese Weise Jahr für Jahr dem Themistokles feindliche Männer entfernt, so dass er, in Verbindung mit dem Autoritätsverlust der Archonten, als einziger informeller Anführer des Volkes übrig blieb und seine Politik durchsetzen konnte. Zudem ergaben die staatlichen Silberminen von Laureion gerade jetzt ein großes neues Silbervorkommen, so dass nun eine Kriegsflotte von 200 Schiffen gebaut werden konnte.

Das persische Landheer – mit Kontingenten aller untertanen Völker, einschließlich Georgier und Inder – rückte über Thrakien und Makedonien vor, wobei es von einer großen Kriegsflotte begleitet wurde; dessen Kontingente waren vor allem phönikische sowie griechische Schiffe, von der kleinasiatischen Küste und den vorgelagerten Inseln. Zu den ersten Kampfhandlungen kam es am Engpass der Thermopylen in Thessalien. Unter dem Kommando des spartanischen Königs Leonidas versperrten ihn insgesamt 7000 Griechen, darunter 300 Spartiaten, 700 Mann aus dem böotischen Thespiai und sogar 400 Thebaner, diese allerdings zwangsweise, da Theben dem Hellenenbund ja nicht angehörte. Als die Perser den Pass aber umgingen und im Rücken der Griechen erschienen, entließ Leonidas das Gros seiner Truppen und kämpfte mit seinen Spartiaten und den Thespiaiern, bis alle gefallen waren. Militärisch war das eine schreckliche Niederlage, und ebenso missriet den Griechen der Versuch, die persische Flotte an der Nordspitze Euböas, beim Kap Artemision, aufzuhalten. Jetzt waren die Perser in Mittelgriechenland, die Athener wurden nach Troizene auf der Peloponnes evakuiert, und die Stadt wurde von den Persern besetzt und eingeäschert.

Quälend, wieder die Offenheit des Prozesses greifbar machend und daher wahrheitsgetreu ist bei Herodot nachzulesen, wie im Hellenenbund über die weitere Strategie beraten wurde. Die persische Flotte lag bereits bei der Insel Salamis vor Athen, und die nichtathenischen Griechen hätten sich wohl hilfloserweise darauf verständigt, eine Mauer über den Isthmos von Korinth zu ziehen, wenn Themistokles nicht, scheinbar auf zwei Schultern tragend, die Perser dazu verlockt hätte, sich bei Salamis auf eine Seeschlacht einzulassen. Sie endete mit einer vernichtenden persischen Niederlage; Xerxes zog ab. Das Landheer wurde 479 bei Plataiai von einer Koalition des Hellenenbundes ebenfalls geschlagen, und im selber Jahr endete bei Mykale, im schmalen Sund zwischen Samos und dem Festland, eine nochmalige Seeschlacht wieder mit einem griechischen Sieg. Persien war für immer aus Griechenland hinausgedrängt, und die vier griechischen Siege sind Beweis genug dafür, dass es sich nicht um einen Zufall gehandelt haben kann.

---

66 M. Dreher, Verbannung; P. Siewert (Hg.), Ostrakismos-Testimonien.

Ein dementsprechendes Hochgefühl herrschte in Griechenland. Themistokles wurde von allen Seiten hoch geehrt, und noch lange wurden die griechischen Siege von Dichtern verherrlicht. Am berühmtesten ist das Epigramm auf die spartanische Standhaftigkeit bei den Thermopylen und ihre Unterordnung unter das Gemeinwohl (man würde gerne die Thespier auch erwähnt sehen), das weitreichende Wirkungen in der europäischen Literatur hatte – Cicero hat eine Version später ins Lateinische übersetzt, Schiller ins Deutsche[67]:

Wanderer, kommst du nach Sparta, verkündige dorten, du habest
Uns hier liegen gesehn, wie das Gesetz es befahl.

In der Folgezeit hat insbesondere Athen seine Verdienste in den Perserkriegen immer wieder als Legitimation für sein politisches Handeln, ja für die Unterdrückung anderer Griechen herangezogen, und noch in der Römerzeit brüstete es sich damit, nun schon längst in lächerlicher oder auf die Nerven gehender Weise. Trotzdem sind die griechischen Siege in den Perserkriegen einschneidende Ereignisse für Europa.[68] Wie immer man sich eine lockere oder drückende persische Herrschaft mit entsprechenden Reaktionen der Griechen vorstellen mag, das Fernhalten dieses orientalischen Großreichs aus Europa war eine welthistorische Tat – auch ohne jetzt einen Gegensatz zwischen Europa und Asien zu behaupten. Die Perserkriege sind jedenfalls schon deshalb für die europäische Geschichte konstitutiv, weil erst durch sie und in ihrer Folge in Athen der erste Höhepunkt europäischer Kunst, weil erst durch sie das Theater, die Geschichtsschreibung, ja sogar die voll ausgebaute Demokratie entstanden sind.

2.2.3.2 Pentekontaetie

Das Ende der Geschichte trat aber – auch hier – nicht ein. Die eben befreiten Griechenstädte der Küste und der Inseln wollten die Weiterführung des Krieges, um sicher zu sein, dass die Perser nicht wiederkämen. Sparta mit dem Peloponnesischen Bund zog sich zurück, weil ihm wegen der Heloten längere und weit entfernte auswärtige Kriege zu riskant waren, und daher wandte man sich an Athen; dieses schloss daraufhin mit fast allen Städten und Inseln der Ägäis ein neues Bündnis. Athen war nun der militärische Oberbefehlshaber, die Bundesgenossen stellten Kriegsschiffe und Mannschaften, und wer dafür zu klein oder wem das zu lästig war, leistete Geldbeiträge in eine Bundeskasse, mit denen dann die athenische Flotte verstärkt wurde. Die politischen Entscheidungen traf ein Bundesrat, dessen Delegierte auf Delos zusammenkamen, der Apoll von Delos war Schutzgott des Bundes. Über die Jahre wollten immer mehr Städte aus dem Bund ausscheiden, wurden aber von Athen und den anderen Bundesgenossen mit militärischer Gewalt wieder hineingezwungen und entwaffnet; sie hatten jetzt gezwungenermaßen Beiträge zu zahlen, die damit den Charakter eines

---

[67] T. GELZER, Schillers Wanderer, betont den militärischen Befehlscharakter des griechischen Textes, aus dem Cicero und Schiller irrig die gesamte spartanische Staatsverfassung herausgelesen hatten.

[68] Bei K.-J. HÖLKESKAMP, Marathon, relativiert – gleichwohl ist die gesamteuropäische Bedeutung der Schlacht davon doch wohl – oder nur hoffentlich? – nicht tangiert.

Tributes bekamen. Da zudem 455/54 der Bundesrat aufgelöst wurde und die athenische Volksversammlung sämtliche Entscheidungen, einschließlich der Veranlagung und der Verfügung über die Gelder traf – die Bundeskasse befand sich dementsprechend nun in Athen –, und da jetzt die Stadtgöttin Athens, Athena, die Schutzgöttin des Bundes wurde, war aus dem Bündnis Gleichberechtigter eine Herrschaft Athens über die gesamte Ägäis geworden.[69] Nachdem 440/39 sogar Samos mit Gewalt wieder zurückgezwungen worden war, waren nur noch Lesbos und Chios, die als letzte eigene Kriegsschiffe hatten, selbständige Bündner.

Gegen Persien wurde tatsächlich immer weiter Krieg geführt, jedes Jahr fuhr die Bundesflotte aus und drang an der Südküste Kleinasiens immer tiefer in das Perserreich vor. Als freilich der Bund einen Abfallversuch Ägyptens vom Perserreich unterstützte und nach sechsjährigem Kampf im Nildelta geschlagen wurde, dauerte es nicht mehr lange, dass die Kämpfe mit Persien 449 eingestellt wurden. Auch innerhalb Griechenlands wurde gekämpft. Das Verhältnis zu Sparta war zunächst freundlich, wurde aber gespannt, als Athen sich wieder ummauerte und später die Stadt mit dem Hafen Piräus durch die Langen Mauern verband und so eine Festung bildete. 462 wurde Athen noch gegen einen messenischen Helotenaufstand zu Hilfe gerufen, als das athenische Kontingent jedoch alsbald unter als demütigend empfundenen Umständen wieder zurückgeschickt worden war, brach wenig später Krieg zwischen Athen und Sparta, jeweils mit ihren Verbündeten, aus. Zwar wurde er nicht mit voller Gewalt geführt, gleichwohl war es dann eine Erleichterung, als 446 ein 50-jähriger Friede geschlossen wurde. Jetzt herrschte erstmals seit 479 kein Krieg mehr.

Athens innere Entwicklung wurde bestimmt durch die Folgen der Perserkriege. Themistokles erlitt, wohl nicht ohne eigene Schuld, ein tragisches Schicksal, indem er zunächst ostrakisiert, dann verurteilt wurde und ausgerechnet als Tyrann von Gnaden des Perserkönigs in Magnesia in Kleinasien starb; es gibt Münzen von ihm.[70] Die informelle Leitung der Politik hatte kraft seiner altererbten Autorität zunächst wieder der Areopag inne, und im Übrigen war nun Kimon der führende Politiker, der Sohn des Miltiades, der bis 462 an der Spitze der athenischen Feldzüge stand. Nach dem Verweis aus Sparta wurde auch er ostrakisiert, und in einem für uns nicht mehr ganz durchsichtigen Vorgang wurde der Areopag endgültig entmachtet. Diese Entmachtung war der Abschluss der Entwicklung zur Demokratie. Die Institutionen selber hatten seit Kleisthenes bestanden, jedoch war die Volksversammlung eher selten und, wie es herkömmlich war, nur in den allerwichtigsten Fällen eingesetzt worden. Nun kamen aber durch den Seebund immer wichtigere Aufgaben auf sie zu. Ein so riesiges Gebiet musste organisiert werden, und das in dem Maße immer intensiver, als die Gleichberechtigung der Mitglieder sich zu einer Herrschaft Athens veränderte. Zudem war seit den Kriegen das Selbstbewusstsein der wenig oder nichts besitzenden Schichten des Volkes gewaltig gestiegen. Als Ruderer auf den Kriegsschiffen nicht nur bei Salamis und Mykale, sondern die ganzen weiteren Jahre hindurch hatte es sich gezeigt, wie unverzichtbar sie für den athenischen Staat waren, und zudem fiel reiche Beute an, so

---

[69] R. Meiggs, Empire; W. Schuller, Herrschaft; Ders., Krisen.
[70] J. Nollé/A. Wenninger, Themistokles; A. Keaveney, Themistocles.

dass es ihnen jetzt auch ökonomisch besser ging. Das wirkte sich auf ihr Verhalten im Staat und in der Volksversammlung aus.[71]

Das Ergebnis war, dass das einfache Volk, der Demos, in der Volksversammlung die Politik bestimmte, dass also Demokratie herrschte. Das war erst- und einmalig in Griechenland. Allerdings breitete sich die Demokratie weiter aus, und zwar dadurch, dass Athen sie als Herrschaftsmittel im Seebund einsetzte. Abgefallene Städte wurden nach ihrer Rückeroberung nicht nur entwaffnet, es wurde auch zwangsweise die Demokratie eingeführt. Sie stieß, und das sollte so bleiben, bei vielen auf Ablehnung, weil man sich nicht vorstellen konnte, dass einfache, ungebildete Leute die Politik eines Staates bestimmen sollten.[72] Auf der anderen Seite gab es nicht wenig Angehörige der bisher führenden Schichten, für die die Demokratie aus weltanschaulichen Gründen eine sittlich gebotene Errungenschaft war. Diese Personen waren es, die zunächst die führenden demokratischen Politiker stellten; ohne sie wäre der Demos zunächst gar nicht handlungsfähig gewesen. Zu ihnen gehörte in Athen der Adlige Perikles, der etwa seit 460 zu den wichtigen athenischen Politikern gehörte und der später zum führenden Staatsmann aufstieg, und zwar einzig und allein kraft seiner persönlichen Autorität. In seiner Rede auf die Gefallenen des ersten Jahres des Peloponnesischen Krieges stammt, durch den Mund des Historikers Thukydides, die erste Rechtfertigung der Demokratie als sittlich gebotene Staatsform.[73]

Die knapp fünfzig Jahre vom Ende der Perserkriege bis zum Beginn des Peloponnesischen Krieges 431 nennt man Pentekontaetie (pentekonta = fünfzig, etos = Jahr), ihre letzten rund zwanzig Jahre das perikleische Zeitalter. Von ihrer kulturellen Leistung wird später die Rede sein; an dieser Stelle soll nur darauf hingewiesen werden, dass die Pentekontaetie die Geschichtsschreibung hervorgebracht hat. Das Bedürfnis, das säkulare Ereignis der Perserkriege zu beschreiben und rational zu erklären, hat, wie schon gesagt, Herodot aus dem kleinasiatischen Halikarnass in Athen sein Geschichtswerk schreiben lassen, und der beginnende Peloponnesische Krieg, der Griechenland in die Katastrophe stürzen sollte, hat den Athener Thukydides schon bei seinem Ausbruch veranlasst, ihn zu beschreiben und zu erklären.

2.2.3.3 Peloponnesischer Krieg

Über seinen Verlauf sind wir vor allem durch die Darstellung des Thukydides besonders gut unterrichtet, und wenn er jetzt in einiger Ausführlichkeit geschildert werden wird, dann auch deshalb, weil an ihm – wie an den Perserkriegen – die Offenheit der geschichtlichen Lage und die sie bestimmenden Entscheidungssituationen besonders deutlich werden. Der Gesamtablauf war dieser: Die ersten zehn Jahre bis 421 nennt man den Archidamischen Krieg nach dem spartanischen König Archidamos, der Thukydides zufolge bei den Beratungen vor ihm gewarnt hatte, mit dem Argument, dass man bei einem Krieg trotz bester Planung sich des Ausganges nie sicher sein kön-

---

71 W. Schuller, Wirkungen
72 Zur Demokratiekritik K.-W. Welwei, Zwischen Affirmation und Kritik; J. Ober, Political Dissent; T. Morawetz, Demos als Tyrann.
73 Thukydides 2, 35–46.

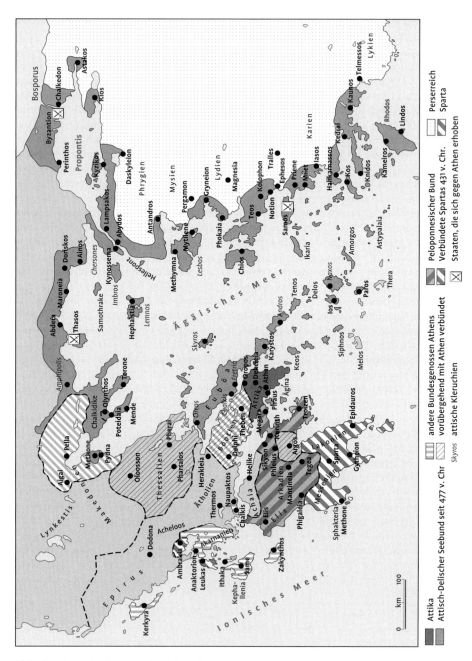

Abb. 4: *Griechenland am Vorabend des Peloponnesischen Krieges.*

ne; den Ausschlag gab sein Gegenredner, der sozusagen auf Inhaltliches abstellte[74] – die beiderseitige Argumentation ist ein Musterbeispiel für Thukydides' Kunst, in seinen Redenpaaren zeitlose[75] Entscheidungssituationen beispielhaft vorzuführen. Nach einer sechsjährigen Friedenszeit intervenierten die Athener 415 in Sizilien, Sparta kam Syrakus zu Hilfe, und 413 wurde das athenische Heer völlig vernichtet; diese Sizilische Expedition ist die zweite Etappe. Im selben Jahr besetzten die Spartaner dauerhaft den Ort Dekeleia in Attika, aber es dauerte noch bis 404, bis nach vielem Auf und Ab vor allem in der Ägäis dieser Dekeleische und in seiner Schlussphase Ionische Krieg mit der bedingungslosen Kapitulation Athens beendet wurde.

Die Strategien beider Seiten entsprachen einander. Perikles vertraute auf die Flotte und darauf, dass sie von der Küste her die Peloponnesier in die Knie zwingen könne; die Peloponnesier wollten Attika verheeren und die Athener auf diese Weise kampfunfähig machen. Dementsprechend fielen sie Jahr um Jahr in Attika ein und verwüsteten das Land, was wegen der Konzentrierung der athenischen Wirtschaft auf Wein und Öl und wegen der langen Dauer einer Wiederaufforstung besonders großen und lang andauernden Schaden bewirkte. Die Athener, die wegen der Einfuhr der Grundnahrungsmittel, insbesondere des Getreides, ohnehin von der von ihnen beherrschten See abhängig waren, wurden in die Langen Mauern evakuiert, wo man glaubte, dass sie recht und schlecht den Krieg überstehen könnten. Die erste Krise kam schon 430, als bei den Zusammengepferchten eine verheerende Epidemie ausbrach, an deren Folgen 429 auch Perikles starb.[76] Diese Demoralisierung wurde aber überwunden, und als 428 Mytilene auf Lesbos von Athen abfiel, konnte dieser Aufstand 427 niedergeschlagen werden; 1000 angeblich Schuldige wurden hingerichtet.

Die perikleische Strategie begann sich auszuzahlen. 425 besetzten die Athener an der messenischen Küste bei Pylos einen Platz, von wo aus sie hofften, die Messenier zum Abfall von Sparta zu bringen. Im Verlauf der Kämpfe gelang es dem Strategen Kleon, auf der Insel Sphakteria 300 Spartiaten gefangen zu nehmen, was bei dem geringen Personalbestand des spartanischen Staates ein erheblicher Verlust war. Im Gegenzug gelang den Spartanern ein ähnliches Manöver. Sie zogen unter dem Kommando des charismatischen jungen Feldherrn Brasidas nach Nordgriechenland und brachten dort mehrere Städte zum Abfall von Athen. Ein athenisches Entsatzheer vermochte wenig auszurichten, aber als 422 in der Schlacht um die Stadt Amphipolis sowohl Brasidas als auch Kleon fielen, machte sich Kriegsmüdigkeit breit, und 421 wurde ein 50-jähriger Friede geschlossen, der bald sogar durch ein athenisch-spartanisches Bündnis erweitert wurde. Dieser Friede heißt Friede des Nikias, nach dem athenischen Verhandlungsführer, einem ruhigen, konservativ-vornehmen Mann. Er war das Gegenteil Kleons, über den sich sowohl Thukydides als auch der Komödiendichter Aristophanes höchst negativ äußern. Kleon war der Eigentümer einer Gerberei und verkörperte nach dem Tode des Perikles einen neuen, nicht mehr aristokratisch geprägten Typ des Politikers. Als Scharfmacher beim Abfall Mytilenes hatte er die Hinrichtung sämtlicher Einwohner verlangt, zeigte aber bei Pylos, dass er doch mehr als nur ein Maulheld war.

---

74 Thukydides 1, 80–86.
75 Die bisher letzte entsprechende Situation gab es beim Ausbruch des Irak-Krieges 2003.
76 A. Rubel, Stadt in Angst, 120–156.

Der Friede stand auf schwachen Füßen. Wie sehr er dem ungebrochenen athenischen Expansionsdrang zuwiderlief, zeigt die unprovozierte Eroberung der Insel Melos 416, deren Einwohner hingerichtet oder versklavt wurden. 415 beschlossen die Athener entgegen der Skepsis des Nikias, jedoch mit Unterstützung des jungen, ebenfalls charismatischen Adeligen Alkibiades, einem Hilferuf aus Sizilien zu entsprechen und fuhren mit einer riesigen Kriegsflotte nach Syrakus, das sie belagerten. Alkibiades wurde aber noch auf der Hinfahrt zu einem politischen Prozess zurückbefohlen, in welchem es sich darum handelte, dass junge Leute die Hermenstandbilder, die auf den athenischen Straßen standen, verstümmelt und zudem die eleusinischen Mysterien lächerlich gemacht hätten.[77] Statt nach Athen zurückzukommen floh er, und zwar ausgerechnet zu den Spartanern. Ihnen gab er den Rat, in Sizilien einzugreifen sowie Dekeleia dauerhaft zu besetzen, und als 413 das athenische Expeditionsheer mit spartanischer Hilfe vor Syrakus vernichtet wurde, setzten sich die Spartaner mitten in Attika fest. Unter Vermittlung des Alkibiades schlossen 412 die Spartaner mit den Persern einen Vertrag, auf Grund dessen sie finanzielle Subsidien bekamen, um mit ihnen eine Flotte zu bauen; sie traten den Athenern nun also auch auf dem bisher diesen vorbehaltenen Element entgegen.

Es ist kein Wunder, dass diese unablässigen Katastrophen in Athen allmählich der Demokratie angelastet wurden, und dementsprechend kam es 411 zu einem oligarchischen Putsch, mit dem auch ein Frieden mit Sparta angestrebt wurde.[78] Zunächst herrschte kurzfristig eine kleine Gruppe von 400 Mann, aber dann wurde das volle Bürgerrecht auf 5000 Vermögende ausgedehnt, also etwa eine Zensusverfassung alten Stils eingerichtet. Zu dieser Entwicklung in Opposition stand die athenische Kriegsflotte, die bei Samos stationiert war, und deren Mannschaften für den athenischen Demos handelten. Durch einen weiteren Umschlag dieses an Umschlägen reichen Krieges wurde die demokratische Bewegung weitergetrieben: Alkibiades, der inzwischen mit den Persern und den Spartanern zerfallen war, näherte sich Athen wieder an, wurde von der Flotte zum Strategen gewählt, von dem Regime der 5000 akzeptiert und errang 410 bei Kyzikos einen Sieg über die spartanische Flotte, die diese vollständig vernichtete. Im selben Jahr wurde die Demokratie wieder eingeführt, und 408 kehrte Alkibiades als hoch geehrter Leiter der Politik in seine Vaterstadt zurück. Als er jedoch eine andere Seeschlacht verlor, wurde er abgesetzt und ging freiwillig ins Exil, in dem er später umkam;[79] 405 verloren die Athener endgültig bei Aigos Potamoi, hatten keinerlei Reserven mehr, kapitulierten bedingungslos, die Spartaner zogen ein, übergaben das Regime extremen Oligarchen, und unter den Flötenklängen von deren Flötenspielerinnen wurden die Langen Mauern, Symbol und praktischer Schutz der Demokratie, niedergerissen.

Thukydides hat nur bis zum Jahre 411 berichten können, die Nachrichten über die folgenden Turbulenzen sind anderen Quellen entnommen, ebenso wie das, was sofort anschließt: Die kleine Gruppe von dreißig Oligarchen, die nun regierte, regierte blutig und wurde daher „Dreißig Tyrannen" genannt; es gab innerhalb der Oligarchie weite-

---

[77] EBENDA, 178–232.
[78] Zu den athenischen Oligarchien insgesamt G. A. LEHMANN, Oligarische Herrschaft.
[79] W. SCHULLER, Alkibiades.

re Auseinandersetzungen, bis 403/02 die Demokratie wieder eingerichtet wurde, diesmal endgültig. An ihrer Wiedereinführung ist dreierlei bemerkenswert: Erstens geschah es von außen durch eine Armee von demokratischen Emigranten, zweitens stimmte die – obwohl nicht demokratische – spartanische Besatzungsmacht zu, und drittens beschloss die Demokratie eine Amnestie für fast alle Untaten, die unter der Oligarchie begangen worden waren, und die Athener hielten sich daran – alle drei Sachverhalte höchst selten[80] in der Geschichte.

Im Übrigen soll zum Schluss noch einmal auf überzeitlich-beispielhafte Elemente dieses Krieges verwiesen werden. Zum einen auf das unkalkulierbare Auf und Ab, zum zweiten auf den ständigen Zusammenhang zwischen Innen- und Außenpolitik und Kriegführung, zum dritten auf den von Thukydides im Zusammenhang mit den Kämpfen zwischen Oligarchen und Demokraten auf Kerkyra geschilderten Zerfall aller sittlichen Kategorien,[81] zum letzten auf die Arroganz der Mächtigen, die Thukydides in der Mitte seines Buches als Dialog zwischen den übermütigen Athenern und den hilflosen, aber grundsatztreuen Meliern unübertroffen vor Augen führt[82].

2.2.3.4 Viertes Jahrhundert in Griechenland

Der Zufall der christlichen Zeitrechnung will es, dass die jetzt beginnende zweite Phase des klassischen Zeitalters der Griechen etwa mit dem Wechsel zum 4. Jahrhundert zusammenfällt, so dass man praktischerweise immer vom 5. und 4. Jahrhundert sprechen und damit auch einen Epochenunterschied bezeichnen kann. Das 5. Jahrhundert war von dem tödlichen Gegensatz zwischen Athen und Sparta geprägt, die ersten beiden Drittel des 4. zeigen eine diffuse Struktur, bis das neu aufgestiegene makedonische Königtum die griechische Geschichte auf ganz neue Bahnen wies. Abgesehen von dieser außenpolitischen Unübersichtlichkeit wären als weitere Charakteristika zu nennen die Tatsache, dass die athenische Demokratie jetzt ihre Vollendung findet und dass, nach dem Theater und der Geschichtsschreibung, abermals in Athen zwei weitere kulturelle Errungenschaften ins Leben treten beziehungsweise ihre Vollendung finden: die Rhetorik vor allem durch Demosthenes, und die Philosophie durch Platon und Aristoteles. Alles das war maßstabbildend und rechtfertigt es, auch diese Jahrzehnte zusammen mit dem 5. Jahrhundert der klassischen Zeit Griechenlands zuzurechnen.

Sparta hatte den Krieg folgerichtiger Weise unter der Devise geführt, die Freiheit der von Athen unterdrückten Staaten wiederherzustellen; sehr wenig folgerichtig war es daher, dass es nach dem Krieg versuchte, seinerseits eine Herrschaft über die Ägäis auszuüben. Es setzte in den wichtigen Städten oligarchische Regierungen ein und legte unter Harmosten genannten Befehlshabern kleinere Besatzungen in die Städte. Das schuf natürlich Unzufriedenheit, und umgekehrt stieß die (staatsmännisch-)milde Behandlung Athens, gar die Duldung von dessen wieder eingeführter Demokratie, auf den Unwillen von Spartas Bundesgenossen Theben und Korinth. Zu einem ersten Auf-

---

80 T. C. Loening, Reconciliation agreement.
81 Thukydides 3, 82 f.
82 Thukydides 5, 85–113. – In ihrer Ausgabe vom 30.5.1969 druckte ihn die Frankfurter Allgemeine Zeitung in der Übersetzung von Walter Marg ab, unter Anspielung auf die Vorgeschichte der Besetzung der Tschechoslowakei durch Truppen von Mitgliedern des Warschauer Paktes.

lehnen gegen Sparta kam es aber durch dessen Perserkrieg. 412 hatte sich Sparta als Gegenleistung für die Subsidien verpflichten müssen, die kleinasiatischen Griechenstädte wieder unter persische Herrschaft gelangen zu lassen, was angesichts ihrer Rolle in den Perserkriegen eine mehr als peinliche Sache war. Daher kam Sparta im Jahr 400 einem Hilfeersuchen der kleinasiatischen Griechen nach und kam ihnen mit einem Heer zu Hilfe. Persien, das sich schon lange nicht mehr militärisch, sondern nur noch diplomatisch an der innergriechischen Poltik beteiligte, brachte daher im Rücken Spartas, im europäischen Griechenland, eine Koalition zusammen, zum einen angeblich durch viel Geld, zum anderen aber auch durch das Eigeninteresse der betreffenden Staaten. Es waren seltsame Partner: das eben noch vollständig geschlagene Athen, dessen erbitterste Kriegsgegner Korinth und Theben, und der einzige Staat, für den ein solches Bündnis selbstverständlich war, Spartas alter Erzfeind Argos.

Der kleinasiatische Krieg hatte sich ohnehin ohne klare Entscheidung hingeschleppt; nach Bildung der neuen Gruppierung 395 mussten die Spartaner wieder zurück nach Griechenland in den jetzt so genannten Korinthischen Krieg, und im nächsten Jahr gab es für sie einen weiteren Rückschlag. Der Athener Konon, der 405 die Schlacht von Aigos Potamoi verloren hatte und in Kenntnis der Gerichtspraxis der athenischen Demokratie vorsichtshalber ins persische Exil gegangen war, war dort Kommandeur der persischen Flotte geworden und siegte 394 bei Knidos vernichtend über die Spartaner. Athen war ihm dankbar, er hielt einen glänzenden Einzug dort, und in dieser neuen Situation konnte die Stadt sogar die Langen Mauern wieder aufbauen. Eindeutige Ergebnisse blieben aber aus, und so kam es 386 zum Königsfrieden. Dieser Frieden hat seinen Namen daher, dass alle beteiligten Griechen zum Perserkönig nach Susa reisten und dass dieser von dort den Frieden für Griechenland verkündete; eine ziemlich demütigende Angelegenheit, aber ohne weitere Folgen in dem Sinne, dass nun etwa Persien in Griechenland mitbestimmt hätte. Inhalt des Friedens war, dass die Griechenstädte autonom sein sollten, dass es also keine überregionale Machtbildung geben dürfe. Exekutor dieser Bestimmung sollte Sparta sein. In den nächsten Jahren verfuhr es auch danach, indem es an verschiedenen Stellen militärisch eingriff und lokale Zusammenschlüsse verhinderte. Das Ergebnis war abermals eine erhebliche Missstimmung, und das führte dazu, dass sich 377 wieder ein Seebund unter Athens Führung bildete.

Das war nun ein anderes Gebilde als vor hundert Jahren.[83] Der neue Bund war aus schon in den vorhergehenden Jahren geschlossenen Einzelverträgen hervorgegangen, vor allem aber waren seine Bestimmungen so gefasst, dass es Athen nicht mehr möglich war, wieder eine Herrschaft über seine Bundesgenossen zu errichten. Dieser Seebund blieb bis zur makedonischen Herrschaft bestehen, und Athens weitaus vorsichtigere Politik ist am besten als Mittellage zwischen Herrschaft und Partnerschaft zu bezeichnen. Zunächst war sogar Theben Mitglied dieses neuen Bundes, schied aber bald wieder aus, um unter der Führerschaft seiner beiden Staatsmänner Pelopidas und Epameinondas selber eine Führungsrolle in Griechenland zu übernehmen. In der Schlacht beim böotischen Leuktra siegte es 372 über ein spartanisches Heer, bei dem von 700 Spartiaten 300 fielen, ein nunmehr nicht wieder gutzumachender Verlust

---

83 M. DREHER, Hegemon und Symmachoi.

menschlichen Potentials der Führungsschicht. Dieser endgültigen Schwächung war es dann zu verdanken, dass Messenien mit thebanischer Hilfe 369 wieder dauerhaft selbständig wurde – nach Jahrhunderten des Helotendaseins! Theben unterlag 362 einem spartanischen Heer bei Mantineia, was zwar Sparta nicht wieder auf den Weg der Hegemonie brachte, aber die kurze thebanische Vorherrschaft beendete. Nachdem ein von 357 bis 355 dauernder Bundesgenossenkrieg zum Austritt wichtiger Mitglieder aus dem athenischen Seebund geführt hatte und diesen nur noch geschwächt weiterbestehen ließ, hätte Griechenland fast in einem Zustand allseitiger Harmlosigkeit vor sich hin existieren können, wenn sich nicht im Norden eine neue Macht aufgetan hätte, die der griechischen Geschichte eine ganz andere Richtung wies.

2.2.3.5 Makedonien

Das Königreich Makedonien[84] war ein Staat, der sozusagen bei vorhomerischen Verhältnissen stehen geblieben war. Er bestand aus freien Bauern und einer Adelsschicht, Städte gab es nicht; die Sprache war, soweit man das aus den spärlichen Zeugnissen erschließen kann, eine Variante des Griechischen. Die Bauern dienten als Fußsoldaten, der Adel als Reiterei, das Königtum beruhte auf gegenseitigem Treueverhältnis – daher waren die Reiter Hetairoi, also Gefährten, Kameraden, die Fußsoldaten Pezhetairoi, Hetairoi zu Fuß – , hatte aber immer mit seiner allseitigen Anerkennung zu kämpfen, zumal da Makedonien auch in seiner territorialen Ausdehnung schwankte. Daher spielte dieser ohnehin in einer Randlage befindliche und – mit Ausnahme des Königshauses – von den Griechen nicht als griechisch anerkannte Staat in der griechischen Politik bisher nur eine Nebenrolle, und anscheinend hatte es nur eines energischen Königs und griechischer gegenseitiger Lähmung bedurft, um hier eine Änderung eintreten zu lassen. Diese Voraussetzung war um die Mitte des 4. Jahrhunderts gegeben.

359 gelangte, zunächst nur als Regent, Philipp an die Macht, als König Philipp II. Ihm gelang es, den Staat und seine eigene Stellung zu konsolidieren, um sich alsbald in ganz Griechenland auszudehnen. Es war ein 20-jähriger Prozess, der je nach Sachlage mit militärischen und diplomatischen Mitteln betrieben wurde und von dem natürlich nicht sicher ist, ob er von Anfang an zielgerichtet erfolgte. Zunächst rückte Philipp im Nordosten weiter vor, eroberte Amphipolis (357) und Poteidaia (356), erregte Abscheu dadurch, dass er das auf der Chalkidike gelegene Olynth zerstörte (348) und inkorporierte allmählich die weiter östlich gelegenen einheimischen Fürstentümer der Thraker (bis 342). Fast gleichzeitig drang er in Thessalien und Mittelgriechenland vor, indem er sich einerseits in der zivilisierten Welt dadurch einen Namen machte, dass er die räuberischen Phoker besiegte (353), andererseits politische Positionen errang als Mitglied der delphischen Amphiktyonie (346) und später als Tagos, Oberhaupt Thessaliens.

In den meisten Fällen war Athen, das in Nordgriechenland direkt oder über den Seebund engagiert war, durch Philipp bedroht beziehungsweise schwer getroffen. Zwar schlossen beide Seiten 346 den Frieden des Philokrates, der aber Philipps Vordringen nicht aufhalten konnte. 340 rückte er zum Bosporus vor, belagerte Perinth

---

84 M. Errington, Geschichte Makedoniens; E. N. Borza, Makedonika.

und vergriff sich am Lebensnerv Athens, indem er Getreideschiffe aus dem Schwarzen Meer abfing, die Athen mit seinem Grundnahrungsmittel versorgen sollten. Es gelang zwar endlich, eine militärische Koalition gegen Philipp zustande zu bringen, der 339 auch Böotien beitrat. Die vereinten Griechen traten ihm 338 bei der böotischen Stadt Chaironeia entgegen, wurden aber geschlagen und waren ihm nun auch politisch ausgeliefert. Griechenland wurde von dem Realisten Philipp natürlich nicht brutal unterworfen, sondern politisch eingebunden, und in der Folgezeit spielten die traditionellen griechischen Staaten – und neu hinzukommende – teilweise noch bedeutende Rollen, aber die Geschicke Griechenlands bestimmten von nun an andere Mächte. Chaironeia ist der Abschluss der klassischen Epoche Griechenlands.[85]

2.2.3.6 Griechenland, Persien, Demokratie

Zu diesen ganz großen Linien kommen, typisch für das 4. Jahrhundert, zahllose Sonderentwicklungen und -tatbestände, die hier nur als Stichworte genannt werden sollen; zum Teil werden sie in den systematischen Kapiteln des Buches näher behandelt. Es gab zum einen mehr Machtbildungen als die eben erwähnten; neben die neuen und kurzlebigen hegemonialen Bildungen Thebens und der Phokis traten jetzt erstmals merklich Bünde hervor, die in der hellenistischen Zeit zu Großmächten aufsteigen sollten.[86] Angelegt waren sie schon früher, genauso wie die spezifische Form, in der Theben innerhalb Böotiens seine Herrschaft ausübte. Auch sonst gab es, wie etwa auf der Chalkidike, neue Arten überregionaler Machtbildungen bis hin zu Zusammenlegungen einzelner kleinerer Städte zu großen, wie etwa bei Megalopolis in Arkadien oder auf Rhodos – im weiteren Sinne gehört ja auch Makedonien zu dieser neuen Form von Machtbildungen.

Umgekehrt begann das Perserreich, Auflösungserscheinungen zu zeigen, die sich in immer selbständigerer Politik persischer Satrapen oder lokaler Herrscher im Westkleinasien manifestierten, von denen am bekanntesten der karische Dynast Maussolos ist.[87] Diese lokalen Mächte spielten nun eine größere Rolle in der griechischen Politik, was wiederum heißt, dass sie sich allmählich selber gräzisierten.[88] Hervorgehoben sei schließlich die eindrucksvolle Tatsache, dass die griechischen Städte versuchten, durch eine neue internationale Organisationsform aus dem Teufelskreis der sich ständig bekämpfenden und auf- und absteigenden Mächtebildungen herauszukommen. Diese neue Organisationsform hieß koine eirene, Allgemeiner Friede, und war das, was man heute Kollektives Sicherheitssystem nennt: Zur Sicherung ihrer Autonomie waren alle Teilnehmerstaaten miteinander verbündet und bei einem Angriff zur gegenseitigen Hilfe verpflichtet – es überrascht nicht, dass die koine eirene fast immer scheiterte.

---

[85] Zum Vergleich der Rolle Makedoniens mit der Preußens St.–A. Thomas, Makedonien und Preußen.
[86] Seltsamerweise hat die klassische griechische Staatslehre von ihnen keine Kenntnis genommen, siehe P. Funke, Bedeutung der griechischen Bundesstaaten.
[87] S. Hornblower, Mausolus; sein prachtvolles Grabmal nannte er Maussoleion, daher unser Mausoleum.
[88] Etwa Lykien, wo dieser Vorgang sowohl archäologisch als auch epigraphisch zu beobachten ist: J. Borchhardt/G. Dobesch (Hg.), Lykien Kongreß.

Die innerathenische Frage, wie die Politik Philipps zu beurteilen und wie ihr zu begegnen sei, hat ein, natürlich unbeabsichtigtes, geistesgeschichtliches Ergebnis gehabt. Es gab eine Richtung, die der Überzeugung war, dass man sich mit Philipp arrangieren müsse, während eine andere Widerstand leisten wollte. Die Hauptvertreter der ersten hießen Isokrates und Aischines, der der zweiten Demosthenes. An dieser Frage entzündeten sich nicht nur Leidenschaften, sondern auch rednerische Brillanz,[89] und so sind Aischines und vor allem Demosthenes mit ihren Reden, von denen viele natürlich auch anderen Gegenständen galten, in die europäische Geistesgeschichte eingegangen. Diese Reden wurden vor den Institutionen der athenischen Demokratie gehalten und sind – neben zahlreichen weiteren erhaltenen Reden anderer bedeutender Redner – auch ein lebendiges Zeugnis für die Art, in der die politische Auseinandersetzung geführt wurde; nicht selten auch in der Form des politischen Prozesses.

Die Demokratie als allgemeine Staatsform hatte sich immer mehr in Griechenland verbreitet. War sie zunächst doch wohl ein rein athenisches Phänomen und wurde sie zunächst von Athen nur zur Durchsetzung seiner Herrschaftsansprüche verbreitet, so setzte sie sich gegenüber der Zensusverfassung immer mehr als diejenige Staatsform durch, die als die normale empfunden wurde. Das bedeutete, dass mit der Abschaffung der Zensusverfassung, also einer abgestuften, durchdachten Verfassung, sich eine solche durchsetzte, die keinerlei Abstufungen und Differenzierungen mehr kannte, und vielleicht hängt damit auch die Tatsache zusammen, dass, sozusagen am Zielpunkt der Verfassungsentwicklung angekommen, jetzt die Verfassungen überhaupt für disponibel angesehen wurden. Zum einen wurde, vor allem durch Platon und Aristoteles, systematisch über den Staat und den besten Staat nachgedacht, zum anderen wurden jetzt die Vorzüge einer aufgeklärten Monarchie entdeckt. Politische Publizisten wie die Athener Xenophon und Isokrates veröffentlichten entsprechende Flugschriften, und möglicherweise war mit dem Eintreten für Philipps Politik auch eine Zustimmung zur Monarchie selber verbunden. Vor allem aber waren die Verhältnisse so in Unordnung geraten, dass jetzt auch wieder Tyrannen auftraten. Im Mutterland wären Iason von Pherai oder Hermeias von Atarneus zu nennen, der mächtigste und berühmteste aber war Dionysios von Syrakus[90], und nichts zeigt besser, wie sehr jetzt die Verfassungen anscheinend zur Disposition standen, als dass Platon der Versuch zugeschrieben werden konnte, unter Dionysios' Nachfolgern Dionysios II. und Dion seine Vorstellungen vom besten Staat zu verwirklichen.

Die athenische Demokratie selbst hat erst im 4. Jahrhundert ihre endgültige Form gefunden, und zwar anders, als gelegentlich noch gemeint wird, das heißt nicht in der Weise, dass jetzt die Demagogen triumphiert hätten, sondern im Gegenteil durch zahlreiche institutionelle Änderungen, die sämtlich den Zweck hatten, Augenblicksentschlüsse und verantwortungslose Demagogie zu vermeiden, und die diesen Zweck

---

89 Vor allem im Kranzprozess, in dem es darum ging, ob Demosthenes zu Recht ein goldener Kranz für seine Verdienste verliehen worden sei; s. W. Schuller, Kranzprozeß.
90 Er vor allem war es, der entscheidend zum Bild des bösen Tyrannen schlechthin wurde; so noch in Schillers „Die Bürgschaft" – obwohl ihn dort zum Schluss „ein menschliches Rühren" ankommt.

auch erreichten.[91] Kurz sei erwähnt, dass die Gesetzgebungskompetenz von der Volksversammlung auf ein anderes Gremium – die Nomotheten – überging, dass Vorkehrungen gegen das leichtsinnige Stellen von Anträgen getroffen wurden, dass die Einberufungsmöglichkeit der Volksversammlung reguliert wurde, dass für bestimmte Gegenstände ein Quorum und eine zweite Lesung in der Volksversammlung eingeführt wurden; auch sei auf ein nach mehreren Versuchen jetzt endgültig eingeführtes ingeniöses Verfahren hingewiesen, durch das die Richter in den Volksgerichten so erlost wurden, dass keinerlei Manipulation zugunsten einer Partei möglich war. Auch wurde das Verfahren vor diesen Volksgerichten in Theorie und Praxis teils nur, wenngleich mit großer gedanklicher Schärfe, diskutiert,[92] teils aber auch in der Praxis so gestaltet, dass es den Erfordernissen der Demokratie entsprach.

Diese Änderungen und Ausgestaltungen der Demokratie hatten ihren Ursprung in den bitteren Erfahrungen, die die Athener mit deren Auswüchsen einerseits, mit den oligarchischen Putschen andererseits machen mussten. Sie erreichten zum einen eine stärkere Formierung und Regelung der Demokratie, die Missbrauch und Zügellosigkeit verhinderten, zum anderen blieb aber gleichwohl der demokratische Charakter der Verfassung vollständig erhalten. Wenn wieder einmal gewertet werden darf: Es ist eindrucksvoll, dass es den namentlich kaum je bekannten Initiatoren dieser Änderungen gelang, die Demokratie – konkret: die diese Änderungen selber beschließende Volksversammlung – zu Selbstbeschränkungen zu veranlassen und dabei doch nicht einen Hauch oligarchischer Elemente eindringen zu lassen. Dass und wie sehr eine Stärkung der Demokratie mit all dem beabsichtigt war und auch erreicht wurde, erhellt schließlich daraus, dass seit Beginn des 4. Jahrhunderts auch für den Besuch der Volksversammlung Diäten gezahlt wurden. Unter anderem damit wurde ein Partizipationsgrad des Volkes an seinen Institutionen hergestellt, der in der gesamten nachfolgenden Weltgeschichte nie wieder erreicht wurde.

Philipp gelang es, seinen militärischen Sieg über die Griechen politisch zu festigen. Selbstverständlich wurden die Reste des athenischen Seebunds aufgelöst, vor allem aber war 337 in Korinth eine militärisch-politische Organisation aller Griechen gebildet worden, die in ihrer klugen Ausgewogenheit zeigte, dass Philipp nicht nur Schlachten gewinnen konnte. Fast alle Griechen – den unwichtig gewordenen Spartanern beließ er ihre Stellung als Außenseiter – wurden in einem Bündnis zusammengefasst, das zu einem Teil nach dem Muster der bisherigen koine-eirene-Verträge gestaltet war, zu einem anderen aber bildete es ein militärisches Bündnis nach dem Muster der bisherigen Machtbildungen mit einem Bundesrat und einem militärischen Hegemon, und das war Philipp. Zudem wollte er sich nicht auf den bisherigen Lorbeeren ausruhen, sondern hatte Größeres im Sinn. Vom Korinthischen Bund – so nennen wir heute diese Organisation – ließ er sich auffordern, Persien zu bekriegen, und dieser Aufforderung, die schon früher in der griechischen Publizistik diskutiert worden war,[93] folgte er sofort, denn es war ja sein eigener Wunsch gewesen. Das makedoni-

---

91 Daher sieht M. H. Hansen, Athenische Demokratie, die Demokratie mit Recht jetzt erst als voll ausgebildet an.
92 M. Hillgruber, Lysias.
93 Isokrates, Philippos.

sche Heer begann, nach Persien überzusetzen, die ersten Abteilungen unter dem Feldherrn Parmenion waren schon dort, da wurde Philipp 336 aus persönlichen Motiven ermordet.

2.2.4 Hellenismus

Mit Philipps Sohn Alexander, dem Großen, und seiner Eroberung des Ostens beginnt das dritte Zeitalter der griechischen Geschichte, der erst seit dem 19. Jahrhundert so genannte Hellenismus. In dieser Erscheinungsform haben die Römer im Zuge ihrer Ausbreitung über das Mittelmeergebiet die griechische Zivilisation kennen gelernt und teilweise übernommen, und somit ist sie es gewesen, die zunächst vom nachantiken Europa kennen gelernt worden ist. Archaik und Klassik selber kamen erst später hinzu. Der Hellenismus stellte, wohlgemerkt, keine Mischkultur von Griechentum und Orientalischem dar, sondern er bedeutete die Vorherrschaft der griechischen Zivilisation. Gewiss nicht durch eine bewusste Hellenisierungspolitik, sondern durch das allgemeine Gefühl, dass die griechische Kultur die höhere sei, so dass sich ihr, sehr langsam, die meisten vorgefundenen einheimischen, jahrtausendealten Kulturen anschlossen. Das Griechische – in der Form der koine, der *allgemeinen* Sprache – wurde sukzessive übernommen; am eindringlichsten zeigt sich das darin, dass das Neue Testament in dieser Sprache geschrieben ist.

2.2.4.1 Alexander der Große

Die weitere Entwicklung zeigt zum ersten Mal, dass die großen Linien der Weltpolitik dieser Zeit zwar in vielen Einzelheiten dem Gesetz der Offenheit geschichtlicher Situationen unterlagen – weshalb in der Erzählung stark auf solche Einzelheiten eingegangen wird –, trotzdem aber nicht nur auf den Zufällen der persönlichen Konstellationen beruhten, sondern auch allgemeinen Notwendigkeiten entsprachen. Freilich war es zunächst doch etwas Unerwartbares, dass Philipps 356 geborener Sohn und Nachfolger Alexander III. seinen eindrucksvollen Vater noch um ein Bedeutendes übertraf, weshalb er schon zu Lebzeiten „der Große" genannt wurde.[94] Zunächst war er ganz der Vater, als er, als Zwanzigjähriger, nach dessen Tod seine Nachfolge und den Bestand des Reiches gegen zentrifugale Versuche wahrte und einen Aufstand Thebens 335 niederschlug; anders als der Vater freilich ließ er Theben vollständig niederbrennen, nur Pindars Haus soll er stehengelassen haben. Was dann folgte, nämlich die Eroberung Asiens bis zum Indus, ist von den Zeitgenossen mit Bewunderung verfolgt worden, und auch heute wirkt es kaum glaubhaft.

Mit 35 000 Mann setzte Alexander nach Kleinasien über, an der Spitze eines Heeres, das etwa je zur Hälfte aus Makedonen und Griechen nebst barbarischen Hilfstruppen bestand; ebensoviel wurde in Europa unter dem Feldherrn Antipater zurückgelassen. Dann begann etwas, das in der schnell erzählten Abfolge wie ein problemloser Siegeszug aussieht. 334 schlug Alexander ein kleineres Satrapenheer am kleinasiatischen Fluss Granikos; im November 333 schlug er bei Issos am Eingang zu Syrien das

---

[94] Die nützlichste Biographie ist die von S. LAUFFER, weil sie nüchterne Faktendarstellung mit ausführlichen und präzisen Quellen- und Literaturangaben verbindet.

persische Haupttheer, der Großkönig Dareios III. floh; 332 eroberte er die phönikische Stadt Tyros und zog kampflos in Ägypten ein; im Oktober 331 schlug er vernichtend das persische Heer bei Gaugamela östlich des Tigris, Dareios floh abermals und wurde von einem Rivalen umgebracht; in den nächsten Jahren wurde der Iran, Baktrien (heute Afghanistan) und Sogdien (Teile von Tadschikistan und Usbekistan) unterworfen; 327 ging es nach Indien, 326 siegte er über indische Fürsten; er zog den Indus hinunter, 325 kam er an der Mündung an, zog mit seinem Heer zu Fuß durch Gedrosien, während die neu gebaute Flotte durch den persischen Golf fuhr; 324 war er wieder in Mesopotamien, von wo aus er zu regieren begann. 323 starb er in Babylon.[95]

Verlief der Alexanderzug wirklich so zügig, wie es bei dieser knappen Schilderung aussehen mag?[96] Immerhin hat er zehn Jahre gedauert, und er bestand auch aus langwierigen und zähen Episoden. Immerhin dauerte die Eroberung von Tyros sieben Monate, drei Jahre lang kämpfte Alexander in Sogdien und Baktrien, und beim Zug durch die wasserlose gedrosische Wüste konnte sich nur ein kleiner Teil des Heeres retten. Es war auch deshalb nicht nur ein genialischer Sturmlauf, weil er zahllose Probleme und schwierige Situationen mit sich brachte. Der Zug selber war wahrscheinlich schon deshalb nicht von Anfang so geplant worden, weil man sich über die geographischen Verhältnisse gar nicht klar war. Das offizielle Ziel war, Rache für den Xerxeszug von 480 und dessen Zerstörung der griechischen Heiligtümer zu nehmen; ein offensichtlich propagandistischer Vorwand für ein wie auch immer begrenztes Eindringen in das Perserreich. Im Verlaufe des Zuges, der erfolgreicher verlief als angenommen, weitete sich die Absicht immer mehr aus und bestand zum Schluss vielleicht sogar darin, den Okeanos zu erreichen, den großen Strom, der angeblich die Erde umkreiste. Als sich aber herausstellte, dass Indien weit größer war als man es sich vorgestellt hatte, verweigerten die Soldaten den Gehorsam, und Alexander musste umkehren.

Auf die militärischen Probleme der Strategie und Taktik sei hier nur verwiesen, ebenfalls auf die großen Schwierigkeiten, die unbekannte Länder, Völker, Sprachen, topographische und klimatische Verhältnisse mit sich brachten. Für die Verbindung mit der Heimat war in zweierlei Wese gesorgt. Zum einen kam ständig Nachschub an Soldaten, denn das ursprüngliche Heer verminderte sich durch die Todes- und Krankheitsfälle, durch die zurückgelassenen Besatzungen und dadurch, dass in Ekbatana, der alten medischen Hauptstadt, die griechischen Kontingente entlassen wurden – das offizielle Ziel war ja erreicht. Zum anderen mussten die Nachrichtenverbindungen aufrechterhalten werden, in beiden Richtungen. Alexander musste wissen, was sich in Makedonien und Griechenland abspielte, und Makedonien und Griechenland sollten wissen, welche Großtaten der König vollbrachte. Er hatte ohnehin einen ganzen Stab von Technikern und Naturwissenschaftlern mitgenommen, die die zu erwartenden neuen Sachverhalte aufzunehmen hatten; hierin zeigte sich, dass Alexander jahrelang von Aristoteles, dem großen Erforscher der Wirklichkeit, unterrichtet worden war. Es kam auch Kallisthenes von Olynth mit, ein Philosoph und Historiker, der mit Aristo-

---

95 Johann Gustav Droysens 1833/34 erschienene „Geschichte Alexanders des Großen", das erste Werk des großen Historikers, ist immer noch eine lohnende Lektüre.
96 So erscheint er aber in Heinrich Heines noch in dessen letztem Lebensabschnitt geschriebenen begeisterten Gedicht „An die Jungen".

Griechenland 83

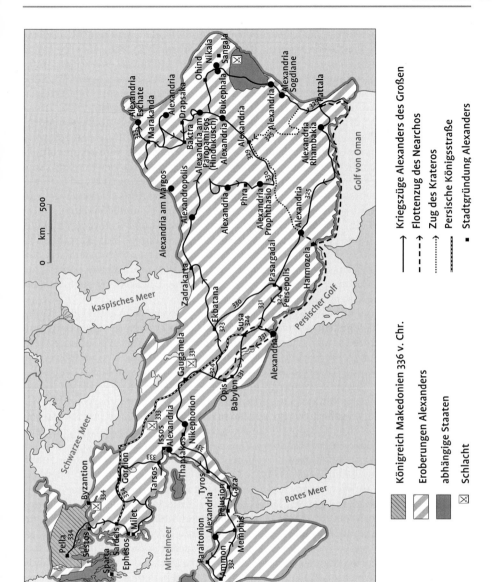

Abb. 5: *Das Alexanderreich.*

teles verwandt war. Seine Aufgabe war es, die Taten Alexanders dem griechischen Publikum als Augenzeuge zu vermitteln, und an ihnen war ja kein Mangel.

Das so Eroberte musste dauerhaft gehalten werden, und hierin entwickelte Alexander genau so viel Rationalität und Elastizität wie bei der Eroberung selber. Das unmittelbarste Mittel der Sicherung waren natürlich Besatzungen, die an wichtigen Punkten zurückgelassen wurden. Hinzu kam aber, vor allem im Ostteil, die Neugründung von Städten. Auch sie hatten, mit Ausnahme Alexandrias an der Nilmündung, zunächst vorwiegend militärischen Charakter; durch die Ansiedlung der Soldaten, durch Zuzug von Griechen und Nichtgriechen sowie durch ihre Verfassung kam jedoch auch ein politischer Zug hinein. Alle hießen sie Alexandria, aber nur sechs sind zweifelsfrei gesichert.[97] Wie sein Vater beließ es Alexander aber nicht bei bloßen militärischen und handfesten Mitteln. Mindestens die Riesenhaftigkeit des zu beherrschenden Territoriums – auch nach heutigen Verhältnissen! – machte politische Vorkehrungen notwendig, um zu erreichen, dass die notwendige Loyalität freiwillig aufgebracht wurde. Das geschah gleich von Anfang an dadurch, dass Alexander als Person die jeweiligen Herrschaftsfunktionen übernahm. Er ließ sich von der karischen Dynastin Ada adoptieren, er wurde Stadtherr von Tyros, er wurde ägyptischer Pharao – sein in Hieroglyphen geschriebener Name in der Königskartusche ist mehrfach erhalten[98] –, er wurde schließlich persischer Großkönig.

Ein weiteres Mittel war sein wohlkalkuliertes Entrücktwerden in göttliche Sphären. Es kann dahingestellt bleiben, ob der Priester des Ammon-Orakels der Oase Siwa, wohin Alexander vom Delta aus eine Expedition gemacht hatte, ihn als Sohn des Zeus angeredet hat oder nicht, beziehungsweise was damit gemeint war. Bestehen bleibt die Tatsache, dass von seiner Gottessohnschaft so stark die Rede war, dass die Soldaten es ihm übel nahmen, dass er ihren alten Chef Philipp verleugnete und seine Mutter dadurch zu einer Ehebrecherin machte. Diese Missstimmung konnte überwunden werden, die Gottähnlichkeit blieb, es kam nur darauf an, wem gegenüber. Als Pharao war er ohnehin Sohn des Amun, während die persischen Könige keine Götter waren. Vielen orientalischen Völkern gegenüber mochte das Göttliche an ihm ein probates Herrschaftsmittel sein, schließlich aber auch gegenüber den Griechen. Gerade sie hatten vor Jahrzehnten begonnen, auch lebende Menschen göttlich zu verehren,[99] oder besser das Göttliche in ihnen, und an sie richtete sich ein Erlass gegen Ende seines Lebens, mit ihm genauso zu verfahren. Schließlich zeigt der Herrscherkult der hellenistischen und römischen[100] Könige und Kaiser, dass gerade dieser Kult es war, der eine disparate Untertanenschaft einheitlich an den Herrscher zu binden vermochte.

Die Herrschaft über so viele Länder, Völker und Staaten konnte nicht mit den wenigen menschlichen Ressourcen ausgeübt werden, die Alexander mitbrachte. Schon immer war das griechische Verhältnis zu den Persern ambivalent gewesen; zu der Verachtung, die den „üppigen Orientalen" entgegengebracht wurde, kam Respekt ge-

---

97 P. M. Fraser, Cities, 201.
98 J. von Beckerath, Königsnamen, 232 f.
99 C. Habicht, Gottmenschentum.
100 M. Clauss, Kaiser und Gott.

genüber dem Staatsethos und den politischen Qualitäten, die die Griechen an den Persern schon lange bemerkt hatten.[101] Diesen Respekt hatte auch Alexander, obwohl er der absolute Sieger war, und so begann er allmählich, Perser für Regierung und Verwaltung heranzuziehen. Er ließ das Satrapiensystem bestehen, setzte nur zunächst Makedonen als Satrapen ein, aber je weiter östlich er kam, wurden auch Perser eingesetzt oder belassen, wie Mazaios, der Satrap von Babylonien, der noch bei Gaugamela gegen ihn gekämpft hatte; freilich wurden die militärische und finanzielle Kompetenz abgetrennt und Makedonen übertragen. Nach seiner Rückkehr nahm er sogar Perser zu gleichen Teilen in sein Heer auf, ja, er nahm sogar eine biologische Verschmelzung vor: Alle seine Heerführer und Vertrauten bekamen persische Frauen, wie er selber auch, und es wurden die Konkubinate, die die Soldaten mit einheimischen Frauen eingegangen waren, in legale Ehen umgewandelt; „Massenhochzeit von Opis" wird das nach dem Ort dieses spektakulären Ereignisses in der Forschung genannt.

Das alles war keine Gleichberechtigung, denn erstens betraf es nur Perser und keine anderen Orientalen, zweitens wurden die in das Heer Aufgenommenen makedonisch erzogen, drittens geschah dasselbe mit den aus den Ehen entstandenen Kindern, und viertens wurde natürlich nicht das Umgekehrte verfügt, nämlich Ehen von Persern mit makedonischen oder griechischen Frauen. Trotzdem stießen diese Maßnahmen bei den Makedonen auf Unwillen, und dasselbe geschah mit den entsprechenden Veränderungen, die Alexander an sich selber vornahm. Er begann, teilweise die persische Königstracht zu übernehmen, und er verlangte, als er im Osten des Iran war, Fußfall und Handkuss, also die persische Proskynese, für die Griechen und Makedonen der Inbegriff orientalischen Knechttums.[102] Die Proskynese für Griechen und Makedonen wurde auf Grund dieses Widerstandes aufgegeben, aber die späteren Maßnahmen, die Alexander nach seiner Rückkehr traf, blieben bestehen.

Trotzdem wogen die inneren Konflikte schwer und wurden zum Teil nur gewaltsam gelöst. Alexander selbst tötete während eines Zechgelages seinen alten Gefährten Kleitos, der ihm am Granikos das Leben gerettet hatte, als dieser mit einem Euripides-Zitat[103] den Zustand beklagte, in den man jetzt geraten sei, und Kallisthenes, der ja ursprünglich dazu ausersehen war, den Ruhm Alexanders zu verbreiten, verweigerte die Proskynese mit einem spöttischen Wort und wurde bald darauf unter der Anklage einer Verschwörung hingerichtet. Auch Parmenion, der alte Kampfgefährte seines Vaters, und dessen Sohn Philotas, der Kommandeur der Reiterei, wurden wegen Verschwörung in Schnellverfahren beseitigt, und so wandelte sich bei vielen das Bild Alexanders von dem eines Helden in das eines Tyrannen.

Im Allgemeinen jedoch blieb Alexanders Stellung und sein Herrschaftssystem intakt. Das lag auch an der Art, wie seine Umgebung organisiert war. So gab es eine königliche Kanzlei, die Tagebuch führte, Planungsentwürfe machte, den Briefverkehr

---

101 Siehe S. 46 Anm. 15.
102 Leonnatos, einer der Feldherren Alexanders, musste allerdings lachen, als er einen Perser sich ungeschickt krümmen sah: Arrian 4, 12, 2.
103 Andromache 693 ff.

führte und in der alle wichtigen Befehle Alexanders schriftlich[104] aufbewahrt waren, so dass also alles Vorwärtsstürmende des jungen Genies von einer bemerkenswerten Schriftlichkeit begleitet war; der Leiter der Kanzlei – gleichwohl auch ein großer Soldat – war Eumenes, der einzige Grieche in hoher Position. Auch die persönliche Umgebung Alexanders wies eine gewisse Regelhaftigkeit auf. Es gab etwa hundert Personen, die in einem engen persönlichen Verhältnis zu ihm standen, die Hetairoi, Gefährten oder Kameraden. Sie sind weder mit der Hetairoi genannten Kavallerie zu verwechseln, noch waren sie identisch mit den Inhabern aller hohen Kommandostellen. Vielmehr scheint gerade die Unterscheidung, die trotz starker Überlappungen zwischen den persönlichen Gefährten und den Amtsinhabern gemacht wurde, ein Herrschaftsprinzip gewesen zu sein.[105] Die Hetairoi wurden ihrerseits dadurch differenziert, dass es unter ihnen pistotatoi hetairoi gab, also Allertreueste, und schließlich die sieben Somatophylakes, wörtlich Leibwächter, die aber keine Leibwache waren, sondern allerengste Berater, darunter die späteren Diadochenkönige von Ägypten und von Thrakien, Ptolemaios und Lysimachos.

Zum Schluss zwei Relativierungen des bisher Gesagten. Alle die angeführten Maßnahmen wären gegenstandslos gewesen beziehungsweise hätten von jedem beliebigen Abenteurer ins Auge gefasst werden können, wenn nicht eben doch noch etwas hinzugekommen wäre, was wir bisher eher ironisch oder en passant erwähnt haben, nämlich die persönlichen Fähigkeiten Alexanders und sein persönliches Charisma[106]. Trotz aller auch durch die mehrfach gebrochene Überlieferungslage hervorgerufenen Alexanderverherrlichung ist dieser Faktor für die Erklärung der Erfolge Alexanders unentbehrlich. Nicht nur gegenüber seinen Soldaten muss er eine Ausstrahlung gehabt haben, die bewirkte, dass sie ihm unter nicht endenden Strapazen durch die halbe Welt folgten, diese Ausstrahlung muss sich über seine Umgebung durch diese halbe Welt hindurch zurück nach Griechenland fortgesetzt haben – und dauert teilweise bis heute fort. Bis heute hält die Faszination durch einen jugendlichen Herrscher an, der die ganze bisher bekannte Welt und noch mehr mit Unwiderstehlichkeit unter seinem Szepter vereinigte.

2.2.4.2 Diadochen

Aber auch das muss schließlich relativiert werden. Wäre nämlich Alexander als Person das Ausschlaggebende gewesen, so wäre nach seinem frühen Tod alles wieder zusammengebrochen. Das tat es aber nicht. Die Reichseinheit ging verloren, aber innerhalb der Nachfolgestaaten hielt sich im Orient bis zum Arabersturm, der der Spätantike ein Ende setzte, die griechische Zivilisation. Zunächst strebte man natürlich die Erhaltung des Reiches an, die als unmittelbare Fortsetzung deshalb scheiterte, weil Sohn und Bruder noch zu klein beziehungsweise geistesschwach waren und bald getötet wurden; und obwohl die Wiederherstellung des Alexanderreiches in der Folgezeit immer als Ziel bestehen blieb, wurde es faktisch unter die Nachfolger und deren Nach-

---

104 Die Abbildung eines schriftlichen Befehls seines Feldherrn Peukestas bei G. Shipley, Greek World, 167.
105 Auch das zeigt nachdrücklich H. Berve, Alexanderreich.
106 W. Schuller, Alexander.

kommen, griechisch Diadochen und Epigonen,[107] aufgeteilt. Zwanzig Jahre dauerte es, bis aus den Kämpfen um Alexanders Nachfolge die Staatenwelt hervorging, die den politischen Hellenismus bestimmen sollte. Zweierlei ist dabei höchst bemerkenswert. Das eine ist, dass nirgendwo im eroberten Orient der Versuch gemacht wurde, die makedonisch-griechische Herrschaft abzuschütteln, und das andere, dass die Feldherren Alexanders, die miteinander um die Nachfolge kämpften, überaus tüchtige Männer waren, die sich, soweit sie als schließliche Sieger hervorgingen, auch als kluge Politiker erwiesen, die lebenskräftige Staaten gründeten. Auch insofern also zeigt sich, dass Alexanderzug und Alexanderreich nicht nur der Genialität ihres Namensgebers zu verdanken waren, sondern im Zug der Zeit lagen.

Eumenes kämpfte noch für die Reichseinheit, bis er 316 getötet wurde, nur kurzfristige Königreiche bildeten Kassander, der Sohn des Antipater, in Makedonien, und der Somatophylax Lysimachos in einer Art Großthrakien. Etwas Besonderes stellten Antigonos Monophthalmos (der Einäugige) und sein Sohn Demetrios Poliorketes (der Städtebelagerer) dar, weil ihre Herrschaft so wechselvoll war, dass sie manchmal nur noch eine Flotte hatten, von der aus sie dann wieder Eroberungen machen konnten; eine dauerhafte Wirkung erzielten sie dadurch, dass Antigonos sich 305 zum König erklärte und damit den Anstoß für das Königtum der anderen Diadochen gab, sowie dadurch, dass der Sohn des Demetrios, Antigonos Gonatas, 279 eine stabile Dynastie, die der Antigoniden, in Makedonien begründete. Dieses Makedonien sowie der Ostteil des Reiches unter den Seleukiden und Ägypten unter den Ptolemäern wurden dann die drei großen Reiche, die bis zum Eingreifen der Römer und in Auseinandersetzung mit ihnen die folgende Politik bestimmten; sie und andere Staaten der hellenistischen Zeit sollen jetzt nacheinander skizziert werden.

2.2.4.3 Ptolemäisches Ägypten

Ägypten wurde unter den Ptolemäern[108] wieder ein selbständiger Staat, nachdem es, mit einer Unterbrechung, seit dem 6. Jahrhundert Teil des Perserreiches gewesen war. Diese Selbständigkeit war freilich dadurch erkauft, dass die herrschende Schicht nun aus eingewanderten Griechen bestand; das Heer war großenteils makedonisch, die Dynastie natürlich ganz. Einheimische Ägypter gelangten nur dadurch in Führungspositionen, dass sie sich gräzisierten, wobei es heute nicht immer leicht ist, außer bei Doppelnamen – griechisch und ägyptisch – die Nationalität der jeweiligen Person zu bestimmen. Eines der Probleme der makedonisch-griechischen Herrschaft bestand darin, das griechische Übergewicht für die Ägypter annehmbar zu machen und überhaupt bei den unterschiedlichen Nationalitäten – etwa auch Juden und Persern – eine Art Zusammengehörigkeitsgefühl als gemeinsame Untertanen des Königs in Alexandria hervorzurufen. Das geschah außer durch die sich von selbst ergebende Tatsache,

---

107 Auch deren Geschichte hat Droysen als erster der Moderne zusammenhängend dargestellt; die von ihm verwandte Bezeichnung „Epigonen" gab dann den Titel eines leider in Vergessenheit geratenen bedeutenden Romans Karl Immermanns ab, durch den sie die heute abschätzige Bedeutung bekommen hat.
108 G. Hölbl, Ptolemäerreich; W. Huss, Ägypten.

dass alle denselben staatlichen Anforderungen unterlagen, vor allem durch den gemeinsamen Königskult. Ägyptern war er ganz vertraut, und auch die Griechen konnten ihn akzeptieren, weil ihnen die göttliche Verehrung bedeutender lebender Personen ja nicht mehr fremd war.

Den einzelnen Nationalitäten wurde so viel Bewegungsraum belassen, wie sie ihn ohnehin schon hatten, und Eingriffe gab es nur im Gesamtinteresse. Ein eindrucksvolles Beispiel dafür sind die Tempel, die die Ptolemäerkönige für ihre ägyptischen Untertanen bauen ließen und in denen sie selbstverständlich als Pharaonen erschienen, die als Bauherren und Könige dort verewigt wurden; diese Tempel in Dendera, Edfu und Kom Ombo sind die besterhaltenen ägyptischen Tempel überhaupt. Wichtige Inschriften wurden mehrsprachig verfasst, so der Stein von Rosette, der in griechischer Sprache sowie auf ägyptisch in Hieroglyphen und in der Kursive Demotisch abgefasst wurde. Er hatte die Verleihung von Priesterprivilegien zum Gegenstand, und seine Dreisprachigkeit war für die Neuzeit der Ansatzpunkt dafür, die ägyptische Schrift zu entziffern und die ägyptische Sprache wieder zu entdecken. Auch war das Gerichtswesen zweisprachig: Ein Strang der gerichtlichen Organisation war griechischsprachig für die Griechen, ein zweiter demotisch für die Ägypter.[109] Im Übrigen gab es keine besonderen Organisationsformen für die Ägypter, die wie bisher weiterlebten.

Anders sah es für die Minderheit der neu ins Land gekommenen Griechen aus. Sie empfanden, trotz der traditionellen griechischen Ägyptenschwärmerei, ihre Zivilisation als die höhere, die es zu erhalten galt. Daher schlossen sie sich – andere Ethnien taten dasselbe – in einfachen Vereinen[110] oder besonderen Organisationen zusammen, die intern jeweils präzise strukturiert waren. Die übergreifende Organisation hieß politeuma, die Vereine dienten den verschiedensten Zwecken. Die wichtigste Organisation freilich war das Gymnasion, eine Baulichkeit wie im Mutterland, in dem die Griechen nicht nur Sport trieben – was den einheimischen Ägyptern in dieser Form ganz fremd war – , sondern in denen auch der intellektuelle Unterricht stattfand, Schreiben, Lesen, geistiges Training.[111] Von der Intensität, mit der das geschah, profitieren wir heute, denn die Textfragmente, die uns heute über die mittelalterliche Manuskripttradition hinaus einen ständigen Zuwachs an Kenntnis der griechischen Literatur erbringen, sind ägyptische Papyri; übrigens auch Schultexte, so dass wir sogar wissen, was in den griechischen Schulen des ptolemäischen Ägypten gelehrt wurde.[112] In den Gymnasien wurde die intellektuelle Elite Ägyptens ausgebildet, sie nannte sich stolz „Die vom Gymnasion", und auch Ägypter bekamen Zutritt, wodurch sie sich dann gräzisierten.[113]

---

109 H. J. Wolff, Justizwesen (auch demotisch); Ders., Recht der Papyri 1 und 2 (nur griechisch).
110 Exemplarisch: W. M. Brashear, Vereine; die überall in der griechischen Welt existierenden Vereine der Bühnenkünstler schildert eindrucksvoll S. Aneziri, Vereine.
111 R. Cribiore, Gymnastics of the mind.
112 Exemplarisch A. Mehl, Erziehung zum Hellenen.
113 Allerdings existierte das altägyptische Leben noch lange Zeit kräftig weiter, und dass man ihm so wenig Aufmerksamkeit schenkt, liegt an den stark zurückgegangenen Kenntnissen der demotischen (= spätägyptischen) Schrift und Sprache; umso verdienstvoller ist es, dass durch F. Hoffmann, Kultur und Lebenswelt, auf Grund demotischer Quellen jetzt ein Bild dieser Gesellschaftsschicht gezeichnet worden ist.

Die Großstadt Alexandria[114] war ein Sonderfall. Hier saßen König und Regierung, und hier waren Ägypter, Griechen und als wichtigste weitere Volksgruppe Juden versammelt. Alle drei hatten ein auch durch ihre unterschiedlichen Religionen hervorgerufenes ausgeprägtes Selbstbewusstsein, das sich in zahlreichen Zusammenstößen Luft machte. Die antike Judenfeindschaft stammt zu einem großen Teil daher.[115] Alexandria war nach dem Vorbild einer griechischen Polis verfasst, Einschränkungen ergaben sich aus der Existenz verschiedener Volksgruppen und daraus, dass es die Residenz einer Monarchie war. Als weitere Städte in diesem Sinne gab es nur noch die alte Griechenstadt Naukratis im Delta und das neu gegründete Ptolemais im Süden; alle anderen Agglomerationen hatten keine innere Verfassung, sondern waren ganz in die Territorialverwaltung eingegliedert.

Die staatliche Organisation folgte im ägyptischen Kerngebiet nämlich im Allgemeinen der des pharaonischen Ägypten. Das Land war hierarchisch in Gaue (nomoi), Bezirke (topoi) und Dörfer (komai) aufgeteilt; die allen übergeordnete Zentrale saß in Alexandria. Diese Zentrale bestand vor allen Dingen aus dem Büro des obersten königlichen Beamten, des Dioiketes[116]. Das heißt wörtlich übersetzt Hausverwalter, und wie ein großer Haushalt wurde Ägypten auch geführt. Für die Justiz gab es eine eigene Organisation, aber die allgemeine staatliche Verwaltung war vor allem Wirtschaftsverwaltung. Eine bereits aus dem Beginn der pharaonischen Zeit stammende Grundannahme der staatlichen Organisation war, dass alles Land dem König gehöre und dass die Bauern das Land nur für den König bestellten. Demgemäß wurde Jahr für Jahr veranschlagt, wie viel Erträge zu erwarten seien, demgemäß wurde den Bauern das Saatgut zugeteilt und festgelegt, wie viel von der Ernte in absoluten Ziffern sie abzuliefern hätten. So sah aber nur das Prinzip aus, das durch drei weitere Faktoren modifiziert wurde.

Zum einen wurden nicht nur auf das einfachste Produkt, also das Getreide, Abgaben erhoben, sondern das Steuersystem[117] erstreckte sich auf immer weitere Gegenstände, bis hin zum einzelnen Baum im Garten, ja sogar auf Türen. Zweitens schied im Lauf der Zeit – ebenfalls eine seit dem Alten Reich immer wiederkehrende Entwicklung – immer mehr Land aus dem Königsland aus, das als faktisches Privatland verdienten Beamten oder Tempeln[118] zugeteilt wurde. Drittens, und das war neu für Ägypten, wurde neben die staatlich geregelte Veranlagung und Abgabe ein aus Griechenland übernommenes Steuerpachtsystem gelegt, das darin bestand, dass der Staat demjenigen die Abgabenerhebung übertrug, der in einer Versteigerung das höchste Gebot machte. Im Laufe der Zeit wurde das System, das mit dem Herrschaftsantritt Ptolemaios' I. nach pharaonischem Muster neu organisiert worden war, immer unübersichtlicher, die Bedrückung der Bevölkerung wuchs auch durch Amtsmissbrauch

---

114 P. M. Fraser, Ptolemaic Alexandria.
115 Etwas anders P. Schäfer, Judeophobia.
116 Aus dieser Bezeichnung ist in einem komplizierten Rezeptionsvorgang die kirchliche Diözese hervorgegangen.
117 Sehr instruktive Beispiele in der zweisprachigen Quellensammlung J. Hengstl, Griechische Papyri, Kapitel II.
118 Um diesen Vorgang handelt es sich bei dem dreisprachigen Stein von Rosette, durch den die Hieroglyphenschrift entziffert werden konnte.

der Beamten, gegen die es im 3. und 2. Jahrhundert auch Aufstände gab. Ägypten blieb aber immer noch das reichste Land des Mittelmeergebiets, so dass seine spätere Eingliederung in das römische Reich Probleme machte.

Das Herrschaftsgebiet der Ptolemäer beschränkte sich aber nicht nur auf das Niltal. Zum einen besaßen sie bis zum Jahr 200 – das heißt bis zur Schlacht am Panion (bei den Jordanquellen unterhalb der heutigen Golanhöhen) gegen die Seleukiden – Palästina und die phönikische Küste, zum anderen hatten sie, in wechselndem Ausmaß, große Teile der Ägäis und der südkleinasiatischen Küste inne; sie waren eben, in der Nachfolge des Alexanderreiches, eine gesamtgriechische Macht. Das zeigte sich auch in ihrer Kulturpolitik, die darauf zielte, in der griechischen Welt hohes Prestige zu erlangen. Sie gründeten in Alexandria die größte, auch öffentlich zugängliche, Bibliothek[119] für, natürlich, griechische Literatur, und sie gründeten das Museion, eine Art Akademie der Wissenschaften, die Dichter und Gelehrte aus allen Teilen der griechischen Welt anzog (als Kultstätte für die Musen konzipiert, daher der Name, aus dem sich unser Wort Museum entwickelt hat).[120] Sie trieben eine weiträumige Außenpolitik, die sich bis zum Bosporanischen Reich auf der Krim erstreckte, in Athen ihnen sogar eine Phyle Ptolemais einbrachte und in den verwickelten Verhältnissen auf der Peloponnes für ein Gegengewicht gegen Makedonien sorgte.

217 siegten sie bei Raphia gegen die Seleukiden, mussten freilich nach 200 Palästina an diese abtreten. Als der Seleukidenkönig Antiochos IV. 168 bis vor die Tore Alexandrias zog, konnte er nur durch das demütigende Dazwischentreten einer Gesandtschaft Roms zum Umkehren veranlasst werden,[121] und in der Folgezeit geriet Ägypten in immer größere Abhängigkeit von Rom, dem es seit diesem Vorgang ja überhaupt seine staatliche Existenz verdankte. Die Ptolemäerkönige setzten mehrfach Rom zum Erben ein, das diese Erbschaft nur deshalb nicht antrat, weil es innen- und außenpolitische Komplikationen befürchtete. Erst nachdem der letzte ägyptische König, die Königin Kleopatra VII., als Gattin des Römers M. Antonius Krieg mit dem von Octavian repräsentierten Rom führte und 31 bei Actium unterlag,[122] gliederte dieser nunmehrige römische Alleinherrscher Ägypten dem römischen Reich an.

Die Dynastie blieb stabil und brachte unter ihren ersten Herrschern eindrucksvolle Gestalten hervor. Der Gründer Ptolemaios I. Soter (Retter) legte den Grund zu ihrer Herrschaft, sein Sohn Ptolemaios II. Philadelphos (der seine Schwester liebt) führte ebenfalls eine energische Außen- und Innenpolitik und gründete Bibliothek und Museion; auch seine Schwestergemahlin[123] Arsinoe war daran beteiligt, vor allem aber wurde unter ihrer Leitung die sumpfige Oase des Fayum westlich des Deltas trockengelegt und als Gau Arsinoitis dem Staat angegliedert. Nach der tüchtigen Herrschaft Ptolemaios' III. Euergetes (Wohltäter) begann mit Ptolemaios IV. Philopator (der sei-

---

119 W. Hoepfner (Hg.), Bibliotheken.
120 Übersicht bei A. Erskine, Culture and Power.
121 Polybios 29, 27, 1–10; siehe S. 120.
122 Siehe dazu das Carmen 1, 37 des Horaz.
123 Dazu S. Allam, Geschwisterehe: Es gab sie schon im pharaonischen Ägypten, sie hatte oft dynastische Ursachen, war jedoch nicht so weit verbreitet, wie oft angenommen wird; die Quellenlage ist deshalb undeutlich, weil es üblich war, den Ehepartner mit „Schwester" beziehungsweise „Bruder" anzureden.

nen Vater liebt) der Abstieg; Hof- und dynastische Kabalen beherrschten immer mehr die Politik,[124] bis schließlich die Römer immer tiefer in diese internen Streitigkeiten hineingezogen wurden; Ptolemaios XII. Auletes (Flötenspieler) hielt sich jahrelang in Rom auf, um von den Römern wieder eingesetzt zu werden. In seiner Tochter Kleopatra VII. brachte die Dynastie aber noch einmal eine Herrscherin hervor, die in Tatkraft und Intelligenz dem Dynastiegründer gleichkam.[125]

2.2.4.4 Seleukidenreich[126]

Die Struktur des Seleukidenreiches war derjenigen Ägyptens genau entgegengesetzt, es war denkbar uneinheitlich. Es umfasste – nur das Wichtigste sei hier genannt – die lokalen Herrschaften Kleinasiens, Syrien, die phönikischen Städte, den Staat des jüdischen Hohepriesters, Mesopotamien, Medien und die Persis, den gesamten Iran; das Indusgebiet wurde bald gegen die Stellung von Kriegselefanten abgetreten. Das einzige, was diese Gebiete miteinander verband, war die Dynastie; deshalb gibt es für dieses Reich auch keinen geographischen oder ethnischen Namen, wie etwa die Bezeichnung Perserreich, mit dem es territorial vor dessen Eroberung Ägyptens identisch war, sondern nur den Namen der Dynastie, Seleukidenreich. Ihr Gründer, Seleukos I. mit dem Beinamen Nikator (der Sieger)[127], hatte als einziger der Großen Alexanders seine iranische Frau nach dessen Tod nicht verstoßen; es war Apame, die Tochter des Spitamenes, desjenigen baktrischen Fürsten, der Alexander den zähesten Widerstand entgegengesetzt hatte. Da die Dynastie das einzige Band war, das alle zusammenhielt, war der Königskult von besonderer Wichtigkeit. Im Übrigen passten sich die Seleukiden den örtlichen Gegebenheiten an, wenn nur neben der Teilnahme am Kult Heeresfolge geleistet wurde und die Abgaben eingingen.

Zwei Besonderheiten verdienen eigene Erwähnung für die Gebiete, in denen die Seleukiden unmittelbar regieren konnten. Auch hier galt das Prinzip, dass das Land dem König gehöre und dass die Bauern als Königsbauern für ihn arbeiteten; ebenfalls war es so, dass im Lauf der Zeit immer mehr durch Privilegienverleihung abgegeben wurde. Aber zum einen kam vieles etwa als selbständiges Tempelland von vornherein nicht in Betracht, und zum anderen gab es, anders als in Ägypten, keine geplante Wirtschaft, sondern die Abgaben richteten sich nach dem Ernteausfall und wurden prozentual entrichtet. Der strukturell wichtigste Unterschied war aber der, dass das Seleukidenreich ein Reich der Städte war. Die kleinasiatischen Griechenstädte waren schon von alters her selbständige Einheiten, deren Autonomie die Seleukidenkönige zu wahren hatten, die aber auch loyale Glieder des Reiches waren, vor allem aber sahen die Seleukiden wie Alexander in Städten nach griechischem Muster ein Mittel, ihre Herrschaft zu festigen. Zum Teil auch zunächst als Militärkolonien gegründet, zum Teil bereits als vollwertige Städte konzipiert, zu einem weiteren Teil aus einhei-

---

[124] W. SCHULLER, Frauen in der griechischen Geschichte, Kap. 5.
[125] Im Gedicht 1, 37 drückt Horaz seine Achtung vor dieser bedeutenden Frau aus (non humilis mulier). – Gute Übersicht, auch zur Kleopatra-Rezeption, S. WALKER/P. HIGGS, Cleopatra of Egypt.
[126] D. MUSTI, in CAH VII 1, 1984, 175–220; das Weiterleben der Keilschriftkultur bei J. OELSNER, Materialien.
[127] A. MEHL, Seleukos Nikator.

mischen Siedlungen erwachsen,[128] boten sie die Gewähr, dass sich die griechisch-makedonische Herrschaft verfestigen konnte. Sie trugen entweder Namen von Angehörigen der Dynastie wie Seleukia oder Apameia (nach Apame) oder Antiocheia (nach Antiochos, dem Vater Seleukos' I.), das dann eine der vier wichtigsten Großstädte der Alten Welt wurde, heute Antakya; oder sie erhielten ihre Namen aus makedonischer Tradition wie Beroia, heute Aleppo, oder Europos, dessen einheimischer Name Dura gleichberechtigt verwandt wurde.

Das Seleukidenreich schrumpfte im Laufe der Zeit dadurch, dass sich Teile verselbständigten, so dass im 1. Jahrhundert nur noch der Kernbereich Syrien übrig blieb, der schließlich 63 v.Chr. als Provinz Syria in das römische Reich eingegliedert wurde. Gleichwohl stellt die äußere Geschichte des Reiches keinen gleichmäßigen Abstieg dar, sondern hatte bedeutende Höhepunkte aufzuweisen. Sein Bestreben war wie das der anderen großen Monarchien, das Alexanderreich wiederherzustellen, was sich im Fall der Seleukiden im Zurückholen des weggebrochenen Ostteils und in Kriegen gegen Ägypten und die Römer äußerte. Antiochos III., einem eindrucksvollen Herrscher, gelang es in einem lang dauernden Feldzug von 212 bis 205 den Ostteil des Reiches zurückzuerobern, wodurch er sich zu Recht den Beinamen „der Große" verdiente; leider ist über diesen Feldzug kaum etwas bekannt. Im Jahre 200 gelang es ihm, Palästina dem Ptolemäerreich abzunehmen, und als dieses merkwürdige nichtgriechische Volk der Römer nach seinem Sieg über Makedonien 198 Griechenland wieder verließ, glaubte er, in ein Machtvakuum stoßen zu können. Schon 196 stand er auf europäischem Boden, 195 nahm er Hannibal, den Erzgegner Roms, als Flüchtling auf. Freilich erschienen die Römer wieder in Griechenland, 192 wurde er in Griechenland, 189 in Kleinasien vernichtend geschlagen und musste im Frieden von Apameia 188 bis hinter das Taurosgebirge zurückweichen.

Sein Sohn Antiochos IV. wandte sich anderem zu. Ägypten war durch interne Streitigkeiten erschöpft, und so war es ihm ein leichtes, dort einzufallen. Als er 168 vor den Toren Alexandrias stand und im Begriff war, Ägypten einzugliedern, erschien, wie schon kurz erwähnt, eine römische Gesandtschaft, ohne einen einzigen Soldaten. Der Leiter dieser Gesandtschaft, C. Popilius Laenas, forderte von ihm das bindende Versprechen, sich wieder zurückzuziehen, unter demütigendsten Umständen: Er zog um ihn einen Kreis in den Sand und untersagte ihm, aus diesem Kreis herauszutreten, bevor er nicht dieses Versprechen abgegeben habe. Antiochos gehorchte und rückte ab.[129] Eine weitere Niederlage musste das Seleukidenreich anschließend einstecken. Die Juden im Judenstaat mit dem Hohepriester in Jerusalem waren, wie alle anderen Vorderasiaten auch, von der allgemeinen Gräzisierungswelle erfasst worden, die aber, anders als anderswo, auf besonders heftigen internen Widerstand stieß. Hinzu kamen innere Streitigkeiten, bei denen Antiochos für eine Seite Partei ergriff, bei seiner Rückkehr aus Ägypten Jerusalem besetzte und den Tempel dort in einen Tempel für Zeus umwandelte. Dagegen brach 166 ein Aufstand aus,[130] derjenige der Makkabäer, die 164 den Tempel wieder einnahmen und, nach weiteren Kämpfen, einen unabhängi-

---

128 G. Cohen, Seleucid Colonies.
129 Polybios 29, 27, 1–10.
130 1. und 2. Makkabäerbuch; B. Bar-Kochva, Judas Maccabaeus.

gen Judenstaat errichteten.[131] Dessen Herrscher freilich wurden trotz des früheren Widerstandes gegen die Gräzisierung gleichwohl allmählich ihrerseits zu hellenistischen Kleinkönigen und trugen griechische Namen – Alexander, Aristobulos, Herodes, Hyrkanos.

2.2.4.5 Kleinere Diadochenstaaten

Der andere berühmte Staat, der sich aus dem Seleukidenreich löste, war Pergamon. Dort, an der kleinasiatischen Westküste, hatte schon in den Diadochenkämpfen der makedonische Offizier Philhetairos als lokaler Dynast regiert, war aber den jeweiligen Seleukidenherrschern gegenüber loyal geblieben. Sein Großneffe Attalos I. allerdings nahm nach einem Sieg über die in Kleinasien eingefallenen keltischen Galater[132] den Königstitel an und begann, eine prorömische Politik zu führen. Pergamon war fortan einer der Staaten, die regelmäßig Rom gegen zu bedrohliche Großreichsbildungen zu Hilfe riefen und an römischer Seite durchaus auch selber tapfer mitkämpften; so war der Sieg über Antiochos den Großen auch ihm zu verdanken. Die Könige, sämtlich mit den Namen Attalos und Eumenes, trieben, ähnlich wie die Ptolemäer, eine aktive Kulturpolitik, die Eumenes- sowie die Attalos-Stoa auf der Agora in Athen[133] zeugen davon, ebenso Kunstwerke wie der „Sterbende Gallier" (= Galater), eine öffentliche Bibliothek, und natürlich der große Pergamon-Altar, heute in Berlin. Weitere kleinasiatische Königreiche, zum Teil unter hellenisierten einheimischen Herrschern, waren Bithynien, Kappadokien, Paphlagonien, Kommagene und Pontos, die im Laufe ihrer Geschichte in größere Zusammenhänge integriert wurden; geschichtsmächtig wurde alleine Pontos, dessen letzter Herrscher Mithradates VI. Eupator im 1. Jahrhundert den letzten Kampf gegen die Römer wagte und verlor – auf der Flucht bei seinem Sohn, dem König des Bosporanischen Reiches auf der Krim, nahm er sich im Jahre 63 das Leben, als dieser im Begriff war, ihn an die Römer auszuliefern. Eine weitere Variante hellenistischen Königtums ist Pyrrhos, König von Epirus, der sozusagen auf der Suche nach einem größeren Königreich die Welt durchzog, siegreich, aber vergeblich[134] gegen Römer und Karthager kämpfte und schließlich bei einem Straßenkampf in Argos ums Leben kam.

Die östlichste Form der hellenistischen Monarchie war das baktrische Königreich.[135] Seine Herrscher waren ausnahmsweise keine Makedonen, sondern Griechen, die seit den Zeiten Alexanders dort regierten, ursprünglich als Statthalter der seleukidischen Könige, dann selbständig als Könige. Sie lebten in der Diaspora, und entsprechend überhöhten sie ihre Stellung, nannten sich mit Beinamen nicht nur, wie andere hellenistische Herrscher auch, Soter (Retter) oder Nikator (Sieger), sondern auch Megas (Großer) oder sogar Theos (Gott). Ihre Residenz war wahrscheinlich die heute Ai Khanum genannte Stadt, die ganz nach griechischem Muster mit Königspalast, Theater

---

131 Daher das jüdische Chanukka-Fest, das in seiner Ausgestaltung möglicherweise Züge des deutschen Weihnachtsfestes trägt.
132 Sie wurden angesiedelt; daher konnte der Apostel Paulus den Brief an die Galater schreiben.
133 Sie wurde von den amerikanischen Archäologen wiederaufgebaut und beherbergt heute das Agora-Museum und die Räume der Ausgräber.
134 Daher „Pyrrhussiege"; siehe S. 105.
135 F. L. Holt, Zeus; H. Sidky, Kingdom of Bactria.

und Sportarena ausgestattet war. Die baktrischen Griechen unternahmen sogar Eroberungszüge nach Nordindien; der indogriechische König Menander mit dem Beinamen Soter regierte im Pandschab und östlich davon etwa von 155 bis 130. Nach indischer Überlieferung soll er zum Buddhismus übergetreten sein.

Zu Indien überhaupt hatte es auch nach dem Alexanderzug noch Beziehungen gegeben. Zwar trat Seleukos I. indisches Territorium an Candragupta ab, den Begründer des Großreichs der Maurya, aber immerhin bekam er von diesem dafür eine stattliche Anzahl von Kriegselefanten, die in den folgenden Jahrzehnten in den Kriegen rund um das Mittelmeer eingesetzt wurden; Elefanten werden ja alt. Auch gab es einen griechischen Gesandten am indischen Königshof in Pataliputra am Ganges (heute Patna), Megasthenes, der nach seiner Rückkehr ein Buch über dieses Reich schrieb.[136] Ein Nachfolger Candraguptas, Asoka, bekehrte sich im 3. Jahrhundert nach einem grausam verlustreichen Krieg in einer Art Erweckungserlebnis zum Buddhismus, und von den zahlreichen Inschriften, in denen er buddhistische Lehren verkündete, sind einige auch auf griechisch und in Termini der griechischen Staatsphilosophie verfasst.[137]

2.2.4.6 Makedonien

Nach dem ptolemäischen Ägypten und dem Seleukidenreich war die dritte monarchische Großmacht des Hellenismus Makedonien. Antigonos Gonatas, der Sohn des unsteten Demetrios Poliorketes, stabilisierte ebenfalls nach einem Sieg über eingefallene Kelten (Galater) 277 die Herrschaft seiner Antigonidendynastie. Makedonien selber ähnelte in seinem inneren Aufbau weiterhin den Verhältnissen zur Zeit Philipps II., mit dem Unterschied, dass es auf seinem erheblich erweiterten Territorium jetzt griechische Städte gab. Im Übrigen ist die Geschichte des hellenistischen Makedonien die seiner Außenbeziehungen und Expansionsversuche. Im dritten Jahrhundert konkurrierte es erfolgreich mit dem ptolemäischen Ägypten um die Vorherrschaft in Griechenland und brachte es unter König Antigonos Doson sogar zuwege, seine Macht bis auf die Peloponnes auszudehnen und Sparta zu besetzen. Unter Philipp V. schloss Makedonien während des Zweiten Punischen Krieges mit Hannibal ein Bündnis, das allerdings nicht aktuell wurde. Später griff der König im Norden der Ägäis an, was den Widerstand zahlreicher griechischer Staaten so sehr weckte, dass diese Rom zu Hilfe riefen, das ihn 197 bei Kynoskephalai zusammen mit griechischen Kontingenten entscheidend schlug.

196 verkündete der Römer T. Quinctius Flamininus bei den Isthmischen Spielen[138] die Freiheit[139] aller Griechen, was zwar subjektiv womöglich ernst gemeint war, gleichwohl nicht verhindern konnte, dass Rom immer weiter in griechische Händel hineingezogen wurde. Entsprechend nahmen sowohl die Aversion gegen Rom als auch Roms herrscherliches Auftreten zu, und während Philipp V. in klarer Einsicht in die Macht-

---

136 K. Karttunen, India.
137 U. Schneider, Felsen-Edikte; D. Schlingloff, Asoka.
138 Panhellenische Spiele dienten traditionsgemäß auch der Beratung übergreifender politischer Fragen und gegebenenfalls der Verkündung von derartigen Entscheidungen.
139 J. J. Walsh, Flamininus.

verhältnisse alles in allem Ruhe hielt, gerierte sich Makedonien unter seinem Sohn Perseus zunehmend als Vertreter griechischer Interessen. Gleichwohl erschien sein Verhalten auch griechischen Mächten als bedrohlich, Rom wurde wieder gerufen, und Perseus wurde 168 bei Pydna geschlagen. Makedonien wurde deshalb nun als staatliches Gebilde ausgelöscht und in vier Republiken aufgeteilt. Zwanzig Jahre später legte Rom sie wieder zusammen – freilich nach einem letzten Aufstandsversuch und jetzt nur deshalb, um eine römische Provinz daraus zu machen, Macedonia.

2.2.4.7 Bünde

Königreiche als maßgebende politische Faktoren waren etwas Neues in der griechischen Geschichte; neu war weiter, dass sich die an sich traditionelle Organisationsform des Bundes (koinon) jetzt durch eine striktere Organisation zu einer tonangebenden Macht in Griechenland entwickelte. Neben etwa dem Nesiotenbund in der Ägäis, den Böotern, Phokern, Akarnanen und Thessalern waren die beiden wichtigsten Bünde der Achäische, auf der Peloponnes, und der Ätolische Bund, nördlich des Golfes von Korinth. Der Achäische Bund wurde um die Mitte des 3. Jahrhunderts die herausragende politische Kraft Griechenlands, auch durch die Persönlichkeit des Staatsmannes Aratos aus Sikyon,[140] unter dem bedeutende Erfolge gegen Makedonien erreicht wurden wie die Befreiung von Korinth; allerdings führte der erneute Aufstieg Spartas unter dem Reformkönig Kleomenes III. zu einer Koalition mit Makedonien, die die Rückübertragung Korinths zur Folge hatte. Seit dem Ende des Jahrhunderts, insbesondere nach der Niederlage Philipps V. gegen Rom 198, erreichte der Bund vor allem unter Philopoimen[141] seine größte Ausdehnung (sogar Sparta kam jetzt dazu) und die beherrschende Stellung in Griechenland, verdankte das alles aber der Unterstützung durch Rom. Die Zunahme römischen Misstrauens führte nach Pydna 168 dazu, dass 1000 einflussreiche achäische Personen in Italien in ehrenvollen Arrest genommen wurden (darunter der spätere Historiker Polybios), und in der Folgezeit wuchs in Griechenland der Widerstand gegen Rom, insbesondere der Unterschichten, so dass Rom 146 mit der Zerstörung Korinths auch den Achäischen Bund auflöste, Achaia wurde nun von der Provinz Macedonia aus verwaltet.

Weniger gut informiert sind wir über den Ätolischen Bund, und das deshalb, weil er wahrscheinlich keine so bedeutenden Politiker wie der Achäische hervorgebracht hatte und weil der Achäische Bund durch den Achäer Polybios ausführlicher und mit großer Sympathie geschildert wurde, während den Ätolern der Ruf kulturloser Römerfreunde anhaftete. Im 3. Jahrhundert nahm der Bund an Umfang zu, er wuchs, gestützt von großem Prestige, das auch er bei der Keltenabwehr errungen hatte, zum Gegenspieler der Achäer und trat in ein enges, wenn auch wechselvolles Verhältnis zu Rom, an dessen Seite er 197 an dem Sieg über Philipp V. teilnahm. Freilich unter-

---

[140] Er hatte Sikyon von einer Tyrannenherrschaft befreit, und als Verbannte wieder zurückkehrten und die Grundstücke wiederhaben wollten, die ihnen weggenommen worden waren, gab es Konflikte mit den neuen Besitzern. Arat löste das Problem durch Geldentschädigung (Plutarch, Arat, 12 ff.) – eine Parallele, die gelegentlich bei einer ähnlichen Problemlage nach der deutschen Wiedervereinigung gezogen wurde.
[141] Wie über Arat gibt es auch über ihn eine Biographie Plutarchs, ebenso wie über die beiden spartanischen Reformkönige Agis und Kleomenes.

stützte er anschließend den Seleukidenkönig Antiochos den Großen, wurde daher von Rom territorial beschnitten und musste ein Bündnis mit ihm eingehen. Wie in Achaia wuchs die Romfeindlichkeit insbesondere der unteren, immer mehr verarmenden Schichten, so dass die Ätoler nach 168 nochmals territorial beschnitten wurden und Deportationen hinnehmen mussten. Damit endete die Bedeutung dieses Bundes.

2.2.4.8 Traditionelle Mächte

Neben den neuen war aber auch die Rolle der alten Mächte im griechischen Mutterland nicht ausgespielt. Athen[142] trieb eine alles in allem vorsichtige Politik, wobei ihm sein ererbter und immer wieder neu erworbener Ruhm als Retterin vor den Persern und als das Kulturzentrum schlechthin zu Hilfe kam und geschickt ausgenutzt wurde. Nach dem Tod Alexanders des Großen hatte es, zusammen mit anderen Städten, im Lamischen Krieg (nach der Stadt Lamia) vergeblich versucht, die makedonische Herrschaft abzuschütteln. Von 317 bis 307 regierte als Vertrauensmann der Makedonen der Philosoph Demetrios von Phaleron in Form einer milden Tyrannis, bis er nach der Wiederherstellung der Demokratie durch Demetrios Poliorketes ins Exil an den Ptolemäerhof ging. Weiterbestehende makedonische Besatzungen sollten, ohne Erfolg, durch den Chremonideischen Krieg (etwa 268–262; genannt nach Chremonides, dem Antragsteller in der Volksversammlung) vertrieben werden, was erst 229 gelang. In der Folgezeit näherte sich Athen immer mehr Rom, beging aber 88 den Fehler, sich auf die Seite des Königs Mithridates VI. von Pontos zu schlagen, wurde 86 durch den römischen Feldherrn Sulla erobert und zerstört, erholte sich aber bald wieder.

Sparta machte durch einige spektakuläre Wendungen seiner inneren und äußeren Politik von sich reden. Seine Sozialstruktur geriet dergestalt durcheinander, dass einer starken Verarmung eine ebensolche Besitzkonzentration gegenüberstand; die Könige verhielten sich mehr und mehr wie hellenistische Kleinkönige mit viel Gepränge, aber ohne herrscherliche Leistungen. Es war daher nicht nur Romantik, die den jungen König Agis IV. 244 veranlasste, eine gründliche Staats- und Sozialreform zu versuchen, die Sparta die innere Verfassung und die äußere Machtstellung wiedergeben sollte, die es vor Zeiten gehabt hatte. Freilich konnte er sich nicht durchsetzen und wurde hingerichtet. Ab 235 versuchte es Kleomenes III. noch einmal, mit radikaleren Eingriffen in die Sozialstruktur und in die politischen Institutionen. Auch militärisch und außenpolitisch war er erfolgreich, so sehr, dass Arat den Achäischen Bund veranlasste, eine radikale Schwenkung vorzunehmen und sich mit Makedonien gegen Sparta zu verbünden. Dem gemeinsamen Koalitionsheer konnte Kleomenes nicht widerstehen und wurde 222 bei Sellasia, nördlich der Stadt Sparta, vernichtend geschlagen. Auch er ging ins Exil nach Alexandria, Sparta versank in einem Strudel von politischen und sozialen Unruhen, bis mit dem seit 207 tyrannisch regierenden Nabis Sparta noch einmal ein Faktor der Politik wurde. Nabis stellte sich unter häufigem Wechsel der Koalitionen gelegentlich sogar auch Rom entgegen, bis er 192 ermordet wurde. Sparta musste zeitweise dem Achäischen Bund beitreten und kam später unter direkte römische Herrschaft.

---

[142] C. Habicht, Athen.

Die anderen großen mutterländischen Städte waren in hellenistischer Zeit eher Objekte als Subjekte der internationalen Politik. Theben, das durch Alexander den Großen zerstört und durch Kassander wieder aufgebaut worden war, erlangte seine frühere Bedeutung nie wieder, und von Korinth ist immer nur dann die Rede, wenn es den Besitzer wechselte und bald in makedonischer, bald in achäischer, vorübergehend spartanischer Hand war. Das Unglück wollte es, dass ausgerechnet Korinth das Zentrum des letzten antirömischen Widerstandes war und 146 geplündert und dem Erdboden gleichgemacht wurde; erst unter Caesar, hundert Jahre später, wurde es als römische Kolonie wieder besiedelt. Eine besondere Erwähnung verdient jedoch Rhodos,[143] dessen gleichnamiger Hauptort gegen Ende des 5. Jahrhunderts durch Zusammensiedlung mehrerer Ortschaften gestärkt wurde und sich im Laufe der Zeit zur bedeutendsten Handelsmacht entwickelte. Seine geographische Lage und der Ausbau des Hafens ließen es zum Handelszentrum werden und verschafften ihm über Zölle und Hafengebühren erhebliche Einnahmen, so dass man – für antike Verhältnisse ausnahmsweise – einmal wirklich sagen kann, dass die Politik der Stadt durch den Handel bestimmt wurde. Zusammen mit Pergamon war es diejenige Macht, die regelmäßig Rom zum Eingreifen veranlasste, wenn sich im griechischen Raum Machtzusammenballungen ergaben, die ihm gefährlich werden konnten. Wie sehr es vom Handel abhing, zeigte sich in der Folge darin, dass Rom, mit der rhodischen Politik schließlich doch unzufrieden, nach 168 Delos zum Freihafen erklärte, dort also einen abgabenfreien Handel einrichtete. Sofort sank die wirtschaftliche Potenz von Rhodos, wenngleich es weiterhin eine bedeutende Stadt blieb.

Sizilien blieb ein Nährboden für die Tyrannis, denn die Kämpfe der griechischen Städte mit Karthagern und Einheimischen förderten immer noch die Machtposition ehrgeiziger Einzelner. Gewiss hatten viele Städte eine republikanische Verfassung, die bedeutendste Stadt aber, Syrakus, war kaum je von Tyrannen frei. Der berühmteste Tyrann überhaupt, Dionysios I. von Syrakus,[144] der von etwa 430 bis 367 lebte, begründete schon fast so etwas wie eine Territorialherrschaft und wurde in Ermangelung eines Titels, der seine Stellung präzise hätte ausdrücken können, von den Athenern Archon Siziliens genannt.[145] Selbst Dion, der nach Dionysios II. in der Herrschaft nachfolgte und Platons Idealstaat verwirklichen wollte, wurde als Tyrann betrachtet und 354 ermordet. Einige Jahre später wurde der Korinther Timoleon in die Tochterstadt Syrakus gerufen, wo es ihm gelang, nicht nur äußere Feinde zu besiegen, sondern der Stadt auch eine Verfassung zu geben. Gleichwohl schwang sich 316 der Söldnerführer Agathokles wieder zum Tyrannen auf, setzte im Kampf mit den Karthagern sogar für kurze Zeit nach Afrika über, nahm 304 nach dem Muster der Diadochen den Königstitel an und verschwägerte sich sogar mit den Ptolemäern; er starb 289. Der Reiterführer Hieron schließlich, der 275 an die Macht kam, nannte sich sehr bald König (heute zum Unterschied zum archaischen Tyrannen Hieron II. genannt), wurde einige Jahre später Bundesgenosse der Römer und blieb es bis zu seinem Tod etwa 215. Bald danach wurde die ganze Insel römische Provinz.

---

143 H. U. Wiemer, Krieg, Handel und Piraterie.
144 B. Caven, Dionysius I.; Schiller, Die Bürgschaft.
145 HGIÜ 206.

2.2.4.9 Parther

Die Parther des Ostiran hatten einen Teil des Perserreiches gebildet und wurden als solcher Teil des Alexander-, dann des Seleukidenreiches. In der Mitte des 3. Jahrhunderts fiel das mittelasiatische, ebenfalls iranische Reitervolk der Parner nach Parthien ein und begründete dort seine Herrschaft, nannte sich auch alsbald selber Parther.[146] Dieses monarchisch verfasste Partherreich gräzisierte sich nicht und blieb als selbständiges Reich außerhalb der hellenistischen Staatenwelt; allerdings konnten die unter seine Herrschaft geratenen griechischen Städte weiterhin eine ungehinderte Existenz führen. Die Parther machten im Laufe der Zeit zahlreiche Einfälle in das restliche Seleukidenreich, später in die römische Provinz Syria, und Partherfeldzüge waren Unternehmungen, bei denen römische Feldherren sich auszeichnen konnten oder scheiterten. 53 v.Chr. fiel M. Licinius Crassus bei Carrhae (Haran), 51/50 war Cicero als Statthalter der Provinz Cilicia sehr erleichtert, dass die Parther nicht kamen, Caesar wurde am Vorabend eines großen Partherfeldzuges ermordet, Augustus gab den Verhandlungserfolg, auf Grund dessen die Parther die bei Carrhae erbeuteten Feldzeichen zurückgaben, als großen Sieg aus.[147]

Während der ganzen römischen Kaiserzeit gab es bald politische, bald militärische Konflikte mit den Parthern, die sich oft an Armenien entzündeten. Anfang des 3. Jahrhunderts n.Chr. bekamen sie eine neue Dynamik durch einen Dynastiewechsel von den Arsakiden zu den Sassaniden. Mehr als bisher empfanden sich die Parther als Nachfolger der Perser, auch durch die Schubkraft, die ihnen die jetzt zur Staatsreligion erhobene Lehre des vor 600 wirkenden Zarathustra (Zoroaster)[148] verlieh. Sie bedrängten das Reich mit bisher nicht gekannter Energie, der römische Kaiser Valerian starb in sassanidischer Gefangenschaft, und 363 fiel Kaiser Julian durch einen parthischen Pfeil. Durch den spätantiken Historiker Prokop sind die bald freundlichen, meist feindlichen Beziehungen zu Kaiser Justinian im 6. Jahrhundert besonders gut bekannt. Im 7. Jahrhundert schließlich unterlagen die Sassaniden dem Arabersturm – gleichwohl spielen sie in der arabischen Überlieferung eine bedeutende Rolle und stehen etwa in den Erzählungen aus 1001 Nacht auf derselben Ebene wie die islamischen Kalifen.

2.3 Italiker und Etrusker

Ab 1000 wanderten in kleinen Einzelschüben Menschengruppen wohl von Norden her in Italien ein, die sich mit den vorgefundenen Einheimischen vermischten, allerdings dominant wurden. Das ist an den Sprachen zu erkennen, die, bei allen Unterschieden, sämtlich der indogermanischen Sprachgruppe angehören. Sie teilen sich in die beiden Großgruppen des Latinisch-Faliskischen, das in Latium und Rom gesprochen wurde, und in die des Oskisch-Umbrischen, die weitaus verbreiteter war. Umbrisch wurde im Norden und Westen Mittelitaliens gesprochen, vor allem von dem

---

[146] J. Wolski, Parther.
[147] Siehe S. 152.
[148] M. Stausberg, Religion Zarathushtras.

Italiker und Etrusker 99

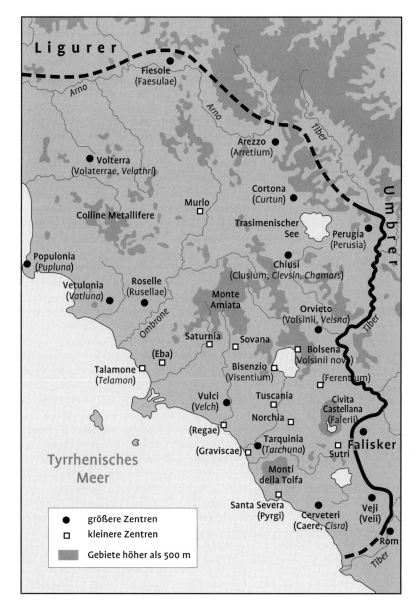

Abb. 6: *Das etruskische Kernland. Namen in Klammern: etruskisch (kursive Schrift), lateinisch (steile Schrift).*

Volk der Umbrer, Oskisch vor allem vom Großstamm der Samniten. Literarische Zeugnisse haben die oskisch-umbrischen Völker nicht hinterlassen, die wenigen Schriftquellen, die wir haben, sind Inschriften. Aus ihnen – und den Nachrichten, die wir durch die Rom betreffende Geschichtsschreibung haben – ergibt sich, dass sie in einzelnen Städten lebten, die sich gelegentlich zu lockeren Bünden zusammenschlossen, und dass ihre interne politische Organisation die einer gemäßigten Aristokratie war.[1]

Ihre geschichtliche Rolle bestand darin, dass sie, die vorwiegend im Inneren Italiens lebten, aus Gründen der Bevölkerungszunahme und der Anziehungskraft der meist griechischen Küstenstädte in die Ebenen drängten; in Mittelitalien waren dies vor allem die Samniten, weiter südlich die Bruttier und die Lukaner. Teilweise bekamen die angegriffenen Städte italischen Charakter – wie zeitweise Pompeji oder, wie schon erwähnt, die Verwandlung des griechischen Poseidonia in Paestum –, im Ergebnis aber bewirkten sie durch die gelungene Abwehr die Ausbreitung und Stärkung derjenigen Macht, die ihnen am zähesten entgegentrat, Roms, ursprünglich eine ebensolche italische Kleinstadt wie alle anderen. Zum letzten Mal in ihrer Geschichte traten sie im Bundesgenossenkrieg 91–89 militärisch-politisch hervor. Ihr Ziel, die sie ja großenteils romanisiert waren, war nicht Unabhängigkeit von Rom, sondern die durch das römische Bürgerrecht zu erreichende Gleichberechtigung. Erst als ihnen diese verweigert wurde, schlossen sie sich zusammen und organisierten sich nach römischem Muster mit, unter anderem, einer Hauptstadt Italia, einem Senat, zwei Konsuln (Konsul oskisch: meddix tuticus). Durch die schrittweise Verleihung des Bürgerrechts brach der Krieg in sich zusammen.

Die Etrusker geben inzwischen weniger Rätsel auf als im allgemeinen Bewusstsein angenommen wird.[2] Sie waren ein Volk, das etwa in der heutigen Toscana lebte, die von ihnen ihren Namen hat: lateinisch Tusci, griechisch Tyrsenoi; sie selbst nannten sich Rasenna; ihre Herrschaft hatten sie zeitweise bis nach Kampanien und an die nördliche Adriaküste ausgedehnt. Organisiert waren auch sie in einzelnen Städten, die zunächst von einem König (lucumo), dann, um die Wende vom 6. zum 5. Jahrhundert, von einer Aristokratie regiert wurden; die wichtigsten waren in einem losen Zwölfstädtebund zusammengeschlossen. Ihre Hochzeit fällt in das 7. und 6. Jahrhundert, wo sie, wohl durch den Export von Bodenschätzen, erheblich an Reichtum zunahmen und sich luxuriöse Lebensgewohnheiten zulegen konnten – und Grabbauten, deren Pracht[3] ihr Bild in der Gegenwart besonders bestimmt. 530 wehrten sie in der Seeschlacht von Alalia gemeinsam mit Karthago die griechischen Phokaier ab, 474 mussten sie in der Seeschlacht von Kyme eine Niederlage durch Hieron von Syrakus hinnehmen. Die Inschriften, die sie hinterlassen haben, kann man lesen, ihre Sprache freilich nur teilweise verstehen. Sie hat vorderasiatisches Gepräge, woraus sich die beiden wichtigsten Hypothesen über ihre Herkunft[4] ergeben: Entweder sind sie, wie auch

---

1 W. SCHULLER, Wolf Specht Stier.
2 Siehe Bibliographie 6.2.2.2.
3 Ein großer Teil der kunstvollen athenischen Vasen stammt aus etruskischen Gräbern und wurde daher zunächst für etruskisch gehalten.
4 Forschungsstand bei L. AIGNER-FORESTI, Herkunft.

Herodot schreibt,[5] aus Kleinasien eingewandert (dafür gibt freilich die Archäologie keine Hinweise), oder ihr prägendes Element stammt aus der Zeit vor der italischen Einwanderung und hat sich halten können oder ist sozusagen später wieder aufgetaucht. Sie haben die römische politische Entwicklung der Frühzeit stärkstens geprägt und existierten bis tief in die römische Kaiserzeit hinein.[6]

2.4 Rom[1]

2.4.1 Frühzeit

Die Fülle an Ereignissen und Gestalten, mit der man noch vor zweihundert Jahren Roms Frühzeit – einschließlich der frühen Republik – hat erzählen können, hat durch die revolutionären Forschungen Barthold Georg Niebuhrs, des Begründers der kritischen Geschichtswissenschaft überhaupt, einer beklemmenden Kargheit weichen müssen. Niebuhr und die an ihn anschließenden Forschungen haben nachgewiesen, dass das Allermeiste des vermeintlich Bekannten spätere Erfindung ist, insbesondere der späten Republik.[2] Und doch sind es gerade diese Geschichten gewesen, die seit der Renaissance tief auf das europäische Geschichtsbewusstsein, auf die europäische Kunst und Literatur eingewirkt hatten.[3] Wir skizzieren hier das, was man für die erste Zeit auf Grund der wenigen Quellen und auf Grund von Analogie sagen kann; glücklicherweise lichtet sich für das 4. Jahrhundert das Dunkel doch allmählich.

2.4.1.1 Königszeit

Dass Rom 753 gegründet worden sei, ist nicht nur eine frühere gängige Ansicht, sondern schon ein Ergebnis der Forschungen des spätrepublikanischen Allroundgelehrten M. Terentius Varro gewesen. Falsch oder zu früh angesetzt muss das Datum deshalb nicht sein, denn frühe Siedlungen auf dem Palatin, dem Quirinal und dem Forum Romanum sind archäologisch sogar noch weiter hinauf datiert worden, wenngleich ein Zusammenwachsen, verbunden mit einem sakralen Stadtgründungsakt eher um 600 anzusetzen ist.[4] Das fällt in die Zeit der Blüte des Etruskertums, und etruskisch sind ganz wesentliche Elemente der römischen Staatlichkeit.[5] Angefangen mit dem Namen, der möglicherweise Ruma hieß, sind die Namen der drei Personenverbände, aus de-

---

5 Herodot 1, 94.
6 Ihre Wirkung auf die gesamte römische Zivilisation bei L. AIGNER-FORESTI, Integration.
1 Die nach wie vor beste und glänzend geschriebene Römische Geschichte ist die von Alfred HEUSS, die jetzt durch J. BLEICKEN, W. DAHLHEIM und H.-J. GEHRKE in einem Nachtrag auf den neuesten Forschungsstand gebracht worden ist; eigens hingewiesen sei zudem auf F. KOLB, Rom, in welchem Buch weit mehr als nur eine Geschichte der Stadt geboten wird.
2 Siehe S. 300–302 im Forschungsteil.
3 GOETHE am 15.10.1825 zu ECKERMANN, nachdem er die Richtigkeit der „historischen Kritik" anerkannt hatte: „Was sollen wir aber mit einer so ärmlichen Wahrheit! Und wenn die Römer groß genug waren, so etwas zu erdichten, so sollten wir wenigstens groß genug sein, daran zu glauben."
4 F. KOLB, Rom, Kapitel II und III 1.
5 Zu allem siehe bei L. AIGNER-FORESTI, Integration.

nen das archaische Rom bestand, etruskisch: Ramnes, Tities, Luceres; ebenso die drei Namensbestandteile mit praenomen (Vorname: Marcus), nomen gentilicium (Familienname: Tullius) und cognomen (Beiname: Cicero); der Purpur, den der Triumphator trug; der Triumph selber; die sella curulis, auf der die Oberbeamten saßen; die Liktoren, die ihnen mit den Rutenbündeln (fasces) vorangingen; und besonders wichtig und ernst genommen die Wahrsagekunst in staatlichen Angelegenheiten, die sogar immer disciplina etrusca hieß.

Freilich war das Grundsubstrat italisch-indogermanisch, was aus den meisten anderen staatlichen Bezeichnungen hervorgeht wie rex, König, und natürlich der lateinischen Sprache selber; die römische Staatlichkeit jedoch war eine Mischung aus verschiedenen Elementen. Trotz der vorwiegenden Sagenhaftigkeit der Einzelheiten – und der Namen der sieben Könige: Romulus, Numa Pompilius, Tullus Hostilius, Ancus Marcius, Lucius Tarquinius, Servius Tullius und Tarquinius Superbus – wird man doch in Analogie zu allen anderen antiken Stadtstaaten, wegen der etruskischen Gründung und Oberherrschaft und wegen archaischer Verfassungsinstitutionen der historischen Zeit wie der des rex sacrorum oder der des interrex sagen müssen, dass Rom zuerst von Königen regiert wurde. Die innere Struktur dieser kleinen Stadt dürfte so ausgesehen haben, dass – ebenfalls analog zu allen anderen Städten – der König durch ein Gremium beraten wurde, das aus den Häuptern der adeligen Familien, gentes, bestand, wobei es sich faktisch um eine Art Großbauern gehandelt haben dürfte. Diese Ältesten kamen im Senat zusammen, welche Institution mit senex = der Alte dieselbe sprachliche Wurzel hat. Der patriarchalische Charakter der Gesellschaftsstruktur zeigt sich auch an der Bezeichnung dieser führenden Grundbesitzer, die mit einer Ableitung des Wortes für Vater, pater, patricii genannt wurden. Freie Bauern unterhalb dieser führenden Schicht dürfte es auch gegeben haben, die möglicherweise damals schon mit dem Sammelbegriff plebs bezeichnet wurden, welches Wort etymologisch etwas mit plenus = voll zu tun hat und die – relative – Größe dieser Schicht andeutet. Darüber hinaus gab es eine Gruppe von clientes, möglicherweise von cluere = gehorchen, die in Abhängigkeit von den patricii standen und deren Verhältnis zur plebs ungeklärt ist. Das ganze Volk kam für die allerwichtigsten Entscheidungen – Krieg und Frieden, familienrechtliche Dinge – in der Volksversammlung zusammen, den comitia (Plural!), von con-ire = zusammenkommen. Dabei war das Volk nach gentilizischen Verbänden oberhalb der gentes gegliedert, nach curiae, weshalb die Komitien comitia curiata hießen.

2.4.1.2 Republik

Der Sturz des Königtums ist von der Sage besonders liebevoll ausgemalt worden – eine Lucretia[6] wurde danach vom Sohn des letzten Königs vergewaltigt, woraufhin sie ihren Mann L. Tarquinius Collatinus sowie den P. Valerius Poplicola und den M. Iunius Brutus zur Rache aufforderte und dann Selbstmord beging; diese drei stürzten dann 510 oder 509 das Königtum, die beiden letzteren wurden die ersten Konsuln der so begründeten Republik. Sowohl das dem Ende der Tyrannis in Athen nachgebildete Datum als auch die sonstigen Einzelheiten sind spätere Erfindung; in der historischen

---

6 Livius 1, 57–60.

Wirklichkeit dürfte das Königtum wegen des auch sonst überall zu konstatierenden Erstarkens der Adelsgeschlechter abgeschafft worden sein, wozu als weiterer Grund noch kommt, dass es sich bei dem letzten römischen König um einen Etrusker handelte, so dass als weiteres Motiv noch die Abschüttelung einer Fremdherrschaft hinzukommt. Ohnehin war die etruskische Macht um diese Zeit überall in Mittelitalien im Schwinden begriffen; zu datieren wäre die Abschaffung des Königtums etwa in das erste Viertel des 5. Jahrhunderts.[7]

Die Folgezeit der nächsten beiden Jahrhunderte ist geprägt von drei Entwicklungssträngen, die fast unentwirrbar ineinander greifen. Zum einen kam es zum Konflikt zwischen Patriziern und Plebejern, welch letztere schließlich in den Staat integriert wurden; zum zweiten bildete sich die römische republikanische Verfassung heraus; zum dritten errichtete Rom in kaum jemals unterbrochenen Kriegen seine Herrschaft über Italien. Abgesehen vom Hypothetischen vieler Faktoren und Entwicklungen würde eine chronologische Erzählung, die jeweils alle drei Komplexe miteinander verbinden wollte, äußerst unübersichtlich sein. Es empfiehlt sich daher, sie nacheinander zu besprechen, und die Frage ist nur, womit angefangen werden soll. Hier wird deshalb mit der römischen Expansion begonnen, weil die militärisch-außenpolitische Komponente die innere Entwicklung so bestimmt hat, dass diese ohne jene nicht zu verstehen wäre. Zudem hat der Bericht über die Stadien der römischen Ausdehnung über Italien den Vorteil, dass er chronologisch einigermaßen gesicherte Ereignisse schildern kann und somit der Übersichtlichkeit dient.

2.4.1.2.1 Expansion
Die Grundfaktoren, die Roms äußere Entwicklung bestimmten, waren die Nähe zu den italischen Stämmen, die aus den Bergen in die Ebene drängten, sowie die unmittelbare Nähe zu Etrurien, dessen Kerngebiet wenige Kilometer hinter dem römischen Stadtgebiet begann.[8] Während Rom den ersten Faktor mit allen anderen Städten der Ebene teilte, hatte es wegen des zweiten, noch dazukommenden Faktors eine Sonderstellung, die es dazu bestimmte, frühzeitig unterzugehen oder besondere Zähigkeit zu entwickeln. Dieser doppelten Bedrohung stellte sich Rom, ebenso wie die latinischen Städte, mit denen es im lockeren sakralen Latinerbund vereinigt war, das ganze 5. Jahrhundert hindurch, vor allem in unendlichen Kämpfen gegen die oskischen Bergstämme der Äquer und Volsker. Der Kampf mit Etrurien bedeutete vor allem Krieg mit den Nachbarstädten Veji und Caere; erst zu Beginn des 4. Jahrhunderts wurde Veji erobert, dem Erdboden gleichgemacht und sein Territorium zum römischen Staatsland geschlagen. Falls jetzt Ruhe hätte eintreten sollen, so wurde sie empfindlich gestört durch den Einfall einer sich bis Rom vorkämpfenden Truppe beutesuchender Kelten,[9] die 387 Rom einnahmen, plünderten, aber wieder abzogen.[10] Dieser Kelteneinfall blieb ein Trauma für Rom, aus dem heraus vieles seiner späteren Politik zu erklären ist. Bei

---

7 R. Werner, Beginn.
8 E. T. Salmon, Roman Italy; E. Pack, Italia.
9 Polybios 1, 6; 2, 17 f.; Diodor 14, 113–117.
10 Vae victis, Wehe den Besiegten, sagte der Keltenfürst Brennus, als sich die Römer bei ihm über eine Nichteinhaltung von Kapitulationsbedingungen beschwerten: Livius 5, 48, 9.

der Plünderung sind auch alle etwa vorhandenen historischen Aufzeichnungen zerstört worden, die Roms bisherige Geschichte betrafen, eine Ursache für unseren schwerwiegenden Quellenmangel.

Freilich führten die bestandenen Gefahren nicht nur zu einem engeren Zusammengehörigkeitsgefühl zwischen Römern und den anderen Latinern, es ergab sich auch das Gefühl, für die Zukunft enger zusammenstehen zu sollen. Daher wurde um 370 das foedus Cassianum geschlossen, ein (durch den römischen Magistrat Sp. Cassius abgeschlossenes) Vertragswerk, durch das die Kriegführung und Außenpolitik koordiniert sowie die gegenseitige Anerkennung im Familien- und Handelsrecht vereinbart wurde;[11] jetzt wurde Caere dem römischen Staatsverband angeschlossen. Anscheinend hatte Rom inzwischen ein solches Gewicht bekommen, dass sich die latinischen Städte allmählich in ihrer Handlungsfähigkeit beschnitten fühlten, so dass sie vergeblich versuchten, eine Beteiligung am römischen Staatsleben zu erhalten und sich 340 in einem Aufstand von Rom lossagen wollten. Mit großer Kraftanstrengung blieb Rom in diesem 338 beendeten Latinerkrieg Sieger und inkorporierte Latium, indem es die einzelnen Städte jeweils unterschiedlich behandelte. Anlässlich dieses Sieges erbeutete Rom die Schiffsschnäbel der Flotte von Antium und stellte sie auf dem Forum Romanum dort auf, wo die Reden gehalten wurden; seitdem trägt diese Stelle den Namen dieser Schiffsschnäbel, rostra (Plural)[12].

Zunächst herrschte, ungewöhnlich in der römischen Geschichte, für einige Zeit Ruhe, bis sich die Tatsache auswirkte, dass das römische Staatsgebiet nun an Kampanien grenzte. Diese Landschaft, mit den wichtigen Städten Cumae (griechisch Kyme), Neapel (Neapolis, Neustadt) und, im Inneren, Capua, war schon seit langem dem zwar vereinzelten, aber unaufhaltsamen Eindringen oskisch-samnitischer Bevölkerungsgruppen ausgesetzt, so dass sich, mit Ausnahme griechisch gebliebener Küstenstädte, eine eigene kampanische Bevölkerung herausgebildet hatte, und diese Bevölkerung hatte sich inzwischen so sehr ihrer teilweise samnitischen Herkunft entfremdet, dass sie das weitere samnitische Vordringen als Bedrohung empfand und Rom zu Hilfe rief. Ob nun Rom ohnehin schon mit Capua oder Cumae verbündet war oder Neapel Capua angriff oder sonst Rom herbeirief, das Ergebnis jedenfalls war dieses, dass Rom über zwei Jahrzehnte lang einen erbitterten Krieg mit den Samniten führte, den Zweiten Samnitenkrieg 326–304; ein angeblicher Erster ist unhistorisch. 321 mussten die Römer bei Caudium kapitulieren, mussten in demütigender Weise unter einem Joch durchmarschieren („caudinisches Joch") und Frieden schließen,[13] nahmen 316 den Krieg aber wieder auf.

Durch drei in die Zukunft weisende Maßnahmen wurde dieser Krieg gewonnen. Er war, im Gebirge und gegen keine kompakten Heere geführt, eine Art Guerilla, und hiergegen war die römische Kampfesweise zunächst machtlos. Sie bestand ja ganz in der traditionellen Art der Phalanx, nämlich mit einer fest gefügten Schlachtreihe, bei der die Soldaten außer mit dem Schwert mit einer langen Lanze (hasta) kämpften, und auf diese Weise waren sie dem Gegner unterlegen, der in kleinen Einheiten und

---

11 Dionysios von Halikarnaß, Antiquitates Romanae 6, 95, mit falscher Chronologie.
12 Eine Nachbildung solcher Schiffsschnäbel steht in St. Petersburg an der Newa.
13 Cicero, De officiis 3, 109; Livius 9, 4, 3; 5, 11–6, 1 f.

kleinen Wurfspießen (pilum) weitaus beweglicher war. Hieraus lernten die Römer und rüsteten, insbesondere nach der Schmach des caudinischen Joches, auf kleine Einheiten (Manipel) um, die, wie der Gegner, das pilum und das Schwert führten. Die zweite Maßnahme war militärisch-politischer Art. Die Römer legten nämlich am Rande des samnitischen Gebietes Festungen an – Fregellae, Suessa, Saticula, Luceria –, die bald zu Wehrsiedlungen wurden, coloniae,[14] durch die die Samniten regelrecht eingekreist wurden. Dieses Mittel der Kolonien wurde auch weiterhin angewandt und erwies sich bald nicht nur als militärische Maßnahme, die es ursprünglich war, sondern als politisches Herrschaftsmittel überhaupt, mit dem die Herrschaft über Italien gesichert wurde.[15] Die dritte Maßnahme war der Straßenbau.[16] Ebenfalls aus militärischen Gründen wurde 312 durch den Censor Appius Claudius Caecus eine Straße von Rom nach Kampanien angelegt, die erste – und später sukzessive bis Brundisium verlängerte – der römischen Heerstraßen – ein Straßennetz, das bis tief in die Kaiserzeit hinein ausgebaut wurde.

Noch während Rom kleinere Nachfolgekämpfe zu bestehen hatte, wandten sich 298 die weit entfernten Lukaner, die wieder von den Samniten bedrängt wurden, um Hilfe an Rom. Aber nachdem Rom eingegriffen hatte, wechselten nicht nur die Lukaner zu den Samniten über, es kämpften auch im Norden Samniten, Etrusker und Kelten gegen Rom. Hier siegten die Römer 295 höchst verlustreich bei Sentinum, und nachdem sie 291 im Süden die große Kolonie Venusia angelegt hatten, mussten die Samniten Frieden schließen. Freilich gingen andernorts die Kämpfe weiter: Kelten fielen ein, denen sich Etrusker anschlossen, 283 siegte Rom am Vadimonischen See über beide, aber erst 280 war wirklich Friede. Etrurien war endgültig besiegt und durch einzelne Verträge an Rom angeschlossen, die Kelten aus dem ager Gallicus (die heutige italienische Provinz der Marken) vertrieben. Rom war die führende Macht Italiens, Verträge banden die nichtrömischen Staaten und Städte, die zur Heeresfolge und zum Verzicht auf Außenpolitik verpflichtet waren; man nennt dieses System die italische Wehrgenossenschaft.[17] Roms inzwischen riesenhaft angewachsenes eigenes staatliches Territorium lag wie ein Riegel quer über Italien, und über das Ganze wachten Kolonien.

Es gab ein letztes Aufbäumen, diesmal von außen angestoßen. Der epirotische König Pyrrhos[18] kam auf der Suche nach einem im Westen zu begründenden hellenistischen Königreich der Stadt Tarent gegen Rom zu Hilfe. Rom hatte mit Thurioi, das seinerzeit von Perikles angelegt worden war, einen Bündnisvertrag geschlossen gehabt und war in diesem Zusammenhang in Reibereien mit Tarent geraten. Pyrrhos kam – mit dem Restbestand der früher von Candragupta dem Seleukos I. gelieferten Kriegselefanten – 280 und siegte zweimal, 280 bei Herakleia am Siris und 279 bei Ausculum; es waren allerdings „Pyrrhussiege", nämlich für den Sieger verlustreicher, als er es verkraften mochte. Politisch tat sich zudem wenig, die Abfallbewegung von Rom, mit der

---

14 H. Galsterer, Herrschaft und Verwaltung, 41–64.
15 Cicero nannte sie daher propugnacula imperii: Über das Ackergesetz 2, 73.
16 G. Radke, Erschließung.
17 T. Hantos, Bundesgenossensystem.
18 P. R. Franke, Pyrrhus.

Abb. 7: *Mittelitalien um 300 v.Chr.*

der König gerechnet hatte, trat nur in beschränktem Maße ein. So erschien es ihm lohnender, auf Sizilien den Griechenstädten gegen die Karthager zu helfen, aber als die Griechen sich alsbald von ihm wegen seines herrischen Gebarens nicht mehr helfen lassen wollten, ließ er sich wieder nach Italien rufen, siegte ein letztes Mal 275 bei Maleventum und kehrte dann wegen politischer Erfolglosigkeit nach Griechenland zurück, wo er 272 in einem Straßenkampf umkam. Stück für Stück besiegten nun die Römer diejenigen, denen von Pyrrhos so erfolglos geholfen worden war und sicherten das Gewonnene durch Kolonien: Beneventum (so hatten die Römer Maleventum sinnigerweise umbenannt) 268, Ariminum 268, Brundisium 267/66, Aesernia 263; die Via Appia endete ab 264 in Brundisium. Zu diesen Aufräum- und Konsolidierungsarbeiten gehörte auch, dass die Römer 270 eine Söldner- und Räubertruppe, die für Pyrrhos gekämpft und sich dann in Rhegion eingenistet hatte, festnahmen und samt und sonders hinrichteten. Deshalb war es eine besondere Frechheit, dass sich wenig später ebensolche Söldner, die das sizilische Messina erobert hatten und durch den syrakusanischen König Hieron II. bedrängt wurden, um Hilfe an Rom wandten. Was daraus wurde, wird später berichtet werden.

2.4.1.2.2 Entstehung der Verfassung

Zwischen der kleinen Landstadt, die Rom nach dem Sturz des Königtums im ersten Viertel des 5. Jahrhunderts war und der Herrin Italiens vom ersten Drittel des 3. Jahrhunderts bestanden kaum noch Gemeinsamkeiten, so viel hatte sich im Inneren geändert. Nicht nur, dass die Bürgerzahl sich vervielfacht hatte, auch waren Gesellschaft und Verfassung[19] tiefgreifend umgeformt worden. Um diese Veränderungen zu verstehen, ist es notwendig, zuerst die in unendlichen, zum Teil bis an die Substanz gehenden Kriegen sich vollziehende Entwicklung zu skizzieren, denn sie ist es gewesen, die in letzter Instanz für die Veränderungen ursächlich war. Diese Veränderungen betrafen Staat und Gesellschaft, ohne dass beide strikt voneinander zu trennen wären; sie werden daher im Folgenden gemeinsam betrachtet, immer in der Wechselwirkung mit dem militärisch-außenpolitischen Geschehen. Dabei muss gleich zu Beginn gesagt werden, dass – ohnehin abgesehen vom Strittigen vieler Tatbestände – in den wenigsten Fällen eine präzise Chronologie angegeben werden kann.

Zunächst gab es schon im 5. Jahrhundert einen Vorgang, der jedenfalls strukturell der griechischen Entwicklung entsprach, wenn er nicht überhaupt nach griechischem Vorbild stattfand. Das geltende Recht wurde inschriftlich auf zusammen schließlich zwölf Tafeln publiziert,[20] es wurde also eine Rechtssicherheit geschaffen, die es vorher anscheinend nicht (mehr) gegeben hatte. Dieses Zwölftafelgesetz blieb allerdings die einzige Rechtskodifikation der römischen Republik; die weitere Rechtssetzung fand auf dem Weg der Einzelgesetzgebung durch das Volk, vor allem aber durch das Amtsrecht der Prätoren statt. Ebenfalls im 5. Jahrhundert dürfte dann eine Entwicklung stattgefunden haben, die einerseits die römische Gesellschaft tief spaltete, sie andererseits aber auch in typisch römischer Weise, nämlich mit Sinn für Praktisches und für Augenmaß, kurierte. Anscheinend hatte es von Seiten der Patrizier, die nach dem Sturz des Königtums die alleinigen Repräsentanten der staatlichen Macht waren, so viele Übergriffe gegenüber der Plebs, dem anderen Teil der Bevölkerung, gegeben, dass diese zu Gegenmaßnahmen schritt.

Zum einen gab sie sich einen organisatorischen Rahmen, indem sie in geordneter Weise zu Versammlungen zusammenkam und Beschlüsse fasste, wozu gehörte, dass sie Beauftragte für ihre Interessenvertretung bestimmte. Zu diesem Zweck zog sie auf den heiligen Berg Aventin – secessio[21] plebis in montem sacrum –, zum Heiligtum, aedes, der Ceres, wo sie ihre Versammlungen abhielt, die concilia plebis. Die Willensäußerungen dieser Versammlungen, die natürlich keinen staatlich bindenden Charakter hatten, hießen plebis scita, Plebiszite. Die Teilnehmer der Versammlungen waren nach Wohnbezirken, tribus, geordnet, und bestimmten zwei Arten von Interessenvertretern. Die einen waren allgemeine Vorsteher des Volkes und erhielten ihre Bezeichnung vom Ort der Zusammenkunft, aediles, Ädilen. Die anderen, nach den tribus als tribuni plebis, Tribunen des Volkes, Volkstribunen[22] bezeichnet, hatten einen spezifischen Aufgabenbereich, sie sollten physische Übergriffe der patrizischen Magistrate verhindern. Das geschah zunächst rein äußerlich, und zwar dadurch, dass sie körperlich einschritten, – die Verhältnisse waren ja sehr klein – interzedierten, von in-

---

19 J. Bleicken Verfassung; A. W. Lintott, Constitution.
20 D. Flach/S. von der Lahr, Gesetze, 109–207.
21 Daher die Verwendung des Begriffs Sezession in der Neuzeit, von der Abspaltung künstlerischer Richtungen bis zu Sezessionskriegen.
22 W. Kunkel/R. Wittmann, Magistratur, 554–664.

tercedere, dazwischentreten; später erweiterte sich diese Interzession um die Befugnis, überhaupt Amtshandlungen durch Einspruch unwirksam zu machen. Um die Volkstribunen ihrerseits zu schützen, wurde ihnen durch einen religiösen Akt sakrale Unverletzlichkeit, sacrosanctitas, zuerkannt, die jeden vogelfrei, sacer, machte, der sie verletzte.

Die andere Maßnahme, die die Plebs einsetzte, war die, dass sie nicht nur zu Versammlungszwecken auszog, sondern sich überhaupt dem staatlichen Leben verweigerte, insbesondere seinem wichtigsten Teil, dem Heeresdienst. Inzwischen war nämlich auch in Rom diejenige Entwicklung eingetreten, die die politisch-sozialen Umwälzungen der archaischen Zeit in Griechenland begleitet hatte, nämlich die immer stärkere Heranziehung nichtadliger Fußsoldaten zum Kriegsdienst, die freilich so vermögend sein mussten, dass sie sich ihre Bewaffnung selber zulegen konnten. Die Verweigerung des Kriegsdienstes fand natürlich darin ihre Grenze, dass es im Eigeninteresse auch der Plebejer lag, in den ständigen Kriegen nicht von äußeren Feinden besiegt zu werden. Trotzdem übte sie hinreichend starken Druck aus, um die staatliche Ordnung entscheidend zu verändern. Oder sagen wir so: Die politischen Veränderungen der Folgezeit, das heißt die immer stärkere Beteiligung der Plebs am staatlichen Leben, finden ihren letzten Grund darin, dass aus der unverzichtbaren Leistung der freien Bauern im Krieg auch eine größere Beteiligung am Staatsleben erwuchs.

Das zeigt sich zunächst an der Bestellung und an der gesellschaftlichen Herkunft des obersten Magistrats.[23] Nach dem Sturz des Königtums, der das Werk des patrizischen Adels war, trat, wie überall in ähnlichen Situationen der antiken Welt, das Kollektiv des Adels selber an seine Stelle, das natürlich nicht als solches, sondern nur vermittels spezifischer Ämter handeln konnte, deren Besetzung innerhalb des Adels reihum ging; dafür gab es viele Vorbilder im Umkreis Roms. Das Amt, das an die Stelle des Königs trat, war der jährlich wechselnde praetor maximus (Prätor), nach seiner wortgeschichtlichen Herkunft von prae-itor – derjenige, der vorangeht – als ein Amt gekennzeichnet, das vor allem militärische Kommandogewalt hatte, mit dem Fachausdruck imperium. Jetzt kam es darauf an, wer berechtigt war, nicht nur über Krieg und Frieden zu entscheiden, sondern auch den Prätor zu bestellen, und hierin scheint das Einfallstor für die Mitbestimmung gelegen zu haben. Ähnlich wie früher in Griechenland war es eine Art natürlicher Vorgang, dass diejenigen, die die Last eines Krieges trugen, daraus auch das Recht ableiteten, darüber zu bestimmen, ob und wie er beginnen und wie er zu beendigen sei, also die Entscheidung über Krieg und Frieden zu haben, sowie darüber, wer zu kommandieren habe. Die entwickelte römische Verfassung bestätigt diese Vermutung und gibt gleichzeitig eine konkrete Anschauung davon, wie sich der Vorgang abgespielt haben dürfte, nämlich folgendermaßen.

Die Volksversammlung, die über Krieg und Frieden entschied und die die Magistrate mit imperium wählte, hieß comitia centuriata, Zenturiatkomitien, und trat auf dem Marsfeld westlich des Kapitols zusammen, also in dem Teil der Stadt, wo man Waffen tragen durfte; centuriae, also Hundertschaften, stellten die frühe Gliederung des Heeres dar. Demgemäß hat man sich den Sachverhalt so vorzustellen, dass in früher Zeit das nach Hundertschaften gegliederte und angetretene Heer das Recht für

---

[23] Ebenda, 294–390.

sich in Anspruch nahm und dann auch erhielt, über Krieg und Frieden zu bestimmen und den obersten Magistraten, der ja auch der Oberbefehlshaber war, zu wählen. All das dürfte schon im 5. Jahrhundert eingetreten sein, also in der Zeit, in der Rom in nicht enden wollenden Abwehrkämpfen gegen die Bergstämme der Apenninen und gegen die südetrurischen Städte stand und in der Patrizier und Plebejer zusammen derselben Gefahr ausgesetzt waren. So hatten einerseits die Plebejer ein wirksames Druckmittel, waren andererseits auch darauf angewiesen, den Bogen nicht zu überspannen.

Damit war noch keine vollständige Gleichberechtigung erreicht, denn die obersten Magistrate kamen noch aus der Schicht der Patrizier. Wenngleich wir schon für das 5. Jahrhundert von Militärtribunen hören, die plebejische Namen tragen, wurde doch erst später erreicht, dass auch Plebejer an die Spitze des Staates aufsteigen konnten. Möglicherweise hat die Eroberung Roms durch die Gallier 387 wesentlichen Anteil daran gehabt, denn dieses schwerste Debakel der römischen Politik fand ja unter patrizischer Verantwortung statt. Trotzdem berichtet die Überlieferung erst für das Jahr 367 – also um die Zeit, in der sich Roms Stellung wieder konsolidiert hatte und das foedus Cassianum abgeschlossen wurde –, dass den Plebejern der Durchbruch zum höchsten Amt gelang. Es heißt, die beiden Volkstribunen C. Licinius Stolo und L. Sextius Lateranus hätten ein Gesetzgebungswerk durchgebracht (leges Liciniae Sextiae), nach dem unter anderem von den beiden Konsuln einer ein Plebejer zu sein hatte. Zwar konnten Volkstribunen keine Gesetze einbringen, und bisher gab es keine zwei Oberbeamten mit dem Titel Konsul, so dass die Überlieferung nicht wörtlich zutreffen kann, aber der Sache nach dürfte sich der Vorgang in folgender Weise abgespielt haben:

Auf Initiative von zwei Volkstribunen entschloss sich der patrizische Staat, auch Plebejer an die Spitze gelangen zu lassen, freilich mit Einschränkungen: Es mussten jetzt immer zwei Oberbeamte amtieren, ein Patrizier, ein Plebejer, und beide mussten miteinander übereinstimmen, also jeder konnte gegen die Amtshandlung des anderen vorgehen, nach dem Vorbild der Volkstribunen interzedieren genannt. Übereinstimmen wurde bildlich consalire genannt, zusammen springen,[24] und daher erhielt das neue Doppelamt den Namen consul, Konsul. Später, als der patrizisch-plebejische Gegensatz irrelevant geworden war, entfiel die Verpflichtung der paritätischen Besetzung. Der Prätor wurde nicht abgeschafft, sondern bekam Aufgaben der Rechtsprechung als alleinige Kompetenz zugewiesen, die er möglicherweise zum Teil schon ausgeübt hatte; freilich behielt er weiterhin sein, jetzt den Konsuln untergeordnetes, imperium.

Neben den herkömmlichen Kuriatkomitien war also mit den Zenturiatkomitien eine zweite Art der Volksversammlung entstanden, und den Abschluss dieser Ständekämpfe, also der Auseinandersetzung zwischen Patriziern und Plebejern, bildete die Herausbildung einer dritten Art, deren Herkunft allerdings nicht so einleuchtend rekonstruiert werden kann wie die der comitia centuriata. Wir hatten gesehen, dass die Versammlung der plebs, die concilia plebis, nach Wohnbezirken, nach tribus organisiert war, was bedeutete, dass bei jeder Abstimmung zunächst in jeder tribus gestimmt wurde und dann die Stimme der einzelnen tribus zusammengezählt wurden; da im

---

[24] Die Etymologie ist freilich nicht eindeutig.

Lauf der Zeit 35 Tribus entstanden waren, waren für einen Antrag mindestens 18 Stimmen erforderlich. Dieses Organisations- und Abstimmungsprinzip war demokratischer als das nach Zenturien. Diese, schließlich 193 an der Zahl und längst keine militärischen Einheiten mehr, waren nämlich nach Vermögen gestaffelt, wobei die oberen Zenturien weitaus weniger als hundert – reichere – Angehörige, die unteren weitaus mehr – ärmere – aufwiesen. Auch hier wurde zunächst in den einzelnen Stimmkörpern abgestimmt, und da die Gesamtauszählung von oben nach unten geschah und bei Erreichen der Mehrheit die Auszählung praktischerweise abgebrochen wurde, hatten die oberen Zenturien mit ihren wenigen, aber wohlhabenderen Mitgliedern eine weit größere Entscheidungsmacht als die unteren. Obwohl es nun auch dichter und weniger dicht besiedelte Tribus gab, war die Einteilung nach Wohnorten daher doch neutraler als die nach Vermögen.

Wann und warum genau nun eine solche nach Tribus strukturierte Volksversammlung, die comitia tributa, Tribuskomitien[25], eingerichtet wurde, die die Magistrate unterhalb Konsuln und Prätoren zu wählen sowie diejenigen Gesetze (leges) zu geben hatte, die nicht von den Zenturiatkomitien erlassen wurden, ist unklar. Deutlich ist von ihnen erst in dem Moment die Rede, in dem sie ihre Funktion teilweise wieder abgeben mussten, und zwar an die concilia plebis, an die Plebsversammlung. Der Unterschied in der Zusammensetzung beider war nämlich fast inexistent, weil er nur darin bestand, dass zu den Tribuscomitien auch Patrizier gehörten, eine winzige Schicht, die zahlenmäßig nicht ins Gewicht fiel. Daher bestimmte eine Lex Hortensia, dass Beschlüsse der Plebsversammlung, plebiscita, Gesetzen, leges, gleichgestellt sein sollten; dieses Gesetz stammt von 287, also kurz nach Beendigung des Dritten Samnitenkrieges. Mitten im Zweiten, nämlich 300, war schließlich ein Gesetz erlassen worden, das die Strafjustiz der Oberbeamten zugunsten derjenigen der völlig plebejisch dominierten Volksversammlung erheblich einschränkte: Diese lex Valeria de provocatione bestimmte, dass jeder römische Bürger im Falle einer Verurteilung zum Tode an die Volksversammlung Berufung, provocatio, einlegen könne.

Für sich betrachtet wäre das Ergebnis von einer Demokratie kaum noch zu unterscheiden, war jedoch weit entfernt davon.[26] Zwar ist es richtig, dass ein Gesetzesbeschluss oder ein Wahlakt einer Volksversammlung absolut bindende Wirkung hatte, jedoch müssen zwei entscheidende Einschränkungen berücksichtigt werden. Erstens gab es keine einheitliche römische Volksversammlung, sondern drei, oder, wenn man die Plebsversammlung noch hinzurechnet, sogar vier Volksversammlungen, die sich durch unterschiedliche Zusammensetzung und unterschiedliche Kompetenzen voneinander unterschieden. Durch das Prinzip, dass nach verschieden zusammengesetzten Stimmkörperschaften abgestimmt wurde, hatten die Stimmen der einzelnen Mitglieder ein völlig unterschiedliches Gewicht, selbst bei den noch am ehesten egalitär strukturierten Tribus, denn auch sie unterschieden sich erheblich in der jeweiligen Anzahl ihrer Angehörigen. Zudem gab es keinerlei Quoren, und das, was da jeweils als

---

25 Die übliche deutsche Wiedergabe des Begriffs lautet in Übernahme der lateinischen Adjektivbildung comitia tributa „Tributkomitien"; da das aber die irreführende Konnotation von irgendeinem „Tribut" hat, von dem hier nicht die Rede ist, bevorzuge ich das Wort „Tribuskomitien".
26 Zur diesbezüglichen Streitfrage siehe den Forschungsteil S. 302.

römisches Volk zusammenkam, verlor im Lauf der Zeit immer mehr an Repräsentativität für das Gesamtvolk, zumal da die Anzahl der römischen Bürger[27] immer mehr anstieg. Zweitens fehlte sämtlichen Volksversammlungsarten die sozusagen innere Souveränität. In ihnen wurde nicht diskutiert, sondern nur abgestimmt, und die Anträge beziehungsweise Wahlvorschläge kamen nicht aus der Volksversammlung selber, sondern die Initiative hatten ausschließlich die amtierenden Magistrate, und diese Magistrate nun gehörten zu einer fest gefügten Schicht, die sich durch die Ständekämpfe und die auswärtigen Kriege als die führende Schicht in Rom auf Dauer etabliert hatte.

Ihr gehörten die Mitglieder des Senates und ihre Familien an, sie hieß deshalb ordo senatorius, Senatorenstand. Im Senat saßen die amtierenden und die ehemaligen Magistrate. Man kam also in der Regel[28] dadurch in ihn hinein, dass man zum Magistrat gewählt worden war, und da das jetzt auch Plebejern möglich war, setzte sich der Senatorenstand aus den patrizischen und aus denjenigen plebejischen Familien zusammen, die durch Vermögen und Tüchtigkeit im zivilen und militärischen Bereich den Aufstieg in ein staatliches Amt geschafft hatten, wozu noch das Volkstribunat kam, das, obwohl revolutionär entstanden, auf diese Weise in den Staatsaufbau integriert wurde. Dieser Senatorenstand war im Prinzip nach unten offen, jedoch bedurfte es erheblicher Tüchtigkeit, um als Neuling von den bisherigen Senatoren akzeptiert und dann vorgeschlagen und gewählt zu werden, jedoch gab es das durchaus nicht selten. Diese Angehörigen des Senatorenstandes hatten durch ihr Initiativrecht die Volksversammlungen in der Hand, sie lenkten durch ihr Organ, den Senat, faktisch das gesamte Staatsleben, und sie bestimmten auch, wer – und wessen Familie – durch besondere Leistungen in ihren Kreis aufgenommen wurde.

2.4.1.2.3 Klientel

Der heutige westliche Betrachter, für den weitestgehende Mitbestimmung im staatlichen und gesellschaftlichen Leben eine Selbstverständlichkeit ist – aber vielleicht auch ein damaliger Grieche, für den die Demokratie zur normalen Staatsform geworden war –, fragt sich vielleicht, warum die römische Plebs, die ja doch seit dem 5. Jahrhundert mit erheblicher revolutionärer Energie für staatliche Gleichberechtigung gekämpft hatte, sich damit zufrieden gab und nicht etwa für die vollständige Souveränität der Volksversammlung gekämpft hat. So anachronistisch diese Frage ist – für die Römer selber stellte sie sich nämlich in keiner Phase ihrer Geschichte –, so hilfreich ist sie doch, um auf ein Strukturprinzip der römischen Gesellschaft zu kommen, das für ihr Funktionieren konstitutiv war und das dafür sorgte, dass außer der Abschaffung des Machtmonopols der Patrizier für Führungspositionen keine weitere Demokratisierung eintrat. Es ist die Institution der clientela, des Klientelsystems.[29] Für die römische Frühzeit hatten wir gesehen, dass die römischen Patrizier über Abhängige verfügten, Klienten, deren Verhältnis zu den Angehörigen der Plebs nicht deutlich ist. Klienten waren in dieser Frühzeit verpflichtet, vor allem durch Abgaben und durch Heeresfol-

---

27 P. A. Brunt, Manpower.
28 Zum censor siehe S. 202.
29 J. Bleicken, Verfassung, 24–42. 313 f.

ge ihrem patrizischen patronus, Patron, Gefolgschaft zu leisten, während der Patron seinerseits den Klienten schützte, ihm auch in wirtschaftlichen Notlagen half. Wie zentral und wie auf Gegenseitigkeit aufgebaut dieses Verhältnis war, folgt beispielsweise daraus, dass das Zwölftafelgesetz bestimmte, dass ein pflichtvergessener Patron vogelfrei, sacer, sein solle.[30]

Dieses sehr spezifische Verhältnis bekam im Lauf der Zeit dergestalt eine allgemeinere Bedeutung, dass es sich auf die gesamte römische Gesellschaft erstreckte. Ein früher bestehendes persönliches Abhängigkeitsverhältnis zwischen Patron und Klient, das vielleicht auch rechtlich fixiert war, entfiel, und übrig blieben persönliche gegenseitige Verpflichtungen. Der Patron, Angehöriger des Senatorenstandes, bot seinem Klienten wirtschaftlichen oder sonstigen Schutz, etwa vor Gericht, der Klient gab das, was er zu bieten hatte, nämlich politische Unterstützung bei Anträgen an die Volksversammlung oder Wahlen. Obwohl persönliche Bekanntschaft immer noch das Ideal war und oft auch vorlag, wurde sie mit der Zunahme der römischen Bürgerbevölkerung immer weniger möglich, so dass immer mehr Zwischenpersonen eingeschaltet wurden, die nach oben selber Klient waren. Auch Kollektive konnten in die Klientel eines Patrons kommen, etwa ganze Städte gegenüber ihrem Eroberer. Die Klientel war erblich. Man wusste, zu welcher Familie man im Klientelverhältnis stand, und umgekehrt wusste man, wessen Patron man war. Freilich gab es eine wesentliche Einschränkung. Der Patron hatte seine Stellung durch ständige Leistung immer neu zu verdienen. Versagte er, konnte der Klient sich in ein anderes Klientelverhältnis begeben. Das war nicht nur legitim, sondern von dieser Konkurrenz innerhalb der Aristokratie lebte die römische Gesellschaft sogar, wobei natürlich immer darauf geachtet wurde, dass die in die Klientel gefasste Anhängerschaft nie so riesig wurde, dass sie außer Verhältnis geriet.

Diese gegenseitigen sozialen Bindungen des Klientelwesens sorgten also zunächst einmal dafür, dass die römische politische und gesellschaftliche Ordnung stabil blieb. Freilich ist damit noch nicht die letzte Erklärung gegeben, denn dieses Klientelsystem selber und sein Funktionieren, seine eigene Stabilität müssen ja ihrerseits erklärt werden. Zum einen lag die Stabilität daran, dass die Aristokraten ihre Patronatspflichten alles in allem zufriedenstellend erfüllten. Das war ihnen unter anderem dadurch möglich, dass unter ihrer Führung die materielle Lage der römischen Bevölkerung gleich blieb oder sich sogar verbesserte. Der steigenden Bevölkerungszahl stand eine Zunahme des römischen Territoriums gegenüber, auf dem sie als Bauern angesiedelt werden konnten, zum Teil in den Kolonien, die, wie gezeigt, ursprünglich vor allem aus militärischen Gründen angelegt waren, gleichzeitig jedoch auch der Landversorgung dienten. Weiter ist zu berücksichtigen, dass die ständigen Kriege die römische Bevölkerung zwar ungeheuer beanspruchten, jedoch letzten Endes immer gewonnen wurden, was außer dem materiellen Gewinn, auch an Beute, das Bewusstsein prägte, von der Aristokratie gut und erfolgreich geführt zu werden.

Die Angehörigen der höheren Schichten einschließlich des Senatorenstandes kämpften nämlich selber als Offiziere mit, hatten sich also auch persönlich und mi-

---

[30] PATRONUS SI CLIENTI FRAUDEM FECERIT SACER ESTO, Tafel 8, 21.

litärisch in Gefahrensituationen zusammen mit den Bürgersoldaten zu bewähren und taten das auch.[31] Die psychologische Auswirkung gerade dieser Tatsache auf das Zusammengehörigkeitsgefühl der Bürgerschaft und auf das Vertrauen, das der Oberschicht entgegengebracht wurde, wird man kaum überschätzen können. Das Ergebnis ist also dieses, dass beides zusammen gesehen werden muss: Das bloße Klientelverhältnis hätte sich nicht als prägend und stabilisierend erweisen können, wenn es nicht materiell unterfüttert gewesen wäre, und umgekehrt hätten bloße materielle Gesichtspunkte nicht ausgereicht, wenn sie nicht durch die engen psychologischen Bindungen vermittelt worden wären, die durch persönliche Tüchtigkeit im Vertreten der Klienteninteressen und durch gemeinsam bestandene Gefahren in letzten Endes erfolgreich geführten Kriegen entstanden waren.

2.4.2 Hohe Republik

Es dürfte klar geworden sein, warum im Vorstehenden die äußere Expansion vor der inneren Entwicklung behandelt worden ist. Jene, vor allem die mit ihr verbundenen ständigen Kriege, bestimmte die Entwicklung sowohl der staatlichen Institutionen als auch der Gesellschaft, wobei in der Darstellung manches vorweggenommen werden musste, was sich erst später voll auswirkte. Auf die Ursachen der Expansion selber wird im Forschungsteil später eingegangen werden.

2.4.2.1 Erster und Zweiter Punischer Krieg

Vorhin wurde von den, sozusagen, Aufräumarbeiten Roms nach dem Ende der Samnitenkriege und des Pyrrhos-Krieges berichtet, von einem Zeitpunkt also, in dem Rom der Sinn nach allem anderen als nach weiteren Kriegen gestanden haben dürfte. Auch war schon erwähnt worden, dass die Römer eine Söldnerbande hingerichtet hatte, die in der Stadt Rhegion ein Terrorregiment führte – und in dieser Situation hatte eine ähnliche Truppe in Messina – die sich Mamertiner, Marssöhne, nannte –, die Stirn, Rom gegen Syrakus um Hilfe zu bitten, das geschah 264. Nichts sprach dafür, dass Rom in seinem erschöpften Zustand dieser Bitte entsprechen würde, und doch tat es das.[32] Der Senat, der die Lage am besten überschaute, war skeptisch, aber die Konsuln bewogen die Zenturiatkomitien zuzustimmen, wohl in der Annahme, dass es sich um einen schnell erledigten Beutezug handeln werde. In einem hatten sie auch recht, denn König Hieron von Syrakus, gegen den es ja ging, ließ von den Mamertinern ab und wurde ein für die Jahrzehnte, die seine Regierung noch dauern sollte, verlässlicher Bundesgenosse der Römer.

Es gab allerdings noch einen weiteren Faktor. Die Mamertiner hatten neben den Römern auch die Karthager um Hilfe gebeten, was ja wegen der jahrhundertelangen Feindschaft zwischen diesen und den Griechen naheliegend war. In welchem zeitlichen Verhältnis der Hilferuf an die Karthager zu dem an die Römer stand, wird aus den Quellen nicht deutlich. Beides hätte nicht im Widerspruch zueinander stehen müssen, denn zwischen Rom und Karthago bestanden, ebenfalls seit langem, gute Be-

---

31 J. Bleicken, Verfassung, 167–171.
32 Polybios 1, 11, 1 f.

ziehungen, die sich sogar in drei römisch-karthagischen Verträgen niedergeschlagen hatten,[33] und zudem hatte Karthago noch jüngst im Pyrrhos-Krieg auf römischer Seite gestanden. Aber nun standen sie sich plötzlich als Rivalen gegenüber, waren beide militärisch auf Sizilien engagiert, gerieten aneinander, und der so ausgebrochene Krieg endete erst 241 mit dem Sieg Roms; er wird als Erster Punischer Krieg gezählt.

Schon seine Länge von 23 Jahren zeigt, wie verbissen er von beiden Seiten geführt wurde. Aber auch der Verlauf selber macht das deutlich: 262 belagerten und eroberten die Römer (zusammen mit Hieron) Akragas; im selben Jahr bauten sie zusammen mit ihren griechischen Bundesgenossen in Italien (den socii navales) ihre erste Kriegsflotte, die freilich die gegnerischen Schiffe nicht nach griechischer Manier rammte, sondern bei denen sie sie mittels Enterhaken (corvi) enterten und so eroberten, also eine Art Landkrieg zur See führten; 259 eroberten sie Korsika; 256 setzten sie sogar unter dem Konsul M. Atilius Regulus nach Afrika über, erlitten aber eine schwere Niederlage, bei der der Konsul gefangen genommen und später getötet wurde, so dass sie 255 wieder abzogen; Rom erlitt solche Verluste, dass karthagische Schiffe die kampanische Küste verheeren konnten; in letzter Anstrengung wurde noch einmal eine neue Flotte gebaut, die 241 einen so entscheidenden Sieg erfocht, dass Karthago Frieden schloss.

Die Friedensbedingungen waren hart. Karthago musste eine riesige Kriegsentschädigung – 2200 + 1200 Talente[34] in 20 Jahren – zahlen, und es musste Sizilien räumen, ein Ergebnis, das die Griechen nie erreicht hatten. Freilich wurde die große Insel jetzt nicht ihrerseits in das römische Herrschaftsgebiet eingegliedert. Zwar waren im Laufe des Krieges vertragliche Beziehungen – teilweise durchaus mit Tributpflichten – zu einzelnen Griechenstädten entstanden, insbesondere zu Syrakus, das ein unabhängiger Bundesgenosse der Römer blieb; aber eine Herrschaft in dem Sinne, wie sie in Italien bestand, wurde nicht errichtet, gelegentlich erhobene Abgaben wurden von einem Quästor eingezogen. Den Römern war es anscheinend nur darauf angekommen, Karthago von der Insel zu entfernen, der Krieg war also nicht „um Sizilien" gegangen, was immer das heißen mag. Erst allmählich änderte sich das.

Zum einen entriss Rom nun doch in einem aggressiven Akt 237 Karthago Sardinien, wo es einen Söldneraufstand gegeben hatte. Zum anderen war Rom an anderen Stellen weiterhin militärisch engagiert. Es führte jahrelang in Illyrien, auf der anderen Seite der Adria, Krieg gegen räuberische einheimische Dynasten, die italische Kaufleute und auch Griechen belästigten, und es war durch Kelteneinfälle aus dem Norden äußerst beunruhigt, die bis Etrurien vorstießen und mehrere konsularische Heere beschäftigten; vielleicht waren diese Einfälle dadurch angestoßen worden, dass unter dem Volkstribunen C. Flaminius auf dem bevölkerungsleer gewordenen ager Gallicus Römer angesiedelt wurden. In dieser Situation entsandten die Römer 227 in den Norden Siziliens ein kleineres Truppenaufgebot unter einem Prätor (übrigens derselbe C. Flaminius), dessen Aufgabe es war, Sizilien zu sichern. Aufgabe oder Kompetenz hieß provincia, so dass also, abgekürzt ausgedrückt, die provincia dieses Prätors Sizilien war. Diese aus der konkreten Situation, 14 Jahre nach Beendigung des Krieges mit

---

33 Polybios 3, 22–25. B. SCARDIGLI, Trattati.
34 Ein Talent (gemeint ist immer Silber) sind etwa 27 Kilogramm.

Karthago, entstandene Regelung bewährte und verfestigte sich, Sizilien (mit Ausnahme des syrakusanischen Königreichs) wurde also Provinz – die erste.[35]

Karthago, von Sizilien sowie von Korsika und Sardinien verdrängt, verlagerte seine Aktivitäten nach Spanien. Der Feldherr Hamilkar Barkas (Barkas = Blitz[36]) wurde 237 dorthin entsandt und begann, über die bisher schon bestehenden phönikisch-karthagischen Besitzungen an der Küste hinaus, das Innere des Landes zu erobern, teils militärisch, teils durch Verträge mit den einheimischen Iberern. Schon er muss eine charismatische Persönlichkeit gewesen sein, die es verstand, die karthagischen Besitzungen auch durch persönliche Loyalitätsbeziehungen zu den einheimischen Häuptlingen oder Fürsten zu festigen. Nach seinem Tod spielte sein Schwiegersohn Hasdrubal, der sogar eine Ibererin heiratete, eine ähnliche Rolle; er gründete als Hauptort des neu gewonnenen Herrschaftsgebietes die Stadt Neu-Karthago, Carthago Nova (heute Cartagena). Insbesondere wegen der immer bedrohlicher werdenden Keltengefahr betrachteten die Römer diese neue Herrschaftsbildung im Westen nicht ohne Sorge, über die sie durch die mit ihnen befreundete Griechenstadt Massilia (griechisch Massalia, heute Marseille) gut informiert waren, die ja ebenfalls wachsam sein musste. Sie schickten 226, also ein Jahr nach der Stationierung des Prätors auf Sizilien, eine Gesandtschaft nach Spanien, um die Dinge in Augenschein zu nehmen und gegebenenfalls Vorsorge zu treffen. Das Ergebnis war ein Vertrag, mit dem sich Hasdrubal verpflichtete, den Hiberus (vielleicht der heutige Ebro[37]) nicht zu überschreiten. Es ist bemerkenswert, dass dieser Vertrag jedenfalls unmittelbar mit Hasdrubal und nicht mit Karthago abgeschlossen wurde, was zeigt, dass die Familie des Hamilkar Barkas, die Barkiden, eine verhältnismäßig selbständige, fast monarchische Stellung in Spanien errungen hatte; Hasdrubal prägte sogar nach hellenistischem Vorbild Münzen mit seinem Bild. Folgerichtig war es daher, dass nach seinem Tod 221 ein drittes Mitglied der Familie in der herrscherlichen Stellung nachfolgte, freilich immer noch letzten Endes als Feldherr Karthagos, der 25-jährige Sohn des Hamilkar Barkas, Hannibal[38].

Nach der vermeintlichen Sicherung der Westflanke seines Herrschaftsgebietes wandte sich Rom nun energisch der Abwehr der Kelten zu. 225 gab es die ersten Gesamtveranlagung der italischen Wehrgenossenschaft, der 700.000 Fußsoldaten und 70.000 Berittene erbrachte, und im selben Jahr wurde ein Keltenheer bei Telamon geschlagen, Mediolanum (Mailand) wurde 222 erobert. Danach gab es die üblichen Nachbereitungen, 218 wurden die Kolonien Placentia (Piacenza) und Cremona am Po angelegt, und Flaminius, inzwischen Censor, legte die via Flaminia bis nach Ariminum (Rimini) an. Aber inzwischen hatte sich in Spanien Beunruhigendes ereignet. Hannibal war weiter auf Arrondierungskurs und belagerte die Stadt Sagunt, südlich der Ebromündung nahe der Küste gelegen. Rom sah sich in einer Garantenstellung dieser Stadt gegenüber und forderte Hannibal auf, die Belagerung einzustellen. Das geschah nicht, sondern Hannibal nahm die Stadt nach acht Monaten ein, allerdings ohne dass

---

35 W. Dahlheim, Gewalt und Herrschaft, 28–73; A. E. Astin, Emergence.
36 Ein heutiger israelischer Politiker heißt Barak, was dasselbe bedeutet.
37 Zum Problem J. Bleicken, Geschichte, 160 f.
38 K. Christ, Hannibal.

die Römer zu Hilfe gekommen wären.[39] 218 zog Hannibal dann mit einem Heer über den Ebro nach Nordspanien, und nun blieb Rom nicht mehr passiv. Eine römische Gesandtschaft forderte in Karthago – auch wegen Sagunts – Hannibals Auslieferung, und als das abgelehnt wurde, erklärte Rom Karthago den Krieg. Hannibal änderte seine Marschroute und zog durch Südgallien und über die Alpen nach Italien.

Auch dieser so begonnene Zweite Punische Krieg hat natürlich eine Kriegsschuldfrage, schon im Altertum wurde darüber gestritten; wir lassen das an dieser Stelle auf sich beruhen[40] und wenden uns dem Verlauf zu. War schon der Alpenübergang im Winter eine Leistung, die die damalige Welt erstaunen ließ – noch Napoleon verglich seine Überquerung des Mont Cenis mit dem Hannibalzug –, so waren es erst recht Hannibals Siege, die er gleich beim Eintreffen in Italien errang: Noch im Winter die ersten Gefechte am Ticinus und an der Trebia, im Frühjahr dann gegen ein voll gerüstetes römisches Heer unter dem Kommando des Flaminius am Trasimenischen See in Etrurien. Die römische Niederlage war so verheerend, dass in Rom Q. Fabius Maximus als dictator[41] eingesetzt wurde. Dessen Taktik war die, zunächst jedenfalls eine offene Feldschlacht zu vermeiden, wodurch er den Beinamen cunctator, der Zauderer, erhielt. Diese Taktik war jedoch schwer umstritten, so dass im August nächsten Jahres, als es wieder reguläre Konsuln gab, das römische Heer bei Cannae in Apulien Hannibal entgegentrat. Das Ergebnis war eine der schlimmsten Niederlagen in der Geschichte Roms.[42] Hannibal machte von ihr nicht den Gebrauch, gleich auf Rom zu marschieren und den Krieg auf diese Weise zu entscheiden. Jahr für Jahr hielt er sich in Italien auf, Jahr für Jahr wichen ihm die Römer, nun wieder der Taktik des Cunctators folgend, aus. Hannibals Absicht war, die römischen Bundesgenossen zum Abfall zu bewegen, was ihm, mit einigen Ausnahmen, nicht gelang. 211 schien er Rom einnehmen zu wollen (erst daher, nicht schon nach Cannae, datiert der Schreckensruf „Hannibal ante portas!"[43]), verzichtete aber doch darauf.

Obwohl Hannibal in Italien stand, betrieb Rom doch eine umfassendere Strategie. Zu Ausbruch des Krieges herrschten noch weiträumige Pläne, indem konsularische Heere nach Sizilien und Spanien geschickt wurden. Das sizilische Heer wurde schnell zurückbeordert, in Spanien blieben die Römer aber präsent, unter dem Kommando der Brüder P. und Cn. Cornelius Scipio. Nach 215 griff Rom aber doch wieder in Sizilien ein, denn Syrakus ging nach dem Tod Hierons II. unvorsichtigerweise auf die karthagische Seite über; 212 wurde es belagert und erobert, wobei der Mathematiker Archimedes erschlagen wurde. Zu seinem Eroberer, M. Claudius Marcellus, trat Syrakus dann ins Klientelverhältnis; 208 unterlag er Hannibal in einer kleineren Schlacht in Italien. In Spanien hatten die Cornelii Scipiones wechselndes Kriegsglück; beide fielen 211, aber der gleichnamige Sohn des Publius erhielt im selben Jahr wieder den Ober-

---

39 Man wird an Englands und Frankreichs Garantieerklärung für Polen 1939 erinnert.
40 Siehe immerhin J. BLEICKEN, Geschichte, 161: „Wie man die Vorgeschichte des Krieges auch rekonstruiert, immer sind es die Römer, die vom Völkerrecht nur unvollkommen oder auch gar nicht gedeckt, aus einem nüchternen Machtkalkül heraus den Krieg beginnen."
41 Zum Amt des dictator siehe S. 202.
42 Cannae ist seitdem eine Metapher für eine vollkommen vernichtende Niederlage; D. GREGORY, Cannae.
43 Livius 25, 16, 2.

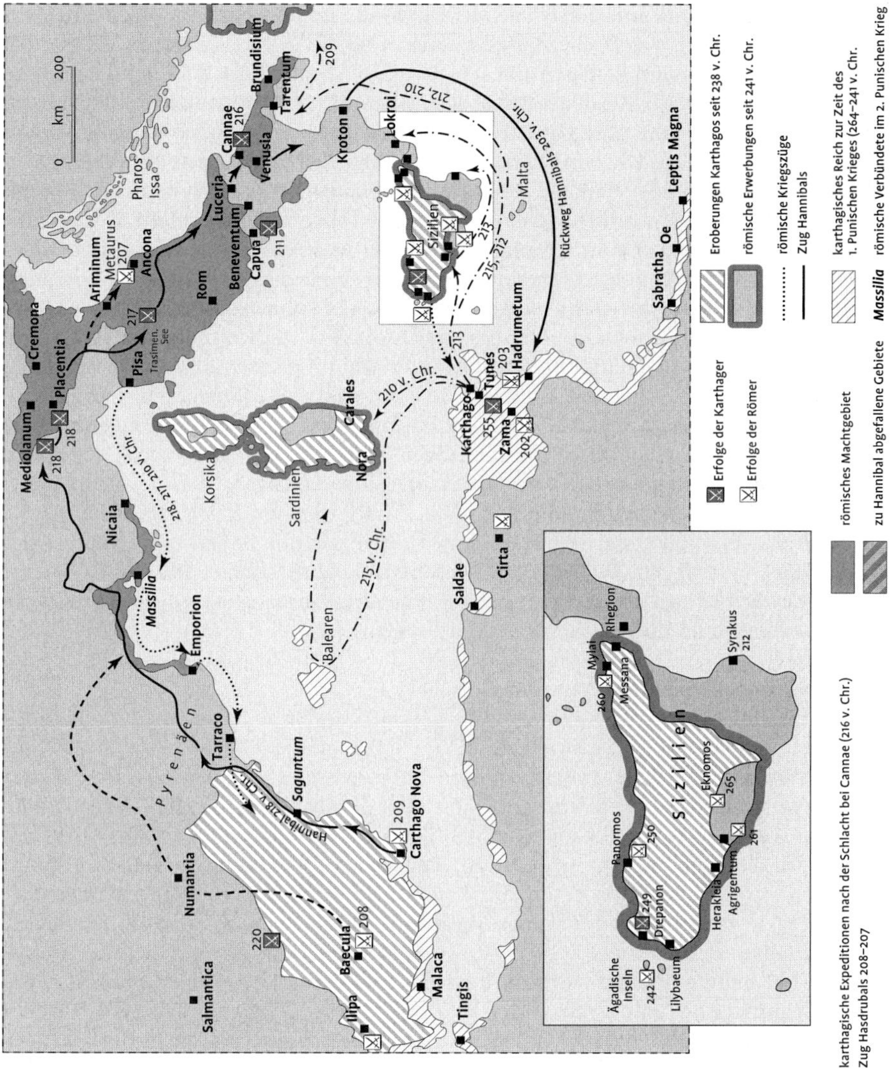

Rom 117

Abb. 8: *Der 2. Punische Krieg.*

befehl in Spanien, und mit derselben Mischung aus militärischer Fähigkeit und persönlichem Charisma, wie sie die Barkiden ausgezeichnet hatte, konnte er bis 206 die Karthager aus Spanien vertreiben und die Sympathie der Einheimischen gewinnen. Als dann 207 Hannibals Bruder Hasdrubal mit einem Verstärkungsheer in Italien erschien – auch er hatte die Alpen überstiegen –, aber am Fluss Metaurus in Umbrien von einem regulären konsularischen Heer geschlagen wurde, wandte sich das Blatt.

Das Bündnis mit dem damals 20-jährigen Philipp V. von Makedonien, 215 von Hannibal abgeschlossen, führte zwar zu einem vorübergehenden militärischen Eingreifen Roms in Griechenland (so genannter Erster Makedonischer Krieg), hatte aber weiter keine greifbaren Folgen, und endete 205 im Frieden von Phoinike, den Philipp mit Rom schloss. Im selben Jahr setzte sich Scipio, Konsul geworden, mit seiner Strategie gegen den alten Cunctator durch: Fabius Maximus wollte an der Defensivstrategie festhalten, Scipio wollte Hannbibal in Afrika treffen. Er setzte 204 von Sizilien nach Afrika über, siegte dort über das karthagische Heer, so dass Karthago sich genötigt sah, einen Waffenstillstand abzuschließen und Hannibal aus Italien zurückzurufen. 202 siegte Scipio bei Zama endgültig, diesmal sogar über Hannibal, 201 wurde der Friede abgeschlossen. Karthago wurde auf den Status einer Lokalmacht ohne Außenbesitzungen reduziert, durfte außerhalb Afrikas überhaupt keinen Krieg führen, in Afrika nur mit Roms Erlaubnis, durfte nur noch zehn Kriegsschiffe haben und musste, über fünfzig Jahre verteilt, 10.000 Talente Kriegsentschädigung zahlen. Rom war die Herrin des westlichen Mittelmeeres und hatte alle Veranlassung, seine Verhältnisse in Ruhe zu ordnen und die Kriegswunden zu heilen.

2.4.2.2 Eingreifen in Griechenland

Da erschien 201, im Jahr des Friedensschlusses mit Karthago, eine Gesandtschaft aus Pergamon und Rhodos im Senat und bat Rom, ihnen gegen König Philipp V. von Makedonien beizustehen; die außenpolitische Entwicklung, die oben aus griechischer Perspektive dargestellt wurde, muss also jetzt aus römischer Sicht geschildert werden. Der Senat war dazu bereit, die kriegsmüden Zenturiatkomitien nicht und mussten erst heftig bearbeitet werden, um endgültig zuzustimmen. Makedonien erhielt ein Ultimatum, dann wurde ihm der Krieg erklärt. Nun führte Rom, mit griechischer Unterstützung, Krieg in Griechenland (Zweiter Makedonischer Krieg), der nach anfänglichen Schwierigkeiten doch mit einem verhältnismäßig schnell errungenen Sieg bei Kynoskephalai 197 endete. Philipp wurde auf das makedonische Kerngebiet reduziert, wurde sogar römischer Bundesgenosse und war politisch so einsichtig, dass er sich in der Folgezeit als verlässlich erwies. Und was sowohl für das griechische Bewusstsein als auch überhaupt für die Gesamteinschätzung der römischen Politik das Wichtigste war: Der römische Sieger von Kynoskephalai, der griechenfreundliche und charismatische, jugendliche T. Quinctius Flamininus erklärte bei den Isthmischen Spielen 196 die Griechenstädte für frei[44] und hielt sich auch daran. Nach und nach zogen die römischen Truppen ab und hatten im Jahre 194 Griechenland vollständig verlassen. Griechenland war wirklich frei – und hätte das auch bleiben können, wenn es seine politischen

---

44 Zum politischen Mittel der Freiheitserklärungen siehe S. 215.

Probleme intern gelöst hätte. Das tat es aber nicht, sondern es zog auch Rom weiterhin hinein.

Die nächste Gelegenheit kündigte sich schon während des römischen Truppenabzugs an. König Antiochos III., der ja wegen seiner Zurückeroberung der östlichen Teile des Seleukidenreiches und des Sieges über Ägypten 200 beim Panion zu Recht den Beinamen „der Große" erhalten hatte, näherte sich über Kleinasien, wo er Pergamon bedrohte, dem europäischen Griechenland. Rom bemerkte das natürlich, verhandelte auch mit ihm, zog aber trotz des unbefriedigenden Verlaufs dieser Verhandlungen weiterhin seine Truppen ab. Offenbar verstand Antiochos das falsch, setzte 192 nach Griechenland über, musste aber feststellen, dass sich ihm die Griechen nicht in nennenswertem Maße anschlossen; auch Philipp blieb auf römischer Seite. Ein konsularisches Heer erschien und besiegte den Seleukidenkönig verhältnismäßig leicht 191 bei den Thermopylen, und zwei Jahre später folgte in Kleinasien bei Magnesia am Sipylos die entscheidende Niederlage des Antiochos – das römische Heer wurde von L. Cornelius Scipio und seinem Bruder, dem Hannibalsieger befehligt, die pergamenische Reiterei unter König Eumenes II. hatte entscheidenden Anteil am Sieg. 188 folgte in Apameia in Phrygien der Friedensschluss, der die Seleukiden hinter das Amanosgebirge zurückdrängte und Pergamon erheblich vergrößerte. Auch die folgenden Seleukiden hielten sich daran, sie hatten dasselbe gelernt wie die Könige Hieron von Syrakus und Philipp von Makedonien.

Wieder zog sich Rom zurück, weder wollte noch konnte es direkte Herrschaft ausüben – wie hätte die auch aussehen sollen. Philipp V. hielt Ruhe, Makedonien wurde aber innerhalb Griechenlands als latente Bedrohung aufgefasst, und die Römer liefen Gefahr, die Makedonien geltenden Antipathien auch auf sich zu lenken. Die Römer betrachteten den Makedonenkönig mit Misstrauen, und als er 179 starb, ging dieses Misstrauen auf seinen Sohn und Nachfolger Perseus über, zumal da sie dessen Bruder Demetrios lieber auf dem makedonischen Thron gesehen hätten; dieser war aber 180 beseitigt worden war. Unter Perseus wuchs der Einfluss Makedoniens ständig, sogar Rhodos schien in den Augen der Römer Beziehungen zu ihm angeknüpft zu haben, und nachdem der pergamenische König 172 in Rom gewesen war und Rom auf die makedonische Gefahr aufmerksam gemacht hatte, wurde Perseus durch eine römische Gesandtschaft verwarnt. Gleichwohl rüstete Perseus zum Krieg, in der sich wieder als irrig herausstellenden Hoffnung, bei den Griechen hinreichende Unterstützung zu finden. Nach dem römischen Kriegsbeschluss begann der Krieg (der Dritte Makedonische) 171, aber anders als früher fiel der Sieg den Römern keineswegs in den Schoß. Erst 168 wurde Perseus bei Pydna durch die Römer unter L. Aemilius Paullus vernichtend geschlagen.

Obwohl sich die Römer abermals militärisch zurückzogen, gewann ihre Hegemonie in der hellenistischen Welt nun deutlich eine andere Qualität, wobei der Begriff Hegemonie nun im neuzeitlichen Sinn als informelle Oberherrschaft zu verstehen ist. Zunächst wurde die ruhmreiche makedonische Monarchie für immer ausgelöscht, indem das Land in vier Republiken zerschlagen wurde, die zudem untereinander keinen Kontakt haben durften. Das Verhalten der griechischen Staaten während des Perseuskrieges war genau registriert worden, und je nachdem gab es Belohnungen und Strafen; selbst Pergamon und Rhodos erhielten Schüsse vor den Bug. Vom Achäischen

Bund wurden 1000 führende Männer nach Italien gebracht, denen der Prozess gemacht werden sollte, die dann aber in ehrenvoller Geiselhaft festgehalten wurden; der Achäer Polybios war unter ihnen, der dann zum Historiker der römischen Expansion werden sollte. Das war noch eine verhältnismäßig milde Maßnahme; andernorts wurden Städte ausgelöscht und die Bewohner versklavt. Und als unmittelbare Folge des Sieges von Pydna fand die schon berichtete Szene statt, die das Musterbeispiel römischer politischer Macht und römischen Hochmuts darstellte und die deshalb hier noch einmal mit einem zusätzlichen Detail erzählt werden soll: Als Antiochos IV. nach einer ägyptischen Provokation Ägypten niedergeworfen hatte und in Alexandria einziehen wollte, gelang es der schon bekannten römischen Gesandtschaft mit dem Konsular C. Popilius Laenas an der Spitze, ihn allein dadurch zur Umkehr zu veranlassen, dass dieser mit einem Rebstock einen Kreis um ihn zog und ihm nicht eher erlaubte, diesen Kreis zu verlassen, bis er den Rückzug zugesagt hatte. Antiochos gehorchte.

2.4.2.3 Herrschaft über das Mittelmeer

In den folgenden Jahren spitzte sich die Situation in Griechenland weiter zu, denn natürlich gab es weiterhin innergriechische Divergenzen, bei denen sich die Parteien an den römischen Senat um Hilfe wandten, und immer mehr römische Senatskommissionen bereisten das Land, um diese Streitigkeiten zu schlichten und Bedingungen festzulegen – kein Wunder, wenn schon allein deshalb romfeindliche Stimmungen zunahmen, vom immer provozierenderen Verhalten der römischen Gesandten zu schweigen. Wie ein Funke ins Pulverfass wirkte es da, als 151 ein Abenteurer Andriskos erschien, der sich, veranlasst durch persönliche Ähnlichkeit, als Sohn des Perseus ausgab und einen Aufstand gegen Rom unternahm. Erst 149 konnte er besiegt werden, und nun wurde organisatorisch Ernst gemacht: Das Provinzsystem, das sich auf Sizilien und in Spanien bewährt hatte, wurde nun auf (das wieder zusammengelegte) Makedonien übertragen und die Provinz Macedonia geschaffen. Diese Maßnahme erweckt zwar den Eindruck ruhiger Konstruktivität in der Ausübung der römischen Herrschaft, aber doch wohl nur äußerlich, denn den Senat befiel auch wegen der gleichzeitigen spanischen Aufstände und des Dritten Punischen Krieges anscheinend eine Art hilflos-brutaler Hysterie. Als der Achäische Bund 146 in einem Wahnsinnsbeschluss Rom die Freundschaft aufkündigte und mit innergriechischen Eroberungen begann, schickte Rom zwei Legionen unter L. Mummius – persönlich soll er ein angenehmer Mann gewesen sein –, siegte selbstverständlich und statuierte ein Exempel: Korinth wurde zerstört. Einige Griechenstädte blieben pro forma frei, so Athen, das meiste wurde von Macedonia aus regiert.

Das karthagische Spanien war nach dem Sieg über Hannibal römisch geworden, zwei Provinzen waren eingerichtet worden, Hispania citerior und ulterior. Römische Expansionen provozierten zwar Aufstände, unter dem Statthalter Ti. Sempronius Gracchus und seiner klugen Regentschaft kehrte aber zunächst Ruhe ein. 154 aber brach ein Aufstand los, der, den Kämpfen der Spanier gegen die napoleonische Herrschaft oder dem spanischen Bürgerkrieg des 20. Jahrhunderts vergleichbar, in seiner Zähigkeit und Grausamkeit kein Ende nehmen wollte – so gefürchtet war er bei den römischen Bauernkriegern, dass es zum ersten Mal Schwierigkeiten bei der Rekrutierung gab, in deren Verlauf sogar die Konsuln des Jahres 151 von Volkstribunen festgenommen wurden.[45] Und gleichzeitig war es in Afrika zum Krieg zwischen Karthago und dem Numiderkönig Massinissa gekommen. Im Frieden von 201 hatte sich Karthago ja verpflichten müssen, nur mit römischer Erlaubnis Krieg zu führen, was zu ertragen gewesen wäre, wenn nicht Massinissa allmählich immer mehr dazu überging, Karthago zu einer Verletzung dieser Verpflichtung anzureizen. Dessen Nadelstiche und Aggressionen hatte Karthago lange ausgehalten, hatte ungerechte Schiedssprüche römischer Kommissionen hingenommen, bis es 152 einen dieser Schiedssprüche nicht mehr ertragen wollte – oder besser: konnte – und zum Kriege mit Massinissa schritt. Nach einigem Hin und Her erklärte Rom 149 seinerseits den Krieg und setzte nach Afrika über.

Karthago unterwarf sich sofort in Form der deditio, also auf Gnade und Ungnade, wobei erwartet wurde, dass der Überlegene Gnade walten lasse. Die Römer akzeptierten, schraubten aber sofort ihre Forderungen Schritt für Schritt höher, alle wurden sie akzeptiert: Stellung von 300 Geiseln – das geschah; Ablieferung sämtlicher Waffen – auch das geschah. Als aber die Forderung kam, sie sollten ihre Stadt verlassen und sich anderswo, vom Meer entfernt, ansiedeln, da gab es nur noch den absoluten Widerstand, der aus derjenigen Verzweiflung entsteht, die nichts mehr zu verlieren hat. Die Stadt verschanzte sich, neue Waffen und Kriegsschiffe wurden gebaut, und es dauerte noch drei Jahre, bis die Römer die Stadt einnehmen konnten. Die Rache an der Wehrlosen war furchtbar. Wer nicht in den planmäßig gelegten Bränden umkam, wurde versklavt, die Stadt ausradiert und für alle Zeiten verflucht. Das karthagische Territorium wurde zur Provinz Africa, der Statthalter residierte in Utica.

Rom stand vor einem außenpolitischen Trümmerhaufen. Zwar war das keltische Norditalien in der Zwischenzeit mit Augenmaß integriert worden, aber überall sonst hatte sich die römische Politik als unfähig erwiesen, die politische Macht, die Rom hatte, in Institutionen zu gießen und zu kanalisieren. Da Rom sich nun einmal als die stärkste Macht erwiesen hatte, hätte es demzufolge auch Verantwortung tragen und sie entsprechend ausüben müssen. In Griechenland hatte es sich dieser Verantwortung entzogen, indem es sich darauf beschränkte, sich widerwillig und ohne Konzept in kleine und kleinste Streitigkeiten hineinziehen zu lassen und nur dann dreinzuschlagen, wenn es eine größere Machtzusammenballung befürchtete – oder, zum Schluss, wenn es die Übersicht verloren hatte und nur noch tabula rasa machen konnte. In Nordafrika ließ es sich dazu hinreißen, die gehasste Stadt bis aufs Blut zu reizen und sich selbst dadurch in eine Situation zu bringen, in der es ebenfalls nur noch drauflosschlagen und ausradieren konnte. Die berühmte römische Staatskunst war das alles nicht. Es sollte noch lange – bis zur Kaiserzeit – dauern, bis römische Verwaltung dem Mittelmeergebiet eine lange Zeit des Friedens und des Aufblühens auf allen Gebieten schenken konnte.

2.4.2.4 Innere Entwicklung

Mit der Zerstörung von Korinth und Karthago wusste die Welt, wer die ausschließliche Macht besaß und wem man sich zu fügen hatte; Einzelproteste musste das nicht ausschließen. Obwohl im Laufe des nächsten Jahrhunderts noch territoriale Erweite-

---

45 Livius, Periocha 48.

rungen hinzukamen, war der eigentliche Prozess der Herrschaftsgewinnung im Mittelmeerraum abgeschlossen. Umso mehr tritt jetzt die innenpolitische Entwicklung Roms in unser Blickfeld, insbesondere auch deshalb, weil sie abermals ursächlich mit der Expansion zusammenhing. Wir betrachten zunächst die Veränderungen, die sich in den Institutionen und im Senatorenstand ergaben.

Auf der Ebene des Volkes und der Volksversammlung kam mit dem Ende des Ersten Punischen Krieges zum einen die Tribusentwicklung zum Abschluss. Zu den ursprünglich vier städtischen Tribus – tribus urbanae – waren im Laufe der territorialen Expansion immer weitere hinzugekommen, die tribus rusticae, ländliche Tribus. 241 erhöhte sich die Gesamtzahl mit zwei weiteren in Picenum und im Sabinerland liegenden Tribus auf 35, die endgültige Gesamtzahl; für die Bewohner später hinzugekommener Gebiete wurden keine neuen Tribus mehr eingerichtet, sondern sie wurden auf die bisherigen aufgeteilt. In der Folgezeit, zwischen den beiden ersten punischen Kriegen, fand dann eine Reform der Zenturiatkomitien statt, und so wenig diese Zenturienreform genau zu datieren ist, so wenig steht ihr konkreter Inhalt fest. Gesichert ist nur, dass die Zenturien in der Weise mit den Tribus zusammengebracht wurden, dass in bestimmtem Ausmaß eine Abkehr vom rein vermögensmäßigen zugunsten des territorialen Prinzips stattfand, dass also eine leichte, sozusagen, Demokratisierung herbeigeführt wurde; in dieselbe Richtung gingen einige Modifizierungen des Abstimmungsverfahrens.

Eine ganz unmittelbare Folge der Expansion über Italien hinaus war die Vermehrung der Prätorenstellen. 227 wurden zu den bestehenden zwei zwei zusätzliche für Sardinien und Korsika einerseits und für Sizilien andererseits eingerichtet, 197 zwei weitere für die beiden Spanien. Diese Prätoren bekamen, wie oben gesagt, die betreffenden Territorien als Amtsbereich, provincia. Als sich aber das Provinzsystem durchgesetzt hatte und weitere Provinzen wie Macedonia oder Africa, 132 auch Asia (Pergamon) eingerichtet wurden, wurden dafür keine weiteren regelmäßigen Stellen mehr geschaffen, sondern die Statthalter waren ehemalige Konsuln beziehungsweise Prätoren, herrschten also anstelle eines Konsuln oder Prätors, pro consule oder pro praetore.

Die Erfordernisse der teilweise an die Existenz des Staates gehenden Kriege brachten gewisse Unregelmäßigkeiten in der Bekleidung der höchsten Staatsämter hervor. Zum einen wurde im hannibalischen Krieg das Notstandsamt des dictator mit militärischer Funktion oft besetzt, zum anderen wurden sonstige Sondervollmachten verliehen oder Besetzungen des Konsulats vorgenommen – obwohl es eine festgelegte Ämterlaufbahn noch nicht gab, folgte doch aus der Natur der Sache und vor allem aus dem Herkommen, dass das Konsulat eigentlich erst am Ende des Ämterspektrums zu stehen habe. Die spektakulärsten Abweichungen von diesem Grundsatz waren die Übertragung des militärischen Oberbefehls in Spanien an den erst 26-jährigen P. Cornelius Scipio durch Volksbeschluss 210 sowie die Wahl des 29-jährigen T. Quinctius Flamininus zum Konsul 199, obwohl er vorher weder Prätor noch Ädil gewesen war. Ähnlich ungewöhnlich war die Wahl des 37-jährigen P. Cornelius Scipio Aemilianus zum Konsul 148, obwohl er nur für das Amt des Ädilen kandidiert hatte. Mehrfaches Bekleiden des Konsulats war im Übrigen durchaus üblich geworden, obwohl auch das dem Prinzip der Machtverteilung innerhalb der Aristokratie widersprach. 180 dann, in ruhigeren Zeiten, wurde durch ein Gesetz des Volkstribunen L. Villius festgelegt, wie der cursus honorum, die Ämterlaufbahn zu erfolgen habe. Nach dieser lex Villia annalis[46] war das Mindestalter für einen kurulischen Ädil 37 Jahre, für einen Prätor 40, für einen Konsul 43; später wurde die mehrfache Bekleidung des Konsulats prinzipiell verboten, also auch dann, wenn viel Zeit zwischen den einzelnen Konsulaten gelegen hatte. Das Beispiel des jüngeren Scipio, der wegen der nicht enden wollenden spanischen Kriege 134 noch einmal Konsul wurde, zeigt, dass immer wieder Ausnahmen nötig waren.

Die Tatsache der gesetzlichen Regelung des cursus honorum zeigt, dass es ein Bedürfnis dafür gegeben haben muss, und dieses Bedürfnis bestand darin, eine zu starke Machtkonzentration bei einzelnen Personen innerhalb der Senatsaristokratie zu verhindern. Diese Regelung war nicht die einzige, die versuchte, mit den negativen Auswirkungen der Expansion auf die Senatsaristokratie fertig zu werden. Andere wichtige Gesetze sind die lex Claudia von 218[47], die lex Voconia von 169[48] und die lex Calpurnia von 149[49]. Die lex Claudia bestimmte, dass ein Senator oder der Sohn eines Senators kein Schiff haben dürfe, das mehr als 300 Amphoren fasste. Dadurch wurden den Senatoren Handelsgeschäfte größeren Ausmaßes verboten, und dieses Verbot sollte bewirken – und hat zunächst auch bewirkt –, dass die Senatoren sich auf den landwirtschaftlichen Produktionszweig beschränkten und keine größeren Geschäfte tätigten. Mit diesen Geschäften waren vor allem Heereslieferungen, Straßenbauten in öffentlichem Auftrag, Waffenproduktion und Steuereinnahmen gemeint, die seit der Herrschaft über Italien und darüber hinaus immer wichtiger wurden und an denen es viel zu verdienen gab, ein Verdienst, der als nicht standesgemäß galt. Diejenigen, die sich, neben anderem, diesem Erwerbszweig widmeten, schieden auf Grund dieses Gesetzes aus dem Senatorenstand aus und bildeten, zusammen mit anderen, auf Grund ihres Vermögens den zweithöchsten Stand, den Ritterstand (ordo equester), danach genannt, dass sie zu Pferde dienten.

Aus der Tatsache, dass diese Regelung in Gesetzesform getroffen wurde, also von den Tribuskomitien (oder der Plebsversammlung) verabschiedet wurde, kann man auf Widerstand im Senat schließen, und dasselbe gilt für die lex Villia. Aber notwendig erschienen sie alle beide: die lex Claudia, um den Senatorenstand vor einer ökonomischen Abhängigkeit von den Folgen der Expansion zu bewahren, die lex Villia, um eine übergroße Machtstellung einzelner Senatoren zu verhindern und so die Kohärenz des Standes zu erhalten. Gewissermaßen das umgekehrte Phänomen wollte die lex Calpurnia bekämpfen. Seit dem Zweiten Punischen Krieg hatten Exzesse römischer Befehlshaber und Statthalter um sich gegriffen. Teils im Verlauf von Kriegshandlungen, teils in deren Umkreis, teils aber auch einfach auf Grund der Machtstellung des einzelnen, leisteten sich römische Senatoren zunehmend Übergriffe, indem sie etwa regelrechte Sklavenjagden veranstalteten oder für sich persönlich

---

46 Livius 40, 44, 1.
47 Livius 21, 63, 3.
48 Gaius, Institutionen 2, 274; Gellius, Noctes Atticae 6, 13, 3; 17, 6, 1; Cicero, Zweite Rede gegen Verres 1, 106.
49 Cicero, Brutus 27, 106; De officiis 2, 21, 75.

Kontributionen einforderten oder Wertgegenstände und Kunstwerke schlicht raubten. Regelmäßig gab es dann Beschwerden der Geschädigten im Senat, meist dadurch, dass Gesandtschaften der betreffenden griechischen Städte in Rom erschienen und die Gegenstände zurückforderten, woraufhin der Senat eine quaestio einsetzte, eine Untersuchungskommission. Ursprünglich wurden solche Repetundenprozesse – repetunda, das Zurückzufordernde – von Fall zu Fall geführt, weil die Fälle aber so überhand nahmen, wurden diese senatorischen Gerichtshöfe durch die lex Calpurnia als ständige Einrichtungen geschaffen.[50]

Gewiss konnte es vorkommen, dass ein schuldiger Senator von seinen über ihn zu Gericht sitzenden Standesgenossen aus Standessolidarität oder wegen der unzähligen gegenseitigen persönlichen Verpflichtungen ungeschoren davonkam,[51] jedoch spricht allein schon die Tatsache dieser Quästionen und erst recht ihre dauerhafte Installierung dafür, dass sie ernst gemeint waren. Vielleicht geschah das weniger aus moralischen Gründen, obwohl man diesen Gesichtspunkt nicht von vorneherein für bedeutungslos halten sollte; auf jeden Fall aber gefährdeten die Exzesse römischer Machthaber im Ausland zum einen die dortige römische Herrschaft, zum anderen aber, und vor allen Dingen, die Kohärenz der römischen Führungsschicht selber, die auf annähernder Gleichheit und auf persönlicher Integrität beruhte. Insofern ist die lex Calpurnia ein weiteres Indiz dafür, dass diese Eigenschaften als bedroht angesehen wurden. Vielleicht gehört dann auch die lex Voconia in diesen Zusammenhang, die bestimmte, dass Frauen der höchsten Vermögensklasse nicht testamentarisch als Erbinnen eingesetzt werden konnten. Das bedeutete, im rechnerischen Ergebnis, keine materielle Benachteiligung von Frauen, weil sie weiterhin Vermächtnisse erhalten konnten (und tatsächlich gab es weiterhin sehr reiche und einflussreiche Frauen), nur sollten sie nicht mehr in die gesamte Rechtsposition des Erblassers eintreten können. Auf den Senatorenstand bezogen, wurde dadurch also eine weitere Desintegration verhindert.[52]

Die Gefahr einer solchen Desintegration war in der Tat sehr groß, und zwar als Folge der Expansion. Deutlich wird das etwa an der Figur des P. Cornelius Scipio. Er war zunächst einmal die überragende Gestalt der römischen Politik, erhielt den Beinamen Africanus und wurde 194 zum zweiten Mal Konsul. Das geschah auf Grund seiner ungeheuren Leistungen. Er hatte die Karthager aus Spanien vertrieben, hatte bewirkt, dass Hannibal Italien verließ, hatte ihn schließlich in Afrika geschlagen und hatte für Rom den Friedensvertrag mit Karthago abgeschlossen. Entsprechend war sein Prestige in der römischen Politik, das sich im Beinamen Africanus ausdrückte, entsprechend war sein Selbstbewusstsein – und entsprechend war der Widerstand gegen ihn. Daher wurde ihm der Oberbefehl im Kampf gegen Antiochos den Großen verweigert, wobei er sich damit behalf, dass er seinem Bruder Lucius, der als Konsul den Oberbefehl hat-

---

50 W. EDER, Repetundenverfahren.
51 Man bedenke jedoch die in gelegentlichen Arbeiten anzutreffende Absurdität, heute noch individuelle Schuld- oder Freisprüche ergehen lassen zu wollen; erstens sind derartige Sachverhalte auch in der jeweiligen Gegenwart schwer zu eruieren, und hinzu kommen die über zweitausend dazwischenliegenden Jahre mit unserem unzureichenden Quellenmaterial.
52 J. GARDNER, Frauen, 171–180.

te, als Legat beratend zur Seite stand. Als nach dem Feldzug abgerechnet werden sollte, präsentierte er (oder sein Bruder) zwar die Rechnungsbücher, zerriss sie aber, warf sie den Senatoren vor die Füße und forderte sie auf, sich die Fetzen selber zusammenzusuchen.[53] Im Ergebnis sind die Standesgenossen solcher Entwicklungen Herr geworden, unter anderem durch die leges Villia und Calpurnia. Die Tatsache aber, dass solche Gesetze erlassen werden mussten, zeigt, dass der Zusammenhalt der Adelsgesellschaft und damit die Republik selber gefährdet waren.

2.4.3 Späte Republik

Die späte Republik der rund gerechnet hundert Jahre vom Auftreten der Brüder Gracchus bis zur Alleinherrschaft des Augustus ist die Epoche der Geschichte der Republik, über die wir am besten Bescheid wissen. Das liegt an der weitaus besseren Quellenlage, als sie für die vorhergehende Zeit besteht, insbesondere an den Werken Ciceros, jedoch hängt diese Tatsache möglicherweise damit zusammen, dass es sich um ein Jahrhundert handelt, das durch besonders viele dramatische Ereignisse gekennzeichnet ist. Bürgerkriege hatte es vorher nicht gegeben und ebensowenig einen Wechsel von der Republik zur Monarchie – jedoch muss der Zusammenhang zwischen diesen Ereignissen und der Tatsache, dass viele literarische Zeugnisse wegen ihres überzeitlichen Wertes erhalten geblieben sind, auf weiten Strecken Spekulation bleiben, die hiermit abgebrochen sei.

2.4.3.1 Gracchen

Zum endgültigen Ausbruch kam die schon lange schwelende Krise[54] im Jahre 133, und wieder trat sie als Rückwirkung äußerer Faktoren auf, diesmal vor allem ebenfalls krisenhafter Erscheinungen, und diesmal nicht nur in der Oberschicht, sondern auch in der Bauernschaft. Die lang andauernden spanischen Kriege, deren erfolgreiches Ende nicht abzusehen war, hatten nicht nur nachteilige psychologische Wirkungen, sondern sie zehrten auch sehr greifbar am Bauernstand, der ja das Rückgrat der römischen Armee darstellte. Zu viele freie Bauern blieben zu lange von ihren Höfen entfernt – von den dramatischen Rekrutierungsschwierigkeiten, bei denen sogar Konsuln verhaftet wurden, war schon die Rede –, zu viele fielen in diesem schmutzigen Krieg, so dass die römische Wehrkraft bedenklich zu sinken anfing. Hinzu kam, dass sich ohnehin seit dem Hannibalkrieg die Zahl der freien Bauern verminderte, und zwar dadurch, dass sich der Großgrundbesitz ausdehnte und die Einzelbauern verdrängte, die als besitzloses Proletariat nach Rom zogen. Der Ausweg der Koloniegründung in Italien war inzwischen verbaut, es schien sich aber eine andere Möglichkeit aufzutun, Besitzlose mit Land zu versorgen und so das Heer wieder zu stärken. Im Zuge der Eroberungen in Italien hatte sich nämlich das römische Staatsland, der ager Romanus, erheblich ausgedehnt und war zur Bearbeitung (nicht zu Eigentum) freigegeben worden. Von dieser Möglichkeit hatten in starkem Maße Angehörige des Senatorenstandes – die ja

---

[53] Polybios 23, 14; Livius 38, 55, 11 – es gibt verschiedene Versionen dieser Geschichte. Eine zusammenhängende Behandlung bei E. S. GRUEN, The „Fall" of the Scipios.
[54] Band 9 der CAH über The Last Age of the Roman Republic beginnt schon mit dem Jahr 146.

durch die lex Claudia auf die Landwirtschaft verwiesen waren – Gebrauch gemacht, und der Gedanke lag nahe, diesen Besitz zu beschneiden und das freiwerdende Land an kleinere Einzelbauern zu verteilen.

Dieser Gedanke hatte schon in den vierziger Jahren des 2. Jahrhunderts Gestalt gewonnen,[55] wurde aber wegen erheblichen Widerstandes aus dem Senat wieder fallen gelassen. Gleichwohl tat sich etwa zehn Jahre später eine Gruppe einflussreicher Senatoren zusammen, die ihn erneut aufnahm, darunter die einflussreichen Ap. Claudius Pulcher und Q. Mucius Scaevola. Wie es in der römischen Politik seit langem üblich war, betrauten sie einen jüngeren Angehörigen der Senatsaristokratie damit, als Volkstribun ihre Gesetzesanträge vor den Senat und die Volksversammlung zu bringen und durchzusetzen. Dieser Mann war Ti. Sempronius Gracchus, Sohn des gleichnamigen Statthalters, der Spanien für längere Zeit befriedet hatte, und der Cornelia, der Tochter des Scipio Africanus. Er hatte selber in Spanien mitgekämpft, war in schwierige Situationen verwickelt worden und hatte dadurch einen lebhaften Eindruck von der an die Substanz gehenden Grausamkeit dieses Krieges gewonnen und hatte auch sonst klare Vorstellungen von den verheerenden Zuständen auf dem Lande. Er brachte ein Gesetz ein, das als Wiederaufnahme eines angeblichen früheren Gesetzes stilisiert war und bestimmte, dass pro Person nur 500 iugera (126 Hektar), für jeden Sohn 125 zur Verfügung gestellt würden.[56] Der Rest sollte in neue Bauernstellen umgewandelt werden.

Dieser Plan stieß auf heftigen Widerstand im Senat. Gewiss resultierte dieser Widerstand auch daraus, dass die Großgrundbesitzer keine Schmälerung ihres Besitzes – den sie als ihr Eigentum ansahen – zulassen wollten, es gab aber auch andere, sozusagen ehrenhafte Gründe. Einer davon war der, dass das römische Herrschaftssystem in Italien gefährdet worden wäre. Zu denjenigen, die ager Romanus okkupiert hatten, gehörten nämlich auch bundesgenössische Grundbesitzer, die geschädigt worden wären, und zudem sollte – umgekehrt – die Landverteilung nur römische Bürger begünstigen; dadurch hätten sich mit den Italikern, die ja immerhin auch einen großen Teil des Heeres ausmachten, erhebliche Konflikte ergeben. Da der Senat seine Zustimmung nicht gab, wandte sich Tiberius Gracchus direkt an die Volksversammlung, an sich schon ein die bisher praktizierte Verfassung verletzender Akt. Einer der anderen neun Volkstribunen, ein gewisser Octavius, interzedierte, und nun beging Gracchus einen gravierenden Verfassungsbruch: Er ließ den sakrosankten Volkstribunen durch die Volksversammlung absetzen mit der Begründung, dass dieser nicht die Interessen des Volkes vertrete. Ein neuer Volkstribun wurde gewählt, niemand interzedierte mehr, das Gesetz wurde angenommen, eine Dreimännerkommission für die Landverteilung wurde eingesetzt, bestehend aus Ap.Claudius sowie aus Tiberius und seinem Bruder Gaius Sempronius Gracchus, die Landverteilungen begannen. Schließlich verstieß Tiberius ein weiteres Mal, der Sache nach wohl berechtigt, im Verfahren aber revolutionär, gegen die Verfassung oder mindestens gegen das Herkommen. Der letzte König von Pergamon, Attalos III., hatte sein Reich testamentarisch den Römern vermacht, und während der Senat, dem die Außenpolitik zustand, traditionsgemäß diese Erb-

---

55 A. W. Lintott, CAH 9, 40–62 betont die Kontinuität dieser Bestrebungen.
56 Appian, Bürgerkriege 1, 37.

schaft wohl ausgeschlagen hätte, ließ Tiberius sie durch die Volksversammlung annehmen, um aus dem pergamenischen Staatsschatz für die neuen Bauernstellen Betriebskapital zu erhalten. Pergamon wurde zur Provinz Asia.

Alsbald geschah die Katastrophe. Tiberius hatte schon seit längerem den Verdacht geäußert, dass man ihm ans Leben wolle und umgab sich daher mit einer Leibwache; außerdem pflegte er mit einer großen Menge von Anhängern durch die Stadt zu ziehen. Dieses Verhalten sowie Tiberius' mehrfache Verfassungsverletzungen nährten zunehmend den Verdacht, dass er – was ja nach antiker Staatstheorie unmittelbar nebeneinander lag – entweder die direkte Demokratie oder die Tyrannis oder über jene diese anstrebe. Als er schließlich beabsichtigte, sich als Volkstribun wieder wählen zu lassen und als es, anscheinend bei der betreffenden Versammlung, zu Gewalttätigkeiten kam, rief der Konsul von 138, P. Cornelius Scipio Nasica, in einer Sitzung aus, der Staat sei in Gefahr. Er stürmte mit einer Gruppe von Senatoren auf das Forum, und Tiberius wurde in dem so entstehenden Tumult zusammen mit Anhängern von ihm erschlagen.

Wie kam es zu diesem unerhörten Ausbruch? Gewiss kamen zusammen die ohnehin gegen das Ackergesetz gerichteten Widerstände sowie die zahlreichen Verstöße des Tiberius gegen die römische Verfassung, die deren austarierte Elemente aus dem Gleichgewicht brachten und durchaus geeignet waren, ein Gefühl grundsätzlicher Bedrohung hervorzurufen. Das war aber nicht der einzige Vorgang, der Krisenstimmung auslöste; sie hatte ja schon längere Zeit vorher eingesetzt. Vielmehr kamen weitere Ereignisse hinzu. Die spanischen Kriege hatten sich festgefahren, bis zur Demoralisierung des römischen Heeres. Zwar gab es einige Erfolge, aber immer noch widerstand die Stadt Numantia. 136 wurde sogar der Konsul C. Hostilius Mancinus eingeschlossen und musste – unter Mitwirkung von Tiberius Gracchus – auf freien Abzug kapitulieren; Senat und Volk erkannten diesen Vertrag aber nicht an und wollten dadurch wieder aus ihm entlassen werden, dass sie den Konsul den Numantinern auslieferten. Er stand nackt und mit auf dem Rücken gebundenen Händen einen Tag lang vor der Stadt, ohne dass die Numantiner ihn entgegennahmen[57] – eine schreckliche Szene, die Tiberius Gracchus miterlebt hatte und die nicht wenig zu seinem Gefühl beigetragen haben mag, dass sich Grundlegendes verändern müsse. Zwei weitere Jahre blieben die Römer vor Numantia erfolglos, bis 134 Scipio Aemilianus unter Aufhebung des Verbots der wiederholten Ämterbekleidung noch einmal zum Konsul gewählt wurde und 133 endlich Numantia erobern konnte; zu seinem Beinamen Africanus hieß er nun auch Numantinus.

Unterwerfungskriege, so kräfte- und nervenzehrend sie sein mochten, waren etwas, woran die Römer gewöhnt waren. Völlig neu war aber, dass sich jetzt 136 auf Sizilien die Sklaven so massenweise erhoben, dass sie nur in einem mehrere Jahre andauernden Krieg niedergeworfen werden konnten. Dass es überhaupt zu diesem Aufstand kam, lag daran, dass gerade auf Sizilien ungewöhnlich viele Sklaven konzentriert waren, ein Ergebnis der Kriege und der Sklavenjagden im Osten des Mittelmeergebietes; viele von ihnen waren ehemals Freie, die sich ohnehin nur schwer mit

---

57 Cicero, Für Caecina 98; Livius, Periocha 56.

dem Sklavendasein abfinden konnten, wozu noch die besonders grausamen Bedingungen auf Sizilien kamen. Ein Großteil von ihnen war auf den Großgütern eingesetzt, ein anderer als Hirtensklaven, die teilweise sogar von ihren Herren bewaffnet worden waren. Die sizilischen Sklaven organisierten sich in Form eines eigenen Königreichs, prägten Münzen, nannten sich „Syrer", und ihr Anführer Eunus legte sich den Königstitel und den Namen Antiochos zu, für uns Hinweise darauf, woher der Großteil dieser Sklaven kam. Anscheinend hatten sie einen Staat wie alle anderen auch angestrebt und hofften, auf diese Weise aus ihrem Sklavendasein herauszukommen. Freilich gelang ihnen das nicht, wenngleich die Römer Jahre brauchten, um sie niederzuwerfen. Zum Schluss war ein reguläres konsularisches Heer nötig, das erst 132 unter dem Konsul P. Rupilius die Sklaven besiegen konnte.

Man sieht, dass gerade um das Jahr 133 ganz neuartige Prüfungen auf den römischen Staat und sein Adelsregiment zukamen, die im Fall des Tiberius Gracchus möglicherweise dazu beitrugen, seine Aktivitäten als besonders bedrohlich zu empfinden. Sie waren jedoch kein punktuelles Phänomen, sondern der endgültige Beginn der großen Krise, die man durchaus als römische Revolution bezeichnen kann und die erst mit der Errichtung des Kaisertums hundert Jahre später endete. Nach dem Tod des Tiberius Gracchus gab es Prozesse gegen Anhänger des Volkstribunen wegen Staatsumsturzes. Einer der schärfsten Verfolger war P. Popilius Laenas (Sohn desjenigen Senators, der Antiochos IV. zum Rückzug veranlasst hatte), der als Konsul zahlreiche Verdächtige zum Tode verurteilte. Gleichzeitig sorgte er aber als neues Mitglied der Ackerkommission dafür, dass die Landverteilung weiterging,[58] woraus hervorgeht, dass die materielle Seite der Reform nicht der Hauptpunkt der Gegnerschaft gegen Tiberius gewesen war. Die Vorgänge hatten zudem die Wichtigkeit des Verhältnisses zu den italischen Bundesgenossen gezeigt, denn da sie einen großen Teil des Heeres stellten, hatte ihre Situation dieselbe konstitutive Rolle für Rom wie die der cives Romani. Daher setzten nun die Bemühungen ein, auch deren verarmte Schichten an der Landverteilung teilhaben zu lassen, und da der Angleichungsprozess zwischen Römern und Italikern ohnehin weit fortgeschritten war, stellte sich die Frage, ihnen gleich das römische Bürgerrecht zu verleihen. Mit diesem Vorschlag scheiterte zwar der Konsul des Jahres 125, M. Fulvius Flaccus, aber C. Sempronius Gracchus, der Bruder des Tiberius, widmete sich alsbald auch diesem Problem.

Gaius Gracchus, zum Volkstribun für 123 gewählt, sah es, ganz im Geist des Familiensinns der römischen Großen, als seine Aufgabe an, nicht nur den Tod des Bruders zu rächen, sondern dessen Werk fortzusetzen und zum Erfolg zu führen. Tiberius war sozusagen in die Katastrophe hineingeschlittert, Gaius, der aus den inzwischen gemachten Erfahrungen gelernt hatte, ging umsichtig zu Werk. Zunächst einmal brachte er ein Gesetz durch, das Hinrichtungen römischer Bürger für gesetzwidrig erklärte, wenn das Todesurteil nicht durch die Volksversammlung bestätigt worden war, oder anders ausgedrückt: Jedem zum Tode Verurteilten musste die Gelegenheit gegeben werden, das Volk anzurufen (provocatio ad populum) – eigentlich nur eine Einschär-

---

58 Er rühmt sich dessen in der Inschrift ILS 23: „[...] primus fecei ut de agro poplico aratoribus cederent paastores [...]": „ [...] Ich habe als erster bewirkt, dass vom ager publicus die Hirten den Bauern Platz machten [...]."

fung einer schon lange bestehenden Regelung, aber anscheinend war das nötig. Da diese lex Sempronia de provocatione auch rückwirkend galt, musste Popilius Laenas ins Exil gehen. Zweitens sorgte er dafür, dass Volkstribunen nun auch legal zum zweiten Mal im Anschluss an ihre erste Amtszeit wieder gewählt werden durften, er selber war der erste, der, für 122, wieder gewählt wurde. Weiter war er es, der es als erster durchsetzte, dass das besitzlose stadtrömische Volk verbilligtes Getreide bekam, wodurch er sich dessen Sympathien zu erringen hoffte. Schließlich versuchte er, auch den Ritterstand auf seine Seite zu bringen, indem er für die Provinz Asia das Steuerpächtersystem erweiterte und zudem Ritter als Richter in Repetundenprozessen über Senatoren einsetzte.

Neben weiteren Maßnahmen aber war das Wichtigste natürlich das Ackergesetz, dessentwegen die anderen Reformen wohl eher instrumentalen Charakter hatten. Gaius Gracchus nahm die Gesetzgebung seines Bruders wieder auf, ergänzte sie aber durch weitere Ansiedlungsmaßnahmen traditionellen Charakters, nämlich durch die Gründung von Kolonien. Da in Italien kaum noch Platz dafür war, wurde an Übersee gedacht, und Gaius beging die Ungeschicklichkeit, sich darauf einzulassen, dass ausgerechnet in Karthago eine Kolonie angelegt werden sollte, dessen Platz seit 146 verflucht war. Das bot Angriffspunkte gegen ihn, und hinzu kam, dass von gegnerischer Seite dafür gesorgt worden war, dass mit M. Livius Drusus ein Volkstribun als einer seiner Kollegen gewählt wurde, der ihn mit demagogischen Anträgen auf Anlage von Kolonien in Italien übertrumpfte. Schließlich nahm Gaius Gracchus die vernünftigen Pläne wieder auf, den Italikern das römische Bürgerrecht zu verleihen, wodurch aber nun die privilegierte Stellung der Altbürger geschmälert worden wäre. Durch all das entfremdete er sich seiner Anhängerschaft, es kam zu Unruhen, in deren Verlauf wohl wirklich Gaius Gracchus als erster zur Gewalt griff und sich auf dem Aventin verschanzte. Der Senat bevollmächtigte durch einen jetzt erstmals formell gefassten „äußersten Senatsbeschluss", das senatus consultum ultimum,[59] den scharf antigracchanisch eingestellten Konsul von 121, L. Postumius, die Empörung mit Gewalt niederzuwerfen, was auch mit Leichtigkeit geschah. Gaius Gracchus beging Selbstmord, es folgten wieder zahlreiche Todesurteile gegen seine Anhänger.

2.4.3.2 Weitere Krisen. Marius

Die Landverteilung lief noch eine Weile weiter, bis ihr mit einem Ackergesetz von 111 das Ende bereitet wurde. Dieses Gesetz gab den Begünstigten das Land zu Volleigentum, so dass es verkäuflich war und tatsächlich auch häufig verkauft wurde.[60] Zwar gab es in der Folgezeit noch mehrere Versuche, die Landarmut auf dem Gesetzeswege zu lösen; endgültig ist das Problem aber auf eine Weise und durch einen Umweg gelöst worden, der den gesamten Staat umwälzte. Die Anstöße kamen wieder von außen. Zwar war Rom zunächst im Ausbau seiner Herrschaft erfolgreich. Nach dem Fall Numantias war Spanien ruhig, und man konnte sich jetzt darum kümmern, Südgallien als die Verbindung zwischen Spanien und Italien in den Herrschaftsbereich einzugliedern. Von 125 bis 118 wurden die dortigen Stämme besiegt, die Provinz Gallia Narbo-

---

59 J. von Ungern-Sternberg, Notstandsrecht.
60 K. Johannsen, Lex agraria.

nensis eingerichtet und als Hauptort die Kolonie Narbo Martius gegründet, das heutige Narbonne. Jedoch bahnte sich in Nordafrika eine dramatische Entwicklung an. 118 starb Micipsa, der Nachfolger des 148 gestorbenen Numiderkönigs Massinissa und hinterließ sein Reich zwei Söhnen und einem adoptierten Neffen, Jugurtha. In die Rivalitäten zwischen diesen dreien wurde selbstverständlich auch Rom hineingezogen – oder es nahm diese Rolle ebenso selbstverständlich von sich aus wahr. Es fällte Schiedssprüche, die von Jugurtha, der nacheinander seine beiden Rivalen umbrachte, nicht beachtet wurden. 111 erklärte ihm Rom den Krieg.

Eine Peinlichkeit folgte nun der anderen. Die römischen Befehlshaber ließen sich entweder besiegen oder bestechen, zogen sogar zum Schluss ab, Jugurtha selber bestach und mordete sogar in Rom, wo er sich hätte verantworten sollen. Erst unter dem Konsul von 109, Q. Caecilius Metellus, wurde energisch Krieg geführt, und möglicherweise hätte er selber ihn auch siegreich beendet – einen Triumph hatte er schon erhalten, der ihm den Beinamen Numidicus einbrachte –, wenn er nicht von einem ehemaligen Untergebenen abgelöst worden wäre. Sein Legat C. Marius, ein Mann aus dem Ritterstand, wagte es nämlich, in Rom zum Konsul zu kandidieren und wurde für das Jahr 107 auch gewählt. Der vornehme Metellus brachte es nicht über sich, wenigstens die Form zu wahren und die ordnungsgemäße Übergabe des Heeres an den Emporkömmling in eigener Person vorzunehmen.[61] Aber Marius war erfolgreich, 105 war Jugurtha besiegt, wurde in Rom im Triumphzug geführt und anschließend getötet, Numidien wurde aufgeteilt und zum Teil der Provinz Africa zugeschlagen. Im selben Jahr wurde Marius abermals zum Konsul gewählt, denn es drohte inzwischen eine neue Gefahr, diesmal wieder aus dem Norden, und allein Marius schien imstande, ihr zu begegnen.

Schon 113 waren germanische Scharen – Kimbern, Teutonen und Ambronen (der Name lebt in dem der Insel Amrum weiter) – im Nordosten des römischen Machtgebietes erschienen und hatten ein konsularisches Heer unter Cn. Papirius Carbo geschlagen, wanderten dann durch die heutige Schweiz nach Gallien und forderten Land zur Ansiedlung. Die Römer, die die Germanen zunächst für Gallier hielten und entsprechend traumatisiert reagierten, verweigerten ihnen das, stellten sich ihnen entgegen, mussten aber abermals, im Jahre 109, die Niederlage eines konsularischen Heeres unter M. Iunius Silanus hinnehmen. Die Führung durch die traditionellen Magistrate aus dem Senatorenstand versagte immer weiter. Nicht nur, dass man den germanischen Heeren immer weniger standhalten konnte, die schon im Zusammenhang mit Jugurtha deutlich gewordene Korruptheit zeigte sich abermals: Q. Servilius Caepio, der Konsul des Jahres 106, wurde wohl zu Recht verdächtigt, die riesige Beute, die bei der Plünderung von Tolosa (heute Toulouse) gemacht worden war (aurum Tolosanum), unterschlagen zu haben. Adelshochmut eben dieses Servilius hatte dann wohl die Katastrophe von Arausio (Orange) verursacht: Seine Rivalität mit dem Konsul Cn. Mallius Maximus, einem Aufsteiger (homo novus), führte im Jahr 105 zu einer vernichtenden Niederlage, wie sie Rom lange nicht mehr erlebt hatte.

Kein Wunder, dass der unbelastete Marius, der in Afrika vorgeführt hatte, wie man äußere Feinde besiegt, wieder Konsul wurde, und das in Folge: 104, 103, 102, 101 und

---

61 Sallust, Jugurthinischer Krieg 86, 5.

100. Das Vertrauen in ihn war berechtigt, denn 102 besiegte er bei Aquae Sextiae (Aix-en-Provence) die Teutonen und Ambronen, 101 die Kimbern bei Vercellae in Oberitalien in zwei genozidähnlichen Vernichtungsschlachten, nichts blieb von diesen Völkern mehr übrig. Seine militärischen Erfolge hatte er unter anderem dem zu verdanken, was man gemeinhin als die Reformen des Marius bezeichnet. Sie waren wohl eher praktische Maßnahmen als umständliche Reformvorhaben. Militärisch bestanden sie hauptsächlich darin, dass das Heer von der Manipular- zur Kohortengliederung überging und dass statt der unterschiedlichen Feldzeichen der einzelnen Unterkommandeure die einheitlichen Legionsadler eingeführt wurden. Sozial wichtiger und folgenreicher war, dass nicht mehr nur diejenigen zu Soldaten wurden, die ein bestimmtes Vermögen hatten, sondern dass Marius kraft seiner Feldherrngewalt auch solche Römer einstellte, die unterhalb der Vermögensgrenze blieben.[62] Sie waren nun Berufssoldaten, die ihren Sold erhielten und nach Ablauf ihrer Dienstzeit erwarten konnten, dass sie vom Feldherrn versorgt würden, und zwar mit Land; auch sie waren nämlich in ihrem Selbstverständnis Bauern geblieben. Das Ganze spielte sich innerhalb des Gesellschaftsverständnisses ab, das sich jahrhundertelang in Rom herausgebildet und eingespielt hatte: Diese Soldaten waren die Klienten ihres Feldherrn, der seinerseits die Rolle ihres Patrons hatte. Das Klientelsystem militarisierte sich.

2.4.3.3 Populare und Optimaten. Bundesgenossenkrieg

Nicht durchgängig übrigens hatte die in traditioneller Weise bestellte Regierung versagt. Im Jahre 104 brach auf Sizilien ein neuer Sklavenaufstand aus, der alsbald wieder zu einem Sklavenkrieg wurde. Der Überlieferung nach war der Anlass der gewesen, dass der Senat die Freilassung vieler unberechtigt versklavter Griechen aus dem Osten angeordnet hatte, dass dagegen die Eigentümer protestierten, die Maßnahme wieder zurückgenommen wurde und nun die, die sich vergebens Hoffnungen gemacht hatten, zu den Waffen griffen. Während Eunus dreißig Jahre vorher ein hellenistisches Königtum installieren wollte, versuchten es die Sklavenanführer Salvius und Athenion teilweise mit römischer Stilisierung, und auf diese Weise endete schließlich dieser Krieg: Unter dem Mitkonsul des Marius von 101, M.' Aquilius, wurde ein Heer ausgesandt, und der Krieg wurde auf heroische Weise de facto dadurch entschieden, dass Athenion und Aquilius im Zweikampf gegeneinander kämpften,[63] wobei der Konsul Sieger blieb – wahrlich, es waren nicht alle Nobiles korrupte Feiglinge.

Die politische Laufbahn des großen Soldaten Marius endete in einer schmachvollen Katastrophe. In der Zwischenzeit hatten sich nämlich zwei große politische Richtungen innerhalb der Senatsaristokratie herausgebildet, von denen die eine in der Tradition der Gracchen agierte, die andere in der von deren Gegnern.[64] Die erstere, die sich später selber als Volksfreunde, Populare, bezeichnete, betrieb zum einen inhaltlich eine volksfreundliche Politik, indem sie sich vor allem für Landverteilungen, Ansiedlungen und subventionierte Getreideversorgung in der Stadt einsetzte, zum anderen rückte ihre politische Verfahrensweise das Volk in den Vordergrund, indem sie sich,

---

62 Sallust, Iugurthinischer Krieg 86, 2.
63 Diodor 36, 10, 1.
64 Cicero, De officiis 1, 31; Über das Ackergesetz 1, 23; 2, 6 f.

wie es Tiberius Gracchus getan hatte, unter Umgehung des Senats direkt an die Volksversammlung wandte. Die andere Gruppe nannte sich selber Optimaten, die Besten, und obwohl auch sie natürlich nicht prinzipiell gegen eine Politik war, die dem Volke Wohltaten zukommen lassen sollte, so beharrte sie doch kompromisslos auf der zentralen politischen Stellung des Senats. Wohlgemerkt waren die Anhänger der beiden politischen Richtungen beide Angehörige des Senatorenstandes, und die Übergänge waren fließend.

Marius hatte gegenüber seinen Veteranen die Patronatspflichten zu erfüllen, sie also mit Land zu versorgen, und während die Optimaten diesem Begehren Widerstände entgegensetzten – Marius hätte auf diese Weise eine Machtfülle bekommen, die dem inneraristokratischen Gleichgewicht gefährlich schien –, fand er tatkräftige Unterstützung bei den Popularen und ihren einflussreichsten Anführern, L. Appuleius Saturninus und C. Servilius Glaucia, die vor allem als Volkstribunen agierten. Neben anderem war eine Veteranenansiedlung in Afrika – nicht Karthago! – durchgebracht worden, weitere Veteranenkolonien waren geplant, aber während des Wahlkampfes im Jahre 100 kam es zu Unruhen, und als Glaucia, der zum Konsulat kandidierte, einen Mitbewerber ermorden ließ, rief der Senat den Notstand aus. Dieses senatus consultum ultimum (SCU) hatte sich inzwischen zu einem akzeptierten Rechtsinstitut der Republik entwickelt. Es bestand darin, dass der Senat Magistrate, im Normalfall die Konsuln, ermächtigte, gewaltsam Ruhe und Ordnung wiederherzustellen. Wie sehr dieses Rechtsinstitut akzeptiert war, sieht man daran, dass Marius das SCU ausführte und militärisch gegen seine popularen Verbündeten vorging, deren Anführer – Saturninus und Glaucia – dabei erschlagen wurden. Die Optimaten hatten gesiegt, Marius aber war politisch erledigt und verließ Rom.

Das Entstehen und Erstarken der popularen Bewegung und, besonders deutlich zu sehen, das völlig irreguläre Dauerkonsulat des Marius, die beide zu revolutionsähnlichen Gewaltakten führten und ebenfalls mit Gewalt[65] vorläufig beendet wurden, hatten ihren Anstoß darin gehabt, dass die bisherige aristokratische Führung diese ganzen Jahrzehnte hindurch mit existentiellen Erfordernissen und deren Konsequenzen im Allgemeinen nicht fertig wurde, die von außen an den Staat herantraten. Die nächste tiefgreifende Erschütterung kam aus Italien selbst, allerdings ebenfalls als Problem, dessen Lösung bisher verschleppt worden war. Es handelte sich um die Bürgerrechtsverleihung an die Italiker. Während der Ausbreitung Roms über Italien war ja so vorgegangen worden, dass die überwundenen Städte in ein Bündnisverhältnis zu Rom traten, zwar keine Außenpolitik treiben durften und Kontingente zum römischen Heer zu stellen hatten, im Übrigen aber autonom blieben. Dadurch blieb die eigene Identität erhalten, was natürlich zunächst als Vorteil angesehen wurde. Im Laufe der Jahrhunderte hatte sich die Situation aber geändert, die Italiker glichen sich immer mehr den Römern an, wurden im Ausland als Römer behandelt – bis hin zu Opfern von kollektiven Verfolgungsmaßnahmen –, trugen auch im Heer alle Lasten der Soldaten, bekamen aber geringeren Anteil an der Beute und waren sogar noch der Prügelstrafe ausgesetzt. Demgemäß sank der Wert der eigenen Staatsbürgerschaft immer

---

65 A. W. Linott, Violence; W. Schuller, Gewalt.

mehr ab und der Wunsch nach rechtlicher Angleichung an die Römer durch die Verleihung des Bürgerrechts nahm zu.

Virulent war dieses Problem im Zusammenhang mit den von den Gracchen ausgehenden Landverteilungsmaßnahmen geworden, bestand aber auch unabhängig von diesem konkreten Anlass. Allmählich wurde die Geduld der Bundesgenossen auf eine harte Probe gestellt, und nach dem Untergang des Saturninus waren die Aussichten wieder auf den Nullpunkt gesunken. Bestehende ernsthafte Probleme lassen sich freilich nicht durch Ignorierung lösen, und so wurde in den neunziger Jahren ein letzter Versuch gemacht, das, was auf revolutionärem Weg gescheitert war, konsensual einer Lösung zuzuführen. Wieder war es ein Volkstribun, der diesmal in Zusammenarbeit mit dem Senat die Frage der Landverteilung, der Besetzung der Geschworenengerichte, der Subventionierung des Brotgetreides und auch die des Bürgerrechts für die Bundesgenossen in Angriff nahm, M. Livius Drusus, der Sohn des gleichnamigen Volkstribunen, der C. Gracchus ausmanövriert hatte. Die Nachrichten über das, was geschah, sind spärlich, jedoch scheint es so gewesen zu sein, dass er ähnlich wie Tiberius Gracchus von der Dynamik der Entwicklung weggetragen wurde und in Gegensatz zum Senat geriet. Als er dann ermordet wurde, war das der Funken, der das Pulverfass zur Explosion brachte. Die socii erhoben sich gegen Rom, der Bundesgenossenkrieg begann. Die (ehemaligen) Bundesgenossen gaben sich eine Verfassung ähnlich der römischen, benannten Corfinium in Italia um, erklärten es zur Hauptstadt und kämpften als de facto römische Soldaten gegen diejenigen, die es auch der Form nach waren. Dieser Krieg verlief mit wechselndem Glück, aber alles in allem doch für Rom so, dass nur eines half, nämlich die socii zu cives zu machen, und das geschah auch, in mehreren Schritten, und als der Krieg 89 zu Ende war, war ganz Italien einheitliches römisches Bürgergebiet.

2.4.3.4 Sulla

Besonders hervorgetan hatte sich auf römischer Seite ein Mann, der schon im jugurthinischen Krieg durch Wagemut aufgefallen war. L. Cornelius Sulla[66] war derjenige gewesen, dem es gelungen war, als junger Quästor den König Jugurtha in einem Handstreich gefangen zu nehmen. Das geschah sehr zum Ärger des Marius, und es ist wohl nicht übertrieben, wenn man von diesem Vorfall her die heftige persönliche Rivalität zwischen den beiden Männern datiert. Es kamen ernsthafte politische Divergenzen hinzu. Marius war, trotz seiner Blamage des Jahres 100, die Symbolfigur der Popularen, und Sulla war der klügste, konsequenteste und rücksichtsloseste Politiker der optimatischen Seite. Wohl wegen seines Einsatzes im Bundesgenossenkrieg wurde er für das Jahr 88 zum Konsul gewählt, und seine wichtigste Aufgabe schloss gleich an die eben bewiesenen militärischen Leistungen an: Er wurde vom Senat zum Oberbefehlshaber im Kampf gegen den König Mithridates VI. von Pontos bestimmt. Dieser König hatte in einem längeren Prozess sein Reich auf die gesamte Süd-, Ost- und Nordküste des Schwarzen Meeres ausgedehnt, hatte Kleinasien erobert und auch in Griechenland Anhänger gefunden, selbst das sonst so vorsichtige Athen war zu ihm

---

66 K. Christ, Sulla.

übergegangen. Er war die letzte Hoffnung all derer, die die römische Herrschaft abschütteln wollten.[67]

Sulla befand sich auf dem Marsch nach Osten erst in Kampanien, als ihn die Nachricht erreichte, die Popularen hätten ihm durch Volksgesetz den Oberbefehl entzogen und auf Marius übertragen. Da tat er das Unerhörte. Er machte kehrt, marschierte in Rom ein, ließ einige Populare hinrichten und zog dann, das Musterbeispiel an Kaltblütigkeit, wieder gegen Mithridates nach Osten. Sofort ergriffen die Popularen wieder die Macht in Rom. L. Cornelius Cinna, der Konsul von 87, rief Marius wieder zurück, der bis zu seinem baldigen Tod Anfang Januar noch einmal für einige Tage als Konsul agierte (und damit sein ihm früher prophezeites siebentes Konsulat erhielt), und beide richteten unter ihren optimatischen Gegnern ein Blutbad an. Von nun an saßen die Popularen fest im Sattel, Cinna bekleidete das Konsulat in Folge bis zum Jahr 84. Sulla war natürlich das Kommando wieder entzogen worden, eine Art Konkurrenzheer wurde gegen Mithridates geschickt, aber ebenso natürlich kümmerte sich Sulla nicht um seine Absetzung, sondern führte den Krieg auf eigene Faust weiter. Zwar errang das populare Heer auch nicht geringe Erfolge, wurde aber durch innere Zwistigkeiten gelähmt und lief schließlich zu Sulla über. Dieser eroberte Athen im Jahre 86, hatte dann aber offenbar Eile, mit Mithridates zu einer Übereinkunft zu kommen. 85 wurde in Dardanos der Friede mit dem zwar aus Kleinasien zurückgedrängten, aber nicht vollständig besiegten König geschlossen, und Sulla konnte nach Rom zurückkehren.

Was 88 ein handstreichartiger Marsch auf Rom gewesen war, wurde nun zum lang andauernden Bürgerkrieg. Im Frühjahr 83 landete Sulla in Italien, nachdem im Vorjahr Cinna bei dem Versuch, Sulla militärisch zuvorzukommen, von seinen Soldaten erschlagen worden war, und erst Ende 82 konnte er in Rom einziehen, wobei der Widerstand andernorts noch länger andauerte. Nun geschah etwas, was sein Bild in der Folgezeit dauernd bestimmte und seinen Namen zu etwas Schrecklichem werden ließ, von dem sich jeder distanzierte. Waren bisher, schlimm genug, die jeweiligen Gegner einfach erschlagen worden, so wurde nun eine Art perverser Rechtssicherheit dadurch fingiert, dass die Namen derjenigen veröffentlicht wurden, die von jedermann nicht nur straflos umgebracht werden durften, sondern aus deren dem Staat verfallenen Vermögen die Mörder erhebliche Prämien erhielten (Proskriptionen, von proscribere, aufschreiben); und selbst die nicht Aufgeführten durften nicht beruhigt sein, weil es Nachträge auf den Listen gab.[68]

Das war die eine Seite Sullas. Die andere bestand darin, dass er ernsthaft an eine Neuregelung des staatlichen Lebens ging. Sulla erinnerte sich des Amtes der Diktatur, aber während der Diktator früher nur zu Behebung eines augenblicklichen Notstandes und auch nur für ein halbes Jahr ernannt wurde, ließ sich Sulla noch im Jahre 82 formgerecht und ohne zeitliche Frist zum gesetzgebenden und den Staat ordnenden Diktator einsetzen (dictator legibus scribundis et rei publicae constituendae). Und er gab tatsächlich Gesetze und ordnete den Staat; hier kann nur das Wichtigste genannt werden.[69]

---

67 K. Strobel, Mithridates VI.
68 Plutarch, Sulla 31.
69 T. Hantos, Res publica constituta.

Sulla stellte der in Unordnung geratenen Republik Diagnosen und verordnete danach Heilmittel. Das erste war, dass er eine Ursache in der Tätigkeit der Volkstribunen sah, und demgemäß beschnitt er deren Kompetenzen, bestimmte, dass jeder Antrag vor der Weiterleitung an die Volksversammlung erst vom Senat genehmigt werden musste[70] und verfügte vor allem, dass einem Volkstribunen jede weitere politische Laufbahn versperrt sein solle, in der richtigen Erkenntnis, dass das Volkstribunat in den meisten Fällen nur Sprungbrett zu höheren Ämtern sein sollte. Ein weiterer Missstand war der, dass Magistrate mit militärischer Kompetenz in die Versuchung kamen, ihre militärischen Kommanden gegen den Staat zu wenden, also das zu tun, was er selber getan hatte. Daher wurde bestimmt, dass Konsuln und Prätoren während ihres Amtsjahres in Rom bleiben und nur zivile Kompetenzen haben sollten; nach dessen Ablauf sollten sie, nun mit imperium ausgestattet, als Statthalter (pro consule, pro praetore) in die Provinzen gehen. Inzwischen gab es zehn Provinzen, so dass die Zahl der Prätoren zusätzlich zum praetor urbanus und zum praetor peregrinus auf acht erhöht wurde. Als weiteren Automatismus traf er die Regelung, dass vom Quästor an (deren Zahl er auf 20 erhöhte) alle gewesenen Magistrate ipso facto in den Senat kamen, so dass die Zensoren, deren Objektivität wegen der parteilichen Zerklüftung nicht mehr gewährleistet war, nicht mehr tätig zu sein brauchten.

Eine weitere Diagnose war die, dass ein Senat von 300 Mann zu klein war, um die angewachsenen Geschäfte kompetent erledigen zu können. Wie das andere vor ihm auch schon versucht hatten, erweiterte er ihn auf 600 Mann, rekrutierte ihn also – übrigens durch Volkswahl – aus dem nächsthöheren, dem Ritterstand. Dieser wurde als Stand nicht nur durch diesen Aderlass geschwächt, sondern auch dadurch, dass den Rittern jetzt die Richtereigenschaft wieder genommen wurde. Das Gerichtswesen reformierte er weiter, indem er über die Repetunden hinaus zahlreiche weitere ständige Gerichtshöfe einrichtete. Im Übrigen schaffte er keineswegs alle Regelungen wieder ab, die durch das populare Regiment getroffen worden waren.

In dieser Art etwa wäre überhaupt Sullas Gesetzgebung zu charakterisieren: So sehr es ihm darum ging, die Senatsherrschaft wiederherzustellen, so wenig reaktionär im Sinne von blindlings rückwärtsgewandt handelte er. Schon die Tatsache eines in sich stimmigen Verfassungsgesetzgebungswerkes selber widersprach allen Traditionen, mit denen die Republik bisher vorgegangen war, ebenso widersprach die Regelhaftigkeit, mit der die Magistraturen jetzt verfasst waren, dem bisherigen aristokratischen, großenteils ungeschriebenen Comment. Und die Verdoppelung der Anzahl der Senatsmitglieder bedeutete natürlich eine Halbierung der Einflussmöglichkeit des einzelnen Senators. Eine letzte Ambivalenz behielt sich Sulla noch vor. Er baute sein Amt nicht, wie befürchtet, zu einer dauerhaften Einmannherrschaft aus, sondern trat in dem Moment zurück, als er seine Aufgabe erfüllt sah, im Jahre 79. Im Jahre darauf starb er als das Leben – nur noch kurz – genießender Privatmann.

---

[70] Bisher war das nur eine, wenn auch gewichtige, Konvention gewesen; Gesetze, die unter Übergehung oder gar gegen den Senat von der Volksversammlung beschlossen wurden, waren, wie das Ackergesetz des Ti. Gracchus zeigt, gültig.

2.4.3.5 Pompeius

Zunächst hielt Sullas Werk; das Aufbegehren eines der Konsuln von 78, M. Aemilius Lepidus, wurde schnell erstickt. Freilich hatte Sullas Konstruktion in politischer Hinsicht zwei Geburtsfehler. Der eine war die Voraussetzung, dass der reorganisierte Staat und der neu zusammengesetzte Senatorenstand dieselbe Potenz wie die der hohen Republik hätten und alle Schwierigkeiten, die auf sie zukommen würden, aus eigener Kraft würden bewältigen können; die Folgezeit zeigte sehr schnell, dass das nicht mehr der Fall war. Der zweite, handgreifliche politische Geburtsfehler war der, dass Sullas Sieg im Bürgerkrieg nur einer von vorneherein gegebenen Irregularität zu verdanken war, nämlich der Hilfe des Cn. Pompeius,[71] des Sohnes eines der Konsuln von 89. Als nämlich Sulla im Jahre 83 in Italien gelandet war, führte ihm dieser damals 23 Jahre alte Privatmann, der noch kein einziges politisches Amt bekleidet hatte, zwei oder sogar drei komplette, privat aufgestellte Legionen zu und Sulla schickte diesen anmaßenden Jüngling nicht nur nicht zurück, sondern ließ ihn für sich in Italien, Sizilien und Afrika kämpfen und ließ ihn in der Folgezeit als eine sozusagen neben dem Staat stehende unabhängige politisch-militärische Macht weiter bestehen. Nach Sullas Tod wurde Pompeius für den optimatisch regierten Staat immer unentbehrlicher, obwohl sich dieser immer wieder von ihm zu distanzieren versuchte; das war das Grunddilemma der späten Republik.

Nach der Niederwerfung des Lepidus galt es zunächst, die populare Herrschaft zu beseitigen, die sich unter der Führung des Marianers Sertorius in Spanien noch gehalten hatte. Schon hier übertrug der Senat im Jahre 77 dem Pompeius eines der beiden Kommanden, statt diesen lang dauernden Krieg aus eigener Kraft zu bewältigen. Erst 71 konnte Pompeius wieder nach Italien zurückkehren. Hier griff er noch schnell in einen Konflikt ein, der zwar schon entschieden war, aber auch das nur, nachdem die regulären Instanzen versagt hatten. 73 waren aus einer Gladiatorenschule in Capua unter der Führung eines Spartacus[72] Gladiatoren ausgebrochen und hatten alsbald ein mächtiges Sklavenheer aufgestellt, das Italien durchzog und dem sich zwei konsularische Heere vergeblich entgegengestellt hatten. Erst als dem M. Licinius Crassus – auch er hatte auf Sullas Seite mitgekämpft – besondere Vollmachten verliehen worden waren, konnten diese Sklaven besiegt werden; Pompeius war nur zu einem geringen Teil daran beteiligt. Trotzdem glaubte er nicht zu Unrecht, auf Grund seiner Leistungen in Spanien einen Anspruch darauf zu haben, vom Staat eine Anerkennung zu verlangen, die über Dankadressen und ähnliches hinausging. Er verlangte für das Jahr 70 das Konsulat, und das, obwohl er keinen einzigen Schritt auf der Ämterlaufbahn getan hatte.[73] Um sein Ziel zu erreichen, verbündete er sich mit Crassus, beide wurden gewählt und machten die Restriktionen wieder rückgängig, die die sullanische Verfassung dem Volkstribunat auferlegt hatte. Der innere Widerspruch dieser Verfassung, dass sie nur mit Hilfe des Heeres eines Privatmannes durchgesetzt worden war, verstärkte sich also dadurch, dass dieser Privatmann unter krasser Missachtung der Ämterlaufbahn Konsul und dass ein Teil der Verfassung wieder abgeschafft wurde.

---

71 M. Gelzer, Pompeius; R. Seager, Pompey.
72 W. Schuller, Spartacus heute.
73 Gelegentlich kokettierte er damit: Plutarch, Pompeius 22, 5–9.

Abb. 9: *Die Mithridateskriege (88–64 v.Chr.).* ▷

Bald erwies sich, dass es mit dem einmaligen Sondereinsatz des Pompeius nicht getan war, sondern dass das Versagen der herkömmlichen Methoden der Krisenbewältigung offenbar strukturelle Gründe hatte. Die Seeräuberplage im gesamten Mittelmeer hatte ein solches Ausmaß angenommen, dass der römische Staat schon vorher zu außerordentlichen Mitteln hatte greifen müssen; zwei Antonii, Vater und Sohn, hatten vergeblich gegen sie gekämpft, und kürzlich, im Jahre 68, hatte ein Q. Caecilius Metellus im Kampf gegen sie versagt. 67 erließ das Volk auf Antrag des Pompeius-Freundes und Volkstribunen A. Gabinius eine lex Gabinia, nach der Pompeius auf drei Jahre zur Bekämpfung der Seeräuber eine allen anderen übergeordnete Kommandogewalt an sämtlichen Küsten auf 50 km landeinwärts bekommen solle – Pompeius erledigte diese Aufgabe bereits in 40 Tagen. Sofort wurde er für noch Größeres ins Auge gefasst. König Mithridates, der von Sulla ja nur sozusagen provisorisch besiegt worden war, war wieder vorgerückt, so dass Rom seit dem Jahre 74 wieder mit ihm im Kriege lag. Dieser Krieg, der sich dann auch gegen Armenien richtete, wurde von dem vornehmen Aristokraten L. Licinius Lucullus erfolgreich geführt, jedoch nicht so erfolgreich, dass er schon jetzt zu einem Ende gekommen wäre. Mögen für diese Verzögerung auch Ungeschicklichkeiten Luculls in der Behandlung der Soldaten ursächlich gewesen sein, auf jeden Fall hatten aber auch Quertreibereien aus Rom Schuld daran gehabt.

So war es nur eine Fortsetzung dieser Behinderungen, dass man jetzt Lucullus durch Pompeius ablösen wollte. Den Antrag stellte im Jahre 66 der Volkstribun Mani-

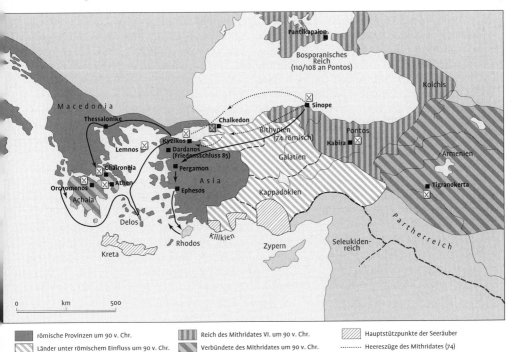

lius, noch ohne Pompeius namentlich zu nennen; auch der Prätor M. Tullius Cicero sprach sich in einer berühmt gewordenen Rede dafür aus.[74] Natürlich erhielt Pompeius dann den Oberbefehl mit weitreichenden Vollmachten und hielt sich bis zum Jahr 62 im Osten auf. Mithridates wurde bald besiegt, flüchtete sich später auf die Krim, einer Auslieferung an die Römer durch seinen dort herrschenden eigenen Sohn Pharnakes kam er durch Selbstmord zuvor. Mit diesem Sieg begnügte sich Pompeius aber nicht, sondern er ordnete grundlegend die politischen Verhältnisse des vorderen Orients. Armenien wurde römischer Vasallenstaat, das Verhältnis zu den Parthern wurde geregelt, Städte wurden gegründet, kleinere Herrscher wurden ein- oder abgesetzt oder in ihrer Herrschaft bestätigt – so entschied er über die Besetzung des Hohepriesters in Jerusalem,[75] dessen Tempel er betrat –, und es wurden neue römische Provinzen eingerichtet: Bithynia et Pontus aus dem Stammgebiet des Mithridates und dem ehemaligen Königreich Bithynien, sowie Syria. Das also war das Ende des riesigen und ruhmreichen Seleukidenreiches.

Während der Abwesenheit des Pompeius spielte sich im Jahre 63 in Rom etwas ab, was allen Eigenlobs des Hauptakteurs zum Trotz doch zeigte, dass der alten Republik nicht alle Energie und Fähigkeit abhanden gekommen waren. Der dieses Jahr bestimmende Konsul war der eben schon erwähnte M. Tullius Cicero[76], ein Mann des Ritterstandes von großer rednerischer, literarischer, philosophischer und durchaus auch politischer[77] Begabung. Seine politische Linie war nicht rein optimatisch, insbesondere sah er, dass ein Teil der Herren Optimaten der eigenen Bequemlichkeit wegen die Politik, die doch in ihrem eigenen Interesse gelegen hätte, sträflich vernachlässigte; wenn es freilich hart auf hart ging, war er auf deren Seite gegen die Popularen. So begann er sein Amtsjahr mit der erfolgreichen Abwehr eines Ackergesetzes, in dem er eine Gefahr für den Staat erblickte. Seine berühmteste und – um es zu wiederholen – wirklich bedeutende Tat freilich war die Abwehr der Verschwörung des Catilina. L. Sergius Catilina, patrizischer Herkunft, hatte mehrere erfolglos gebliebene Versuche hinter sich, zum Konsul gewählt zu werden, und da er, was sich schon in seiner Provinzverwaltung in Afrika gezeigt hatte, wohl das übliche Ausmaß an Skrupellosigkeit überschritt, fasste er den Plan, zusammen mit anderen verkrachten Existenzen aus der römischen Oberschicht gewaltsam die Macht zu ergreifen.

Nun liegt es im Wesen von Verschwörungen, dass sie geheim sind und dass ihre Realität erst mit dem Losschlagen oder gar erst mit ihrem Erfolg zur Evidenz nachgewiesen werden kann, also wenn es zu spät ist. Dementsprechend hatte der Konsul erhebliche Schwierigkeiten, sowohl Senat und Volk von der Verschwörung zu überzeugen, als auch dazu ermächtigt zu werden, ihr zu begegnen. Vier Reden Ciceros sind überliefert, in denen er sich dieser Aufgabe widmete, und schließlich hatte er den Erfolg auf seiner Seite. Catilina offenbarte sich dadurch, dass er Rom verließ, zu seinen aufständischen Truppen ging und Anfang 62 geschlagen werden konnte; fünf Teilnehmer an der Verschwörung wurden gegen Ende des Jahres ergriffen und auf Grund ei-

---

[74] Über den Oberbefehl des Pompeius.
[75] Flavius Iosephus, Jüdische Altertümer 14.
[76] M. Gelzer, Cicero; M. Fuhrmann, Cicero.
[77] C. Habicht, Cicero.

nes auf Betreiben Ciceros erlassenen senatus consultum ultimum hingerichtet. Weiterreichende Pläne als die des persönlichen Fortkommens oder der Behebung persönlicher Notlagen (Verschuldung) hatten die Verschwörer nicht, fingierten freilich Absichten im popularen Sinne. Im Fall des Erfolges hätte ihr Putsch den Staat zwar in eine erhebliche Notlage gebracht, freilich ohne jede weitere Perspektive. Die Verschwörung zeigte nur, wie tief ein Teil des römischen Senatsadels gesunken war.

Gut zehn Jahre lang schwelte die Krise der Republik weiter. Zunächst war Cicero gleich nach Beendigung seines Konsulats schweren Angriffen wegen der Hinrichtung des Catilinarier ausgesetzt; ihm wurde vorgeworfen, dass er ihnen trotz des ausgerufenen Notstandes nach dem Gesetz des C. Gracchus ein ordentliches Gerichtsverfahren hätte ermöglichen müssen. 58 wurde sogar ein spezielles Gesetz erlassen, das ihn ins Exil trieb, aus dem er allerdings nach 15 Monaten zurückkehren konnte. Der Initiator dieses Gesetzes war P. Clodius Pulcher, ein Mann aus ältestem Adel, der in einer bisher noch nicht da gewesenen Weise zur Verrohung der römischen Politik beitrug. Waren – knapp diesseits des regelrechten Bürgerkrieges – seit den Gracchen ohnehin schon Gewaltaktionen bei der Durchsetzung politischer Ziele gang und gäbe geworden, so intensivierte Clodius die Gewalt noch dadurch, dass er die collegia, althergebrachte Selbsthilfeorganisationen der Mittel- bis Unterschicht, auf seine anscheinend charismatische Person einschwur und zur Störung politischer Verfahren und zur Terrorisierung seiner Gegner einsetzte. Unter P. Sestius und T. Annius Milo wurden Gegenbanden gegründet, so dass bis zur Ermordung des Clodius das politische Leben der Stadt Rom mehr und mehr durch einen Bandenkrieg und andere Gewaltaktionen charakterisiert wurde. Im Januar 52 ließ Milo den Clodius im Anschluss an eine außerhalb Roms stattfindende Straßenschlacht ermorden, und die Tatsache, dass damit diese Art von Gewalt sofort aufhörte, zeigt, dass sie keinen aus sich heraus bestehenden sozialen Faktor darstellte, sondern von oben planmäßig hervorgerufen und eingesetzt war.[78] Freilich waren all das zweitrangige

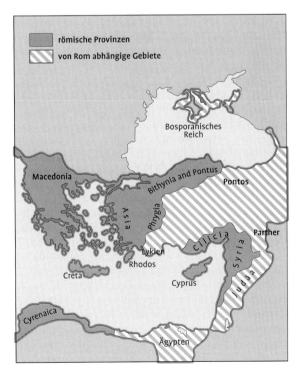

Abb. 10: *Die Neuordnung des Ostens durch Pompeius.*

---

[78] W. Schuller, Mordprozeß.

Dinge gegenüber der großen Politik, die von den zwei durch ihre Heeresklientel mächtigen Personen bestimmt wurde. Als Pompeius Ende 62 wieder in Italien landete, entließ er zur Überraschung derer, die einen zweiten Sulla befürchtet hatten, sein Heer, erwartete freilich als selbstverständlich, dass der Senat seine gewaltigen und konstruktiven Regelungen im Ostmittelmeerraum billige und das Heer mit Land versorge. Beides geschah nicht, und dass es nicht geschah, ist hauptsächlich, wenn auch nicht ausschließlich, auf kurzsichtige Arroganz der Optimaten zurückzuführen. Die Versorgung des Heeres hätte die Machtstellung des einzelnen Mannes Pompeius weiter gefestigt, und Pompeius' Forderung nach einer en bloc-Billigung seiner Anordnungen entbehrte ihrerseits nicht des Hochmuts und der Verachtung der Institutionen. Trotzdem war die Verweigerung des Senats nicht nur ein taktischer Fehler, sondern zeigte auch den grundlegenden Widerspruch auf, der sich zwischen dem Anspruch auf prinzipielle Gleichheit innerhalb der Aristokratie und der überwältigenden Macht eines einzelnen aufgetan hatte.

2.4.3.6 Pompeius und Caesar

Pompeius blieb nun, auch zur Wahrung seines Gesichts, nichts anderes übrig, als sich zur Durchsetzung seiner der Sache nach ja berechtigten Ansprüche um Bundesgenossen zu kümmern. Im Jahre 60 verständigte er sich mit einem fast ebenso mächtigen sowie mit einem im politischen Aufstieg befindlichen Aristokraten darauf, gemeinsam die Politik der nächsten Jahre zu bestimmen. Ersterer war M. Licinius Crassus, mit dem zusammen er schon 70 das Konsulat bekleidet hatte, und der durch eine planmäßige und engmaschige Politik der Klientelgewinnung eine der führenden Figuren der römischen Politik geworden war – so hatte er neben der breitwilligen und unermüdlichen Hilfe in Einzelfällen die erste Feuerwehr Roms gegründet, eine Einrichtung, die angesichts der ständigen Brände viel soziale Not linderte und Dankesverpflichtungen begründete. Der andere war C. Iulius Caesar,[79] ein bisher noch nicht besonders hervorgetretener Politiker aus patrizischem Geschlecht. Zwar hatte er sich als junger Mann Sulla gegenüber nicht willfährig erwiesen, und zwar hatte er im Fall der Bestrafung der Catilinarier eine – maßvolle – Sonderstellung eingenommen, aber im Übrigen war seine Laufbahn ohne größere Eigenwilligkeiten verlaufen; er hatte die Prätur hinter sich gebracht und war als Statthalter nach Spanien gegangen.

Die Absprache, die diese drei im Jahre 60 trafen, war nichts Ungewöhnliches in der römischen – und in jeder – Politik; sie ist den Zeitgenossen auch lange gar nicht bekannt geworden und wurde erst in der Moderne als Erstes Triumvirat bezeichnet (fälschlich, weil mit diesem Terminus ein staatliches Amt gemeint ist). Sie vereinbarten, nichts gegeneinander zu unternehmen, dass Crassus finanziell zufrieden gestellt werde und dass Caesar Konsul werden und in diesem Amt dafür sorgen sollte, dass die Wünsche des Pompeius endlich erfüllt würden. Zur Bekräftigung heiratete Pompeius Caesars Tochter Iulia (Caesar selbst war sechs Jahre jünger als Pompeius), und überraschenderweise wurde es eine ausnehmend glückliche Ehe. Wie begrenzt trotz der großen Klientelen die Macht der drei gleichwohl war, erhellt aus der Tatsache, dass ihr Kandidat für das zweite Konsulamt, L. Lucceius, nicht durchkam und stattdessen

---

79 M. Gelzer, Caesar; W. Dahlheim, Caesar; C. Meier, Caesar.

M. Calpurnius Bibulus gewählt wurde, ein enragierter Optimat und geschworener Feind Caesars. Der Sache nach erfüllte Caesar seine Verpflichtungen aus der Absprache. Zwar weigerte sich der Senat weiterhin, aber Caesar setzte alles in populärer Manier über die Volksversammlung durch: Crassus erhielt über die Steuerpacht der Provinz Asia weitere Verdienstmöglichkeiten, und durch mehrere Gesetze wurden die Veteranen des Pompeius mit Land versorgt und seine Regelungen im Osten bestätigt. Freilich wurden diese Gesetze mit Gewaltaktionen durchgebracht; am spektakulärsten war, dass Caesar seinen Mitkonsul Bibulus am – der Obstruktion dienenden – Interzedieren dadurch hinderte, dass er ihn mit Unrat bewerfen ließ, so dass dieser sich in sein Privathaus zurückzog und durch – ebenfalls obstruierende – Bekanntgabe religiöser Hinderungsgründe die Abstimmung formal ungültig werden ließ. Von nun an musste Caesar fürchten, wegen dieser Aktionen angeklagt zu werden und musste daher darauf achten, ständig ein Amt innezuhaben, wodurch ein Prozess unmöglich wurde.

Während die Machtstellung des Pompeius darauf beruht hatte, dass er wegen des Versagens der traditionellen republikanischen Mechanismen und der senatorischen Führungsschicht objektive Notlagen des Staates erfolgreich löste und dadurch Prestige und Klientel in bisher nicht gesehenem Ausmaß gewann, sah sich umgekehrt Caesar nach einer Aufgabe um, die ihm dasselbe gewähren konnte, ja, er schuf sich diese Aufgabe selber. Ein Hilfsunternehmen der keltischen Helvetier für den benachbarten Stamm der Häduer gegen die germanischen Sueben unter ihrem Fürsten Ariovist nahm er zum Anlass, eine Gefahr für Rom glaubhaft zu machen. Daher verliehen ihm eine lex Vatinia und ein Senatsbeschluss Gallien als Provinz, das erst in seinem südlichen Teil römisch war, und das er in den nächsten neun Jahren zur Gänze eroberte, wobei er auch den Rhein überschritt und den Süden Britanniens militärisch erkundete. Als schon alles befriedet schien, wirkte die Ermordung des Clodius auch bei bisher loyalen Stämmen als Signal dafür, dass die Römer sich nun intern selbst zerfleischten,[80] und es kam zum gefährlichsten Aufstand unter Vercingetorix, der nur mit der äußerst riskanten und kräftezehrenden Eroberung Alesias beendet werden konnte. Dieser gallische Krieg, den Caesar in einem glänzend geschriebenen, leider in der Neuzeit als erste Schullektüre dienenden Werk selber schilderte, verschaffte ihm immensen Reichtum, immenses Prestige und ein ihm vollständig ergebenes Heer.

Während des ganzen Feldzuges – neun Jahre! – betrat Caesar Rom nicht, sondern hielt sich nur in den Wintermonaten in Oberitalien auf. Dort, auf getrennten Besprechungen in Ravenna und Luca (heute Lucca), wurde 56 die Absprache zwischen ihm, Crassus und Pompeius erneuert, in deren Folge diese beiden 55 wieder Konsuln wurden und Crassus ein Kommando im Krieg gegen die Parther bekam; 53 fiel er bei Carrhae (dem altorientalischen Haran). Die innerrömische Politik versank immer mehr im Chaos; Wahlen zu den obersten Ämtern wurden gestört und immer weiter hinausgeschoben oder fanden gar nicht mehr statt. Der Umschwung geschah durch die Ermordung des Clodius. Sie wurde als ein solcher Schock empfunden, dass Pompeius mit der Wiederherstellung der Ordnung – zu deren Störung er selber einen erheblichen Beitrag geleistet hatte – betraut wurde. Diktator wurde er nicht, weil dieses Amt durch Sulla zu belastet erschien, wohl aber erhielt er die einmalige Stellung eines Konsuls

---

[80] Gallischer Krieg 7, 1.

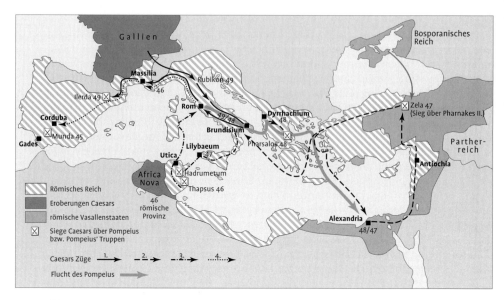

Abb. 11: *Der römische Bürgerkrieg (49–46/45 v.Chr.).*

ohne Kollegen, consul sine collega. Es gelang ihm alsbald, das Chaos zu beseitigen, und zwar dauerhaft, woraus erhellt, dass alle Störungen sozusagen hausgemacht gewesen waren und im Zerfall der Oberschicht ihre Ursache hatten. Derjenige Faktor aber, der die Republik zu Fall bringen sollte, war die Übermacht einzelner Machthaber, und während Pompeius sich letzten Endes doch immer wieder der republikanischen Struktur fügte, war das bei Caesar anders.

Caesar wollte, auch um nicht in einem amtlosen Intervall angeklagt zu werden, sofort im Anschluss an sein gallisches Kommando ein zweites Konsulat antreten. Da er aber von Gallien aus nicht abkömmlich war, beanspruchte er das Privileg, sich in Abwesenheit zu bewerben; völlig unmöglich wäre das nicht gewesen. Ein nicht mehr gänzlich aufzuklärendes Intrigenspiel verhinderte das, und zudem wurde er ultimativ aufgefordert, sein Heer zu entlassen. Pompeius, der ihm auch durch den Tod Iulias 54 entfremdet war, rückte immer mehr auf die Seite seiner Gegner, und als Caesar – durch ihm ergebene Volkstribunen – Gleichbehandlung forderte und auf der gleichzeitigen Entlassung der Truppen des Pompeius bestand, die dieser als nomineller spanischer Statthalter zu seiner Verfügung hatte, stellte sich Pompeius endgültig auf die Seite des Senats. Wie berechtigt Caesars Forderungen und die des Senats beziehungsweise die des Pompeius auch gewesen sein mögen – fest steht, dass man Caesar Gewaltakte zutraute, und fest steht eben auch, dass sich Caesar nicht zähneknirschend fügte, sondern mit Überschreitung des Grenzflusses Rubico am 10. Januar 49 den Bürgerkrieg vom Zaune brach, dessen Ergebnis das Ende der Republik bedeutete. Auch diesen Krieg hat Caesar selbst beschrieben, und schon allein die Tatsache, dass er damit einen innerrömischen Bürgerkrieg auf dieselbe Stufe stellte wie die Eroberung eines barbarischen Landes zeigt, dass er sich weit von allem entfernt hatte, was die römische Republik ausgemacht hatte – ein Faktum, das selten in seinem ganzen skandalösen Ausmaß gewürdigt wird.

Ganz aristokratisch war freilich die Begründung, die er seinen Soldaten und der Öffentlichkeit gegenüber für sein Handeln gab. Seine Ehre, dignitas, sei verletzt, und dass ihm die Soldaten unter dieser Devise folgten, spricht abermals für die enge Bindung, die die militarisierte Klientel zwischen Kommandeur und Heer bewirkt hatte.[81] Caesar führte den Krieg anders als Sulla und anders, als man es befürchtet hatte. Nicht rücksichtslose Grausamkeit, sondern Milde und Nachsicht ließ Caesar walten, die clementia Caesaris, indem er gefangen genommene Gegner nicht nur nicht über die Klinge springen ließ, sondern sie sogar wieder in die Freiheit entließ. Das war taktisch klug, zeigte aber doch auch, dass er sich nun überhaupt in der Position befand, Gnade walten lassen zu können – oder auch nicht. Pompeius, dem ein großer Teil des Senates folgte, befehligte das republikanische Heer, und seine militärisch wohl verständliche, psychologisch aber verheerende Strategie bestand darin, Rom und Italien zu räumen und in den Osten zu gehen, mit dessen Hilfsmitteln er – vielleicht vergleichbar Sulla – schließlich den Sieg erringen wollte. Demgemäß fiel Italien Caesar schnell in die Hände, in Rom verweilte er nur kurz, verärgert, weil der Rumpfsenat die Mitarbeit verweigerte; Cicero war zunächst in Italien geblieben, kam aber nicht nach Rom und stieß später zu Pompeius.[82]

Schnell eilte Caesar nach Spanien, wo er ein pompeianisches Heer noch im August des Jahres 49 besiegte, und da sich Massilia, das bis jetzt eine griechische Stadt geblieben war, widersetzte, wurde es ebenfalls erobert. In Afrika siegten etwa zur gleichen Zeit die Pompeianer: Caesars Heer war von C. Scribonius Curio befehligt, einem begabten jungen Mann, der sich dadurch von einem glühenden Opponenten zu einem glühenden Caesarianer entwickelt hatte, dass ihm Caesar seine Schulden bezahlt hatte; jetzt fiel er für Caesar. Fast zwei Drittel des Jahres 48 verbrachte Caesar damit, in Nordgriechenland einen Stellungskrieg gegen Pompeius zu führen. Am 9. August besiegte er ihn, dem zu viele Aristokraten in die Strategie hineingeredet hatten, bei Pharsalos in Thessalien. Pompeius floh nach Ägypten und wurde bei der Landung ermordet, Caesar wurde später der Kopf gezeigt, er soll geweint haben.[83]

2.4.3.7 Caesar

In Alexandria wurde Caesar in einen Thronstreit zwischen Ptolemaios XIII. und dessen Schwester Kleopatra VII. hineingezogen, der ihn in schwierige militärische Situa-

---

[81] W. Schuller, Soldaten und Befehlshaber.
[82] Ciceros Briefe an seinen Freund Atticus aus den Anfangsmonaten des Jahres 49, die vollständig erhalten sind und aus denen wir die von Tag zu Tag wechselnden Sach-, Nachrichten- und Stimmungslagen aus erster Hand entnehmen können, sind ein Paradebeispiel für die Unübersichtlichkeit und Offenheit nicht nur politischer Krisen, sondern auch politischer Situationen überhaupt; das gilt unter Abzug des Krisenhaften für den gesamten erhaltenen Briefwechsel. Umso schmerzlicher muss man daher das Fehlen nicht nur zahlreicher anderer Briefe Ciceros, sondern überhaupt der meisten authentischen Briefe des Altertums empfinden. Freilich sehen wir dadurch, wie gefährlich es ist, angesichts der meisten sonstigen Quellenlagen sich in die Situation eines moralischen Richters zu begeben.
[83] Plutarch, Pompeius 80, 7.

tionen brachte; jeder weiß, dass und wie intensiv er sich für Kleopatra entschied, von der er im Jahre 47 einen Sohn bekam, Kaisarion (= Sohn Caesars). Nach einem schnellen Sieg über Pharnakes, den Sohn des Mithridates bei Zela 47 („veni, vidi, vici") und einem kürzeren Aufenthalt in Rom, focht er 47/46 gegen die Pompeianer in Nordafrika, die er bei Thapsus besiegte; nach einem weiteren Zwischenaufenthalt in Rom siegte er schließlich im Frühjahr 45 bei Munda in Spanien über die letzten Pompeianer, darunter die beiden Söhne des Pompeius, Gnaeus und Sextus. Keiner dieser Teilkriege war ein Spaziergang, manches hing vom Zufall ab, aber schließlich war es doch die überlegene Feldherrnkunst Caesars, die ihn siegen ließ. Er war ein genialer Militär; aber es fragt sich, ob neun Jahre Gallien und mehrere Jahre Bürgerkrieg ihn nicht die Politik hatten verlernen lassen.

Nicht, dass er keine vernünftigen Dinge verwirklicht hätte, die zum Teil längst überfällig waren. Er hat die Anzahl der Magistrate erheblich vermehrt – am wichtigsten: 16 Prätoren und 40 Quästoren gab es jetzt –, der Senat wurde auf 900 Mitglieder aufgestockt, Caesar hat ein vorbildliches Gesetz gegen den Amtsmissbrauch erlassen (lex Iulia de repetundis), er gab ein Mustergesetz für Munizipien (lex Iulia municipalis), er hat den völlig in Unordnung geratenen Kalender so reformiert, dass wir ihn mit 365 1/4 Tagen für das Jahr in heute verfeinerter Form auch jetzt noch haben, er hat Norditalien das Bürgerrecht verliehen, er hat 80 000 Bürger außerhalb Italiens in Spanien, Südgallien, Nordafrika, Griechenland und Kleinasien angesiedelt (darunter in Karthago und Korinth). Unablässig war er regierend und verwaltend tätig, und diese Tätigkeit ist es, die, neben einer einzigen auslegungsbedürftigen Äußerung[84] seinen Ruf begründet hat, erst er und er besonders habe weitsichtig den Erfordernissen Rechnung getragen, die das Riesenreich an die römische Politik gestellt habe.

Damit stimmt schon einmal schlecht überein, dass er dabei war, zu einem großen Partherfeldzug aufzubrechen. Seine Ermordung hat ihn nicht etwa mitten aus einer staatsreformerischen Arbeit herausgerissen, sondern er sah seine politische Tätigkeit offenbar selber als abgeschlossen an. Was er zudem an Verfassungsreformen verfügt hatte, war, anders als im Falle Sullas, kein wohldurchdachter Neuaufbau des Staates, sondern war auf seine Person zugeschnitten. Die Erweiterung des Senates wurde durch ihn persönlich und nicht, wie bei Sulla, durch Volkswahl vorgenommen und verringerte zudem die Bedeutung des einzelnen Senators noch weiter, zumal da auch Kelten und sogar Freigelassene aufgenommen wurden. Die an sich vernünftige Erhöhung der Anzahl der Magistrate wurde dadurch verwirklicht, dass Caesar das Recht zugebilligt wurde, die Hälfte von ihnen – außer bei den Konsuln – selber zu ernennen. Fast hilflos versuchte er, seine eigene Stellung in eine staatsrechtliche Form zu bringen. König wollte er bei der auch ihm bekannten fest eingewurzelten Abneigung der Römer gegen ein römisches Königtum gewiss nicht werden, und angesichts der Kümmerlichkeit der hellenistischen Könige seiner Zeit ist auch eine hellenistische Variante des Königtums kaum vorstellbar. Er tastete sich langsam vorwärts, durch mehrfache Übernahme des Konsulats, durch die zuerst kurzfristig, dann auf zehn Jahre und

---

[84] Er berichtet in seinem Buch über den Bürgerkrieg (3, 57, 4), er habe an Metellus Scipio (Consul 52) geschrieben, er wolle „quietem Italiae, pacem provinciarum, salutem imperii", also etwa „Ruhe für Italien, Friede für die Provinzen, Erhaltung des Reiches".

schließlich auf Lebenszeit übernommene Diktatur. Mehr und Kohärenteres wurde nicht angestrebt – als Diktator auf Lebenszeit wollte er in einen neuen Krieg mit all seinen Unwägbarkeiten ziehen, und als Diktator ist er ermordet worden.

Caesar hatte über seine übermächtige staatsrechtliche Stellung hinaus auch in anderer Weise große Teile der Senatsaristokratie brüskiert. Von schnippischen Äußerungen abgesehen wie der, Sulla habe sich durch seinen Rücktritt als politischer Analphabet erwiesen oder der, der Staat sei nur noch eine Bezeichnung ohne Körper und Gestalt,[85] ging auf ihn eine derartige Menge von Ehrungen hinab, dass man sich wirklich über die Insensibilität wundern muss, die ihn das Provozierende nicht bemerken ließ, das sie auf die alte Adelsgesellschaft haben mussten: Vater des Vaterlandes; Imperator als Eigenname; ständiges Tragen des Triumphalkleides und des Lorbeerkranzes, schließlich eines goldenen Kranzes; es gab zahllose Statuen von ihm in Rom, eine trug sogar die Aufschrift „Dem unbesiegten Gott", Deo invicto; erstmals in der römischen Geschichte konnte er Münzen mit seinem Bild schlagen; sein Geburtsmonat, der Quinctilis, wurde in Iulius umbenannt, wie er heute noch heißt – und das ist nur eine Auswahl. Nimmt man hinzu, dass er darüber entschied und sich bitten ließ, ob ein früherer Gegner – wie etwa der Konsul von 51, Marcellus – aus der Verbannung wieder nach Rom kommen durfte, dann kann es nicht verwundern, dass wesentliche Teile des alten Senatorenstandes ihn notwendigerweise als Tyrannen ansehen mussten und zum Tyrannenmord schritten. Unter den 60 Verschworenen waren bezeichnenderweise auch zahlreiche frühere Anhänger; am 15. März 44 fiel er, von zahlreichen Dolchstößen getroffen, im Theater des Pompeius unter der Statue seines großen Rivalen lautlos in sich zusammen.

Es kommt hier nicht darauf an, vom über 2000 Jahre von den Ereignissen entfernten Schreibtisch aus an einer bedeutenden Gestalt der Geschichte herumzukritisieren, sondern es kommt darauf an, sich in die jeweilige Situation hineinzustellen, auf die Sachverhalte zu sehen und zu versuchen, die Ereignisse von späterer Verherrlichung oder Schwärzung unbeeinflusst zu verstehen. Zum Verstehen gehört nun aber auch, von den Ungeschicklichkeiten Caesars zu abstrahieren und auf den strukturellen und unauflösbaren Widerspruch hinzuweisen, der seine Stellung ausmachte. Dass die oft so genannten Großen Einzelnen, die in ihrer Machtfülle aus dem Rahmen der Republik herausfielen, ihrerseits Produkte eben dieser Republik sind, ist schon gesagt worden, und ebenso ist die Militarisierung dieser übermächtigen Stellung zur Sprache gekommen. Notwendigerweise stellte sich die Frage, wie denn diese Position mit der bisherigen Struktur der Republik vereinbar wäre, und jede der bisherigen Persönlichkeiten verhielt sich anders.

Schon Scipio Africanus hatte vor dieser Frage gestanden, und er zog sich grollend zurück, als er meinte, nicht angemessen gewürdigt zu werden; Marius begnügte sich mit seinen sieben Konsulaten; Sulla glaubte, durch seine neue Staatsverfassung alles geregelt zu haben. Die reale Möglichkeit einer Alleinherrschaft auf Dauer zeigte sich bei Pompeius, der letzten Endes doch davor zurückschreckte. Wie hätte sie auch aussehen sollen? Caesar, der seit 58 unablässig Krieg führte und 44 sogar in einen neuen

---

[85] Sueton, Caesar 77: „nihil esse rem publicam, appellationem modo sine corpore ac specie. Sullam nescisse litteras, qui dictaturam deposuerit".

großen Krieg aufbrechen wollte, hatte die Alleinherrschaft fest im Sinn, aber eine akzeptierte Form konnte auch er ihr nicht geben, Legitimität konnte er ihr nicht verschaffen. Im Gang der Entwicklung liegende Alleinherrschaft und überkommene republikanische Adelsherrschaft waren nicht miteinander zu vereinbaren. Erst Caesars Nachfolger, Augustus, konnte über einem durch neue Bürgerkriege erschöpften Staat und das Negativbeispiel Caesar vor Augen in langen Jahren und mit äußerster Vorsicht ein hoch kompliziertes neues Staatsgebilde schaffen, das die Notwendigkeit der faktischen Alleinherrschaft etablierte, sie aber doch so abmilderte, dass sie im Laufe der Zeit hingenommen und gebilligt und schließlich zum nicht mehr wegzudenkenden Kaisertum wurde.

2.4.4 Augustus

Zunächst freilich deutete nichts darauf hin. Die Verschwörer, an deren Spitze M. Iunius Brutus und C. Cassius Longinus standen, brachen zwar nach dem Mord in den Ruf „Cicero!" aus – der allzu sanguinische Cicero selbst war vorsichtigerweise nicht in die Verschwörung eingeweiht, sein Name war aber Symbol für die republikanische Freiheit –, aber konkrete Vorstellungen, wie es weitergehen sollte, etwa durch Adaptation von ciceronianischen Ideen, hatten sie nicht. Sie glaubten ganz offensichtlich, dass nur der Tyrann zu fallen brauche, um die alte Republik wieder auferstehen zu lassen, und sie sahen nicht, dass über Caesars Provokationen hinaus auch strukturelle Gründe für die Entwicklung verantwortlich waren. Diese zeigten sich sofort durch ein nur nach außen hin spektakulär-zufälliges Ereignis, das aber die Zukunft bestimmen sollte. Caesars Mitkonsul war sein vertrauter Mitstreiter M. Antonius, und obwohl der Senat der 900 zu einem großen Teil aus Caesarianern bestand, musste Antonius doch vorsichtig handeln. Immerhin gerierte er sich als der legitime Erbe Caesars,[86] was besonders bei den Soldaten auf Resonanz stieß, so dass Antonius begann, deren Unterstützung politisch für sich in Anspruch zu nehmen. Da meldete sich ein junger Mann im Studentenalter von 19 Jahren, der auf dem Wege nach Athen war, wo er in der Tat studieren sollte, berief sich auf das Testament des kinderlosen Caesar, in welchem er adoptiert worden war,[87] und beanspruchte, nicht nur im privatrechtlichen, sondern auch im politischen Sinne Erbe Caesars zu sein. Nach einigem Hin und Her gingen aus Anhänglichkeit an Caesar – Vorstufe eines dynastischen Gefühls – zwei Legionen auf die Seite dieses jungen Mannes über, der nun einen gewichtigen Machtfaktor darstellte.

Er trug den ziemlich schlichten Namen C. Octavius und war Caesars Großneffe.[88] Der Senat unter der informellen Führung Ciceros war glücklich über das Erscheinen dieses Jünglings, den man glaubte lenken und gegen die diktatorischen Absichten des Antonius einsetzen zu können. Zunächst gelang das auch, es kam zu den Anfängen ei-

---

86 Hiermit steht SHAKESPEARES berühmte Rede des Antonius in Zusammenhang ("Friends, Romans, countrymen, lend me your ears / I come to bury Caesar, not to praise him" – "Mitbürger, Freunde, Römer, hört mich an, / Begraben will ich Caesar, nicht ihn preisen" – Julius Caesar, 3. Akt, 3. Szene, Verse 73 f.), die der Dichter aus Plutarch, Antonius 14, 7 f. entwickelt hatte.
87 W. SCHMITTHENNER, Oktavian; L. SCHUMACHER, Oktavian.
88 U. GOTTER, Diktator; D. KIENAST, Augustus; J. BLEICKEN, Augustus.

nes Bürgerkrieges, bei dem Antonius von den Truppen des Senats und des Octavius schwer bedrängt wurde, aber dann einigten sich Octavius, Antonius und Caesars magister equitum Lepidus doch und agierten mit ihren Truppen zusammen gegen diejenigen, die man nun die Republikaner nennen kann. Diese Caesarmörder standen mit ihren Truppen inzwischen im Osten, und so war es der cäsarianischen Koalition ein leichtes, Rom einzunehmen. Die drei ließen sich durch ein Volksgesetz, die lex Titia von Ende 43 für fünf Jahre als die Dreimänner zur Wiederherstellung des Staates – triumviri rei publicae constituendae – einsetzen, was zwar ein aus durchsichtigen Zwecken begründetes neues, aber immerhin staatliches Amt war.[89] Die Anklänge an Sulla sind wieder deutlich, nur wurde genauso wenig wie bei Caesar der Staat wirklich neu organisiert, sondern es wurden vornehmlich persönliche Herrschaftszwecke durchgesetzt. Rein sullanisch war bloß das Abstoßendste an Sullas Herrschaft: Die Triumvirn begannen ihr Regiment durch ausgedehnte Proskriptionen, denen 300 Senatoren und 2000 Ritter zum Opfer fielen.[90]

Darunter war auch Cicero. Als er sich in Sicherheit bringen wollte, wurde er aus seinem Wagen gezerrt und getötet. Kopf und Hände, also dasjenige, womit er als Redner seine politischen Erfolge errungen hatte, wurden auf den Rostra, der Rednertribüne des Forums, ausgestellt. Cicero hat oft auch persönlichen Mut bewiesen. Trotzdem ist es vielleicht richtig, ihn, durch die ausgezeichnete Quellenlage begünstigt, die auch intime Briefe umfasst, nicht immer als den mannhaftesten Politiker zu bezeichnen. Aber was wüssten wir von den anderen, wenn wir ihre Briefe hätten? Immerhin war er den Triumvirn so wichtig, dass sie ihn auf diese schmachvolle Weise umbrachten und damit erreichten, dass er schließlich doch als Märtyrer republikanischer Freiheit gestorben ist.

Das Jahr 42 brachte mit der Niederlage der Cäsarmörder bei Philippi in Nordgriechenland das Ende der republikanischen Seite, und im folgenden Jahrzehnt handelte es sich nur noch darum, welcher der Cäsarianer im zunächst verdeckten, dann offenen Machtkampf die Oberhand gewinnen würde. Lepidus, der größere Ambitionen nicht hatte,[91] wurde zur Seite gedrängt, Octavius, der sich bald nach seinem Adoptivvater C. Iulius Caesar Octavianus genannt hatte, regierte im Westen, Antonius im Osten, beide der rechtlichen Legitimation nach immer noch mit den Vollmachten als Triumvirn. Antonius beging, anders als der selbstbeherrschte jüngere Caesar, den großen taktischen Fehler, sich allzu eng mit der ägyptischen Königin Kleopatra einzulassen; er heiratete sie offiziell und hatte Kinder mit ihr, denen er in seinem Testament große Teile des Reiches vermachte. Das gab in der Endphase des Machtkampfes Octa-

---

[89] Es war also ein Triumvirat; meist wird es heute Zweites Triumvirat genannt, wobei als Erstes die Vereinbarung des Jahres 60 gemeint wird, die aber, so folgenschwer sie war und später auch so empfunden wurde – Asinius Pollio hat seine leider verlorene Geschichte des Bürgerkrieges mit diesem Ereignis beginnen lassen, siehe Horaz, Carmen 2,1 –, doch nichts anderes als eine private Verabredung darstellte.

[90] Auf Vorhalte hin gefiel sich der Jüngling Octavianus in altrömischer Kürze: „Moriendum est." (Sueton, Augustus 15).

[91] Das ist nicht unbedingt als Defizit gemeint. Auf manche Ambitionen anderer hätte die Republik gerne verzichten können.

vian die propagandistische Gelegenheit, die Stimmung gegen ihn anzuheizen, der ägyptischen Königin den Krieg zu erklären und Antonius als eine Art Anhängsel von ihr und als Vaterlandsverräter hinzustellen. In der Seeschlacht von Actium 31, an der griechischen Westküste, siegte er – beziehungsweise sein Vertrauter Agrippa, da Octavian selber für einen Römer militärisch merkwürdig unbegabt war – über Antonius und Kleopatra,[92] beide flohen nach Ägypten und gaben sich im Jahre 30 selbst den Tod, als ihnen Octavian in aller Ruhe dorthin gefolgt war. Ägypten gehörte nun zum römischen Reich. Die Machtfrage war geklärt, es gab nur noch einen einzigen Herrscher, und nun stand dieser vor der Aufgabe, an der Caesar gescheitert war, seine Herrschaft in eine solche Form zu bringen, dass ihre Dauer gesichert war, und zwar möglichst über ihn selbst hinaus.[93]

Was Octavian an militärischem Talent fehlte, das wurde durch sein politisches mehr als aufgewogen. Ganz besonders im Auge behalten werden muss zunächst die oft zu wenig gewürdigte Tatsache, dass er das für antike Verhältnisse außerordentlich hohe Alter von 76 Jahren erreichte. Das bedeutet, dass er sein Leben lang viele verschiedene Formen der Machtinstitutionalisierung ausprobierte, vorsichtig tastend, nicht schnell und rücksichtslos vorgehend wie sein Adoptivvater, und dass die jeweilige Regelung also doch wohl als dauerhaft gedacht anzusehen ist. Auch diese sich über Jahrzehnte hinziehenden Vorgänge machen die Offenheit historischer Vorgänge sehr deutlich. Eine kurz zusammenfassende Darstellung muss vier Ebenen unterscheiden: die institutionelle, die psychologische, das Verhältnis zum Senatorenstand und die Nachfolgefrage. Institutionell markierten zwei Senatssitzungen des Januar 27 einen Einschnitt. Auf ihnen erklärte er den Staat für wiederhergestellt – res publica restituta – und gab seine außerordentlichen Vollmachten zurück, die er allerdings weit über den legalen Termin hinaus innegehabt hatte. Der Senat freilich bat ihn, dem Staat weiterhin zur Verfügung zu stehen, und er ließ sich nicht umsonst bitten – natürlich war das alles inszeniert, aber ebenso natürlich muss ein nicht weiter bestimmbares Quantum an Ernsthaftigkeit eine Rolle gespielt haben, sonst wäre den dort getroffenen Regelungen keine Dauer beschieden gewesen.

Das Wichtigste, wozu er sich bereit fand, war die Statthalterschaft und damit das militärische Oberkommando über die noch nicht befriedeten Provinzen – Spanien, Gallien, Kilikien, Syrien und Ägypten –, also das prokonsularische Imperium, das er bis zu seinem Lebensende, wenn auch immer auf Zeit und immer wieder verlängert, innehatte, sowie die Annahme des Titels Augustus, der Erhabene, der ihn – vorsichtig kalkuliert! – in sakrale Sphären rückte, und mit dem er von jetzt an auch hier bezeichnet werden soll. Institutionell ist weiteres zu nennen. Lange Jahre hindurch bekleidete er den Konsulat, bis das offenbar Unmut erregte, so dass er sich im Jahre 23 davon zurückzog; das prokonsularische Imperium wurde so erweitert, dass es allen an-

---

92 Horaz gibt in seinem wunderbaren Gedicht 1, 37 („Nunc est bibendum") gleichzeitig dem Triumph über den Sieg und der Hochachtung vor der bedeutenden Königin („non humilis mulier") Ausdruck.

93 Augustus selbst hat seine politische Laufbahn in einem offiziellen Tatenbericht geschildert („Res gestae Divi Augusti"), der inschriftlich erhalten ist (E. WEBER (Hg.), Augustus); seine Autobiographie ist nur durch das auch nur fragmentarisch erhaltene Werk des Nikolaos von Damaskos zu rekonstruieren.

deren Statthalterschaften übergeordnet war (imperium proconsulare maius), später kam das konsularische Imperium hinzu, und schließlich hatte er, schon seit der triumviralen Zeit, die tribunicia potestas, also die Amtsgewalt eines Volkstribunen inne. Sie zeigte an, dass der Herrscher sich auf die Traditionen des Volkstribunats zurückführte, und nach ihr wurden später in der Kaiserzeit die Amtsjahre des Kaisers gezählt.

Von den Ehrungen, die Augustus außer diesem Namen erhielt, seien nur erwähnt, dass sein Haus auf dem Palatin mit Lorbeer geschmückt wurde, dass ihm der Senat Bürgerkrone und Tugendschild verlieh, dass er Vater des Vaterlandes genannt und dass der Monat Sextilis nach ihm in Augustus umbenannt wurde, wie er heute noch heißt – alles ganz langsam und sukzessive. Er errichtete prunkvolle und – seltsam, dass das gelang – künstlerisch großartige Bauten in Rom, so das Augustusforum, den Friedensaltar (ara pacis), das Mausoleum, die Sonnenuhr; Dichter wie Vergil (Aeneis) oder Horaz (Römeroden) schrieben zu seinem Preis, wobei diese Dichtungen deshalb so glaubwürdig waren, weil ihre Verfasser, wie auch ihre politische Vergangenheit zeigt, keineswegs blinde Lobhudler waren und weil, abermals seltsam, ihre Gedichte das Schönste sind, was die römische Dichtung hervorgebracht hat.[94] Und noch etwas: Natürlich erschien das Bildnis des Augustus auf den Münzen, und natürlich gab es im ganzen Reichsgebiet Bildwerke und Statuen von ihm. Alle Büsten und Statuen, die ihn zeigen, zeigen ihn aber nur als strahlenden Jüngling, dem Apollo, seinem Hauptgott, gleichend. Von ihm, der, es sei eingeschärft, 76 Jahre alt wurde und dem man das später auch ansah, existiert kein Altersbild, während es doch ein Charakteristikum der römischen Porträtkunst darstellt, gerade in realistischen Altersbildern auch hochgestellter Personen Glanzleistungen aufzuweisen. Nein, Augustus gab es nur in apollinischer Gestalt, und hinter diesem Tatbestand ist in ein wenig unheimlicher Weise sein kühl und erfolgreich kalkulierender Geist zu erblicken.[95]

Caesars gewaltsames Ende war auch dadurch hervorgerufen worden, dass er den Senatorenstand in rücksichtsloser Weise beiseite geschoben hatte. Wegen dieses negativen Vorbilds, aber auch aus sachlichen Gründen konnte es sich Augustus nicht leisten, auf die Fähigkeiten dieses Standes zu verzichten oder ihn sich gar zum Feinde zu machen; trotz des gewaltigen Aderlasses durch Bürgerkriege und Proskriptionen und trotz seiner Aufschwemmung auf 900 Personen durch alle Arten von Aufsteigern stellte er immer noch eine gewaltige Potenz und eine Ansammlung von hoher militärischer und politischer Erfahrung dar. Es kam also sowohl darauf an, ihm eine konstitutive Stellung im Staat zu gewähren oder zu erhalten, als auch darauf, ihm das Bewusstsein seiner Wichtigkeit zu vermitteln. Letzteres geschah natürlich zum einen dadurch, dass durch die Staatsakte des Januar 27 ohnehin formal die Republik wiederhergestellt war. Es galt die alte Verfassung weiter, es gab Ämter und, wenn auch von Augustus gelenkte, Wahlen. Augustus selbst erhielt zwar im Zusammenhang mit dem konsularischen Imperium das Recht, zwischen den beiden Konsuln auf der sella curulis zu sitzen, aber sonst benahm er sich auch im persönlichen Umgang geflissentlich so, als ob er nur einer von vielen Senatoren sei, freilich einer mit weit mehr Au-

---

[94] Diese Bewertung zeigt, dass der Verfasser kein Literaturwissenschaftler ist und sich daher solch naiv-direkte Äußerungen leisten kann.
[95] P. ZANKER, Augustus.

torität, auctoritas, als andere,[96] die er sich aber durch seine Leistungen redlich verdient hatte, ganz nach dem überkommenen Adelskodex. Augustus war eben nur der informelle Erste im Staat, ein princeps, deren es ja früher auch einige gegeben hatte – freilich war er jetzt der einzige.

Die Senatoren wurden schließlich auch gebraucht, erhielten oder behielten ernsthafte und schwierige Aufgaben, mit denen man Prestige erringen und eben auch scheitern konnte, ganz wie in der alten Republik. Das waren außer den üblichen republikanischen Ämtern die Stellen der Provinzstatthalter, die gleichzeitig auch die der Truppenkommandeure waren. Zum einen waren die Statthalter in den nicht dem Augustus überlassenen Provinzen ohnehin Senatoren, die wie etwa in der Provinz Africa sogar Truppen unter sich hatten, und zum anderen konnte Augustus die Provinzen, über die er das prokonsularische Imperium hatte, ja nicht in eigener Person regieren. Mit Ausnahme kleinerer Provinzen, die durch ritterständische Geschäftsführer (procuratores, Pontius Pilatus war später ein solcher Prokurator) verwaltet wurden, ließ sich Augustus durch senatorische Legaten vertreten, legati Augusti pro praetore. Freilich gab es auch hier eine kleine Einschränkung im Vergleich mit den Verhältnissen der alten Republik: Diese mächtigen, tüchtigen und selbstbewussten senatorischen Statthalter waren eben doch nur Beauftragte des Prinzeps und bekamen, eines vornehmen Römers an sich unwürdig, ein festes Gehalt, das durch die Bezeichnung Aufwandsentschädigung (Salzgeld, salarium, Salär) nur notdürftig kaschiert war. Und vor allem: Der Prinzeps war es, der durch gelegentliche Neuzusammensetzungen des Senats darüber entschied, wer überhaupt Senator sein durfte.

An der Nachfolgefrage zeigt sich die merkwürdige Konstruktion dieser Prinzipatsverfassung am deutlichsten, denn sie stellt den Ernstfall, die Probe aufs Exempel dar. Eine Nachfolge hätte es objektiv nicht geben können oder sie hätte scheitern müssen, wenn die Herrschaft des Augustus ausschließlich seinem persönlichen Genie zu verdanken gewesen wäre. Das war nun aber nicht so, sondern das Prinzipat blieb, wenn auch zunächst unter Schwierigkeiten, stabil und ist als römisches Kaisertum in die Geschichte eingegangen. Verdunkelt wird die Situation dadurch, dass Augustus keine leiblichen männlichen Nachkommen hatte; hätte er sie gehabt, wären sie als Nachfolger vorgesehen worden, und dadurch wäre der modifizierte monarchische Charakter dieser Herrschaftsform deutlicher sichtbar geworden. Dass es aber auf leibliche Söhne ankam, erhellt aus der Tatsache, dass Augustus seine gesamte Herrschaft hindurch auf dem Wege der Adoption Ersatzsöhne aus seiner Verwandtschaft oder Schwägerschaft schaffen musste.

Zunächst sein Neffe Marcellus[97], dann sein Freund Agrippa, dann die beiden Söhne Gaius und Lucius Caesar, die seine Tochter Iulia von Agrippa hatte, und alle starben sie vor ihm. Erst der zuletzt Adoptierte, Tiberius Claudius Nero, der Sohn seiner Frau Livia aus erster Ehe, überlebte ihn und wurde zum Kaiser Tiberius. Die Adoption war natürlich nur die eine Voraussetzung für die Nachfolge, die zweite war die sukzessive

---

[96] „Auctoritate omnibus praestiti, potestatis autem nihilo amplius habui quam ceteri, qui mihi quoque in magistratu conlegae fuerunt", Tatenbericht 34.
[97] Siehe aber H. BRANDT, Marcellus.

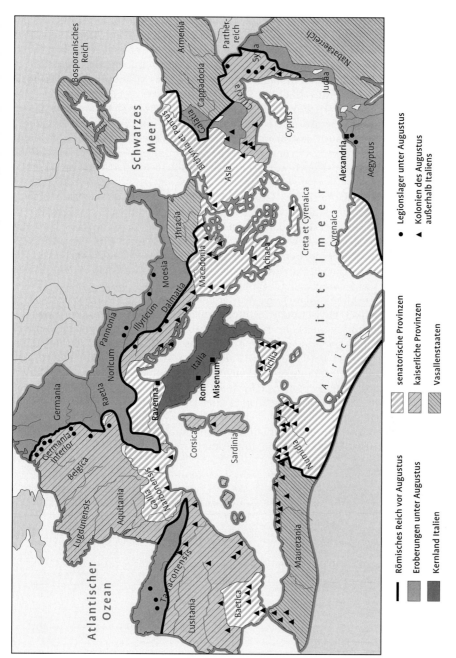

Abb. 12: *Das Reich des Augustus (27 v.Chr.–14 n.Chr.).*

Verleihung der rechtlichen Befugnisse der tribunizischen Gewalt und der verschiedenen Imperien durch den Senat, und diese letzteren bedeuteten den Oberbefehl über das Heer. Damit ist der Kern der Prinzipatsverfassung gekennzeichnet: Er bestand in der Monopolisierung der militärischen Gewalt beim Prinzeps. Ein Kern macht aber nicht die ganze Sache aus, und deshalb ist es ein Fehler, das Verständnis des Prinzipats auf das Militärische zu reduzieren. Die Soldaten wurden nie eingesetzt, um das Prinzipat als Verfassung zu erhalten, nur in späteren Bürgerkriegen bei der Frage, wer denn innerhalb dieser Verfassung Prinzeps werden sollte. Zum Prinzipat gehörte aber in konstitutiver Weise auch das ganze, sukzessive und vorsichtig aufgebaute Ineinander von politischen Rechten, Ehrungen und durch Leistung erworbenem Prestige. Wie diffizil die Situation immer noch war, zeigte sich nach dem Tod des Augustus im Jahre 14 n.Chr.

Von politisch-gesellschaftlichen Tatbeständen der Regierung des Augustus ist hervorzuheben, dass er in territorialer Hinsicht das Reich arrondiert hat, vornehmlich in Nordspanien und im Alpen- und Donaugebiet. Auch in den Gebieten östlich des Rheins war so etwas vorgesehen. Die Römer waren bereits bis zur Elbe vorgedrungen, und der Kommandeur des in Germanien stehenden Heeres, P. Quinctilius Varus, verhielt sich dort bereits wie ein Provinzstatthalter, indem er zu Gericht saß und Abgaben einzog. Wie die Gallier während der Eroberungen Caesars sich durch ein solches Verhalten provoziert fühlten und mehrere Aufstände unternahmen, freilich vergeblich, so widersetzten sich auch die Germanen. Unter der Führung eines Cheruskerfürsten, der römischer Bürger und so weit romanisiert war, dass wir nicht einmal seinen germanischen Namen kennen und ihn lateinisch Arminius nennen, wurden im Jahre 9 n.Chr. drei römische Legionen beim heutigen Kalkriese in Westfalen in einen Hinterhalt gelockt und vernichtet.[98] Diese später Schlacht im Teutoburger Wald genannte Niederlage hat bewirkt, dass die Römer schließlich von einer großräumigen Eroberung Germaniens absahen. Auch gegenüber den Parthern war Augustus eher vorsichtig als kühn; er begnügte sich damit, die Rückgabe der bei der Niederlage des Crassus von 53 eingebüßten römischen Feldzeichen auf dem Verhandlungswege als Sieg darzustellen – so auf dem Brustpanzer der Statue von Prima Porta[99] – und verhielt sich, wie die Parther selber, ruhig.

---

98 W. Schlüter/R. Wiegels (Hg.), Rom, Germanien und die Ausgrabungen in Kalkriese.
99 T. Schäfer, Augustus von Primaporta.

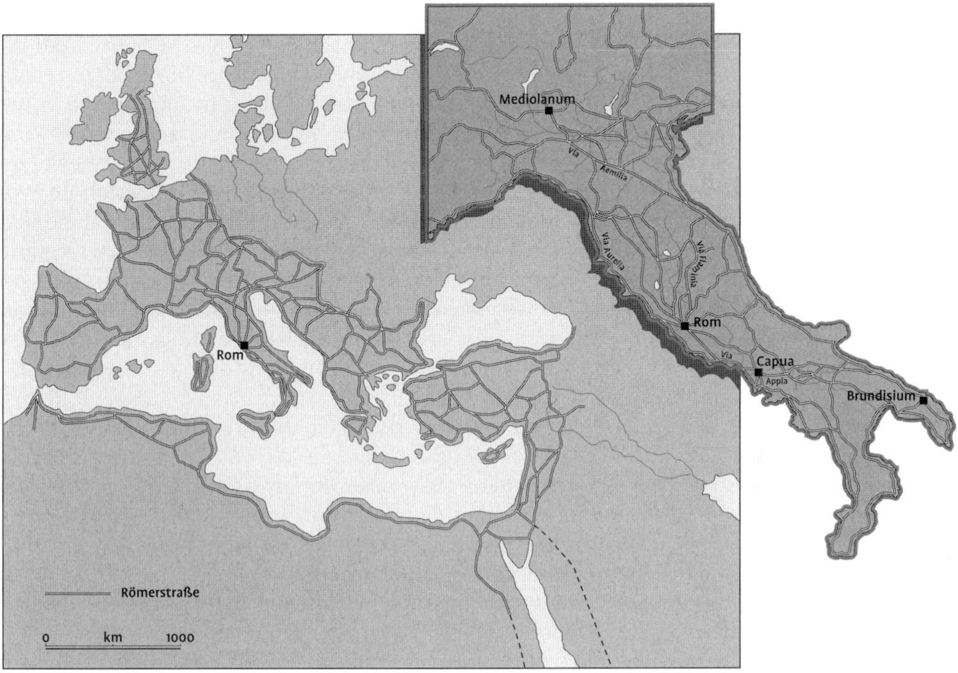

Abb. 13: *Römerstraßen.*

2.4.5 Kaiserzeit

Die römische Kaiserzeit[100] ist eine Epoche, die sich durch einen besonderen Mangel an Quellen für die Ereignisgeschichte auszeichnet. Das liegt zum überwiegenden Teil daran, dass sie tatsächlich verhältnismäßig arm an Ereignissen derjenigen meist krisenhaften Art ist, die den bisherigen Gegenstand der Erzählung bildeten. Positiv ausgedrückt heißt das aber, dass der Friede, der nun mehr als zwei Jahrhunderte das römische Reich bestimmte, dafür sorgte, dass der Mittelmeerraum sich ungestört entwickeln konnte. Die innere Entwicklung und den Ausbau des Riesenreiches über mehr als zwei Jahrhunderte hinweg müssen wir daher mehr als es für andere Epochen nötig ist auf Grund der Inschriften, Münzen, Papyri und Bodenfunde erforschen – abermals positiv ausgedrückt: Nicht nur müssen wir das tun, wir können es auch, weil diese lange Friedenszeit eine Zeit der Ruhe und der Prosperität war, so dass es mehr Quellen dieser Art gibt, die zudem zahlreicher bewahrt worden sind; insofern spiegelt also die Quellensituation – wieder einmal – die Epoche selber wider.

---

[100] Wenn es je ein understatement gegeben hat, dann den Titel von D. KIENAST, Kaisertabelle. Das Buch führt die römischen Kaiser mit allen wichtigen Daten, Quellen und Literatur vollständig auf.

Demgemäß käme es für eine umfassende Darstellung auf zweierlei an. Zunächst einmal wäre es nötig, die strukturelle Entwicklung nach Sachgebieten geordnet in ihrer einzelnen und mit den anderen zusammenhängenden Entwicklung darzustellen. Diesen Weg sind folgerichtiger Weise Martin Goodman, Werner Dahlheim und in besonders eindrucksvoller Weise François Jacques und John Scheid gegangen.[101] Zum anderen müsste – und könnte – in großem Stil ein Panorama der einzelnen Regionen des Reiches gegeben werden, von Schottland bis zur Sahara und von Iberien im Westen bis Iberien im Osten, dem heutigen Ostgeorgien – ähnlich dem fünften Band von Mommsens „Römischer Geschichte" – und so dann Claude Lepelley.[102] Dabei könnte im einzelnen die jeweilige Ausformung der griechisch-römischen Zivilisation nachgezeichnet werden mit ihrer in der Geschichte selten erreichten und durch ein ausgebautes Straßennetz[103] aufrechterhaltenen Urbanisationsleistung, die ganz Nordafrika, den ganzen Vorderen Orient, ganz Kleinasien bis Armenien, das gesamte Schwarzmeergebiet einschließlich der Krim, die Balkanhalbinsel, das Donau- und das Rheingebiet,[104] Britannien, Frankreich und die Iberische Halbinsel mit prosperierenden Städten überzogen hat, teils durch Neugründungen, teils durch den bisher nicht da gewesenen Ausbau bestehender Städte. Auf diese Weise könnte im Übrigen eine Annäherung an die den anderen Bänden des Handbuchs zugrunde liegende Gliederung nach „Ländern" eher nachgekommen werden, als es die vorliegende Konzentrierung auf die beiden Hauptkulturen Griechenland und Rom tut.

Dass das im Folgenden nicht geschieht, hat seinen Grund natürlich in der Knappheit des zur Verfügung stehenden Raumes; es liegt aber auch daran, dass die Zivilisation des römischen Weltreiches doch von verhältnismäßig so großer Einheitlichkeit war, dass eine detaillierte Schilderung Gefahr liefe, sich allzu oft zu wiederholen, und insofern liegen eben doch keine „Länder" im Sinne des Handbuches vor. Nun bieten die großenteils Kaiser- und Hauptstadtereignisse wiedergebenden literarischen Quellen doch einen guten chronologischen Rahmen und stellen natürlich auch wichtige Sachverhalte vor, so dass im Folgenden die weitere Entwicklung des römischen Reiches an Hand der Kaisergeschichte[105] im weiteren Sinne geschildert wird – immer noch die beste Art, den Gegenstand übersichtlich zu gliedern.

2.4.5.1 Iulisch-claudische Dynastie

Tiberius[106] ließ nach dem Todes des Augustus zwar die Truppen sofort auf sich vereidigen – gewiss eine notwendige Maßnahme, um sie staatlicherseits fest in der Hand zu behalten –, im Übrigen aber verhielt er sich, wie er meinte, mustergültig republika-

---

101 F. Jacques/J. Scheid, Roman World; Römische Kaiserzeit, Rom und das Reich, Bd. 1.
102 C. Lepelley, Rom und das Reich, Bd. 2.
103 W. Heinz, Straßen und Brücken.
104 Für Deutschland seien nur genannt Augusta Treverorum (Trier), Augusta Vindelicum (Augsburg), Colonia Agrippinensis (Köln), Confluentes (Koblenz), Mogontiacum (Mainz). Alphabetisch nach topographischen Stichwörtern geordnet ist das knappe übersichtliche Buch T. Bechert, Römische Archäologie.
105 M. Clauss (Hg.), Kaiser; H. Temporini-Gräfin Vitzthum (Hg.), Kaiserinnen.
106 Z. Yavetz, Tiberius.

nisch. Er hatte ja die beiden zentralen rechtlichen Komponenten des Kaisertums, das imperium proconsulare maius und die tribunicia potestas, nur befristet verliehen bekommen und stellte es dem Senat anheim, sie ihm oder eben einem anderen auf Lebenszeit zu verleihen, also den definitiven Nachfolger des Augustus zu bestellen; er ließ mitteilen, dass er sich der Aufgabe nicht gewachsen fühle und dass man die Aufgaben zudem vielleicht aufteilen könne. Der Senat seinerseits nahm es als selbstverständlich an, dass Tiberius der Nachfolger werde, was von Augustus ja auch so gedacht war, und so zog sich die Einsetzung des Kaisers einen Monat lang hin, wobei Tiberius als heuchlerisch, der Senat als unterwürfig erschien.[107] Ebenso wurden die späteren Prozesse wegen Majestätsbeleidigung dem Kaiser gegenüber gewertet; die Todesstrafe stand darauf. Das Delikt selber gab es auch in der Republik, wobei die maiestas (Hoheit) des römischen Volkes geschützt werden sollte. Jetzt wurde es auf den Kaiser übertragen, und indem Tiberius sich einerseits heraushielt, aber doch anscheinend seinen Willen durchblicken ließ, andererseits der Senat, vor dem die Prozesse stattfanden, Übereifrigkeit zeigte, ergaben sich bei den insgesamt nicht weniger als sechzig Prozessen böse Konflikte.

Tiberius regierte jedoch als tüchtiger Kaiser bis zu seinem Tod 37; obwohl von Augustus erst als letzter adoptiert, hatte er sich doch schon vorher als Feldherr hervorragend bewährt und übertrug seine Fähigkeiten jetzt auf die Regierung des Reiches. Probleme machte die innere Ausgestaltung der kaiserlichen Herrschaft. Tiberius war eine verschlossene Natur, welche Charaktereigenschaft noch dadurch vertieft wurde, dass er durch Augustus zahlreiche Zurücksetzungen hatte hinnehmen müssen. Umgekehrt war sein Neffe und Adoptivsohn Germanicus, Sohn seines Bruders Drusus, eine strahlende Gestalt. Ihm wurden besonders ehrenvolle Aufträge erteilt, so ein Zug ins Germanische hinein, wo er die Gefallenen der Schlacht im Teutoburger Wald bestattete; die römische Rheinarmee wurde von ihm in das ober- und niedergermanische Heer geteilt, woraus sich später die beiden germanischen Rheinprovinzen entwickelten. Auch im vorderen Orient wurde Germanicus eingesetzt und beging den Fehler, trotz Verbots Ägypten zu besuchen. Als er wenig später in Syrien starb, kursierten Gerüchte, der dortige Statthalter Cn. Calpurnius Piso habe ihn in Tiberius' Auftrag vergiftet, so dass Piso der Prozess gemacht wurde und er Selbstmord beging.[108] Nach seinem Tode wurde Germanicus von Tiberius hoch geehrt.

Ab 27 hatte sich der menschenscheu gewordene Kaiser nach Capri zurückgezogen, und diese Abwesenheit schob erstmals ein Amt in den Vordergrund, das später das wichtigste neben dem Kaiser selbst werden sollte, das des Prätorianerpräfekten, des praefectus praetorio. Ursprünglich Kommandeur der persönlichen Schutztruppe des Kaisers, nahm dieses ritterständische Amt bald eine wichtige Funktion ein. Nach Regierungsantritt des Tiberius war L. Aelius Seianus Prätorianerpräfekt und wurde zum engen Vertrauten des Kaisers, welche Rolle sich mit dessen Abwesenheit so sehr ver-

---

[107] Das ist die Situation, die Tacitus zu Beginn seiner „Annalen" so suggestiv schildert.
[108] Wichtige Details dieses Prozesses lassen sich zusammen mit der Arbeitsweise des Historikers Tacitus jetzt durch eine neu gefundene Inschrift aufhellen: W. Eck, Täuschung der Öffentlichkeit.

stärkte, dass Sejan daran dachte, selber die Nachfolge anzutreten. Er versuchte, in die kaiserliche Familie einzuheiraten und gelangte schließlich so weit, dass er 31 zusammen mit dem Kaiser selber Konsul wurde und das prokonsularische Imperium erhielt, ein deutliches Zeichen dafür, dass er wirklich, obwohl er nur Ritter war, als Nachfolger vorgesehen war. Ungeduldig versuchte er jedoch noch im selben Jahr, Tiberius zu beseitigen, aber die Verschwörung wurde entdeckt und Sejan in einem kurzen Prozess verurteilt und sofort hingerichtet. Tiberius wandte sich jetzt wieder den Angehörigen seiner engeren Familie zu, die Sejan hatte beseitigen wollen, ohne allerdings eindeutig einen Nachfolger zu bestimmen. Er starb 37.

Die Nachfolge machte aber nun gar keine Schwierigkeiten mehr, es kam nur noch ein Angehöriger des Kaiserhauses in Frage, das wir jetzt die iulisch-claudische Dynastie nennen; iulisch nach dem Geschlecht Caesars, den Iuliern, claudisch nach dem der Söhne der Livia, die durch ihren Vater Claudier waren. Nach dem Tod des Tiberius sorgte der Prätorianerpräfekt Macro dafür, dass Gaius, Sohn des Germanicus, zum Kaiser ausgerufen wurde, und der Senat bestätigte ihn. Dieser Gaius hatte von den Soldaten den Spitznamen Caligula, Soldatenstiefelchen, bekommen, weil er von seinen Eltern gerne den Soldaten vorgeführt worden war. Nach dem Tode seines Vaters hatte sich seine Mutter, Agrippina, Tochter der Iulia und des Agrippa, in der Öffentlichkeit so sehr als Anklägerin aufgeführt, dass sie und ihre Kinder von Tiberius verbannt worden waren, sie hatte dann Selbstmord begangen. Jetzt wurden alle rehabilitiert, womöglich die einzige rational verständliche Handlung Caligulas. Im Übrigen war er – falls der Überlieferung zu trauen ist – ein Exzentriker von hohen Graden, der sich in psychopathologischer Weise selbst überhöhte, den Senatorenstand verfolgte und zahlreiche Senatoren zum Tode verurteilte oder in den Selbstmord trieb.[109] Nach einigen fehlgeschlagenen Verschwörungen wurde er im Jahre 41 ermordet.

Kein Wunder, dass nach dieser Erfahrung im Senat kurz darüber nachgedacht wurde, ob man nicht überhaupt auf einen Prinzeps verzichten und wieder zur Republik zurückkehren könne, und kein Wunder auch, dass dann doch das dynastische Prinzip siegte, wenn auch in einigermaßen grotesker Weise. Nach dem Mord an Caligula suchten die Prätorianer nach einem Angehörigen des kaiserlichen Hauses, der zum Kaiser gemacht werden könne, und sie spürten Caligulas Onkel Claudius auf, einen stotternden Epileptiker, der zudem noch Historiker war und den bisher niemand ernst genommen hatte – er hatte sich, um sein Leben fürchtend, hinter einem Vorhang versteckt gehabt. Sofort machte der Senat ihn zum Prinzeps,[110] und es war, siehe da, keine schlechte Wahl. Die Verfolgung von Senatoren hörte sofort auf, Claudius organisierte die kaiserliche Verwaltung weiter durch und begann zunehmend, Ritter in ihr einzusetzen, wenngleich, wie es seit Augustus der Fall war, in den zentralen Ämtern immer noch Freigelassene die wichtigsten Posten innehatten. Zunehmend wurden die oberen Schichten in den Provinzen durch die Verleihung des Bürgerrechts, teilweise sogar durch das Recht, römische Ämter zu bekleiden, in die Führungseliten des Reiches integriert. Unter Claudius begann schließlich die definitive Eroberung Britanniens.

---

109 A. Winterling, Caligula, kommt zu weniger drastischen Schlüssen.
110 V. M. Strocka, Regierungszeit des Kaisers Claudius.

Das Unglück des Claudius waren seine Beziehungen zu seinen Ehefrauen.[111] Am berühmtesten ist Valeria Messalina, die offenbar wirklich unter übermäßiger Triebhaftigkeit litt – oder sie genoss – und das so weit trieb, dass sie ihren Geliebten C. Silius, einen designierten Konsul, regelrecht heiratete; das wurde als Usurpationsversuch aufgefasst, und beide wurden daher auf Betreiben des Freigelassenen Narcissus hingerichtet. Anschließend heiratete Claudius im Jahre 49 seine Nichte Agrippina die Jüngere, Tochter des Germanicus und Agrippinas der Älteren; sie ist übrigens die Gründerin von Köln als Stadt. Agrippina hatte aus einer früheren Ehe einen Sohn L. Domitius Ahenobarbus, und ihn zum Kaiser zu machen war ihr höchstes Ziel. Er wurde von Claudius adoptiert, dessen und Messalinas Sohn Britannicus wurde zurückgedrängt, schließlich wurde Claudius 54 durch ein Pilzgericht vergiftet und der Adoptivsohn wurde von den Prätorianern zum Kaiser ausgerufen und vom Senat bestätigt. Er trug jetzt – von Claudius adoptiert und so in die Familie der Claudii Nerones aufgenommen – den Namen Nero.[112]

Die ersten fünf Jahre der Regierungszeit Neros sollen tadellos gewesen sein. Agrippina, die selber zwar herrschsüchtig, aber eine gebildete Frau war, hatte dafür gesorgt, dass er eine vorzügliche Erziehung durch zwei Männer bekam, die auch nach seinem Regierungsantritt großen Einfluss auf ihn hatten: der Prätorianerpräfekt Sex. Afranius Burrus und der Philosoph L. Annaeus Seneca,[113] der aus Corduba (heute Cordoba) stammte, einer Römerstadt, die schon im 2. Jahrhundert v.Chr. in Spanien angelegt worden war. Gleichwohl haben beide nicht verhindert, dass Britannicus schon 55 vergiftet wurde und dass Nero 59 sogar seine ihm lästig gewordene Mutter auf perfide Weise umbringen ließ; erst 62 zogen sich beide zurück. Um noch weitere Mordtaten anzuführen: Nachdem Nero sich von seiner zurückhaltenden Frau Octavia getrennt hatte, die er später unter dem gerade ihr gegenüber widerwärtigen Vorwurf des Ehebruchs töten ließ, heiratete er Poppaea Sabina, die er zuvor dem Senator M. Salvius Otho ausgespannt hatte (sie war die berühmte Schönheit, die in Eselsmilch badete); sie soll er, als sie schwanger war, 65 durch einen Tritt in den Unterleib getötet haben – allerdings wird das bereits vom korinthischen Tyrannen Periander erzählt. Aber nicht nur in seiner Familie wütete er. Die Majestätsprozesse nahmen immer mehr zu, eine Atmosphäre der Angst verbreitete sich, der Kaiser wurde, da das Vermögen der Verurteilten konfisziert wurde, immer reicher.

Nero hielt sich für einen großen darstellenden Künstler, vor allem Sänger. Er stiftete mehrere Wettkämpfe nach griechischem Muster, mit sportlichen, aber auch mit musischen Darbietungen, bei denen er selber auftrat und natürlich siegte. Im Jahr 66 unternahm er sogar eine regelrechte Tournee nach Griechenland, die ein ganzes Jahr dauerte, und bei der er 1808 (in Worten: tausendachthundertundacht) Siegeskränze davontrug. Mit dieser eines Kaisers unwürdigen und von der seriösen römischen Gesellschaft natürlich insgeheim verachteten Leidenschaft verbindet sich auch der verheerende Brand Roms vom 18./19. Juli 64. Obwohl Nero beim Volk beliebt war, ver-

---

111 W. Eck, Agrippina, in: H. Temporini-Gräfin Vitzthum, Kaiserinnen, 116–151.
112 M. T. Griffin, Nero.
113 M. Fuhrmann, Seneca und Kaiser Nero.

breitete sich doch das Gerücht, er habe den Brand absichtlich gelegt, um sich durch seinen Anblick künstlerisch inspirieren zu lassen. Um diesem Gerücht entgegenzuwirken, schob er die Schuld einer neuen, unbeliebten jüdischen Sekte zu, den Christen,[114] die daraufhin massenweise verhaftet und im Zirkus den wilden Tieren vorgeworfen wurden; vielleicht sind die Apostel Petrus und Paulus auf diese Weise als Märtyrer gestorben.[115] Auf der anderen Seite sorgte er – oder seine Berater – dafür, dass die vernichteten Stadtviertel mustergültig und brandsicher wieder aufgebaut wurden. Verdacht auf seine Urheberschaft am Brand nährte freilich dann wieder die Tatsache, dass er auf einem Teil der abgebrannten Stadt für sich einen riesigen Palast baute, das Goldene Haus, die domus aurea.

Die blutigen Verrücktheiten Neros lassen leicht darüber hinwegsehen, dass es für das Reich insgesamt gar nicht so sehr auf sie ankam. Die kaiserliche Verwaltung und die Armee hatten eine Art Eigengesetzlichkeit entwickelt, die dafür sorgte, dass beide Institutionen sich zu vorzüglichen Instrumenten entwickelten und, trotz gelegentlicher Missbrauchsfälle,[116] eine Fülle exzellenter Fachleute hervorbrachten.[117] Einer von diesen war der Feldherr Cn. Domitius Corbulo, der in Germanien und vor allem im Osten gegenüber Armenien und den Parthern erhebliche Erfolge erzielte. So erfolgreich und angesehen war er aber, dass er Neros Eifersucht hervorrief und nur durch Selbstmord einer Hinrichtung im Zusammenhang mit einer 66 aufgedeckten Verschwörung entgehen konnte. Diese Verschwörung war die zweite, die Neros Herrschaft ernsthaft bedroht hatte. Dass es überhaupt Verschwörungen gab, ist angesichts der Lächerlichkeit Neros und seinen alle führenden Persönlichkeiten latent bedrohenden Missetaten kein Wunder. Schon 65 war die Verschwörung des C. Calpurnius Piso gescheitert, die weit verzweigt war, und in deren Zusammenhang auch Seneca Selbstmord begehen musste[118] – ebenso der elegante Senator und Romanautor Petronius, dessen Buch Satyrica bis heute gelesen wird und von Federico Fellini als Vorlage für einen berühmten Film genommen wurde.[119] Aber 68 erhoben sich Heeresgruppen in Gallien, Germanien und Spanien gegen ihn, auch in Rom sagten sich Prätorianer und Senat von ihm los, und jetzt musste er selber Selbstmord begehen. Er soll es unter dem Ausruf „Qualis artifex pereo!" getan haben, „Welch großer Künstler stirbt mit mir!"[120], womit er seiner blutig-exzentrischen Herrschaft noch einen grotesken Schlusspunkt verliehen hätte.

2.4.5.2 Flavier
Die iulisch-claudische Dynastie war damit erloschen – Nero hatte weder einen leiblichen noch einen adoptierten Sohn –, die Institution des Kaisertums aber war eine

---

114 G. Baudy, Brände, hält die Christen tatsächlich für die Verursacher.
115 H. G. Thümmel, Memorien.
116 P. A. Brunt, Charges of Provincial Maladministration.
117 W. Dahlheim, Kaiserzeit, 30–54, 196–208.
118 Tacitus, Annalen 15, 60–64 schildert Senecas Selbstmord in einer Szene, die wie der Tod des Sokrates in Platons Phaidon stark auf die europäische Geistesgeschichte gewirkt hat.
119 G. B. Conte, Hidden Author.
120 Sueton, Nero 49, 1.

Selbstverständlichkeit geworden, ebenso die Tatsache, dass die Initiative für eine Kaisererhebung bei den Soldaten lag, und gleichermaßen, dass denn doch der Senat durch seine Bestätigung das Schlusswort zu sprechen habe. Und schließlich: So turbulent das jetzt folgende Vierkaiserjahr 68/69 mit seinen verschiedenen Thronprätendenten verlief, so eindrucksvoll ist es, zu sehen, was für tüchtige und fähige Männer der kaiserliche Dienst im Allgemeinen hervorgebracht hatte. Ser. Sulpicius Galba, aus einer alten republikanischen Familie stammend und Statthalter in Spanien, ein Musterbeispiel von Tüchtigkeit und Redlichkeit, wurde als erster eingesetzt, übertrieb aber wohl seine guten Eigenschaften, indem er an den Soldaten sparen wollte, so dass er einer Revolte zum Opfer fiel. Sein Nachfolger Otho, der frühere Ehemann Poppaeas, entstammte eher höfischen Zirkeln, konnte sich nicht lange halten und beging nach einer militärischen Niederlage Selbstmord, und erst dem Legaten der Legionen von Niedergermanien, A. Vitellius, gelang es, sich nach der Einnahme Roms im Sommer 69 einigermaßen dauerhaft zu installieren.

Allerdings war inzwischen ein neuer Prätendent ausgerufen worden, T. Flavius Vespasianus,[121] sozusagen durch eine große Koalition der Kommandeure der im Orient und der an der Donau stehenden Heere, die mit ihm eine ausgezeichnete Wahl trafen; die treibende Kraft war der Statthalter von Ägypten Ti. Iulius Alexander. Vespasian, dessen Vater noch ein Geldwechsler gewesen war, war stetig in der politischen und Militärhierarchie aufgestiegen, 51 war er sogar Konsul (Ersatzkonsul, consul suffectus) gewesen. Im Jahre 66 war er zur Unterdrückung eines jüdischen Aufstandes nach Palästina entsandt worden, der von Flavius Josephus in seinem „Jüdischen Krieg" klassisch (und bedrückend realistisch) beschrieben worden ist. Nach der Annahme des Kaisertums durch Vespasian marschierten Truppen des Donauraums auf Italien und Rom, und nach mehreren blutigen Schlachten wurde Ende des Jahres Rom erobert, Vitellius wurde erschlagen, und am 22. Dezember 69 setzte der Senat Vespasian formell ein; ein Bruchstück dieses Beschlusses, die lex de imperio Vespasiani, ist in einer Bronzeinschrift[122] erhalten. Vespasian selber erschien erst im Sommer 70 in Rom.

Nach der psychopathischen Regierung Neros und den Greueln des Bürgerkrieges setzte nun ein Jahrzehnt ruhiger Nüchternheit ein. Vespasians Hauptanliegen war zunächst die Konsolidierung des Staatshaushalts, was ihm außer Anekdoten wie der, dass er mit der Begründung, Geld stinke nicht, eine Steuer auf Urin erhob, den Ruf des Geizes einbrachte; sein Porträt zeigt ihn als bäuerlich-listigen, grundsoliden Mann.[123] Das Goldene Haus Neros wurde abgerissen, und an seiner Stelle unter anderem das riesige Amphitheater gebaut, das heute als Kolosseum bekannt ist; die Kosten wurden zum Teil aus der Beute des jüdischen Krieges bestritten.[124] Dieser blutige Krieg war durch Vespasians Sohn Titus noch im Jahre 70 mit der Eroberung und Plünderung Jerusalems beendet worden, und gleich anschließend wurde Titus aus Gründen der Machtsicherung ungewöhnlicherweise zum Prätorianerpräfekten gemacht und redu-

---

121 B. Levick, Vespasian.
122 CIL VI 930 = Schumacher 20.
123 Daher ist die Nachricht nicht nur schön, sondern auch glaubwürdig, dass er bei Konzerten Neros eingeschlafen sei (Sueton, Vespasian 4, 4).
124 G. Alföldy, Bauinschrift.

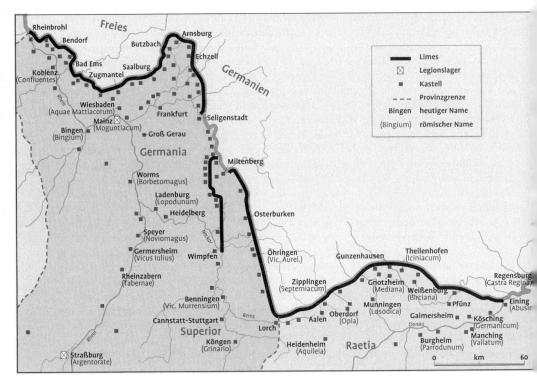

Abb. 14: *Der obergermanisch-rätische Limes.*

zierte diese gefährliche Truppe erheblich; auch Vespasians häufige Übernahme des Konsulats, zusammen mit Titus, ist als Sicherungsmaßnahme zu verstehen. Die Verfolgung von Senatoren hörte sofort auf, nur C. Helvidius Priscus wurde wegen permanenter Opposition verbannt und später getötet. Im Übrigen brachte Vespasian mit seinem scharfen Blick für tüchtige Leute wie er selber es war zahlreiche neue Familien in den Senat, die in der Folgezeit eine wichtige Rolle spielen sollten. Das Heer, insbesondere die durch den Bürgerkrieg in Unordnung geratenen westlichen Legionen, wurde reorganisiert. In Britannien wurde durch Cn. Iulius Agricola die Eroberung weiter vorangetrieben, auch in Germanien gab es Landgewinne, so wurden der Schwarzwald und das mittlere Neckargebiet (die agri decumates) eingegliedert. Vespasian starb 79.

Titus[125], als deliciae generis humanae (Entzücken des Menschengeschlechts) bezeichnet, setzte die Regierung seines Vaters fort, starb aber schon nach zwei Jahren 81; in seiner Regierungszeit erfolgte der große Vesuvausbruch des 24. August 79 bei Pompeji und Herculaneum. Sein Bruder und Nachfolger Domitian[126] wird von den Quellen

---

125 B. W. JONES, Titus.
126 Les années Domitien.

und der Moderne unterschiedlich bewertet. Während die Zeitgenossen seine Regierung als unerträglich drückend empfanden und ihn mit Caligula und Nero auf eine Stufe stellten, betonen moderne Forscher gerne seine sachlichen Leistungen.[127] Beides muss einander nicht widersprechen. Was die sachlichen Leistungen betrifft, so beließ er in Britannien den von seinem Vater eingesetzten effizienten Agricola und berief ihn erst später aus objektiven Gründen ab.[128] Er selber unternahm in den Jahren 83 und 84 einen Feldzug gegen den germanischen Stamm der Chatten an Lahn und Dill (die sprachliche Verwandtschaft dieses Stammesnamens zu dem der Hessen ist unüberhörbar), den er 85/86 abbrechen musste, weil die thrakischen Daker von Siebenbürgen aus in das Reich einfielen; auch im Dakerkrieg bot er achtbare Leistungen. 89 wurden die bisherigen Abteilungen der Rheinarmee in die regulären Provinzen Ober- und Niedergermanien geteilt. Domitians Personalpolitik stand in der flavischen Tradition, bei der Auswahl und Beförderung der hohen Beamten und Militärs auf Kompetenz zu achten; das augenfälligste Beispiel ist der spätere Kaiser Traian, der 91 Konsul war. Amtsmissbräuche wurden streng bestraft.

Auf der anderen Seite spannte sich das Verhältnis zum Senat wieder an. Domitian kehrte in provozierender Weise den Alleinherrscher heraus, bekleidete dauernd das Konsulat sowie die Zensur, zeigte also unübersehbar, dass er es war, der überhaupt bestimmte, wer Senator sein durfte; im Senat erschien er im roten Triumphalgewand und ließ 24 Liktoren vor sich hergehen. Seine Statuen überschwemmten fast die Stadt, mitten auf dem Forum erhob sich sein riesiges Reiterstandbild. Verfolgungen und Hinrichtungen unter den Senatoren nahmen immer weiter zu, und so ist es kein Wunder, dass es Verschwörungen gegen ihn gab einschließlich ihres fatalen Mechanismus: Je misstrauischer der Kaiser Verschwörungen witterte, auch wenn es sie gar nicht gab, und je rücksichtsloser er vorging, umso mehr provozierte er wirkliche Komplotte. Das 20. Jahrhundert hat mit Staunen festgestellt, dass die Atmosphäre der permanenten Angst, die der Historiker Tacitus beschreibt, derjenigen entspricht, die in totalitären Regimes herrscht;[129] dadurch gewinnen die domitianfeindlichen Akzente der antiken Geschichtsschreibung wieder an Glaubwürdigkeit. Dass diese Tendenz kein Phantasieprodukt senatorischer Autoren war, zeigt die letzte, erfolgreiche Verschwörung, der Domitian 96 zum Opfer fiel, denn an ihr nahm außer dem ritterständischen Prätorianerpräfekten auch Domitians Frau teil.

---

127 C. URNER, Domitian.
128 Von Agricola, nicht dem wichtigsten aller Statthalter, wissen wir nur durch seine knappe Biographie, die der Historiker Tacitus, sein Schwiegersohn, geschrieben hat; seine Karriere kann jedoch, vielleicht mit anderen Akzenten als von Tacitus gesetzt, als beispielhaft gelten.
129 Der russische – ehemals Leningrader – Literaturwissenschaftler Efim ETKIND zitiert zur Charakterisierung dieser Atmosphäre in seiner Autobiographie (Unblutige Hinrichtung. Warum ich die Sowjetunion verlassen musste, München und Zürich 1978, 208) einen einleitenden Satz aus der Agricola-Biographie des Tacitus: „Wir gaben in der Tat einen schönen Beweis von Unterwürfigkeit; und wie die alte Zeit sah, was das Äußerste an Freiheit ist, so wir, was in der Knechtschaft, wobei durch geheime Überwachung auch der Austausch im Sprechen und Hören genommen war. Auch das Gedächtnis hätten wir noch mit der Stimme verloren, wenn es so in unserer Macht stünde, zu vergessen wie zu schweigen." (2, 3; Übersetzung Karl BÜCHNER)

2.4.5.3 Humanitäres Kaisertum

Schon am selben Tag bestimmte der Senat den neuen Prinzeps, ohne dass die Armee mitgewirkt hätte, den 66-jährigen kinderlosen M. Cocceius Nerva. Ganz unbefleckt war dieser Senator keineswegs, so hatte er Nero eifrig bei der Bekämpfung der pisonischen Verschwörung geholfen. Gleichwohl soll ihm hier sein Hauptverdienst nicht geschmälert werden, denn nach einem Jahr seiner Regierung, in dem er das Drückende der domitianischen Tyrannis zu beseitigen begann, befreite er sich aus einer schwierigen Situation dadurch, dass er den Statthalter Obergermaniens, M. Ulpius Traianus aus dem schon von Scipio Africanus gegründeten spanischen Italica adoptierte und so zum Nachfolger designierte.[130] Mit Nervas Tod 98 trat der neue Kaiser sein Amt an, und mit ihm (oder schon mit Nerva) beginnt das glückliche Jahrhundert derjenigen Kaiser, die etwas irreführend Adoptivkaiser genannt werden. Diese Bezeichnung folgt aus der Tatsache, dass sie, mit Ausnahme des letzten, Mark Aurels, keine leiblichen Söhne hatten und sich durch Adoption sozusagen Ersatzsöhne beschaffen mussten (wie es schon Augustus tun musste). Die Auswahl, die sie trafen, war exzellent, jedoch war es eben nicht so, dass Auswahl und Adoption aus freien Stücken erfolgten, sondern nur notgedrungen und in Ermangelung leiblicher Söhne.[131] Daher wäre eine inhaltliche Bezeichnung besser; „humanitäres Kaisertum" wird gelegentlich vorgeschlagen, welche Bezeichnung trotz ihres leicht kitschigen Beiklangs auch hier verwendet wird.

Was damit gemeint ist, zeigt die innere Politik Traians. Materiell gab ihm die ungeheure Kriegsbeute seiner Eroberungskriege die Gelegenheit, die von Nerva begründeten Alimentarstiftungen weiterzuführen, durch die italische Bauern billige Kredite erhielten und aus deren Zinsen Bedürftige unterstützt wurden; auch die Bevölkerung Roms erhielt reiche Unterstützung. Selbstverständlich gab es keinerlei Verfolgung von Senatoren mehr, ja, der Kaiser beobachtete bis in kleine Details das äußere Verhalten, das Augustus gegenüber dem Senat praktiziert hatte. Im Senat erschien er nur in Zivil, und wenn er, wie ein gewöhnlicher Bewerber um ein republikanisches Amt, zum Konsul gewählt worden war, leistete er vor dem wahlleitenden Konsul stehend den Amtseid, während dieser sitzen blieb. Der Senat verlieh ihm den Titel „Optimus Princeps", was keine Schmeichelei, sondern Beschreibung der Wirklichkeit war. Ein Musterbeispiel knapper Amtsprosa ist das zehnte Buch des Briefwechsels des jüngeren Plinius, in welchem dieser als Statthalter in Bithynien Anfragen an den Kaiser richtet, die dieser, ohne Höflichkeitseinkleidungen sofort zur Sache kommend, beantwortet. Im Brief Nr. 97 kommt die Maxime zum Ausdruck, die die ganze Epoche paradigmatisch charakterisiert: Auf die ausführliche Anfrage des Plinius, wie er sich gegenüber den Christen zu verhalten habe – sie verweigerten das Opfer für den Kaiser –, wird zwar bestätigt, dass darauf die Todesstrafe stehe, aber zum Schluss heißt es, dass anonymen Anzeigen nicht nachzugehen sei, denn das passe nicht in das Zeitalter (nec nostri saeculi est).

Traian war, auch in seinem straffen, kühl-konzentrierten Äußeren, ganz Soldat, und er ist der letzte große Eroberer der römischen Geschichte gewesen, nicht aus Mutwillen, sondern äußeren Erfordernissen gehorchend. Die Daker waren von Domitian nur vorläufig ruhig gestellt worden, und ihren erneuten Einfällen begegnete Traian in

---

130 A. Nünnerich-Asmus, Traian.
131 Allerdings muss gesagt werden, dass immer nur Kinderlose adoptiert wurden.

zwei Dakerkriegen von 101 bis 106 mit dem Ergebnis, dass Dakien, etwa das heutige Siebenbürgen, vollständig erobert und als Provinz Dacia eingerichtet wurde; die Reliefs der Traianssäule in Rom zeugen davon. Ebenso dann im Osten. Fast gelang es ihm, die beständige Drohung, die das Partherreich darstellte, gänzlich zu beseitigen. In einem von 113 bis 117 dauernden Feldzug eroberte er sogar die parthische Hauptstadt Ktesiphon, und nachdem schon 106 das nabatäische Königreich mit der Hauptstadt Petra unter der Bezeichnung Arabia Provinz geworden war, konnte er nun die neuen Provinzen Armenia, Assyria und Mesopotamia einrichten. Freilich kam Traian nicht zum endgültigen Abschluss und zur Sicherung dieser Eroberungen. Im Jahr 115 war ein großer jüdischer Aufstand, von Ägypten ausgehend, losgebrochen, dessen Niederschlagung noch nicht beendet war, als Traian im Jahr 117 starb.

P. Aelius Hadrianus,[132] ebenfalls aus Italica, der von Traian adoptierte Nachfolger, nahm alsbald die orientalischen Eroberungen bis zur Euphratgrenze wieder zurück. Das geschah aus Einsicht in die mangelnden Fähigkeiten des Reiches, die neu hinzugewonnenen Gebiete auf Dauer zu halten, und nicht aus Weichlichkeit. Dass Hadrian, entgegen seinem milden Aussehen, ein entschlussfreudiger Militär war, zeigt sich sowohl gerade in dieser Maßnahme, die er energisch gegen eine gefährliche Opposition durchsetzte, als auch überhaupt in seiner Militärpolitik. Er organisierte das Heer neu, er stellte die nachlassende soldatische Disziplin wieder her – stiftete sogar einen neuen Kult der disciplina militaris –, wobei er mit gutem Beispiel voranging und in eigener Person Nacht- und Gepäckmärsche mitmachte. Er ließ die Sicherung der Reichsgrenzen stationär werden, indem er die am Ort ausgehobenen Truppen dort auch einsetzte, und unter ihm wurden die Reichsgrenzen, der Limes, der bisher nur eine Art Demarkationslinie war, zu einem festen Verteidigungssystem ausgebaut; der Hadrianswall in Britannien ist das berühmteste Beispiel.

Gleichwohl kommt das Bild eines Nicht-Soldaten nicht von ungefähr, denn Hadrian war auch ein Intellektueller. Schon der Bart deutet den Griechenfreund an, der er auch wirklich war; ihm, der auch auf griechisch dichtete, verdankt beispielsweise Athen einen ganzen neuen Stadtteil, die Hadriansstadt, von der heute noch – oder wieder – wichtige Bauten zu sehen sind, und er ist es gewesen, der den Tempel des Olympischen Zeus, den die Söhne des Peisistratos im 6. Jahrhundert v.Chr. begonnen hatten, endlich vollendete. Nicht unbedingt römisch ist es auch, dass er in einem sozusagen öffentlich zelebrierten Liebesverhältnis zu einem Knaben aus Bithynien stand, Antinoos[133], den er – zusammen mit seiner Frau Sabina! – auf seinen Reisen mitnahm und der, erst 20-jährig, im Nil ertrank; zahlreiche Standbilder, die er von ihm anfertigen ließ, sind erhalten. Ein ganz ungewöhnlicher Tatbestand ist seine für antike Verhältnisse einmalige Reiselust; er bereiste mehrfach das Mittelmeergebiet, besichtigte die kulturellen Sehenswürdigkeiten und bestieg aus einem ausgeprägten Naturgefühl den Ätna und (wie Traian) den Kasios in Syrien – vielleicht ist es erst Petrarca gewesen, der es ihm mit der Besteigung des Mont Ventoux nachgemacht hat. Sein verspielter Palast in Tivoli, die Villa Hadriana, gibt wohl den besten Eindruck seines enzyklopädischen und möglicherweise nicht einheitlich ausgerichteten Geistes wieder.

---

132 A. R. Birley, Hadrian.
133 H. Meyer, Antinoos.

Unter Hadrian wurde der jüdische Aufstand, der unter Traian begonnen hatte, endgültig niedergeschlagen. Aber nachdem Hadrian 130 aus Jerusalem und seinem Tempel eine Kolonie Aelia Capitolina mit einem Jupitertempel gemacht hatte, brach 132 der letzte Aufstand aus, der des Bar Kochba, den Hadrian 135 unterdrücken konnte.[134] Die Neugründung von Jerusalem ist als Teil seiner Städtepolitik zu sehen, die auch zu anderen Gründungen führte, so auch zu Hadrianopolis (Adrianopel, heute Edirne) auf der Balkanhalbinsel. Auch sonst wirkte er abrundend und abschließend. Die bisherige Entwicklung des römischen Rechts schloss er dadurch ab, dass er den Prätoren die von alters her bestehende Befugnis nahm, das Recht weiterzuentwickeln und dass er das von ihnen geschaffene Recht, das Edikt, durch den Juristen P. Salvius Iulianus als edictum perpetuum festschreiben ließ; die weitere Rechtsfortbildung war nun das Monopol der kaiserlichen Gesetzgebung und der Rechtswissenschaft. Die kaiserliche Verwaltung wurde unter ihm endgültig keine Domäne der Freigelassenen mehr, sondern kam in die Hände von juristisch ausgebildeten Fachleuten aus dem Ritterstand mit festen Ernennungs- und Beförderungsregeln; die Rangklassen wurden nach dem jeweils gezahlten Jahresgehalt bezeichnet: sexagenarii, centenarii, ducenarii (60.000, 100.000, 200.000 Sesterzen).[135] Das Verhältnis zum Senat war, mit geringen Ausnahmen, natürlich exzellent.

Diese Beziehungen wurden sogar noch besser unter den ebenfalls jeweils adoptierten Kaisern Antoninus Pius[136] und Marcus Aurelius, bei uns Mark Aurel genannt; sie regierten von 138 bis 161 beziehungsweise von 161 bis 180. Ihre Regierungszeit ist die Blütezeit des tiefen Friedens, in dem sich das römische Reich befand, und nicht umsonst war es unter Antoninus Pius, dass der griechische Autor Aelius Aristides in seiner Rede „An Rom" die klassisch gewordene Summe der segenbringenden römischen Herrschaft in der zivilisierten Welt gezogen hat.[137] Gewiss wurde unter Antoninus Pius, der sich kaum aus Rom und seiner Umgebung entfernte, weiter an der Vervollkommnung der Staatsverwaltung gearbeitet; auch wurden die Grenzen leicht vorgeschoben – so durch den Antoninuswall in Britannien –, und es wurde das Limessystem ausgebaut. Unter Mark Aurel[138] – sein Reiterstandbild steht heute auf dem Kapitol in Rom – kamen die Herausforderungen wieder von außen. Im Donauraum drangen vor allem germanische Barbaren – Markomannen, Quaden, Jazygen, auch Sarmaten – unablässig gegen die Reichsgrenzen, und Mark Aurel war genötigt, einen großen Teil seiner Regierung im Feldlager zu verbringen; die Mark-Aurel-Säule auf der Piazza Montecitorio in Rom berichtet davon. Immerhin gelang es ihm, diese Angriffe vollständig zurückzuschlagen. Es kündet aber auch ein literarisches Werk von dem, was ihn vor allem in diesen schwierigen Situationen innerlich bewegte, seine von der stoischen Philosophie geprägten tagebuchähnlichen Aufzeichnungen. Sie waren nicht zur Ver-

---

134 P. Schäfer, Bar Kokhba war.
135 Auch heute ist die Bezeichnung von Beamtenrangstufen einschließlich der der Professoren nach der Gehaltsgruppe nicht unbekannt.
136 Wie wenig aufregend an äußeren Ereignissen seine Regierung war, zeigt sich an dem Fehlen einer größeren wissenschaftlichen Biographie, siehe aber H. Temporini-Gräfin Vitzthum in: M. Clauss, Kaiser, 137–144.
137 K. Buraselis, Aelius Aristides.
138 K. Rosen, Marc Aurel.

öffentlichung bestimmt, wurden nach seinem Tod unter dem Titel „An sich selbst" aber doch herausgegeben und haben bis heute zahlreiche Leser gefunden, die aus ihnen in inneren Notlagen Ruhe und Kraft schöpfen; so hatte Friedrich der Große das Werk im Siebenjährigen Krieg ständig bei sich.

Die Adoptionsvorgänge bei Antoninus Pius und Mark Aurel waren hoch kompliziert, jedoch ist die Erwähnung vieler weiterer Mitadoptierten und gar Mitkaiser wegen letztlicher Irrelevanz hier unterlassen worden; wesentlich ist aber immer, dass erstens keine leiblichen Söhne der Vorgänger zur Verfügung standen, und dass zweitens diejenigen, die schließlich Kaiser wurden, sittlich und nach ihren Fähigkeiten eine Auswahl darstellten, deren Qualität nicht überboten werden konnte. Aber es handelte sich offenbar trotzdem immer um einen Ersatz für wirkliche Söhne, und das wird am Nachfolger Mark Aurels deutlich. Dieser, Commodus, war nun erstmals wirklich ein Sohn, und sofort war es mit dem milden Gleichmaß des Kaisertums zu Ende. Die schlimmen Zeiten eines Nero oder Domitian brachen wieder an. Commodus kehrte provokativ den Alleinherrscher heraus, wäre gerne Gladiator gewesen und trat als neuer Herkules mit einer Keule auf. Es gab Hinrichtungen, scheinbare und wirkliche Verschwörungen. 192 gelang die letzte, Commodus wurde ermordet, und wie 68 bestimmte der Senat mit Pertinax einen tüchtigen Militär, der gemäßigt und senatsfreundlich regieren würde. Aber es gab, ebenfalls wie 68, andere Prätendenten, die größere Armeekorps hinter sich hatten, von denen sie als ihre Vertreter angesehen wurden. So entbrannte wieder ein Bürgerkrieg, der sich freilich erneut nur unter den verschiedenen Armeeeinheiten abspielte. 193 war die Machtfrage geklärt, der Sieger war der Legat der pannonischen Truppen, L. Septimius Severus.[139]

2.4.5.4 Severer

Mit L. Septimius Severus kam ein neues Element in die Struktur des römischen Reiches. Abgesehen davon, dass jetzt deutlicher als je zuvor die Armee, oder besser ein Teil der Armee entschied, wer Kaiser wurde – Zahlungen an die Soldaten bezeichnete Septimius Severus auf dem Totenbett seinen Söhnen gegenüber als das wichtigste Geheimnis der Herrschaft –, vor allem aber war nun zum ersten Mal ein ethnischer Nichtrömer Kaiser. Septimius Severus stammte aus Lecpis Magna in Libyen, seine Frau Iulia Domna[140] aus Emesa in Syrien, heute Homs, und war die Tochter eines dortigen Sonnengott-Priesters. Natürlich waren ihre vornehmen Familien längst romanisiert, aber der neue Kaiser soll zeitlebens mit – ausgerechnet! – punischem Akzent gesprochen haben. Seine Politik gegenüber dem Senat war nach einer anfänglichen Verfolgungswelle von Kühle bestimmt, vor allem sah er seine Aufgabe im Sichern und Erweitern der Grenzen des Reiches und gelegentlich in der Rechtsprechung. Nach dem Fiasko mit einem allzu ehrgeizigen Prätorianerpräfekten wurden zwei der größten Juristen der europäischen Geschichte in dieses Amt berufen, Papinian und Ulpian. Hervorzuheben ist auch, dass der Kaiser in Ägypten die Städteverfassung vorangetrieben hat und so die innere Struktur dieser Provinz an diejenige aller anderen Teile des Reiches anpasste. In Rom erinnert bis heute der Severusbogen auf dem Forum Romanum

---

139 A. R. Birley, African Emperor.
140 E. Kettenhofen, Die syrischen Augustae.

an ihn; 211 starb er im Heerlager im nordenglischen Eburacum, dem heutigen York. Zwei Söhne sollten sich in die Nachfolge teilen, der ältere Caracalla – wieder ein militärischer Spitzname, der diesmal Soldatenmantel bedeutet – und der jüngere Geta; wir haben es also mit einer neuen Dynastie, der der Severer zu tun. Beide rivalisierten aber miteinander, und das führte dazu, dass Caracalla seinen Bruder umbringen ließ, ihn vielleicht sogar selber tötete, als sich dieser in die Arme der gemeinsamen Mutter geflüchtet hatte. Den daran anschließenden Verfolgungen der Geta-Anhänger fiel auch Papinian zum Opfer, nach einer Überlieferung deshalb, weil er sich geweigert hatte, den Brudermord juristisch zu rechtfertigen. Über Geta wurde die damnatio memoriae verhängt, das heißt sein Porträt und Name von Bildern und Inschriften entfernt,[141] mit dem Ergebnis übrigens, dass man, wie immer in solchen Fällen, erst recht auf ihn aufmerksam wird. Durch einen gesetzgeberischen Akt hat Caracalla – oder besser: haben seine juristischen Berater – die Struktur des Reiches einen wesentlichen Schritt vorwärts gebracht beziehungsweise der tatsächlichen Entwicklung angepasst: Die von ihm erlassene Constitutio Antoniniana[142] verlieh sämtlichen – mit einer nicht leicht zu bestimmenden Ausnahme – Bewohnern des Reiches das römische Bürgerrecht. Zwar geschah das wohl deshalb, um nun von mehr Bürgern eine erhöhte Steuer eintreiben zu können, trotzdem zog diese Maßnahme die Konsequenz aus der seit langem eingetretenen Nivellierung oder Angleichung aneinander, die die Reichsbevölkerung erfasst hatte. Ihren Namen hat diese Kaiserkonstitution daher, dass sich die Severerdynastie durch einen fiktiven Stammbaum aus Propagandagründen auf Antoninus Pius und Mark Aurel zurückführte; für den brutalen Caracalla jedenfalls war das ein vergebliches Unterfangen, denn er erlitt gleichwohl den Tod des Tyrannen, indem er 217 in Syrien ermordet wurde.

Jetzt folgte ein bizarres Zwischenspiel in der römischen Kaisergeschichte, bei dem die Frauen des Emesa-Clans eine wesentliche Rolle spielten. Iulia Domna hatte nach der Ermordung Caracallas Selbstmord begangen, aber ihre Schwester Iulia Maesa fühlte zu Recht, dass die Truppen an Carcalla hingen, und so sorgte sie dafür, dass ihr Enkel, Sohn ihrer Tochter Iulia Soaemias, der halbwüchsige Sonnenpriester Elagabal[143] (latinisiert Heliogabalus) zum Kaiser ausgerufen wurde. Nachdem der Senat ihn folgsam bestätigt hatte, hielt er seinen pittoresken Einzug in Rom, geschminkt und juwelenüberladen vor einem schwarzen Meteoriten rückwärts gehend, der, eine Art kleiner Kaaba, seinen Gott verkörperte. An sich hatte man in der Antike nichts gegen die Einführung neuer Götter einzuwenden, wohl aber, wenn sie zum höchsten Gott proklamiert werden sollten. Das Befremden nahm zu, gleichzeitig eine immer willkürlichere Herrschaft Elagabals und seiner Mutter, und da sich die Frauen des Clans nicht einig waren, wurde der Sohn der Mamaea, einer anderen Tochter der Maesa, zum Gegenbild des fremd-grotesken Elagabal[144] aufgebaut. Alexander Sever-

---

141 H. HEINEN, Herrscherkult.
142 H. WOLFF, Constitutio Antoniniana.
143 M. FREY, Elagabal.
144 Eine bewusst mit der Dekadenz spielende Stimmung am Ende des 19. Jh. hatte sich nicht zu Unrecht Elagabal als dafür symbolische Figur ausersehen; siehe den 1892 erschienenen Gedichtzyklus „Algabal" Stefan GEORGES, nach weiteren einschlägigen Erwähnungen bei Charles Baudelaire, Paul Verlaine, Théophile Gautier, Oscar Wilde und Edgar Allan Poe (Ute OELMANN, in: Stefan George, Hymnen Pilgerfahrten Algabal, Stuttgart 1987, 119).

us wurde er programmatisch genannt, und schließlich wurde Elagabal 222, 18-jährig, von den Prätorianern ermordet und Alexander Severus trat die Herrschaft an. In der Überlieferung wird er als musterhafter, dem Senatorenstand verpflichteter Kaiser geschildert, wenngleich auch er, bei Herrschaftsantritt erst 13-jährig, nicht ohne die Mithilfe seiner Mutter regierte. Auch er fand ein gewaltsames Ende; 235 wurden er und seine Mutter in Mainz von meuternden Soldaten ermordet. Damit fand die severische Dynastie ihr Ende, und mit ihr auch die Epoche der hohen römischen Kaiserzeit. Jetzt begann das halbe Jahrhundert der Soldatenkaiser, das Vorspiel zur Spätantike.

2.4.5.5 Soldatenkaiserzeit

Die Jahre kurz vor der Ermordung des letzten Serererkaisers waren durch zwei neue Herausforderungen charakterisiert, die nicht richtig erwartet und eingeschätzt zu haben ihm, seiner Mutter und seinen Beratern nicht unbedingt zum Vorwurf gemacht werden kann. Von zwei Seiten setzte nämlich ein neuer Ansturm von außen auf das Reich ein, dem nur mit äußersten Anstrengungen zu widerstehen war. Zum einen kam 224 im Partherreich eine neue Dynastie, die der Sassaniden, an die Macht, die mit erneuter Wucht den römischen Nahen Osten bedrohte. Zum anderen überschritten 233 die germanischen Alamannen den Rhein und begannen, Gallien zu verwüsten; die – erfolgreichen – Markomannenkriege Mark Aurels waren Vorboten dieser Entwicklung gewesen. In Verhandlungen mit den Germanen war Alexander Severus bereit, ihnen – wie es früher durchaus auch etwa bei den Dakern der Fall gewesen war – Subsidien zu zahlen. Die Soldaten empfanden dieses Vorgehen jedoch als schmachvolle Tributzahlung, und in diesem Zusammenhang geschah der Mord am Kaiser. Zum neuen Kaiser wurde ein Nursoldat ausgerufen, Maximinus Thrax, dessen Charakter erwarten ließ, dass er den Germanen mit militärischer Gewalt entgegentreten werde.

Die Aufgabe der Abwehr der äußeren Feinde wurde alles in allem gelöst, aber zu welchem Preis! War die Armee ohnehin ein immer wichtigerer Faktor in der römischen Politik geworden und trat ihre entscheidende Rolle bisher nur in Dynastiewechseln wie denen von 68/69 oder 191/192 unverhüllt hervor, so war das nun offenkundig. Zu den bisher schon bestehenden Rivalitäten der einzelnen Heeresgruppen trat nun das Erfordernis effektiver Abwehr, und das hatte zur Folge, dass, zunächst in größeren Abständen, dann immer schneller, die jeweiligen Generäle zu Kaisern erhoben wurden, von denen einige immerhin etliche Jahre, andere nur ganz kurz, wieder andere nebeneinander an der Macht waren. Gut dreißig waren es innerhalb von fünfzig Jahren; einige fielen im Kampf, einige wurden ermordet. Nach der Ermordung des Maximinus Thrax folgten einige Senatskaiser, die Gordiane, bald darauf folgte sogar ein Araberscheich, Philippus Arabs, gefallen 249 im Kampf gegen Decius, der seinerseits 251 gegen die Goten fiel; dem Kampf gegen die 257 erstmals auftretenden Franken verdankte Probus seine Erhebung zum erfolgreichen Gegenkaiser, bis er ermordet wurde; Kaiser Valerian focht erfolgreich gegen die Sassaniden, wurde aber 260 von König Schapur gefangen genommen und starb in der Gefangenschaft, wessen sich der Partherkönig in einer berühmten Felsinschrift, der von Naksch-e Rostam rühmte, sein Sohn Gallienus wurde 268 ermordet.

Aurelian (270–275)[145] hätte, weil er Energie und Realismus miteinander verbinden konnte, wirklich das Zeug dazu gehabt, restitutor orbis – Wiederhersteller des Erdkreises – zu werden, wie er sich auf Münzen nennen ließ, er wurde aber ebenfalls ermordet. Realistisch war, dass er 271 die nicht mehr zu haltende Provinz Dakien räumte[146] und dass er die Gefährdung der Stadt Rom durch Barbareneinfälle dadurch eingestand, dass er sie mit einer 19 km langen Mauer umgeben ließ. Er packte auch sonst zu, wo es nötig war. Im Vorderen Orient hatte sich wegen des Versagens der römischen Zentralregierung um die Wüstenstadt Palmyra[147] herum ein arabisches Sonderreich gebildet, das sich alleine gegen die Parther wehrte; freilich nicht, um sich von Rom abzuspalten, sondern sozusagen stellvertretend. Zunächst regierte und kämpfte der Stadtherr Odaenathus, nach dessen Tod seine Witwe Zenobia, die ihre Herrschaft bis nach Ägypten erstreckte und sich Augusta nannte; 272 kämpfte Aurelian Palmyra nieder. Nach seiner Ermordung folgten einige ephemere Kaiser, bis 284 ein weiterer Soldat zum Kaiser ausgerufen wurde, dessen Herrschaft stabil blieb: der erste Kaiser des spätrömischen Reiches, Diokletian.

2.4.6 Spätantike

Das halbe Jahrhundert der politisch-militärischen Anarchie hatte schwerwiegende Folgen für die innere Struktur des Reiches. Schon in den äußerlich so blühenden Jahrzehnten der hohen Kaiserzeit hatten sich erste Krisensymptome geltend gemacht. Bereits unter Kaiser Traian fingen, wie schon gesagt, die Finanzen mancher Städte an zu kränkeln, so dass kaiserliche Kuratoren entsandt werden mussten. Auch begann da und dort etwas nicht mehr von alleine zu funktionieren, was das Lebenselement der gesamten antiken Welt ausgemacht hatte: Die Lebenskraft der Städte, der Grundeinheit des gesamten Reiches, speiste sich nämlich weniger aus Steuern, sondern seit Menschengedenken aus den freiwilligen Spenden ihrer wohlhabenden Bürger, die aus diesen Leistungen Prestige und Selbstwertgefühl zogen. War dieses Idealbild in der Wirklichkeit auch nicht immer rein vertreten – so waren im klassischen Athen solche Verpflichtungen sogar gesetzlich geregelt worden –, so war es doch ein Warnsignal, dass ebenfalls schon in der hohen Kaiserzeit damit begonnen wurde, die Zugehörigkeit zur städtischen Führungsschicht erblich zu machen, um deren Angehörige für staatliche Leistungen heranziehen zu können.[148] Ebenso begann die Tendenz – deutlich schon unter Hadrian zu sehen –, dass das freie Einzelbauerntum zurückging, dass die großen Güter privater Eigentümer oder des Staates, das heißt des Kaisers, zwar nicht mehr von Sklaven, aber doch nur von Pächtern, Kolonen (coloni) bewirtschaf-

---

145 E. Cizek, L'empereur Aurélien.
146 Gegenstand heftiger Diskussion ist, ob die lateinisch sprechende Bevölkerung im Lande blieb, woraus sich eine Kulturkontinuität des heutigen Rumänentums ergäbe, oder ob sie auch abgezogen war und Rumänisch Sprechende erst im Mittelalter zugewandert wären; siehe etwa von archäologischer Seite K. Horedt, Siebenbürgen, mit unterschiedlicher Akzentuierung der beiden Bände.
147 R. Stoneman, Palmyra.
148 Codex Theodosianus 12, 1, 53 (Beispiel).

tet wurden.[149] Stieg der öffentliche Finanzbedarf oder war die Gewinnsucht der zwischen Eigentümern und Bauern eingeschalteten Mittelsmänner (Konduktoren, conductores) zu groß, so erwuchs die Gefahr, dass die Kolonen ihren Status als Freie zu verlieren begannen und in Abhängigkeit gerieten. Die Soldatenkaiserzeit mit ihrem sprunghaft gestiegenen staatlichen Finanzbedarf, mit der großen Menge der Soldaten, mit den häufigen Verwüstungen durch Barbareneinfälle, aber auch durch die rivalisierenden Heere selbst, senkte einerseits die wirtschaftliche Leistungskraft und erhöhte andererseits den Finanzbedarf und verstärkte die Zwangsmittel, die zu seiner Befriedigung eingesetzt wurden.

2.4.6.1 Diokletian

Diokletian[150] befestigte seine Herrschaft nach seiner Kaisererhebung sehr schnell und zog ebenso schnell Folgerungen aus der Tatsache, dass das Reich anscheinend von einem Kaiser allein nicht mehr zu regieren war; diese Folgerung diente auch dazu, die jeweilige Nachfolge in geregelter Form vor sich gehen zu lassen und Usurpationen zu vermeiden. Die Folgerung bestand darin, dass er 285 seinen Kameraden Maximianus zum Caesar, 286 zum Augustus des Westens ernannte. 293 bekam jeder der beiden Augusti einen Caesar genannten Unterkaiser, Galerius im Osten, Constantius Chlorus im Westen – unter ihm wurde Trier kaiserliche Residenz [151]–, wobei die Regelung die sein sollte, dass beide Augusti nach einer gewissen Zeit zurücktreten und von den Caesares nachgefolgt werden sollten, die ihrerseits neue Caesares zu ernennen hätten. Diese Regelung hieß Tetrarchie (griechisch: Vierherrschaft) und hatte auch eine territoriale Dimension insofern, als jeder der Vier ein Viertel des Reiches zu regieren hatte. Freilich blieb Diokletian selber der Kaiser mit der höchsten politischen Autorität, was sich in der Bezeichnung senior Augustus ausdrückte sowie darin, dass er das Haupt der künstlich geschaffenen Dynastie der Iovier (nach dem höchsten Gott Jupiter) wurde, Maximian nur das der Herkulier (nach dem Halbgott Hercules).

Diese künstliche Tetrarchie-Regelung hatte vor den wirklichen politischen Kräften keinen Bestand, anders als viele weitere innere Reformen Diokletians. Zunächst verkleinerte er die Provinzen ganz erheblich und erhöhte so ihre Zahl auf über 100. Auch das diente der Verhinderung örtlicher Machtzusammenballung und erschwerte so die Möglichkeit von Usurpationen, zumal da auch die Militärbezirke mit den Provinzen zusammenfielen; die Statthalter hießen meist praesides oder, nach ihrer Haupttätigkeit, der Rechtsprechung, iudices, die Militärbefehlshaber duces. Vielleicht schon unter Diokletian wurden mehrere Provinzen zu einer Mittelinstanz, der Diözese unter einem Vikar (vicarius) zusammengefasst, mehrere Diözesen schließlich zur höchsten Verwaltungsinstanz des jeweiligen Reichsteils, der Prätorianerpräfektur mit dem Prätorianerpräfekten an der Spitze. Diese Beamtenstelle hatte sich seit Seian unter Tiberius immer weiter gefestigt und war, wie schon bei Seian, auch später noch der Ausgangspunkt schwerer Konflikte mit dem Kaiser gewesen; jetzt war sie als das höchste Amt des Staates in diesen integriert. Der Kaiser selbst, bei dem sich die obersten Hof-

---

149 B. Sirks, Roman Colonate; K.-P. Johne, Entwicklung von Kolonenwirtschaft.
150 F. Kolb, Diolectian.
151 H. Heinen, Trier.

und Staatsämter konzentrierten, war jetzt nur noch durch ein kompliziertes Hofzeremoniell zugänglich und war so von der übrigen Welt entrückt; auch das diente der Stabilisierung seiner Herrschaft.

Das Abgabenwesen wurde systematisiert.[152] Frühere Steuerarten wurden abgeschafft und stattdessen wurde, sozusagen in Ablösung der ungeregelten Requisitionen der Soldatenkaiserzeit, eine einheitliche – freilich nach Region und Zeit schwankende – kombinierte Kopf- und Grundsteuer erhoben, die capitatio-iugatio, deren Höhe nach einer alle fünf Jahre erfolgenden Veranlagung (indictio) jeweils neu festgesetzt werden sollte; daneben entwickelten sich Spezialabgaben für bestimmte Bevölkerungsgruppen. Durch zwei Münzreformen versuchte Diokletian die völlig zerrüttete Währung wieder zu stabilisieren. Demselben Zweck der wirtschaftlichen Stabilisierung nach den chaotischen Jahrzehnten der Zwischenzeit diente sein Höchstpreisedikt,[153] das in zahlreichen Inschriftfragmenten überliefert ist – er konnte noch nicht wissen, was die Wirtschaftsgeschichte inzwischen lehrt, dass derartige staatliche Maßnahmen letzten Endes erfolglos sind.

Nicht nur im wirtschaftlichen und politischen Bereich wollte Diokletian stabilisieren, sondern auch im geistigen. Als romanisierter Illyrer hatte er das Römertum besonders verinnerlicht und glaubte, durch eine zentrale Kulturpolitik den Zusammenhalt des Reiches wiederherstellen und festigen zu können. So wollte er das römische Recht und die lateinische Amtssprache im ganzen Reich durchsetzen und förderte die altrömische Religion, insbesondere den Iupiterkult. Letzteres richtete sich besonders gegen die orientalischen Religionen, die sich ja schon seit Jahrhunderten im Reich verbreitet hatten, und besonders zielte er gegen eine von ihnen, gegen das Christentum. Abgesehen von Neros Versuch, den Christen den Brand Roms in die Schuhe zu schieben, hatten wir schon aus der Regierungszeit Traians gehört, dass gegen die Christen als dekompositorisches Element vorgegangen wurde, und seitdem hatte es mehrere weitere Verfolgungen gegeben. Gleichwohl hatte sich das Christentum immer weiter verbreitet, und die christliche Kirche war zu einer ansehnlichen Organisation herangewachsen. Diokletian wollte, nach einer langen Zeit ungestörter Entwicklung, aufs Ganze gehen; nach anfänglichen Maßnahmen gegen die Manichäer erließ er ein Edikt gegen die Christen,[154] das von massenhaften Verfolgungsmaßnahmen mit Opferzwang und Hinrichtungen begleitet war, das aber trotzdem nicht zum Erfolg führte und die Kirche eher stärkte.

Planmäßig sollte mit dem Rücktritt Diokletians 305 die Nachfolgeregelung in Funktion treten, aber natürlich funktionierte sie nicht. Zum einen hing sein Mitaugustus Maximian zu sehr an seinem Posten, zum anderen, und wichtiger, war der dynastische Gedanke bei den Soldaten so lebendig, dass sie, auf die es immer noch ankam, ganz andere Vorstellungen hatten: Sie riefen den Sohn des Constantius Chlorus, Constantinus, zum Augustus aus. Die komplizierten Machtkonstellationen und Kriege der einzelnen Prätendenten gegeneinander sollen hier nicht nachgezeichnet werden, nur sei darauf hingewiesen, dass Diokletian 308 aus seinem Kaiserpalast in Split (kroatische

---

152 J.-M. Carrié, Dioclétien.
153 H. Brandt, Geschichte, 78–86.
154 K. H. Schwarte, Diokletians Christengesetz.

Adriaküste), in den er sich zurückgezogen hatte, herauskommen musste, um als derjenige mit dem größten Prestige noch einmal einzugreifen, im Ergebnis allerdings vergeblich; er starb 311. Derjenige, der sich schließlich nach 18-jährigen Kämpfen 324 als Sieger herausstellte, war Constantinus, der dann als Konstantin der Große in die Geschichte einging. Hervorzuheben ist sein Sieg an der Milvischen Brücke vor Rom (heute Ponte Molle) am 28. Oktober 312 gegen Maxentius, den Sohn Maximians, und zwar nicht nur deshalb, weil er auf diese Weise zunächst einmal Herr des Westens wurde, sondern auch wegen der Legende, die sich damit verknüpft. Konstantin soll eine Erscheinung gehabt haben, in der ihm das Christusmonogramm mit den Worten erschien „In diesem Zeichen wirst du siegen" („in hoc signo vinces" oder griechisch: „Hiermit siege", „touto nika!")[155], woraufhin er es als Feldzeichen aufnahm und tatsächlich siegte. Wie immer der Hergang war – die Übernahme eines christlichen Symbols geschah möglicherweise in einem ganz heidnischen Sinn, indem unter dem Symbol einer Gottheit gekämpft wurde, die sich durch den Sieg als wirksam und mächtig erwies; im Sieg 324 über Licinius, seinen letzten Rivalen im Osten, wurde Konstantin dann wirklich Alleinherrscher.

2.4.6.2 Konstantinische Dynastie

Das Christentum war nun nicht nur wieder zugelassen, also eine „erlaubte Religion" („religio licita"; ein erster Schritt war durch das Toleranzedikt des Galerius 311 geschehen), es war auch die bevorzugte Religion des Kaisers. Zwar ließ er sich erst auf dem Totenbett taufen – in dem weit verbreiteten, handfesten Glauben, dass durch die Taufe alle Sünden abgewaschen werden und man kurz vor dem Ende nicht mehr viel sündigen kann –, aber er verhielt sich bereits in dem Sinne als christlicher Kaiser, dass er selber schon 325 eine Synode nach Nikaia einberief, das erste ökumenische Konzil, um dogmatische Streitigkeiten zu schlichten; von dieser Synode stammt das nicänische Glaubensbekenntnis. Gewiss hatte sich Konstantin, der von wenig christlich-mildem, sondern von aufbrausend-zupackendem bis grausamem Charakter war, auch deshalb dem Christentum zugewandt, weil er sich von der anscheinend starken Institution Kirche eine Festigung seiner Herrschaft und des Staates erhoffte; man würde gerne wissen, wann und wie er merkte, dass diese Kirche alles andere als monolithisch, sondern ständig mit Dogmenstreiten, Häresien und Spaltungen beschäftigt war. Gleichwohl war Konstantins Beispiel der erste Schritt der Kirche zur Alleinherrschaft, und ihr hat er den Beinamen „der Große" zu verdanken.

Diesen Beinamen hat er auch sonst verdient. Nicht allerdings wegen der Brutalität, mit der er Konflikte im Kaiserhaus löste und der sein Sohn Crispus und seine zweite Frau Fausta zum Opfer fielen.[156] Wohl aber wegen der Energie, mit der er das Reich zusammenhielt und weiter reformierte, wobei nicht immer klar ist, was schon von

---

[155] Eusebius, Kirchengeschichte 1, 28, 2.
[156] In seinem Roman „Helena" schildert der – zum Katholizismus konvertierte – englische Schriftsteller Evelyn WAUGH, dessen bitter-satirische Bücher sonst meist die Gesellschaft seiner Gegenwart zum Gegenstand haben, mit sardonischem Vergnügen die Szene, in der die badende Fausta allmählich merkt, dass ihr Heißbad von außen abgeschlossen wurde, so dass sie ersticken muss (Kap. 8, Ende; in der Penguin-Ausgabe von 1963 S. 118 f).

Diokletian stammt. Konstantinisch ist natürlich die Gründung einer Stadt an der Stelle des alten Byzantion an den Meerengen zum Schwarzen Meer, die Konstantinsstadt, Konstantinopolis genannt wurde und zur Hauptstadt wurde. Rom behielt weiter sein Prestige, vornehmste Senatorenfamilien hatten dort weiterhin ihr Lebens- und Wirkenszentrum, aber Konstantinopel, das zunächst nur zur Verherrlichung des Kaisers gegründet worden war, bekam im Lauf der Zeit alle Parallelinstitutionen zu Rom und wurde die Reichshauptstadt. Während in der hohen Kaiserzeit die Ritter im Staatsapparat im Vordringen gewesen waren, wurden sie durch und seit Konstantin wieder zurückgedrängt, so dass die hohen Staatsämter nun vor allem von Senatoren eingenommen wurden, wobei es allerdings sowohl im Osten wie im Westen nicht weniger als 2000 von ihnen gab.

Konstantinisch war auch die endgültige Schaffung einer stabilen Goldmünze, des Solidus. Konstantinisch ist weiter die – erstmals in der Antike – Trennung zwischen ziviler und militärischer Gewalt. Der praefectus praetorio war nun ein ausschließlich ziviler Beamter, nach wie vor aber die mächtigste Instanz nach dem Kaiser selber. Den militärischen Oberbefehl – natürlich ebenfalls nach dem Kaiser – hatte der magister militum, der Heermeister, ein nach Infanterie (magister peditum) und Kavallerie (magister equitum) aufgeteiltes Amt. Weiter gab es an der Spitze weitere spezielle Ämter teils rein höfischer, teils staatlicher Zuordnung mit heterogen zusammengesetzten Kompetenzen; zwei Spitzenämter waren für verschiedene Aspekte der Finanzverwaltung zuständig. Diese Ämter sowie die ihnen hierarchisch nachgeordneten in Diözesen und Provinzen arbeiteten mit – in dieser durchgehenden Systematisierung wohl ebenfalls erstmals in der Antike – Stäben oder Büros (officia, scrinia), die von Berufsbeamten mit ausgefeilten Ernennungs- und Beförderungsregeln besetzt waren. Den Kaiser beriet sein consistorium, das sich aus dem kaiserlichen consilium der hohen Kaiserzeit entwickelt hatte; es hatte seinen Namen daher, dass nun die Mitglieder aus Ehrfurcht vor dem Kaiser zu stehen (consistere) hatten, denn alles, was den Kaiser anging, war heilig, sacer, sogar sein Schlafgemach, weshalb der interne Verwaltungschef, immer ein Eunuch, praepositus sacri cubiculi hieß, Chef des kaiserlichen Schlafzimmers.

Konstantins Nachfolge traten nach einigen mörderischen Säuberungen 337 seine drei Söhne Constantinus, Constans und Constantius an, wobei die Verwirrung, die den späteren Betrachter angesichts dieser Namensähnlichkeit befallen könnte, dadurch gemildert wird, dass Constantinus 340 und Constans 350 starben, so dass Constantius II.[157] (Zählung nach Constantius Chlorus als Contantius I.) Alleinherrscher war. Er war ein uncharismatischer, aber tüchtiger Herrscher, der es mit der Würde des Kaisertums ernst nahm. Als er, der von kleiner Statur war, 357 zum ersten Mal in seinem Leben nach Rom kam und dort, prunkvoll auf einem Prunkwagen stehend, seinen zeremoniellen Einzug hielt, neigte er, wenn er durch Tore fuhr, auch dann würdevoll sein Haupt, wenn keinerlei Gefahr bestand, oben anzustoßen.[158] Die außenpolitischen

---

[157] C. VOGLER, Constance II (vorwiegend seine Verwaltungsmaßnahmen und -regelungen betreffend).
[158] Ammianus Marcellinus 16, 10, 10: „nam et corpus perhumile curvabat portas ingrediens celsas".

Probleme waren die Abwehr von Germanen und Sassaniden, und um die Lasten (gewissermaßen im Sinne Diokletians) besser zu verteilen, ernannte er zwei seiner Vettern zu Caesaren. Im Osten mit Residenz in Antiochia war es Gallus, der aber unter Usurpationsverdacht geriet und 354 hingerichtet wurde. Im Westen wurde 355 Iulianus eingesetzt, der in Paris residierte und 357 bei Straßburg eine entscheidende Abwehrschlacht gegen ein fränkisches Heer gewann. Er war bei seinen Truppen hoch angesehen, und als 360 ein Teil seines Heeres in den Osten verlagert werden sollte, um den Kaiser bei seinem Kampf gegen die Sassaniden zu unterstützen, wurde gemeutert und Iulianus zum Augustus ausgerufen. Als Usurpator zog er nun Constantius entgegen, der aber 361 eines natürlichen Todes starb. Nun war Iulianus Alleinherrscher, wenn auch nur für wenige Jahre; aber als Julian Apostata, der Abtrünnige, der letzte nichtchristliche Kaiser, ist er in die Geschichte eingegangen.

Julian[159] war ein Intellektueller,[160] dessen auch autobiographische Schriften so zahlreich sind, dass er derjenige Mensch der Antike ist, über den wir zusammen mit Cicero und Augustin am meisten wissen. Er schrieb griechisch und sah sich auch kulturell als Grieche – und als Heide. Zwar war er christlich erzogen worden, aber diese Erziehung hatte in ihm Widerstände erweckt, die in eine Rekonversion zum Heidentum mündeten.[161] Dementsprechend versuchte er in seiner Religionspolitik zwar – noch? – nicht gerade eine radikale generelle Rückkehr zum Heidentum durchzusetzen, aber doch allmählich den Christen das Wasser abzugraben; am berühmtesten ist sein Schulgesetz, in welchem er christlichen Lehrern untersagte, den gängigen Unterricht zu erteilen, der ja in der Lektüre der nichtchristlichen Schriftsteller bestand[162]. Auch begann er, die heidnische Religionsausübung so zu organisieren, dass sie auf dem Wege war, eine Art nichtchristlicher Kirche zu bilden, einschließlich der dem antiken Denken an sich fremden karitativen Dienste. Er versuchte auch politisch frühkaiserzeitliche Verhältnisse wiederherzustellen, indem er die Städte wieder stärken wollte,[163] und als Person verzichtete er in spektakulärer Weise auf die Distanziertheit, die seit Diokletian von einem Kaiser gefordert war, ging zu Fuß, lief spontan auf Leute zu, zeigte seine Stimmungen, diskutierte und verfasste Streitschriften wie ein gewöhnlicher antiker Mensch der Oberschicht. Vieles davon rief auch bei ihm Wohlgesinnten Befremden hervor, und das Unverständnis, das ihm öfter als er es sich erhofft hatte entgegenschlug und das ihn kränkte, zeigte, dass er und seine Bestrebungen objektiv nicht in die Zeit passten.[164] Als er schon 363 auf einem Partherfeldzug von einem sassanidischen Pfeil getroffen starb, brach mit ihm nicht eine hoffnungsvolle Entwicklung ab, sondern es endete ein romantischer Anachronismus.

---

159 G. W. Bowersock, Julian; R. Klein (Hg.), Julian; P. Athanassiadi, Julian.
160 P. Athanassiadi, Julian; H. U. Wiemer, Libanios und Julian.
161 Deshalb war er spätestens seit der Aufklärung eine Lieblingsgestalt der Feinde von Christentum und Kirche – und umgekehrt verabscheuungswürdig; siehe die zweibändige monumentale Rezeptionsgeschichte von R. Braun und J. Richer, L'empereur Julien.
162 Codex Theodosianus 13, 3, 5.
163 E. Pack, Städte und Steuern.
164 Exemplarisch: K. Rosen, Julian in Antiochien.

2.4.6.3 Valentinianisch-theodosianische Dynastie. Ende im Westen

Weitaus gegenwartsnäher wenn auch nicht so brillant waren seine Nachfolger. Die konstantinische Dynastie war mit ihm ausgestorben, und nach einem Übergangskaiser bestimmte das Heer 364 mit Valentinian (I.) wieder einen hohen Militär zum Kaiser, der alsbald seinen Bruder Valens und 367 seinen Sohn Gratian zu Mitkaisern erhob. Valentinian war abermals ein Herrscher, den ein hier schon öfter gebrauchtes Adjektiv auszeichnete, nämlich tüchtig. Er gab sachgerechte Gesetze, die sich unter anderem auf einen besseren Schutz der Unterschichten bezogen,[165] und er verzehrte sich im Abwehrkampf gegen die im Norden andrängenden Germanen; 375 starb er.[166] Die beherrschende Gestalt wurde dann der junge Gratian; dieser bewies den richtigen strategischen Sinn, als er seinen Onkel Valens 378 davon abzuhalten suchte, ohne Gratians Dazustoßen die Schlacht mit einem gotischen Heer zu wagen. In dieser Schlacht von Adrianopel ging Valens mit seinem Heer unter – nicht einmal seine Leiche wurde gefunden –,[167] und eine konventionelle Geschichtsschreibung datierte mit dieser Schlacht den Beginn der Völkerwanderung.[168] Alsbald, 379, erhob Gratian den spanischen hohen Offizier Theodosius zum Mitkaiser, und diesem gelang es, den germanischen Vorstoß auf dem Balkan dergestalt abzufangen, dass er die Germanen sich als geschlossenen Stammesverband auf Reichsboden ansiedeln ließ. 383 wurde Gratian in Zusammenhang mit dem Usurpationsversuch eines Magnus Maximus in Gallien ermordet, erst 388 konnte Theodosius den Usurpator besiegen. Als dann 392 der jüngere Sohn Valentinians, ebenfalls Valentinian (II.) genannt, der als Vierjähriger nach dem Tod des Vaters auch zum Augustus gemacht worden war, in Vienne erhängt aufgefunden worden war, war Theodosius Alleinherrscher über das Reich, dessen Politik er schon lange in eigener Verantwortung bestimmt hatte.

Auch Theodosius[169] verdankt seinen Beinamen „der Große" der Kirche, denn er ist es gewesen der 391/392 das Christentum zur Staatsreligion machte, indem er, nach vielen vorherigen Schritt für Schritt stattgefundenen Einschränkungen, den Besuch von Tempeln und heidnische Riten und Opfer verbot. Obwohl das Heidentum auch in höchsten Kreisen noch viele Jahrzehnte lang weiterlebte,[170] bedeutete diese Gesetzgebung doch, dass eine Religion, die noch vor nicht allzu langer Zeit blutig verfolgt worden war und für sich Toleranz einforderte, nun das hart durchgesetzte Monopol erhielt, das die anderen Religionen nie für sich gefordert hatten. Ein letztes Mal regte sich das Heidentum noch politisch. In den letzten beiden Generationen hatten nämlich germanische Soldaten dergestalt im römischen Heer an Einfluss gewonnen, dass sie bis zu Heermeistern aufstiegen, zwar oft Christen waren, aber in der arianischen Variante und vor allem an ihren beibehaltenen Namen und an ihrer Tracht als Germanen kenntlich blieben. Der Heermeister Valentinians II. war der heidnische Franke

---

165 Defensor plebis oder civitatis; z.B. Codex Iustinianus 1, 55.
166 Er starb an einem Wutanfall („ira vehementer perculsus"), der ihn während einer Unterredung mit tückischen und unaufrichtigen Quaden überkommen hatte (Ammianus Marcellinus 30, 6).
167 N. Lenski, Failure of Empire.
168 U. Wanke, Gotenkriege.
169 S. Williams/G. Friell, Theodosius; H. Leppin, Theodosius. Die Kaiserinnen seiner Dynastie bei K. G. Holum, Theodosian Empresses.
170 R. von Haehling, Religionszugehörigkeit.

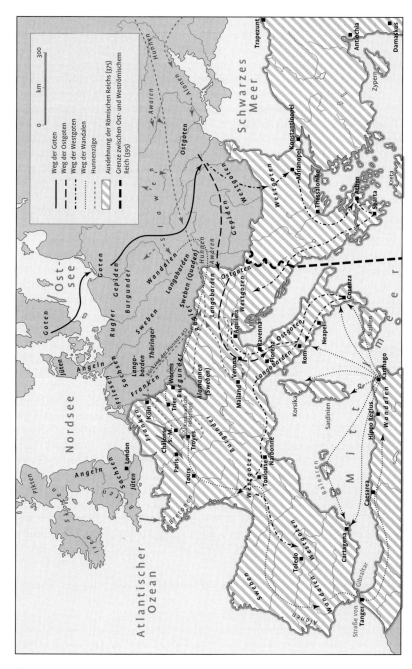

Abb. 15: *Völkerwanderung.*

Arbogast gewesen, und nach dem Tode des jungen Kaisers – den Arbogast vielleicht selber verursacht hatte – hatte er, der als Germane selber nicht Kaiser werden konnte, in dem möglicherweise heidnischen Zivilbeamten Eugenius einen Gegenkaiser gefunden. 394 fand beim Fluss Frigidus in Norditalien die Entscheidungsschlacht zwischen Theodosius und Arbogast/Eugenius statt, bei der die letzteren, durch einen plötzlich auftretenden föhnartigen Sturm verwirrt, vernichtend geschlagen wurden,[171] Arbogast beging Selbstmord. Aber ein Jahr später schon, 395, starb Theodosius.

Seine Nachfolge traten seine beiden minderjährigen Söhne an, Arcadius und Honorius. Arcadius[172], 377 geboren, war schon 383 zum Augustus, also Mitkaiser ausgerufen worden, Honorius, sieben Jahre jünger, 393. Arcadius residierte im Osten, in Konstantinopel, Honorius im Westen, zunächst in Mailand, dann in Ravenna. Diese doppelte Herrschaft bedeutete keine Reichsteilung, sondern nur eine Verteilung der Aufgaben, wobei die Kaiser sich in der Ernennung der Beamten und der Gesetzgebung – nicht ohne Konflikte – miteinander abstimmten. Beide waren wenig ausgeprägte Persönlichkeiten und ließen ihre Politik durch andere bestimmen, und für beide wurden die Germanen in unterschiedlicher Weise schicksalhaft.

Arcadius war mit der schönen Eudoxia verheiratet, Tochter des fränkischen Heermeisters Bauto, eines Heiden. Zunächst regierte im Osten faktisch der Prätorianerpräfekt Rufinus, der schon 395 gestürzt wurde, nach ihm waren die ausschlaggebenden Männer der praepositus sacri cubiculi Eutropius, danach vor allem der Prätorianerpräfekt Anthemius. Der Gote Gainas, jahrelang Heermeister und in Kämpfen gegen die auswärtigen Barbaren bewährt, geriet selber in den Verdacht, eine germanische Herrschaft aufzurichten und wurde 400 beseitigt. Sein Mörder war Uldin, der König des zentralasiatischen Reitervolkes der Hunnen, die, mit germanischen Stämmen und Völkern unter ihrer Herrschaft, begannen, das römische Reich zu berennen und die sich allenfalls durch Tributzahlungen vorläufig ruhig stellen ließen. Die antigermanische Stimmung teilte auch die halbgermanische Kaiserin Eudoxia; sie soll großen Einfluss auf Arcadius gehabt haben. Sehr fromm, unterstützte sie zunächst den Bischof Johannes Chrysostomos (Goldmund), geriet aber in schweren Konflikt mit ihm, als er sie angriff, und bewirkte seine Verbannung.[173] Sie starb 404, Arcadius 408.

Der Leiter der westlichen Politik war der germanische Heermeister Stilicho,[174] der noch von Theodosius mit der kaiserlichen Familie verschwägert worden war und dem dieser auf dem Totenbett die Sorge um Honorius anvertraut hatte. Stilicho versuchte in seiner Politik mit wechselndem Erfolg den Osten zu dominieren, wobei die im Ost- und im Westreich vagierenden Westgoten unter ihrem König Alarich das größte Problem darstellten. Im Zuge einer wachsenden antigermanischen Stimmung auch im Westen wurde Stilicho ebenfalls 408 ermordet,[175] was schließlich dazu führte, dass Alarich 410 Rom eroberte und plünderte, ein Ereignis, das im ganzen Reich einen tiefen

---

171 M. Springer, Schlacht am Frigidus.
172 J. H. W. G. Liebeschuetz, Barbarians and Bishops (Probleme seiner Regierungszeit).
173 C. Tiersch, Johannes Chrysostomos.
174 Er ließ sich in einer repräsentativen Darstellung in germanischer Tracht abbilden: B. Kiilerich/H. Torp, Hic est: hic Stilicho.
175 D. Lassandro, Echi dell'opposizione.

Schock auslöste.[176] Kein Wunder, dass Nichtchristen dieses Ereignis dem Abfall vom alten Glauben zuschrieben, so dass der Kirchenvater Augustin sich veranlasst sah, seinen „Gottesstaat" – „De civitate Dei" – zu schreiben.

Die weiteren Ereignisse des Kaisertums Honorius' finden am besten ihren Platz, wenn man nun seine Halbschwester Galla Placidia[177] die Hauptperson sein lässt. Sie war die Tochter Theodosius' des Großen und der Galla, einer Tochter Valentinians I., durch deren Ehe die beiden Familien zur valentinianisch-theodosianischen Dynastie verschmolzen waren. Beim Marsch der Westgoten auf Rom wurde Galla Placidia deren Geisel und auf deren weiteren Zügen mitgenommen; 413 heiratete sie in Spanien Alarichs Nachfolger Athaulf und konnte auch in dieser Stellung daran mitwirken, die Goten den Römern anzunähern – wie viele andere Germanenstämme hegten auch die Westgoten eine tiefe Bewunderung für die römische Zivilisation, der sie nacheifern wollten. 416 wurde sie nach Athaulfs Tod dem Kaiserhof zurückgegeben und musste 417 den Heermeister Constantius (III.) heiraten, den mächtigsten Mann am Hof des Honorius, der 421 zum Augustus neben Honorius erhoben wurde, freilich im selben Jahr starb; 419 gebar sie ihren Sohn Valentinian. 423 starb Honorius, wodurch kurzzeitig der Ostkaiser Theodosius II. über das Gesamtreich herrschte.

Das Kind Valentinian III. wurde 425 zum Augustus erhoben, regieren tat seine Mutter, die ebenfalls Augusta war. Sie füllte das Amt mit Energie aus und widmete sich besonders erfolgreich der Gesetzgebung. Unter ihrer Herrschaft stieg der Militär Aetius auf, der in seiner Jugend Geisel bei Alarich und bei den Hunnen gewesen war; 433 gelangte er endgültig zur Stellung des obersten Heermeisters und lenkte faktisch die weströmische Außen- und Militärpolitik. Galla Placidia zog sich 437 zurück, sie starb 450. Neue Germanenstämme durchzogen das westliche Reichsgebiet. Nachdem sich die Westgoten in Spanien festgesetzt hatten, setzten die Vandalen 438 nach Afrika über und begründeten dort unter Geiserich ein von Rom unabhängiges Reich, das freilich großenteils römisch geprägt war; 442 erkannte Valentinian die Abspaltung an, im selben Jahr wurde Britannien aufgegeben. Die Hunnen wandten sich 451 unter dem 434 zum Königtum gelangten Attila nach Westen, wurden aber im selben Jahr auf den Katalaunischen Feldern (bei Troyes) von Aetius geschlagen; 452 plünderten sie noch einmal Norditalien und drangen bis Rom vor, wo es Papst Leo dem Großen gelang, sie zum Abzug zu bewegen; 453 starb Attila, womit die Hunnengefahr ihr Ende fand. Aetius wurde 454 von Valentinian eigenhändig ermordet, aber 455 fiel auch er einem Attentat zum Opfer. Im selben Jahr erfolgte eine weitere Plünderung Roms, diesmal durch die über das Meer gekommenen Vandalen. In den nächsten zwanzig Jahren lösten, auch unter oströmischem Einfluss, zahlreiche weströmische Kaiser einander ab, der beherrschende Mann war der germanische Heermeister Ricimer. Schließlich setzte der zum König Italiens ausgerufene germanische Söldnerführer

---

176 Er starb wenig später in Süditalien und erhielt romantischerweise sein Grab im Fluss Busento; August Graf von Platen dichtete darauf ein romantisches Gedicht, das so anfängt: „Nächtlich am Busento lispeln, bei Cosenza, dumpfe Lieder; / Aus den Wassern schallt es Antwort, und in Wirbeln klingt es wider! / Und den Fluß hinauf, hinunter ziehn die Schatten tapferer Goten, / Die den Alarich beweinen, ihres Volkes besten Toten." Ehemals Bildungsgut, dann abgesunkenes Bildungsgut, jetzt nicht einmal mehr das.
177 S. I. Oost, Galla Placidia.

Odoaker den letzten Kaiser, das Kind Romulus Augustulus,[178] im Jahre 476 ab. Das war das Ende des römischen Kaisertums im Westen[179] – bis zum Weihnachtsfest 800, als Karl der Große zum Kaiser gekrönt wurde.

2.4.6.4 Stabilität im Osten

Der Osten blieb stabiler; hier gelang es, sowohl äußeren Angriffen der Sassaniden, Germanen und Hunnen zu widerstehen beziehungsweise sie nach Westen abzulenken, als auch im Inneren die faktische Macht germanischer Heermeister zu begrenzen. Nach dem Tod des Arcadius wurde sein kleiner Sohn Theodosius II. Kaiser und blieb es bis zu seinem Tod 450. Unter ihm wie unter sämtlichen folgenden Kaisern nahm die Religionspolitik einen bestimmenden Raum ein; territoriale Einbußen erlitt das Reich nicht. Theodosius, ein blasser Herrscher, dessen Leidenschaft die Kalligraphie, die Schönschreibekunst war, war mannigfachen Einflüssen ausgesetzt: dem verschiedener Prätorianerpräfekten, dem des germanischen Heermeisters Aspar, der bis zum Tod 471 seinen Posten innehatte, in vielleicht besonders bezeichnender Weise aber auch dem seiner Schwester Pulcheria und seiner Frau Eudokia. Pulcheria, älter als Theodosius, erwarb sich durch lebenslange Jungfrauenschaft erhebliches Prestige und sorgte nicht nur für die Erziehung ihres Bruders im Kindesalter, sondern hatte ihm wohl auch die Gattin ausgesucht. Eudokia war die Tochter eines athenischen Philosophen, hieß zuerst Athenais und nahm erst als Braut den Namen Eudokia an. Zwischen ihr, die literarisch begabt war und auch dichtete, sowie Pulcheria gab es heftige Kämpfe um den Einfluss auf den Kaiser, die Pulcheria schließlich gewann; Eudokia zog sich nach Jerusalem zurück, wo sie bis zu ihrem Tod 460 hoch geehrt und einflussreich lebte.[180] Eine bedeutsame Leistung der Regierung Theodosius' II. ist die erste offizielle Sammlung von Kaisergesetzen, der Codex Theodosianus, der 438 veröffentlicht wurde und erhalten ist.

Nach dem Tod des Kaisers, der keine Söhne hatte, bewirkte Aspar die Nachfolge des Soldaten Markian, und um die Legitimität zu wahren, heiratete dieser Pulcheria, die sich allerdings ausbedungen hatte, dass ihre Jungfräulichkeit gewahrt bleibe. 457 folgte, ebenfalls auf Initiative Aspars, der Offizier Leo, der immerhin bis 474 regierte; sein Haupttätigkeitsfeld war die im Ergebnis gescheiterte Westpolitik. In Leos letzte Jahre fiel die Ermordung Aspars und von dessen Sohn und damit die Befreiung vom germanischen Einfluss. Entsprechend wurde 474 Zenon Nachfolger, der ursprünglich Häuptling des wilden Stammes der Isaurier gewesen war und als solcher den nicht weniger wilden Namen Tarasikodissa getragen hatte. Nach seinem Tod 491 vermählte sich seine Witwe Ariadne mit dem hohen Beamten Anastasios, dessen Erhebung zum Kaiser sie auf diese Weise förderte; Anastasios war ein guter Finanzpolitiker, der, auch durch eine Währungsreform, die Wirtschaft Ostroms stabilisierte. Für die Nachfolge war freilich nicht gesorgt, und so geschah es, dass der auf Anastasios folgende Kaiser unter einigermaßen tumultuarischen Umständen eingesetzt wurde. Es war Iustinus,

---

178 Maria H. DETTENHOFER bei M. CLAUSS, Kaiser, 415–418.
179 Übersichtliche Darstellung M. A. WES, Ende des Kaisertums.
180 Ausführliche Literaturangaben zu beiden bei H. TEMPORINI-GRÄFIN VITZHUM (Hg.), Kaiserinnen, 507 f.

ein älterer Offizier der Leibwache, der als junger Mann aus Illyrien nach Konstantinopel gekommen war und sich dort hochgedient hatte.[181] Das Bemerkenswerteste an ihm war sein Neffe, der von ihm adoptiert wurde und demgemäß den Namen Iustinianus[182] erhielt. Nach Jahren als Mitkaiser erreichte er nach dem Tode Iustins 527 die Alleinherrschaft.

525 hatte Justinian die ehemalige Schauspielerin und Artistin Theodora[183] geheiratet, eine Frau, die eine Hetärenkarriere hinter sich hatte, wenn nicht sogar Eindeutigeres – deshalb wurde sie, am bekanntesten durch den Historiker Prokop in seiner Geheimgeschichte, heftig angegriffen. Sie war eine bedeutende Kaiserin, die wohl wirklich etwas Dämonisches hatte, wie an ihrem Mosaikporträt in San Vitale in Ravenna zu sehen ist; ihre Übereinstimmung mit Justinian war so eng, dass man von einer gemeinsamen Regierung sprechen kann. Sie sorgte dafür, dass bei einer innerstädtischen Revolte, dem Nika-Aufstand von 532, der Kaiser ausharrte und so den Aufstand niederwerfen konnte;[184] sie starb 548. Die lange Herrschaft Justinians selber ist dadurch gekennzeichnet, dass er nicht nur eine christlich bestimmte, romantisch-klassizistische Vorstellung von den Aufgaben eines römischen Kaisers hatte, die ihn verpflichtete, Weggebrochenes wiederherzustellen, sondern dass ihm das mit großer Energie und Zielstrebigkeit teilweise auch gelang.

Neben unablässigen Kriegen mit den Persern eroberte er zunächst durch seinen General Belisar Nordafrika von den Vandalen zurück; das war 534 abgeschlossen. Auch gelang es ihm, Teile Südspaniens den Germanen wieder abzugewinnen. Am dramatischsten gestaltete sich der Kampf um Italien. Es war Konstantinopel unter Kaiser Zenon gelungen, den Ostgotenkönig Theoderich von der Balkanhalbinsel nach Italien abzulenken. Theoderich besiegte Odoaker und begründete ein eigenes Ostgotenreich. Justinian jedoch setzte alles daran, diese Herrschaft dem Reich wieder zurückzugewinnen. Wieder war es Belisar, zum Schluss der Eunuch Narses, die diese Absicht in langen Kämpfen zum Erfolg führten; 553 war das Ostgotenreich besiegt und war wieder Teil des römischen Reiches, diesmal unter dem in Konstantinopel residierenden Kaiser.[185] Stabil blieb dieser Besitz freilich nicht, 568 erschienen die Langobarden und setzten sich auf Dauer in Italien fest. Damit begann eine neue Epoche der Weltgeschichte.

Justinian machte sich jedoch noch an ein anderes Wiederherstellungswerk, und dieses hat ihn überdauert und die Geschichte Europas bis heute geprägt. Das römische Recht war in Verfall geraten, und Justinian bestellte eine Kommission von Juristen unter dem Quästor Tribonian mit der Aufgabe, es zu sammeln und mit Gesetzeskraft auszustatten. So wurde ein Gesetzeswerk geschaffen, das später als Corpus Iuris Civilis be-

---

181 Zu ihnen allen M. Clauss, Kaiser, 402–430.
182 B. Rubin, Zeitalter Justinians; O. Mazal, Justinian I.; M. Meier, Das andere Zeitalter Justinians.
183 J. A. Evans, Empress Theodora.
184 Prokop, Perserkriege 1, 24: Flucht sei eines Kaisers (und einer Kaiserin) unwürdig, dann lieber sterben; „Mir jedenfalls gefällt ein altes Wort, daß das Kaisertum ein schönes Totenkleid ist!" (§ 37, Übersetzung Otto Veh).
185 Das ist der Gegenstand des – Prokop verpflichteten – früher viel gelesenen und dickleibigen historischen Romans „Ein Kampf um Rom" des Breslauer Professors für römisches Recht Felix Dahn.

zeichnet wurde. Die Absicht des Kaisers, dass dieses Werk die Grundlage der römischen Rechtspflege werde, erfüllte sich zwar nicht; aber seit dem Mittelalter entdeckte Europa diese Rechtsschöpfung höchster Qualität neu, auf der dann alle europäischen Rechte, einschließlich des englischen, aufbauen.[186]

2.5 Nachantike Völker

War den Länderkapiteln Griechenland und Rom jeweils ein kurzer Überblick über einige vorausgehende Völker beziehungsweise Reiche vorangestellt worden, so sollen zum Abschluss die Völker skizziert werden, die von außen die Geschichte Griechenlands und Roms teils mit bestimmten, teils ablösten.

2.5.1 Kelten

Die frühe keltische Kultur ist nur archäologisch zu fassen, und zwar in ihrem Kerngebiet, das sich vom heutigen Ostfrankreich über Süddeutschland bis in die Alpenländer erstreckte. Die erste Phase, die etwa vom 8. bis zum 5. vorchristlichen Jahrhundert gerechnet wird, wird mit dem Terminus Hallstatt-Kultur bezeichnet, nach dem ersten, im 19. Jahrhundert entdeckten großen Fundplatz im Salzkammergut. Zu den herausragendsten später entdeckten Stätten gehören der Mont Lassois mit dem Dorf Vix in Burgund, der Glauberg in Hessen, Hochdorf und die Heuneburg in Württemberg. Sie zeichnen sich zum einen meist dadurch aus, dass sie aus einer auf einem Hochplateau angelegten Siedlung sowie aus prunkvollen Fürstengräbern bestehen, sowie dadurch, dass wohl auch in der Bauweise, vor allem aber aus den kostbaren Grabbeigaben und anderen Fundstücken enge Beziehungen zur griechischen Kultur sichtbar sind. Am großartigsten, auch in seinem Bildschmuck, ist der fast zwei Meter hohe Bronzekrater von Vix, der in dem Grab einer Fürstin gefunden wurde und der möglicherweise aus der (einzigen) spartanischen Kolonie Tarent, wenn nicht sogar aus Sparta selber stammt; schwarzfigurige athenische Vasen oder deren Scherben sind häufig.

Die Entstehung und soziale Ausdifferenzierung dieser Kultur dürfte sowohl mit der neuen Technik der Erzverhüttung als auch mit dem Salzabbau zu tun haben; die Ausgrabungen in Hallstatt selber, in dessen Namen das Wort Salz enthalten ist,[1] brachten ein ausgedehntes Salzbergwerk zutage. „Krieger und Salzherren" war der griffige Titel einer Ausstellung[2], und möglicherweise bewirkte die Verfügung über diese neuen Techniken und Güter die Herausbildung einer Herrenschicht, die sich in prunkvoll ausgestatteten Grabhügeln bestatten lassen konnte. Die Identifizierung nur archäologisch zu bestimmender Kulturen mit Ethnien ist im Allgemeinen schwierig, wenn nicht sogar unmöglich, jedoch sprechen zwei Gründe dafür, in den Hallstatt-Leuten das Volk zu sehen, das später Kelten genannt wurde. Erstens spricht Herodot, der im 5. Jahrhundert v.Chr. schrieb, an zwei Stellen davon, dass die Donau dort entspringe,

---

186 Siehe S. 32.
  1 Hals = griechisch für Salz; vgl. etwa die Ortsnamen Halle (an der Saale) oder Reichenhall.
  2 Wien/Berlin 1970/71.

wo ein Volk namens Keltoi siedle.³ Da auf Grund der griechischen Grabfunde feststeht, dass die Verbindungen der Hallstatt-Leute zu Griechenland und demgemäß auch die umgekehrten verhältnismäßig eng waren, besteht kein Grund anzunehmen, dass Herodot Unsinniges schreibt, und da die Donau in der Tat nicht weit von der Heuneburg entspringt, ist die Identifizierung mit den Kelten naheliegend.⁴

Dazu kommt ein zweiter Gesichtspunkt. Die Weiterentwicklung der Hallstatt-Kultur ist die nach ihrem ersten Fundort am Neuenburger See benannte La-Tène-Kultur, die man sich bis in die frühe römische Kaiserzeit erstrecken lässt. Sie geht nahtlos aus der früheren hervor, unterscheidet sich aber, außer durch Stilmerkmale der Funde, dadurch von ihrer Vorgängerin, dass vor allem die großen Prunkgräber zurückgehen und dass dafür die Siedlungen immer größer werden, ja stadtähnlichen Charakter annehmen. Daher konnte Caesar sie in seinem „Bellum Gallicum" oppida nennen, und dem folgt heute die moderne Archäologie. Deren Bewohner nun sind, nach unserer für diese Zeit vorhandenen schriftlichen Hauptquelle, eben Caesar, nach ihrer eigenen Bezeichnung Kelten,⁵ so dass es berechtigt ist, sie und ihre Vorgängerkultur so zu nennen. Dazu kommt weiteres.

Bedeutende Fundstätten der La-Tène-Kultur befinden sich annähernd im bisherigen Verbreitungsgebiet der Hallstatt-Leute, so etwa Manching in Deutschland. Gleichzeitig aber breiteten sich die Kelten weiträumig in West- und Südeuropa sowie in Kleinasien aus. Frankreich – nach seiner lateinischen Bezeichnung Gallien genannt – wurde keltisch, die in Caesars Beschreibung am spektakulärsten hervortretenden oppida sind Alesia, Bibracte und Gergovia, alle vorzüglich ausgegraben. Die Kelten drangen bis tief nach Italien hinein, Rom wurde nach der Schlacht an der Allia 387 eingenommen und nur nach Zahlung eines hohen Lösegeldes (Vae victis!)⁶ wieder geräumt, aber das heutige Norditalien wurde und blieb keltisch. Auf der iberischen Halbinsel trafen die Kelten auf einheimische Iberer und siedelten teils mit ihnen zusammen (als Keltiberer) oder alleine; Sagunt und Numantia sind die berühmtesten ihrer Städte. Schließlich wurden die britischen Inseln zu noch ungeklärter Zeit fast vollständig keltisch.

Aber auch nach Südosten drangen die Kelten in immer neuen Vorstößen vor. Über Ostmitteleuropa gelangten sie auf die Balkanhalbinsel; Raubzüge führten sie bis tief nach Griechenland hinein. Diese Galater, wie sie im griechischen Sprachgebrauch hießen, wurden in Griechenland selber erst 277 durch den Makedonenkönig Antigonos Gonatas abgewehrt. Nach Kleinasien wurden sie etwa gleichzeitig zunächst als

---

3 Herodot 2, 33 und 4, 49.
4 Herodot nennt in 2, 33 auch eine Keltenstadt Pyrene, so dass gelegentlich gemeint wird, er meine die Pyrenäen und irre sich demgemäß grob in seiner Ansicht über die Donauquelle. Mir scheint das umgekehrte Argument schlüssiger: Da er wegen der engen Verbindungen der Hallstatt-Leute zu Griechenland über die Quelle der Donau informiert gewesen sein dürfte, sollte das Toponym Pyrene nicht in einer Art Volksetymologie vorschnell mit den Pyrenäen identifiziert werden; allenfalls könnte Herodot die Pyrenäen und den Schwarzwald miteinander identifiziert haben.
5 So bekanntlich Caesars erster Satz: „Gallia est omnis divisa in partes tres, quarum unam incolunt Belgae, aliam Aquitani, tertiam qui ipsorum lingua Celtae, nostra Galli appellantur."
6 Siehe S. 103.

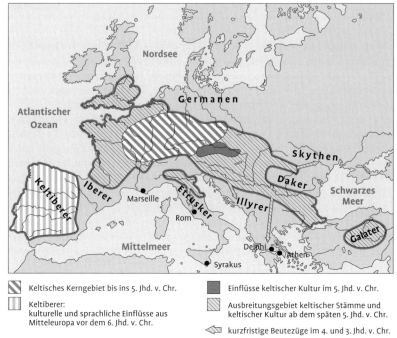

	Keltisches Kerngebiet bis ins 5. Jhd. v. Chr.		Einflüsse keltischer Kultur im 5. Jhd. v. Chr.
	Keltiberer: kulturelle und sprachliche Einflüsse aus Mitteleuropa vor dem 6. Jhd. v. Chr.		Ausbreitungsgebiet keltischer Stämme und keltischer Kultur ab dem späten 5. Jhd. v. Chr.
			kurzfristige Beutezüge im 4. und 3. Jhd. v. Chr.

Abb. 16: *Die Ausbreitung der Kelten.*

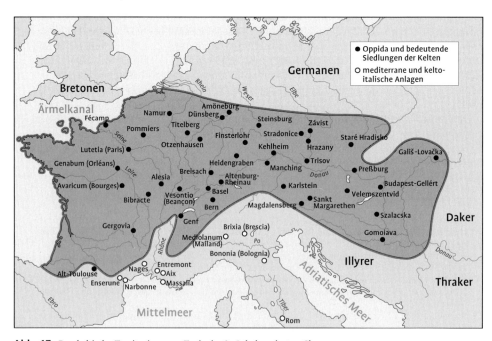

Abb. 17: *Das keltische Territorium am Ende des 2. Jahrhunderts v.Chr.*

Helfer in innerhellenistischen Kämpfen herangerufen, wurden angesiedelt, griffen aber immer wieder als Söldnerverbände in die zahlreichen Kriege ein. Die Siege der Könige von Pergamon über die Galater sind durch berühmte Kunstwerke verherrlicht worden; der „Sterbende Gallier" ist ein sterbender Galater, und der Kampf der Götter mit den Titanen auf dem Pergamon-Altar in Berlin versinnbildlicht diese Kriege. Im Brief des Apostels Paulus an die Galater ist ihr Name in die christliche Religion eingegangen.

Neben der Archäologie treten die Schriftquellen quantitativ zurück, umso wichtiger ist ihr genaues Studium. Außer den zahlreichen Einzelerwähnungen in den griechischen und römischen historischen Quellen ist der erste zusammenhängende literarische Text Caesars „Bellum Gallicum" mit den die Sitten der Gallier betreffenden Passagen. Das sind nun Texte, die nicht von den Kelten selber stammen, und in der Tat ist eine schriftliche frühkeltische Literatur selber nicht überliefert. Dagegen werden die keltischen Inschriften immer zahlreicher, deren Zahl augenblicklich etwa 500 beträgt und die in den verschiedensten Alphabeten – etruskisch, griechisch und lateinisch – geschrieben sind. Sie sind meist religiösen Charakters und geben wertvolle Hinweise außer auf die Religion zusätzlich noch auf die keltische Sprache. Keltisch gehört zur indogermanischen Sprachfamilie und besteht natürlich aus einer Fülle von Untergruppen, deren Erforschung in vollem Gange ist. Das ist nicht einfach, weil in der Tat die Inschriften zwar zeigen, dass es ein Keltisch gab und dass die Kelten nicht illiterat waren, weil aber der Umfang der Inschriftenfunde alles in allem doch weit geringer ist als der anderer antiker Sprachen.

Insbesondere die religiösen Vorstellungen sind vornehmlich durch die nichtkeltische literarische Überlieferung bekannt, und hier ist es immer noch – und ausschließlich – der Bericht Caesars[7] über die Priesterkaste der Druiden in Gallien, der eine zentrale Stellung einnimmt. Danach sind es diese Druiden, die durch Riten und Opfer zwischen der Menschen- und der Götterwelt vermitteln und die die Gerichtsbarkeit ausüben. Sie haben einen Oberpriester und treffen sich einmal jährlich. Bei ihnen liegt die Kompetenz der Interpretation der religiösen Lehren, die in umfangreichen, auswendig gelernten und nur mündlich weitergegebenen Gesängen festgehalten werden. Anders als im griechisch-römischen Bereich haben die Druiden kein weltliches Amt inne, sondern sind Berufspriester, die durch Unterrichtung für ihren Nachwuchs sorgen. Sie sind gewissermaßen international, und ihre Verbindung mit den britannischen Druiden war für Caesar ein – vielleicht nur vorgeschobener – Grund für das Übersetzen nach Britannien.

Im Übrigen sind unsere Quellen archäologisch, und das wirkt sich ganz erheblich auf unsere Kenntnisse aus, oder genauer gesagt auf diejenigen Kenntnisse, von denen wir guten Gewissens berichten können. Das ist besonders schmerzlich auf zwei Gebieten, von denen wir gerne mehr wissen würden. Das eine ist der Inhalt der Religion. Außer der Tatsache, dass es die Druiden gab, die ihre Lehren eben nur mündlich weitergaben, sind wir auf die Befunde der Ausgrabungen verwiesen. Aus ihnen können wir nur einige elementare Sachverhalte über den Totenglauben entnehmen und nichts über Götter, Göttermythen und ähnliches. Aus den Gräbern folgt allerdings, dass das

---

7 Gallischer Krieg 6, 13 f.

Weiterleben nach dem Tode eine ganz feste Vorstellung gewesen ist. Anscheinend stellte man sich dieses Weiterleben zwar einerseits als eine Fortsetzung der Verhältnisse vor, wie sie im Leben bestanden haben, also in dem Sinne, dass die soziale Stratifikation von oben nach unten erhalten blieb – das ist aus der unterschiedlichen Pracht der Grabausstattung zu erschließen, am prächtigsten in Deutschland ist das Grab des „Keltenfürsten von Hochdorf"[8]. Auf der anderen Seite haben wir merkwürdigerweise festzustellen, dass anders als in den meisten anderen Kulturen keine gebrauchsfähigen Waffen ins Grab mitgegeben wurden, woraus man wohl zu Recht schließt, dass die Kelten sich das Leben im Jenseits als ein außerordentlich friedliches vorstellten, das nur dem Genuss gewidmet war.[9]

Was die soziale Schichtung betrifft, so ergibt sich aus den Grabausstattungen (und aus Caesar) zwar eindeutig, dass es fürstliche Herren und Damen gegeben hat. Darüber hinaus kann man aber keine weiteren Aussagen machen. Gewiss hat es Handwerker gegeben, denn die zum Teil sehr kunstvollen Gegenstände mussten ja angefertigt worden sein, aber schon diese Handwerker können jedenfalls teilweise von außen gekommen sein. Dasselbe ist erst recht von den Händlern zu sagen, die es schon allein deshalb gegeben hat, weil die Importwaren aus dem Mittelmeergebiet sonst nicht zu den Kelten hätten kommen können. Was aber äußerst undeutlich ist, das sind die sozialen Verhältnisse unterhalb der hohen Herrschaften. Gewiss wird es freie Bauern gegeben haben, aber völlig unklar ist, in welchem konkreten Verhältnis sie zu den Mächtigen gestanden haben; dementsprechend variieren die weiteren Vorstellungen davon, ob man bloße Abhängige, enge Gefolgsleute oder gar Unfreie anzunehmen habe.[10]

Das keltische Volk oder die keltischen Völker sind im Laufe der antiken Geschichte nahezu völlig untergegangen – durchaus auch gewaltsam, Caesar hat nicht nur überhaupt Gallien erobert, sondern dabei auch erhebliche Greueltaten begangen – oder in anderen Völkern aufgegangen oder haben mit anderen zusammen neue Völker gebildet.[11] Ihre Sprache überlebte am westlichen Rand Europas – Irland, Wales, Schottland. Freilich wird ihre seinerzeitige Präsenz durch Ortsnamen bis in die Gegenwart hinein weitergetragen, in West- und Mittel-Europa (in alphabetischer Reihenfolge): Andernach, Asturien, Bayern, Bergamo, Bern, Böhmen, Bologna, Bonn, Bregenz, Brescia, Bretagne, Britannien, Chartres, Colchester, Como, Genf, Kempten, Lahn, Lausanne, Leiden, Lippe, London, Lyon, Mailand, Main, Mainz, Modena, Neckar, Nidda, Paris, Parma, Regensburg, Reims, Remagen, Rhein, Ruhr, Tauber, Tessin, Trient, Trier, Verona, Vicenza, Wien, Worms, York, Zürich; dazu kommen deutsche Lehnworte aus dem Keltischen wie Amt, Eid, Eisen, Felonie, Geisel, Glocke, Mantel, Ofen, Reich, Seife.[12]

Nach ausgiebiger keltischer Sagen-Rezeption im Mittelalter (z.B. König Artus) entstand in der Neuzeit eine Keltenromantik, die sich in Frankreich etwa im ernst gemeinten Vercingetorix-Kult des 19. und in den – nur teilweise – selbstironischen Aste-

---

8 J. Biel, Keltenfürst.
9 K. Spindler, Frühe Kelten, 371.
10 Ebenda, 355–367.
11 M. Green, Celtic World gibt einen ausführlichen Überblick über die nachantike Geschichte der Kelten, einschließlich der Keltomanie; siehe auch knapp S. Rieckhoff/J. Biel, Kelten, 13–19.
12 Alles das aus A. Demandt, Kelten, 1998.

rix-Heften des 20. Jahrhunderts manifestierte. In Britannien spätestens mit der fiktiven Keltendichtung des Ossian im 18. Jahrhundert beginnend nimmt dieser Kult heute die Form historischer Fantasy-Romane und -Filme an, deren Hauptvertreter trotz auch anderer Beimengungen Tolkiens „Herr der Ringe" ist; am interessantesten für die Öffentlichkeit sind natürlich die Druiden.[13]

2.5.2 Germanen

Für die Griechen und zunächst auch die Römer war der Norden Europas aufgeteilt zwischen Kelten im Westen und Skythen im Osten; erst im Lauf der Zeit drang die Existenz einer weiteren großen Völkerfamilie ins Bewusstsein, die der Germanen. Dieser Befund entspricht in großen Zügen auch der archäologischen Situation, denn erst gegen Ende der Hallstattzeit setzen Funde ein, die auf eine neue ausgeprägte Bevölkerungsgruppe schließen lassen. Sie ist ebenfalls durch die allmähliche Übernahme des Eisens charakterisiert, hatte ihr Zentrum um den Unterlauf der Elbe und wird nach dem ersten großen Gräberfeld bei dem kleinen niedersächsischen Dorf Jastorf Jastorf-Kultur genannt. In den folgenden Jahrhunderten breitete sie sich aus, so dass sie allmählich nach Südskandinavien, bis Oder und Weichsel, elbaufwärts und in das Weser-Rhein-Gebiet vordrang. So gefährlich es auch hier ist, archäologische Befunde ethnisch oder gar sprachlich zu deuten, ist es möglicherweise doch so, dass sich um diese Zeit bei diesen Gruppen auch die germanische Variante des Indogermanischen herausbildete, vor allem gekennzeichnet durch die erste Lautverschiebung (am charakteristischsten der Wandel von Verschlusslauten zu Reibelauten).[14] Der Terminus „Germanen" ist dabei eine Fremdbezeichnung, die seit dem 1. vorchristlichen Jahrhundert belegt ist und sich abermals erst durch die entsprechenden Passagen in Caesars „Bellum Gallicum" allmählich durchsetzte; die Kimbern, Teutonen und Ambronen, die gegen Ende des zweiten vorchristlichen Jahrhunderts in Südgallien und Norditalien einfielen, waren eben zunächst noch für Kelten gehalten worden.

Zu dieser Zeit hatten sich auch die ersten innergermanischen Stämme herausgebildet, wobei die komplizierte und in ständigem Fluss befindliche Entwicklung dieser Ethnogenese hier nicht nachgezeichnet werden kann. Die Unzahl von Namen solcher Stämme ist ein Zeichen dafür, dass sie keine festen Größen waren, sondern sich häufig neu auch zu größeren, in sich verschiedenartig zusammengesetzten Einheiten vereinigten und in diesen wechselnden Aggregatzuständen sich gegen die römische Eroberung wehrten oder später selber in das römische Reich einfielen; davon ist im jeweiligen Erzählungszusammenhang oben die Rede gewesen. An dieser Stelle eigens erwähnt werden soll aber die Tatsache, dass das römische Heer selber seit der Mitte des 3. Jahrhunderts immer mehr aus Germanen bestand, so dass es großenteils barbarisiert war und germanische Sitten annahm; so war die Ausrufung Julians zum Augustus durch das Heer im Wortsinne eine Erhebung dadurch, dass er von seinen vorwie-

---

[13] Wie man sie sich vorstellt, kann man an den weiß- und langbärtigen Herren Panoramix (Miraculix in der deutschen Version) der Asterix-Bände und Gandalf aus dem „Herrn der Ringe", aber auch an Dumbledore aus den Harry-Potter-Büchern und -Filmen beobachten.
[14] W. MORGENROTH in B. KRÜGER, Die Germanen 1, 105–118.

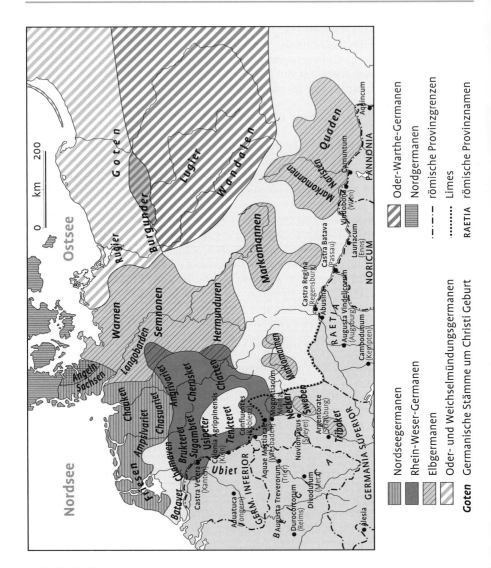

Abb. 18: *Siedlungsräume germanischer Stämme im 1. Jahrhundert n.Chr.*

gend germanischen Truppen „auf den Schild gehoben"[15] wurde. So erklärt sich möglicherweise auch die Tatsache, dass die zahlreichen Germanen, die seit dem 4. Jahrhundert zu römischen magistri militum, Heermeistern, wurden und also Römer geworden waren, ihre germanischen Namen und ihre germanische Tracht, manchmal sogar ihre germanische Fürstenstellung beibehielten – Arbogast, Aspar, Bauto, Butherich, Gainas, Merobaudes, Ricimer, Stilicho und andere mehr: Eine auch äußerliche Romanisierung hätte vielleicht die Loyalität ihrer ebenfalls germanisch gebliebenen, wenn auch in römischen Diensten kämpfenden Soldaten gefährdet.

Vor allem die Germanen und dann ihre – im nächsten Band abgehandelten – Staaten auf römischem Boden „schufen [...] das Phänomen, das [...] die europäische Kontinuität heißt"[16]. Die herausragende literarische Quelle ist nach Caesars Germanenkapiteln im „Bellum Gallicum" die Schrift „Germania" des Tacitus von etwa 98 n.Chr., in der er nach traditionellen antiken ethnographischen Kategorien durch die Vorführung eines sozusagen unverdorbenen Naturvolkes Kritik an den innerrömischen Zuständen übte. Diese Schrift wurde 1455 wieder entdeckt und entfaltete im deutschen Sprachraum eine erhebliche Wirkung, meist in der Weise, dass die Germanen mit den Deutschen gleichgesetzt wurden und dass auf diese Weise das deutsche Nationalgefühl bis hin zu übersteigertem Nationalismus kräftige Nahrung erhielt. Insbesondere entwickelte sich im 19. Jahrhundert eine übertriebene Germanomanie, der augenblicklichen Keltenschwemme vergleichbar, die dann zur Zeit des Nationalsozialismus psychopathische Blüten trieb und die infolgedessen mit dem Mai 1945 jäh abbrach und eine Zeitlang sogar eine nüchterne Betrachtung verhinderte.

2.5.3 Araber

Araber[17] als zwar außerhalb der Zivilisation stehender, aber durchaus in deren Gesichtskreis befindlicher Wüstenstamm erscheinen schon in altorientalischen Texten des 9. Jahrhunderts und im Alten Testament[18]. Bei Herodot sind sie selbstverständliche Bestandteile des Perserreiches, über die keine weiteren erklärenden Bemerkungen erforderlich waren. In der späthellenistischen Zeit errichteten die nordarabischen, sesshaft gewordenen und sich hellenisierenden Nabatäer ein Königreich mit der Hauptstadt Petra; mit Philippus Arabs gelangte ein – natürlich vollständig romanisierter – Araberfürst für einige Jahre der Soldatenkaiserzeit auf den römischen Kaiserthron. Nach dieser sehr langen Inkubationszeit gewannen die Araber seit dem und durch den Islam nicht nur wegen ihrer explosionsartig vor sich gehenden Expansion über das südliche und westliche Mittelmeergebiet welthistorische Bedeutung, durch ihre Adaptierung griechischer Philosophie und Literatur spielten sie auch eine teilweise unverzichtbare Rolle bei der Wiedergewinnung von Texten aus arabischen Übersetzungen.

---

15 Oder waren es Kelten? Die Sitte jedenfalls ist germanisch: „impositusque scuto pedestri" („man stellte ihn auf den Schild eines Fußsoldaten", Übersetzung Wolfgang Seyfarth), Ammianus Marcellinus 20, 4, 17.
16 H. WOLFRAM, Reich und die Germanen, 34.
17 J. RETSÖ, Arabs.
18 2. Buch der Könige 15, 18.

3 Sachbereichskapitel

3.1 Verfassung und Recht

Obwohl die alte Welt unterschiedliche Formen der inneren Verfassung kannte – von urtümlichen Stämmen bis hin zu hochkomplexen Organisationsformen – werden wir uns hier sowohl aus Raumgründen als auch wegen der Rezeption in der späteren europäischen Entwicklung sowie wegen der Vergleichbarkeit auf wenige beschränken: auf den griechischen Stadtstaat unter besonderer Berücksichtigung der Demokratie, auf die Monarchien und die Bünde des Hellenismus, auf die römische Republik, das römische Kaisertum und schließlich den spätantiken teilbürokratisierten Staat; weiteres ergibt sich aus der erzählenden Darstellung des Teiles 2. Darüber hinaus wird man sagen können, dass die städtische Verfassung – mit unterschiedlich ausgeprägtem Ausmaß der Beteiligung der Bevölkerung – diejenige Organisationsform ist, die in der gesamten Antike geherrscht hat.[1] Zum einen war das durchaus auch für Zivilisationen der Fall, die weder griechisch noch römisch waren. Als besonders entwickeltes Beispiel wäre hier Karthago[2] zu nennen, das Aristoteles selbstverständlich mit den griechischen Staaten auf eine Ebene gestellt hat[3] und das sich möglicherweise in der Tat nicht signifikant vom generellen Typ der antiken Stadtstaaten unterschied, und sozusagen am anderen Ende stehen die keltischen oppida einschließlich der Städte Hispaniens.[4] Zum anderen blieben die Städte immer das Grundelement auch großräumiger, über sie gelegter Herrschaft wie etwa in den hellenistischen Monarchien oder im römischen Reich. Urbanes Zentrum, landwirtschaftlich genutztes Umland[5] und eine Bevölkerung mit – fast die ganze Epoche über – eigenem städtischen Bürgerrecht oder jedenfalls eigener Identität, das machte die Stadt aus. Sie hatte eine Verfassung, die aus den drei Grundinstitutionen der Volksversammlung, dem Rat und den meistens gewählten Beamten bestand, auch dann noch, wie in Pompeji zu sehen, wenn die Verfassung des Gesamtstaates schon monarchisch geworden war.

---

1 F. Kolb, Stadt; M. H. Hansen, Polis as an Urban Centre; J. H. W. G. Liebeschuetz, Decline and Fall; C. Meier, Okzidentale Stadt; E. Greco (Hg.), La città greca antica.
2 W. Ameling; Karthago; W. Huss, Karthager; A. Ennabli, Carthage.
3 Politik 1272 b 24–1273 a 2.
4 B. Cunliffe/S. Keay (Hg.), Social Complexity.
5 J. Rich/A. Wallace-Hadrill (Hg.), City and Country.

3.1.1 Griechenland

Für Griechenland ist am charakteristischsten die Polisverfassung mit der besonderen Erscheinungsform der Demokratie, auch wegen ihrer späteren zumindest begrifflichen Rezeption. Das griechische Recht hat wenig Nachwirkungen gehabt und tritt insbesondere gegenüber dem römischen Recht sowohl hinsichtlich der Durchgeformtheit als auch hinsichtlich der Rezeption deutlich zurück, trotzdem ist es erforderlich zu zeigen, dass es sehr wohl auch griechisches Recht gegeben hat.

3.1.1.1 Polis und Demokratie

3.1.1.1.1 Verfassung

Obwohl die Begrifflichkeit selbstverständlich umstritten ist,[6] soll hier unter Polis der griechische Stadtstaat verstanden werden.[7] Eine frühe Leistung war die Schaffung von Ämtern innerhalb des Adelsstaates, wodurch die Herrschaft des Adels sowohl unter den Standesgenossen als auch im Verhältnis zur Gesamtbevölkerung rechtlich und berechenbar eingefasst wurde. Idealtypisch nehmen wir an, dass es die drei Grundämter des Heerführers, des Gerichtsmagistraten und desjenigen Beamten gab, der durch staatliche Opfer und Ritenvollzug dafür sorgte, dass die Götter der Stadt wohlwollten. Die Ämter wurden jährlich besetzt, damit keine Machtkonzentration stattfand; die Häupter des Adels kamen im Rat zusammen, berieten die laufenden Angelegenheiten und hatten ein Auge auf die Ämterträger; das wehrfähige Volk wurde bei Grundentscheidungen befragt, vor allem Krieg und Frieden. Die spätere Entwicklung brach die Macht des Adels dergestalt, dass die Bekleidung von Ämtern und der Sitz im Rat nicht mehr von (Vermögen und) Herkunft, sondern nur noch vom Vermögen abhing. Damit setzte sich also ein Zensussystem durch, wobei die ausschlaggebende Rolle des Vermögens sowohl auf dem Gesichtspunkt der außerpolitisch erwiesenen und daher auch für die Stadt nützlichen Tüchtigkeit beruhte, als auch vor allem darauf, dass der vermögende freie Bauer sich eine eiserne Rüstung zulegen konnte, so als Fußsoldat – Hoplit – dem Staat diente und Gleichberechtigung mit dem Adel einforderte und erreichte. Die Zensusverfassung, in ihrer griechischen Frühform heute Hoplitenstaat genannt, wurde diejenige Verfassung, die in der alten Welt die normale war.[8]

Bei der Betrachtung des Rechtslebens soll hier wie im Folgenden danach unterschieden werden, wer das Recht setzte und wer es sprach. Im Adelsstaat galten die Satzungen als gottgegeben, hatten auch sakralen Charakter und waren der Besitz von

---

6 W. GAWANTKA, Die sogenannte Polis.
7 Eine Bilanz seiner ausgedehnten Forschungen über die griechische Polis gibt M. H. HANSEN, 95 Theses; die immer noch zu benutzende klassische politische Zusammenstellung aller damals bekannter Daten ist G. BUSOLT/H. SWOBODA, Staatskunde, dazu jetzt erschöpfend M. H. HANSEN, Poleis.
8 Siehe auch S. 56–58 zur historischen Entwicklung mit den dortigen Nachweisen. – R. SEALEY, Athenian Republic, U. WALTER, An der Polis teilhaben, und H. LEPPIN, Thukydides, haben unabhängig voneinander sehr bedenkenswerte Versuche unternommen, bei der Analyse der Staatsformen der griechischen Poleis von den aristotelischen Kriterien der Anzahl der Berechtigten freizukommen und demgegenüber der Integration der Bevölkerung größere Beachtung zu schenken.

Eingeweihten, also den Priestern – die in der Antike keine Berufspriester, sondern normale Ämter waren – und den adeligen Rechtsprechungsmagistraten. Man muss zunächst nicht annehmen, dass diese Satzungen von vorneherein zum Vorteil des Adels ausgestaltet waren, sondern sie entsprachen gewiss allgemein anerkannten Rechtsvorstellungen. Allerdings scheint die Rechtsprechung im Lauf der Zeit doch parteilich geworden zu sein, so dass sie einen der Anstöße darstellte, dem Adel die ausschließliche Macht zu entreißen und das Zensussystem einzuführen, bei dem die Rechtsprechung nun in den Händen gewählter Magistrate lag, die auch aus den Reihen der vermögenden Bauern kamen. Gleichzeitig trat an die Stelle traditionell überkommener Rechtsvorschriften eine rationale Gesetzgebung durch die politischen Organe. Die Polis gab die Gesetze, die als positives Recht in Stein gehauen und öffentlich aufgestellt wurden, damit sich jeder informieren konnte.[9] Griechenland war übersät mit solchen Inschriften, am bekanntesten sind in Athen die Gesetze des (sagenhaften) Drakon und die des Staatsreformers Solon, von erhaltenen Inschriften die der Stadt Gortyn auf Kreta.[10]

Es war ein weiterer revolutionärer Akt, dass nach dem Hoplitenstaat auch diejenige Bevölkerungsschicht an den politischen Entscheidungen beteiligt wurde, die weniger als das Mindestvermögen oder sogar überhaupt keines hatte. Das bedeutete die Demokratie.[11] Eine teleologische, zielgerichtete Entwicklung stellt ihr Auftreten nicht dar, vielmehr entstand sie als durchgebildeter eigener Verfassungstypus unter den besonderen Bedingungen Athens, war freilich womöglich im politischen Denken vorher angelegt und setzte sich, teilweise unter Mithilfe Athens, vielerorts durch. Wenn wir also über die Demokratie besonders gut aus Athen unterrichtet sind, so ist das kein Zufall einer Quellenlage, die genauso gut auch anders sein könnte; die gute Quellenlage ist vielmehr der Ausdruck der politischen und geistigen Bedeutung, die das demokratische Athen hatte. Obwohl wir wissen, dass sich die Verfassung einer jeden anderen Stadt von der Athens in zahlreichen Details unterschied, und seien es nur die Bezeichnungen für die Institutionen,[12] kann und muss trotzdem die athenische Verfassung nicht nur deshalb ausführlich dargestellt werden, weil wir eben von ihr am meisten wissen und sie auch daher beispielhaft für eine demokratische Verfassung ist, sondern ebenfalls deshalb, weil die athenische Verfassung im späteren europäischen Bewusstsein mit dem griechischen politischen Leben überhaupt, wenn auch nicht immer zutreffend, identifiziert wurde und auf diese Weise weiterwirkte.

Die Grundstruktur der Verfassung, die hier in ihrer entwickelten Form des 4. Jahrhunderts skizziert wird, ist die übliche: Volksversammlung, Rat, Ämter, wozu speziell für Athen noch die Volksgerichte kamen; über sie später im Abschnitt über das Rechtsleben. Zur Volksversammlung, wie in vielen anderen Städten auch Ekklesia (= etwa: das herausgerufene Volk) genannt, hatten alle erwachsenen (ab 18, faktisch ab 20

---

9 P. J. Rhodes/D. M. Lewis, Decrees.
10 Siehe S. 57.
11 J. Bleicken, Athenische Demokratie; M. H. Hansen, Athenische Demokratie – bei beiden die meisten Nachweise für das Folgende.
12 Wegen eines glücklichen Inschriftenfundes besonders gut zu sehen bei Lokroi Epizephyrioi; siehe S. 195.

nach Ableistung des zweijährigen Wehrdienstes) männlichen Vollbürger Zutritt. Sie tagte exakt 40mal im Jahr am Abhang der Pnyx, einem Hügel im Südwesten des Stadtgebiets (später im Dionysostheater am Südhang der Akropolis), und hatte, bei rund 20 000 bis 30 000 Berechtigten, eine regelmäßige Teilnehmerzahl von 6000. Ihre Kompetenz war allumfassend und nur durch die Begrenzungen eingeschränkt, die sie sich selber auferlegt hatte. Jeder hatte das Antrags– und Rederecht und nahm es, natürlich abhängig von den individuellen Fähigkeiten, auch tatsächlich wahr. Die Tagesordnung wurde fünf Tage vor der Sitzung öffentlich ausgehängt. Ein Antrag musste vorher dem Rat eingereicht werden, der ihn vorberiet und entweder mit oder ohne einen konkreten Beschlussvorschlag (probuleuma) der Volksversammlung vorlegte. Diese Vorberatung sollte nur verhindern, dass das Volk mit ad-hoc-Anträgen überrumpelt würde; Zusatzanträge konnten aber in der Versammlung selbst gestellt werden. Bis auf wenige Ausnahmen wurde durch Handzeichen abgestimmt, die Stimmenmehrheit wurde, da ein Auszählen bei einer solchen Menge von Teilnehmern schon aus praktischen Gründen nicht möglich ist, abgeschätzt. Die Beschlüsse kamen ins Archiv, wichtige wurden in Stein gehauen und aufgestellt – für uns heute eine besonders wichtige und authentische Quelle. Eine Volksversammlungssitzung dauerte normalerweise höchstens bis zum Mittag.

Während die Volksversammlung im 5. Jahrhundert noch Gesetze gab, wurde die Gesetzgebung im 4. Jahrhundert durch eine vom Volk selbst vorgenommene Änderung einem besonderen Gremium übertragen. Die Athener unterschieden – wie die heutige Staatslehre auch – zwischen einfachen, einen konkreten Fall betreffenden Regelungen, also Einzelfallentscheidungen, psephismata, und generellen, abstrakten, für unbestimmte Zeit geltenden Normierungen, also Gesetzen, nomoi. Sollte ein solches Gesetz gegeben oder ein bestehendes geändert werden, beschloss die Volksversammlung, den betreffenden Gegenstand an die Nomotheten[13] zu überweisen, die darüber zu entscheiden hatten. Die Nomotheten waren ein Gremium, das aus den 6000 über 30 Jahre alten Athenern gebildet wurde (die Prozedur ist unbekannt), die jährlich als potentielle Richter bestimmt worden waren und den Richtereid geleistet hatten. Vor ihnen wurde von eigens damit beauftragten Männern für und gegen die Gesetzesänderung beziehungsweise den Erlass eines neuen Gesetzes plädiert und dann abgestimmt; entweder war damit das Gesetz gegeben beziehungsweise geändert, oder es blieb alles beim Alten – die Form des Verfahrens war also einem gerichtlichen Prozess nachgebildet. Diese Art der Gesetzgebung durch Selbstbeschränkung der Zuständigkeit der Volksversammlung ist wohl deshalb eingeführt worden, weil das Volk selber eine so wichtige und folgenreiche Entscheidung lieber in den Händen älterer ruhiger Männer sehen wollte; da aber die Volksversammlung die Initiative für den Gesetzgebungsvorgang behielt, blieb sie insofern Herr des Verfahrens.

Der traditionelle Adelsrat war der Rat vom Areopag[14], der sich später aus den gewesenen Archonten zusammensetzte, im 5. Jahrhundert wegen deren Erlosung seine Bedeutung einbüßte, nur wenige Zuständigkeiten hatte und nur in einigen Perioden

---

13 R. Martini, Il decreto d'investitura; M. Piérart, Qui étaient les nomothètes.
14 Benannt nach dem Areshügel gleich westlich der Akropolis, auf dem er eine Zeitlang tagte. – Anders über die Herkunft R. W. Wallace, Areopagus Council.

eine informelle Autorität ausüben konnte. Die zentrale Rolle im Verfassungsleben aber übte der Rat der 500 aus,[15] allermeistens einfach nur „Rat", bule, genannt. Er war eine künstliche Schöpfung des Kleisthenes vom Ende des 6. Jahrhunderts und sollte unter anderem gewährleisten, dass die Bevölkerung von ganz Attika – ein für antike Verhältnisse ungewöhnlich umfangreiches Staatsgebiet – anteilsmäßig an den Staatsgeschäften beteiligt war. Die unterste Einheit stellten die 139 Demen (Sigular: Demos) dar, Gemeinden, die jeweils ähnlich wie der Gesamtstaat organisiert waren, mit Volksversammlung, Ämtern (demarchos, Demarch, als Gemeindevorsteher), eigenen Finanzen und Kulten. Jeweils mehrere Demen bildeten eine Trittys (deutscher Plural: Trittyen), von denen es insgesamt 30 gab. Zehn von ihnen wiederum bildeten die Küstenregion, zehn das Binnenland, und in weitere zehn war das Stadtgebiet von Athen eingeteilt. Jeweils drei Trittyen waren schließlich zu einer Phyle zusammengefasst, und zwar so, dass immer eine Trittys von Küste, Binnenland und Stadt eine Phyle bildete, mit dem Ergebnis, dass die Bevölkerung aus ganz unterschiedlichen Teilen Attikas militärisch – denn das Bürgerheer teilte sich in zehn Phylenregimenter auf – und politisch zusammengelegt war und so regionale Unterschiede zugunsten der Bildung eines einheitlichen Staatsvolks und -bewusstseins in den Hintergrund traten.

Jede der zehn Phylen, die nach Heroen der athenischen Sage benannt waren,[16] entsandte 50 Mitglieder in den Rat, und das in der Weise, dass die anteilsmäßige regionale und lokale Vertretung gewahrt blieb. Jeder Demos stellte nämlich eine seiner Bevölkerungszahl entsprechende Anzahl von Vertretern, sehr kleine bekamen zusammen einen Vertreter. Die 50 Abgeordneten waren zu 17, 17 und 16 aufgeteilt, nach den drei Regionen, in die Attika eingeteilt war. Für ein Zehntel des Jahres hatte, nach dem Losverfahren, eine Phylenvertretung (Prytanie) den Vorsitz und führte die laufenden Geschäfte, und auch innerhalb der Gruppe der 50 Ratsmitglieder (Buleuten) wurde der jeweilige Vorsitz ausgelost. Der Rat hatte außer der Vorbereitung der Sitzungen der Volksversammlung zahlreiche administrative Kompetenzen, wie sie bei einem so großen und wichtigen Staatswesen anfielen, zudem wurden ihm von der Volksversammlung im Einzelfall weitere Aufgaben zugesprochen; die wichtigste war wohl die, dergestalt an der Außenpolitik mitzuwirken, dass die ausländischen Gesandtschaften zuerst mit dem Rat verhandelten. Die Entscheidungen fielen jedoch immer in der Volksversammlung.

Die athenische Demokratie verfügte schließlich über eine große Anzahl von Magistraturen, die mit der Ausführung der praktischen Politik und Verwaltung beauftragt waren; Aristoteles zählt 700.[17] Darunter waren zahlreiche kleinere und ad-hoc-Kommissionen wie etwa die dreiköpfigen Epimeleten-Ausschüsse, die die staatlichen Bauten organisierten,[18] jedoch waren die wichtigsten die neun Archonten, die zehn Strategen und die Vorsteher der großen staatlichen Kassen. Die Archonten, ehemals die Ämter des alten Adelsstaates, hatten trotz ihrer praktischen Bedeutungsminderung durch ihre Erlosung immer noch das höchste Prestige. Der Archon eponymos war der-

---

15 P. J. Rhodes, Athenian Boule.
16 U. Kron, Phylenheroen.
17 Staat der Athener 24, 3.
18 W. Schuller, Bauplanung.

jenige, nach dem das Jahr bezeichnet wurde („Unter dem Archon ...") und hatte zahlreiche weitere Einzelaufgaben. Der Basileus (nicht: Archon basileus) hatte die staatlichen Opfer zu vollziehen und hatte seine Bezeichnung wohl deshalb behalten, weil diese Aufgabe dem früheren König zukam und die Götter sehr konservative Wesen waren und daher die Änderungen der Opferpraxis ungerne sahen; der Polemarchos war ursprünglich, wie aus der Bezeichnung hervorgeht, der Anführer des Bürgerheeres, war aber in der entwickelten Demokratie zum Gerichtsmagistraten geworden, der die Prozesse zwischen Athenern und Ausländern organisierte. Die sechs Thesmotheten (Rechtsfestsetzer) taten dasselbe bei innerathenischen Prozessen, darauf wird noch zurückgekommen. Die Strategen kommandierten die zehn Phylenregimenter (taxeis) und wurden gewählt (wer will unter einem erlosten militärischen Nichtskönner sein Leben riskieren ?), hatten zahlreiche weitere ständige und ad hoc erteilte Aufgaben und waren bis tief in das 4. Jahrhundert hinein die politisch wichtigsten Magistrate der Demokratie.

Nur ganz stichwortartig sollen verschiedene weitere Sachverhalte erwähnt werden, um einen Eindruck von der tiefgehenden Durchorganisation der athenischen Demokratie zu vermitteln. Die Finanzverwaltung war äußerst intensiv und detailliert geregelt mit verschiedenen Kassen, auch solchen der Tempel, deren Abrechnungen nach Einnahmen und Ausgaben sowie nach Herkunft und Verwendung bis ins Kleinste ausgeführt und oft in Inschriften öffentlich aufgestellt wurden. Insbesondere im 4. Jahrhundert wurde das System der Liturgien, das heißt der unmittelbaren Leistungen, die die Bürger in Ermangelung eines Steuersystems zu erbringen hatten, insbesondere beim Bau und der Unterhaltung der Kriegsschiffe (Trierarchie), immer weiter ausgestaltet. Ebenso wurde dadurch immer mehr auf die Ermöglichung der Demokratie geachtet, dass die zu erfüllenden Aufgaben in viele kleine Einzelfunktionen aufgespalten wurden, so dass wirklich (fast) jeder an der Staatsverwaltung beteiligt werden konnte. Dass jeder vor Amtsantritt einer formalen Eignungsprüfung (dokimasia) unterzogen wurde und dass er nach Ableistung des Amtes Rechenschaft abzulegen hatte (euthynai) war dagegen eine Regelung, die schon seit langem bestanden hatte.

Die athenische Demokratie stand vor dem Problem, die Teilhabe des gesamten Volkes an der Selbstregierung, das immerhin mit 20 000 bis 30 000 Berechtigten nicht nur für antike Verhältnisse sehr zahlreich war, nicht nur zu proklamieren, sondern auch zu verwirklichen. Um das zu erreichen, wurden Maßnahmen der verschiedensten Art getroffen. Die bekannteste Einrichtung ist die Zahlung von Tagegeldern: 457/56 wurden sie für die Mitglieder des Rates und die Richter in den Volksgerichten eingeführt, 403 sogar für den Besuch der Volksversammlung. Dieses Mittel wirkte: Weder für die Gremien noch für die Volksversammlung des 4. Jahrhunderts hören wir von zu geringem Besuch beziehungsweise von zu wenig Kandidaten. Trotz dieser Tagegelder war es für das Funktionieren einer direkten Demokratie wesentlich, dass ihre Prozeduren nicht zu viel Zeit in Anspruch nahmen, und in der Tat sehen wir, dass durch viele Einzelregelungen dafür gesorgt wurde, dass alles zügig vor sich ging und dass dadurch die einfachen Athener neben der Politik auch ihrem Broterwerb nachgehen konnten. Die Volksversammlungen dauerten ja nur einen Vormittag; es wurde in der Volksversammlung nicht zeitraubend (und in kaum durchführbarer Weise) ausgezählt, sondern abgeschätzt; wenn es in bestimmten Angelegenheiten doch einmal auf die genaue Stimmenzahl ankam, wurde beim Betreten des Versammlungsplatzes durch Stimmsteine gestimmt, die während der Sitzung ausgezählt wurden; bei Gerichtsprozessen wurden die Beweise in einem Vorverfahren erhoben, so dass sich das eigentliche zur Entscheidung führende Verfahren vor dem Volksgericht auf die beiden, zeitlich scharf limitierten Plädoyers beschränken konnte, nach denen ohne Beratung sofort abgestimmt wurde; das komplizierte Verfahren der Richterauslosung war so organisiert, dass es in einer Viertelstunde abgeschlossen war – und anderes mehr.

Schnelligkeit also war ein unabdingbares Grundprinzip,[19] ohne das die direkte athenische Demokratie nicht hätte funktionieren können und ohne das die Partizipation aller nicht zu erreichen gewesen wäre. Diese Partizipation war der politische Kern der Demokratie. Sie wurde erreicht durch die großen kollektiven Gremien des Rates und der Volksgerichte mit je nach Wichtigkeit 201 bis 1.501 Richtern, durch die Vorschrift, dass man nur zweimal im Leben Mitglied des Rates sein durfte, durch das Vorherrschen des Loses gegenüber der Wahl, das jeden treffen konnte und wodurch zu viel persönliches Machtstreben gegenstandslos wurde, durch die Auffächerung der staatlichen Funktionen in die vielen hunderte von staatlichen Ämtern und Kommissionen. Am sinnfälligsten wird aber das Bestreben, die Partizipation aller nicht zum bloßen Bekenntnis werden zu lassen, sondern als Lebenstatsache einzurichten und wirklich stattfinden zu lassen dadurch, dass Tagegelder gezahlt wurden. Diese Diätenzahlung zeigt einmal, dass das Bedürfnis der Ärmeren nach Mitwirkung ein weniger genuines Bedürfnis war als man meinen könnte, sie zeigt aber vor allem, dass der politische Wille da war, dieses objektive Hindernis energisch zu beseitigen; mit Erfolg.

Weiter ist bemerkenswert, dass es keine Zwischeninstanzen im Sinne etwa von Parteien oder jedenfalls irgendwelchen einigermaßen festen Gruppierungen gab. Gelegentlich hatte eine Politikerpersönlichkeit eine lose Anhängerschaft, aber sonst erfüllte sich die Demokratie unmittelbar.[20] Schließlich soll ein Prinzip erwähnt werden, das unerwünschte Machtkonzentration verhindern, oder positiv ausgedrückt, das die Verteilung der Macht erreichen sollte, also eine Variante der neuzeitlichen Gewaltenteilung darstellte. Das ist das Prinzip von „Initiative und Entscheidung",[21] das darin bestand, dass kein Staatsorgan für einen bestimmten Gegenstand gleichzeitig die Initiative ergreifen und darüber entscheiden konnte. So konnte beispielsweise der Rat zwar Anträge an die Volksversammlung leiten, sie aber nicht entscheiden, während die Volksversammlung zwar über diese Anträge entschied, sie aber nicht selber auf die Tagesordnung setzte; umgekehrt initiierte sie eine Gesetzesrevision bei den Nomotheten, entschied aber nicht, und die Nomotheten konnten nicht in Eigeninitiative, sondern nur über von der Volksversammlung gestellte Anträge entscheiden.

Zu wenig gewürdigt wird bei all dem die Tatsache, dass trotz aller in der Antike vorherrschenden Personalisierung des historischen Bewusstseins nur wenige Maßnahmen dieser Art mit dem Namen eines Politikers verbunden sind. Die meisten, die teilweise regelrecht ausgeklügelten Charakter haben, sind anonym überliefert. Das zeugt nicht nur davon, dass die Idee der Demokratie tief verwurzelt war, sondern auch da-

---

19 W. SCHULLER, Neue Prinzipien.
20 M. H. HANSEN, Demokratie, 288–298.
21 M. H. HANSEN, Initiative und Entscheidung.

von, dass bewusst auf ihre Verwirklichung hingearbeitet wurde, möglicherweise sogar, dass es eine Art demokratischer Ideologie und demokratische Ideologen gab. Das ist deshalb eine wichtige Feststellung, weil es zwar – besonders bei Platon und Aristoteles – auf höchstem Niveau Demokratiekritik[22] gab, eine ähnlich ausgearbeitete Demokratietheorie – trotz gelegentlichen Lobes der Demokratie in der Literatur[23] – aber nicht. Umso eindrucksvoller ist die immer weiter ausgebaute Verfeinerung der demokratischen Prozeduren, die die politische Gleichheit – Vorstellungen von ökonomischer Gleichheit gab es nicht[24] – und die Partizipation aller an der direkten Demokratie praktisch und erfolgreich ermöglichte.

An sich lag, wie oft gesagt, die Demokratie auch nicht im sozusagen gesetzmäßigen Entwicklungsgang von der Monarchie über die Adels- und die Zensusverfassung hin zur Demokratie; man sieht es daran, wie sehr sich die athenischen Demokraten darum bemühen mussten, den unteren Volksschichten die tatsächliche Teilnahme zu ermöglichen, die normalerweise wegen der Notwendigkeit, sich den Lebensunterhalt zu verdienen, nicht möglich gewesen wäre. Die Demokratie ist nicht nur auf Grund besonderer Umstände entstanden, sie ließ sich auch nur unter besonderen Bedingungen praktizieren. Gleichwohl gab es auch außerhalb Athens Demokratien, zum Teil durch Athen selbst im Zuge seiner Herrschaftsausübung dort eingeführt und oft prekär, zum Teil vielleicht da und dort aus eigenem hervorgegangen, zum Teil nach athenischem Vorbild, wir wissen wenig Konkretes über sie.[25] Der Zufall der Überlieferung hat seit einiger Zeit allerdings die Möglichkeit gewährt, einen genaueren und authentischen Einblick in das Innere einer anderen Griechenstadt zu tun, Lokroi Epizephyrioi in Unteritalien. Dort ist ein aus Bronzetäfelchen bestehendes Tempelarchiv der hellenistischen Zeit gefunden worden, das detaillierte Aufzeichnungen über die Darlehen enthält, die der Tempel der Stadt Lokroi gewährte, und aus ihnen ergeben sich, freilich nicht immer zweifelsfrei zu entschlüsselnde, Einzelheiten der komplexen Struktur einer mittleren griechischen Stadt.[26]

3.1.1.1.2 Recht

Das Rechtsleben entwickelte sich entsprechend der demokratischen Grundidee, die ja darin bestand, auch und gerade den wenig oder nichts Besitzenden die Teilhabe an der Lenkung des Staates zu ermöglichen. Für die Rechtssetzung war das über die Gesetzgebungskompetenz zunächst der Volksversammlung, dann der Nomotheten gewährleistet, für die Rechtsprechung bedeutete das, dass sie auf die Volksgerichte überging, freilich in einer Weise, die den Laienrichtern ermöglichte, sie auch tatsächlich auszuüben. Das geschah zunächst einmal durch eine Zweiteilung des Verfahrens, die allerdings historisch entstanden und nicht für diese Zwecke eingeführt worden war: Das ursprünglich allein gegebene Verfahren vor den Rechtsprechungsmagistraten – die

---

22 K.-W. Welwei, Zwischen Affirmation und Kritik; J. Ober, Political Dissent; T. Morawetz, Demos als Tyrann.
23 Perikles bei Thukydides 2, 37, Theseus in Euripides' „Schutzflehenden" passim.
24 Siehe S. 21, 22.
25 Siehe S. 297.
26 F. Costabile (Hg.), Polis ed Olympieion.

sechs Thesmotheten und der Polemarch – blieb erhalten, freilich wurde dort, wenn eine Partei es wünschte, kein endgültiger Spruch gefällt. Unter dessen Leitung und mit Hinzuziehung eines aus den 59-jährigen Athenern erlosten Schiedsrichters verhandelten die Parteien miteinander, es wurden, etwa durch Augenscheineinnahme und Zeugenvernehmung, Beweise erhoben, die schriftlich festgehalten wurden, und wenn sich dann die Parteien einigten, war der Rechtsstreit beigelegt. Widersprach eine Partei, dann kam die Sache vor das Volksgericht.[27]

Dieses Gericht bestand aus jeweils für den einzelnen Fall eigens zusammengestellten Spruchkörpern, die je nach Streitwert aus von 201 bis zu 1501 Richtern bestanden. Diese Richter wurden aus dem Reservoir der 6000 Richter genommen, das jährlich aus den ab 30-jährigen Athenern bestimmt wurde. Das Verfahren der Auslosung der Richter für den jeweiligen konkreten Fall war so raffiniert gestaltet, dass eine irreguläre Beeinflussung ausgeschlossen war. Die Verhandlung ging so vor sich, dass die Parteien ihre Plädoyers hielten, manchmal war ein zweites Redenpaar möglich, und dass dann abgestimmt wurde, mit Stimmsteinen, weil es hier auf jede Einzelstimme ankam. Die Beweiserhebung erübrigte sich, weil sie schon im ersten Teil des Verfahrens stattgefunden hatte und in den jeweiligen Plädoyers berücksichtigt wurde; ebenfalls wurde nicht beraten, sondern sofort abgestimmt. Schon dadurch ging die Sache schnell vonstatten, und Zügigkeit wurde auch dadurch erreicht, dass die Redezeit begrenzt war – wieder nach dem Streitwert gestaffelt – und streng mit der Wasseruhr gemessen wurde. Das war eines der Erfordernisse der Demokratie; ein weiteres ergab sich daraus, dass von den einfachen Bürgern als Richtern nicht verlangt werden konnte, dass sie sich in den Gesetzen auskannten. Daher wurde eine solche Kenntnis auch nicht vorausgesetzt, sondern die einschlägigen Gesetze wurden in den Plädoyers wörtlich aufgeführt. Demgemäß konnten sich weder ein Juristenstand noch eine Rechtswissenschaft mit ihren Distinktionen herausbilden. Zwar gab es natürlich Männer, die sich in den Gesetzen auskannten und die die streitenden Parteien berieten. Da zudem die Parteien in der Regel persönlich vor Gericht erscheinen und ihre Reden selber halten mussten – auch ein Charakteristikum einer direkten Demokratie, die Zwischeninstanzen vermeiden wollte –, halfen diese Leute auch beim Abfassen der Reden, von denen ein Teil deshalb erhalten ist, weil sie als literarische Meisterwerke solcher rechtskundigen Rhetoren galten.

Die bisherigen Ausführungen bezogen sich auf das, was wir heute etwa Zivilprozesse nennen, worunter freilich anders als heute beispielsweise auch Tötung gefasst wurde – nur wurde diese Klage nicht von Staats wegen verfolgt und führte nur zu privater Genugtuung bei den Geschädigten; deshalb heißen diese Klagen auch private Klagen. Öffentliche Prozesse waren der Eisangelieprozess wegen politischer Delikte wie vor allem Hochverrat sowie die merkwürdigen Klagen wegen Gesetzwidrigkeit (graphe paranomon) und wegen Schädlichkeit eines Gesetzes beziehungsweise des Antrages (graphe nomon me epitedeion theinai), in beiden Fällen wurde der Antragsteller eines vom Volk beziehungsweise von den Nomotheten gefassten Beschlusses bestraft, denn das Volk konnte ja nach der demokratischen Doktrin nicht irren, wohl aber verführt werden. Man sieht, für wie gefährdet die Demokratie angesehen wurde,

---

[27] Ablauf des Vorverfahrens: M. H. Hansen, Demokratie, 203 f.; J. Bleicken, Demokratie, 252–256.

und man sieht daran auch, dass sie keine Staatsform war, die sich logisch aus der Gesamtentwicklung ergeben hätte und, da selbstverständlich, ihrer selbst sicher gewesen wäre.

Nun noch der Hinweis auf das Scherbengericht[28] (ostrakismos, von ostrakon, Scherbe), das zwar absichtlich nicht als politisches Gerichtsverfahren konzipiert war, das aber doch zu vergleichbaren Ergebnissen führte. Dieses merkwürdige Verfahren bestand darin, dass jedes Jahr in der Volksversammlung gefragt wurde, ob man es abhalten wolle, und wenn die Volksversammlung zustimmte, fand es auf der Agora, dem großen Markt nördlich der Akropolis statt, an dem auch die öffentlichen Bauten lagen. Jeder Vollbürger konnte daran teilnehmen und den Namen dessen aufschreiben – meist auf eine Tonscherbe, daher der Name –, den er für zehn Jahre in nicht ehrenrühriger Weise aus der Stadt verbannt wissen wollte. Fielen mehr als 6000 Stimmen auf eine Person, musste diese die Stadt verlassen. Zuerst angewandt wurde das Scherbengericht in den Perserkriegen zwischen Marathon und Salamis, zuletzt 416, also später nicht mehr, obwohl die Athener immer noch jedes Jahr gefragt wurden, ob es stattfinden solle. Außer Athen gab es dieses Verfahren nur noch in Syrakus, wo es petalismos hieß, von petalon, Ölblatt, auf das geschrieben wurde. Es hatte natürlich den großen Vorteil, dass es eine rein faktische Maßnahme war, ohne Schuldzuweisung, ohne das Waschen schmutziger Wäsche, es hatte freilich auch den damit korrespondierenden Nachteil, dass man sich nicht wehren und verteidigen konnte.

Zum Schluss die Familienverfassung.[29] Unsere Kenntnisse stammen wieder vor allem aus Athen, aber außer verstreuten Nachrichten über andere Städte besitzen wir in der großen Rechtsinschrift von Gortyn auf Kreta so viele Nachrichten, dass die Grundzüge feststehen. Die Familie, oikos (= Haus) genannt, war die auch rechtlich gesicherte Grundeinheit von Staat und Gesellschaft, und das Bestreben ging dahin, sie über die Generationen hinweg zu erhalten. Dem diente der religiöse Kult der Vorfahren, der in jedem Haus betrieben wurde, und dem dienten die Regeln für das Zusammenhalten des Vermögens. Besonders deutlich treten sie im Hinblick auf die rechtliche Stellung der zur Familie gehörenden Frauen hervor.[30] Die Ehefrau zog großes Prestige aus der Tatsache, dass sie die Verwaltung des Haushaltes und die Sorge um die Kinder hatte. Die Töchter wurden rechtlich durch einen Vertrag zwischen dem Vater und dem zukünftigen Ehemann verheiratet, an dem sie selber keinen Anteil hatten; sie bekamen eine Mitgift, die der Ehemann verwaltete und im Fall der Scheidung wieder zurückgeben musste. Die Scheidung selbst konnte ohne Angabe von Gründen von jedem Teil vorgenommen werden, in Athen musste allerdings die Ehefrau die Trennung in Person beim Archon anzeigen, freilich auch *nur* anzeigen. Wie sehr die Erhaltung des oikos als im Staatsinteresse liegend betrachtet wurde, zeigt sich an den detaillierten Regelungen, die für den Fall vorgesehen waren, dass durch den Tod der männli-

---

28 Zusammenfassend M. Dreher, Verbannung; S. Brenne, Ostrakismos und Prominenz in Athen (systematische Auswertung neuer Befunde); P. Siewert (Hg.), Ostrakismos-Testimonien (erstmalige kommentierende Zusammenstellung aller bisher gefundenen Ostraka und Quellenzeugnisse aus klassischer Zeit); genaues Studium gewährt neue tiefe Einblicke, siehe etwa M. Berti. Megakles.
29 S. B. Pomeroy, Families; C. B. Patterson, Family.
30 R. Sealey, Women and Law.

chen Familienangehörigen nur noch eine unverheiratete Tochter existierte. In Athen gehörte es zu den regelmäßigen Aufgaben des Archons, diese epikleroi (etwas missverständlich im Deutschen als „Erbtöchter" wiedergegeben) öffentlich bekannt zu geben, damit sie der nächste männliche Angehörige des oikos heiraten konnte; Ähnliches galt auch in Sparta und auf Kreta.

3.1.1.2 Hellenismus

Die Grundlage der hellenistischen Monarchien – die Organisation des Alexanderreiches ist schon im erzählenden Durchgang besprochen worden – war die Vorstellung von der unumschränkten Gewalt des Königs, die natürlich organisiert werden musste. Gemeinsam war allen, dass die Könige sich, ähnlich wie ihr großes Vorbild Alexander, mit informellen Beratern umgaben, meistens „Freunde" des Königs genannt. Ebenso gemeinsam war, dass die alle Untertanen umfassende Klammer des Königtums durch einen die verschiedensten Formen annehmenden Herrscherkult befestigt wurde.[31] Im Übrigen aber war die Organisation der königlichen Gewalt höchst unterschiedlich, je nach den vorgefundenen Gegebenheiten. Im ptolemäischen Ägypten lehnte man sich stark an die Verhältnisse der pharaonischen Zeit an, deren hervorstechendstes Charakteristikum die vollständige staatliche Erfassung der Bevölkerung sowie die territoriale hierarchische Gliederung des Reiches von den Dörfern über die Gaue bis zur Zentrale zu fiskalischen Zwecken war. Demgemäß gab es ein komplett durchstrukturiertes Beamtenwesen, das in einem Leiter an der Spitze gipfelte. Wie sehr allem die Konzeption zugrunde lag, dass das ganze Staatswesen eigentlich Privateigentum des Königs sei, kann man an der Bezeichnung für die Bauern ablesen, die als „Königsbauern" – georgoi basilikoi – gewissermaßen nur als Angestellte des Königs fungierten, sowie, am anderen Ende der Hierarchie, an der Bezeichnung für den obersten Beamten in Alexandria; er war der dioiketes, der Hausverwalter, wobei der oikos, das Haus, ganz Ägypten war. Dass dieses System im Lauf der Zeit durch immer mehr zunehmende Exemtionen aufgeweicht wurde, versteht sich fast von selbst.

Auch im Seleukidenreich[32] gab es Königsbauern, aber nur da, wo sich die Königsgewalt unmittelbar auf Königsland auswirkte. In aller Regel bestanden aber, wie oben schon ausgeführt, die vorgefundenen politischen Verhältnisse unterhalb des Königtums weiter, diesmal in Anlehnung an die ähnliche Struktur des Perserreiches, und ähnlich wie bei diesem waren Steuern und Abgaben sowie gelegentliche Heeresfolge die Hauptverpflichtungen der untertänigen politischen Einheiten. Die Armee[33] als stehendes Heer bestand, hier nun ähnlich wie in Ägypten, aus Söldnern, die oft als eine Art Wehrbauern angesiedelt waren und auf Abruf zur Verfügung stehen mussten. Die wichtigste Form der politischen Einheiten unter dem Königtum waren die nach griechischem Muster entweder neu angelegten oder umgestalteten Städte, beziehungsweise die von früher her dem Reich eingegliederten traditionellen Griechenstädte überhaupt. Sie führten die Existenz normaler griechischer Stadtstaaten mit der Maßgabe, dass sie in einem Unterordnungsverhältnis zum König standen. Dieses Verhältnis war prekär und

---

31 M. Bergmann, Strahlen der Herrscher.
32 H. Kreissig, Wirtschaft und Gesellschaft.
33 B. Bar-Kochva, Seleucid Army.

von Fall zu Fall verschieden ausgestaltet.³⁴ Es drückte sich oft in so genannten Briefen des Königs an die Stadt aus,³⁵ von denen zahlreiche inschriftlich überliefert sind.

Was die Griechenstädte selber betrifft, so ergaben sich im Hellenismus keine bedeutenden expliziten Änderungen ihrer Verfassungen. Meistens existierte die Demokratie als selbstverständliche Verfassungsform weiter, obwohl in der politischen Praxis durch Abnehmen der Beteiligung der Bevölkerung an den Geschäften de facto Oligarchien entstanden; daneben gab es auch ausdrückliche Zensus- und oligarchische Verfassungen, und je nach politischer Lage konnte es auch Tyrannen geben, nun, als „jüngere Tyrannis", nicht mehr als Teil der politischen Gesamtentwicklung wie in der archaischen Zeit, sondern sozusagen mit der pragmatischen Beliebigkeit, wie sie für den Hellenismus bezeichnend ist. All das setzte sich bruchlos in die das ganze Mittelmeergebiet umfassende römische Kaiserzeit fort, deren Quellenlage wegen der pax Romana besonders gut ist, so dass wir über die Verfassungen der griechischen Städte zu dieser Zeit besonders gut Bescheid wissen; es gibt kaum methodische Probleme, aus den Verhältnissen dieser Epoche auf die des Hellenismus zurückzuschließen.³⁶

Regelrechte Verfassungen aber hatten die Bünde,³⁷ die im Hellenismus ihre Blütezeit erlebten. Ihnen gelang es, die Einzelpoleis, aus denen sie bestanden, so zu einem gemeinsamen Ganzen zu integrieren, dass, ohne die Vorherrschaft einer einzelnen Polis, einerseits eine effektive Bundesgewalt geschaffen wurde, andererseits die Identität der Mitglieder erhalten blieb. Meist gab es eine Primärversammlung der Angehörigen der einzelnen Poleis, jedoch so, dass nicht Mann für Mann, sondern nach Poleis gestimmt wurde; es gab einen paritätisch besetzten Bundesrat, ein Bundesgericht sowie ein neben dem Bürgerrecht in den einzelnen Staaten bestehendes zusätzliches Bundesbürgerrecht. Ähnlich wie in den hellenistischen Monarchien bestand hier also das Problem darin, wie das Verhältnis zwischen der Einzelstadt und der Zentralgewalt geregelt werden sollte.³⁸ Das wurde in der konkreten Politik gelöst, und umso seltsamer ist es, dass diese – wieder anonym – wohldurchdachten und lebenskräftigen Konstruktionen durch die griechische Staatslehre selber nur unvollkommen wahrgenommen wurden, die zu sehr im Einzelpolisdenken verhaftet blieb.³⁹ Auf der anderen Seite ist die Verfassung der USA auch durch diese Vorbilder geprägt worden, und ähnliche Probleme sind gerade heute in Europa entstanden, wo die Zusammenführung der europäischen Nationalstaaten anscheinend mit den herkömmlichen Kategorien der gängigen Staatslehre nicht mehr zu bewältigen ist.

3.1.2 Rom

Mehr als Griechenland ist Rom für die späteren europäischen Vorstellungen von Staat und Recht maßgeblich gewesen. Das Recht wirkte ohnehin durch die Rezeption auf

---

34 A. Heuss, Stadt und Herrscher.
35 C. B. Welles, Royal Correspondence.
36 H. W. Pleket, Political Culture.
37 E. Beck, Polis und Koinon.
38 J. Rzepka, Ethnos, koinoa, sympoliteia.
39 P. Funke siehe Seite 78, mit G. A. Lehmann, Ansätze zu einer Theorie.

die gesamte geistige und gesellschaftliche Entwicklung maßgeblich ein, aber sowohl die Verfassung der römischen Republik als auch das römische Kaisertum bestimmten in starkem Maße konkrete Ausgestaltung und Begrifflichkeit des öffentlichen Lebens der mittelalterlichen und neuzeitlichen europäischen Geschichte.

3.1.2.1 Republik

3.1.2.1.1 Verfassung
Auch die Verfassung des italischen Stadtstaates Rom[40] folgt in den Grundzügen denen aller anderen Städte, nämlich in der Dreiheit von Volksversammlung, Adelsrat und Magistraten. Weil die Rolle der Volksversammlung zugunsten der von Rat und Beamten zurückgedrängt war, sah die griechische Staatstheorie zu ihrer eigenen Verwunderung in der römischen Verfassung ihr Ideal der Mischverfassung aus Demokratie, Aristokratie und Monarchie verwirklicht. Wir lassen das hier vorläufig auf sich beruhen und vergegenwärtigen uns zunächst unter abermaliger Inkaufnahme gelegentlicher Wiederholungen die einzelnen Institutionen und deren Zusammenwirken, wobei der Zustand zugrunde gelegt wird, wie er um die Mitte des zweiten Jahrhunderts v.Chr. bestanden haben mag, also kurz vor dem Beginn der Endphase der Republik, mit gelegentlicher Einbeziehung der endgültigen Regelung durch Sulla.

Die Institution der Volksversammlung trat in Rom in fünffacher Gestalt auf – immer (fast) dasselbe römische Volk, nur in unterschiedlich zusammengesetzten Stimmkörpern und mit unterschiedlichen Kompetenzen. Die älteste, nie abgeschaffte Art waren die comitia curiata, also die Volksversammlung, in der das Volk nach den archaischen Curien zusammengefasst war; in historischer Zeit nur noch formal und rudimentär zu bestimmten familienrechtlichen Akten zusammentretend. Die historisch nachfolgende Art dagegen, die comitia centuriata, die Zenturiatkomitien, behielten bis zum Schluss ihre wichtigste Rolle bei. Sie stellten ursprünglich das feldmarschmäßig nach Hundertschaften, Zenturien, zusammengetretene römische Volk dar – daher das Zusammentreten außerhalb des pomerium, der sakralen Stadtgrenze Roms, auf dem Marsfeld –, das, nach den einzelnen Zenturien abstimmend, über Krieg und Frieden entschied und sich seine Kommandeure wählte, also die Beamten mit imperium, die Konsuln und Prätoren. Diese Kompetenzen der Versammlung blieben erhalten, während sich die Zusammensetzung der Zenturien radikal veränderte. Aus militärischen Einheiten, bei denen die Zugehörigkeit zu den jeweiligen Waffengattungen (Reiterei, Schwerbewaffnete, Leichtbewaffnete) vom Vermögen abhing, wurden sie zu nach Vermögen zusammengesetzten Korporationen, bei denen die oberen weit unter, die unteren weit über 100 Angehörige zählten. Da es nicht auf die Einzelstimme, sondern auf die des Stimmkörpers ankam, und da nach einer festen Reihenfolge von oben nach unten abgestimmt und sofort nach Erreichen einer Mehrheit abgebrochen wurde, hatten die Stimmen der Wohlhabenderen bei weitem das Übergewicht.

Weniger Ungleichheit herrschte bei den comitia tributa, den Tribuskomitien[41], der historisch zuletzt entstandenen Art der Volksversammlung. Sie gliederte das römische

---

40 J. Bleicken, Verfassung; A. Lintott, Constitution.
41 Zur Bezeichnung siehe S. 110 Anm. 25.

Volk nach den lokalen Wohngebieten, den tribus, zuletzt 35, also nach einem eher nivellierenden Prinzip. Auch hier zählte die Stimme des einzelnen Stimmkörpers, nur innerhalb dessen kamen die Einzelstimmen zum Zuge; die Kompetenz der Tribuskomitien war die Wahl der niederen Magistraturen und der Erlass der meisten Gesetze, leges.[42] Gleichgesetzt waren sie und in der historischen Herkunft verschränkt mit der vierten Art der Volksversammlung, den concilia plebis, der Plebsversammlung. Diese concilia waren als ehemals nichtstaatliche Versammlung der Plebejer ein Produkt der Ständekämpfe, in denen sie als Kampforganisation fungieren sollten, aber allmählich in das reguläre Staatsleben integriert wurden. Auch sie gliederten sich nach tribus, sie wählten ihre Interessenvertreter, die Volkstribunen, sie fassten Resolutionen, plebis scita, aber da sie sich von den Tribuskomitien nur dadurch unterschieden, dass dort noch die mengenmäßig zu vernachlässigende Schicht der Patrizier hinzukam, konnte man die Plebsversammlung leicht mit den comitia tributa gleichsetzen und die Plebiszite den Gesetzen gleichstellen. Abgestimmt wurde die meiste Zeit offen, erst gegen Ende des 2. Jahrhunderts geheim.

Die Versammlungen wurden von den Magistraten einberufen, nur diese redeten vor ihnen, nur diese brachten Wahlvorschläge und Gesetzesanträge ein, das Volk stimmte nur mit ja oder nein ab. Diese Kargheit in der politischen Willensbildung wurde durch die fünfte Art der Versammlung gemildert, die contio. Sie fasste keinerlei Beschlüsse, war in sich ungegliedert, aber sie war der Ort, an dem die politischen Debatten geführt wurden – allerdings immer noch nicht durch die Versammlungsteilnehmer aus dem Volke selbst, sondern ebenfalls von den Angehörigen der Oberschicht. Diese nahmen also in Ermangelung der modernen Kommunikationsmittel die contio als Resonanzboden und Multiplikationsorgan für ihre politischen Vorstellungen in der Absicht, dass das, was dort vorgetragen wurde, später bei Abstimmungen und Wahlen zum Zuge kommen würde.

Die Beamten, vom Volk in unterschiedlichen Versammlungen gewählt, waren Ehrenbeamte und entstammten sämtlich der Oberschicht. Zunächst durch Brauch, seit 180 durch die lex Villia annalis auch gesetzlich festgelegt war die Reihenfolge, in der die Ämter zu bekleiden waren (cursus honorum), dadurch auch die Rangfolge unter ihnen. Bevor ein junger Römer sich überhaupt um ein Amt bewerben konnte, hatte er aber als Offizier zehn Jahre Militärdienst zu leisten. Nach einer Anzahl kleinerer Funktionen – zusammengefasst unter dem Begriff vigintisexviri (26 Männer), in denen man sich zunächst bewähren konnte – war das unterste staatliche Amt, durch das man in den Senat gelangte, das des Quästors (quaestor), um das man sich mit 31 Jahren bewerben konnte; es bestand in der Verwaltung verschiedener Kassen. Mit 37 konnte man Ädil werden, kurulischer (aedilis curulis) oder, wenn man Plebejer war, plebejischer (aedilis plebis). Die Ädilen hatten die innerrömische Marktaufsicht und eine entsprechende Polizeigewalt und hatten die öffentlichen Spiele auszurichten. Quästoren und Ädile wurden von den Tribuskomitien gewählt, die plebejischen Ädile von den concilia plebis. Mit 40 stand einem das Prätorenamt offen, das ursprünglich höchste der Republik. Seine Amtsgewalt war das imperium, das auch das militärische

---

[42] Neue kommentierte Zusammenstellungen bei D. Flach/S. von der Lahr, Gesetze der frühen Republik und M. Elster, Gesetze der mittleren Republik.

Kommando einschloss, dementsprechend wurden die Prätoren von den Zenturiatkomitien gewählt. Zwei Prätoren waren Gerichtsmagistrate, der praetor urbanus für Prozesse zwischen Römern, der praetor peregrinus für solche zwischen einem Römer und einem Ausländer oder für Ausländer untereinander, die übrigen amtierten als Statthalter in den Provinzen; seit Sulla gab es acht, die sämtlich Gerichtsmagistrate waren und nach Ablauf ihrer Amtszeit in die Provinzen gingen.

Die beiden Konsuln – consules – hatten das höchste Amt im Staat inne, 43 Jahre war das frühestmögliche Alter, mit dem man Konsul werden konnte. Die Konsuln wurden von den Zenturiatkomitien gewählt, hatten das imperium, nach ihnen geschah die Jahreszählung. Die beiden Zensoren – censores –, ebenfalls von den Zenturiatkomitien gewählt, amtierten ausnahmsweise fünf Jahre (ein lustrum). Ihre eigentlichen Amtshandlungen übten sie bei Amtsantritt aus, nämlich die Vergabe der Staatsaufträge und die Zusammensetzung des Senats – lectio senatus –: Sie waren berechtigt, Senatoren wegen Verfehlungen auszuschließen, andere (wieder) aufzunehmen, und das geschah so, dass einfach die Mitgliederliste vorgelesen wurde, wer genannt wurde, war im Senat, wer nicht, nicht. Die Volkstribunen, zehn an der Zahl, wurden von den concilia plebis gewählt, nur Plebejer konnten natürlicherweise dieses Amt innehaben. Sie hatten das Recht, die Plebsversammlung einzuberufen sowie Amtshandlungen sämtlicher staatlichen Magistrate durch Interzession – anders ausgedrückt durch das Veto – zu verhindern.

Mit Ausnahme der Zensoren war jedes dieser Ämter einjährig (Prinzip der Annuität), konnte nicht zusammen mit anderen Ämtern bekleidet werden (Kumulationsverbot), war mindestens zweistellig besetzt (Kollegialität) und war, mit Ausnahme der Zensoren und Volkstribunen, dergestalt Teil eines hierarchischen Systems, dass das jeweils höhere Amt das Recht hatte, Amtshandlungen eines unteren aufzuheben, eine Variante der Interzession; auf dieselbe Weise konnte ein Kollege gegen die Amtshandlung seines Kollegen durch ein Veto einschreiten. Eine Ausnahme stellte das irreguläre Amt des dictator dar, geschaffen, um irregulärer Zustände Herr zu werden. Er wurde nach Absprache mit dem Senat von einem Konsul für eine Amtszeit von sechs Monaten ernannt, ernannte seinerseits einen magister equitum als Gehilfen, und hatte ein imperium, das weder durch Interzession eines Kollegen noch auch durch eine provocatio beschränkt war.

Der Senat, ehemals der alte Adelsrat, bestand aus den amtierenden Beamten vom Quästor an aufwärts einschließlich der Volkstribunen sowie den ehemaligen Magistraten, freilich vorbehaltlich eines – seltenen – Ausschlusses durch die Zensoren (nota censoria). Seine Kompetenzen waren insofern rein faktischer Art, als er nur Ratschläge erteilen konnte (senatus consulta) – und diese auch nur auf Grund einer Befragung durch Magistrate[43] –, die zudem durch Beschlüsse der Volksversammlung sozusagen überstimmt werden konnten; darüber hinaus gehörte es zum eisernen Bestand der

---

[43] Das ist sehr gut zu sehen in der ersten Zeile des in einer schönen Inschrift erhaltenen und im Kunsthistorischen Museum Wien gut präsentierten Senatsbeschlusses über die Bekämpfung der Bacchanalien von 186 (ILS 18 = Schumacher 11): „[Q.] Marcius L. f., S(p). Postumius L. f. cos. Senatum consoluerunt" (die Konsuln Quintus Marcius, Sohn des Lucius, Spurius Postumius, Sohn des Lucius, haben den Senat um Rat gebeten).

ungeschriebenen römischen Verfassung, dass ein Antrag an die Volksversammlung nur nach vorheriger Billigung durch den Senat – auctoritas patrum – gestellt werden konnte. Wegen der gesellschaftlichen Bedeutung des Senats, der die Versammlung der führenden Personen und Geschlechter der Republik darstellte, und auf Grund der entsprechenden Tradition hatten seine Beschlüsse für alle diejenigen Bindungskraft, die sich im Rahmen der Republik bewegen wollten, und das waren bis zur Endphase der Republik so gut wie alle. Der Senat war also das zentrale Organ des Staates, in dem nicht nur praktische Politik wie das Verhandeln mit den ausländischen Gesandten getrieben wurde, sondern vor und in dem sich überhaupt das politische Leben des Staates abspielte.

Nun kann die Frage nach dem Charakter der römischen Verfassung beantwortet werden. Natürlich stellen die Volksversammlungen ein demokratisches Element dar, natürlich die hohen Ämter mit ihrer Machtfülle, auch durch ihr aus der Königszeit ererbtes Gepränge, ein monarchisches, aber eine Mischverfassung in dem Sinne, dass alle drei Komponenten – Demokratie, Monarchie, Aristokratie – gleichmäßig verteilt wären, hatte die römische Republik nicht: das aristokratische Element überwog bei weitem. Der Senatorenstand, aus Patriziern und aufgestiegenen vornehmen Plebejerfamilien zusammengesetzt, war im Prinzip – und in nicht ganz wenigen Fällen auch tatsächlich – nach unten offen, beherrschte gleichwohl als kohärente gesellschaftliche Gruppe den Staat über Jahrhunderte. Die Volksversammlungen hatten zwar in bestimmten Fällen das letzte Wort, konnten aber nur auf Initiative der Angehörigen des ordo senatorius zusammentreten und agieren, und auch die Gesetzesanträge und Wahlvorschläge lagen ganz in der Hand der Magistrate; inschriftlich festgehaltene Abrechnungen gab es nicht. Diese Magistrate hatten zwar eine große Machtfülle, waren aber durch die für eine Adelsgesellschaft typischen internen Restriktionen gebunden, die verhinderten, dass einer aus dem Kreis der Regierenden auf Kosten seiner Standesgenossen zu viel Macht bei sich konzentrierte. Und schließlich: Ein vollständig aristokratisches Phänomen war das Klientelsystem, nur auf dessen Hintergrund konnte die rechtlich geregelte Verfassung funktionieren; es wird, nach der kurzen Skizze im historischen Teil, im Sachbereichskapitel über Gesellschaft und Wirtschaft dargestellt. Wenn man also unbedingt klassifizieren will, dann muss man sagen, dass die römische Republik eine aristokratische Verfassung hatte.

Zu dieser Verfassung gehörten Teile der Außenbeziehungen insoweit, als sich diese Beziehungen durch das Schwergewicht der Machtausübung allmählich zu internen Beziehungen wandelten, oder anders gesagt insoweit, als die Mächte, mit denen Rom Außenbeziehungen pflegte, allmählich selber in das römische Staatswesen integriert wurden. Das war im Fall Italiens und dann im Fall der Provinzen gegeben. Mit denjenigen Städten Italiens, die nicht als Munizipien und Kolonien Teil des römischen Staatsgebiets waren, war Rom durch jeweils einzeln bestehende Verträge verbündet, die den Städten ihre innere Autonomie ließen, die Außenpolitik und die Kriegführung jedoch an Rom abtraten. Gleichwohl war die fraglose Macht Roms so überwältigend, dass etwa 186 v.Chr. ein Senatsbeschluss über das Verbot der Bacchanalien als auch in diesen Städten geltendes Recht inschriftlich publiziert wurde.[44] Erst mit dem Bundes-

---

44 SC de Bacchanalibus, vorige Anmerkung.

genossenkrieg hundert Jahre später wurde durch Inkorporierung dieser Städte – auf deren sehr energisch, nämlich militärisch vorgebrachten Wunsch – die positivrechtliche Konsequenz gezogen.

Auch die Provinzen wurden zu römischem Staatsgebiet, wenn auch sui generis. Zunächst als bloße faktische Aufgabenbereiche eines dort stationierten Magistraten aufgefasst, wurde dieses Provisorium alsbald zum Definitivum. In den Provinzen übte Rom durch den Abgaben erhebenden und Recht sprechenden Statthalter unmittelbare Herrschaft aus. Die Auswirkungen auf Roms innere Verfassung waren erheblich. Nicht nur musste die Zahl der Magistrate erhöht werden, nicht nur musste – wie auch sonst regelmäßig im Kriegsfall – die Amtsdauer von Magistraten verlängert werden, es kam auch zu der rechtlichen Konstruktion, dass Magistrate „anstelle" eines anderen amtierten, also pro consule oder pro praetore, sowie zu derjenigen, dass man die Amtsgewalt rechtlich vom Amt selber trennte oder verlängerte, prorogierte. Diese Trennung ermöglichte dann, dass später in Form von Sonderkommanden nicht in das Verfassungssystem passende Machtpositionen geschaffen wurden und dass noch später sogar das Kaisertum rechtlich in dieser Weise konstruiert war, indem dem Kaiser nur Befugnisse, aber keine Ämter verliehen wurden. Wie sich die direkte Herrschaft in den Provinzen auf die gesellschaftliche Struktur der Republik auswirkte, wird im betreffenden Sachbereichskapitel zu schildern sein.

3.1.2.1.2 Recht

Das Rechtsleben der Republik[45] weist in vielem Parallelen zum griechischen auf, zeigt jedoch durch die charakteristischen Unterschiede zusätzlich, dass Rom eben ein aristokratischer Staat war.[46] Zunächst war es ebenfalls so, dass das Recht eine sakral eingefärbte Geheimkenntnis war. Viele Rechtshandlungen konnten Wirksamkeit nur erlangen, wenn man bestimmte Formeln anwandte. Ähnlich wie in Griechenland verband sich dann mit der Zurückdrängung des Adels, hier der Patrizier, auch das Bedürfnis, die Rechtsregeln bekannt zu machen, zu veröffentlichen und teilweise überhaupt neu zu gestalten. Das geschah durch das zusammenhängende Gesetzgebungswerk der Zwölf Tafeln um die Mitte des 5. Jahrhunderts, bei dem überhaupt anzunehmen ist, dass es auf griechische Vorbilder zurückzuführen ist. In der Folgezeit gab es nur noch Einzelgesetze, die – immer auf Initiative der Magistrate – durch die Volksversammlung gegeben wurden. Die wesentlichere Weiterbildung des Rechts geschah aber auf andere Weise, nämlich durch die aristokratische Rechtsprechung.

Wie ursprünglich auch in Griechenland beziehungsweise wie in einem antiken Stadtstaat überhaupt fand die Rechtsprechung so statt, dass sich die Rechtssuchenden an den zuständigen Magistrat wandten, der den Fall untersuchte und das Urteil sprach. Das war in Rom der Prätor. Die Parteien erschienen vor ihm und trugen ihm den Fall vor, woraufhin der Prätor überprüfte, ob die Rechtsordnung für den betreffenden Konflikt eine Lösungsmöglichkeit vorgesehen hatte. War das der Fall, fällte er

---

45 D. Liebs, Römisches Recht; M. Kaser/R. Knütel, Römisches Privatrecht; siehe auch M. T. Fögen, Rechtsgeschichten, mit der amüsiert-verzweifelten Besprechung von H. H. Jakobs, in: SavZ 120 (2003), 200–209.
46 W. Schuller, Zivilprozeß.

zwar nicht selber das Urteil, überwies den Streit aber an einen Rechtskundigen, den iudex, der die Beweise erhob und im Auftrag des Prätors das Urteil sprach. Um den Fall rechtwirksam beim Prätor einzuführen, konnten die Parteien beziehungsweise der Kläger das aber nicht einfach mit eigenen Worten tun, sondern mussten eine durch Tradition geheiligte Formel sprechen, die legis actio, daher heißt diese Art des Prozesses Legisaktionenprozess. Die Formeln selber gehörten anfänglich zu dem exklusiven Wissen, das von aristokratischen Kreisen eifersüchtig gehütet wurde, wegen ihrer ständigen öffentlichen Anwendung konnten sie aber nicht wirklich geheim bleiben, so dass es eine später aufgekommene Legende darstellt, wenn berichtet wird, dass sie Ende des 3. Jahrhunderts in einem eigenmächtigen Akt eines Beteiligten veröffentlicht worden seien.[47]

Im Lauf der Zeit, insbesondere mit dem Anwachsen Roms, der wachsenden Komplexität der Wirtschafts- und Rechtsbeziehungen sowie mit der zunehmenden Beteiligung auch von Nichtrömern kam es immer häufiger vor, dass neue Sachlagen auftraten, für die es keine Regelungen gab oder dass Uneingeweihte Fehler bei der Einhaltung der Formvorschriften begingen, so dass in beiden Fällen Prozesse verloren gehen mussten, obwohl der Sache nach das Recht auf der Seite des Verlierenden war. Um dem abzuhelfen wurde nur sehr selten die Gesetzgebung durch die Volksversammlung eingeschaltet, sondern im Allgemeinen ließ der Prätor, wenn der Missstand unerträglich wurde, aus eigener Machtvollkommenheit auch solch fehlerhafte Klagen zu und wies den iudex an, den Fall entsprechend zu verhandeln und zu entscheiden. Diese Machtvollkommenheit dürfte das imperium gewesen sein, das der Prätor hatte. War es, um ein Beispiel zu nennen, traditioneller Weise so gewesen, dass Eigentum auf Grund eines Kaufvertrages nur unter bestimmten Formvorschriften übertragen werden konnte, ein Ausländer aber glaubte, die Übergabe der Sache genüge, so war er bisher mit seiner Klage immer gescheitert. Jetzt wies der Prätor den iudex an, unter bestimmten Voraussetzungen dem Kläger zwar kein Eigentum im bisherigen Sinne, gleichwohl aber ein eigentumsähnliches Recht an der Sache zu verschaffen. Diese Anweisung, die die Rechtslage mit präzisen Worten genau umschrieb, hieß formula, Formel, und dementsprechend heißt diese Art von Prozess Formularprozess.

Der Prätor traf eine solche, die bisherige Rechtssituation weiter entwickelnde Entscheidung nicht für den Einzelfall, sondern er beabsichtigte, diese Weiterbildung auch für alle gleichgelagerten Fälle gelten zu lassen. Demgemäß beließ er es nicht dabei, sie einmalig anzuwenden, sondern er verkündete sie durch einen amtlichen Erlass, das edictum, Edikt. Freilich war er nur ein Jahr im Amt und konnte seine Nachfolger nicht binden; traditionsgemäß war es aber so, dass der Nachfolger die grundlegenden Entscheidungen des Vorgängers übernahm. So wuchs im Lauf der Zeit mit den aufeinander folgenden Edikten der Prätoren ein neuer Rechtsstoff heran, der in seinem Umfang die Volksgesetzgebung übertraf und zusammenfassend überhaupt „das Edikt" genannt wurde. Natürlich konnte es kein von der Bürgerschaft gesetztes Recht, ius civile, sein, sondern es war Amtsrecht, ius honorarium.

Dabei blieb es, es fehlte also die Übertragung der endgültigen Entscheidung an ein Volksgericht, das sich in Rom nicht herausbildete; demgemäß konnten außerhalb der

---

47 F. WIEACKER, Römische Rechtsgeschichte, 524 f.

Stadt Rom praefecti iure dicundo, Rechtsprechungspräfekten, in Vertretung des Prätors in den Fällen Recht sprechen, bei denen es zu mühsam gewesen wäre, den gegebenenfalls weiten Weg nach Rom zu machen. Da die Rechtsprechung also auf einen kleinen Kreis beschränkt blieb und nicht vor das Volk kam, war es möglich, dass viele Angehörige des Senatorenstandes, die als Prätoren und iudices fungierten, sich geistig intensiv mit der Rechtsentwicklung beschäftigten. Sie waren iuris periti, Rechtskundige, oder eben, anders gesagt, Juristen. So wie ein Teil der Senatoren – gewiss der größere Teil – sich vorwiegend der Politik und dem Krieg widmete, interessierte sich ein anderer Teil vorwiegend oder gleichzeitig für die geistige Durchdringung und Weiterentwicklung des Rechts. Diese Entwicklung wurde dadurch begünstigt, dass aus Griechenland mit der in Rom allmählich bekannt werdenden Philosophie Methoden der geistigen Erfassung abstrakter Stoffe Eingang fanden, mit deren Hilfe nun auch die Rechtsmaterien geordnet und systematisch bearbeitet werden konnten. Auf diese Weise entstand die römische Rechtswissenschaft, eine trotz des griechischen Einflusses denn doch spezifisch römische Erscheinung – spezifisch römisch auch insofern, als sie das Werk der römischen Aristokratie war.[48]

Die römische Familienverfassung[49] bildete sich in der Republik heraus und blieb so im Großen und Ganzen für die Folgezeit. Die familia umfasste über Eltern und Kinder hinaus auch die Sklaven sowie das Vermögen, und das Bestreben ging wie in Griechenland dahin, sie über die Generationen hinweg zusammenzuhalten. Dem diente der religiöse Larenkult und dem diente in den führenden Familien die Pflege des Andenkens der Vorfahren, deren Wachsmasken aufbewahrt und bei feierlichen Leichenbegängnissen durch die Stadt geführt wurden.[50] Dem dienten vor allem zahlreiche rechtliche Regelungen. Das absolute Haupt der Familie war der Vater, mit einem altertümlichen Genitiv pater familias genannt. Er hatte die absolute Gewalt, die patria potestas, über die Kinder und, im Fall der Manusehe (zu ihr sogleich), über die Ehefrau, die – nach Konsultierung eines aus Angehörigen zusammengesetzten Hausgerichts – bis zur natürlich kaum je verhängten Tötung gehen konnte. Vor allem war er der Eigentümer des gesamten Vermögens, so dass auch erwachsene Kinder rechtlich vermögenslos waren, es sei denn, sie wurden vorzeitig aus der patria potestas entlassen. Diese Entlassung, die emancipatio, erfolgte durch den Rechtsakt eines bei Söhnen dreimaligen, bei Töchtern einmaligen Scheinverkaufs, auf Grund dessen der Sohn oder die Tochter eigenständig, sui iuris, wurde. Töchter hatten, auch das ein Zeichen für die große Bedeutung der Familie, keine eigenen Vornamen, sondern behielten den Familiennamen in seiner weiblichen Form – Cornelia, Iulia, Servilia, Tullia u.ä. – auch dann bei, wenn sie heirateten.[51]

---

48 W. Schuller, Zivilprozeß.
49 J. F. Gardner, Family and Familia; R. P. Saller, Patriarchy.
50 Polybios 6, 53.
51 Ein Trost, wenn es eines solchen bedürfen sollte, dürfte allerdings darin bestehen, dass die Anzahl der männlichen Vornamen äußerst begrenzt war, nämlich ganze 18; die häufigsten: A.(ulus), C.(aius), Cn.(aeus), Dec.(imus), L.(ucius), M.(arcus), P.(ublius), Q.(uintus), Ser.(vius), Sex.(tus), Sp.(urius), T.(itus), Ti.(berius) – dann vielleicht doch schon lieber die größere Variationsbreite der Familiennamen in weiblicher Form, denen meist noch besondere Bezeichnungen hinzugefügt wurden.

Eine Ehe konnte auf zweierlei Weise eingegangen werden. Die ältere Form, die aber schon in der hohen Republik zurückging, bestand darin, dass die patria potestas des Vaters auf den Ehemann übertragen wurde, sie hieß dann manus. Die manusfreie Ehe bestand im einfachen Zusammenziehen der Eheleute, das sich durch die Mitgift und im Übrigen durch das Sozialverhalten vom Konkubinat unterschied. In diesem Fall blieb die Frau entweder in der patria potestas ihres Vaters, oder sie blieb, wenn sie emanzipiert worden war, sui iuris mit eigenem Vermögen. Die Scheidung erfolgte wie in Griechenland dadurch, dass man sich mit erkennbarem Scheidungswillen trennte, was gleicherweise vom Mann wie von der Frau ausgehen konnte und nicht selten wirklich auch von Seiten der Frau geschah. Vor allem dem Schutz des Vermögens dienten auch einige Einschränkungen in der Rechtsposition der Frau. Sie konnte zwar, sofern sie sui iuris war, genauso wie ein Mann Eigentum haben und am Wirtschafts- und Rechtsleben teilnehmen, und tat es auch, wie aus den Quellen hervorgeht, sie war aber in der Geschäftsfähigkeit beschränkt, das heißt, sie brauchte für die Ausübung dieser Rechte die Zustimmung eines Vormunds, des tutor. Dieser Tutor war meistens ein naher Familienangehöriger, seine Wirksamkeit ging aber schon in der hohen Republik so stark zurück, dass in der gesellschaftlichen Wirklichkeit von ihm kaum mehr die Rede ist, in der Kaiserzeit wurde er ganz abgeschafft. Weiter gab es Beschränkungen im Erb- und im Schuldrecht, die sämtlich dazu dienten, unüberlegtes Handeln zu vermeiden und so das Vermögen zusammenzuhalten.[52]

3.1.2.2 Kaiserzeit

3.1.2.2.1 Verfassung

Abgelöst wurde diese Verfassung durch eine Monarchie,[53] zunächst freilich durch eine verhüllte, den Prinzipat. Rechtlich – und man sieht hier, wie unzureichend eine rein rechtliche Betrachtung ist – waren durch Augustus die früheren Verhältnisse wiederhergestellt worden, die res publica war restituta. Innerhalb dieses wiederhergestellten Staates hatte der Prinzeps nur zwei präzise definierte Befugnisse, die den bisherigen Institutionen neue Elemente hinzufügten: Die tribunicia potestas, die ihn mit der sacrosanctitas des Volkstribunen umgab und ihm das Recht verlieh, Plebsversammlungen einzuberufen und zu leiten, und das imperium proconsulare beziehungsweise consulare, das ihm den Oberbefehl über das Heer und die Statthalterschaft über die wichtigsten Provinzen verlieh. Die Verfassungswirklichkeit freilich sah anders aus. Wahlen fanden zwar statt, aber standen je länger umso mehr unter dem Druck der kaiserlichen Macht; der Senat konnte jetzt zwar sogar Gesetze geben, war aber in seiner Zusammensetzung vom Kaiser abhängig, und die Angehörigen des Senatorenstandes dienten dem Kaiser als besoldete Vertreter in der Provinzstatthalterschaft; das Heer war auf den Kaiser und seine Familie vereidigt; Augustus designierte seine (adoptierten, weil er keine leiblichen Söhne hatte) Söhne dadurch für seine Nachfolge, dass er ihnen vom Senat die wichtigsten Kompetenzen übertragen ließ.

---

52 U. Mönnich, Frauenschutz.
53 J. Bleicken, Verfassungs- und Sozialgeschichte.

Die Nachfolge geschah also rechtlich dadurch, dass der Senat den jeweils neuen Kaiser durch Verleihung der kaiserlichen Amtsgewalt einsetzte; in der Verfassungswirklichkeit bildete sich aber dergestalt eine – ideologisch modifizierte – Erbmonarchie heraus, dass als Nachfolger immer nur Angehörige der jeweiligen Dynastie in Frage kamen. Diejenige Institution, für die dieser dynastische Gedanke selbstverständlich war, war das Heer, dessen Kommando der Kaiser bei sich monopolisiert hatte und das – wie im Fall des Claudius – den Senat sehr schnell dazu brachte, ebenfalls wieder dynastisch zu entscheiden. Gleichwohl war das Kaisertum deshalb keine Militärmonarchie, weil die Kaiser keine Berufsgeneräle (die es ja nicht gab), sondern jedenfalls auch Senatoren waren, weil das Heer keinen eigenen Willen entwickelte, sondern immer vom Kaiser beziehungsweise von seinen Kommandeuren abhängig war und weil es nie darum ging, die Staatsform des Kaisertums gegen konkurrierende Vorstellungen durchzusetzen. Wenn das Heer einmal eingesetzt wurde, dann – wie in den Krisen nach 68 oder 193 – nur, um in Bürgerkriegen zwischen verschiedenen Prätendenten zu entscheiden.[54]

Zur Verfassung der Kaiserzeit gehört die Organisation des Reiches, das jetzt eine auch staatrechtliche Einheit darstellte. Diese Vereinheitlichung fand ihren positivrechtlichen Abschluss durch die Constitutio Antoniniana von 212, durch die fast allen Reichsangehörigen das römische Bürgerrecht verliehen wurde. Die Struktur des Reiches war die, dass die Grundeinheit nach wie vor die einzelnen Städte mit ihrem eigenen Bürgerrecht oder jedenfalls ihrer inneren Autonomie darstellten.[55] Die Provinzen waren die nächsthöhere Einheit, über der dann die Zentralverwaltung in Rom stand. Ein Teil der Provinzen wurde in – fast – traditioneller Weise vom Senat verwaltet, die neueren und wichtigeren, in denen auch der Großteil des Heeres stand, direkt durch den Kaiser beziehungsweise die von ihm mit seiner Vertretung betrauten Statthalter. Die sich immer mehr intensivierende Reichsverwaltung veränderte auch die tatsächliche Verfasstheit des römischen Staates selber. Der kaiserliche Dienst in der römischen Kanzlei und in den Provinzen erforderte immer mehr und immer besser ausgebildetes Personal, das vor allem in dem hoch qualifizierten, juristisch gebildeten Corps der ritterständischen Verwaltungsbeamten mit seinen genauen Laufbahnvorschriften zu erblicken ist. Aber auch sonst bildete der kaiserliche Dienst, sei es in der Zivilverwaltung, sei es im Heer, eine ritterständische und senatorische Reichselite heran, deren Tüchtigkeit und Sachverstand so stark waren, dass sie von Vespasian bis Mark Aurel musterhafte Kaiser stellte und dass das Reich selber, unerachtet gelegentlicher Turbulenzen an der kaiserlichen Spitze, vorbildlich verwaltet wurde und der Mittelmeerwelt eine noch nie da gewesene Friedensepoche schenkte.

3.1.2.2.2 Recht

Das Rechtsleben änderte sich sowohl hinsichtlich der Herkunft der Rechtsvorschriften als auch hinsichtlich der Rechtsprechung. Zwar gab es zunächst weiterhin Prätoren, die in Rom Recht sprachen, jedoch bildete sich ein neues Rechtsprechungsorgan heraus, der Kaiser selbst beziehungsweise seine Beauftragten. An sie wandte man sich ganz einfach

---

54 Zu den Usurpationen E. Flaig, Den Kaiser herausfordern.
55 Besonders gut bekannt ist – beginnend in republikanischer Zeit – Pompeji; siehe nur H. Mouritsen, Elections.

deshalb, weil dort die wirkliche Macht lag, von der man eine einfachere Erledigung der Streitfragen erwarten konnte als durch das komplizierte zweiteilige Verfahren der republikanischen Rechtsprechung; zudem war im Fall der Entscheidung durch kaiserliche Beamte eine Berufungsmöglichkeit an den Kaiser selbst gegeben. Dementsprechend hörte auch die Rechtssetzung des ius honorarium auf, das Edikt wurde nicht mehr weiterentwickelt, so dass Kaiser Hadrian es auch formell für abgeschlossen erklären konnte und es festschreiben ließ. Es blieb in dieser Form als edictum perpetuum[56] – immerwährendes Edikt – weiter eine zentrale Quelle des römischen Rechts, wurde aber nicht weitergeführt. Die Weiterführung geschah durch Senatsbeschlüsse, vor allem aber und immer intensiver durch Kaisergesetze. Diese Gesetze wurden hauptsächlich in der Form erlassen, dass sie ursprünglich als Antwortschreiben auf Anfragen von Ämterträgern und Privatpersonen ergingen, dann aber als Gesetze veröffentlicht wurden, wenn sie dem Kaiser – beziehungsweise natürlich meistens seiner Kanzlei – von allgemeiner Bedeutung zu sein schienen. Die Rechtswissenschaft erlebte unter dem Kaisertum ihre eigentliche Blüte; die bedeutendsten römischen Juristen wirkten in dieser Zeit. Das lag daran, dass das Reich Frieden und eine geordnete Regierung und Verwaltung hatte, und daher ist die Kaiserzeit die Zeit der Klassischen Jurisprudenz.

3.1.2.3 Spätantike

3.1.2.3.1 Verfassung

Aus dem Zusammenbruch der Soldatenkaiserzeit ging der zentralistische Staat der Spätantike[57] hervor. Er war ganz auf den Kaiser[58] zugeschnitten, der, seit Konstantin dem Großen in Konstantinopel, als absoluter Herrscher über allem thronte, durch ein ausgebautes Zeremoniell von allen entrückt sowie sakral überhöht, auch dann noch, als er mit dem Christentum auf seine gottgleiche Stellung verzichten musste. Die Kaisererhebung fand nach dynastischen Gesichtspunkten statt, im Fall des Dynastiewechsels in einem informellen Verfahren, an dem das Heer, die Senatoren, der Patriarch und das Volk von Konstantinopel beteiligt waren; in zwei Fällen sprachen die Schwester (Pulcheria) beziehungsweise die Witwe (Ariadne) des bisherigen Kaisers (Theodosius II. bzw. Zenon) das entscheidende Wort. Eine Willkürherrschaft war das Kaisertum auch jetzt nicht, es orientierte sich in seinem Selbst- und Fremdverständnis am Gemeinwohl und an der Fürsorge für die Untertanen und verstand sich als eine selber an die Gesetze gebundene Herrschaft.[59]

---

56 O. Lenel, Edictum perpetuum.
57 A. H. M. Jones, Later Roman Empire; J. Migl, Die Ordnung der Ämter (dazu D. Liebs, SavZ 116 (1999), 341–344)d .
58 K. L. Noethlichs, Strukturen und Funktionen.
59 In einem Gesetz Galla Placidias vom 11. Juni 429 (Codex Iustinianus 1, 14, 4) heißt es: „Digna vox maiestate regnantis legibus allegatum se principem profiteri: adeo de auctoritate iuris nostra pendet auctoritas. Et re vera maius imperio est submittere legibus principatum. Et oraculo praesentis edicti quod nobis licere non pariamur indicamus." (Ein würdiger Ausdruck der Erhabenheit des Herrschers ist, wenn der Fürst bekennt, dass auch er an die Gesetze gebunden ist: So sehr hängt Unsere Autorität von der Autorität des Gesetzes ab. Und wahrlich, wichtiger als die Herrschaft selbst ist es, dass das Kaisertum den Gesetzen unterworfen ist. Und durch den Erlass des vorliegenden Gesetzes zeigen Wir an, was Wir uns selbst zu gestatten nicht dulden werden.)

Immer noch setzte sich das Reich aus der Grundeinheit der Städte mit ihrem Territorium zusammen. Freilich hatte deren Lebenskraft – nicht überall – so stark abgenommen, dass immer mehr Eingriffe der immer intensiver tätigen staatlichen Verwaltung nötig wurden, was so weit ging, dass die wohlhabende Oberschicht, die die Städte in den Stadträten (curiae) regierten (curiales oder decuriones) durch rechtliche Vorschriften zwangsweise in ihrer Funktion festgeschrieben werden mussten. Die staatliche Verwaltung war teils hierarchisch gegliedert. Unten standen die zwecks besserer Beherrschbarkeit erheblich verkleinerten und vermehrten Provinzen, die von meist praesides oder iudices genannten Statthaltern regiert wurden; ihre Aufgabe war vor allem die Rechtsprechung, die allgemeine Sicherheit und die Heeresversorgung. Über den Provinzen standen die Diözesen, mit Vikaren an der Spitze, die ihrerseits unter der Prätorianerpräfektur in der kaiserlichen Zentrale standen; auch dann, wenn das Reich mehrere Kaiser hatte, galt dieser Aufbau, in diesem Fall mehrfach. Daneben gab es zwei unterschiedliche Finanzverwaltungen, die sich ebenfalls von den Provinzen bis in die Zentrale erhoben, und die einerseits die kaiserlichen Güter, andererseits das Geld- und Steuerwesen betrafen; erstere hatten den comes rerum privatarum, letztere den comes sacrarum largitionum an der Spitze. Schließlich war auch das Militärwesen entsprechend gegliedert, duces in den Provinzen, comites rei militaris als Zwischeninstanz, Heermeister oder magistri militum am Kaiserhof.[60]

Beim Aufbau der Zentrale selber hat man der Übersichtlichkeit wegen staatliche und Hofämter zu unterscheiden, obwohl die Abgrenzung fließend ist. Das wichtigste staatliche Amt war das des Prätorianerpräfekten,[61] das nun erstmals ein reines Zivilamt war und keine militärischen Kompetenzen mehr hatte, die den Heermeistern zukamen. Neben den beiden die Finanzen betreffenden Ämtern gab es den quaestor sacri palatii, der mit der kaiserlichen Gesetzgebung befasst war. Waren alle diese Ämter in ihren Zuständigkeiten und ihrer inneren Organisation ständigen Wandlungen unterworfen, so trifft das besonders auf das des magister officiorum zu.[62] Unter ihm – wörtlich übersetzt: Chef der Büros – waren zahlreiche Verwaltungsstellen zusammengefasst, von der Leibwache über Sicherheitsdienste, den staatlichen Kurierdienst, die kaiserliche Korrespondenz bis hin zur Justizverwaltung. Das wichtigste Hofamt war das des praepositus sacri cubiculi, also des Vorstehers des Kaiserlichen Schlafgemachs, der der Hofverwaltung vorstand und gelegentlich erheblichen politischen Einfluss hatte – daher wurde dieses Amt mit einem Eunuchen besetzt, der mangels Nachkommenschaft nicht in die Versuchung kommen konnte, sein Amt für diese zu missbrauchen.[63]

Ein besonderes Kennzeichen der spätantiken staatlichen Struktur war die Existenz einer ausgedehnten Bürokratie.[64] Ihr Ausmaß war nicht so flächendeckend, wie gelegentlich, mit Erscheinungen des 20. Jahrhunderts im Auge, gemeint worden ist, gleichwohl hebt ihre Existenz die Verfassung des spätantiken Staates von allen früheren der griechisch-römischen Antike ab und erlaubt in ihrer Ausgestaltung durchaus

---

60 A. Demandt, Magister militum.
61 A. Gutsfeld, Prätorianerpräfekt.
62 M. Clauss, Magister officiorum.
63 H. Scholten, Eunuch.
64 W. Schuller, Prinzipien des spätantiken Beamtentums.

Vergleiche mit der Neuzeit.⁶⁵ Diese Beamten stellten das verwaltungsmäßige Rückgrat sämtlicher Ämter vom Provinzstatthalter bis zur Zentrale dar, aus ihnen bestanden die officia, die Büros oder Stäbe. Es gab, anders als in der Neuzeit, mangels wirklicher Komplexität der Staatstätigkeit über die normale Bildung hinaus keine professionelle Ausbildung, wohl aber Beförderungsvorschriften, eine feste Besoldung und feste Gebühren für bestimmte Amtshandlungen. Die Beamten selber waren intern in einer Art von Berufsgenossenschaften organisiert und wachten über Zutritt und Beförderung; teilweise waren die Beamtenstellen erblich, es gab Ämterkauf und erhebliche Amtsmissbräuche, die nicht immer als solche empfunden wurden, sondern – auch – als selbstverständliche Vorteilsannahme auf Grund einer wichtigen öffentlichen Stellung; dieser Widerspruch blieb unaufgelöst. Auch insofern steht diese Art von Bürokratie zwischen Antike und Neuzeit.⁶⁶

3.1.2.3.2 Recht

Das Rechtsleben der Spätantike litt zum einen unter den chaotischen Verhältnissen der Soldatenkaiserzeit, den Usurpationen und später den germanischen Invasionen. Die kaiserliche Gesetzgebung, die schon in der hohen Kaiserzeit zur einzigen Rechtsquelle geworden war, hatte eine Überfülle von Gesetzen hervorgebracht, die schon allein wegen ihrer Masse unübersichtlich waren, wozu noch der Mangel an geregelter Übermittlung der Gesetze im ganzen Reich kam. Diesbezüglich sehr aufschlussreich ist etwa das amtliche Protokoll, in welchem der römische Senat durch – in sich teilweise ridikül wirkende – Zurufe etwa darum bat, dass selbst von dem neu veröffentlichten Codex Theodosianus auch wirklich hinreichend viel Exemplare im Reich und auf den Ämtern zur Verfügung gestellt würden.⁶⁷ Willkür breitete sich aus, gegen die zunächst zwei private Gesetzessammlungen, die Codices Gregorianus und Hermogenianus geschaffen wurden. Von diesen eher technischen Schwierigkeiten abgesehen, wurden viele Feinheiten der klassischen Jurisprudenz entweder nicht mehr verstanden oder sie waren angesichts des zunehmenden Rückgangs der allgemeinen Lebensverhältnisse auch nicht mehr nötig, so dass ein vereinfachtes Recht – Vulgarrecht – auf dem Vormarsch war, das sich literarisch in Zusammenfassungen und Abrissen ausdrückte. Dass jedoch in justinianischer Zeit die Digesten zusammengestellt werden konnten, zeigt, dass am Hof und wohl vor allem in den Rechtsschulen noch authentische und ausgebreitete Kenntnis der klassischen Rechtsliteratur vorhanden war.

Der sich wieder festigende und seinen Wirkungsbereich weiter ausdehnende Staat hatte freilich zunächst ein Interesse daran, die Einheitlichkeit der Rechtsprechung wiederherzustellen, weiter daran, an die Leistungen der klassischen Rechtswissenschaft anzuknüpfen. Letzteres Bedürfnis führte zu den so genannten Zitiergesetzen (das letzte 426⁶⁸), die festlegten, auf welche klassischen Juristen man sich berufen kön-

---

65 Etwas überzogen bei K. L. Noethlichs, Beamtentum und Dienstvergehen.
66 W. Schuller, Zwischen Klientel und Korruption.
67 Gesta senatus Romani de Theodosiano publicando, 5.
68 Codex Theodosianus 1, 4, 3: „Papiniani, Pauli, Gai, Ulpiani atque Modestini scripta universa firmamus [...]."

ne und wessen Meinung im Konfliktfall den Vorrang haben solle; ein freilich einigermaßen barbarisches Verfahren, weil es auf inhaltliche Auseinandersetzung verzichtete. Dem Bedürfnis nach authentischer und übersichtlicher Sammlung der Gesetze kam dann 438 der Codex Theodosianus nach. Die Kenntnis der klassischen Jurisprudenz war freilich nie erloschen. Die aus dem 3. Jahrhundert stammende Rechtsschule von Berytos (Beirut) hatte sie immer weiter tradiert gehabt, aufgenommen wurde sie von der im 5. Jahrhundert gegründeten Rechtsschule von Konstantinopel. So konnte dann im 6. Jahrhundert Kaiser Justinian das Corpus Iuris schaffen; dazu weiter unten.

3.2 Politik und Beziehungen zwischen den Staaten

3.2.1 Griechenland

Die Außenbeziehungen der griechischen Staaten untereinander gestalteten sich im Frieden informell; ein begrifflich ausgestaltetes Völkerrecht gab es nicht. Einen wenn auch wichtigen Sonderfall stellen die Beziehungen dar, die zwischen einer Mutterstadt und den von ihr gegründeten überseeischen Kolonien bestanden. Möglicherweise waren sie zunächst durchaus als Abhängigkeitsverhältnisse gedacht gewesen. Man kann das etwa daran erkennen, dass noch im 5. Jahrhundert Korinth regelmäßig Jahresbeamte nach Poteidaia schickte,[1] seine Gründung an der Nordküste der Ägäis, oder dass die korinthische Gründung Syrakus zur Beilegung eines Verfassungskonflikts im 4. Jahrhundert in Timoleon von Korinth einen erfolgreichen Vermittler erbitten konnte.[2] Freilich wirkten sich alsbald die großen Entfernungen aus, die in der Regel zwischen beiden bestanden,[3] so dass außer informellen Bindungen einer Art Pietät oder emotionalen Verbundenheit nichts mehr übrig blieb; die Neugründungen waren selbständige Städte wie andere auch. Übergreifend dagegen galt folgendes.

Zur Zeit des Adelsstaates wurde viel dadurch geregelt, dass die großen Adelsgeschlechter untereinander sozusagen grenzüberschreitende Beziehungen pflegten. Man stand im gegenseitigen Verhältnis des Gastfreundes zueinander, des proxenos;[4] noch in klassischer Zeit ist das zu beobachten, so hieß ein Sohn Kimons Lakedaimonios. Diese auf persönlichen Beziehungen beruhende Proxenie wurde später verstaatlicht und zu einem Mittel gemacht, die Interessen des jeweiligen Staates und der Bürger, die sich in einem anderen aufhielten, dort geltend zu machen. Die Voraussetzung war natürlich die, dass der Proxenos zunächst einmal loyal zu seiner eigenen Stadt war, so dass er die fremde Stadt oder deren Bürger, deren Proxenos er war, wirksam vertreten konnte. Aktuelle zwischenstaatliche Probleme wurden durch Gesandtschaften verhandelt, die dann, wenn es so weit war, in einen von den zuständigen Organen beschlossenen und beschworenen Vertrag mündeten.

---

1 Thukydides 1, 56, 2.
2 Plutarch, Timoleon 2, 1 f.
3 A. J. Graham, Colony and Mother City.
4 C. Marek, Proxenie; E. Culasso Gastaldi, Prossenie.

Die Probleme aber, um die es vor allem ging, waren solche, die sich aus einem Krieg[5] ergaben. Es braucht hier nicht die Frage entschieden zu werden, ob im griechischen Bewusstsein ein dauernder Kriegszustand geherrscht habe, der nur von eigens ausgemachten Friedensperioden unterbrochen worden sei, oder umgekehrt. Jedenfalls war, wie fast immer in der Geschichte, der Krieg, so schrecklich er auch jedes Mal – schon bei Homer – empfunden wurde, eine fraglos akzeptierte oder hingenommene Lebenswirklichkeit, und zudem ist er es gewesen, der einen ganz erheblichen Anteil an zahlreichen politischen Entwicklungen hatte. Kriegerische Erfordernisse trugen etwa dadurch zur Ablösung der Adelsgesellschaft durch den Hoplitenstaat bei, dass der schwer bewaffnete Fußsoldat in den Nachbarschaftskriegen der archaischen Zeit unabdingbar war und einen entsprechenden Anteil an der staatlichen Politik forderte. Der spartanische Staat hat einen Teil seiner Formung durch die Messenischen Kriege erfahren, und ebenso haben die Perserkriege sowie der anschließende Attische Seebund mit seinen permanent geführten Kriegen dazu beigetragen, dass sich die Demokratie in Athen als dauerhafte und durchorganisierte Staatsform herausbildete. Der Krieg ist es dann auch gewesen, der die Formen schuf, in denen sich die internationalen Beziehungen gestalteten.

Das waren zum einen Friedensschlüsse, die zumeist auf eine begrenzte (Mindest-) Zeit abgeschlossen wurden, zum anderen, und geschichtlich wirksamer, Bündnisverträge. In ihnen wurde gegenseitiger Beistand vereinbart, zumeist mit der Formel, „denselben Freund und Feind" zu haben; ein solcher Vertrag begründete eine Symmachie, von symmachos, Mitkämpfer, Bundesgenosse.[6] Aus der Zusammenfassung solcher Verträge, die Sparta im Lauf der Zeit mit fast allen Staaten der Peloponnes geschlossen hatte, ist das erste außenpolitische Bündnissystem der Antike entstanden, der heute so genannte Peloponnesische Bund. Bei Beteiligten hieß dieses System „Die Lakedämonier und ihre Bundesgenossen", was bedeutete, dass die Bundesgenossen Spartas nur mit diesem, nicht untereinander verbündet waren. Sparta hatte im Kriegsfall das militärische Oberkommando, die Hegemonie[7], und entschied selbständig, während die Bundesgenossen in einem nur von ihnen gebildeten Rat ihre Vorstellungen zum Ausdruck brachten. Ein solches Bündnis wird von der Wissenschaft Hegemoniale Symmachie genannt. Nach diesem Muster wurde dann auch der Hellenenbund organisiert, der den Großteil der Griechen in den Perserkriegen die Perser abwehren ließ.

Ebenso war zunächst das Bündnis strukturiert, das die Athener nach dem Ausscheiden des Peloponnesischen Bundes aus den Folgekämpfen gegen Persien mit all den Städten bildeten, die weiterkämpfen wollten. Es gab Einzelverträge Athens mit den meisten Städten des Ägäisraumes, Athen hatte die Hegemonie, die Städte versammelten ihre Repräsentanten in einem auf Delos tagenden Bundesrat; ob Athen Mitglied dieses Rates war oder, wie Sparta, eine eigene Entscheidungskompetenz hatte, ist nicht endgültig geklärt. Die Dynamik des immerhin dreißig Jahre lang ununter-

---

5 Siehe Bibliographie 6.6.1.
6 K. TAUSEND, Amphiktyonie und Symmachie; E. BALTRUSCH, Symmachie und Spondai.
7 Während dieser Begriff heute eine eher informelle Führung bezeichnet, hatte er im Griechischen diese sehr konkrete Bedeutung.

brochen geführten Krieges, teilweise sogar gegen die Peloponnes und nicht nur gegen Persien, zusammen mit der – ihrerseits durch diesen Seebund mit geformten – Demokratie, führte nun dazu, dass sich der Charakter dieses eher lockeren Bündnisses entscheidend wandelte. Ausgetretene Mitglieder wurden mit Gewalt wieder hineingezwungen, aus militärischen Ämtern wurden politische, aus der Stellung von Schiffskontingenten wurde ein finanzieller Tribut, die Entscheidungskompetenz verlagerte sich vom Bundesrat auf Athen, das heißt auf die Volksversammlung, die schließlich sogar den ganzen Seebund betreffende Gesetze gab – aus einem außenpolitischen Bündnissystem war ein Herrschaftssystem[8] geworden, das dazu tendierte, nur noch mit innenpolitischen Kategorien erfassbar zu sein, zumal da Athen auch seine eigene Staatsform, die Demokratie, in den Bundesstädten auch gegen deren Willen einführte.[9]

Der Peloponnesische Krieg wurde von Sparta aus unter der Parole geführt, die Freiheit der von Athen unterdrückten Einzelstädte wiederherzustellen. In der Tat war dieses Gefühl – eleutheria als völlige Unabhängigkeit, oder wenigstens autonomia, als die Fähigkeit, seine inneren Angelegenheiten selber zu bestimmen – nicht nur ungebrochen, sondern wegen Athens Herrschaft überhaupt erst bewusst entstanden.[10] Freilich herrschte Sparta selber ebenfalls durch, wenn auch weniger durchorganisiert, direktes Eingreifen vermittels Besatzungen und der Einsetzung von sehr engen Oligarchien – eine Herrschaft, die sich aber nicht halten konnte. Die Autonomie und Freiheit der Städte wurde zum Grundprinzip der Beziehungen untereinander. Sie war die Grundlage des Königsfriedens[11] von 386, obwohl Sparta seine Stellung als Garant dieses Friedens durchaus auch in eigenem Interesse wahrnahm, und sie war die Grundlage des Zweiten Athenischen Seebunds, der 376 begründet wurde.[12] In ihm wurden sorgsam alle die Eingriffe vermieden, die sich in Athens Herrschaft hundert Jahre vorher herausgebildet hatten.

Die ständigen Kriege, die gleichwohl Griechenland während des 4. Jahrhunderts heimsuchten, verlangten in den Augen der Griechen nach einer durchgreifenden Regelung, die sie von vorneherein verhindern sollte. Es kann, gerade mit Blick auf heutige Bestrebungen, nicht genug betont werden, dass man tatsächlich daranging, einen solchen dauernden Friedenszustand durch organisatorische Mittel herbeizuführen. Das Ergebnis war das, was man bereits durchaus als ein kollektives Sicherheitssystem bezeichnen kann, nämlich der Allgemeine Friede, die koine eirene.[13] Er bestand darin, dass die beteiligten Staaten sich sämtlich miteinander verbündeten und sich im Falle eines Angriffs gegen einen von ihnen verpflichteten, ihm gemeinsam zu Hilfe zu kommen. Das war ein anderes Prinzip als das der bisherigen hegemonialen Symmachie. Freilich litt es daran, dass eben nicht alle Städte daran beteiligt waren – lächeln über diesen Versuch sollte man aber nach über 2000 Jahren immer noch vergeblicher entsprechender Be-

---

8 W. Schuller, Herrschaft der Athener.
9 W. Schuller, Entstehung der griechischen Demokratie.
10 K. Raaflaub, Entdeckung der Freiheit.
11 R. Urban, Königsfrieden.
12 M. Dreher, Hegemon und Symmachoi.
13 M. Jehne, Koine eirene.

dürfnisse nicht. Philipp II. schließlich verband in seinem Korinthischen Bund[14] beide Prinzipien. Der Bund selber war als koine eirene organisiert, aber wie in einer hegemonialen Symmachie stand Philipp selbst außerhalb und fungierte als militärischer Hegemon; damit war dieses Bündnis, insbesondere wegen der vorhergegangenen Niederlage der Griechen 338, wieder ein Herrschaftsinstrument einer führenden Macht.

Der Korinthische Bund blieb die völkerrechtliche Basis der Herrschaft Alexanders über Griechenland, während er alle anderen Städte, Staaten, Länder und Reiche in der im historischen Durchgang geschilderten Weise direkt seinem Riesenreich einverleibte. Probleme außenpolitischer Beziehungen ergaben sich dann wieder unter seinen Nachfolgern und in der hellenistischen Welt insgesamt. Nicht nötig ist, sich lange dabei aufzuhalten, dass Bündnisse, Kriegserklärungen und Friedensschlüsse zum täglichen Brot gehörten.[15] Zu den Triebkräften der Außenpolitik der großen Monarchien wurde gelegentlich gemeint, dass nach dem Abschluss der jahrzehntelangen und sehr unübersichtlichen Diadochenkämpfe nach Alexanders Tod die Vorstellung von einer Politik des Gleichgewichts maßgebend gewesen sei. Das ist irrig. Abgesehen von den üblichen Motiven wie Machtsteigerung, Prestigegewinn oder einfach Beute war als übergeordneter Gesichtspunkt immer noch die Wiederherstellung des Alexanderreiches lebendig; am deutlichsten ist das in der Expansionspolitik Antiochos' des Großen zu sehen. Dass sich doch eine Art Gleichgewicht herausbildete, lag an der Machtlage und schließlich am Eingreifen Roms, das alles andere gegenstandslos machte.

Das Gesagte gilt sowohl für die Beziehungen der Monarchien untereinander wie zu den griechischen Städten. Im Hinblick auf diese ist aber auf ein Spezifikum aufmerksam zu machen. Sofern sie außerhalb des Machtbereichs eines Königs standen, war es für diesen nötig, sie durch politische Mittel für sich zu gewinnen. Da Freiheit und Unabhängigkeit das Hauptziel eines jeden Stadtstaates waren, war es ein probates Mittel, die griechischen Städte für frei zu erklären; Antigonos Monophthalmos hatte 314 damit begonnen, andere folgten ihm. Die Beurteilung dieser Akte darf nicht einseitig erfolgen. Einerseits durfte der Erklärende damit rechnen, dass die für frei Erklärten aus einer Art Dankbarkeit oder auch aus Eigeninteresse seine Politik betrieben, weil er ja sozusagen die Garantie für ihre Freiheit abgegeben hatte – was gleichzeitig peinlicherweise bedeutete, dass die Freiheit der Stadt letzten Endes doch in seiner Hand lag. Auf der anderen Seite wäre die Erklärung nichts wert gewesen, wenn die Freiheitserklärung nur ein leeres Manöver und nicht ernst gemeint gewesen wäre, denn nur dann, wenn sie wirkliche Freiheit brachte, war sie als politisches Mittel geeignet. Was die Politik der Städte untereinander betrifft, so hatte sie die großen neuen oder jedenfalls neu organisierten und politisch dominierenden Bünde hervorgebracht, die auf Überwindung der Polisisolation bei gleichzeitiger Wahrung der jeweiligen Eigenständigkeit gerichtet waren.

Weiter bekamen zwei Rechtsinstitute, die es schon vorher gegeben hatte, eine weit größere Bedeutung, indem sie gerade die Eigenständigkeiten der Poleis konservierten, gleichzeitig aber auch die Beziehungen untereinander intensivierten. Das war zum einen das Schiedsrichterwesen.[16] So wurden entweder bei internen Streitigkeiten inner-

---

14 S. PERLMAN, Greek Diplomatic Tradition.
15 Man vergleiche nur bei H.-J. GEHRKE, Hellenismus, das Stichwort „Krieg" im Register.
16 S. L. AGER, Interstate Arbitration.

halb einer Stadt oder bei Streitigkeiten zwischen zwei Städten auswärtige Richter herbeigezogen, die in aller Regel zufriedenstellend wirkten und so das zwischenstaatliche Konfliktpotential erheblich verringerten. Zum anderen handelte es sich um das Institut der Isopolitie.[17] Danach vereinbarten zwei Städte miteinander, sich gegenseitig das volle Bürgerrecht entweder effektiv zu gewähren oder es demjenigen zu verleihen, der dies wünschte. Damit wurden einerseits ebenfalls die Konfliktmöglichkeiten zwischen beiden Städten herabgemindert, andererseits diente die Isopolitie paradoxerweise gerade dazu, die Verschmelzung beider und damit gegebenenfalls die Unterordnung der einen Stadt unter die andere zu verhindern. Schließlich hat gerade in letzter Zeit das griechische und römische Asylwesen besondere Beachtung gefunden.[18]

3.2.2 Rom

Die Beziehungen der römischen Republik zu anderen Staaten unterschieden sich zunächst nicht prinzipiell von denen, die im griechischen Bereich herrschten; höchstens vielleicht darin, dass besonders großer Wert auf die sakralrechtliche Makellosigkeit der Kriegserklärung gelegt wurde, was später zur Theorie vom bellum iustum[19] und zu der Meinung führte, Rom habe regelmäßig nur solche gerechten Kriege geführt. Immerhin war das Renommee Roms als einer Macht, die Verträge halte, im zweiten vorchristlichen Jahrhundert bis zu den aufständischen Makkabäern in Palästina gedrungen.[20] Von den römisch-karthagischen Verträgen abgesehen, waren die auswärtigen Verträge, die die Republik in der Frühphase ihrer Geschichte abschloss, solche mit den italischen Städten gewesen, zunächst echte Bündnisverträge, dann solche, die im Anschluss an einen Krieg zustande kamen. Sie verpflichteten die jeweilige Stadt bei Belassung ihrer inneren Autonomie zur Heeresfolge, ohne dass die Städte wie etwa die Bundesgenossen Spartas ein institutionalisiertes Mitspracherecht gehabt hätten. Die Bündelung dieser Verträge führte zur Einigung Italiens unter Roms Führung und geriet im Lauf der Zeit zu einem Gegenstand der inneren Geschichte. Das völkerrechtliche Institut[21] der deditio, der formellen Selbstauslieferung einer Stadt oder eines Reiches an Rom, bedeutete rechtlich zwar, dass Rom nach Belieben mit den sich Ausliefernden verfahren konnte, regelmäßig sollte man aber drauf vertrauen können, dass Rom seine Macht nicht willkürlich ausübte.

In dem Moment, in dem Rom über Italien hinausgriff, gab es sozusagen echte Bündnisverträge, in denen die gegenseitigen Verpflichtungen klar bestimmt waren und die auch sehr konkrete Wirksamkeit entfalteten wie etwa die wichtige Beteiligung der pergamenischen Armee im Kampf gegen Philipp V. und Antiochos den Großen. Darüber hinaus entwickelte sich schon frühzeitig ein formloses Institut, das der amicitia, der Freundschaft, das gegenseitiges wohlwollendes Verhalten bedeutete. Schließ-

---

17 W. GAWANTKA, Isopolitie.
18 M. DREHER, Asyl; DERS., Asylstätte des Romulus; J. GRETHLEIN, Asyl und Athen.
19 S. ALBERT, Bellum iustum.
20 Erstes Makkabäerbuch 8, 1: „Es hörte aber Judas von den Römern, dass sie sehr mächtig wären, und fremde Völker gern in Schutz nähmen, die Hilfe bei ihnen suchten, und dass sie Treu und Glauben hielten." (Übersetzung nach Martin LUTHER)
21 W. DAHLHEIM, Struktur und Entwicklung.

lich wandte Rom außenpolitische Instrumente an, die der hellenistischen Welt geläufig waren. Darunter befindet sich wieder die Praxis der Freiheitserklärungen, nämlich die bedeutendste, die Flamininus 196 bei den Isthmien ausgesprochen hatte und die in Griechenland bei den meisten eine so große Begeisterung auslöste. Auch hier ist die Ambivalenz festzustellen, dass sie einerseits Dankbarkeit und Wohlverhalten hervorrufen sollte, andererseits aber unbrauchbar gewesen wäre, wenn sie nur ein Scheinmanöver gewesen wäre.

Die Machtlage freilich zeigte sehr bald, dass die Entwicklung über solche Subtilitäten hinwegging. Abgesehen von dem sich herausbildenden Mittel der direkten Herrschaft, den Provinzen, gerieten, wie die griechischen Staaten selber, auch die rechtlichen Instrumente und auf Gegenseitigkeit beruhenden Maßnahmen in Abhängigkeit von den tatsächlichen Verhältnissen und degenerierten dazu, das Vehikel für Anordnungen Roms zu sein. Schließlich gab es eine weitere außerrechtliche Form, auswärtige Beziehungen zu gestalten: So wie in der römischen Gesellschaft ein Klient zwar rechtlich frei, jedoch gesellschaftlich verpflichtet war, seinem Patron zu Diensten zu sein, so konnten außerhalb des direkten römischen Machtbereichs liegende Staaten – in Asien und Afrika – als Klientelstaaten behandelt werden.[22] Alle jedoch gerieten mit dem sich in der Kaiserzeit endgültig etablierenden und rational durchorganisierten Imperium Romanum als Provinzen oder Teile von diesen unter direkte römische Herrschaft. Einzig das Partherreich war nach wie vor Ausland und verkehrte auf gleichem Fuß mit Rom.

3.3 Gesellschaft und Wirtschaft

Die Wahrnehmung der gesellschaftlichen Verhältnisse der Antike in der späteren europäischen Geschichte war sehr selektiv. Die Sklaverei ist kaum je ernstlich zur Kenntnis genommen worden, und wenn doch, dann zumeist in der dogmatisierten Form des Staatsmarxismus. Auch die anderen Komponenten der gesellschaftlichen Wirklichkeit stießen allenfalls auf sehr partikulares Interesse wie etwa die Sportgeschichte, und dass die Frauengeschichte der Antike erst seit kurzem seriös betrieben wird, teilt diese Disziplin mit den anderen Epochen der Geschichte. Dass Ähnliches für die Wirtschaftsgeschichte gilt, dürfte freilich vor allem daran liegen, dass die antiken wirtschaftlichen Verhältnisse – einschließlich der theoretischen Betrachtung – wenig ausgeprägt waren.

3.3.1 Gesellschaft

3.3.1.1 Sklaverei

Was die antike Gesellschaft grundlegend von (fast) allen späteren Gesellschaftsformen unterscheidet, ist die Existenz der Sklaverei.[1] Das Charakteristikum des Sklaven und der Sklavin ist, rechtlich als Sache zu gelten und gekauft und verkauft werden zu kön-

---

22 E. Badian, Foreign Clientelae; F. Canali De Rossi, Ruolo dei patroni.
1 L. Schumacher, Sklaverei; H. Bellen/H. Heinen, Fünfzig Jahre Forschungen; P. Garnsey, Ideas of slavery; E. Flaig, Sklaverei (auch nachantik).

nen. In anderen Bereichen waren sie natürlich Menschen wie alle anderen auch, so vor allem hinsichtlich der Religion, und von der rechtlichen Seite ist außerdem die soziale Funktion zu unterscheiden, die jeweils ganz unterschiedlich war. Wegen des Kaufcharakters der Sklaverei sind andere, ebenfalls rechtlose Gruppen von Unfreien, von denen es die verschiedensten Abstufungen gab,[2] nicht als Sklaven zu betrachten, wie etwa unterworfene Bevölkerungen, vor allem aber die spartanischen Heloten: Sie standen nicht in individuellem Eigentum, und mit ihnen wurde nicht gehandelt.

Die Entstehung der Sklaverei dürfte auf die Kriegsgefangenschaft[3] zurückzuführen sein, jedenfalls war das der Anlass, bei dem es seit den homerischen Epen am meisten zu Versklavungen kam: Bei der Eroberung einer Stadt wurden regelmäßig – natürlich gab es Ausnahmen – die Männer getötet, die Frauen und Kinder als rechtlose Menschen versklavt.[4] Einmal als Institution eingeführt, etablierte sich dann auch ein Sklavenmarkt,[5] wobei der Nachschub oft aus außergriechischen Gebieten kam. Dieser Nachschub rekrutierte sich nämlich nur zu einem geringen Teil aus der Nachkommenschaft der Sklavinnen – rechtlich konnten die Sklaven keine Ehe eingehen –, man war eher auf Zufuhr von außen angewiesen. Das quantitative Ausmaß ist wegen fehlender verlässlicher Zahlenangaben schwer zu bestimmen; es gab Phasen mit besonders großen Sklavenmengen wie etwa das 5. Jahrhundert in Athen[6] oder das 2. Jahrhundert in Süditalien und Sizilien – wegen der römischen Kriege im Osten –, jedoch blieben die Sklaven auch dann zahlenmäßig in der Minderheit gegenüber den Freien. Die Sklaverei hielt sich die ganze Antike über, auch das Christentum wirkte sich nicht in Richtung auf eine Verringerung[7] aus, ebenso wenig wie es an der Institution Sklaverei rüttelte,[8] die die gesamte Antike hindurch nie in Frage gestellt wurde.

Sklaven hatten die unterschiedlichsten sozialen Stellungen inne.[9] Zunächst waren sie, im Einklang mit der wirtschaftlichen Entwicklung überhaupt, vor allem in der Landwirtschaft tätig. Mit dem – nie dominierenden – Aufkommen von Handwerk, Handel und Gewerbe arbeiteten sie auch in diesen neuen Bereichen. Eine ständige Einrichtung war die der Haussklaverei, in welcher Sklavinnen und Sklaven die Rolle von Dienerinnen und Dienern hatten. Sklaven waren wertvoller Besitz, daher darf man sich die Behandlung von Sklaven in diesen Positionen nicht als durchgängig und besonders grausam vorstellen. Häufig kam es vor, dass Sklaven von ihren Herren ein bestimmtes Kapital erhielten – in Rom peculium genannt –, um mit diesem auf eigene Rechung ein Handwerk oder ein Handelsgeschäft zu betreiben. Einen Teil des erwirtschafteten Geldes hatten sie abzuliefern, einen anderen Teil konnten sie behalten, den sie vor allem dafür verwendeten, sich beim Herren freizukaufen, obwohl der gesamte Gewinn nach striktem Recht an sich sowieso dem Herrn gehörte. Nach der Freilassung standen sie in einem moralischen Reverenzverhältnis zu ihrem ehemaligen

---

2 D. Lotze, Metaxy eleutheron kai doulon.
3 Freilassung: A. Bielman, Retour à la liberté.
4 Selbst der human denkende Cicero tat das: An Atticus 5, 20, 5.
5 J. Thornton, Publicani, kakourgia e commercio degli schiavi.
6 V. D. Hanson, Thucydides and the Desertion of Attic Slaves.
7 R. Samson, Rural Slavery.
8 R. Klein, Haltung; J. A. Glancy, Slavery.
9 Paradigmatisch H. Klees, Sklavenleben.

Gesellschaft und Wirtschaft 219

Herren, den sie gegebenenfalls zu unterstützen hatten, zudem wurden sie gesellschaftlich nicht völlig zu den Freien gerechnet, sondern waren nur Freigelassene; erst ihre Kinder, die sie nach der Freilassung bekamen, waren Freigeborene.[10] Im griechischen Bereich war ein Freigelassener ein Ausländer, in Rom wurde er mit der Freilassung Bürger, womöglich deshalb, weil in sehr früher Zeit die Freilassung überhaupt dem Zweck diente, Neubürger zu gewinnen.

In zwei Tätigkeitsbereichen ging es den Sklaven besonders schlecht. Das eine waren die Bergwerke. Obwohl auch Freie als Bergleute arbeiteten und obwohl es auch dort Rationalisierungsbestrebungen gab, wurden die Sklaven dort doch unter teilweise lebensbedrohenden Arbeitsbedingungen eingesetzt; das Verschicken ins Bergwerk war in Rom eine Kriminalstrafe. Besonders sorglos ging man dann mit dem Leben der Sklaven um, wenn ein Überangebot am Markt herrschte. Das war vor allem in der zweiten Hälfte des 2. vorchristlichen Jahrhunderts der Fall, und das betraf den zweiten Tätigkeitsbereich, den der Landwirtschaftssklaven auf den Großgütern oder Latifundien in Süditalien und vor allem auf Sizilien. An sich war die Sklaverei in der Landwirtschaft eine wohlgeregelte und gut funktionierende Institution, nämlich auf den mittleren Gütern der großen Villen;[11] in dem Maße aber, in dem mit der Konzentration des Grundbesitzes zur Massenproduktion übergegangen wurde, konnte man mit Heeren von jetzt billig zu habenden Sklaven arbeiten, die teilweise unter menschenunwürdigen Bedingungen kaserniert gehalten wurden. Demgemäß gab es gerade dort und gerade zu dieser Zeit die beiden größten Sklavenaufstände der Antike, die zu regelrechten Sklavenkriegen[12] führten.

Der erste brach 136/35 in Sizilien aus. Er nahm seinen Ausgang weniger von den kasernierten Landwirtschaftssklaven, sondern von den relativ frei agierenden und schwer bewaffneten Hirtensklaven; freilich bekam er vor allem seinen Zulauf aus der Landwirtschaft. Die aufständischen Sklaven organisierten sich in der Form eines hellenistischen Königreichs, was, neben anderen Hinweisen, auf die Herkunft der Aufständischen schließen lässt, die eben vor kurzem noch freie gräzisierte Orientalen gewesen waren – die großen Sklavenmärkte auf Delos und Rhodos verkauften um diese Zeit bis zu 10 000 Sklaven am Tag. Der Aufstand konnte nur mit Mühe und durch mehrere konsularische Heere 132 unterdrückt werden. 133 brach nach dem Tod des Königs Attalos, der Pergamon den Römern vermacht hatte, unter einem Aristonikos ein Aufstand los, der sich gegen Rom richtete, an dem sich aber auch zahlreiche Sklaven beteiligten. 104 bis 101 dauerte der zweite sizilische Sklavenkrieg, der ebenfalls nur durch reguläre römische Heere unterdrückt werden konnte. Von 73 bis 71 schließlich kämpfte ein Sklavenheer unter dem Gladiator Spartacus in Italien. Das Ziel dieses Aufstandes war wohl, irgendwie aus dem römischen Machtbereich auszubrechen, er wurde jedoch wie die anderen Sklavenkriege zwar mit Mühe, schließlich aber doch eindeutig zugunsten der Römer entschieden.

---

10 Selbst dann bestand ein gesellschaftlicher Makel: Horaz war seinem Förderer Malcenas dafür dankbar, dass er ihn akzeptiert hatte, obwohl er doch der Sohn eines Freigelassenen war (Satire 1, 6, 6: „me libertino patre natum").
11 Cato, Über die Landwirtschaft (De agri cultura), hat diese Wirtschaftsform im Auge.
12 Kleine Quellensammlung mit Literatur: B. D. Shaw, Spartacus and the Slave Wars.

3.3.1.2 Bürger und Fremde

So grundlegend die Dichotomie zwischen Freien und Sklaven auch im Bewusstsein der Zeitgenossen war, und so sehr es das Lebensziel eines jeden versklavten Menschen war, diesem Status zu entkommen, so wenig erschöpft sich darin die Fülle der gesellschaftlichen Abstufungen über die hier zu betrachtenden 1500 Jahre und in den beiden großen Zivilisationen. Eine weitere Unterscheidung war die zwischen Bürger und Nichtbürger, also dem Fremden.[13] Der Fremde war nicht rechtlos. Besonders deutlich zeigt sich das daran, dass Fremde prozessieren konnten, in Athen vor dem Polemarchos, in Rom vor dem praetor peregrinus, und es war möglicherweise gerade die mangelnde Vertrautheit des Fremden mit den komplizierten römischen Rechtsvorschriften, die mit zur Herausbildung des Formularprozesses führte. Das Bürgerrecht der eigenen Stadt bot dem einzelnen Schutz und den Rahmen für seine gesamte Existenz, nicht nur im politischen Bereich, sondern in viel sichtbarerem Maße auch für das tägliche Leben: Man stand in der Rechtsordnung der jeweiligen Stadt, und daher ist es gar keine Frage, dass auch die Frauen zwar am politischen Leben nicht beteiligt, aber trotzdem Bürgerinnen waren. Für sie galt die jeweilige Rechtsordnung, mit ihren frauenspezifischen Vorschriften, genauso wie für die Männer.

Die Wichtigkeit und die Funktion, die dem Bürgerrecht beigemessen wurde, bekam praktische Bedeutung bei der Frage seiner Verleihung an Fremde. Athen war darin sehr restriktiv.[14] In der Mitte des 5. Jahrhunderts wurde es auf Personen beschränkt, deren beide Elternteile Athener waren, und in der Folgezeit wurde es in einem genau geregelten Verfahren nur individuell und einzeln durch die Volksversammlung verliehen; das Recht, Eigentum an Grund und Boden zu haben, musste dabei eigens benannt werden. Im Attischen Seebund des 5. Jahrhunderts hatten die beherrschten Städte keinen Anteil am athenischen Bürgerstatus, und nur gegen Ende des Peloponnesischen Krieges, in der äußersten Not, erhielten die Samier insgesamt dieses Recht.[15] Genau umgekehrt verfuhr Rom.[16] Dort ging seit den früheren Zeiten der Republik die römische Expansion mit einer kontinuierlichen Verleihung des Bürgerrechts an einzelne wichtige Italiker und an ganze Kollektive italischer Städte vor sich, so dass vor Ausbruch des Bundesgenossenkrieges gut die Hälfte der Italiker römische Bürger war und die anderen sich dieses Recht durch den Krieg ertrotzten. Genauso wurde in der Kaiserzeit im Rahmen des Reiches verfahren, indem etwa die Führungsschichten der fremden Städte – die, wie die Severer zeigen, sogar zum Kaisertum aufsteigen konnten – oder die ehrenvoll entlassenen ausländischen Soldaten römische Bürger wurden, ein Vorgang, der zur Romanisierung eines Teiles der Mittelmeerwelt führte. Die Constitutio Antoniniana tat dann ein Übriges, indem sie fast alle Reichsbewohner zu römischen Bürgern machte. In der Existenz der romanischen Sprachen von Portugal bis Rumänien und in ganz Lateinamerika wirkt die Romanisierung des Reiches bis auf den heutigen Tag fort.

---

13 A. Dihle, Die Griechen und die Fremden; B. Bäbler, Fleißige Thrakerinnen; D. Noy, Foreigners at Rome; T. Harrison (Hg.), Greeks and Barbarians.
14 M. J. Osborne, Naturalization in Athens.
15 HGIÜ 1, 153.
16 J. F. Gardner, Being a Roman Citizen.

3.3.1.3 Weitere Gruppen

Von den zahlreichen Zwischenformen, die es zwischen Freien und Sklaven[17], Bürgern und Nichtbürgern[18] gab, wird im römischen Zusammenhang weiter unten auf die Klientel eingegangen; hier soll nur an die spartanischen Heloten[19] und Periöken[20] erinnert sowie auf ähnliche Bevölkerungsgruppen wie Penesten in Thessalien oder Periöken auf Kreta hingewiesen werden. Eine Besonderheit stellten die athenischen Metöken[21] und ähnliche Gruppen anderswo dar. Metöken, metoikoi (wörtlich: Mitwohner) waren Ausländer, die das Recht hatten, unter Zahlung einer speziellen Steuer, des metoikion, sich in der betreffenden Stadt auf Dauer aufzuhalten und ihrem Gewerbe nachzugehen. Das Recht auf Grundbesitz bekamen sie nur in Ausnahmefällen, sie waren also vor allem in Handel und Gewerbe tätig, und da ihre Zahl etwa ein Viertel der Bürgerschaft betrug, stellten sie einen ganz wesentlichen Faktor des athenischen Wirtschaftslebens dar. Sie waren oft wohlhabende, angesehene Leute, die sich in Lebensstil und Sozialprestige nicht von den entsprechenden anderen Bürgern unterschieden, und sie waren diejenigen, denen noch am ehesten das Bürgerrecht verliehen wurde.

3.3.1.4 Oben und unten

In der griechischen wie in der römischen Welt bestand in der freien Bürgerschaft ferner ein tiefgreifender Gegensatz zwischen denjenigen, deren materieller Besitz sie zur Teilhabe am Staatsleben berechtigte und dem übrigen Volk, in Griechenland der Demos, in Rom der Plebs; dieser Gegensatz bestand in anderer Form in Gestalt der auch rechtlichen Unterscheidung zwischen honestiores und humiliores bis tief in die Spätantike hinein.[22] Die athenische, dann griechische Demokratie überwand diesen Unterschied zeitweise dadurch, dass im politischen Bereich der Demos zur tragenden Kraft wurde, aber das zum einen nur auf politischem Gebiet – wirtschaftliche Gleichheitsvorstellungen gab es nicht –,[23] und zum anderen schlug im Hellenismus das Pendel dergestalt wieder zurück, dass die politische Herrschaft in den Städten bei nominell bestehender Demokratie faktisch doch wieder den Wohlhabenden zufiel. Abgesehen von diesem den sozialen Status betreffenden Unterschied spielte die gesamte Antike hindurch ein unmittelbarer sozialökonomischer eine wesentliche Rolle, nämlich – von den meisten Sklaven ganz abgesehen – die Existenz einer sehr großen, schwer zu quantifizierenden Gruppe von Menschen, die am Rande oder unterhalb der Armutsgrenze lebten. Die nackte Armut war eine bei allen örtlichen und zeitlichen

---

17 Metaxy eleutheron kai doulon, zwischen Freien und Sklaven, wie die von Detlef Lotze zum Titel seines klassischen Buches gemachte Formel von Pollux, Onomastikon 3, 83 lautet.
18 D. Lotze, Bürger und Unfreie.
19 Siehe S. 51.
20 D. Lotze, Bürger zweiter Klasse.
21 D. Whitehead, Ideology of the Athenian Metic; Ders., The ideology of the Athenian metic: some pendants and a reappraisal; P. Gauthier Métèques, Perièques et Paroikoi; E. Lévy, Métèques, S. Cataldi, Akolasia e isegoria; M. Adak, Metöken; Prosopographie: M. J. Osborne/S. J. Byrne, The foreign residents of Athens.
22 R. Rilinger, Humiliores-Honestiores; S. Mratschek-Halfmann, Divites.
23 Siehe S. 21, 22; zum Faktischen J. K. Davies, Athenian Propertied Families; Ders., Wealth and the Power of Wealth.

Schwankungen durchgängige Erscheinung, viel weiter verbreitet als im heutigen Europa. Nur in der römischen Kaiserzeit scheint sie noch am wenigsten stark gewesen zu sein.[24]

In Rom stellten sich die Verhältnisse zwischen oben und unten vermittelter dar. Die Plebs[25] wurde als Ergebnis der Ständekämpfe dauerhaft in den Staat integriert, freilich so, dass gerade durch diese Integration die Herrschaft einer geschlossenen, wenn auch der Erneuerung fähigen Aristokratie gefestigt wurde. Diese Aristokratie setzte sich aus den den traditionellen Adel bildenden Patriziern und denjenigen plebejischen Familien zusammen, denen durch Vermögen und militärisch-politische Tüchtigkeit der Aufstieg in die Führungspositionen der Ämter und damit den Senat gelungen war; beide zusammen bildeten die Senatsaristokratie oder auch Nobilität. Deren Herrschaft war jahrhundertelang stabil, ohne dass weitergehende Mitbestimmungsrechte etwa im Sinne der griechischen Demokratie eingefordert wurden, und als sie zerbröckelte und einer anderen Staatsform weichen musste, war auch das ein Prozess, der in die umgekehrte Richtung, zur Monarchie führte. An sich braucht das nicht umständlich erklärt zu werden, denn ein Erklärungsbedarf bestünde ja nur, wenn es eine Gesetzmäßigkeit gäbe, die auf eine Demokratie zielte, und eine solche gibt es nicht. Trotzdem kann man genau angeben, welche Faktoren die Stabilität der römischen Gesellschaft bewirkten. Der als wichtigster Faktor zuerst zu nennende ist das Klientel- oder Bindungswesen.

3.3.1.5 Klientel

Die Klientel[26] im Sinne eines sozialen Abhängigkeitsverhältnisses rechtlich freier Personen ist ein überall anzutreffendes, äußerst vielgestaltiges Phänomen. Auch im frühen Griechenland dürfte sie bestanden haben, hat sich aber im Lauf der späteren Entwicklung verflüchtigt.[27] Wir finden sie in den einfachen, kleinen Verhältnissen des frühen Rom in der Form, dass zu den Patriziern, die ja nichts weiter als größere Bauern waren, eine Gruppe von Menschen gehörten, die wirtschaftlich von ihnen abhängig waren, ihnen zu Arbeiten sowie zu Gehorsam und Ehrerbietung (cliens kommt – noch die wahrscheinlichste Etymologie – von cluere, auf jemanden hören), verpflichtet waren, während die Gegenleistung darin bestand, dass sie der Patrizier zu schützen hatte, wie ein Vater, woher er die Bezeichnung patronus, Patron hatte. Diese Urform der Klientel (clientela) verbreitete und entmaterialisierte sich im Laufe der Zeit dergestalt, dass sie – jedenfalls in idealtypischer Weise – die gesamte ins Riesenhafte gewachsene römische Gesellschaft durchzog.[28]

Die Patrone waren die Angehörigen der Oberschicht, insbesondere der Senatsaristokratie und des Ritterstandes, die Klientel bestand aus der (übrigen) Plebs, deren Angehörige jeweils bestimmten Familien oder Personen zugeordnet war. Die Klienten waren zur insbesondere politischen Unterstützung der Patrone verpflichtet, also zur

---

24 P. Garnsey/C. R. Whittaker, Trade and Famine.
25 Zur Plebs in der späten Republik, aber mit weiterer Literatur: B. Kühnert, Plebs urbana; F. Millar, The Crowd in Rome; H. Mouritsen, Plebs an Politics.
26 Gesamtmediterrane Parallelen bei E. Gellner/J. Waterbury (Hg.), Patrons and Clients.
27 Vergleich Griechenland: Rom bei E. Deniaux/P. Schmitt Pantel, Relation patron – client.
28 Forschungsgeschichte bei J.-M. David und J. von Ungern-Sternberg, La clientèle; plastische Übersicht bei C. Meier, Res publica amissa, 7–63, und J. Bleicken, Verfassung.

Stimmabgabe für sie und ihre Anträge bei Wahlen und Abstimmungen in der Volksversammlung, während die Patrone ihre Klienten in Notfällen zu unterstützen hatten; das konnten wirtschaftliche Notlagen, das konnte die Vertretung vor Gericht sein. Das Klientelverhältnis vererbte sich, musste aber immer wieder durch effektive Ausübung bestätigt werden; wenn ein Patron seinen Pflichten nicht nachkam, konnte der Klient den Patron wechseln, und auf diese Weise machten sich die Angehörigen der Aristokratie ihre Anhängerschaft gegenseitig streitig. Das war ein Lebenselement innerhalb der aristokratischen Konkurrenz, vorausgesetzt, es führte nicht dazu, dass ein einziger eine allzu große Klientel bei sich monopolisierte. Idealtypisch war die gesamte römische Gesellschaft in dieses System einbezogen; man hat es sich wie eine Art Pyramide vorzustellen, an deren Spitze die kleine Schicht der Senatsaristokratie stand, während zwischen der Masse des Volkes und ihr Mittelspersonen gestanden haben, die nach oben Klienten, nach unten Patrone waren – die Wirklichkeit dürfte nicht ganz so systematisiert ausgesehen haben, zumal da einfache Leute durchaus auch unmittelbar bei Angehörigen von ihren Patrons-Familien Schutz suchten und bekamen.[29]

Gleichwohl war es so, dass dieses wechselseitige Verpflichtungsverhältnis sozusagen das soziale Gegenstück zur politisch-rechtlichen Verfassung bildete und dafür sorgte, dass diese Verfassung stabil blieb. Die Denkmuster des Klientelwesens waren allen Beteiligten in Fleisch und Blut übergegangen und bestanden insofern auch auf der horizontalen Ebene, als auch unter den Angehörigen der Oberschicht gegenseitige Verpflichtungen (beneficia und officia) ein Grundmuster der täglichen politischen Betätigung darstellten. In diesem Zusammenhang hatten sie sich von ihrem Ursprung, dem eindeutigen Über- und Unterordnungsverhältnis der Frühzeit so weit entfernt, dass man besser daran tut, hier nicht mehr von Klientel, sondern von Bindungsverhältnissen zu sprechen. Gleichwohl gab es die Klientel in einem solchen eindeutigen Verständnis nach wie vor bis tief in die Kaiserzeit hinein, ja, in Gestalt der Klientelstaaten[30] hatten diese Verhaltensformen auch Eingang in die auswärtigen Beziehungen gefunden.

Wie sehr die römische Mentalität vom Bindungs- und Klienteldenken geprägt war, zeigte sich im Untergang der römischen Republik, sofern er sozial bedingt war. Mentale Strukturen können sich noch so tief eingewurzelt haben, irgendwann wird es einen Punkt geben, an dem reale Bedürfnisse und Notlagen die Oberhand gewinnen. Das Klientel- oder Bindungswesen hatte bis in die Mitte des zweiten Jahrhunderts die Republik trotz vieler schwieriger politischer und militärischer Situationen stabil gehalten, und das konnte deshalb geschehen, weil sich die Herrschaft der Senatsaristokratie letzten Endes immer bewährt hatte. Die Kriege wurden gewonnen, soziale Notlagen wurden bewältigt, oder politisch ausgedrückt: Die Offiziere und Generäle der Oberschicht, die mit den Soldaten alle Gefahren geteilt hatten, hatten gut kommandiert, und die Senatoren hatten eine Politik getrieben, die auch dem Volk zugute kam

---

[29] Noch Augustus soll errötet sein, als ein Veteran von ihm persönlich Hilfe erwartete mit der Begründung, auch er habe bei Actium persönlich für Augustus gekämpft und keinen Vertreter geschickt, wie Augustus es gerade vorgehabt hatte (Macrobius, Saturnalia 2, 4, 27).

[30] E. Badian, Foreign Clientelae; D. Braund, Rome and the Friendly King; F. Canali De Rossi, Ruolo dei patroni.

und größere Krisen verhinderte. Das wurde in dem Moment anders, als sich der Krieg in Spanien immer länger ohne Aussicht auf Erfolg hinzog und als die Zurückdrängung des freien Bauerntums in Italien zugunsten reicher Angehöriger der Oberschicht unaufhaltsam schien. Die Folge davon und weiteren Versagens des Senatorenstandes war aber nicht, dass dessen Herrschaft zugunsten einer demokratischen Entwicklung in Frage gestellt wurde; auch die Popularen strebten das ja nicht an. Die Folge war vielmehr, dass sich Teile des Volkes, vor allem die Soldaten, einigen ihnen besonders fähig erscheinenden Angehörigen der Oberschicht zuwandten,[31] dass sich also alles in den Bahnen des Klienteldenkens vollzog. Die Klientenmassen konzentrierten sich bei immer weniger Angehörigen der Oberschicht, und zum Schluss blieb nur noch einer übrig, der alle Klienten bei sich monopolisierte, der Kaiser.

3.3.1.6 Frauengeschichte – Geschlechtergeschichte

Von einer für die menschliche Gesellschaft konstitutiven sozialen Gruppe ist bisher nur gelegentlich die Rede gewesen, von den Frauen. An sich sollte es das Ziel einer jeden historischen Darstellung sein, die Frauengeschichte als eigenes Sondergebiet dadurch gegenstandslos zu machen, dass die Geschichte der Frauen als die der einen Hälfte der Menschheit mit der Männergeschichte eine Einheit bildet. Da das noch nicht erreicht worden ist, ist es noch nötig, Frauengeschichte separat zu behandeln, freilich immer im Zusammenhang mit der allgemeinen beziehungsweise mit der Männergeschichte[32] – also als Geschlechtergeschichte.[33] Dass Frauen keine politischen Rechte hatten, ist ein in der bisherigen Geschichte bis ins 20. Jahrhundert so allgemeines Phänomen, dass es hier nur kurz erwähnt wird. Bemerkenswerter ist, wie die Position der Frauen sonst war und wie unterschiedlich sie sich je nach der jeweiligen gesellschaftlichen und politischen Situation gestaltete.

Aus der frührarchaischen Gesellschaft, wie wir sie aus den homerischen Epen kennen, hören wir von adligen Frauen und von Dienerinnen. Die Adligen, die Gattinnen und Mütter der großen Helden, waren hoch geachtete, selbständige Frauen, die in eigener Verantwortung über den großen Haushalt geboten; so selbständig, dass daraus heute die Vorstellung abgeleitet wurde, es habe sich bei dem männlichen Tätigkeitsbereich des Krieges und der Politik und dem weiblichen der Führung des Haushaltes und der Aufzucht der Kinder um zwei gleichwertig nebeneinander stehende Bereiche des gesellschaftlichen Tuns gehandelt – allerdings ermahnen gelegentlich Männer Frauen, sich um ihre eigenen Angelegenheiten zu kümmern, und nicht umgekehrt. Die Dienerinnen waren - wie die Diener – zu einem nicht geringen Teil Sklavinnen, die entweder als Kriegsgefangene in diesen Zustand geraten waren oder dadurch, dass sie von phönikischen Händlern geraubt und in Griechenland verkauft worden waren. Die weitere Entwicklung in der Archaik ermöglicht uns wegen der anders gearteten Quellenlage einen Blick auf das freie Bauerntum. Hier fällt – durch die Dichtung Hesiods – auf, dass die Bewertung der Frauen durch die Männer jedenfalls teilweise von

---

31 Beispielhaft die Beziehungen zwischen Caesar und seinen Soldaten: W. Schuller, Soldaten und Befehlshaber, mit Literatur.
32 Speziell zu Männern M. Maischberger, Was sind Männer?
33 Siehe Bibliographie 6.7.1.3.

der selbstverständlichen Hochachtung weit entfernt war, wie sie bei Homer zu beobachten ist. Neben vielen positiven Äußerungen wurde sie doch auch als ein unnützes Wesen geschmäht, das den Mann zu viel geschlechtlich in Anspruch nehme und ein zusätzlicher Esser sei[34]. Vorausgesetzt, diese Äußerungen seien repräsentativ, dann können wir in ihnen die Situation wieder erkennnen, die von Überbevölkerung und Landnot gekennzeichnet war und die einerseits zur Kolonisation, andererseits zu innergriechischen Kämpfen und damit zum Aufsteigen der Hoplitenschicht führte.

Hinsichtlich der adligen Frauen wird der Befund aus der homerischen Zeit bestätigt und differenziert. Hohe Dichtung wandte sich an vornehme Mädchen, ja, in Gestalt der Sappho tritt eine weibliche Dichterin besonders hervor, die von Zeitgenossen und Späteren als höchstrangig angesehen wurde, ohne dass dabei auf ihr Geschlecht Bezug genommen worden wäre etwa in dem Sinne, dass sie trotz ihres Geschlechts diese Leistungen erbracht habe; die gesamte griechische Geschichte der Folgezeit hindurch hören wir von Dichterinnen. Die bildende Kunst liefert in Gestalt der Korenstatuen repräsentative Darstellungen reicher, vornehmer Mädchen, die einen Eindruck von dem Lebensstil geben, der in Adelskreisen herrschte und der die Frauen mit umfasste. Freilich traten nun zwei Erscheinungen auf, die in der homerischen Welt unbekannt waren, also von einem veränderten Verhältnis der Geschlechter zueinander zeugen.

Die eine ist das Hetärenwesen. Hetären waren keine gewöhnliche Prostituierte – die es auch gegeben hat, sie hießen pornai –, sondern Mädchen, die zur Verschönerung männlicher Zusammenkünfte gemietet werden konnten; sie waren in Gesang, Flötenspiel und Tanz ausgebildet, standen aber natürlich auch für geschlechtliche Genüsse zur Verfügung und gingen oft längere Beziehungen zu einzelnen Männern ein. Das Hetärenwesen entwickelte sich zu einem selbstverständlichen Teil der griechischen Gesellschaft und war der Gegenstand weiter Teile der Literatur; berühmte Hetären genossen eine nicht geringe Achtung. Das Hetärenwesen wurde auch von den Römern übernommen; die letzte bekannte Hetäre ist Theodora, die es als Gattin Justinians sogar bis zur Kaiserin brachte.[35] Die andere neue Erscheinung der Archaik ist das Aufkommen der Knabenliebe[36], das heißt der gesellschaftlich akzeptierten homosexuellen Beziehungen zwischen erwachsenen Männern und männlichen Heranwachsenden; bisweilen konnten sich diese Beziehungen auch unter erwachsenen Männern abspielen,[37] waren jedoch dann mit dem Verlust des Bürgerrechts strafbar, wenn sie gewerbsmäßig erfolgten. Aber auch die Knabenliebe war, wie das Hetärenwesen, ein Phänomen, das sich nur in der Oberschicht abspielte – da allerdings selbstverständlich war –, und vom Demos verachtet wurde.

Für die klassische Zeit wissen wir über die Frauen außerhalb Athens nur wenig Bescheid; klar ist allerdings, dass sie, wenn auch in geringerem Maße als die Männer,

---

34 Hesiod, Werke und Tage, 701–705: „Kann doch dem Mann nichts Besseres zufallen als eine gute / Frau in der Ehe und nichts so Gräßliches wie eine schlechte, / naschhaft und gierig, die ihren Gatten, so stark er auch sein mag, / ohne offenes Feuer verbrennt und ihn jung schon zum Greis macht." (Übersetzung L. und K. HALLOF).
35 W. SCHULLER, Hetären, mit Literatur.
36 A. WINTERLING, Symposion und Knabenliebe; W. A. PERCY III, Pederasty and Pedagogy.
37 Daher brachte früher die schulische Lektüre von Platons Symposion Griechischlehrer durchaus in Schwierigkeiten.

durchaus am Rechts- und Erwerbsleben teilnahmen. Für das demokratische Athen[38] ergibt sich eine eigenartige Situation. Obwohl man meinen könnte, mit der maßgeblichen Beteiligung des Demos am Staatsleben hätte auch die Frau mehr politische Rechte erhalten, ist davon nicht nur nichts zu spüren, sondern man hört, trotz exzellenter Quellenlage, insgesamt nur von drei Frauen aus dem im weiteren Sinne politischen Bereich.[39] Das zeigt, dass die Demokratie nichts mit individuellen Menschenrechten zu tun hatte, und es bedeutet, dass die intensive politische Tätigkeit der Männer nach wie vor für eine Mitwirkung der Frauen keinen Raum ließ. Ganz anders im weitaus restriktiver organisierten Sparta:[40] Dort waren die Frauen auch im politischen Bereich selbstbewusster, sie äußerten sich zu politischen Angelegenheiten, ihre Meinung wurde ernst genommen. Das lag daran, dass die Spartanerinnen Angehörige einer Schicht waren, die über andere herrschte und in sich keine weitere Hierarchisierung zuließ; bei den vornehmen Römerinnen ist das ebenfalls zu bemerken.

Auch am Wirtschafts- und Rechtsleben nahmen die Athenerinnen in größerem Umfang nicht teil; das unterscheidet sie von den Griechinnen anderswo, hat wohl mit dem Erfordernis der Erhaltung des oikos zu tun, ist aber im Detail nur schwer zu erklären. Aus all dem ist freilich nicht zu folgern, dass, wie häufig gemeint wird, die Athenerinnen ein besonders gedrücktes Leben geführt hätten.[41] Vor allem waren sie keineswegs aufs Haus beschränkt, und wenn wir Nachrichten darüber haben, dass manche Frauen sich wenig auf der Straße blicken ließen, dann hat das nichts mit Unterdrückung zu tun, sondern mit dem Ideal der vornehmen Zurückgezogenheit, das von der Aristokratie übernommen worden war. Auch konnten die Frauen an den Theateraufführungen teilnehmen, waren freilich weniger zahlreich als die Männer und saßen eher auf den hinteren Plätzen. Die Athenerinnen hatten, vergleichbar den Verhältnissen der homerischen Zeit, ihren Tätigkeitsbereich in der Verwaltung des Hauswesens, der für sich genommen nicht geringerwertig war als der öffentliche Bereich, und in dieser Eigenschaft waren sie hoch geachtet; das zeigen etwa die athenischen Grabreliefs und Grabinschriften. Die Lage der Frauen ist schließlich, ganz ungewöhnlich in der antiken Geistesgeschichte, Thema von Diskussionen gewesen, wie etwa die Tatsache der drei Frauenstücke des Aristophanes – Lysistrata, Thesmophoriazusen und Ekklesiazusen – zeigt oder die Rolle, die den Frauen in Platons Staatsvorstellungen zukommt; eine Emanzipationsbewegung jedoch in dem Sinne, dass es eine von Frauen getragene politische Bewegung gegeben habe, die die Gleichberechtigung hätte erstreiten wollen, gab es nicht.

Im Hellenismus ändert sich die Lage der Griechinnen nicht unerheblich.[42] Abgesehen davon, dass Frauen nun als Herrscherinnen politische Funktionen übernehmen – das ist nur eine Folge des in der gesamten Geschichte sich ähnlich auswirkenden dynastischen Prinzips –, lockern sich die Bindungen in der und an die Polis, die gewiss

---

38 Sehr anschaulich das „Iconographic Handbook" von S. Lewis, The Athenian Woman.
39 Elpinike, die Schwester Kimons; Hipparete, die Gattin des Alkibiades sowie eine Zeugin in einem politischen Prozess.
40 P. Cartledge, Spartan Wives; L. Thommen, Spartanische Frauen; M. H. Dettenhofer, Frauen von Sparta; S. B. Pomeroy, Spartan Women.
41 C. Schnurr-Redford, Frauen im klassischen Athen.
42 S. B. Pomeroy, Women in Hellenistic Egypt.

für die enge Eingebundenheit der Frau insbesondere im Familienrecht ursächlich waren. Anders als bei der archaischen Kolonisation wanderten jetzt auch Frauen aus und siedelten sich zusammen mit den Männern nicht im Verbund, sondern individuell in den weiten Gebieten Ägyptens und des Vorderen Orients an. Die Folge war, wie wir vor allem aus den ägyptischen Papyri, aber auch aus den Schriften des Neuen Testaments wissen, dass die Frauen wie die Männer – in quantitativ geringerem Ausmaß – am Rechts- und Wirtschaftsleben teilnahmen und auch familienrechtlich den Männern weitgehend gleichgestellt waren. Diese Verhältnisse gehen ohne Einschnitt in die des griechischen Reichsteils des römischen Kaiserreichs über.

Die rechtliche Situation der Römerin ist oben schon im Zusammenhang mit der Familienverfassung skizziert worden,[43] hier einige Worte zur gesellschaftlichen Lage. Über die unteren Schichten wissen wir über die allgemein gültigen Regelungen des Rechtes hinaus verhältnismäßig wenig; das Bild der Mittelschicht, das sich aus den Komödien des Terenz und vor allem des Plautus ergibt, ist, teilweise in direkter Übersetzung, am griechischen Vorbild orientiert, wenngleich die spezifisch rechtlichen Elemente ins Römische transponiert wurden. Einzig aus Pompeji und teilweise aus Ostia sind wir über Frauen informiert, die nicht zur römischen Herrenschicht gehörten, und dort sehen wir, dass sich ihre Lage nicht wesentlich von der unterschied, wie sie allgemein in hellenistischer Zeit herrschte. Frauen waren – weniger oft als Männer – in verschiedenen Berufen tätig, etwa als Geldverleiherinnen, Grundstücksmaklerinnen, reiche Mäzenatinnen, natürlich auch als Gastwirtinnen oder als Prostituierte. Überraschend ist, dass sie insofern am politischen Leben teilnahmen, als sie Wahlempfehlungen für die Wahlen zu kommunalen Ämtern abgaben und damit offensichtlich ernst genommen wurden.[44]

Gut unterrichtet sind wir natürlich über die Frauen der Oberschicht, insbesondere über die des Senatorenstandes, denn als Angehörige der herrschenden Familien kam es auf sie ja an. Zunächst natürlich in ihrer Rolle als Zentrum des jeweiligen Haushaltes, aber auch im politischen Raum. Über ihre politischen Ansichten und ihr politisches Verhalten wurde berichtet, zwar meistens in Beziehung zu dem ihrer Gatten, Söhne oder auch Väter, aber doch als wichtig zu nehmendes Verhalten.[45] Ihre Position als Mitglied der großen Familien wird darin besonders deutlich, dass sich Klienten auch an Frauen als patronae wenden konnten, wenn sie in Schwierigkeiten waren.[46] Wegen der Quellenlage wissen wir am meisten über die Frauen der späten Republik, und wenn dort von erheblichem Sittenverfall die Rede ist, so muss das deshalb kein frauenfeindliches Stereotyp sein, weil paralleles Verhalten auch von den Männern berichtet wird – allerdings ist vieles nur deshalb bekannt, weil die Quellenlage bedeutend besser ist, so dass Rückschlüsse darauf, dass es das alles in der hohen Republik nicht gegeben habe, methodisch unzulässig sind: Wir wissen es für diese Zeit einfach nicht.[47] Im Übrigen scheint sich im politischen Bereich nicht sehr viel geändert zu haben; die

---

[43] Siehe S. 206f.
[44] L. Savunen, Women and elections in Pompeii.
[45] Beispiel: K. Hubel, Die Brieffragmente der Cornelia, der Mutter der Gracchen.
[46] Cicero, Für Sextus Roscius aus Ameria, 27.
[47] W. Schuller, Frauen in der späten römischen Republik.

Senatorenfrauen nahmen, ohne dass das irgendwie hervorgehoben, getadelt oder gerechtfertigt wurde, an informellen politischen Beratungen teil und waren in einem solchen Ausmaß in das politische Tagesgeschäft involviert, dass sie erfolgreich auf politische Entscheidungen hinwirken konnten.[48]

Für die Kaiserzeit und die Spätantike wäre, wie im Hellenismus, auf die weiblichen Angehörigen des Herrscherhauses hinzuweisen, die in dieser Eigenschaft natürlich immer hinter den jeweiligen männlichen Vertretern zurückblieben, aber doch subsidiär und gelegentlich auch genuin sich an der Herrschaft beteiligten; gelegentlich so intensiv, dass es auf Kritik stieß. Die Senatorenfrauen teilten das erhebliche Prestige ihres Standes und wurden dementsprechend in die Verfolgungen mit einbezogen, die den Senatorenstand vor allem im 1. Jahrhundert trafen. Wie intensiv Frauen am Rechts- und Wirtschaftsleben teilnahmen, geht daraus hervor, dass von den Anfragen, die an die Kaiser in Rechtsdingen gerichtet wurden, rund ein Drittel von Frauen kam.[49] Obwohl das Christentum – mit Ausnahme der kurzen Zeit des Urchristentums – die generelle Unterordnung der Frau beibehielt, wirkte sich ihre Gleichwertigkeit vor Gott doch auch hier auf Erden aus: Es gab Klöster sowohl für Männer als auch für Frauen – letztere vielleicht sogar etwas früher –, und erstmals in der Antike entstanden Biographien nicht nur von Männern, sondern auch von (heiligen) Frauen, wie etwa die von Makrina oder von Melania der Jüngeren.[50]

3.3.1.7 Sport

In Griechenland spielte der Sport[51] eine ganz ungewöhnlich große Rolle, und zwar nicht nur als individuelle Betätigung, sondern als gesellschaftliches Ereignis; auf seine Ursprünge kann hier nicht eingegangen werden.[52] Das ist zunächst daraus ersichtlich, dass nach Pausanias zu einer Stadt eine Sportstätte – das Gymnasion – genauso gehörte wie die politischen Bauten und das Theater,[53] und zwar an zentraler Stelle und nicht, wie heute, am Rande.[54] Weiter war es für einen Politiker eine wichtige Eigenschaft, Sieger an einem der großen panhellenischen Spiele zu sein, die zudem nicht nur regelmäßiger Treffpunkt von Zuschauern (und Zuhörern bei den musischen Vorführungen) waren, sondern auch als Orte dienten, bei denen ganz Griechenland betreffende Entscheidungen vorbereitet oder verkündet wurden.[55] Das allein rechtfertigt oder erfordert es sogar, dem Sport einen eigenen Abschnitt zu widmen, wozu noch das Interesse daran kommt, einen Vergleich mit dem heutigen Sportbetrieb zu ziehen.[56]

Die früheste ausführliche Nachricht finden wir im 23. Buch der Ilias, das fast vollständig aus der Darstellung eines Sportereignisses besteht, nämlich des Totenagons

---

48 So Servilia, die Mutter des Caesarmörders Brutus: Cicero, An Atticus 15, 11, 2.
49 L. HUCHTHAUSEN, Herkunft und ökonomische Stellung.
50 A. MOMIGLIANO, Life of St. Macrina; C. LEPELLEY, Mélanie.
51 W. DECKER, Sport in der griechischen Antike; M. GOLDEN, Sport and Society in Ancient Greece; U. SINN, Sport in der Antike. Allgemein: I. WEILER, Der Sport bei den Völkern der Alten Welt.
52 S. SAMIDA, Zum Ursprung des Sports.
53 Pausanias 10, 4, 1.
54 Siehe aber H. von HESBERG, Das griechische Gymnasion.
55 Zu allem Außersportlichen siehe I. WEILER, Olympia; L.-M. GÜNTHER, Olympia.
56 L. CALLEBAT, Modern Olympic Games.

(agon = Wettkampf) für Patroklos, den gefallenen Freund des Achilleus. Daraus geht zum einen hervor, dass der soziale Ort der Entstehung des Sportes überhaupt etwas mit Begräbnisfestlichkeiten zu tun hat, zum anderen, dass er in dieser frühen Zeit bereits ausdifferenziert war: Es gab Wagenrennen (diese Disziplinen in verschiedenen Ausprägungen wurden hippische Agone genannt, von hippos = Pferd, die anderen gymnische, von gymnos = nackt), Faustkampf, Ringen, Wettlauf, Waffenlauf, Diskoswurf, Bogenschießen und Speerwurf. An den Spielen nehmen nur berühmte Helden teil, Sport war also eine aristokratische Betätigung, was sich auch in der Hauptrolle zeigt, die das Wagenrennen spielt; trotzdem werden wertvolle Preise ausgesetzt, die durchaus einen Ansporn darstellen. In Buch 8 der Odyssee wird eine weitere Gelegenheit geschildert, bei welcher Sport getrieben wird, nämlich im Anschluss an ein festliches Mahl zu Ehren eines fremden Gastes.

Es gab eine Fülle von überregionalen Sportfesten,[57] die wichtigsten waren die vier panhellenischen Spiele in Olympia, Delphi (Pythische Spiele), am Isthmos von Korinth und in Nemea auf der Peloponnes. Sie hießen nicht deshalb panhellenisch, weil etwa nur sie allen Griechen offen gestanden hätten – das taten die anderen, lokalen, nämlich allermeist auch –, sondern deshalb, weil sie diejenigen mit dem meisten Prestige waren. Wer in allen vieren in seiner Disziplin gesiegt hatte, bekam den zusätzlichen Siegestitel Periodonike. Zudem waren sie die einzigen, bei denen die Siegespreise nicht materieller Art waren, sondern aus einem Kranz bestanden: vom Ölbaum in Olympia, Lorbeer in Delphi, Fichte bei den Isthmien, Eppich (Sellerieblätter) bei den Nemeen. Freilich wurden die Sieger von ihren Heimatstädten[58] hoch und mit sehr wertvollen Preisen geehrt. Den panhellenischen Spielen war weiter gemeinsam, dass ihre Abhaltung vorher durch Festboten in ganz Griechenland – also auch im Westen – bekannt gemacht wurde, und dass Teilnehmer und Zuschauer auch im Krieg frei an den Festort kommen konnten, der sich seinerseits neutral verhalten musste; einen allgemeinen „Olympischen Frieden", wie er manchmal behauptet wird, gab es allerdings nicht.[59]

Die Olympischen Spiele, die bis zum 5. nachchristlichen Jahrhundert abgehalten wurden, waren die ältesten, der Tradition nach seien sie 776 gegründet worden. Wie die anderen panhellenischen Spiele auch, haben sie sich aus Spielen zu Ehren eines Gottes – hier des Zeus – entwickelt, der in Olympia eine wichtige Orakelstätte hatte; das olympische Orakel spielte in der Kolonisationsbewegung eine ähnliche Rolle wie das pythische in Delphi. Die erste Disziplin war der Stadionlauf (Stadion ist ein Längenmaß von rund 190 m), zu dem um die Wende zum 7. Jahrhundert Ringen und Boxen kamen, in der Mitte dieses Jahrhunderts Wagen- und Pferderennen, gegen Ende des 6. Jahrhunderts waren die Disziplinen vollständig. Wie die Olympien fanden auch die Pythien,[60] zu Beginn des 6. Jahrhunderts gegründet oder neu organisiert, alle vier

---

57 W. J. Raschke (Hg.), Archaeology of the Olympics; W. Coulson/H. Kyrieleis, Proceedings of an International Symposium on the Olympic Games (beide auch über andere Spiele); J. Ebert, Epigramme.
58 C. Mann, Athlet und polis.
59 K. Brodersen, Heiliger Krieg.
60 J. Fontenrose, The Cult of Apollo.

Jahre statt, zusätzlich zu den sportlichen kamen dort auch musische Wettkämpfe[61] des Singens, Rezitierens und der Instrumentalmusik hinzu. Auch die Isthmien und die Nemeen, ebenfalls aus dem frühen 6. Jahrhundert, kannten musische Wettkämpfe,[62] sie fanden jedes zweite Jahr statt, aber alle vier Spiele überlappten sich so, dass sie sich gegenseitig nicht störten. Das berühmteste lokale Fest waren die Großen Panathenäen in Athen,[63] die alle vier Jahre stattfanden und bei denen wertvolles Olivenöl als Preis ausgesetzt war, das in großen prunkvollen Amphoren überreicht wurde; heute stehen solche Preisamphoren in zahlreichen Museen.[64]

Der voll entwickelte Sport hatte aristokratische Anfänge und konnte nur von denjenigen betrieben werden, die Muße (und Geld) hatten, systematisch zu trainieren; insbesondere die Wagenrennen, die einen Rennstall voraussetzten, waren teuer. Mit dem Ende des Adelsstaates setzte aber auch im Sportlichen eine Erweiterung der Beteiligten ein; wahrscheinlich hat die Sportart des Waffenlaufs, die einen Wettlauf in voller (später reduzierter) Rüstung darstellte, etwas mit der Beteiligung des Hopliten an der politischen Macht zu tun. Sichtbares Zeichen für diese Ausweitung des Teilnehmerkreises ist, dass nun das Gymnasion[65] aus aristokratischen Anfängen zu einer städtischen Einrichtung wurde, die das Sporttreiben auf eine breitere Grundlage stellte. Eine Demokratisierung kann man das allerdings nicht nennen, denn die untersten Bevölkerungsschichten – deren Teilhabe ja gerade das Charakteristikum der Demokratie darstellt – konnten aus Erwerbsgründen kaum trainieren und teilnehmen.

Trotzdem gab es schon früh, in der spätarchaischen und frühklassischen Zeit, den Berufssportler, der davon lebte, von Fest zu Fest zu reisen und Preise einzuheimsen, besonders verbreitet natürlich in hellenistischer Zeit. Mit dem Hellenismus hatte sich nämlich auch das Sporttreiben über die neu gewonnenen Gebiete verbreitet, so sehr, dass in Ägypten die Griechen „die vom Gymnasion" genannt wurden, von einer Einrichtung also, in der dann nicht nur Sport getrieben, sondern in der auch griechische geistige Erziehung betrieben wurde;[66] daher hat das heutige Gymnasium seinen Namen. Wie sehr das Sporttreiben im Gymnasion zum spezifischen Kennzeichen des Griechischen wurde, zeigt der Ausbruch des Makkabäeraufstandes in Palästina: Die traditionell empfindenden Juden nahmen besonderen Anstoß daran, dass von den sich hellenisierenden Juden auf griechische Weise Sport getrieben wurde.[67]

---

61 Eine Monographie darüber gibt es nur für die Panathenäen: H. Kotsidu, Die musischen Agone der Panathenäen.
62 Siehe Schillers Ballade „Die Kraniche des Ibykus".
63 J. Neils, Goddess and Polis.
64 M. Bentz, Panathenäische Preisamphoren.
65 C. Mann, Krieg, Sport und Adelskultur; N. Fisher, Gymnasia and the democratic values of leisure.
66 P. Gauthier, Notes sur le rôle du gymnase.
67 Zweites Makkabäerbuch 4, 12–15: „Gerade unter der Burg baute er ein Spielhaus (gymnasion) und verordnete, dass sich die stärksten jungen Gesellen darin üben sollten. Und das griechische Wesen nahm also überhand durch den gottlosen Hohenpriester Jason, dass die Priester des Opfers und des Tempels nicht mehr achteten, sondern liefen in das Spielhaus und sahen, wie man den Diskus warf und andere Spiele trieb; und ließen also also ihrer Väter Sitten fahren und hielten die griechischen für köstlich." (Übersetzung nach Martin Luther)

Frauen konnten nur begrenzt am Sportleben teilnehmen. Da der Sieg bei Wagenrennen dem Eigentümer des Gespanns zufiel, nicht dem Wagenlenker, konnten allerdings in diesen Disziplinen, also in den hippischen Agonen, auch Frauen siegen, was durchaus vorkam.[68] An den übrigen Sportarten, den gymnischen, beteiligten sie sich mit wenigen Ausnahmen nicht. Eine Ausnahme ist der Heraien genannte Wettlauf in Olympia, eine weitere sind die Wettläufe im attischen Artemis-Heiligtum von Brauron. Dort haben Ausgrabungen Vasenbilder zutage gefördert, die Mädchen beim Wettlauf zeigen. In Brauron wurden nämlich kleine Athenerinnen als so genannte Bärinnen (ein Tier, das der Artemis heilig war) einige Jahre lang bis zur Heiratsfähigkeit erzogen, und die Tatsache, dass sie in diesem Zusammenhang Wettläufe veranstalteten, zeigt abermals die Herkunft des Sports aus religiösen Riten[69] – wie es die olympischen Heraien zeigen oder die Tatsache, dass der Stadionlauf die erste Sportart der Olympischen Spiele war. Privat jedoch wurden auch von Frauen verschiedene Sportarten betrieben, wie Vasenbilder zeigen.

Der römische Sport[70] bestand großenteils in Übernahmen aus dem griechischen Sportbetrieb; so konnten nicht nur seit der hellenistischen Zeit Römer an den griechischen Wettspielen teilnehmen, sondern sie stifteten auch eigene Agone nach griechischem Muster, und während der friedlichen Jahrhunderte der römischen Kaiserzeit nahmen die Wettspiele im griechischen Reichsteil sprunghaft zu. Das griechische Badewesen allerdings erlebte in der römischen Kaiserzeit überall im Reich einen nun spezifisch römisch geprägten Aufschwung[71]: Das ganze damalige Europa – von Britannien bis Georgien, von Germanien bis Africa – war mit Thermenanlagen überzogen, in denen außer Schwimmsport noch zahlreiche andere Sportarten betrieben wurden; am berühmtesten sind natürlich die Caracalla- und Diokletiansthermen in Rom selber. Das einzige Urrömische, das eine gewisse Beziehung zum Sport hat, sind die Gladiatorenspiele.[72] Mit Sport hängen sie insofern zusammen, als sie, wie möglicherweise die griechischen Spiele, aus Kulthandlungen bei Leichenbegängnissen entstanden sind – sie selber waren freilich etwas so Unerfreuliches,[73] dass man keine umständlichen Definitionen des Sportbegriffs bemühen muss, um sie nicht mehr als Sport zu bezeichnen. In der römischen Kaiserzeit wurden sie, wie Tierhatzen und ähnliche blutige Spiele, auch im griechischen Osten übernommen.

---

68 So die Spartanerin Kyniska (Pausanias 3, 8, 1, 3, 15, 1; 6, 1, 6; Xenophon, Agesilaos 9, 6) oder die Hetäre Belistiche (Athenaios 13, 576 e).
69 B. Gentili/F. Perusino (Hg.), Le orse di Brauron.
70 J.-P. Thuillier, Sport im antiken Rom.
71 M. Weber, Antike Badekultur; G. G. Fagan, Bathing in Public.
72 M. Junkelmann, Spiel mit dem Tod; T. Wiedemann, Kaiser und Gladiatoren; E. Flaig, An den Grenzen des Römerseins.
73 Das ist nicht nur eine neuzeitliche Einschätzung. Cicero etwa fand sie auch scheußlich, wie er in seinem Brief an M. Marius vom September (?) 55 v.Chr. (Ad familiares 7, 1) schreibt, etwa § 3: „quae potest homini esse polito delectatio cum aut homo imbecillus a valentissima bestia laniatur aut praeclara bestia venabulo transverberatur?" (wie kann ein kultivierter Mann Vergnügen daran finden, wenn ein schwacher Mensch von einer gewaltigen Bestie zerrissen oder ein herrliches Tier vom Jagdspieß durchbohrt wird? Übersetzung Helmut Kasten).

3.3.1.8 Alphabetisierung und Schule

Das Lesen- und Schreibenkönnen[74] war weit verbreitet und war für das staatliche Leben unabdingbar; das öffentliche Aufstellen von Gesetzen bereits in der Umbruchszeit der Archaik wäre sonst sinnlos gewesen. Insbesondere in Athen[75] muss es bis in die unteren Bevölkerungsschichten vorgedrungen sein, denn vom Ostrakismos über die öffentliche Bekanntmachung der Tagesordnung der Volksversammlung bis zu der besonders häufigen Publizierung von Volksbeschlüssen war überall die Fähigkeit vorausgesetzt, diese Texte zu lesen und auch selber zu schreiben, wenn auch in Einzelfällen womöglich geholfen werden musste. Spätestens mit der Verbreitung der Demokratie hat all das auch anderswo stattgefunden. Die ägyptischen Papyri des Hellenismus zeugen von einem Ausmaß der Schriftlichkeit, das dem der Gegenwart gleichkommt. In sämtlichen Lebensbereichen und in allen Gesellschaftsschichten wurde unablässig geschrieben, und dass das keine ägyptische Besonderheit war, sondern dass die Menge der Zeugnisse nur der klimatisch bedingten Erhaltung dieser Bücher, Akten, Briefe, Schulhefte und einfachen Zettel zu verdanken ist, zeigt sich darin, dass wir beschriebene unvergängliche Materialien auch aus allen anderen Bereichen der griechischen Welt – wenn auch in entsprechend geringerem Ausmaß – kennen.

Die spartanische agoge, mit einer ähnlichen Einrichtung auf Kreta, also die Gemeinschaftserziehung der jungen Männer und in anderer Weise der jungen Frauen, war in ihrer Ausrichtung auf das streng geregelte Gemeinschaftsleben vor allem in militärischer Hinsicht eine Ausnahme in Griechenland. An vielen anderen Orten gab es schon zur archaischen Zeit Elementarschulen,[76] teilweise durchaus städtischen Charakters, die meisten aber privat; gelegentlich wurden auch Mädchen so unterrichtet.[77] In klassischer und hellenistischer Zeit war die zentrale pädagogische Einrichtung das Gymnasion, in dem der Großteil der Ephebenerziehung stattfand, also der Erziehung der 18 bis 20-jährigen vornehmlich in sportlichen und militärischen Übungen, aber auch in literarischer Bildung. Im Hellenismus ist es das Gymnasion gewesen, durch das großenteils die Hellenisierung der einheimischen Bevölkerung vonstatten ging.[78] Höherer Unterricht in Rhetorik oder Philosophie fand in privaten Einrichtungen statt. Der Elementarunterricht in Rom und in den italischen Städten war zunächst auch privat, teilweise auch für Mädchen, ab der Kaiserzeit staatlich. Die höhere Bildung ging privat vonstatten, der für Rom besonders wichtige Rechtsunterricht zunächst durch einfaches Dabeisein in der gerichtlichen Praxis, seit der Kaiserzeit in zunächst privaten, dann staatlichen Rechtsschulen, besonders wichtig die in Konstantinopel und Beirut, von denen Professoren am Corpus Iuris mitwirkten.[79]

---

74 Siehe S. 52.
75 C. W. Hedrick, Jr., Writing, Reading.
76 Herodot berichtet in 6, 27, 2, dass es in der Schule von Chios im 6. Jahrhundert einen Unfall gegeben habe, bei dem von 120 Knaben nur einer mit dem Leben davongekommen sei.
77 Das klassische Werk über Erziehung und Schule ist H.-I. Marrou, Geschichte der Erziehung; neuester Stand bei Y. L. Too, Education in Greek and Roman Antiquity, Introduction.
78 Siehe S. 88.
79 Sie werden in der Constitutio „Tanta" Justinians (§ 9) genannt, mit welcher die Digesten in Kraft gesetzt wurden: Theophilus und Cratinus (Konstantinopel) sowie Dorotheus und Anatolius (Berytos). – Plastisch und materialreich zur Spätantike A. Demandt, Spätantike, 352–373 (Kapitel „Das Bildungswesen").

3.3.2 Wirtschaft

Wirtschaft[80] stellte im antiken Denken und Handeln keine eigenständige Dimension gesellschaftlicher Existenz dar. Wenn je in der Geschichte die Figur des homo oeconomicus[81] – also des Menschen, dessen Tun und Lassen ausschließlich von wirtschaftlichen Antriebskräften bestimmt ist – keine Entsprechung in der Wirklichkeit hatte, dann im griechisch-römischen Altertum. Gleichwohl gab es natürlich wirtschaftliche Betätigung, die ihrerseits auch Eigendynamik entfalten konnte. Aus Gründen der Übersichtlichkeit wird im Folgenden zwar weiterhin nach Griechenland und Rom getrennt, aber sonst nach Sachgebieten vorgegangen.

Die wichtigste wirtschaftliche Betätigung ist während der ganzen Antike hindurch die Landwirtschaft[82] gewesen; sowohl von ihren quantitativen Ausmaßen her als auch, ganz allgemein gesprochen, hinsichtlich ihres Prestiges. Das dürfte für die jeweilige Frühzeit – Griechenlands und Italiens mit Rom – selbstverständlich sein. Staat und Gesellschaft bestanden aus Bauern auf kleinen und größeren Bauernhöfen, wobei aus den größeren Bauernfamilien das hervorging, was dann der jeweilige Adel – etwa Eupatriden und Patrizier – wurde. In Griechenland führte die Überbevölkerung[83], weniger die Ausdehnung des Landbesitzes Wohlhabender, zu immer größerer Landnot, die durch die Kolonisation erfolgreich und nachhaltig gelindert wurde; wenn es in den Apoikien Landnot gab, dann war sie weniger durch innere Auseinandersetzungen als vielmehr durch die Angriffe der aus dem Landesinneren andrängenden Einheimischen verursacht. Für das archaische Attika wissen wir allerdings, dass es ein bestimmtes Ausmaß an Bodenkonzentration gab. Solon versuchte, die dadurch entstandene Notlage durch Schuldenerlass zu bekämpfen, aber erst der Tyrann Peisistratos nahm Landverteilungen vor. Das Ergebnis war eine dauerhafte Saturierung der athenischen Bauernschaft. Auch später hat es keine wesentliche Bodenkonzentration gegeben,[84] die entstehenden Schwierigkeiten kamen durch die Verwüstung des Landes im Peloponnesischen Krieg. Solon hatte die athenische Landwirtschaft auf exportfähige Produkte umgestellt, nämlich auf Öl und Wein; das Grundnahrungsmittel Fisch lieferten die Fischer, das Getreide musste – und sollte – importiert werden, aus dem Schwarzmeerraum und aus Ägypten. In Bezug hierauf gab es eine staatliche Wirtschaftspolitik: Zum einen mussten die Seewege zum Pontos freigehalten werden, und zum anderen wurden die Getreidepreise durch staatliche Subventionen gestützt.[85] Im Übrigen arbeitete der attische Bauer zu einem Teil natürlich für sich selbst, zu einem anderen verkaufte er – oder seine Frau – seine Produkte auf dem Markt; in den

---

80 H. Kloft, Die Wirtschaft der griechisch-römischen Welt; W. Scheidel/S. von Reden (Hg.), The Ancient Economy.
81 Zum homo oeconomicus im Verhältnis zum homo politicus in der Antike bei Max Weber siehe W. Nippel, Homo Politicus.
82 A. Burford, Land und Labor; S. Sager/J. E. Skydsgaard, Ancient Greek Agriculture; C. R. Whittaker (Hg.), Pastoral economies.
83 R. Sallares, The Ecology of the Ancient Greek World, verbindet eindrucksvoll die demographische mit der ökonomischen Analyse.
84 G. Audring, Grenzen der Konzentration.
85 Siehe die Rede des Lysias gegen die Getreidehändler; dazu T. Figueira, Sitopolai.

Stücken des Aristophanes oder den Charakterbildern des Theophrast ist der Markt ein alltäglicher Platz.

Während des Hellenismus änderte sich im Mutterland kaum etwas, nur kamen jetzt die riesigen Gebiete Ägyptens und Vorderasiens hinzu. Auch dort herrschte natürlich die Landwirtschaft vor, und sie wurde als so wichtig empfunden, dass sowohl in Ägypten wie im allerdings vielgestaltigen Seleukidenreich alles bebaubare Land zunächst einmal prinzipiell dem König gehörte.[86] Bei den Seleukiden hatten dort, wo der König unmittelbar regieren konnte, die Bauern auf seinem Land, die Königsbauern, einen Prozentsatz des Ertrages abzuliefern; es gab unterschiedliche Formen der Landvergabe mit entsprechend unterschiedlichen Abgabemodalitäten. Im ptolemäischen Ägypten herrschte ein komplizierteres System. Zum einen wurde jährlich veranschlagt, wie viel der Bauer von dem Ertrag des staatlich zur Verfügung gestellten Saatgutes absolut abzuliefern habe, zum anderen wurden die Ablieferungen an Staatspächter verpachtet, die gegen eine Pachtsumme die Ernte selber einziehen konnten. Außerdem gab es eine Fülle von Einzelabgaben, bis hin zu kleinsten Summen, die etwa auf Obstbäume zu entrichten waren. Trotz des wirtschaftlichen Niedergangs Ägyptens in der spätptolemäischen Zeit blieb Ägypten immer das reichste Land des Mittelmeergebietes. Die lex Hieronica König Hierons II. von Syrakus, durch Ciceros Reden gegen Verres überliefert, regelte in vergleichbarer Weise die Abgaben des syrakusanischen Königreiches.

Die römische Landwirtschaft[87] entwickelte sich aus ähnlichen Anfängen anders. Jahrhundertelang blieb zwar der Hof des römischen Einzelbauern die vorherrschende Wirtschaftseinheit und dehnte sich auf dem Wege der Vergrößerung des römischen Staatsgebiets auf dem ager Romanus und durch Koloniegründung über ganz Italien aus; ebenso dürften die Verhältnisse bei den italischen Bauern gewesen sein. Roms Expansion setzte dem in mehrfacher Hinsicht ein Ende. Zum einen ging die Anzahl der Bauernstellen deshalb zurück, weil durch die verlustreichen Kriege vor allem in Spanien Bauern entweder gefallen oder doch zu lange von Haus und Hof entfernt geblieben waren, als dass die Einzelbewirtschaftung hätte aufrechterhalten werden können. Zum anderen setzte von Seiten der Senatoren und anderer Wohlhabender eine Bodenkonzentration ein. Das lag einerseits an der lex Claudia von 218, die den Senatoren aus ideologischen Gründen größere Handelsgeschäfte verbot und sie damit auf großräumige Landwirtschaft verwies. Andererseits veranlassten sowohl die Aufgabe bisheriger Bauernstellen als auch das angewachsene Sklavenpotential die Grundbesitzer dazu, ihren Besitz teilweise mit Gewalt immer weiter auszudehnen und entweder als Weide-[88] oder als Ackerland durch Sklaven bewirtschaften zu lassen.

Nun war es nicht so, dass Italien durchgängig von solchen Latifundien überzogen gewesen wäre. Das ist daran zu sehen, dass die Zensuszahlen trotz rückläufiger Tendenz immer noch auf ein starkes Bauerntum hindeuten[89], und zudem haben wir in Catos des Älteren Buch „De agri cultura" ein Werk, das die rationelle und absatzorientierte Bewirtschaftung eines Einzelgutes mit, in dieser Reihenfolge, Wein,

---

86 H. Kreissig, Wirtschaft und Gesellschaft.
87 K. D. White, Roman Farming; J. M. Frayn, Subsistence Farming.
88 C. R. Whittaker, Pastoral economies.
89 Übersichtlich zusammengestellt bei H. Kloft, Wirtschaft, 158 f.

Gartenfrüchten, Oliven, Weidewirtschaft und Getreideanbau behandelt; das Weingut solle 100, die anderen 240 Morgen umfassen. Gleichwohl war die Tendenz zum Latifundium und zum Abnehmen der Bauernstellen so stark, dass eine Schwächung der Wehrkraft befürchtet wurde, so dass verschiedene Reformanläufe gemacht wurden, die schließlich in den gracchischen Unruhen gipfelten. In der Folgezeit wurde das Agrarproblem weniger durch zivile Landverteilungen sondern dadurch gelöst, dass Bürgerkriegsveteranen auf enteignetem Land angesiedelt wurden;[90] sofern das seit Marius und Caesar auch außerhalb Italiens geschah, war das ein entscheidender Faktor der Romanisierung des Mittelmeergebietes bis hin nach Rumänien.

In Italien wie im ganzen Reich gab es dann in der Folgezeit ein Nebeneinander von bäuerlichem Einzelbesitz und Großgrundbesitz, letzterer zunächst häufig in Streulage, die in der Spätantike einer größeren Konzentrierung Platz machte. Das Zentrum eines solchen Gutes war, schon zu Catos Zeit, das Landhaus, die Villa, in der der Eigentümer früher nur zeitweise, später dauerhaft wohnte; solche teilweise höchst luxuriöse Villen wurden etwa in Nennig bei Trier, bei Boscoreale nahe Pompeji oder bei Piazza Armerina auf Sizilien gefunden – die römische Welt ist im Übrigen voll von ihnen. Der große Grundbesitz stand teils im Eigentum reicher Senatoren, teils des Kaisers, wurde weiterhin von Sklaven, zunehmend – ab dem 2. Jahrhundert – auch durch freie Pächter, coloni, bewirtschaftet. Mit dem steigenden Finanzbedarf des Staates stiegen die zu leistenden Abgaben und sank die Bereitschaft der Bauern, diese Lasten zu tragen, so dass die Kolonen gesetzlich verpflichtet wurden, an Ort und Stelle zu bleiben, sie wurden zu sklavenähnlichen glebae adscripti, der Scholle Angeschriebene. Aber weiterhin gab es, örtlich und zeitlich differierend, freie Einzelbauern, deren Anteil an der gesamten Landbevölkerung aber nicht hinreichend quantifiziert werden kann.

Die Wertschätzung der Landwirtschaft trägt ein uneinheitliches Gesicht. Der griechische Hoplitenbauer war nicht nur eine geachtete, sondern auch eine staatstragende Figur; in den Komödien des Aristophanes wird er als einfach-knorrig hoch gelobt. In den hellenistischen Flächenstaaten war dafür kein Raum mehr, und die Hirtengedichte Theokrits haben mit der Realität nichts mehr zu tun. In Roms Aristokratie war der Gelderwerb auf anderem Wege als dem der Landwirtschaft noch in Ciceros Zeit mit einem Makel belegt, wenn auch geschäftliche Tätigkeit großen Stils, wie sie viele Angehörige des Ritterstandes – und doch auch Senatoren[91] – betrieben, deren soziales Prestige nicht beeinträchtigte. Bäuerliche Einfachheit, wie sie in Anekdoten aus Roms Frühzeit und noch durch Cato den Älteren gepriesen wurde, war ein allgemein anerkanntes Ideal, das etwa noch in Vergils Hirten- und Landwirtschaftsdichtung zum Ausdruck kommt; die Wirklichkeit sah natürlich insofern anders aus, als schon längst die konkrete Landarbeit von diesen Herren selber nicht mehr geleistet wurde. Aber das Streben der römischen Unterschicht nach Land, wie sie sich in dem Lebensziel der Be-

---

90 Zuletzt tat das Augustus, wodurch auch die Familie Vergils enteignet wurde; diese Enteignungen spielen eine nicht geringe Rolle in seinen Eklogen – Paul VEYNE hat sogar geglaubt, das Grundstück auf Grund der Angaben in der Dichtung photographieren zu können (L' histoire agraire).
91 Cicero war unangenehm berührt, als er als Statthalter merken musste, dass M. Iunius Brutus, der spätere Caesarmörder, äußerst unerfreuliche Geldgeschäfte betrieb; siehe beispielsweise die Briefe an Atticus 5, 18, 20, 21; 6, 3.

rufssoldaten auf Ansiedlung nach Ableistung ihrer Dienstzeit äußert, zeigt deutlich, dass das Bauerntum noch ein hohes Sozialprestige hatte. Das dürfte in Kaiserzeit und Spätantike zum Erliegen gekommen und erst mit dem Mönchsleben in spezifischer Weise wieder aufgelebt sein.

Spezialisiertes Handwerk[92] bildete sich in den Dunklen Jahrhunderten und dann in der archaischen Zeit Griechenlands heraus. Zunächst war alles Notwendige auf dem Hof selber hergestellt worden, insbesondere die Textilien oder auch die Werkzeuge. Nur die Herstellung von Metallgegenständen, vor allem von denen aus Eisen, erforderte spezielle Fertigkeiten, und daher sind die Schmiede, die das Erz auch verhütteten, die ersten handwerklichen Spezialisten;[93] sie waren oft nicht fest ansässig, sondern zogen umher und übten ihre Dienste an verschiedenen Orten aus. Wahrscheinlich war es die Berührung mit den altorientalischen Kulturen, durch die Vermittlung der Phöniker, die eine weitere Differenzierung des Handwerks in Griechenland hervorbrachte, dann das Zusammenziehen in die Polis, die Großbauten der Tempel, der Schiffbau, die Hoplitenrüstung und schließlich die weiteren Bauten wie Wasserleitungen, die oft von Tyrannen angelegt wurden. Immer freilich, die gesamte Antike hindurch, hatte die handwerkliche Produktion den Charakter von Klein- und Mittelbetrieben. Berühmt sind für Athen die Schildmanufaktur des Redners Lysias mit 100 Sklaven und einem Lager von 700 Schilden und die Schwertmanufaktur des Vaters des Redners Demosthenes mit 32 Arbeitern oder für Rom die Tonwarenmanufakturen von Arretium (Arezzo),[94] in denen jeweils 60 bis 70 Arbeiter (Freie und Sklaven) arbeiteten. Das sind aber auch die Höchstzahlen; eine Töpferwerkstatt in Athen beschäftigte nur wenige Arbeitskräfte einschließlich des Eigentümers. In den meisten Fällen wurde in der Werkstatt auch verkauft, aber natürlich auch auf dem Markt, und es wurde exportiert.

Das Ansehen des Handwerkers war nicht ganz gering. Zwar gehörte er zu den niederen Schichten – die Handwerker waren banausoi –, aber es gab auch den Stolz auf handwerkliches Können. Immerhin hatten die Schmiede mit Hephaistos (römisch: Vulcanus) einen eigenen Gott, dessen Kunst in der Ilias ausführlich an Hand des von ihm für Achilleus gefertigten Schildes dargestellt und gepriesen wird;[95] und von Herodot werden viele Kunsthandwerker bei der Erwähnung ihrer Produkte eigens mit Namen genannt. Auch signierten nicht nur zahlreiche Vasenmaler in Athen, sondern auch Töpfer, und auch ihre Tätigkeit wurde nicht ohne eine Art Berufsstolz auf den Vasen abgebildet. Sokrates achtete in den platonischen Dialogen den Handwerker hoch als jemanden, der in seinem Können ein Fachmann war. Noch sichtbarer war in Rom der Stolz von Handwerkern auf ihre Fähigkeiten; in zahlreichen Grabmonumenten von Handwerkern wurde bildlich und in Worten die Tüchtigkeit des Verstorbenen gepriesen.[96]

---

92 A. Burford, Künstler und Handwerker; L. Neesen, Demiurgoi und Artifices.
93 In 1, 68 erzählt Herodot eine Geschichte, in welcher der Spartaner Lichas einem Schmied bewundernd bei der Arbeit zusieht.
94 F. Kiechle, Sklavenarbeit und technischer Fortschritt.
95 Siehe S. 56.
96 Bei der Einfahrt nach Rom kann der Bahnreisende ein seltsames steinernes Monument sehen, auf welchem runde, tief in den Stein reichende Vertiefungen zu sehen sind: Das ist das Grabmal des auf seinen Beruf stolzen Bäckers M. Vergilius Eurysaces aus der zweiten Hälfte des 1. Jahrhunderts n.Chr., und die Vertiefungen bedeuten die Backöfen, in die das Brot geschoben wurde (E. Nash, Rom 2, 329–332).

Handel[97] kam, als Tauschhandel, bereits in den Dunklen Jahrhunderten auf, ebenfalls über die Phöniker; sie erscheinen in den Epen Homers als Händler – freilich auch als Räuber von Kindern, die dann in die Sklaverei verkauft werden. Als Grabbeigaben findet man orientalische Luxusgegenstände, die durch phönikische Vermittlung nach Griechenland gekommen sein dürften, wobei nicht klar festzustellen ist, ab wann Griechen selber übers Meer fuhren, um etwa Erz aus Chalkis gegen Luxuswaren einzutauschen. Die griechische Kolonisation der archaischen Zeit ist jedenfalls ohne vorherige Kenntnis der fremden Küsten und ohne eine vorher erworbene Fähigkeit, dorthin zu fahren, nicht denkbar, und das kann nur durch Handelsfahrten geschehen sein. Im Übrigen war natürlich seit der archaischen Zeit weitaus vorherrschend der Kleinhandel innerhalb der Polis, in der die Bauern und Handwerker ihre Produkte auf dem Markt verkauften, und das blieb so die ganze Antike hindurch.

Der Fern- oder Außenhandel mit teils Luxus-, teils lebensnotwendigen Produkten – wie für Athen das Getreide – nahm in der spätarchaischen Zeit immer mehr zu und war ebenfalls bis zur Spätantike ein wesentlicher Wirtschaftsfaktor. Das erhellt in Ermangelung verlässlicher Zahlen daraus, dass viele Städte gut ausgebaute und sichere Häfen anlegten – etwa Athen den Piräus anstelle der offenen Reede von Phaleron; oder Rhodos in hellenistischer Zeit –, um durch die Hafengebühren Einnahmen zu erzielen. Darüber hinaus gab es mit Ausnahme der Sicherstellung der Versorgung der Bevölkerung keine staatliche Handelspolitik. Obwohl durchaus auch Bürger der jeweiligen Stadt im Außenhandel tätig waren – so schon bei Herodot der Samier Kolaios und der Äginete Sostratos –, lag in Griechenland ein Großteil davon in den Händen von Fremden und Metöken, die schon aus Statusgründen keinen Einfluss auf die Politik nehmen konnten. Im republikanischen Rom genoss zwar wirtschaftliche Betätigung im großen Stil durchaus Sozialprestige, doch lag sie im großen und ganzen in den Händen des Ritterstandes[98] und war ebenfalls nicht Gegenstand staatlicher Politik in dem Sinne, dass etwa, womöglich gar im Interesse einflussreicher Bevölkerungsgruppen, Märkte erschlossen werden sollten; ebenso wenig war das bei den hellenistischen Flächenstaaten der Fall.

Münzen[99], das heißt Edelmetallstücke (ganz überwiegend zunächst Silber) mit staatlich garantiertem Gewicht, das durch die Prägung ausgedrückt wurde, gab es seit der mittleren archaischen Zeit zunächst nur in großen Nominalen. Das deutet darauf hin, dass sie ursprünglich nur Wertdepositen waren (für Tempelbau, Söldnerentlöhnung) und weniger für eine dem Austausch dienende Zirkulation Verwendung fanden. Alsbald freilich setzte sich dergestalt die Geldwirtschaft durch, dass Wertvolles in Geld ausgedrückt wurde. Das beginnt damit, dass sogar Leibesstrafen durch Geldstrafen abgelöst wurden, und endet mit der Einführung des Kupfergeldes für das alltägliche Wirtschaftsleben; die Tribute des attischen Seebundes, die Diäten der Demokratie, die Entlöhnung von Arbeitern und Sklaven bemaßen sich in Geld. Rom führte erst

---

[97] F. Meijer/O. van Nije, Trade, Transport and Society. – Soziale Wertschätzung: J. H. D'Arms, Commerce and Social Standing.
[98] Der berühmteste ritterständische Geschäftsmann ist T. Pomponius Atticus, aus dessen Korrespondenz mit Cicero seine weitverzweigten geschäftlichen und dann eben auch politischen Verbindungen bekannt sind; O. Perlwitz, Atticus.
[99] C. J. Howgego, Geld.

Ende des 3. Jahrhunderts v.Chr. Silbergeld ein, den Denar. In der Soldatenkaiserzeit verfiel durch Münzverschlechterung der Geldwert, so dass Diokletian seinen erfolglosen Maximaltarif einführte; erst Konstantin dem Großen gelang mit dem Solidus eine dauerhafte Stabilisierung. Die unterschiedlichsten Münzfüße seit der archaischen Zeit brachten über die Notwendigkeit des Wechselns ein Banksystem[100] hervor, das allerdings wegen des verhältnismäßig geringen Ausmaßes des Kreditgeschäfts nicht die Bedeutung wie in der europäischen Neuzeit bekam.[101]

3.4 Kultur und Religion

Nicht nur aus chronologischen Gründen steht Griechenland zu Beginn, sondern auch deshalb, weil die römische Zivilisation auf der griechischen aufbaut, also die erste große Rezeptionsepoche darstellt. Jedoch ist hier schon der Platz, eindringlich zu betonen, dass das Römische etwas Eigenes darstellt.

Historiker müssen sich eingestehen, dass es weniger die Geschichte, sondern eher die Kultur des Altertums war, die die Erinnerung an diese Epoche der Menschheit wachgehalten hat. Vor allem die Literatur, dann die bildende Kunst und die Architektur waren es, die die Menschen immer neu fasziniert haben – es gab, wie im ersten Abschnitt ausgeführt, ja nicht nur die eine, sondern mehrere Renaissancen, und möglicherweise kommen weitere. Da nun die Alten auch historisch dachten – ja die Geschichtswissenschaft und Geschichtsschreibung überhaupt geschaffen haben –, wurden in diesen Texten auch historische Inhalte weitergegeben, die dann ebenfalls das Interesse auf sich zogen. Wenn daher in einer historischen Darstellung wie der vorliegenden der Kultur ein eigenes Kapitel gewidmet wird, dann befindet man sich in einer Tradition, die sowohl auf die Rezeption der Antike wie auch darauf zurückgeht, dass es gerade Kultur und Kunst sind, die ein besonderes Charakteristikum des Altertums darstellen. Nun kann hier keine Kulturgeschichte in Kurzfassung[1] vorgelegt werden, wohl aber kann versucht werden – auch im Sinne eines integralen Geschichtsverständnisses, das die vorliegende Reihe charakterisiert –, die griechische und die römische Kultur in einen allgemeinen Zusammenhang zu stellen. Ohne Schematisierungen wird es nicht abgehen können, und das betrifft vor allem die chronologische Einteilung und die nach Gattungen.

3.4.1 Griechenland

3.4.1.1 Literatur und Philosophie

Demgemäß sei mit der Archaik und mit der Literatur begonnen. Das fällt ganz ungewöhnlich leicht, denn nicht nur die griechische, sondern die europäische Literatur und

---

100 R. Bogaert, Grundzüge.
101 J. Andreau, Vie financière.
  1 Also: In Kürzestfassung. Demgemäß muss insbesondere hier auf die Gesamtdarstellungen und Nachschlagewerke verwiesen werden.

Kunst überhaupt beginnen im 8. Jahrhundert bereits mit vollem Orchester, mit den beiden Epen Homers, der Ilias und der Odyssee, und hinzu kommt, dass sie, während so unendlich viel anderes verloren ging, vollständig erhalten sind, die Ilias mit etwa 16 000, die Odyssee mit 12 000 Versen. Über die künstlerische Bedeutung kann hier nicht gesprochen werden – ganz unwissenschaftlich gesagt: es sind wundervolle Texte, in die man sich freilich einlesen muss –, wohl aber kurz über den Inhalt und die historische Bedingtheit der beiden Epen. Die Ilias stellt nur einen kurzen Ausschnitt aus dem ganz und gar sagenhaften zehnjährigen Trojanischen Krieg[2] dar, und zwar die Episode, in welcher Achilleus, der größte Kämpfer auf Seiten der Griechen, sich aus gekränktem Ehrgefühl dem Kampf verweigert und schließlich doch wieder zur Teilnahme bewogen wird; die Odyssee schildert die Abenteuer des Odysseus, Trojakämpfers und Königs von Ithaka, während seiner Rückfahrt und bei der Heimkehr.

Die Entstehung dieser Dichtungen liegt weit zurück. Sie stellen eine eigenständige verschriftlichte Schöpfung aus ehemals mündlich vorgetragenen Gesängen dar, die von wandernden Sängern – aoidoi, Äöden – an adeligen Höfen vorgetragen wurden; solche Sänger erscheinen in Gestalt der Demodokos und Euphemios auch in der Odyssee; der Hexameter, in dem die Gedichte abgefasst sind, eignete sich gut zum auswendigen Vortrag, ebenso zum schöpferischen Einschub und zur Neuerfindung. Ihrer Herkunft und ihrer Adressaten wegen reflektieren die Epen neben rein sagenhaften, traditionellen Themen die Verhältnisse der frühchaischen Zeit des Adelsstaates und der Adelsethik; in der Odyssee, die daher etwa eine Generation später anzusetzen ist, kommt bereits das Thema der gefahrvollen Fahrt über See und auch das Leben unterhalb der großen Helden zur Sprache. Homer, wie der Schöpfer zumindest der Ilias genannt wird, hat die ganze nichtchristliche Antike hindurch das Bewusstsein der Leser bestimmt, also auch die der römischen Oberschicht.[3]

Ebenfalls in Hexametern dichtete der Bauer Hesiod aus dem böotischen Askra, Ende des 8. Jahrhunderts, sowohl ein Gedicht über die Entstehung der Götterwelt (die „Theogonie") wie eines, das das bäuerliche Leben zum Gegenstand hat („Werke und Tage"); ersteres gibt Einblicke in die religiösen Vorstellungen, letzteres in die nichtadeligen ländlichen Lebensverhältnisse der archaischen Zeit. Während Homer als Person nicht zu fassen ist, ist Hesiod als sich selbst auch nennendes Individuum kenntlich, das erste in der europäischen Geistesgeschichte. Die Dichter und Dichterinnen, die auf ihn folgten, nahmen zudem ihre eigene Person zum Gegenstand ihrer Dichtung, ihre Freuden und Leiden, aber auch ihre politischen Vorstellungen; hinzu kommt eine große Fülle der verschiedensten Versmaße und Formen, die neben den Hexameter traten. Archilochos von Paros sprach, oft in iambischen Schmähgedichten, auch von der Kolonisation in der Ägäis und von seinem Leben als Krieger; Solon von Athen in Iamben oder in Elegien (abwechselnd Hexameter und Pentameter) von der politischen Situation und von seinen Reformen; Kallinos von Ephesos und Tyrtaios von Sparta schrieben in Elegien aufrüttelnde Kampflieder für die Hoplitenphalanx; Theognis von

---

2 Zur Kontroverse um die Historizität siehe S. 295.
3 Ciceros Korrespondenz z.B. ist voller Homer-Zitate, und Vergils „Aeneis" war als modifiziertes Gegenstück zu „Ilias" und „Odyssee" gedacht.

Megara und die unter seinem Namen gesammelten Gedichte[4] beklagten die politische Entwicklung, die den Adelsstaat ablöste.

Der soziale Ort zahlreicher Dichtungen war das adelige Symposion,[5] auf dem meist der Dichter selber seine Gedichte zur Lyra vortrug (daher Lyrik) oder es waren Chöre bei religiösen oder sportlichen Feierlichkeiten. Alle diese Gedichte werden, wegen der musikalischen Komponente, melische Dichtung (melos = Lied) genannt. Alkaios von Lesbos trug so seine Lieder gegen die Tyrannis vor, Sappho dichtete so für die adligen Mädchen, die sie für ihr zukünftiges Leben erzog, Anakreon (im 18. Jahrhundert n.Chr. besonders gefeiert) dichtete für Tyrannenhöfe, vor allem für den des Polykrates, Alkman für spartanische Mädchenchöre, Stesichoros und Ibykos verarbeiteten vornehmlich mythische Stoffe in einer Fülle der verschiedensten Formen, Simonides von Keos war unter anderem als Auftragsdichter tätig, von ihm stammt das Thermopylen-Epigramm, Bakchylides und vor allem Pindar von Theben wurden berühmt durch die Preisgesänge auf Sieger bei den panhellenischen Spielen (Epinikien) – Pindar mit besonderer Wirkung auf die deutsche Dichtung, vor allem auf Schiller und Hölderlin –, Korinna, wieder eine Dichterin, nahm vorwiegend heimische böotische Geschichten zum Gegenstand; Pindar und Korinna wirkten bereits – oder noch, je nach Standort – im 5. Jahrhundert und stellen damit das Ende der archaischen Dichtkunst dar.

Inzwischen hatte sich, ebenfalls durch sich nennende und als Individuen kenntliche Männer (nur Männer), die Wissenschaft der Philosophie herausgebildet,[6] die in Prosatexten niedergelegt wurde. Sie entstand,[7] durch orientalische Vorstellungen angeregt, aber von ihnen wegen des eigenständigen, individuellen Nachdenkens grundverschieden, im griechisch-kleinasiatischen Grenzbereich. Diese wegen ihrer Herkunft so genannte ionische Philosophie begann als Naturphilosophie, die sich über die Gestalt der Welt (Kosmologie) und den Ursprung des Seins Gedanken machte, mit Thales von Milet (erste Hälfte des 6. Jahrhunderts), mit dem Wasser als Ursprung; Anaximander sah das „Unbestimmte" (apeiron) als Ursprung, Anaximenes die Luft. Xenophanes von Kolophon übte Religionskritik und tadelte scharf Homers und Hesiods anthropomorphe Götter.[8] Heraklit von Ephesos, der dunkle, besonders auf Nietzsche[9] und Heidegger wirkend, sah die Welt dialektisch, durch innere Gegensätze geprägt.

---

4 S. von der LAHR, Dichter und Tyrannen.
5 W. RÖSLER, Dichter und Gruppe; O. MURRAY, Sympotica; A. SCHÄFER, Unterhaltung beim griechischen Symposion; D. MUSTI, Il simposio; O. MURRAY/M. TECUSAN (Hg.), In vino veritas.
6 M. ERLER/A. GRAESER, Philosophen des Altertums.
7 Die Philosophie bis Sokrates (bzw. Platon) ist nur in Fragmenten erhalten. Das ist wohl der Grund, weshalb man sie, obwohl sie wahrlich keine Einheit darstellt, unter dem Begriff der Vorsokratiker zusammenfasst; G. S. KIRK u.a., Vorsokratische Philosophen.
8 „Wenn aber die Rinder und Pferde und Löwen Hände hätten und mit diesen Händen malen könnten [...] so würden die Pferde die Götter abbilden und malen in der Gestalt von Pferden [...]." (Mansfeld, Fragment 29).
9 „Heraklit war stolz: und wenn es bei einem Philosophen zum Stolz kommt, dann gibt es einen großen Stolz." Friedrich NIETZSCHE, Die Philosophie im tragischen Zeitalter der Griechen, Kapitel 8, Satz 1.

Nichts geschrieben hatte Pythagoras[10] von Samos, der wegen der Tyrannis des Polykrates nach Unteritalien emigrierte und dort die nach ihm genannte, mehrere Generationen wirksame und in der römischen Kaiserzeit wiedererweckte Schule der Pythagoreer begründete. Die Pythagoreer beschäftigten sich mit einer Fülle von Problemen, mit Mathematik (Lehrsatz des Pythagoras), Musik, Astronomie, Lebensführung, Seelenlehre und auch Politik, wobei sie oligarchische Vorstellungen und konkrete oligarchische Herrschaft auch in der Praxis durchsetzen wollten. Italischen Ursprungs ist die Seinsphilosophie der eleatischen Schule, genannt nach dem in Elea (lateinisch Velia) in Lukanien lebenden Parmenides. Parmenides hatte vielleicht von Pythagoras und Xenophanes gelernt, sein Schüler war Zenon, ebenfalls aus Elea (von ihm stammt das Problem von Achilleus und der Schildkröte, mit dem er beweisen will, dass Achill die Schildkröte nicht überholen könne)[11]. Unter Parmenides' Einfluss stand dann Empedokles aus dem sizilischen Akragas, um dessen Leben sich viele Legenden ranken, so die, dass er sich durch einen Sprung in den Ätna getötet habe (Hölderlin: „Der Tod des Empedokles"). Eine Weiterentwicklung dieser Naturphilosophie schuf der aus Klazomenai in Kleinasien stammende, etwa dreißig Jahre lang im Athen der perikleischen Zeit lehrende radikale Aufklärer Anaxagoras, der in politische Schwierigkeiten kam, weil er die Himmelskörper rational und nicht religiös erklärte. Am Ende dieser Reihe steht schließlich der vierzig Jahre jüngere Demokrit aus Abdera von der Nordküste der Ägäis, ein Universalphilosoph, von dem die erste Atomlehre stammt.

Bisher haben wir uns sozusagen um Athen herumbewegt, in der klassischen Zeit tritt es ins Zentrum, und zwar mit literarischen Gattungen, die es vorher noch nicht gegeben hat. Die erste ist das Theater, eine Schöpfung Athens.[12] Wenn die Entstehung einer neuen Literaturform je einen konkreten politisch-sozialen Sitz hatte, dann hier.[13] Seit dem Ende des 6. Jahrhunderts bürgerte es sich ein, dass sich an den Dionysosfesten (Lenäen Januar-Februar; Große oder Städtische März-April, die wichtigsten; Kleine oder Ländliche Dezember-Januar in den Demen) aus religiösen Gesängen und possenhaften Umzügen Darstellungen von einheitlich umrissenen Handlungen entwickelten, für die einzelne Dichter die Texte schrieben. Diese Aufführungen teilten sich bald in zwei Arten auf, in ernsthafte und in heitere, also in Tragödie und Komödie. Die Tragödien,[14] die durchaus auch ein gutes Ende nehmen konnten, wurden in der entwickelten Form als Trilogie aufgeführt mit einem burlesken Satyrspiel zur Entspannung am Schluss, und Tragödie und Komödie waren Gegenstand eines Wettbewerbs, eines Agons, bei denen die besten ausgezeichnet wurden.

Bei den Tragödien wurden zunächst durchaus auch aktuelle Stoffe dramatisiert, so von Phrynichos, der, nach einem Sieg schon 510, 493/92 die Eroberung Milets durch die Perser auf die Bühne brachte; mit den „Persern" siegte 472 Aischylos, einer der drei

---

10 L. Zhmud, Wissenschaft, Philosophie und Religion; C. Riedweg, Pythagoras.
11 Mansfeld, Fragment 21.
12 H.-J. Newiger, Drama und Theater; J. R. Green, Theatre; J. J. Winkler/F. I. Zeitlin, Nothing to Do with Dionysos?; sehr wichtig, jetzt I. Stark, Muse.
13 W. Rösler, Polis und Tragödie; Alan H. Sommerstein u.a., Tragedy, Comedy and the Polis; C. Meier, Politische Kunst.
14 Tragödien als historische Quelle: C. Pelling (Hg.), Greek Tragedy.

großen Tragiker. Im Allgemeinen aber wurden Sagenstoffe verwandt, die allerdings weniger Verherrlichung der Helden und der Vorgänge, sondern Problematisierungen allgemein menschlicher oder auch politischer Probleme darstellten. So ist etwa bei Aischylos in der „Orestie" die Ablösung der religiösen unbedingten Verfolgung des Muttermordes durch den Freispruch vor dem athenischen Areopag thematisiert, bei Sophokles im „König Ödipus" oder in der „Antigone" der Widerstreit zwischen individueller Verantwortung und den Forderungen der Polis, oder in zahlreichen Dramen des Euripides vom Ende des Jahrhunderts – gewiss nicht nur, aber oft – Frauenthemen. Die Komödie dagegen, deren Vorläufer der Syrakusaner Epicharmos war, brachte unverhüllt Probleme der athenischen Innenpolitik auf die Bühne,[15] am wirkungsmächtigsten Aristophanes aus dem letzten Drittel des Jahrhunderts – also aus der Zeit des Peloponnesischen Krieges –, der insofern auch eine bedeutende historische Quelle darstellt.

Das Theater des Hellenismus kannte auch die Tragödie, wenngleich von ihr nur wenige Fragmente erhalten sind. Das liegt wohl an der besonderen Qualität der Stücke der klassischen Zeit; zunächst waren sie ja nur für die einmalige Aufführung an den Dionysien geschrieben, seit den achtziger Jahren des 4. Jahrhunderts wurden sie immer wieder neu aufgeführt. Die Gegenstände der hellenistischen Tragödie bezogen sich nun nicht mehr, in durch die Sagen vermittelter Weise auf das Polisgeschehen, sondern bevorzugten Sagenstoffe als solche, die für sich hochdramatisch waren, oder Gegenstände des aktuellen politischen Geschehens. Die Komödie dagegen, Neue Komödie genannt, hatte eine große Wirkung auf ihre Zeit und die ganze europäische Dramenliteratur; ihr Hauptvertreter ist der Athener Menander (342–290). Ihr Gegenstand ist nun nicht mehr die verhältnismäßig irrelevant gewordene Tagespolitik der Polis, sondern es sind menschliche und vor allem Liebesverhältnisse, meist auf dem Hintergrund der Familie, des Oikos, dessen Erhaltung wichtig war. Diese allgemein menschlichen Liebeskonflikte – und die Meisterschaft Menanders – führten dazu, dass die römische Komödie (Plautus, Terenz) diese Stücke für ihren Bereich adaptierte und dass sie, in komplizierten Traditionssträngen, bis hin zu heutigen Boulevardkomödien und Musicals weiterwirken.

Ein Zentrum der hellenistischen Literatur war das Museion von Alexandria mit der angeschlossenen Bibliothek;[16] viele der dort lebenden Dichter und Gelehrten waren gleichzeitig Direktoren der Bibliothek und Prinzenerzieher. Der gefeiertste Dichter war Kallimachos von Kyrene, der in vielen Gattungen brillierte; sein berühmtestes Werk sind die „Aitia", eine Art Lehrgedicht in Distichen, in welchem er Geschichte, Sitten und Gebräuche griechischer Städte darstellte. Eine neue Gattung schuf Theokrit von Syrakus mit seinen hexametrisch verfassten bukolischen Gedichten, also Gedichten, die das als idyllisch imaginierte Leben von Rinder- und Ziegenhirten zum Gegenstand haben; Vergils „Eklogen" und die Schäferdichtung des 18. Jahrhunderts sind auf ihn zurückzuführen. Apollonios von Rhodos schrieb, ebenfalls in Hexametern und in Nachfolge Homers, die „Argonautika", das Epos der Argonautenfahrt, durch welches

---
15 M. Vickers, Pericles stellt Aristophanes in die aktuelle Politik; ähnlich H. Flashar, Sophokles.
16 A. Erskine, Culture and Power.

wir diesen Sagenkreis in einer geschlossenen Darstellung überliefert haben. Und abermals haben kürzlich Papyri Verlorengeglaubtes wieder ans Tageslicht gebracht, eine wohlkomponierte Sammlung von Epigrammen des Dichters Poseidippos aus dem 3. vorchristlichen Jahrhundert. Diese Dichter waren hoch gebildete Männer, die sich auch um die Sammlung, Erhaltung und Verbesserung der durch das ständige Abschreiben in Unordnung geratenen Texte bemühten. Damit waren sie die ersten Vertreter einer wissenschaftlichen Philologie – der berühmteste Nur-Philologe war Aristophanes von Byzanz –, und diese ihre Gelehrsamkeit hat ihnen manchmal den unzutreffenden Ruf eingebracht, selber eher gelehrt als schöpferisch zu sein; sie haben im Gegenteil beides miteinander verbunden und waren eben poetae docti, gelehrte Dichter.

Auch sonst waren die Übergänge zur Wissenschaft fließend. Eratosthenes von Kyrene war Bibliothekschef, Prinzenerzieher und Dichter, aber auch Geograph – er schuf eine Erdkarte mit rechtwinkligem Koordinatensystem; die Kugelgestalt der Erde war schon von den Pythagoreern entdeckt worden –, Botaniker und Zoologe. Auch der Mathematiker Eukleides, der für die Mathematikgeschichte epochemachende zusammenfassende Werke schrieb,[17] lernte und lehrte in Alexandria. Bei ihm wiederum lernte Archimedes von Syrakus, der die Infinitesimalrechnung und die sphärische Geometrie begründete, die Zahl Pi berechnete, den Flaschenzug erfand und das spezifische Gewicht entdeckte; er konstruierte Verteidigungsmaschinen, als die Römer im Zweiten Punischen Krieg die Stadt belagerten, und wurde bei der Eroberung von einem römischen Soldaten erschlagen.

Wieder eine athenische Schöpfung ist die Geschichtsschreibung[18] – oder nur fast, denn so wie die Komödie den Syrakusaner Epicharmos als Vorläufer aufzuweisen hat, so stammte Herodot[19], der erste Historiker der europäischen Geschichte, aus Halikarnass in Südwestkleinasien, hat freilich die entscheidende Zeit seines Lebens im perikleischen Athen verbracht. Schon vor Herodot gab es Autoren, die sich um die Vergangenheit und um Länder- und Völkerkunde bemüht hatten, drei Komponenten in Herodots Werk. Das frühe Befahren der fremden Meere hatte eine Literatur hervorgebracht, die zu praktischen Zwecken Hinweise über Routen und deren topographische und ethnologische Tatbestände brachte, das heißt, wie Land und Meer aufgebaut waren und welche möglicherweise gefährlichen Völker oder Orte man zu vermeiden habe; die Odyssee könnte als eine Frühform dieser Literatur aufgefasst werden. Später kam zu dieser Orientierung im Raum die in der Zeit hinzu, indem man Götter- und Helden- sowie sonstige Genealogien aufstellte und somit die historische Zeit einteilte und sie damit übersichtlich und handhabbar machte. Derjenige, der beides miteinander verband und von Herodot auch herangezogen wurde, war Hekataios von Milet, eine Generation vor Herodot lebend und am Ionischen Aufstand als Ratgeber beteiligt.

Geschichte war das freilich noch nicht, wenn Geschichte definiert wird als auf Grund von Detailforschung nach Ursprüngen, Ursache und Wirkung dargestellter und

---

17 Hauke Haien, der Held von Theodor Storms „Schimmelreiter", lernt Mathematik an Hand eines auf dem Boden gefundenen alten „holländischen Euklid".
18 K. Meister, Griechische Geschichtsschreibung; O. Lendle, Einführung.
19 R. Bichler, Herodots Welt.

erklärter Tatsachenzusammenhang in der Zeit. Das aber stellt Herodots Buch dar.[20] Er hat, eine Generation nach den Ereignissen schreibend, die Perserkriege als einschneidendes Ereignis dargestellt, ihre Vorgeschichte und ihre Ursachen. Dabei holte er weit aus, indem er ausführlich das riesige Perserreich mit seinen zahlreichen Völkerschaften[21] in dessen historischer Entwicklung selbst beschrieb. Der Hauptgegenstand, auf den alles hinausläuft, ist zwar schon politische[22] und Kriegsgeschichte, aber ebenso stellt das Werk wegen seiner ethnographischen Bestandteile und wegen Herodots Lust am Erzählen eine Kulturgeschichte dar, auch wegen der – freilich nie überbordenden! – Erzähllust des Autors; göttliche Fügung steht im Hintergrund und beherrscht zwar alles, aber nur in dem Sinne, dass Hybris bestraft wird, ein direktes Eingreifen der Götter gibt es nicht. Herodot gab sich große Mühe beim Einholen und Bewerten der zum Teil weit zurückliegenden oder geographisch weit entfernten Nachrichten; er wollte nur das sicher Wissbare bringen und war sich dessen bewusst, dass man in dieser Hinsicht nicht weiter als zwei bis drei Generationen zurückgehen konnte. Seine Methode, über die er sich oft äußert, war die Befragung und die eigene Augenscheineinnahme, bewerten tat er nach dem gesunden Menschenverstand und teilt öfters unterschiedliche Versionen über bestimmte Themen mit – gelegentlich siegt bei seinen Geschichten das Schöne über das Wahre.

Der Peloponnesische Krieg war Gegenstand und Anlass des Geschichtswerkes des Thukydides.[23] Dieser war ein vornehmer Athener, der bis zu seiner Verbannung wegen eines militärischen Misserfolges selber als Stratege mitgekämpft hatte. Er setzte sich in seinem – nicht vollendeten – Buch nicht ohne Schärfe insofern von Herodot ab, als er ihn für zu pläsierlich hielt, während er selber das geschichtliche Geschehen streng auf Politik und Krieg beschränkte. Thukydides meinte, Macht sei das Entscheidende, und sie hänge von einigen anthropologischen Grundkonstanten ab, die das politische Handeln ausschließlich bestimmten: Herrschsucht und Angst. Für diese Erkenntnis beanspruchte er dauernde Allgemeingültigkeit und auch für die Zukunft, und da das Werk bis heute seine Wirkung entfaltet, hat sich diese Absicht bisher jedenfalls verwirklicht, und die Frage ist nur, ob dieses Konzept die historische Wirklichkeit ganz trifft. Jedenfalls führt er es mit großer Strenge und stilistischer Brillanz durch; über seine Methode äußert er sich nicht, gibt nur gelegentlich sozusagen quellenkritische Einlagen, und beansprucht implizit das faktische Zutreffen seiner Tatsachenerforschung, meist zu Recht.[24]

Insofern als Thukydides vorurteilslose Erforschung von Tatsachen und ebenso nüchterne Erkenntnis von Gesetzmäßigkeiten anstrebte, stand er in einem geistesgeschichtlichen Kontext, der auch auf anderen Gebieten das Athen des 5. Jahrhunderts beherrschte. Das ist zum einen die medizinische Forschung, die hier ihren ersten

---

20 Zu ihm und Thukydides W. SCHULLER, Griechische Geschichtsschreibung; zur Glaubwürdigkeitsdiskussion D. FEHLING, Herodotus und R. BICHLER/R. ROLLINGER, Herodot.
21 R. BICHLER, Herodots Welt.
22 B. SHIMRON, Politics and belief.
23 Kommentare: A. W. GOMME u.a. sowie S. HORNBLOWER; dazu H. LEPPIN, Thukydides und die Verfassung der Polis.
24 Anders J. H. SCHREINER, Hellanikos, Thukydides and the Era of Kimon.

Höhepunkt erreichte, und das ist zum anderen die geistige Bewegung der Sophistik,[25] die man auch griechische Aufklärung genannt hat. Hinsichtlich ihres rein weltlich-rationalen Denkens sind die Sophisten die Fortsetzer des Anaxagoras, und wie er sind sie wegen ihrer radikalen Götterkritik in Athen politisch angegriffen worden. Ihr ältester Vertreter ist Protagoras aus Abdera, der vor allem in Athen wirkte und von dem berühmte Satz stammt, der Mensch sei das Maß aller Dinge[26]. Er hat auch als einer von wenigen die Demokratie theoretisch gerechtfertigt und soll von Perikles damit beauftragt worden sein, die Verfassung der neuen Kolonie Thurioi in Unteritalien zu entwerfen. Anders dachte der Athener Antiphon, der die von Thukydides gelobte gemäßigt oligarchische Verfassung der Vierhundert konzipierte,[27] und ganz anders Kritias, Onkel Platons und radikaler Oligarch, einer der Dreißig Tyrannen, die nach Athens Niederlage im Peloponnesischen Krieg von Spartas Gnaden kurze Zeit blutig regierten.

In Verruf kamen die Sophisten, deren Bezeichnung eigentlich nur „Kluge" oder „Klugheitslehrer" bedeutet, aus zwei Gründen. Ihre radikale Kritik an allem und jedem führte zu einem fundamentalen Wertrelativismus, der sie etwa das absolute Recht des Stärkeren propagieren ließ. In manchen Reden der Athener bei Thukydides ist das zu beobachten, während Thukydides selber zwar auch, wie sie, schonungslos analysiert, jedoch deutlich erkennen lässt, als wie schrecklich er diese Geisteshaltung bewertet, die in der Praxis – auch in der athenischen – Brutalität und Zügellosigkeit bedeutete. Damit hängt zusammen, dass sie sich auf ihre dialektischen Künste einiges zugute taten und beanspruchten, jedem das Argumentieren in jeder beliebigen Richtung beibringen zu können, „die schlechtere Sache zur besseren zu machen" – so soll der Titel einer Schrift des Protagoras gelautet haben. Viele von ihnen waren nämlich Wanderlehrer, die gegen Entgelt Redeunterricht erteilten, der berühmteste – und teuerste – war Gorgias aus dem sizilischen Leontinoi. Er war 427 mit einer Gesandtschaft nach Athen gekommen, um die Athener zum Eingreifen in Sizilien zu veranlassen; nach ihm ist Platons Dialog „Gorgias" benannt. Die platonischen Schriften sind unsere Hauptquelle für die Sophistik und stellen somit den zweiten Grund für den schlechten Ruf dar, den die Sophisten haben. Platon und sein Lehrer Sokrates waren nämlich ihre scharfen Gegner, so dass die sophistische Position durchaus verzerrt dargestellt wird.

Sokrates[28] selber hat nichts geschrieben, von ihm wissen wir nur eben durch Platon und durch seinen weiteren Schüler Xenophon, und auch hier ist Vorsicht geboten, um nicht platonische Positionen für die des Sokrates zu halten. Gleichwohl war er eine bezwingende Persönlichkeit, was nicht nur aus Platon, sondern genauso aus Xenophons Erinnerungen an ihn sowie eben aus seiner Wirkung auf die ganze folgende Philosophie abzulesen ist; so sehr hat er und haben seine Schüler gewirkt, dass von der Philosophie vor ihm nur noch Fragmente erhalten sind und sie trotz ihrer erheblichen Vielgestaltigkeit unter dem schrecklichen Sammelnamen „Vorsokratiker" zusammen-

---

25 G. B. Kerferd, Sophistic Movement; Verhältnis zur Polis: H. Scholten, Sophistik.
26 Platon, Theaitet 152 a.
27 8, 68, 1.
28 A. Patzer (Hg.), Der historische Sokrates; T. C. Brickhouse/N. D. Smith, Philosophy of Socrates.

gefasst wird. Für Sokrates, einen Steinmetz, stand die Ethik im Vordergrund seines Nachdenkens, und er legte in unzähligen Einzelgesprächen dar, dass es auf den inneren Wert des Menschen ankomme und war auch deshalb ein geschworener Feind der Sophisten, bei denen es allzu oft auf äußeres Vorankommen in der Welt ankam. Freilich ähnelte seine oft spitzfindige Art des Fragens, das sich auch um die richtige Bildung von Begriffen drehte, für viele so sehr der sophistischen Technik, dass er selber für einen Sophisten gehalten wurde; auch Aristophanes machte sich in seinem Stück „Die Wolken" entsprechend und somit verfälschend über ihn lustig. Das führte schließlich dazu, dass er 399 vom Volksgericht wegen Gottlosigkeit zum Tode verurteilt wurde. Wie sehr er sich gleichwohl den Gesetzen der Polis verpflichtet fühlte, hatte sich nicht nur in seiner genauen Erfüllung der Bürgerpflichten in Krieg und Frieden gezeigt, sondern auch darin, dass er die ihm eröffnete Möglichkeit der Flucht ablehnte und das als Tötungsmittel dienende Gift zu sich nahm.[29]

Das 4. Jahrhundert dann ist mit Platon und Aristoteles die klassische Epoche der Philosophie überhaupt. Der vornehme Athener Platon, wegen der Exzesse der Oligarchen und wegen der Hinrichtung des Sokrates von der praktischen athenischen Politik enttäuscht, errichtete in Athen im Hain des Heros Akademos eine philosophische Lehranstalt, die daher so genannte Akademie. In seinen meist in Dialogform gehaltenen Schriften, in denen Sokrates die Hauptrolle spielt, entwickelte er seine Vorstellungen, die in der Ideenlehre und in den beiden großen staatstheoretischen Konzeptionen „Staat" und „Gesetze" gipfelten. Auf zwei Reisen nach Syrakus versuchte er, seine Vorstellungen vom idealen Staat mit Dions und Dionysios' II. Hilfe in die Praxis umzusetzen, scheiterte aber fulminant;[30] er starb 347. Sein Schüler Aristoteles, aus Stageira auf der Chalkidike, begründete in Athen seine eigene Schule, das Lykeion[31], wurde ein Erzieher Alexanders des Großen, kehrte wieder nach Athen zurück und verließ es nach Alexanders Tod; er starb 322. Aristoteles war ein Wirklichkeitsphilosoph: Er sammelte Sachverhalte aller Wissensgebiete, von den empirischen Naturwissenschaften bis zur Ethik, Poetik und Staatstheorie und untersuchte sie nach eigenen Kategorien; so trug er die Verfassungen von 146 Staaten zusammen (darunter die karthagische, nur das Werk über die athenische ist erhalten) und analysierte sie in seiner „Politik", ein Werk, das bis heute die Staatslehre und Politikwissenschaft maßgeblich prägt.

Für den Hellenismus ist allgemein zu sagen, dass, wie schon bei Aristoteles angelegt, Philosophie[32] und die einzelnen Wissenschaften getrennt betrieben wurden; gerade für die Einzelwissenschaften war das Museion in Alexandria eine wichtige Forschungsstätte. Die platonische und die aristotelische Schule, Akademie und Peripatos, bestanden weiter; dazu traten weitere philosophische Richtungen. Neben den Bedürfnislosigkeit predigenden und lebenden Kynikern und dem Skeptizismus sind die wich-

---

29 Platon, Phaidon.
30 Anders K. Trampedach, Platon.
31 Demgemäß heißen höhere Schulen in Frankreich Lycée, und früher hießen in Deutschland höhere Mädchenschulen Lyzeum.
32 M. Hossenfelder, Philosophie der Antike 3; A. A. Long, Hellenistic Philosophy; H. Flashar (Hg.), Hellenistische Philosophie.

tigsten die Lehre Epikurs und die Stoa; beide hatten auch eine ausgebaute Naturphilosophie, aber überzeitlich wirksam sind ihre ethischen und lebenspraktischen Vorstellungen geworden. Epikur, als Sohn eines athenischen Siedlers von Samos wieder in Athen lebend, ist mit seiner Lehre von der Lust später oft dergestalt missverstanden worden, dass physisches Luststreben bei ihm im Mittelpunkt gestanden habe; gemeint war eher die innere Seelenruhe. Die Stoa[33] hat ihren Namen von der Stoa poikile in Athen, der Bunten Wandelhalle, einem Gebäude am Nordrand der Agora aus der ersten Hälfte des 5. Jahrhunderts. Dort lehrte der Begründer der Schule, Zenon von Kition auf Zypern; bedeutende Nachfolger sind Chrysipp von Soloi in Kilikien und Panaitios von Lindos auf Rhodos, beide Vorsteher der stoischen Schule in Athen. Auch der Stoa kam es auf ein innerlich ausgeglichenes Leben an, aber nicht durch individuelles Luststreben als vielmehr durch das Erreichen des sittlich Guten.[34] Insofern dieses Gute durch Pflichterfüllung auch im öffentlichen Raum erreicht werden sollte, wirkte die Stoa besonders auf politisch Tätige, seien es hellenistische Könige und römische Senatoren, auch der Kaiserzeit, seien es römische Kaiser wie besonders der auch als stoischer Autor hervorgetretene Mark Aurel („An sich selbst"), sei es der roi philosophe Friedrich der Große, der Mark Aurel im Feldlager las und daraus innere Kraft schöpfte.

Ebenfalls ins 4. Jahrhundert gehört die Rhetorik[35], eine literarische Gattung, die die gesamte Antike hindurch eine zentrale Stellung in Theorie und Praxis einnahm. Entstanden ist sie – wieder einmal – auf Sizilien im 5. Jahrhundert, wo ausgedehnte gerichtliche Rechtsstreite um Eigentumsrückgaben nach dem Sturz der syrakusanischen Tyrannis der unmittelbare Anlass waren,[36] aber herausgebildet hat sie sich – wieder einmal – im demokratischen Athen, nachdem Gorgias auch hier den Anstoß gegeben hatte. Antiphon war der früheste Athener, der sowohl selber musterhafte Reden hielt als auch als Rhetoriklehrer wirkte. Lysias, ein Metöke syrakusanischer Herkunft, trat als Autor von Gerichtsreden hervor – an der Volksversammlung konnte er, da Nichtathener, nicht teilnehmen –, Isokrates, der fast 100 Jahre alt wurde, verfasste dann in klassisch gewordenem attischen Stil zahlreiche politische Flugschriften in Redenform, das berühmteste und wirkungsmächtigste Rednerpaar waren Aischines und Demosthenes. Aischines vertrat eine makedonenfreundliche Politik, Demosthenes verfocht in feurigen Reden vor der Volksversammlung die Freiheitsideale der griechischen Poleis;[37] als er nach dem Tod Alexanders des Großen fürchtete, an Antipater ausgeliefert zu werden, beging er Selbstmord.

Die Geschichtsschreibung war nun eine eingeführte Gattung. Der Athener Xenophon setzte, unmittelbar mit „Darauf" anschließend, das unvollendet gebliebene Werk des Thukydides mit seinen „Hellenika" (Griechische Geschichte) fort, auf einfacherem Niveau; er ist außerdem der Autor zahlreicher weiterer erhaltener berichtender und

---

33 B. INWOOD, Companion.
34 M. FORSCHNER, Stoische Ethik.
35 R. WARDY, Birth of Rhetoric; M. FUHRMANN, Rhetorik.
36 Es ergaben sich dort genau dieselben Probleme wie nach dem Sturz der SED-Diktatur in Deutschland.
37 G. A. LEHMANN, Demosthenes; W. SCHULLER, Kranzprozeß.

politischer Schriften, so seine Erinnerungen an Sokrates, sein autobiographischer Bericht über den Rückmarsch der griechischen Söldner, die dem in der Entscheidungsschlacht gefallenen persischen Prinzen Kyros auf den Thron verhelfen wollten („Anabasis"), seine Dialoge „Oikonomikos" und „Poroi" über die Haushaltsführung und über die Staatsfinanzen, oder auch eine Spartanische Verfassung, die dem spartafreundlichen soldatisch fühlenden Athener besonders sympathisch war – die Spartaner schenkten ihm ein Landgut, auf dem er, auch in Athen hoch geehrt, sein Alter verbrachte. Verloren beziehungsweise nur durch ausgiebige Zitate bei dem frühkaiserzeitlichen Autor Diodor erhalten ist die Universalgeschichte des Ephoros aus dem kleinasiatischen Kyme, der also der Erfinder dieser historiographischen Konzeption ist;[38] ebenso nur noch mittelbar erhalten ist die Fortsetzung des Thukydides durch Theopomp von Chios und dessen Geschichte der Zeit Philipps II.

Hatte das 4. Jahrhundert gezeigt, dass die Geschichtsschreibung wie das geschichtliche Geschehen selber über die Polisgrenzen hinausgewachsen war, so verstärkte sich das natürlicherweise im Hellenismus, zumal da die ständigen Umschwünge der politischen Entwicklung keine deutliche Zielrichtung mehr erkennen ließen. Zahlreiche, nur fragmentarisch erhaltene Werke stellten eher dramatische Ereignisse wie Städteeroberungen in den Mittelpunkt und werden daher „tragische" Geschichtsschreibung genannt; die Lokalgeschichtsschreibung blühte.[39] Der nach Herodot und Thukydides dritte der großen griechischen Historiographen freilich, Polybios von Megalopolis, sah wieder eine Richtung in der Geschichte, nämlich die Weltherrschaft Roms. Selber zur politisch-militärischen Elite des Achäischen Bundes gehörend, war er unter den rund 1000 vornehmen Griechen, die nach 168 in eine Art Ehrenhaft nach Rom gebracht wurden, und sein Aufenthalt im Hause der Scipionen ließ ihn zum Bewunderer römischer Tugenden werden, ohne dass dies als opportunistisches Überlaufen zum Feind anzusehen wäre. Vielmehr stellte er in seinem, nicht vollständig erhaltenen, Geschichtswerk für seine griechischen Landsleute den Aufstieg Roms den Fakten und der Struktur der treibenden Kräfte nach dar, übte durchaus auch heftige Kritik an Rom, verfolgte aber das Ziel, diesen historischen Prozess erkennbar zu machen, damit die Griechen sich darauf einstellen und ihre Interessen im Rahmen des Unabänderlichen (des Verhängnisses, der heimarmene, ein ganz stoischer Gedanke) besser wahrnehmen könnten.

3.4.1.2 Architektur und Bildende Kunst

Auch die bildende Kunst folgte in jeweils charakteristischer Weise den allgemeinen Entwicklungslinien. Die Architektur der Frühzeit brachte an Großbauten lediglich die Tempel hervor, was deshalb besonders erwähnenswert ist, weil dadurch nicht nur die Dominanz des Religiösen im öffentlichen Leben sichtbar wird, sondern weil die Inexistenz anderer denkbarer Bauten politische Bedeutung hat; so haben die Tyrannen eben keine Paläste gebaut und ihre Herrschaft auf diese Weise eben nicht als eine Dauerinstitution dokumentiert. Die Tempel selber waren nichts anderes als das Haus der jeweiligen Gottheit, und daher nach demselben Muster wie menschliche Behausungen

---

38 J. M. Alonso-Núñez, Idea.
39 H. Strasburger, Umblick.

gebaut: ein rechteckiger Bau in Ost-West-Ausrichtung, in welchem das Götterbild hinten thronte und durch die geöffnete Tür nach draußen auf den Altar im Osten sah, auf welchem die Opfer vollzogen wurden. Nachdem dieses Haus des Gottes schon im 8. Jahrhundert monumentale Dimensionen angenommen hatte – die ersten Hekatompeda erscheinen, hundert Fuß lange Bauten –, war es dann, ab der ersten Hälfte des 7. Jahrhunderts, die Berührung mit dem Orient, insbesondere die mit Ägypten, die die bisher aus Holz und Flechtwerk errichteten Tempel zu Bauten aus Stein mit sie umgebender Säulenstellung werden ließ. Die Errichtung solcher Tempel nahm die ganzen Kräfte der Polis in Anspruch und war die Gemeinschaftsaufgabe par excellence; möglicherweise ist sogar die Entstehung des Münzgeldes in diesem Zusammenhang zu sehen, mit dem die auswärtigen Architekten entlohnt wurden.

Über Jahrhunderte waren es also die Tempel, die die griechische Repräsentativarchitektur ausmachten. Nach den riesigen, teilweise in regelrechten Reihen angeordneten archaischen Tempeln im Westen (Akragas, Selinus, Poseidonia bzw. Paestum), im Osten (Samos, Didyma, Ephesos) und im Mutterland (Korkyra bzw. Korfu, Korinth, Athen), folgten im fünften Jahrhundert mit dem Zeustempel in Olympia und dem Parthenon in Athen die Bauwerke, die in Anlage und Bildschmuck klassisch werden sollten. Insbesondere am Parthenon – und an der Gesamtbebauung der athenischen Akropolis[40] – lässt sich der Zusammenhang zwischen politisch-historischen Bedingungen und Großbauten beispielhaft zeigen. Zum einen ist nachzuweisen, dass der Zweck darin bestand, außen- und bündnispolitisch Prestige zu erringen, zum anderen kennen wir die Herkunft der Gelder zum Teil aus den Leistungen der Bündner, und zum dritten lässt sich das Planungs- und Ausführungsverfahren unter den Bedingungen der demokratischen Polis rekonstruieren.

Die Gesamtanlage der athenischen Akropolis zeigt bereits Ansätze einer künstlerischen, auf Sicht gebauten Gesamtanlage, die dann vor allem im Hellenismus weiterentwickelt wurde, unter dem gleichzeitigen Aufkommen großer Prunkaltäre wie des großen Zeusaltars von Pergamon.[41] Ein eigener Typ des Königspalastes wurde nicht entwickelt, vielmehr setzten die Könige eine Entwicklung fort, die im privaten Hausbau des 4. Jahrhunderts begonnen hatte. Waren bis dahin auch die reichen und vornehmen Privathäuser unauffällige Zweckbauten gewesen, setzte nun, mit dem Nachlassen der auf Gleichheit achtenden Polisideologie, die architektonisch-künstlerische Ausgestaltung privater Häuser ein.[42] Die hellenistischen Herrscher griffen diese Entwicklung auf und übersetzten sie lediglich – wie König Philipp II. in Pella und Vergina in Makedonien, wie die Könige von Pergamon und wie sogar die Könige des gräkobaktrischen Reiches in Ai Khanum – ins Monumentale. Stadtplanung und regelmäßige Stadtanlagen finden wir bei der Neugründung von Städten, schon im Kolonialgebiet der Archaik beginnend (Metapont), über die Neugestaltung des Piräus im 5. Jahrhundert bis hin zu den zahlreichen Gründungen des Hellenismus, angefangen beim ägyptischen Alexandria. Hier bekamen dann auch die zahlreichen sonstigen öf-

---

40 L. Schneider/C. Höcker, Akropolis; W. Hoepfner (Hg.), Kult und Kultbauten; J. M. Hurwit, Acropolis; B. Holtzmann, Acropole.
41 W.-D. Heilmeyer, Pergamonaltar.
42 E. Walter-Karydi, Nobilitierung des Wohnhauses.

fentlichen Bauten ihren Platz – Amtsgebäude, Versammlungsplätze, Gymnasien, Theater –, die sich, wie in Athen, in die vorgegebene Struktur eingepasst hatten.

Die Funktion der frühen Plastik[43] war die des Weihgeschenks, des Grabdenkmals und, später, des Götterbildes. Immer sind die orientalischen Vorbilder deutlich sichtbar, sei es bei den frühen Elfenbeinstatuetten, sei es bei den archaischen lebens- oder überlebensgroßen steinernen Darstellungen unbekleideter Jünglinge (Kuroi[44]) oder prachtvoll bekleideter Jungfrauen (Korai); insbesondere die Kuroi zeigen unverkennbar das ägyptische Vorbild[45]. Korai und Kuroi stellen Grabstatuen im Jugendalter verstorbener vornehmer Adeliger dar. Abgesehen von Tempelschmuck wird die Erhaltung eines wesentlichen Teils der archaischen Plastik paradoxerweise der Einnahme Athens durch die Perser in den Perserkriegen verdankt: Die dort aufgestellten Weihgeschenke waren von der Persern beschädigt und dann von den Athenern zusammen vergraben worden; auf diese Weise sind sie in diesem so genannten Perserschutt[46] konserviert worden. Um 500 beginnt mit einer größeren Naturnähe die Klassik; ihr Kennzeichen ist der Kontrapost, das heißt die Verlagerung der stehenden Figur auf Stand- und Spielbein, mit entsprechenden Folgen für die Gesamthaltung.

Für das 5. Jahrhundert unterscheidet man den Strengen Stil (etwa die athenische Tyrannenmörder-Gruppe oder der Skulpturenschmuck des Zeustempels in Olympia), den hochklassischen Stil (Hauptvertreter Polyklet[47], der auch theoretisch gearbeitet hat, sowie Phidias[48], am bekanntesten der Skulpturenschmuck des Parthenon) und zum Schluss den Reichen Stil mit seinen fließenden Formen. Das 4. Jahrhundert bringt eine Weiterentwicklung in Richtung auf größere Individualität mit Praxiteles[49], der mit der Aphrodite von Knidos erstmals eine Frau nackt darstellte – wahrscheinlich diente Phryne, eine der berühmtesten Hetären, als Modell – und Lysipp[50], der von Alexander dem Großen das Monopol für seine Porträts bekam. Der Hellenismus ging auf dieser Bahn weiter. Die Bildhauerkunst lieferte direkte („Sterbender Gallier") und indirekte (Gigantenfries des Pergamon-Altars) Darstellungen dramatischer militärischer Ereignisse bis hin zu überrealistischen Darstellungen des Alltags („betrunkene Alte"; alter Faustkämpfer) und zu friedlich-charmanten Terrakotta-Massenprodukten.[51] Das Porträt[52] setzte mit der Klassik ein, als das Individuum begann, sich aus den Polisbindungen zu lösen und so wahrgenommen zu werden, am eindrucksvollsten das Porträt des Themistokles. Zeitweilig forderten diese Bindungen aber doch wieder eine

---

43 P. C. Bol u.a., Frühgriechische Plastik.
44 H. Kyrieleis, Der große Kuros; W.-D. Niemeier, Kuros vom Heiligen Tor.
45 Nicht nur in der Formung der Schulterpartie und der Art des Stehens, sondern auch in der Einzelheit, dass die Hände in spezifischer Weise geballt sind: Die ägyptischen Statuen trugen ursprünglich darin eine Art Szepter, das bei den Kuroi fehlt, so dass die Handhaltung zwar nachgeahmt wurde, aber funktionslos ist. Dazu H. Kyrieleis, Kuros, 68–86.
46 A. Lindenlauf, Perserschutt.
47 A. H. Borbein, Polykleitos.
48 C. Höcker/L. Schneider, Phidias; E. B. Harrison, Pheidias.
49 A. Ajootian, Praxiteles.
50 C. M. Edwards, Lysippos.
51 G. Zimmer, Bürgerwelten.
52 K. Schefold, Bildnisse. S. Walker, Porträts; G. M. A. Richter/R. R. R. Smith, The Portraits; K. Fittschen, Porträts; R. Krumeich, Bildnisse.

Art Entindividualisierung, wie das stilisiert wirkende Porträt des Perikles zeigt. Dann aber begann mit den Porträts von Dichtern – Aristophanes, Euripides, Menander –, Philosophen – Sokrates, Platon, Aristoteles, Epikur, Chrysipp – oder Rhetoren – Demosthenes – eine Individualisierung, die bis in die Spätantike hinein anhielt; Bildnisse hellenistischer Könige und Königinnen stellen eher überpersönliche Herrschereigenschaften dar, freilich durchaus auch mit zum Teil eindrucksvollen individuellen Zügen.

Ein Spezifikum des Hellenismus war etwas, das man gut und gerne als Nippesfiguren bezeichnen kann: Kleine Terrakotta-Statuetten, die Götter, vor allem aber Personen des täglichen Lebens darstellten und die keine weitere Funktion hatten, als hübsch auszusehen und die Wohnung zu schmücken. Der Hauptproduktionsort – schon seit klassischer Zeit – war Tanagra in Böotien, weshalb sie auch Tanagra-Figuren genannt werden. Sie wurden in Massenproduktion hergestellt, strahlen aber noch im harmlosesten Stück einen erheblichen Charme aus; deshalb wurden sie im 19. Jahrhundert oft nachgeahmt, und zwar so vorzüglich, dass es schwer ist, Originale und Nachahmungen zu unterscheiden.[53]

Was die Malerei[54] betrifft, so sind uns von der untergegangenen Tafelmalerei nur Namen der klassischen Zeit bekannt, sprichwörtlich als die Maler schlechthin, auch zum Teil wegen ihres Realismus, Polygnot und vor allem Apelles. Umso besser sind wir, wegen der Erhaltung der aus gebranntem Ton hergestellten Vasen, über die Vasenmalerei[55] unterrichtet, obwohl ihr Prestige seinerzeit nicht entfernt an das der Tafelmalerei heranreichte. Auch hier sind nach der Dekorationsweise der geometrischen Vasen zu Beginn der Archaik die orientalischen Vorbilder deutlich zu sehen, die sich vor allem auf korinthischen und ostgriechischen Vasen in Gestalt von Tier- und Pflanzendarstellungen erkennen lassen; aber auch heroische Sagenbilder[56] wurden aufgetragen. Letztere dann besonders seit dem 6. Jahrhundert, wo die Führung in der Vasenmalerei wieder auf Athen übergeht, in Gestalt der schwarzfigurigen Vasen. Neben den mythologischen Themen sind jetzt Darstellungen aus dem Leben des Adels und der Wohlhabenden vorherrschend, für die diese kostbaren Gegenstände angefertigt wurden, wie Sport in der Palästra und Pferdesport sowie Symposien; die homoerotische Komponente zeigt sich in „Lieblingsinschriften", das heißt Namen von Jünglingen mit dem Beiwort kalos = schön. Auch Malerpersönlichkeiten werden namentlich bekannt, so Exekias, oder bei den 530/20 einsetzenden rotfigurigen Vasen Euphronios[57]. Das 5. Jahrhundert dann stellt sämtliche Lebensbereiche dar, so dass auf Grund der Vasenbilder ein getreues Bild der athenischen Gesellschaft entsteht; die Frauendarstellungen nehmen erheblich zu.

Stilistisch findet dieselbe Entwicklung wie bei der Großplastik statt, nur dass die Vasenmalerei zeitversetzt ist und etwa den Strengen Stil erst um die Mitte des Jahrhun-

---

[53] G. Zimmer, Bürgerwelten.
[54] I. Scheibler, Malerei.
[55] E. Simon/M. und A. Hirmer, Vasen; T. Mannack, Vasenmalerei; M.-C. Villanueva Puig u.a. (Hg.), Céramique.
[56] Gesamtdarstellung durch Karl Schefolds fünf Sagenbücher sowie L. Giuliani, Bild und Mythos.
[57] Euphronios der Maler; Euphronios und seine Zeit.

derts adaptiert, durch den, beispielsweise, Berliner Maler oder den Penthesilea-Maler – oft kennen wir die Namen der Maler nicht und benennen sie nach Aufbewahrungsorten oder der Thematik herausragender Vasen, die einem bestimmten Maler zugesprochen werden. Außerhalb Athens gab es wenig qualitätvolle Nachahmungen. Nur die Griechenstädte Unteritaliens fanden zu einer eigenständigen Produktion, die bis in den Hellenismus hineinreichte, während in Athen selbst die Vasenmalerei mit dem 4. Jahrhundert ihr Ende fand.

3.4.1.3 Religion

Die Religion[58] war allgegenwärtig und durchdrang das tägliche Leben der Griechen weit intensiver, als es heute der Fall ist; der Vergleich müsste mit dem Mittelalter gezogen werden. Fast alle privaten und öffentlichen Akte waren mit Gebeten und Opfern[59] begleitet, von der Trankspende, die man den Göttern beim Weintrinken darbrachte, über die Anrufung der Götter vor dem Beginn einer Volksversammlung bis zu den Opfern, die man vor einer kriegerischen Handlung unternahm, um den göttlichen Willen zu erforschen. Die griechische Religion war keine Buchreligion und verfügte über kein Dogmengebäude; ihr, sozusagen, Inhalt wurde durch die Mythen[60] vermittelt, die zuerst mündlich, dann schriftlich in der Dichtung weitergegeben und ständig verändert wurden; noch die dramatischen Dichter des 5. Jahrhunderts taten das, so ist beispielsweise der Mord an den eigenen Kindern, den Medea begeht, eine Erfindung erst des Euripides.[61] Die Mythen behandelten die Entstehung der Welt (Kosmogonie) und der Götter (Theogonie) und handelten von den Heroen der Frühzeit, an deren Erlebnissen die Götterwelt konstitutiv beteiligt war; viele Heroenmythen waren in Sagenzyklen[62] geordnet, die bekanntesten sind die um den Trojanischen Krieg, um die Argonauten oder um die Sieben gegen Theben. Auch die Götterwelt war in sich geordnet. Neben den höchsten, den zwölf olympischen Göttern – eine Götterfamilie um Zeus, den „Vater der Götter und Menschen" (Homer), die auf dem Berg Olymp ihren Wohnsitz hatte und zu denen Dionysos nicht gehörte[63] – gab es noch zahlreiche weitere niedere Götter, unterirdische, lokale.

Die Götter, obwohl gelegentlich selber dem Schicksal (moira) unterworfen, griffen in das menschliche Leben ein, verderblich, helfend oder schützend, und es galt daher, sowohl ihren Willen zu erforschen als auch, sie auf seine Seite zu bringen. Dazu diente der Ritus, der eine weit stärkere Bedeutung hatte als etwa ursprünglich im Christentum.[64] Die unzähligen Feste[65] der griechischen Poleis waren nichts anderes als der Vollzug von Riten; so ist ja auch das Theater entstanden, und hier liegt ein Ursprung

---

58 R. Muth, Einführung; W. Burkert, Griechische Religion; J. N. Bremmer, Götter, Mythen und Heiligtümer; E. Simon, Götter der Griechen; P. E. Easterling/J. V. Muir (Hg.), Greek Religion and Society; R. Parker, Athenian Religion.
59 W. Burkert, Homo necans.
60 F. Graf, Mythologie.
61 W. Schuller, Die Medea des Euripides.
62 Zu allem wieder die fünf Sagenbücher Karl Schefolds.
63 G. Maurach, Dionysos (einschließlich Rezeption).
64 F. Graf, Ansichten.
65 E. Simon, Festivals.

der sportlichen Wettspiele. Der Kern des Ritus war das Opfer, am wichtigsten das blutige Opfer, das Tieropfer, bei dem meistens das Fleisch zum Schluss von den Opfernden verzehrt wurde; für die ärmeren Bevölkerungsschichten oft die einzige Gelegenheit, zu Fleisch zu kommen. Die Opferschau diente dann auch zur Erforschung des Willens der Gottheit, wie das auch die berühmten Orakelstätten in Delphi oder Dodona in Nordwestgriechenland oder Didyma bei Milet taten; dabei unterschied sich die griechische Prophezeiungskunst, die Mantik,[66] grundlegend von der schon fast wissenschaftlich betriebenen der Babylonier und der Etrusker. Die großen Opfer wurden in Heiligtümern vollzogen, also an Orten, von denen geglaubt wurde, dass eine bestimmte Gottheit dort anwesend sei; ihr zunächst unterlebensgroßes Kultbild[67] symbolisierte nicht nur ihre Anwesenheit, sondern verkörperte die Gottheit auch, wenngleich es nicht identisch mit dem Gott war, denn es war ja Menschenwerk, konnte zerstört oder ersetzt werden. Vollzogen wurde das Opfer auf dem Altar, der östlich vor dem Tempel im Freien stand.

Das Gebet ist die andere Erscheinungsform des Ritus, mit ihm richtete man Bitten an die Gottheit oder dankte ihr. Zur Unterstützung der Bitten legte man Gelübde ab oder man spendete kostbare Weihgeschenke dem Gott, oft Kunstwerke höchster Vollendung. An den großen Heiligtümern wurden diese Geschenke in Schatzhäusern aufbewahrt, nach der jeweiligen Herkunft errichtet, wie etwa die Schatzhäuser der Athener oder der Siphnier in Delphi. Das Personal[68] der Heiligtümer waren die Priester, die jedoch kein Berufspriestertum darstellten, die – ja nicht vorhandene – heilige Schriften auszulegen gehabt hätten; es kam auf den richtigen Vollzug der Riten an. Jeder konnte ein solches Amt bekommen, wenngleich für manche Priestertümer aus traditionellen Gründen nur bestimmte Familien in Frage kamen. Die Bestellung erfolgte, wie bei anderen Ämtern auch, durch die politischen Instanzen, später konnten diese Ämter sogar gekauft werden. Frauen erhielten als Priesterinnen[69] auf diese Weise eine wichtige öffentliche Funktion, die sie sonst nicht hatten.

Neben der Verehrung der olympischen und der anderen Götter gab es weitere Formen der Religiosität. Im 6. Jahrhundert kam die Orphik[70] auf, ein Ritus, der den Beteiligten ein lebenswertes Leben im Jenseits sichern sollte, wichtig deshalb, weil die übliche Vorstellung die war, dass man nach dem Tod nur noch ein trauriges Schattendasein führen könne. Eine ähnliche Funktion hatten die Mysterienkulte[71] wie die in Eleusis bei Athen oder im Kabirenheiligtum von Samothrake; über ihre Praxis ist wenig bekannt – sie wurde geheim gehalten –, aber zu ihnen hatten, wie zu den anderen Kulten auch, Menschen aller sozialen Schichten Zugang, auch Sklaven. Mit dem Ausgreifen der Griechen in den Vorderen Orient während des Hellenismus drangen orientalische Kulte in die griechische Religion ein, meistens durch die interpretatio Graeca in griechische Vorstellungswelten transponiert. Neu hinzu kam der Herrscher-

---

66 K. TRAMPEDACH, Mantik.
67 Zum Kultbild überhaupt am Beispiel der Athena Parthenos G. NICK, Athena Parthenos.
68 F. GRAF, in: H.-G. NESSELRATH (Hg.), Einleitung, 473–476.
69 U. KRON, Priesthoods.
70 P. BORGEAUD, Orphisme et Orphée.
71 H. KLOFT, Mysterienkulte.

kult[72] der hellenistischen Dynastien,[73] wenngleich die Praxis, Menschen oder sogar noch lebenden Menschen göttliche Ehren zu erweisen, durchaus griechischen Ursprungs war. Schon von alters her wurden Städtegründer kultisch verehrt, und seit dem Ende des 5. Jahrhunderts glaubte man, in bestimmten Menschen Elemente des Göttlichen zu erkennen, die man verehren konnte[74] – keine a limine zu tadelnde, eher eine einigermaßen poetische Vorstellung.

3.4.2 Rom

Die römisch-lateinische Kulturgeschichte zeigt besonders deutlich, dass und inwieweit die römische Zivilisation sich mit der griechischen überlappte und von dieser mitgeprägt war; zeitweise bestand in Wissenschaft und allgemeinem Bewusstsein sogar die Tendenz, ihr die Eigenständigkeit gänzlich abzusprechen. Das ist natürlich durchaus irrig; dennoch ist es deutlich, dass die Römer zunächst die Empfangenden waren. Umgekehrt beruht die europäische Bedeutung der lateinischen Kultur nicht zum wenigsten darauf, dass gerade sie derjenige Bestandteil der gesamten Antike war, der später, zumal über das Christentum, auf die Herausbildung der nachantiken europäischen Kultur am meisten gewirkt hat. Um abermals von der Tatsache Gebrauch zu machen, dass ich kein Literaturwissenschaftler bin: Die üppig-elegante Dichtung des Horaz, die körnige Epik Vergils, die Durchsichtigkeit der ciceronischen und die knappe Architektur der taciteischen Prosa oder die der Rechtstexte sind von so einzigartiger Schönheit und Prägnanz, dass mit gutem Grund gefragt werden kann, ob es irgendeine andere Sprache vermocht hätte, lange nach ihrem Tode konstitutiver Bestandteil der Kultur der nachfolgenden Epochen zu werden.

3.4.2.1 Literatur und Philosophie

Lateinische Literatur[75] setzt erst in der hohen Republik am Ende des 3. Jahrhunderts ein, und auch hier zunächst in starker Abhängigkeit vom Griechischen. Tragödien nach griechischem Vorbild schrieben Livius Andronicus, ein griechischer Freigelassener aus Tarent, Cn. Naevius aus Capua, Teilnehmer am Ersten Punischen Krieg und Q. Ennius aus Rudiae in Calabrien, der in den achtziger Jahren des 2. Jahrhunderts an Feldzügen in Griechenland teilgenommen hatte; er sagte von sich, er habe tria corda, drei Herzen, weil er Oskisch, Griechisch und Lateinisch konnte[76]. Heute noch erhaltene Komödien schrieben T. Maccius Plautus aus Umbrien in der zweiten Hälfte des 3. Jahrhunderts sowie P. Terentius Afer (Terenz), als libyscher Sklave (afer = schwarz) nach Rom gekommen und dort freigelassen, etwa 30-jährig 159 gestorben. Beide lehnten sich stark an hellenistische Vorbilder an, übersetzten sie sogar zum großen Teil und machten in ihren Prologen durchaus kein Geheimnis daraus; freilich versetzten sie sie auch mit römischen Elementen.

---

72 A. SMALL (Hg.), Subject and Ruler.
73 Er konnte sich auch in Details ausdrücken, siehe z.B. G. HÜBNER, Applikenkeramik.
74 C. HABICHT, Gottmenschentum.
75 M. FUHRMANN (Hg.), Römische Literatur; DERS., Geschichte der römischen Literatur; R. HERZOG/P. L. SCHMIDT (Hg.), Handbuch; F. GRAF (Hg.), Einleitung.
76 Gellius, Attische Nächte 17, 17, 1.

Auch andere Gattungen der griechischen Literatur wurden übernommen und umgeformt. Livius Andronicus übersetzte (und bearbeitete) die Odyssee ins Lateinische, Naevius schrieb das „Bellum Poenicum", ein Epos über den Ersten Punischen Krieg, und Ennius schrieb mit den „Annales" eine römische Geschichte in Hexametern. Das erste Geschichtswerk in Prosa verfasste Fabius Pictor,[77] freilich in griechischer Sprache, weil sein Ziel ein sehr praktisches war, nämlich, historisch weit ausholend, der romfeindlichen gebildeten Weltöffentlichkeit, die nun eben einmal griechisch war, die römische Schuldlosigkeit am Zweiten Punischen Krieg darzutun. Für den innerrömischen Gebrauch schrieb M. Porcius Cato, selbstverständlich auf lateinisch, eine römische Geschichte, die „Origines" (Ursprünge), und weil er ein homo novus war, betonte er die Institutionen des römischen Staates gegenüber den einzelnen Personen, was das skurrile Ergebnis hatte, dass keine Namen vorkamen, sondern nur Funktionen („der Konsul entgegnete dem Tribunen..."), so dass die erhaltenen Fragmente des Werkes sich nicht gerade durch Lesbarkeit auszeichnen; nach ihm schrieben chronikartige Werke die Annalisten, nun in herkömmlicher Form. Auch die Fachliteratur begann, nach hellenistischem Vorbild, in Rom heimisch zu werden, natürlich nur auf den Gebieten, die die Römer interessierten. So schrieb der ältere Cato ein berühmtes Buch über die (Organisation der) Landwirtschaft, „De agri cultura", und ebenso setzte nun allmählich die Rechtsliteratur ein.

Das Ende der Republik brachte mit einem Schlage Literatur von Weltgeltung hervor, und wenn oben gesagt wurde, dass es bemerkenswert sei, mit der griechischen Literatur des 5. Jahrhunderts ein Zusammenfallen politischer und intellektueller Hochblüte zu konstatieren, so bestätigt die späte römische Republik die Ansicht, dass umgekehrt politische Unruhe stimulierend auf den geistigen Prozess wirkt. Eine genuin römische Literaturgattung ist die in Hexametern geschriebene Satire, deren Begründer und herausragender Vertreter C. Lucilius aus der zweiten Hälfte des 2. Jahrhunderts ist. In griechischer Tradition schrieb ein Lehrgedicht „De rerum natura" T. Lucretius Carus (Lukrez) aus der ersten Hälfte des 1. Jahrhunderts,[78] ein Werk, das aus der europäischen Geistesgeschichte seit der Renaissance nicht wegzudenken ist. Fachwissenschaftliche Werke der unterschiedlichsten Gebiete von der Sprachwissenschaft über die Chronologie bis zum Agrarwesen schrieb M. Terentius Varro, der auch Politik trieb und es bis zum Prätor brachte.[79]

Die Geschichtsschreibung[80] weist – nach den jüngeren Annalisten, die ihre Werke mit sachfremden Übertreibungen ausschmückten, die sie unzuverlässig machen – und neben dem Biographienverfasser Cornelius Nepos mit C. Iulius Caesar und C. Sallustius Crispus (Sallust) zwei Höhepunkte der Historiographie auf, die auf die europäische Literatur erheblichen Einfluss hatten. Caesars Berichte über seinen Gallischen und seinen Bürgerkrieg faszinieren auch deshalb, weil mit ihnen ein Hauptakteur der Weltgeschichte selber die Geschichte seiner Kriege schreibt, und zwar nicht als behaglicher

---

[77] U. Scholz, Fabius Pictor; J. Dillery, Fabius Pictor.
[78] C. J. Classen (Hg.), Probleme der Lukrezforschung.
[79] B. Cardauns, Varro. – Über sein Verhalten als Legionskommandeur auf seiten des Pompeius im Bürgerkrieg machte sich Caesar lustig: De bello civili 2, 20.
[80] D. Flach, Einführung; U. Eigler u.a. (Hg.), Formen.

Memoirenschreiber im Alter, sondern so gut wie gleichzeitig und in einem glasklarelegantem Stil. Sallust, der es bis zum Statthalter in Africa gebracht hatte, übte mit seinen Werken über die Catilinarische Verschwörung und den Jugurthinischen Krieg sowie mit seinen Historien bittere moralische Zeitkritik, durchaus auch selbstkritisch.[81] Schließlich M. Tullius Cicero.[82] Er war nicht nur – trotz gelegentlich übermäßigen Selbstlobes, das auch Zeitgenossen störte – wirklich eine bedeutende politische Persönlichkeit, sondern auch und vor allem hat sein literarisches Werk Epoche gemacht. Zum einen auf dem Gebiet der Sprache; sein Latein öffnete sich allen Nuancen des Ausdrucks und blieb bis in die Neuzeit hinein vorbildlich;[83] zum anderen mit seinen Schriften selber – den Gerichts- und politischen Reden, den Briefen und den philosophischen und staatsphilosophischen Abhandlungen, die er vornehmlich gegen Ende seines Lebens schrieb, als die politischen Verhältnisse ihn zur Reflexion über die Grundlagen von Individuum und Staat zwangen.

Die Dichtung fand mit der der hellenistischen Dichtung verpflichteten Gruppe der Neoteriker – Neuerer – neue und eigene Töne; ihr hervorragendster Vertreter war C. Valerius Catullus (Catull), ein jüngerer Zeitgenosse Caesars, der zwar auch politische Gedichte geschrieben hat, dessen Liebesgedichte aber bis heute unmittelbare Wirkung ausüben. Noch mehr gilt das für den größten römischen Dichter, Q. Horatius Flaccus (Horaz),[84] der eine Generation später zur Zeit des Augustus schrieb. Sohn eines Freigelassenen, kämpfte er als Offizier im Heer der Caesarmörder gegen Octavian und Antonius, wurde aber gleichwohl später durch Maecenas, den Freund des Augustus und Förderer dichterischer Talente, in den Umkreis des ersten römischen Kaisers geholt. Auch Horaz orientierte sich an griechischen Vorbildern, nun weniger an hellenistischen, sondern an archaischen wie Alkaios. Gleichwohl spricht er in seinen Epoden, Satiren, Briefen und vor allem den vier Büchern der „Oden" oder „Carmina" eine eigene, unverwechselbare, wunderbare und bis auf den heutigen Tag wirkende Sprache. P. Vergilius Maro (Vergil oder Virgil), der andere der großen augusteischen Dichter, wird Horaz oft vorgezogen, jedenfalls ist er derjenige, der in der europäischen Geistesgeschichte am intensivsten rezipiert worden ist, am bekanntesten ist vielleicht seine Rolle in Dantes „Divina Commedia". Seine „Eklogen"[85] oder „Bucolica" sind in der – eigenständigen – Nachfolge Theokrits verfasst (die vierte Ekloge wurde später als christliche Prophetie umgedeutet), die „Georgica" sind ein Lehrgedicht über den Landbau, das zentrale Werk aber ist das Epos „Aeneis",[86] das mit deutlichen Bezügen zu seiner Gegenwart in Hexametern die Geschichte von der Flucht des Aeneas aus Troja und die Gründung Roms schildert.

---

81 S. Schmal, Sallust. – Sehr schade ist, dass die Geschichte der Bürgerkriege durch den vielseitigen und unabhängigen Politiker, Militär und Literaten C. Asinius Pollio verloren ist; die Ode 2, 1 des Horaz gibt einen Eindruck von Ton und Inhalt des Werkes.
82 Siehe S. 138, 147 u. ö.
83 Fast kongenial ist Christoph Martin Wielands Übersetzung seiner Briefe; ich beklage es, dass es bis jetzt jedenfalls nicht möglich war, sie im Rahmen der Ausgabe des Deutschen Klassiker Verlages neu zu publizieren.
84 E. A. Schmidt, Zeit und Form.
85 H. Seng, Vergils Eklogenbuch; A. Luther, Studien.
86 M. Giebel, Vergil; F. Cairns, Virgil's Augustan Epic.

Horaz und Vergil schrieben noch zur Zeit der Bürgerkriege und der Anfänge des Prinzipats; deshalb ist ihr Lob des Augustus und des von ihm geschaffenen Friedens auch echt und stellt keine wohlfeile Schmeichelei dar. Die Lyriker Properz und Tibull kannten dann schon eher nur die beginnende Friedensepoche, ebenso der jüngere P. Ovidius Naso (Ovid)[87], der sich mit seiner „Ars amatoria" oder den „Metamorphosen" von der Politik gänzlich fernhielt und dessen Nachwirkung fast an die von Horaz und Vergil heranreicht. Er gehörte der lebenslustigen römischen Jugend der Oberschicht an, kam auf diese Weise aber doch in im einzelnen nicht geklärten Konflikt mit dem Kaiser und wurde an die westliche Schwarzmeerküste verbannt, wo er bis zu seinem Tode bleiben musste; das Exil hat seine „Epistulae ex Ponto" und seine „Tristien" hervorgebracht.

Die Literatur der Kaiserzeit ist geprägt vom Ineinander des Griechischen und Römischen und der Herkunft der Autoren aus allen Teilen des Reiches, dazu davon, dass viele von ihnen in unterschiedlichen Gattungen schrieben, also nicht mehr nur einer Gattung zugewiesen werden können; vieles ist eine bruchlose Fortsetzung hellenistischer Verhältnisse. Daher wird im Folgenden nur eine chronologische Übersicht geboten, mit Ausnahme der Historiographie, über die zunächst und herausgehoben berichtet werden soll. Sie beginnt mit dem noch aus der Republik herkommenden T. Livius[88] aus Patavium (Padua); er ist ausnahmsweise einmal kein politisch tätiger Autor gewesen, sondern ein reiner Schriftsteller. Seine 142 Bücher „seit Gründung der Stadt" reichen bis in die augusteische Zeit. Sie sind teilweise verloren, und dass die Bücher 1 bis 10 erhalten sind, wird den heidnischen senatorischen Kreisen des 4. Jahrhunderts verdankt, die sie wegen ihrer starken religiösen Komponenten schätzten; Machiavelli hat sie zum Gegenstand seiner „Discorsi" gemacht. Anders als die Monographien Sallusts sind sie wieder annalistisch aufgebaut und haben wegen ihrer auch stilistischen Qualitäten alle früheren Annalisten verdrängt, die nur noch in Fragmenten erhalten sind. Obwohl Livius den Höhepunkt der römischen Geschichte natürlich in Augustus sah, hat er ebenso natürlich auch die bisherige römische Geschichte, mit viel Kritik im einzelnen, doch sehr positiv dargestellt, so dass Augustus ihn mit einem etwas zweideutigen Scherz einen Pompejaner nannte[89].

Ebenfalls noch in die augusteische Zeit gehört der romanisierte Gallier Pompeius Trogus, der nur in einem (ausführlichen) Auszug eines späteren Iustin erhalten ist: Er schrieb eine Universalgeschichte als Nebeneinander verschiedener Reiche, sah das römische Reich also nur als eines unter anderen. Der Grieche Diodor aus Sizilien, noch etwas früher schreibend, stellte eine Universalgeschichte zusammen, deren Quellenwert für uns hoch ist, weil er, ein anspruchsloser Sachbuchautor, häufig seine Quellen direkt übernahm, so dass auf diese Weise sonst verlorene Autoren (so Ephoros aus Kyme) einigermaßen erhalten blieben. Dionys von Halikarnass, aus derselben Zeit und ebenfalls griechisch schreibend, ist wegen seiner römischen Frühgeschichte wichtig, die aber die Vorstellungen seiner eigenen Zeit wiedergibt. Zur flavischen Zeit schrieb Josephus, ein während des jüdischen Aufstandes auf die römische Seite übergegange-

---

[87] U. Schmitzer, Ovid.
[88] W. Schuller (Hg.), Livius.
[89] Tacitus, Annalen 4, 34, 3.

ner Jude; er beschrieb diesen anscheinend besonders grausamen „Jüdischen Krieg" und verfasste eine „Jüdische Geschichte", beides abermals in griechischer Sprache.

Zahlreiche Geschichtswerke der frühen Kaiserzeit[90] sind verloren; umso gewaltiger ragt das Werk des P. Cornelius Tacitus hervor, der in domitianisch-trajanischer Zeit schrieb. Sein schneidend–monumentaler Stil wirkt bis auf den heutigen Tag,[91] darf den Historiker aber nicht daran hindern, besonders genau darauf zu achten, inwieweit er mit seiner tragischen Weltsicht Sachverhalte verzerrt. Die „Annalen", nur teilweise erhalten, behandeln die Zeit des Tiberius, die „Historien" die der flavischen Dynastie; der „Agricola" ist eine biographische Studie über seinen Schwiegervater, Statthalter in Britannien, der „Dialogus de oratore" handelt vom Verfall der Redekunst in der Kaiserzeit, und die „Germania"[92] ist eine ethnologische Studie, die der verderbten römischen Gesellschaft den Spiegel eines reinen Naturvolkes entgegenhalten sollte. Tacitus' Sicht ist tief pessimistisch, er beklagt den Verlust der Freiheit, ohne doch wirklich an eine Restituierung der Republik zu denken, und seine Billigung der neuen Verhältnisse unter Trajan wirkt aufrichtig.

In der Zeit des humanitären Kaisertums gliederte Appian aus Alexandria seine „Römische Geschichte" danach, mit welchen Reichen die Römer hintereinander in Konflikt geraten waren, die Bürgerkriege dann als eine rein römische Angelegenheit. Einen zentralen Platz in unserer Überlieferung nimmt Plutarch aus dem böotischen Chaironeia ein, der in trajanisch-hadrianischer Zeit schrieb. Er war kein Historiker, sondern verfasste zahlreiche philosophische Essays (unter der heute leicht irreführenden Sammelbezeichnung „Moralia" bekannt), darüber hinaus aber Kurzbiographien griechischer und römischer historischer Gestalten, wobei er, der Doppelheit des Reiches Rechnung tragend, immer einen Griechen einem Römer gegenüberstellt;[93] er wurde bis tief ins 19. Jahrhundert hinein gelesen. Kaiserbiographien schrieb der römische Verwaltungsbeamte C. Suetonius Tranquillus (Sueton, aus Hippo Regius in Nordafrika). Ebenfalls hoher Beamter, der es sogar bis zum Konsul gebracht hatte, war Arrian aus Nikomedien, der zahlreiche historische Werke verfasst hat, am wichtigsten für uns seine Darstellung des Alexanderzuges; von einem nicht weiter identifizierbaren Curtius Rufus gibt es eine schon das Romanhafte streifende Darstellung desselben Gegenstandes. Pausanias[94], ein ebenfalls nur schwer zu identifizierender Autor, wohl aus Kleinasien stammend, schrieb eine Art Reiseführer des europäischen Griechenland, ein für die Kunstgeschichte aber auch für die Geschichte überhaupt unverzichtbarer Text.

Der Severerzeit gehört Cassius Dio aus Bithynien an, auch er war hoher Beamter, Statthalter und Konsul; von ihm stammt eine „Römische Geschichte", deren Partien über die späte Republik eine wichtige – und wegen der Verluste zahlreicher anderer oft die einzige – Quelle darstellen. Im 4. Jahrhundert schrieb Ammianus Marcellinus aus Antiochia; er war Offizier, zog nach Rom, lernte Latein und schrieb in dieser Spra-

---

[90] Zur kaiserzeitlichen Geschichtsschreibung überhaupt M. Hose, Erneuerung.
[91] R. Syme, Tacitus.
[92] D. Timpe, Romano-Germanica.
[93] B. Scardigli (Hg.), Essays; J. Mossman (Hg.), Plutarch.
[94] C. Habicht, Pausanias.

che eine „Römische Geschichte", die er als Fortsetzung des Geschichtswerks des Tacitus verstanden wissen wollte, ein glänzender Stilist auch er.[95] Gegen Ende des Jahrhunderts schrieb ein Unbekannter unter fiktiven Namen Kaiserbiographien von Hadrian bis zum Ende der Soldatenkaiser, die unter der Bezeichnung „Historia Augusta" bekannt sind; hier sollte von heidnisch-senatorischem Standpunkt aus Kritik an der Gegenwart geübt werden.[96]

Christliche Geschichtsschreibung zeigt sich erstmals in der „Kirchengeschichte" des Eusebius zur Zeit Konstantins, eine Gattung, die erst einmal geschaffen werden musste,[97] der sich dann weitere Kirchengeschichten anschlossen.[98] Im ersten Drittel des 5. Jahrhunderts schrieb, auf Veranlassung Augustins, der spanische Presbyter Orosius eine „Römische Geschichte", die unter dem verheerenden Eindruck, den die Eroberung Roms durch die Westgoten 410 gemacht hatte, nachweisen wollte, dass sich die römische Geschichte im Gegenteil in sinnvoller Weise auf das Christentum hin entwickelt habe.[99] Den grandiosen Abschluss der antiken Geschichtsschreibung bildet das an Thukydides geschulte Werk des Prokop von Caesarea im heutigen Israel, eines hohen Juristen unter Kaiser Justinian.[100] Seine Darstellung der „Perser-, Vandalen- und Gotenkriege" bestimmen stark unser Bild von der Regierungszeit des Kaisers, sein Werk über Justinians Bauwerke ist ebenfalls auch in historischem Sinn grundlegend, und seine „Geheimgeschichte", die erst viel später publiziert wurde, wirft ein grelles Licht auf die inneren Verhältnisse – ein sehr polemisches Werk, das deshalb aber nicht in allem unzutreffend sein muss.

Die überragende literarisch-philosophische Gestalt der Kaiserzeit war L. Annaeus Seneca[101], Römer aus Corduba in Spanien, Erzieher des jungen Nero, später von ihm zum Selbstmord gezwungen; er ist es, der in der europäischen Folgezeit eine besonders starke Wirkung ausgeübt hat und über den, nach Cicero, Europa das Denken der Antike zunächst rezipiert hat: Sein literarisches Werk, vornehmlich die die stoische Philosophie entfaltenden „Briefe an Lucilius" und die Tragödien wirkten, da lateinisch geschrieben und gut überliefert, intensiver auf die europäische Geistesgeschichte als die nur fragmentarisch erhaltenen Schriften der griechischen Stoiker selber. Sein Neffe M. Annaeus Lucanus (Lukan), der ebenfalls Selbstmord begehen musste, schrieb mit dem später „Pharsalia" genannten Epos über den Bürgerkrieg zwischen Pompeius und Caesar eine glühende Apotheose republikanischer Freiheit; auch er wirkte stark bis ins 19. Jahrhundert hinein. Ein drittes Opfer der neronischen Verfolgungen war der elegante Senator Petronius,[102] dessen nur teilweise erhaltener Roman „Satyrica" eben diese neue Gattung in die Literatur einführt und erhebliche Wirkung bis in den

---

95 J. MATTHEWS, Roman Empire of Ammianus.
96 A. LIPPOLD, Historia Augusta.
97 D. TIMPE, Was ist Kirchengeschichte?; spätantike Geschichtsschreibung überhaupt bei G. MARASCO, Historiography.
98 H. LEPPIN, Von Constantin dem Großen zu Theodosius II.
99 D. KOCH-PETERS, Ansichten.
100 A. CAMERON, Procopius.
101 M. FUHRMANN, Seneca und Kaiser Nero. – Zur römischen Philosophie überhaupt M. P. O. MORFORD, Philosophers.
102 G. B. CONTE, Hidden Author.

heutigen Film entfaltet hat. Die Zustände der römischen Gesellschaft geißelten in „Epigrammen" M. Valerius Martialis (Martial) aus Spanien,[103] und in hexametrischen „Satiren" Dec. Iunius Iuvenalis (Juvenal),[104] die beide auch die deutsche Dichtung prägten (etwa die „Xenien" von Goethe und Schiller). Drei systematische Darstellungen von Sachgebieten erhielten ebenfalls in der europäischen Geschichte bis in die Neuzeit hinein fast kanonischen Rang: das Architekturlehrbuch des Vitruvius[105], in der frühen Kaiserzeit publiziert, das Rhetoriklehrbuch des M. Fabius Quintilianus (Quintilian, aus Spanien) und die „Naturgeschichte" des hohen Beamten und Flottenkommandeurs C. Plinius Secundus (Plinius der Ältere; seine Geschichtswerke sind verloren)[106], der beim Vesuvausbruch am 24. August 79 ums Leben kam.

In der Zeit des humanitären Kaisertums wirkten, neben dem Historiker Tacitus, die Prunkredenverfasser Dion Chrysostomos (= Goldmund) aus Bithynien[107] und Aelius Aristides aus Mysien, dessen Preisrede auf Rom ein zwar idealisiertes, aber in der Sache zutreffendes Bild der römischen Herrschaft im Mittelmeerraum gibt.[108] Besonders wegen ihrer stilistisch und inhaltlich wertvollen Briefsammlungen sind zu nennen die hohen Staatsbeamten C. Plinius Caecilius Secundus[109] (Plinius der Jüngere, Neffe von Plinius dem Älteren) und M. Cornelius Fronto aus Nordafrika, Erzieher des Kaisers Mark Aurel. Romanautoren waren Longos von Lesbos („Daphnis und Chloe") und der nordafrikanische Schriftsteller Apuleius („Metamorphosen", darin „Der goldene Esel"). Lukian von Samosata am Euphrat verfasste scharfe und scharfsinnige satirische Prosa zur Zeit. Eine Zusammenfassung der stoischen Ethik gibt die von Arrian besorgte Ausgabe des „Encheiridion" (Handbüchlein der Moral) des Philosophen Epiktet, eines ehemaligen Sklaven, und ein persönlich getöntes Werk ähnlichen Charakters ist das auf griechisch geschriebene Buch „An sich selbst" des Kaisers Mark Aurel.[110] Besonders die beiden letzten Schriften, aber auch alle vorhergehenden, sind, wie schon mehrfach hervorgehoben, auf die europäische Geistesgeschichte von großer Prägekraft gewesen.

In die Severerzeit gehören, neben dem Historiker Cassius Dio, der Philosophiehistoriker Diogenes Laertios sowie der Rhetor Philostratos von Lemnos, Hauptvertreter der so genannten Zweiten Sophistik, der unter anderem das Leben des Wundermanns Apollonios von Tyana beschrieb, das ebenfalls bis ins 19. Jahrhundert hinein gelesen wurde. In der Soldatenkaiserzeit lehrte in Rom der Philosoph Plotinos[111] aus Ägypten, durch dessen von seinem Schüler Porphyrios erfolgreich weiter verbreiteten Werke

---

103 R. R. Nauta, Poetry for Patrons.
104 C. Schmitz, Das Satirische.
105 H.-J. Fritz, Vitruv. So machen Vitruv-Ausgaben einen erheblichen Anteil der fürstlichen Bibliothek des reichsunmittelbaren Fürstentums Rudolstadt aus: L. Unbehaun, Sammlung architekturtheoretischer Schriften.
106 J. Pigeaud/J. Otoz, Pline l'ancien ; A. Borst, Naturgeschichte, schildert die erstaunliche und vitale Wirkung des Buches im Mittelalter.
107 S. Swain (Hg.), Dio Chrysostom.
108 K. Buraselis, Aelius Aristides.
109 E. Lefèvre, Plinius-Studien.
110 P. Hadot, Die innere Burg.
111 L. P. Gerson (Hg.), Companion.

der Neuplatonismus die Stoa als wichtigste Lehre ablöste und in gewisser Weise dem Christentum den Weg bereitete. Im 4. Jahrhundert nahm das Geistesleben wieder einen bemerkenswerten Aufschwung.[112] Neben dem schon erwähnten Historiker Ammianus Marcellinus sind hervorzuheben der Rhetor Libanios aus Antiochia, von dem eine überaus große Anzahl Reden und Briefe erhalten sind,[113] sowie sein Schüler, der Kaiser Julian[114]; von ihm, der philosophisch Schüler des Neuplatonikers Iamblichos aus Syrien war, sind so viele griechisch geschriebene Abhandlungen und Briefe erhalten, dass er neben Cicero und Augustin derjenige Mensch der Antike ist, von dem wir am meisten wissen. Vom Ende des Jahrhunderts seien genannt Dec. Magnus Ausonius aus Burdigala (Bordeaux),[115] Erzieher des Kaisers Gratian und Inhaber höchster Ämter, dessen charmantes Gedicht über die Mosel („Mosella") nur den bekanntesten und kleinsten Teil seiner Produktion ausmacht; der vornehme Q. Aurelius Symmachus, zeitweilig Stadtpräfekt von Rom, der bekannteste Vertreter der stadtrömischen antichristlichen senatorischen Opposition, Verfasser politischer Reden und einer umfangreichen Briefsammlung;[116] Claudius Claudianus aus Alexandria in Ägypten, wie Ammian erst spät lateinisch schreibend, wichtig seine Gedichte zum Lob Stilichos und gegen die oströmische Politik.[117]

Für das 5. Jahrhundert sei ein weiterer Stadtpräfekt Roms, der Gallier Rutilius Claudius Namatianus genannt mit seine Gegenwart schildernden Gedichten; der Bischof Sidonius Apollinaris aus Lugdunum (Lyon) mit seinen Briefen und Gedichten, dem Symmachus und Claudian Vorbilder waren; Nonnos aus Panopolis in Ägypten, der, Ausklang des Heidentums, ein Dionysos-Epos von 48 Büchern schrieb, das längste Epos der Antike. Schließlich reichen in das 6. Jahrhundert Boethius und Cassiodor hinein, beide hohe Beamte unter dem Ostgotenkönig Theoderich dem Großen.[118] Boethius[119] wurde 524 wegen Hochverrats hingerichtet; er schrieb im Gefängnis den „Trost der Philosophie", ein Werk, in dem stoisches und neuplatonisches Gedankengut verbunden werden, und das, zum letzten Mal sei es gesagt, bis in die Gegenwart wirkt. Cassiodor,[120] der ebenfalls die Verbindung mit Ostrom aufrechterhalten wollte, jedoch auch, so durch eine „Gotengeschichte", starke Loyalitätsbeweise gegenüber der gotischen Dynastie zeigte, war kurze Zeit Gefangener in Konstantinopel, kehrte nach Justinians Sieg zurück und gründete das Kloster Vivarium, in dem er, ohne selber Mönch zu sein, wirkte und insbesondere für die Erhaltung vieler antiker Literaturwerke sorgte; seine „Variae" (epistulae), eine Mustersammlung amtlicher Schriftstücke, bieten aufschlussreiches Material über das spätantike Staatsleben.

Im Übrigen sind Kaiserzeit und Spätantike die Epochen, in denen Übersichtsbücher (etwa der „Liber de Caesaribus" des Aurelius Victor), Kurzfassungen (etwa die In-

---

112 Die Literatur der Spätantike insgesamt: L. J. ENGELS/H. HOFMANN, Spätantike.
113 Sie warten zu einem nicht geringen Teil immer noch auf ihre historische Auswertung.
114 Siehe S. 173, sowie J. BOUFFARTIGUE, L'Empereur Julien.
115 M. J. LOSSAU, Ausonius.
116 F. PASCHOUD (Hg.), Symmaque.
117 S. DÖPP, Zeitgeschichte.
118 Siehe S. 179.
119 J. MARENBON, Boethius.
120 F. PRINZ, Cassiodor.

haltsangaben der Livius-Bücher, die heute einen wenn auch nur schwachen Ersatz für die verloren gegangenen darstellen) oder skurrile Sammelwerke entstanden sind wie die um 200 entstandenen „Deipnosophisten" des Athenaios von Naukratis in Ägypten, in welchem Werk vornehmlich vom Essen und Trinken die Rede ist, das aber für uns zahllose wertvollste kulturhistorische Nachrichten enthält.

Die Kaiserzeit war schließlich die hohe Zeit der römischen Rechtswissenschaft und hat klassische Werke der Rechtsliteratur hervorgebracht.[121] Die wichtigsten Gattungen waren Kommentar, Grundriss, Monographie zu Spezialfragen; und die Rechtsgelehrten – Celsus, Julian, Papinian, Ulpian, Paulus – waren so sehr im allgemeinen Bewusstsein, dass der Kirchenvater Hieronymus bei der Erwähnung des Apostels Paulus sich einmal genötigt sah, zur Klarstellung zu schreiben „Paulus noster", „unser Paulus", damit niemand ihn etwa für den Juristen hielte.[122]

3.4.2.2 Architektur und Bildende Kunst

Die italischen Wurzeln der römischen Kunst[123] sollen hier auf sich beruhen bleiben. Im Allgemeinen ist zu sagen, dass die römische Kunst selbstverständlich Teil der hellenistisch geprägten Gesamtentwicklung war. Sozusagen negativ zeigt sich das darin, dass die römischen Feldherren und Statthalter der Republik die griechischen Kunstwerke so sehr schätzten, dass sie sie teils nach der Eroberung von Städten, teils durch andere Gewaltakte zu sich in ihre Häuser und Parks abtransportierten. Die positive Seite dieser Wertschätzung ist die, dass griechische Plastiken kopiert wurden, mit dem Ergebnis, dass sehr viele sonst verloren gegangene griechische Meisterwerke als römische Kopien erhalten geblieben sind. Es gibt einige charakteristische Besonderheiten. Hinsichtlich der Architektur ist darauf hinzuweisen, dass die friedliche Periode der Kaiserzeit das gesamte Reichsgebiet mit Städten, Straßen, Brücken und Tempeln überzog; es ist faszinierend zu sehen, wie sich von der schottischen Grenze bis zu Kaukasus und Euphrat, von Deutschland bis zur Sahara eine einheitliche Zivilisation ausgebreitet hatte, mit, spezifisch römisch, Hypokausten-(= Unterboden-)Heizungen, Thermen und Amphitheatern. Hinsichtlich der Plastik wären eine römische Besonderheit die historisch-politischen Denkmäler,[124] insbesondere an Triumphbögen und Säulen der Hauptstadt zu sehen, sowie die römische Porträtkunst.[125] Anders als die griechische neigte sie weniger zur Idealisierung, sondern pflegte, nach Perioden in unterschiedlichem Ausmaß, einen manchmal bis zum Karikaturhaften gehenden Realismus; in der Spätantike traten im Herrscherbildnis Monumentalität und Expressivität an seine Stelle.

---

121 Dass sie hier Erwähnung finden, liegt nicht an einer persönlichen Vorliebe des Autors, sondern neben der Tatsache ihres Weiterwirkens im geltenden Recht vor allem daran, dass sie tatsächlich Werke der Literatur darstellen; demgemäß haben sie (durch Detlef Liebs) als deren selbstverständlicher Teil Eingang in das große Handbuch der lateinischen Literatur von R. Herzog/P. L. Schmidt gefunden.
122 Brief 77, 3.
123 B. Andreae, Kunst des alten Rom.
124 T. Hölscher, Staatsdenkmal und Publikum; dazu weitere Arbeiten dieses Autors.
125 J. M. C. Toynbee, Portraits; H. von Heintze (Hg.), Porträts; L. Giuliani, Bildnis und Botschaft; K. Fittschen, Pathossteigerung; K. Fittschen/P. Zanker, Katalog.

3.4.2.3 Religion

Auch die römische Religion hat sich der im Hellenismus vermittelten griechischen Religion angepasst. Wie bei der griechischen stand ohnehin der richtige Vollzug der Riten und Opfer im Vordergrund, weil auch die römische Religion keine Buch- und Dogmenreligion war, und ebenfalls wie in Griechenland gab es kein Berufspriestertum, so dass etwa Cicero und Caesar auch Priesterämter versahen, Caesar in verhältnismäßig jungen Jahren sogar das des pontifex maximus, des höchsten Priesters. Die Götterwelt und die Mythen wurden, unter Beibehaltung vieler römischer Namen, der griechischen angepasst, und selbst die – spät ausgestaltete – Ursprungssage der Römer, die ihre Herkunft von den Trojanern ableiteten, entstammte dem griechischen Sagenkreis. In der Kaiserzeit setzten sich Entwicklungen fort, die im Hellenismus begonnen hatten, nämlich zum einen der Herrscherkult, der nun den römischen Kaisern galt,[126] zum anderen das Eindringen orientalischer Religionen; auch sie profitierten von dem Friedenszustand des Reiches, und auf diese Weise wurden neben den traditionellen altrömischen Göttern mehr und mehr etwa die ägyptische Isis, der persische Mithras[127] oder die kleinasiatische Kybele[128] verehrt. Eine ganz spezifische orientalische Religion, monotheistisch und vergeistigt, eroberte schließlich das ganze Reich und verdrängte alle anderen, das aus dem Judentum hervorgegangene Christentum.

3.4.3 Christentum

Das Christentum[129] entwickelte sich aus der Lehre des Wanderpredigers Jesus (= Josua) aus Nazareth, geboren 4 v.Chr., als Aufrührer gegen die römische Herrschaft (INRI = Iesus Nazarenus Rex Iudaeorum) 30 n.Chr. den Sklaventod am Kreuz gestorben. Jesus empfand sich nicht als Religionsstifter, sondern wollte, wie viele andere Zeitgenossen in dieser unruhigen und von sozialen Spannungen erfüllten Zeit auch, ganz im Bezugssystem des Judentums die anderen Juden auf das Reich Gottes vorbereiten, dessen Ankunft unmittelbar bevorstehe. Nach seinem Tod wurde verbreitet, er sei wieder auferstanden und werde alsbald wiederkehren und das Reich Gottes bringen; er sei also der Messias, der Gesalbte, griechisch: der Christos. Freilich hatten sein Lehren und Leben durch das Gebot der Nächstenliebe und dadurch einen besonderen Akzent, dass er sich insbesondere Armen und anderen zum Teil verachteten Randexistenzen der Gesellschaft zuwandte. Obwohl sich sofort Gemeinden in Jerusalem und an nahe gelegenen Orten bildeten, fand alsbald durch Apostel (= Abgesandte) eine ausgedehnte Missionstätigkeit außerhalb Palästinas statt, vor allem durch den in einem

---

126 M. Clauss, Kaiser und Gott.
127 M. Clauss, Mithras; R. Merkelbach, Mithras.
128 Diese war zwar schon um 200 v.Chr. nach Rom gekommen, entfaltete ihre große Wirkung aber erst in der Kaiserzeit.
129 Noch mehr als an den sonstigen Partien des Buches wird hier die Schwierigkeit deutlich, auf kleinstem Raum riesenhafte und komplexe Themen zur Sprache zu bringen. Daher sei hier zum einen auf die OGG-Bände von W. Dahlheim, Kaiserzeit, und J. Martin, Spätantike, sowie auf W. Dahlheim, Antike, mit den entsprechenden Passagen verwiesen; zum anderen nenne ich hier insbesondere die eindrucksvolle Quellensammlung P. Guyot/R. Klein, Das frühe Christentum bis zum Ende der Verfolgungen.

Erweckungserlebnis Christ gewordenen Diaspora-Juden aus Tarsos in Kilikien, Paulus;[130] er starb in den sechziger Jahren in Rom, wo er, der römischer Bürger war, gegen ein Urteil wegen Hochverrats appelliert hatte.[131]

Paulus hatte die Heidenmission durchgesetzt, also die Mission auch außerhalb des Judentums, eine Voraussetzung für die Verbreitung dieser Lehre. Eine weitere Voraussetzung war auch hier, dass der Frieden im Reich die ungehinderte Kommunikation ermöglichte. Das Christentum verhieß individuelle Erlösung unabhängig von sozialem Status und war daher ursprünglich gewiss eine Religion der Unterschichten – obwohl schon gleich zu Beginn sich auch Wohlhabende zu ihr bekannten –, und schon dadurch unterschied es sich grundlegend von allen anderen Religionen. Es kam das Liebesgebot hinzu, das von Gegnern manchmal in unsittlichem Sinne ausgelegt wurde, eine gewisse Absonderung von der Gesellschaft, der Glaube ausgerechnet an einen Gott, der den schändlichsten aller Tode gestorben war und dessen Fleisch und Blut man in einem rituellen Mahl verzehrte, und schließlich die Weigerung, sich an öffentlichen Opfern insbesondere am Kaiserkult zu beteiligen. Daher kam es zunächst zu punktuellen Konflikten[132], später zu planmäßigen Verfolgungen. Der Brand Roms unter Nero wurde den Christen angelastet,[133] die hier erstmals den Märtyrertod im Circus starben. Unter Kaiser Traian war, wegen der angenommenen Staatsfeindlichkeit, das bloße Christsein (nomen ipsum) mit dem Tode bedroht, Christen wurden aber nicht eigens aufgespürt.[134] Erst die Reichskrise des 3. Jahrhunderts führte dazu, dass unter den Kaisern Decius und Valerian die Christen als angebliche Mitverursacher der Krise zielbewusst verfolgt und zum Teil grausam hingerichtet wurden, unter Diokletian dann als letztem Höhepunkt ebenfalls. Freilich scheiterten die Verfolgungen letztendlich am, oft sehr eindrucksvollen, starken Glauben der Verfolgten, der sich im Märtyrertum bewährte, und folglich an der erstarkten Kirche. Nach dem Toleranzedikt des Kaisers Galerius 311 wurden die Christen unter Konstantin dem Großen nicht nur zugelassen, sondern es begann eine immer stärkere Einschränkung des Heidentums, bis unter Theodosius dem Großen die heidnischen Kulte endgültig verboten wurden.

Ausgebreitet hatte sich das Christentum zunächst vorwiegend in den Städten, und eine städtische Religion ist es lange Zeit geblieben. Dass es sich besonders unter Frauen verbreite, wurde ihm von Gegnern vorgeworfen; das scheint tatsächlich so gewesen zu sein, was umso bemerkenswerter ist, als die zunächst völlige Gleichberechtigung der Frau im Urchristentum schon im Lauf des 1. Jahrhunderts im Allgemeinen ihrer Beschränkung auf karitative Dienste wich.[135] Eine Massenbewegung im Sinne der eindeutigen Mehrheit dürfte es erst nach Konstantin dem Großen geworden sein, beim Erlass des Toleranzedikts waren vielleicht 15 % der Bevölkerung Christen. Seine Organisation, die Kirche (von kyrikon, Haus Gottes), begann, sich in dem Moment

---

130 K. BERGER, Paulus.
131 W. NIPPEL, Apostel Paulus. Zum möglichen Nachweis seines und des Petrus Aufenthalts und seines Martyriums in Rom H. G. THÜMMEL, Memorien.
132 J. MOLTHAGEN, Erste Konflikte.
133 Siehe S. 157f.
134 Siehe S. 162.
135 Generell W. SCHULLER, Frauen in der römischen Geschichte, Kap. 6; U. E. EISEN, Amtsträgerinnen, mit Gegenbeispielen.

herauszubilden, als klar war, dass mit einem baldigen Erscheinen des Herrn nicht zu rechnen war. Die unterste und früheste Einheit war die Versammlung (ekklesia, daher das lateinische Wort für Kirche, ecclesia) der jeweiligen Gemeindemitglieder. Als Ämter bildeten sich Älteste, Presbyteroi (daher Priester) und Helfer, Diakone heraus, dann der Vorsteher oder Aufseher, Episkopos, und dieses Bischofsamt setzte sich im 2. Jahrhundert als einheitliches durch. Bestellt wurden die Bischöfe für jede Stadt ursprünglich durch die Gemeindeversammlung, später, als sich die Trennung zwischen Laien und Klerikern durchgesetzt hatte, durch die anderen Kleriker; gleichwohl war das Verfahren noch nicht spezifisch geregelt, so dass noch der Provinzstatthalter Ambrosius unter Mitwirkung der Gemeinde zum Bischof gewählt wurde. Im 4. Jahrhundert entstand, voll ausgebildet nur im Osten, die Metropolitanverfassung, nach der die Provinzhauptstadt gleichzeitig der Bischofssitz der Provinz war. Später kamen die übergeordneten Patriarchate hinzu, im Osten die von Konstantinopel, Jerusalem, Alexandria und Antiochia, im Westen Rom. Dessen Bischof erhielt besonders seit der zweiten Hälfte des 5. Jahrhunderts unter Leo dem Großen und Gelasius allmählich Rang und Funktion des Papstes,[136] freilich, da auch in der Schwäche beziehungsweise Inexistenz einer weltlichen Macht begründet, nicht gegenüber dem Osten.

Nach Anfängen im 3. Jahrhundert bildete sich im 4. Jahrhundert in Gestalt von Askese und Mönchtum[137] eine spezifische Form christlichen Lebens heraus, das insofern für die Frauengeschichte von großer Bedeutung ist, als dadurch Frauen als Asketinnen und Nonnen denselben gesellschaftlichen Rang einnehmen konnten wie Männer;[138] die ersten Frauenbiographien der Antike überhaupt betrafen solche heiligen Frauen. Als erstes traten in Ägypten Eremiten (eremos = Wüste) auf, Männer, die sich in die Wüste zurückzogen – am berühmtesten der heilige Antonius, gestorben 356. Ebenfalls in Ägypten entstand im 4. Jahrhundert das coenobitische Mönchtum (koinos bios = gemeinsames Leben; monachos = allein), die erste Mönchsregel stammt von Pachomius, gestorben 347. Individuelle Askese gab es weiterhin, auch in der Form des Lebens auf einer Säule, besonders in Syrien wie etwa durch Simeon Stylites nahe Aleppo. Das 4. Jahrhundert ist das Jahrhundert der Klostergründungen (claustrum = das Abgeschlossene) zunächst im Osten, etwa das Männerkloster des Hieronymus und das Frauenkloster der Paula in Bethlehem; der Westen hinkt nach, am folgenreichsten dann allerdings die Gründung von Monte Cassino durch Benedikt von Nursia, gestorben Mitte des 6. Jahrhunderts. Die Verehrung von Asketen und Asketinnen ist einer der Ursprünge der mittelalterlichen Heiligenverehrung, der andere und frühere Ursprung ist die Verehrung von männlichen und weiblichen Märtyrern, die bei den Christenverfolgungen umgekommen waren.

Das Christentum ist eine Buchreligion, das seine Glaubenslehren aus heiligen Schriften bezieht. Die des Christentums sind in der Sammlung zusammengefasst, die seit dem 2. Jahrhundert Neues Testament genannt wurde, die allerdings unter Ausscheidung zahlreicher anderer Schriften, auch weiterer Evangelien, erst im 4. Jahr-

---

136 K. S. Frank, Petrus 1, 680–682.
137 K. S. Frank, Askese und Mönchtum; B. Kramer, Neuere Papyri; M.-E. Brunert, Ideal; G. Petersen-Szemerédy, Zwischen Weltstadt und Wüste.
138 B. Feichtinger, Apostolae apostolorum.

hundert den festen Kanon herausgebildet hat, der bis heute gültig ist.[139] Die frühesten Bestandteile sind die echten Briefe des Apostels Paulus – die an die Thessalonicher, Galater, Korinther, Philipper, Römer und der an Philemon, die anderen sind erst später unter seinem Namen verfasst worden –, dann, möglicherweise erst ab 70 datierend, die auf mündlicher Tradierung beruhenden Evangelien des Markus, Matthäus und Lukas (Synoptische Evangelien) zusammen mit der Apostelgeschichte des Lukas; das in griechische Begrifflichkeit gefasste Evangelium des Johannes stammt vom Ende des Jahrhunderts. Die Ausarbeitung der christlichen Glaubenslehre und damit die Entstehung der christlichen Theologie, als systematisches Denkgebäude erstmals in der Antike, geschah seit dem 2. Jahrhundert zunächst als Antwort auf heidnische Angriffe auf das Christentum, also als Apologetik (Apologie = Verteidigung).

Mit dem Sieg des Christentums, d.h dadurch, dass Konstantin der Große das Christentum anerkannte und begann, die Kirche auch als Organisation in den Staat zu integrieren, wurde die Einheit der Kirche auch in Glaubensdingen mit einem Mal Staatssache. Ein Teil der Streitfragen entstand zunächst als Folgewirkung der diokletianischen Christenverfolgungen, wobei es darum ging, wie mit denjenigen zu verfahren sei, die schwach geworden waren und unter staatlichem Druck heidnische Opfer vollzogen hatten. Am intensivsten wurde dieser Streit in Nordafrika um den rigorosen Bischof Donatus ausgetragen, und dieser nach ihm benannte Donatistenstreit[140] veranlasste Kaiser Konstantin, 314 eine Synode nach Arelate (Arles) einzuberufen, die schlichten sollte. Synoden waren Bischofskonferenzen zunächst regionaler Zusammensetzung, die durch Konstantin dann als Reichssynoden oder auch ökumenische Synoden weitergeführt wurden, in Glaubensfragen entschieden und durch Ausgrenzung von oft mit bestimmten Personen und Bischöfen verbundenen Richtungen Häresien und Sonderkirchen bewirkten. Freilich war ihre Zusammensetzung keineswegs repräsentativ; so nahmen am ersten ökumenischen Konzil 325 in Nikaia (Nicaea) ganze vier Bischöfe aus dem Westen teil.

Die Auseinandersetzungen gingen jetzt um die theologische Frage des Wesens Christi, also um die Christologie.[141] In unendlichen sich immer mehr verfeinernden Streitigkeiten ging es vor allem darum, wie das Verhältnis Christi zu Gott und wie das Verhältnis von Göttlichem und Menschlichem in Christus zu bestimmen sei. Freilich spielten auch Persönlichkeiten, Machtfragen und regionale Vorstellungen (Antiochenisch-syrisches und Alexandrinisch-ägyptisches vorwiegend) keine geringe Rolle. Beim Konzil von Nikaia stand dogmatisch im Mittelpunkt die These des Presbyters Arius, nach welcher Christus nicht identisch, sondern nur wesensähnlich (homoi-usios) mit Gott sei, anders die These der Gleichheit (homo-usios); letztere trug in Nikaia den Sieg davon, jedoch wirkte der so genannte Arianismus deshalb noch lange weiter, als Kaiser – etwa Constantius II. – und Kaiserinnen ihm anhingen und vor allem deshalb, weil die Germanenmission in seinem Zeichen stattfand. Am folgenreichsten war die Bekehrung der Goten durch Wulfila (Bischof 341), die bewirkte, dass die meisten Germanen arianischen Bekenntnisses waren und sich auch insofern von den Einheimi-

---

139 A. M. RITTER, Entstehung.
140 W. H. C. FREND, Donatist Church; F. MORGENSTERN, Kaisergesetze.
141 H. GIESEN, Christologie.

schen unterschieden. Weitere ökumenische Synoden oder Konzilien waren die von 381 in Konstantinopel (einberufen von Theodosius dem Großen), Ephesos 431 (Theodosius II.), Chalkedon 451 (Marcian) und Konstantinopel 553 (Justinian). Das Konzil von Chalkedon bestätigte das Glaubensbekenntnis von Nikaia, sprach sich gegen den Monophysitismus aus, der nur eine, göttliche, Natur Christi kannte, und lehrte, dass zwei Naturen unvermischt in der einen Person Christus existierten; dieses Bekenntnis ist bis heute das der orthodoxen, der katholischen und der Kirchen der Reformation geblieben.

Die dogmatischen Streitigkeiten und die sonstige innere und dogmatische Entwicklung der Kirche wurden von Theologen betrieben, die oft gleichzeitig herausragende Bischöfe oder gar Patriarchen waren; sie werden, auch wenn sich einige von ihnen von der Kirche abwandten oder exkommuniziert wurden, patres ecclesiae, Kirchenväter genannt.[142] Die intellektuelle Arbeit am Dogma hatte die Gebildeten der griechisch-römischen Gesellschaft der Kaiserzeit erst verhältnismäßig spät erfasst. Zunächst erschien ihnen Inhalt und auch literarischer Stil der jüdisch-christlichen Literatur nicht zu Unrecht weit unter dem Niveau dessen zu liegen, was sie von der bisherigen Literatur gewöhnt waren; Kaiser Julian brachte diese Auffassungen besonders eindringlich zum Ausdruck. Seit dem 4. Jahrhundert aber hatte die dogmatische Durchdringung der christlichen Glaubenslehren doch weite Kreise der klassisch gebildeten und geschulten Intellektuellen erfasst, wobei es immer ein Problem blieb, inwieweit die nichtchristliche antike Literatur für Christen relevant[143] oder vielleicht sogar gefährlich sei. Der Tatsache, dass Cassiodor und Benedikt von Nursia sie für wertvoll und bewahrenswert hielten, verdanken wir den Großteil unserer Kenntnis von der antiken Literatur.

Von erheblicher Wirkung bis in die Gegenwart ist der temperamentvolle Jurist Tertullian aus Karthago,[144] gestorben nach 220. In zahlreichen prägnant formulierten Streitschriften schärfte er die theologische Begrifflichkeit des christlichen Glaubens, war übrigens auch maßgebend an der Zurückdrängung der Frauen aus den kirchlichen Ämtern beteiligt; seine leidenschaftliche Veranlagung führte dazu, dass er sich später dem häretischen Montanismus anschloss. Der erste bedeutende Theologe war der Alexandriner Origenes[145], ein reiner Gelehrter, der an den Folgen der Folterungen 253/54 starb, die er bei der Christenverfolgung des Decius erlitten hatte. Obwohl auch als theologische Autoren hervorgetreten, sind doch eher als Kirchenpolitiker bedeutsam die beiden alexandrinischen Bischöfe Athanasios, der Hauptgegner des Arianismus, der so oft mit dem Kaisertum zusammenstieß, dass er insgesamt fünfmal verbannt wurde, und Kyrillos, der unter anderem mit Hilfe von Trupps ungebildeter Mönche ein Gewaltregiment führte – in dessen Verlauf die bedeutende heidnische Phi-

---

142 H. von Campenhausen, Griechische Kirchenväter; Ders., Lateinische Kirchenväter; im Londoner Verlag Routledge werden die wichtigsten in der Reihe „The Early Church Fathers" vorgestellt; darin etwa der Hieronymus-Band von S. Rebenich; ein besonderer Aspekt bei D. Groh, Schöpfung.
143 Überblick bei D. Dormeyer, Neues Testament, 24–26.
144 E. Osborn, Tertullian.
145 H. Crouzel, Origen.

losophin Hypatia auf offener Straße erschlagen wurde[146] –, der aber doch auf dem Konzil zu Ephesos, wenn auch mittels massiver Bestechungen, obsiegen konnte.

Im Umkreis Konstantins des Großen wirkten Laktanz und Eusebius. Lactantius[147], ein Nordafrikaner, wurde als Rhetoriklehrer noch von Diokletian an den Kaiserhof geholt und blieb von den Christenverfolgungen verschont; später wurde er Erzieher des Crispus, eines Sohnes Konstantins. Er wirkte besonders durch sein glänzendes Latein, das er für die christliche Theologie verfügbar machte; seine Schrift über den Tod, den die Christenverfolger erlitten haben („De mortibus persecutorum"), stellt eine bedeutende, natürlich kritisch zu würdigende historische Quelle dar.[148] Eusebios von Caesarea[149] in Palästina war Enkelschüler des Origenes und nahm als Bischof seiner Heimatstadt am arianischen Streit in vermittelnder Weise im Sinne des Kaisers teil, was ihn wegen Unentschiedenheit in Schwierigkeiten brachte. Neben vielen anderen Schriften verfasste er die erste Kirchengeschichte, eine Lebensbeschreibung Konstantins in christlichem Sinne und chronologische Tabellen, die in späterer Überarbeitung eine wichtige historische Quelle für die heutige Geschichtswissenschaft darstellen. Zwei Generationen später wirkte in Konstantinopel Johannes Chrysostomos (= Goldmund, wie seinerzeit Dion). Er war ein antiochenischer Priester, der wegen seiner glänzenden Rednergabe und seines unermüdlichen seelsorgerischen Wirkens als Patriarch von Konstantinopel eingesetzt wurde. Kirchenpolitisch freilich war er unbegabt, geriet zudem in Streit mit der Kaiserin Eudoxia und endete in der Verbannung.

Die kleinasiatische Landschaft Kappadokien brachte im 4. Jahrhundert vier bedeutende Theologen und Kirchenpolitiker hervor,[150] die aus einer reichen und gebildeten Grundbesitzerfamilie stammenden Geschwister Basileios den Großen, Gregor von Nyssa und Makrina sowie Gregor von Nazianz, Freund des Basileios. Makrina, die in diesem Zusammenhang zu oft unerwähnt bleibt, war die Gründerin eines der ersten Frauenklöster und hatte erheblichen Anteil daran, dass sich Basileios ebenfalls zur Askese bekehrte, als Bischof des kappadokischen Caesarea umfangreiche Klostergründungen vornahm und eine reiche schriftstellerische und kirchenpolitische Tätigkeit auch in Verhandlungen mit den Kaisern Valens und Theodosius dem Großen entfaltete; er ist der Verfasser der Biographie seiner Schwester Makrina. Sein Bruder Gregor geriet als Bischof von Nyssa in Konflikte mit Valens, entfaltete später jedoch, wieder eingesetzt, eine erhebliche organisatorische und theologische Tätigkeit; durch ihn hat das Mönchtum starke Förderung erfahren. Gregor von Nazianz war, ähnlich wie Johannes Chrysostomos, als Bischof von Konstantinopel den kirchenpolitischen Schwierigkeiten nicht gewachsen und lebte meist zurückgezogen auf seinen Besitzungen, er hat vor allem als Schriftsteller gewirkt.

---

146 M. Dzielska, Hypatia; R. Klein, Hypatia.
147 M. Perrin, Lactance.
148 „'And how is your friend Lactantius' he asked. 'Tell me, ma'am, what did you make of his *Death of the persecutors*? I confess I wasn't quite happy about it. There were parts which, really, I could hardly believe he wrote. A kind of brusqueness. I can't help thinking it was a mistake his going to live in the West.'" – Eusebios von Nikomedien zu Kaiserin Helena: Evelyn Waugh, Helena (siehe S. 161 Anm. 156), 98.
149 F. Winkelmann, Euseb; H. G. Thümmel, Eusebius und Konstantin; D. Timpe, Kirchengeschichte.
150 In R. Klein, Haltung, eine erste Einführung.

Drei lateinisch schreibende Theologen haben eine kaum zu überschätzende Wirkung auf die christliche Kirche des Mittelalters und darüber hinaus gehabt. Ambrosius[151], geboren in Trier, ergriff die staatliche Laufbahn und war bereits Provinzstatthalter von Liguria und Aemilia, als er, 35-jährig, 374 vom Kirchenvolk zum Bischof von Mailand gewählt wurde. Neben seiner Predigt- und Schriftstellertätigkeit – er ist auch der Schöpfer des Kirchengesangs – war er vor allem kirchenpolitisch tätig. Er verhinderte, dass der heidnische Victoriaaltar wieder im römischen Senat aufgestellt wurde[152] und er veranlasste Theodosius den Großen, für einen in Thessalonike begangenen Gewaltakt öffentlich Buße zu tun.[153] Hieronymus[154], aus Dalmatien stammend, wurde in Rom erzogen, wandte sich der Askese zu, lebte mehrere Jahre als Einsiedler im Osten, wirkte als Lehrer in Rom und zog 386 nach Bethlehem, wo er Klöster gründete und 420 starb. Aus seiner immensen schriftstellerischen, teils sehr polemischen Tätigkeit ragt die lateinische Fassung der Bibel hervor. Aurelius Augustinus[155] aus Nordafrika ging nach umfangreichen Studien in Karthago als Rhetor nach Mailand und kam über den Manichäismus und den Neuplatonismus zum Christentum. 387 wurde er von Ambrosius getauft, wurde 396 Bischof von Hippo in Nordfrika, wo er 430 während der Belagerung durch die Vandalen starb. Seine „Bekenntnisse" („Confessiones") geben einen tiefen Einblick in seine geistige Welt (Rousseaus Werk hat ihn zum Vorbild), nach der Eroberung Roms durch die Westgoten 410 verfasste er das Buch über den „Gottesstaat" („De civitate Dei") um den Vorwürfen zu begegnen, die Stadt sei wegen des Abfalls vom alten Glauben von den Barbaren erobert worden. Es ging ihm um die persönliche Rechtfertigung des Christen; daher ist es kein Zufall, dass Martin Luther Augustinermönch war.

---

151 N. B. McLynn, Ambrose.
152 Dokumentation bei R. Klein, Streit um den Victoriaaltar.
153 F. Kolb, Bußakt.
154 S. Rebenich, Jerome.
155 C. Horn, Augustinus.

4 Forschung, Forschungsstand und Forschungsperspektiven

4.1 Forschungsgeschichte allgemein

4.1.1 Europa und Mittelmeer

Der Bezug zwischen der Antike und Europa wird in der Forschung häufig dergestalt behandelt, dass es sich vor allem um den antiken Europabegriff handelt.[1] Zu der Frage aber, ob und inwieweit die Antike zum heutigen Europa zu rechnen sei, ist meines Wissens unmittelbar noch nicht systematisch Stellung genommen worden.[2] Meist geschieht das nur mittelbar, und zwar dadurch, dass die Antike einfach faktisch hinzugenommen oder weggelassen wird oder dass man emphatisch – und gewiss nicht zu Unrecht – von den „gemeinsamen Wurzeln dieses Europas" oder ähnlich spricht[3]. Besonders hingewiesen sei immerhin darauf, dass die repräsentative (spät-)sowjetische Geschichte Europas (Istorija Evropy) von 1988 die Antike als „Altes Europa" (Drevnjaja Evropa) in Band 1 behandelt,[4] und dass Friedrich Vittinghoffs Europäische Wirtschaftsgeschichte mit Band 1 zwar die Antike behandelt, kurioserweise aber erst mit dem römischen Kaiserreich einsetzt.[5] Der Neuhistoriker Hagen Schulze freilich hat weniger emphatisch als vielmehr sachlich-deskriptiv festgestellt, dass der „Weg Europas in die Moderne [...] untrennbar und vor allem auch kausal mit den wechselnden Vorstellungen verbunden [ist], die im Laufe der Jahrhunderte vom griechischen und römischen Altertum bestanden, und zwar auch und gerade dann, wenn sich die Zivilisation Europas von der Antike abwandte"[6]. Diese Konzeption liegt dem riesigen Quellenwerk Europäische Geschichte zugrunde, in dem die antiken Quellen nicht chronologisch vorangesetzt, sondern in die einzelnen Sachgruppen des Buches integriert sind.[7] Sehr konkret wurde zu-

---

1 Etwa M. FUHRMANN, Alexander von Roes.
2 Eine solche Auseinandersetzung dürfte vielleicht von Christian MEIER zu erwarten sein, von dem der erste Band von Siedlers Geschichte Europas angekündigt wird.
3 Die Herausgeber der Reihe „Studienbücher. Geschichte und Kultur der Alten Welt"; so etwa bei H. BRANDT, Kaiserzeit, 5.
4 E. S. GOLUBCOVA (Hg.), Istorija Evropy 1.
5 F. VITTINGHOFF, Wirtschafts- und Sozialgeschichte.
6 Wiederkehr, 363 f.
7 H. SCHULZE/I. U. PAUL, Europäische Geschichte.

letzt von Justus Cobet und anderen „Die Gegenwärtigkeit der antiken Überlieferung" in europäischer Perspektive dargestellt,[8] und Bernhard Kytzler ist die monumentale Zusammenstellung der griechischen und lateinischen Elemente in der deutschen Sprache zu verdanken.[9]

Der mittelmeerische Charakter der europäischen Antike wird weniger thematisiert;[10] aber immerhin hat sich Fernand Braudel, dessen epochales Mittelmeer-Buch das Zeitalter Philipps II. von Spanien betrifft, auch zur Antike geäußert,[11] und neben die elementare Fakten darlegende Geschichte des Mittelmeeres von Friedrich Karl Kienitz[12] tritt jetzt das Riesenwerk von Peregrine Horden und Nicholas Purcell; beachtenswert sind Untersuchungen, das für die römische Antike so konstitutive Klientelwesen im (späteren) mediterranen Rahmen zu sehen.[13] Dass solche Bestrebungen in Israel zu bemerken sind, überrascht nicht,[14] aber besonders interessant sind die Bemühungen von arabischer und arabistischer Seite, die Einheit des Mittelmeergebietes von der Antike bis zur Gegenwart herauszuarbeiten und so den Versuch zu unternehmen, den Arabersturm des 7. Jahrhunderts nicht als tiefe Epochengrenze anzusehen, sondern die gesamteuropäischen Elemente auch des Islam zu betonen – ein Ziel, aufs innigste zu wünschen;[15] fast schon rührend die Vorworte von amtlicher türkischer Seite im Begleitband der spektakulären Troja-Ausstellung, die die gemeinsamen westlichen Werte betonen und die einen plastischen Eindruck von den türkischen Absichten geben, in die Europäische Union aufgenommen zu werden.[16] Wenn bei derartigen Bemühungen, wie auf einem Kongress in Tunis,[17] die französische Sprache vorherrscht, so wäre das eine ins Positive verkehrte Wirkung des europäischen Kolonialismus.

4.1.2 Rezeptionen

Mittelbar und implizit freilich wird die Frage des Europäischen des griechisch-römischen Altertums in der Forschung ausgiebig im Zusammenhang mit den verschiedenen Renaissancen und Rezeptionen abgehandelt, insofern es darum geht, was von der Antike durch die Folgezeit übernommen und anverwandelt wurde und was nicht; weniger Interesse fand die Frage, welche Charakteristika der Moderne sich unabhängig von der Antike herausgebildet haben. Die zentrale Rolle, die in diesem Buch der Re-

---

8   J. COBET u.a., Europa.
9   B. KYTZLER/L. REDEMUND, Unser tägliches Latein (994 S.); DIES./N. EBERL, Unser tägliches Griechisch (1209 S.).
10 Immerhin wird seit 1998 in Rom von Mario MAZZA die Zeitschrift „Il Mediterraneo Antico" herausgegeben.
11 F. BRAUDEL, Antiquité.
12 F. K. KIENITZ, Mittelmeer.
13 The Computing Sea; E. GELLNER/J. WATERBURY, Patrons and Clients; siehe auch K. ROSEN, Mittelmeer.
14 A. OVADIAH (Hg.), Mediterranean Cultural Interaction; am Rande sei bemerkt, dass Israel an manchen sportlichen Europameisterschaften teilnimmt.
15 G. ENDRESS, Der Islam und die Einheit; M. GALLEY/L. LADJINI SEBAI, L' homme méditerranéen.
16 Siehe auch S. 295.
17 M. GALLEY/L. LADJINI SEBAI, L'homme méditerranéen.

zeption für die Bestimmung dessen, was Antike sei, zugemessen wird, ergibt sich zum einen aus der Natur der Sache, koinzidiert aber andererseits mit den von der Literaturwissenschaft ausgehenden Überlegungen – die in Maurice Halbwachs einen soziologischen Vorgänger haben – zur Rolle des kollektiven kulturellen Gedächtnisses, wie sie vorwiegend von Jan und Aleida Assmann angestellt – und ihrerseits in großem Maßstab rezipiert – werden.[18]

Der Rezeption der Antike im besonderen wurde in bahnbrechender Weise jetzt dadurch der ihr zukommende Platz zugewiesen, dass „Der Neue Pauly" (DNP), die gerade beendete neueste und umfangreiche „Enzyklopädie der Antike", ihr die letzten fünf Bände gewidmet hat, zu den insgesamt 13 Bänden, die die Antike selbst erschließen.[19] Im Zusammenhang ist die Rezeption zuletzt skizziert in Werner Dahlheims großem Antike-Buch[20]; besonders hingewiesen sei nach Manfred Fuhrmanns Publikationen[21] auf Michael von Albrechts ungewöhnlich sachgerecht (weil auch Osteuropa mitumfassend) weit gespanntes Sammelwerk[22] und auf den Sammelband von Rémy Poignault und Odile Wattel-de Croizant[23], die beide neben der Literatur auch von der bildenden Kunst handeln. Natürlich kann hier keine Geschichte der abendländischen Rezeption geboten werden, was angesichts der Bände des DNP auch verhältnismäßig überflüssig und was zudem Gegenstand weiterer Bände dieser Reihe ist;[24] es sei auf die Ausführungen im ersten Teil und gewissermaßen einschärfend beispielhaft auf einige Sachverhalte noch einmal hingewiesen. Dazu gehört an vorderster Stelle die Textgeschichte, ein Forschungszweig, der ein Gegenstand der Philologie zu sein pflegt (zumal noch einer, der für trocken gehalten wird), der aber auch für die allgemeine Geschichte von fundamentaler Bedeutung ist, denn ohne die Texte und die Motive, die zu ihrer Überlieferung führten, gäbe es keine Geschichte, und damit auch keine der Antike. Dabei muss noch einmal gesagt werden, dass für die Mehrzahl der literarischen, philosophischen und rechtswissenschaftlichen Werke der Faden außerordentlich dünn ist, der bis in die Antike zurückführt, und dass demzufolge nicht nur unsere Kenntnis, sondern die europäische Kulturgeschichte überhaupt auf einem sehr fragilen Unterbau ruht.

Intensiv wird im besonderen erforscht die Wiederentdeckung des Aristoteles im Mittelalter, die zum Teil über arabische Gelehrte und Übersetzungen erfolgt ist und die konstitutiv für die mittelalterliche Philosophie der Scholastik und deren wirkungsmächtigsten Vertreter Thomas von Aquin war; ebenso die Rolle Dantes, dann Petrar-

---

[18] A. Assmann, Erinnerungsräume; J. Assmann, Das kulturelle Gedächtnis – damit deutlich konvergierend etwa J. Kunisch, Loudons Nachruhm.
[19] Die meisten Artikel sind vorzüglich; skurril ist, dass der Artikel „Marxismus" von einem altgedienten West-Berliner Apo-Marxisten verfasst ist und sich nur mit Marx und Engels selber befasst.
[20] W. Dahlheim, Antike, 667–734; ausgewählte Literatur 782–784.
[21] Als Auswahl seien genannt M. Fuhrmann, Vom Humanismus und von der humanistischen Bildung in Osteuropa; Ders., Europas fremd gewordene Fundamente; Ders., Rezeptionsprozesse; Ders., Latein und Europa; Ders., Bildung.
[22] M. von Albrecht, Rom: Spiegel Europas.
[23] R. Poignault/O.Wattel-de Croizant, D' Europe à l' Europe.
[24] Materialreich und grundlegend, leider nicht mängelfrei das Lexikon der antiken Gestalten von E. M. Moormann/W. Vitterhoeve.

cas, dessen Ruhm, der Entdecker der Atticus-Briefe Ciceros gewesen zu sein, freilich nur bedingt berechtigt ist.[25] Die Rechtsgeschichte dringt tiefer in den sich als immer komplexer erweisenden Prozess der in Italien begonnenen Wiederentdeckung, Wiederanwendung und Neubearbeitung des römischen Rechts in Italien selbst, dann in Frankreich, Spanien, Deutschland und auch England ein.

Die Kunstgeschichte, aber nicht nur sie, beschäftigt sich mit der abermaligen Neuentdeckung der Antike durch den europäischen (und amerikanischen) Klassizismus, die allgemeine Geschichte mit dem Nachspielen der vor allem aus Livius und Plutarch gewonnenen römischen Geschichte durch die Französische Revolution und auch durch die junge nordamerikanische Republik, deren Bundesverfassung stark auf die Schilderung des Achäischen Bundes durch Polybios zurückgriff. Einen Markstein stellen die nicht nur rezeptionsgeschichtlichen Arbeiten Arnaldo Momiglianos dar, eher biographisch sind die Arbeiten, die als Weiterwirken der Aufklärung die historische Kritik an der antiken geschichtlichen Überlieferung zum Gegenstand haben und die mittelbar die durch diese Kritik bewirkte „Entzauberung" betreffen. Kleinere Arbeiten betreffen das Weiterwirken der Antike im Werbegeschäft, die eher Gewicht auf das Kuriose das Tatbestandes legen; gelegentlich gibt es Arbeiten über die Vermittlung der Antike durch historische Romane oder Comic Strips.

Ob die riesenhaften und stark besuchten Ausstellungen zu zahlreichen Gegenständen der Antike wirkliche Wiederbelebungen von Elementen antiker Kultur bewirken, erscheint mir eher zweifelhaft, obwohl eine belegbare Aussage dazu natürlich nicht gemacht werden kann; ihre Funktion ist eher die, in vorbildlicher Weise die Grenzen zwischen den einzelnen altertumswissenschaftlichen Fächern zu überwinden und beispielhaft für den kulturwissenschaftlichen Blick auch auf andere Geschichtsepochen zu sein. Der Grund für diese meine skeptische Betrachtung sind die immer weiter sinkenden Zahlen der Schüler und Studenten der alten Sprachen und der Klassischen Philologie, bei welchen Fächern es auf geduldiges Lernen komplexer sprachlicher und gedanklicher Phänomene ankommt. Im Übrigen eignet vielen Darstellungen des Weiterwirkens der Antike ein apologetischer oder anklagender Unterton der Art, dass die Moderne in zu beklagender Weise von der Antike abgefallen sei, und so richtig das großenteils ist und etwa im akademischen Unterricht überdeutlich wird, so wenig anziehend sind derartige Klagen, zumal dann, wenn sie versäumen, diejenigen kulturellen Leistungen angemessen zu würdigen, die ohne die Antike erbracht worden sind.

4.1.3 Altertumswissenschaften insgesamt

Eine einheitliche Geschichte der gesamten Altertumswissenschaften gibt es nicht, auch nicht eine der Alten Geschichte;[26] unter zahlreichen Einzelstudien ragen besonders die

---

25 K. STIERLE, Petrarca, 441.
26 Das wäre eine herkulische Aufgabe, auch deshalb, weil sie möglichst von einem gestandenen Althistoriker (oder mehreren) übernommen werden sollte, der sich in der neuzeitlichen Geistesgeschichte auskennt und nicht umgekehrt; oft ist es leider so, dass es Wissenschaftshistoriker gibt, die in der Wissenschaft selbst, deren Geschichte sie beschreiben, wenig oder gar nicht gearbeitet haben.

oft personengeschichtlichen Beiträge von Karl Christ hervor[27]. Besser ist es mit den Nachbarwissenschaften der Klassischen Philologie und der Archäologie bestellt, wobei wegen des lange Zeit bestehenden Ineinanders aller drei Disziplinen als einer einheitlichen Altertumswissenschaft auch deren historischer Zweig mit zur Darstellung kommt. Langsam kommt jetzt erst die Erforschung der altertumswissenschaftlichen Fächer unter der NS-Diktatur in Gang[28], die ja insofern eine europäische, ja transatlantische Dimension hat, als die Emigrations- und Vertreibungswelle zahlreiche Gelehrte, die nach den Nürnberger Rassegesetzen als Juden galten, nach Großbritannien und in die Vereinigten Staaten verschlagen hatte, die dort die Altertumswissenschaften entscheidend vorantrieben. Ansätze gibt es für den italienischen Faschismus[29], während die Jahrzehnte der kommunistischen Diktatur in Russland, Osteuropa und der DDR erst allmählich Gegenstand der wissenschaftsgeschichtlichen Forschung werden[30].

Die Erforschung des Altertums als Wissenschaft ist ein Kind der Aufklärung des 18. und der positivistischen Sachforschung des 19. Jahrhunderts. Die Aufklärung sorgte dafür, dass den Quellen für die Geschichte der Antike kritisch begegnet wurde, der Positivismus dafür, dass Quellen, Sachverhalte und deren Synthesen möglichst unverfälscht und systematisch gesammelt, herauspräpariert und zu geschlossenen Gesamtbildern zusammengestellt wurden. Gewiss hat es auch schon in früheren Zeiten ein kritisches Herangehen an die Texte gegeben. Bereits im Museion von Alexandria hat man sich um den richtigen Homertext bemüht, und seitdem man vom 13. Jahrhundert an sowohl die Texte des Corpus Iuris als auch und vor allem die der lateinischen und dann der griechischen Autoren wieder entdeckte – abermals: meist in der Gestalt, in der sie durch die karolingische Bildungspolitik überhaupt erst gerettet worden waren –, aufspürte und später im Druck herausgab, war man genötigt, unter den durch das ständige Abschreiben entstandenen verschiedenen Varianten eine Entscheidung zu treffen; selbst der griechische Text des Neuen Testaments wurde durch Erasmus von Rotterdam in diesem Sinne kritisch bearbeitet.

Planmäßig und methodisch wurden die Texte jedoch erst seit dem 18./19. Jahrhundert der Kritik unterzogen, einer formalen und einer inhaltlichen. Bahnbrechend für die formale Kritik waren die 1794 erschienenen „Prolegomena ad Homerum" von Friedrich August Wolf, in welchen er die „Ilias" dergestalt analysierte, dass nach zahlreichen Vorläufern insbesondere er aus inneren Widersprüchen schloss, ihr Text sei nicht, wie bisher geglaubt, das geniale Werk eines großen Dichters, sondern sei eine aus mehreren Schichten zusammengesetzte Komposition. Obwohl seither diese These zumindest starken Modifikationen unterworfen worden ist[31], ist die Methode nach wie vor gültig. Inhaltliche Kritik übte der Diplomat und Historiker Barthold Georg Niebuhr[32] in seinen im ersten Drittel des 19. Jahrhunderts erschienenen Forschungen zur

---

27 Siehe Register; dazu etwa W. Nippel, Über das Studium; siehe auch W. Schuller, Zum Ziele.
28 B. Näf (Hg.), Antike und Altertumswissenschaft.
29 F. Scriba, Augustus im Schwarzhemd?; B. Näf, vorige Fußnote.
30 W. Schuller, Alte Geschichte in der DDR; I. Stark, Die inoffizielle Tätigkeit; Dies. (Hg.), Welskopf.
31 J. Latacz (Hg.), Zweihundert Jahre.
32 Siehe Register.

römischen Geschichte. Der Anlass war der, dass in der Französischen Revolution Forderungen auf Landverteilung auch auf Kosten privaten Eigentums mit dem Ackergesetz des Tiberius Gracchus begründet wurden; Niebuhr wies durch Kritik der Überlieferungslage nach, dass damals nur an die Verteilung von Staatsland gedacht war. Weiter stellte er die gesamte Überlieferung über die frühe römische Geschichte als spätere Fabrikation in Frage, ein Ergebnis, das bis heute Gültigkeit hat, und schließlich ist die Methode, die erzählenden Quellen auf ihre eigene historische Position und ihre eigenen Abhängigkeiten zu befragen, ein selbstverständlicher elementarer Grundsatz historischer Forschung überhaupt geworden.

4.1.3.1 Zusammenfassende Publikationen und Großunternehmen

Die Altertumswissenschaften sind vorzüglich erschlossene Disziplinen. Vom Ende des 19. Jahrhunderts, also aus der Zeit, in der man noch von einer einheitlichen Altertumswissenschaft ausging, stammt das 84-bändige Riesenunternehmen der „Realencyclopädie der classischen Altertumswissenschaft" (RE), das 1980 beendet worden ist; kleinere jeweils vorzügliche Dienste leistende Nachschlagewerke sind mit fünf Bänden „Der Kleine Pauly" (KlP), der auch in Taschenbuchausgaben publiziert wurde; das einbändige „Oxford Classical Dictionary" (OCD) mit musterhaft konzisen Artikeln; das ursprünglich ebenfalls einbändige, jedoch das Format zweier Ziegelsteine habende und später aufgeteilte „Lexikon der Alten Welt" (LAW); jetzt „Der Neue Pauly" (DNP) mit insgesamt 19 großformatigen Bänden; instruktiv auch das dreibändige „Lexikon Alter Kulturen" (LAK), das zuverlässig auch Ostasien, Amerika und Afrika erschließt; „Antike Stätten am Mittelmeer" enthält kurzgefasste archäologische, „Griechenland. Lexikon der historischen Stätten" historische Angaben; schließlich das neunbändige „Lexikon des Mittelalters" (LexMA), das das Mittelalter in der Spätantike und manchmal sogar noch davor beginnen lässt. An speziellen Nachschlagewerken seien erwähnt das noch nicht vollendete „Reallexikon für Antike und Christentum" (RAC), durch das der enge Zusammenhang beider Bereiche plastisch vor Augen geführt wird; das ebenfalls noch nicht vollendete „Reallexikon für Germanische Altertumskunde" (RGA); das handliche „Lexikon des Hellenismus".

Die beiden Handbücher[33] „Einleitung in die griechische" beziehungsweise „lateinische Philologie"[34] enthalten entgegen ihrem Titel instruktive Artikel über sämtliche Altertumswissenschaften, also auch über die Alte Geschichte und sind insofern – jugendfrische – Vertreter des alten Konzepts der einheitlichen Altertumswissenschaft.[35] Fast alle „Einführungen in die Alte Geschichte" sind mehr als das, weil sie auch ausführliche Hinweise auf die altertumswissenschaftlichen Hilfsmittel überhaupt geben. Manfred Clauss gibt eher eine inhaltliche Geschichte, Wilfried Nippel versammelt wissenschaftsgeschichtliche Texte zur Alten Geschichte, Wolfgang Schuller stellt vor allem vier Dutzend inhaltlich und methodisch exemplarische Fälle vor, Dankward Vollmer

---

33 Zum Folgenden siehe die Bibliographie unter Allgemeines 6.1.4.
34 Hg. H.-G. Nesselrath beziehungsweise F. Graf.
35 Sie feiert zudem im Zeichen der sich entfaltenden Kulturwissenschaft in den an den Universitäten des deutschen Sprachraums entstehenden neuen Studiengängen „Klassische Studien" u.ä. eine bemerkenswerte Wiederauferstehung.

und andere betonen das Technische; Hans-Joachim Gehrke und Helmuth Schneider werden durch eine von Beat Näf konzipierte CD ergänzt.[36] Das große „Handbuch der Altertumswissenschaft" hat seinen dem 19. Jahrhundert entstammenden Singular zwar behalten, wird aber durch neue Bände ständig fortgeschrieben und unterteilt sich inzwischen auch etwa in Archäologie, Literaturwissenschaft oder Rechtsgeschichte. Für die griechische Zivilisation gibt es das ebenfalls umfangreiche fünfbändige Sammelwerk von Salvatore Settis „I Greci", das nun wiederum alle kulturellen Erscheinungsformen umfasst, ebenso wie Aldo Schiavones „Storia di Roma" für den römischen Bereich. Schließlich sollte noch als Zeichen für die immer umfangreichere und ausdifferenziertere Forschung erwähnt werden, dass Forschungsberichte die einzige Möglichkeit sind, einigermaßen mit der Entwicklung Schritt zu halten.[37]

Wichtigste altertumswissenschaftliche Großunternehmen des 19. Jahrhunderts werden lebenskräftig weitergeführt. Von übergreifender Bedeutung sind die Corpora der „Inscriptiones Graecae" (IG), die nach Regionen gesammelten griechischen Inschriften, und das ebenso konzipierte „Corpus Inscriptionum Latinarum" (CIL) für die lateinischen Inschriften, beide sind noch keineswegs vollständig, werden ständig ergänzt, manche Bände sind jetzt schon mehrfach umgearbeitet, und über den jeweiligen Fortgang wird regelmäßig Bericht erstattet;[38] das „Corpus Vasorum Antiquorum" nimmt, topographisch nach heutigen Aufbewahrungsorten geordnet, die antiken Vasen auf. Weitere besondere Projekte – natürlich in Auswahl – sind die „Epigraphische Datenbank für römische Inschriften" (Heidelberg); das „Griechische Münzwerk" (Berlin); das „Copenhagen Polis Center" (CPC) zur (auch vergleichenden) Polisforschung (Kopenhagen); die „Prosopographia Imperii Romani" (PIR) zur römischen Personenkunde (Berlin); die „Prosopography of the Later Roman Empire" (PLRE) für Spätrom (Cambridge, abgeschlossen); das „Lexicon Iconographicum Mythologiae Classicae" (LIMC) für die bildliche Darstellung der antiken Mythologie (abgeschlossen); der „Thesaurus Cultus et Rituum Antiquorum" (ThesCRA) für antike religiöse Kulte (in Arbeit); ein Nachschlagewerk zum antiken Rechtsleben wird im Artemis-Verlag vorbereitet. Der „Tübinger Atlas des Vorderen Orients" (TAVO) betrifft das, was sein Name sagt, und dasselbe gilt für die Bremer Datenbank „Löhne und Preise im antiken Griechenland". Schließlich sei noch erwähnt, dass an manchen Universitäten die Forschungen zu bestimmten Aspekten der Alten Geschichte konzentriert wird, so in Löwen und in Trier zum Hellenismus, wobei die Disziplinen Geschichte, Archäologie, Papyrologie und Philologie zusammenarbeiten, oder in Stuttgart zur historischen Geographie[39].

Vollständige Geschichten des Altertums auf dem heutigen Stand mit Diskussion der Forschung sind die 14 Bände (zum Teil in Halbbänden, der letzte Band steht noch aus)

---

36 Zu allen siehe die Bibliographie 6.1.4.
37 Siehe z.B. E. R. SCHWINGE oder S. M. BURSTEIN u.a.
38 Beide Corpora waren Unternehmungen der Preußischen Akademie; da diese im zwischenzeitlichen Ostsektor von Berlin lag, wurden sie als Prestigeobjekte von der DDR übernommen, jetzt ressortieren sie bei der Berlin-Brandenburgischen Akademie.
39 Die dort von E. OLSHAUSEN (siehe Bibliographie 6.8.1.5) abgehaltenen Kolloquien sind meist thematisch organisiert und fanden bisher zu folgenden Themen statt: Flusslaufveränderungen, Raum und Bevölkerung in der Stadtkultur, Grenzen, Gebirgsland als Lebensraum, Naturkatastrophen, Verkehrswege.

der Cambridge Ancient History (CAH), ein von nicht nur britischen Forschern verfasstes Sammelwerk, das den Alten Orient mit der Prähistorie einschließt, sowie die fünf dem griechisch-römischen Altertum gewidmeten Bände des Oldenbourg Grundriß der Geschichte (OGG)[40]; beide Publikationen folgen dem umfassenden Geschichtsbegriff, der nicht nur die politische und Sozialgeschichte, sondern auch die Kulturgeschichte umgreift.

4.1.3.2 Klassische Philologie

Die Wissenschaft von den Texten, die Klassische Philologie, ist wegen der zentralen Bedeutung der schriftlichen Überlieferung die Mutterwissenschaft aller Altertumswissenschaften, aus denen sich die anderen erst später abgetrennt hatten[41]. Sie besteht aus den beiden Arbeitsrichtungen der möglichst zuverlässigen Wiederherstellung der durch ständiges Abschreiben fehlerhaft gewordenen Texte selber und ihrer inhaltlichen Erschließung für die Geistesgeschichte – etwa für die allgemeine Geschichte, die Literatur- oder Philosophiegeschichte oder eben sogar für die Literaturwissenschaft und die Philosophie selber. Von der Arbeit der Textherstellung zeugen die daraus hervorgegangenen kritischen Ausgaben, einschließlich der Fragmentsammlungen, von der inhaltlichen Arbeit die Literaturgeschichten[42], die sämtlich einen starken Bezug zur allgemeinen Geschichte haben[43] – zu wünschen wäre, dass die Historiker ihrerseits die literarische Überlieferung aller Gattungen mehr für ihre Arbeit heranziehen würden.

4.1.3.3 Archäologie

Über die Archäologie unterrichten im Einzelnen natürlich die verschiedenen Einführungen in diese Wissenschaft.[44] Hier nur soviel, dass sie, grob gesprochen, in zwei Richtungen betrieben wird, zum einen in ihrem kunstgeschichtlichen Zweig, der im 18. Jahrhundert mit Johann Joachim Winckelmann seinen Gründervater bekommen hat,[45] zum anderen in der Ausgrabungstätigkeit, in großem Stil ebenfalls seit dem 18. Jahrhundert in den Vesuvstädten und in der Toscana begonnen. Die erstere hat die Kenntnis der künstlerischen Tätigkeit des Menschen um eine Dimension erweitert, die andere hat zur Wiederentdeckung ganzer Kulturen geführt und trägt je länger je mehr zur Kenntnis der antiken Geschichte bei.

Nachdem sich die Grabungsarchäologie bis tief in das 20. Jahrhundert hinein vorwiegend mit hervorstechenden Gebäuden wie Tempeln oder Palästen befasst hatte, ist

---

40 W. Schuller, Griechische Geschichte; H.-J. Gehrke, Geschichte des Hellenismus; J. Bleicken, Geschichte der römischen Republik; W. Dahlheim, Geschichte der römischen Kaiserzeit; J. Martin, Spätantike und Völkerwanderung.
41 R. Pfeiffer, Geschichte; H.-G. Nesselrath, Einleitung, Kap. 2; F. Graf, Einleitung, Kap. 1.
42 A. Lesky, Geschichte; E. Vogt (Hg.), Griechische Literatur; A. Dihle, Griechische Literaturgeschichte; M. Fuhrmann (Hg.), Römische Literatur; A. Dihle, Griechische und lateinische Literatur der Kaiserzeit; L. J. Engels/H. Hofmann, Spätantike.
43 Besonders instruktiv auch durch die erläuternden Texte sind die zweisprachigen, jeweils fünf Reclambände umfassenden Sammlungen über die griechische und römische Literatur von H. Görgemanns beziehungsweise M. von Albrecht.
44 A. Borbein/T. Hölscher/P. Zanker, Klassische Archäologie; U. Sinn, Einführung; T. Hölscher, Klassische Archäologie.
45 Siehe S. 34.

zunehmend die Siedlungsarchäologie einschließlich der der Stadtplanung in den Vordergrund getreten. Gerade sie, wie unmittelbar und nicht nur im Fall Pompejis[46] einzusehen, hat eine unmittelbarere geschichtliche Dimension, und dasselbe gilt für die Erforschung von Gräberfeldern, Nekropolen; ebenfalls historisch ist die vorwiegend archäologisch erforschte Geschichte des Wohnens, wie sie von Wolfram Hoepfner[47] betrieben wird. Für die Frage der Kontinuität zur nachantiken Geschichte ist die Stadtarchäologie mittelalterlicher Städte von Bedeutung.[48] Als historisch relevante Dimension der kunsthistorischen Forschungsrichtung sei die Geschichte der Malerei[49] genannt, an der die insbesondere das griechisch-römische Verhältnis betreffende Entwicklung abzulesen ist – wieder bietet Pompeji wichtiges Anschauungsmaterial –, oder die Porträtkunst, die erheblichen historischen Wandlungen unterlag.[50]

4.1.3.4 Numismatik, Epigraphik, Papyrologie

Neben den literarischen und den archäologischen Quellen, die seit dem 18. Jahrhundert kritisch gewürdigt wurden, wurden drei neue Quellenarten systematisch gesammelt und methodisch ausgewertet. Die antiken Münzen waren in Gestalt der „Münzbelustigungen" schon seit langem Gegenstand der Sammeltätigkeit, Beschreibung und Klassifikation gewesen, aber erst jetzt begann man, sie systematisch historisch auszuwerten; die sie betreffende Wissenschaft ist die Numismatik[51]. Nicht jede einzelne Münze kann veröffentlicht werden, hier sind, wenn vorhanden, meist Serien gleicher Münzen Gegenstand der Betrachtung; die hauptsächliche übergreifende Publikationsform sind die Kataloge großer Museen. Die Forschungsfragen, die an Münzen gestellt werden, sind neben ihrer Datierung, grob gesprochen, einerseits die politischen Aussagen von Bild und Beschriftung, andererseits die wirtschaftliche Funktion der Münzen selber; einen besonderen Fall stellen, besonders für die Datierung, Schatzfunde mit vielen Münzen dar.

Inschriften, zumeist auf Stein, wurden gelegentlich sogar schon von Herodot und Thukydides als Argumente herangezogen; seit Cola di Rienzo aus dem 14. Jahrhundert begann man, Inschriftensammlungen herauszugeben.[52] Systematisch geschah das dann allerdings erst durch das von der Berliner Akademie durch August Böckh veranlasste Corpus Inscriptionum Graecarum (CIG), dem sich das Corpus Inscriptionum Atticarum (CIA) anschloss, welche Sammlungen aber schließlich durch die Inscriptiones Graecae (IG, ab 1902) abgelöst wurden. Das Pendant für die lateinischen Inschriften, das Corpus Inscriptionum Latinarum (CIL) wurde 1863 von Theodor Mommsen

---

46 Zuletzt P. ZANKER, Pompeji; H. ESCHEBACH/L. ESCHEBACH, Pompeji.
47 W. HOEPFNER (Hg.), Wohnen.
48 C. BRÜHL, Palatium und Civitas.
49 N. J. KOCH, De picturae initiis.
50 Siehe S. 250f., 262.
51 Siehe Bibliographie 6.1.10.3.
52 Als besonders prachtvolles Beispiel sei nur zitiert das in der Königlichen Druckerei zu Palermo 1784 erschienene Werk Gabriele Lancillotto Castellos (Gabriel L. Castellus) SICILIAE / ET OBJACENTIUM INSULARUM / VETERUM / INSCRIPTIONUM / NOVA COLLECTIO / PROLEGOMENIS ET NOTIS / ILLUSTRATA, / Et iterum cum emendationibus, & Auctariis evulgata. / PANORMI TYPIS REGIS. / MDCCLXXXIV.

begründet, nach Böckh dem eigentlichen Schöpfer des wissenschaftlichen Großbetriebes auf dem Gebiet der Altertumswissenschaften. Ständig kommen Neufunde hinzu, die in Zeitschriften und gelegentlich in Sonderpublikationen veröffentlicht und diskutiert werden; wichtige Inschriften werden in Auswahlsammlungen veröffentlicht, in letzter Zeit mehren sich die Übersetzungspublikationen. Da die Inschriften meistens beschädigt sind, besteht eine wichtige Aufgabe der sie betreffenden Wissenschaft, der Epigraphik[53], in der Wiederherstellung des vollständigen Textes, aber auch vollständig erhaltene Inschriften bedürfen eingehender Interpretation, bevor sie historisch ausgewertet werden können. Die Gegenstände der Inschriften sind breit gestreut, von Beschlüssen griechischer Volksversammlungen oder solchen des römischen Senats über Grabinschriften, Militärdiplomen, mit denen entlassenen ausländischen Soldaten ihre Aufnahme in den römischen Bürgerverband bescheinigt wurde, Amphorenstempel, die Angaben über Datierung und Herkunft des Inhalts machen, Ostraka mit den Namen der zu Verbannenden bis hin zu Kritzeleien, die über das Alltagsleben Auskunft geben können.

Die Papyri[54], also die beschriebenen Papiere aus dem Mark der Papyrusstaude, sind erst seit der zweiten Hälfte des 18. Jahrhunderts in das Blickfeld der Wissenschaft getreten; zunächst 1752 durch Funde halbverkohlter Buchrollen in Herculaneum, dann durch gelegentliche Erwerbungen in Ägypten. Der Durchbruch kam durch Napoleons Ägypten-Expedition, seit welcher systematisches Augenmerk auf den Erwerb, die Sammlung und Auswertung der Papyri gelegt wurde. Bei ihnen ist jedes Stück ein Einzelstück, von königlichen Gesetzen über literarische Werke bis hin zu Privatbriefen; meistens stammen sie aus Ägypten, wo der trockene Wüstensand das Verrotten verhinderte. Auch hier geht es der Wissenschaft zunächst um die Ergänzung von Bruchstücken, und auch hier verstehen sich selbst vollständig erhaltene Texte keineswegs durchweg einfach aus sich heraus. Die Publikation geschieht sowohl durch Einzelveröffentlichungen in Zeitschriften oder Monographien als auch durch die systematische Publikation der Papyri, die in einem bestimmten Museum lagern, oder der Papyri, die an einem bestimmten Ort gefunden wurden.[55] Wie bei den Inschriften gibt es Auswahlpublikationen, aber anders als bei den Inschriften geben die Papyruseditionen in der Regel auch eine Übersetzung des oft schwierigen Textes mit, die gleichzeitig der Interpretation dient. Äußerst instruktiv – und gut zu lesen – sind die jährlich erscheinenden Urkundenreferate von Bärbel Kramer (dazu die über christliche und juristische Papyri von Cornelia Römer und Joachim Hengstl)[56], in denen die wichtigsten Neufunde beschrieben werden, und von denen jedes einzelne ein lebensvolles Bild des gesamten ägyptischen Lebens von der hellenistischen bis in die byzantinische und sogar arabische Zeit gibt.

---

53 Siehe Bibliographie 6.1.10.2.
54 Siehe Bibiliographie.
55 Die berühmtesten sind die aus dem ägyptischen Oxyrhynchos; bis jetzt sind über 60 Bände mit über 4000 Texten veröffentlicht worden, Material für 40 weitere Bände harrt der Aufarbeitung.
56 Zuletzt 2003; siehe Bibliographie 6.1.10.4.

4.1.3.5 Alte Geschichte

Die Geschichte der Disziplin Alte Geschichte allgemein ist eng mit der der anderen Wissenschaften vom Altertum sowie mit der Entdeckung der altorientalischen Hochkulturen verbunden. Die Erforschung dieser frühen Kulturen ging schon frühzeitig eigene Wege, schon wegen des riesigen Umfangs ihres Gegenstandes; in Parenthese sei auf das Ungeheure des Faktums hingewiesen, dass die Entdeckungen dieser Völker, Schriften, Sprachen, Kulturen und Staaten durch die altorientalistischen und ägyptologischen Wissenschaften seit dem 19. Jahrhundert diese erstmals seit ihrem scheinbar endgültigen Untergang in der römischen Kaiserzeit sozusagen wieder zum Leben erweckt haben – bei aller berechtigten Skepsis gegen blinde Fortschrittsgläubigkeit lässt einen dieses Faktum doch erhebliche Bewunderung empfinden. Für das griechisch-römische Altertum sind sie insoweit wichtig, als insbesondere auf die griechische Kultur entscheidende Anstöße und Übernahmen vom Alten Orient ausgegangen sind,[57] was gleichwohl an der Eigenständigkeit des Griechischen nichts ändert. Schließlich sei auch hervorgehoben, dass der militärische Zusammenstoß mit dem Perserreich, dem letzten und gleichzeitig größten der altorientalischen Reiche, sowohl durch die Abwehr in den Perserkriegen als auch durch die Eroberungen Alexanders des Großen jeweils einen Epochenwechsel bewirkt hat. Die gleichzeitige Beherrschung der Wissenschaften vom Alten Orient und der vom griechisch-römischen Altertum durch eine Person ist allerdings schon wegen des ins Unermessliche zutage geförderten Wissensstoffes ein Ding der Unmöglichkeit – der letzte, der das konnte, war Eduard Meyer[58] und ist teilweise heute sein Enkelschüler Gustav Adolf Lehmann –, zumal da die jeweiligen Gebiete ihrerseits schon längst in zahlreiche Spezialgebiete wenn nicht zerfallen, so doch auseinander getreten sind. Gerade hier freilich eröffnet sich auch angesichts der neuen Aufmerksamkeit, die Fragen der Akkulturation finden, ein weites Feld fruchtbarster interdisziplinärer Zusammenarbeit.

Die Erforschung der griechisch-römischen Geschichte selber geschah lange Zeit entweder als Teil der Allgemeinen Geschichte oder zusammen mit der Wissenschaft von den Texten, also der Klassischen Philologie. Freilich waren und sind zum Teil heute noch die Grenzen fließend. In den englischsprachigen Ländern gibt es bedeutende Professuren für Greek und für Latin, durch die sowohl Philologie und Literaturwissenschaft als auch Geschichte betrieben wird. Im deutschsprachigen Raum trat der Philologe August Böckh durch die „Staatshaushaltung der Athener" 1817 mit einem genuin historischen Werk hervor,[59] und er und später Theodor Mommsen[60] waren neben ihrer historischen Arbeit prononcierte Epigraphiker, eine Kombination, die auch heute häufig und wichtig ist. Im Laufe des 19. Jahrhunderts sonderte sich die Alte Geschichte dann aber als eine eigene Disziplin auch organisatorisch sowohl von der Allgemeinen Geschichte als auch von der Klassischen Philologie ab, verblieb jedoch in den meisten Fällen auf Institutsebene mit den anderen Altertumswissenschaften verbunden, zumal da lange Zeit die Konzeption einer einheitlichen Altertumswissenschaft vorherrschte,

---

57 Siehe S. 60 u. ö.
58 Siehe seine Geschichte des Altertums; zu ihm W. Calder III/A. Demandt (Hg.), Eduard Meyer.
59 E. Vogt/A. Horstmann, August Boeckh; A. Jähne (Hg.), August Boeckh.
60 S. Rebenich, Theodor Mommsen.

gerade dann, wenn auch die Klassische Philologie etwa in der Konzeption von Ulrich von Wilamowitz-Moellendorff[61] sich selber als historische Wissenschaft verstand.

Daher ist die Alte Geschichte nach wie vor eine Wissenschaft, die wegen ihres Gegenstandes besonders enge Verbindungen zu den Literatur- und Kunstwissenschaften der Antike unterhält, gleichwohl ist sie insofern vorwiegend Geschichtswissenschaft, als sie die Hauptfragestellungen der allgemeinen Geschichte entnimmt. Umgekehrt kann sie die gesamte Geschichtswissenschaft gerade wegen ihrer besonderen Stellung zu ihren Nachbarfächern befruchten, indem sie sich eben nicht nur auf politische und Sozial- und Wirtschaftsgeschichte beschränkt, sondern die Gesamtheit des Geschichtlichen als ihre Domäne betrachtet und gerade heute mit dem Aufkommen der Konzepte einer historischen Anthropologie und einer Geschichte als Kulturwissenschaft von besonderer Aktualität ist.

Mit ganz wenigen Ausnahmen hat sich in der Alten Geschichte kein wesentlicher Methodenstreit zugetragen; vorwiegend orientierte man sich in der Detailforschung und in den großen Synthesen an dem, was durch die Quellen vorgegeben war, was dem jeweiligen Zeitgeist entsprach und was in anderen Zweigen der Geschichtswissenschaft betrieben wurde. Ein besonderer Fall war der staatsgestützte Marxismus, nach welchem, mit wenigen Ausnahmen[62], nolens volens in den kommunistisch beherrschten Ländern vorgegangen wurde oder vorgegangen werden sollte[63]; mehr zum Marxismus weiter unten im Zusammenhang mit der Sozial- und der Wirtschaftsgeschichte. Im Augenblick beruft man sich wieder mehr auf Max Weber[64], vor allem aber ist eine Forschungsrichtung stark im Vordringen, die, nach marxschen Kategorien gesprochen, vorwiegend dem Überbau Aufmerksamkeit schenkt und die früher Kulturgeschichte genannt wurde, sich heute mit der historischen Anthropologie und der Kulturwissenschaft überlappt.[65]

4.1.3.6 Geographie und Topographie

Die historische Geographie ist ein Gebiet, das lange Zeit stark vernachlässigt war, obwohl es zum einen der Anschauung wegen unerlässlich ist und obwohl zum anderen die geographischen Verhältnisse selber bestimmenden Einfluss auf das historische Geschehen haben. Inzwischen hat sich seiner die verdienstvolle Forschung Eckart Olshausens tatkräftig angenommen[66] und ihr durch regelmäßige Kolloquien zahlreiche

---

61 W. M. CALDER III u. a. (Hg.), Wilamowitz in Greifswald; R. KASSEL, Wilamowitz.
62 In Deutschland (DDR) vor allem Detlef LOTZE (siehe DERS., Bürger und Unfreie, mit Einleitung von W. SCHULLER); bemerkenswerterweise war insbesondere in der UdSSR die Empirie in der althistorischen Forschung schon lange vorherrschend.
63 In Westeuropa gab es vornehmlich in Italien und Frankreich sozusagen freiwilligen Marxismus in der Alten Geschichte (etwa L. CANFORA oder Y. GARLAN), während der Marxismus von G. E. M. de STE. CROIX (Class Struggle) ein spezifisch englisch-insulares Privatgewächs war (dazu W. SCHULLER, Klassenkampf).
64 Zahlreiche Beiträge Wilfried NIPPELS; siehe etwa: Nutzen und Nachteil Max Webers.
65 Der Sonderforschungsbereich „Historische Anthropologie" an der Universität Freiburg arbeitete unter maßgeblicher Beteiligung von Althistorikern; siehe dazu beispielhaft J. MARTIN/R. ZOEPFFEL, Aufgabe, Rollen und Räume von Frau und Mann.
66 E. OLSHAUSEN, Einführung; H. SONNABEND, Mensch und Landschaft (Lexikon).

weitere Impulse gegeben, und immerhin haben Adolf Borbein[67], Hans-Joachim Gehrke[68] und Jochen Martin[69] in ihren zusammenfassenden Werken den geographischen Verhältnissen angemessenen Platz gewidmet.

Der umfassendste historische Atlas zum Altertum ist der „Barrington Atlas" von Richard J. A. Talbert;[70] ein Riesenwerk über den antiken Vorderen Orient mit ausführlichen Erläuterungen und Nebenpublikationen ist der TAVO. Die historischen Stätten Griechenlands führt alphabetisch auf das Lexikon von Siegfried Lauffer,[71] die Topographien Athens und Attikas werden in den Bildlexika von Johannes Travlos vorgestellt,[72] die von Rom in denen von Ernest Nash,[73] und photographisch wandelt auf Herodots Spuren Dietram Müller[74]. Schließlich gibt es einen von Christof Neumeister veranstalteten amüsanten und belehrenden Rundgang durch Rom an Hand von antiken literarischen Angaben.[75]

4.2 Sachgebiete

4.2.1 Politische Geschichte

Zur politischen Geschichte kann zuallermeist auf die erzählenden und speziellen Teile verwiesen werden; einen kurzen Hinweis verdienen jedoch einige übergreifende Forschungen, die sich mit der Sozial- und Mentalitätsgeschichte überschneiden. Zum einen ist bemerkenswert, dass der Begriff des – rechtlich definierten – sozialen Status den der letztlich ökonomisch bestimmten gesellschaftlichen Schicht oder gar Klasse abgelöst hat[1] (sofern dieser letztere überhaupt außerhalb des Staatsmarxismus verwandt wurde). Dann sei darauf hingewiesen, dass das politische Denken[2] als solches und nicht als Ausdruck einer sozialen Befindlichkeit zunehmend Aufmerksamkeit findet, teilweise in Fortsetzung früherer Arbeiten über die antiken Theorien zu Staat[3] und Gesellschaft. Gerade für das deutsch lesende Publikum soll eigens darauf hingewiesen werden, dass der Rückgriff auf antike Vorstellungen über das staatliche Leben und den geschichtlichen Ablauf im englischsprachigen Raum weitaus präsenter sind als im deutschsprachigen und etwa dadurch fruchtbar werden, dass Thukydides Ausgangspunkt eines Zweiges der anglophonen Politologie darstellt[4]. Schließlich soll hervorge-

---

67 A. Borbein (Hg.), Das alte Griechenland.
68 H. J. Gehrke, Jenseits von Athen und Sparta, 14–28.
69 J. Martin, Das alte Rom.
70 R. Talbert, Barrington Atlas.
71 S. Lauffer, Griechenland.
72 J. Travlos, Bildlexikon.
73 E. Nash, Bildlexikon.
74 D. Müller, Topographischer Bildkommentar.
75 C. Neumeister, Das antike Rom.
1 Das war ein Streitpunkt zwischen M. I. Finley und G. E. M. de Ste. Croix.
2 H. Ottmann, Geschichte des politischen Denkens; K. Raaflaub/E. Müller-Luckner (Hg.), Anfänge politischen Denkens; siehe auch W. Schuller (Hg.), Politische Theorie und Praxis.
3 H. Quaritsch, Der Staatsbegriff, in: W. Schuller (vorige Anmerkung), 278–290.
4 Siehe S. 36f.

hoben werden, dass Kriege zwar selbstverständlich schon allein deshalb ständig Gegenstand der althistorischen Forschung waren, weil sie ubiquitär waren und die Quellen voll von ihnen sind, dass aber die Rolle des Krieges als allgemeines politisch-soziales Phänomen erst jetzt zunehmende Aufmerksamkeit findet[5].

Die Stadt war der grundlegende Faktor der politischen Ordnung der Antike; auch in den hellenistischen Monarchien und im römischen Kaiserreich stellte sie die unverzichtbare Grundstruktur für die darübergelegte zentralstaatliche Organisation dar. Demgemäß nehmen die antiken Städte einen zentralen Platz in der althistorischen Forschung ein, wobei Frank Kolbs Gesamtdarstellung bereits jetzt ein Klassiker genannt werden kann. Standen früher die rechtliche Struktur und das politische Innenleben im Vordergrund, so kamen später ihre Funktion innerhalb größerer politischer Einheiten hinzu, ihre Rolle als zivilisierender und akkulturierender Faktor und, in Verbindung mit der Archäologie, ihre urbanistische Erscheinung. Besonders zu erwähnen ist, dass in der letzten Zeit vergleichende Studien angestellt werden, die die antike Stadt mit späteren europäischen und weiteren Städten in Beziehung setzt.[6]

4.2.2 Sozialgeschichte

Die Sozialgeschichte war und ist mit der politischen Geschichte eng verbunden, auch weil im antiken Bewusstsein die sozialen Unterschiede ständig präsent waren und sich demgemäß auch in den Quellen ausdrücken. Daher entstanden gerade in der antiken Sozial- und Wirtschaftsgeschichte zahlreiche Themen und Thesen der sozialwissenschaftlichen Forschung des 19. Jahrhunderts überhaupt, darunter die von Marx, Engels und Max Weber[7]. Karl Marx (1818–1883) führte die geschichtliche Entwicklung auf Kämpfe zwischen gesellschaftlichen Klassen zurück, die sich durch ihre Rolle im Prozess der materiellen Produktion herausbildeten, je nach dem, in welchem Ausmaß sie Eigentum an den Produktionsmitteln hatten; zudem sei das geistige Leben als so genannter Überbau in entscheidendem Maße durch die materiellen Verhältnisse, die Basis, bestimmt. Die Klassenkämpfe führten über eine angebliche Urgesellschaft, in der es keine Klassenunterschiede gab, über verschiedene Formen von Klassengesellschaften schließlich im zu erwartenden Kommunismus wieder zu einer neuen klassenlosen Gesellschaft. Im sowjetischen und dann, mit der Ausdehnung der Herrschaft der Sowjetunion, im mittel- und osteuropäischen Bereich wurde das in Wirklichkeit sehr ausdifferenzierte und auch keineswegs einheitliche marxsche Geschichtsbild zunächst so vulgarisiert, dass, vor allem durch den sowjetischen Diktator J. W. Stalin, eine historische Abfolge Urgesellschaft – Sklavenhaltergesellschaft (Antike) – Feudalismus (Mittelalter) – Kapitalismus (Neuzeit) – Sozialismus (Gegenwart) – Kommunismus (Zukunft) postuliert wurde, die durch dazwischen liegende Revolutionen vorangetrieben worden sei.

Seit dem Tode Stalins lockerte sich diese Vorstellung allmählich auf, weil zahlreiche Sachverhaltsbehauptungen mit der historischen Sachlage einfach nicht übereinstimm-

---

5 Siehe S. 213 und Bibliographie 6.6.1.
6 M. H. Hansen, Comparative Study of Thirty; Ders., Comparative Study.
7 M. Weber, Römische Agrargeschichte.

ten (so das Phantasiegebilde einer oder mehrerer Revolutionen zwischen Antike und Mittelalter), und weil vom Westen her entsprechende Kritik geübt wurde. So erfreulich das Verschwinden der kommunistischen Parteidiktaturen ist, so bedauerlich ist es, dass auch marxistische Fragestellungen ohne jede vorhergehende wissenschaftliche Diskussion spurlos verschwunden sind; damit gibt es für die sich nun – wenn überhaupt theoretische Konzepte verfolgt werden – auf Max Weber berufende Althistorie keine sich durch scharfe Fragestellungen auszeichnende Herausforderung mehr.

Der wichtigste sozialhistorische Forschungsgegenstand, der durch die Auseinandersetzung mit marxistischen Behauptungen erheblich gefördert wurde, ist die antike Sklaverei. Der Ausgangspunkt war die – wahrscheinlich durch Verschreibung – falsch überlieferte Zahl von 600 000 Sklaven für Athen, die zusammen mit verallgemeinerten Nachrichten über große Sklavenzahlen in römischen Latifundien und über Sklavenkriege die Vorstellung entstehen ließ, als sei die Sklaverei nach Ausmaß und Qualität so weit verbreitet gewesen, dass sie zusammen mit den Auseinandersetzungen zwischen Herren und Sklaven ein bestimmendes Element der antiken Geschichte dargestellt habe. Die westliche Forschung, die dagegen opponierte, überprüfte die Fakten und kam zu weit realistischeren und differenzierten Ergebnissen, die schließlich auch von der staatsmarxistischen Seite übernommen und weitergeführt wurden, etwa von E. M. Staerman und Heinz Kreißig[8]. Es ist auch hier schade, dass mit dem Ende des staatlich gestützten Marxismus das Interesse an der Sklavenforschung ebenfalls stark zurückgegangen ist; immerhin war die Sklaverei in den antiken Gesellschaften unabhängig von heutigen tagespolitischen Übertreibungen ja wirklich allgegenwärtig, und ihre Entstehung und Funktion zu bestimmen bleibt eine wichtige Aufgabe der Geschichtswissenschaft. Umso erfreulicher ist es, dass die Sklaverei-Forschung an der Mainzer Akademie intensiv weiterbetrieben wird.[9]

Die soziale Struktur der freien Bevölkerung allgemein und die Auseinandersetzungen zwischen den unterschiedlichen Gruppen oben und unten wird im chronologisch-besonderen Teil dieses Forschungsüberblicks behandelt. Die quantitative Verteilung der Bevölkerung ist Gegenstand demographischer Forschungen, aber nichts kennzeichnet besser den Mangel an empirischen Daten gerade auf diesem Gebiet als die Tatsache, dass das Standardwerk zu diesem Thema immer noch dasjenige von Karl Julius Beloch ist, das gegen Ende des 19. Jahrhunderts erschienen ist[10]. Einen großen Aufschwung jedoch hat in den letzten Jahrzehnten ein Forschungsgebiet genommen, das zwischen politischer, sozialer und anthropologischer Geschichte steht, nämlich die Frauengeschichte[11]. Sie wird seit einiger Zeit richtiger aufgefasst als eine Geschichte, die beide Geschlechter in ihrer historischen Bedingtheit und Interaktion erforscht, also als Geschlechtergeschichte, und in dieser Eigenschaft wird sie in intensiver Zusammenarbeit mit den anderen Epochen der europäischen und allgemeinen Geschichte betrieben.

Diese Frauen- und Geschlechtergeschichte ist ein Kind der Frauenbewegung, die vor einigen Jahrzehnten in zunächst massiver und aggressiver Form in den USA und

---

8 E. M. Staerman, Blütezeit der Sklavenwirtschaft; H. Kreißig, Wirtschaft und Gesellschaft.
9 H. Bellen/H. Heinen (Hg.), Fünfzig Jahre Forschungen.
10 J. Beloch, Bevölkerung.
11 Siehe Bibliographie 6.7.1.3 sowie S. 224–228 u. ö.

Westeuropa aufkam und im Ergebnis bewirkt hat, dass die Frauen auf zahlreichen Gebieten der Gleichberechtigung ein gutes Stück näher gekommen sind – wahrlich eine der größten Leistungen der Moderne. Hinsichtlich der Geschichtsforschung wurde zunächst ebenfalls nur die Minderberechtigung oder sogar Unterdrückung der Frau in den Vordergrund gestellt, mit zahlreichen Fehldeutungen – wie der, männliche Verschwörungen seien schuld daran gewesen –, jedoch spielte sich die Forschungslage dergestalt ein, dass nach den gesellschaftlichen Bedingungen für die Lage der Frau gesucht und ihre Lage mit der des Mannes in Beziehung gesetzt wurde, wozu dann eine breit gestreute empirische Forschung in Sachfragen kam. Zudem fragt man heute weniger, wie sich denn die Lage der Frau von der des Mannes sozusagen quantitativ unterscheide, sondern danach, ob es für Mann und Frau jeweils bestimmte gesellschaftliche Bereiche gebe, in denen jeder, ohne dass ein Saldo gezogen würde, eigenverantwortlich tätig ist beziehungsweise war. Das Rechtsleben ist wegen der Rechtstexte ein dafür besonders gut zugänglicher Forschungsgegenstand, aber auch für das wirtschaftliche und Alltagsleben können Aussagen getroffen werden, wofür literarische Quellen (historische Berichte, Theaterstücke) und als besonders aussagekräftige Quelle für Ägypten Papyri zur Verfügung stehen.

4.2.3 Wirtschaftsgeschichte

Es ist ein verbreitetes Vorurteil, dass sich die Alte Geschichte nur mit eher unterhaltsamer Personengeschichte oder mit der Wiedergabe eines Idealbildes von der Antike beschäftige. Gewiss ist sie immer noch stark von den erzählenden Quellen abhängig, die wegen ihrer Eigenschaft als Literaturwerke aus der Antike erhalten geblieben sind und in der andere Sichtweisen dominieren als die heutigen; jedoch richtete sich, wie schon bemerkt, schon das erste rein wissenschaftliche Werk der Alten Geschichte, die „Staatshaushaltung der Athener" von August Böckh aus dem Jahre 1817 in schon fast provozierender Weise gegen die Vorstellung, die Athener hätten eine Art schöngeistigen Phäakendaseins geführt – nein, so drückt es schon der Titel aus, sie hatten einen Staatshaushalt, organisierten ihre Einnahmen und Ausgaben, rechneten und schrieben sie auf. Auch hinsichtlich der Quellengattung beschritt Böckh neue Wege, die von der alleinigen Verwendung der literarischen Quellen abführten: Er sammelte, wie ebenfalls schon oben gesagt, Inschriften und wertete sie aus, was insbesondere die Bearbeitung gerade seines Themas erst ermöglichte, weil finanzielle Listen und Abrechnungen meist durch Steininschriften erhalten sind – von daher datiert die systematische Sammeltätigkeit und Heranziehung der außerliterarischen Quellen, deren augenblickliche Forschungssituation im vorigen Abschnitt zur Sprache kam.

Demgemäß trat schon von Anfang an neben die politische und Sozialgeschichte, die schon auf Grund der traditionellen Quellenlage ein selbstverständlicher Forschungsgegenstand waren, die Wirtschaftsgeschichte, und die Wirtschaftsgeschichte ist es, an der sich bis heute konzeptionelle Kontroversen entzündeten. Die bedeutendste ist die Bücher-Meyer-Kontroverse, benannt nach dem Nationalökonomen Karl Bücher und dem Althistoriker Eduard Meyer.[12] Bücher sah die Wirtschaft der Antike als frühen

---

[12] H. Schneider, Bücher-Meyer-Kontroverse.

und wenig entwickelten Teil einer kontinuierlich ablaufenden weltgeschichtlichen Entwicklung, während Meyer ein zyklisches Geschichtsbild hatte und der Ansicht war, die Antike habe eine in sich geschlossene wirtschaftliche Epoche dargestellt, in der es, wie in späteren Entwicklungen, primitive Anfänge und schließlich eine der Moderne entsprechende ausdifferenzierte Weltwirtschaft gegeben habe.

Prinzipiell wurde diese Auseinandersetzung nach den beiden Protagonisten nicht weiter ausgetragen, bis nach dem Zweiten Weltkrieg Moses Finley ein an Max Weber und Karl Polanyi orientiertes historistisches Bild von der antiken Wirtschaft entwarf. Danach stellte die antike Wirtschaft eine Epoche eigenen Rechtes dar, die außer gelegentlichen Einzelphänomenen nicht zu modernen Formen des Wirtschaftens vorstoßen konnte, ohne freilich einen integralen Teil der universalgeschichtlichen Entwicklung zu bilden. In der seitdem verflossenen Diskussion wird Finleys Bild insofern in Frage gestellt, als ihm widersprechende empirische Sachverhalte beigebracht werden. Der einleuchtendste Gegenentwurf – Cartledge hat für die griechische Wirtschaftsgeschichte deren Inkommensurabilität betont[13] – stammte zunächst von H.W. Pleket, nach welchem die antike Wirtschaft im Zusammenhang mit den späteren Epochen zu betrachten sei, von denen sie sich qualitativ nicht unterscheide, während der wirkliche wirtschaftsgeschichtliche Einschnitt erst mit der Industriellen Revolution beginne;[14] für das Kaiserreich weiterentwickelt bei Karl Strobel;[15] jetzt haben Walter Scheidel und Sitta von Reden eine erste Bilanz gezogen.[16]

Finleys Position stand jedoch nur vordergründig im Zusammenhang mit der Bücher-Meyer-Kontroverse. Vor allen Dingen stellte sie eine Auseinandersetzung mit dem Marxismus dar, und wenn das von ihm selbst kaum explizit gesagt wurde, lag das möglicherweise daran, dass Finley selber dogmatischer Marxist gewesen war – diese eher mittelbare oder implizite Art der Auseinandersetzung ließ ihn im Westen manchmal als „gemäßigten Marxisten" und im Osten als Sympathisanten erscheinen. Das erleichterte es vor allem den durch Gert Audring vertretenen Bestrebungen in der Endphase der DDR, unter Anknüpfung an Finley eine Wirtschaftsgeschichte zu konzipieren, die nur noch wenig mit dem zu tun hatte, was in der staatsmarxistischen Wirtschaftsgeschichte unter Marxismus verstanden wurde.[17] Zu einer Ausführung dieses Konzeptes ist es nicht mehr gekommen, und dieses Faktum verbunden mit dem auch sonst festzustellenden nahezu völligen Verschwinden von Marx aus jeglicher wissenschaftlich-politischen Diskussion nach dem Zusammenbruch der kommunistisch regierten Staaten ist ein Paradebeispiel dafür, wie massiv sich politische Macht auf intellektuelle Debatten auswirken kann, selbst da, wo sie, wie seinerzeit im Westen, ihren ideologischen Anspruch nicht mit Gewalt durchsetzen kann.

Empirische Forschungen zur Wirtschaftsgeschichte sind im besonderen Maße von den Zufälligkeiten des zur Verfügung stehenden Quellenmaterials abhängig. Für die griechische Antike sollen die Überlegungen dazu hervorgehoben werden, welche Be-

---

13 P. Cartledge, Economy – economies.
14 H. W. Pleket, Wirtschaft.
15 K. Strobel, Ökonomie.
16 W. Scheidel/S. von Reden, Ancient Economy.
17 G. Audring, Prolegomena.

deutung die Erfindung der Münze in der archaischen Zeit hat[18] oder inwiefern die erhaltenen Gefäße (= Vasen) nach Form, Verarbeitung und Verbreitung Indikatoren für einen Fernhandel darstellen[19]; die später aufkommenden Stempel auf den Handgriffen exportierter Amphoren, vornehmlich aus Rhodos, Chios oder Samos treten so massenhaft auf und geben über so viele Tatbestände des Handels Auskunft, dass ihre Erforschung zu einem eigenen Wissenschaftszweig geworden ist[20]. Für die römische Wirtschaftsgeschichte sind vor allem wichtig die Agrargeschichte, die für die Entwicklung der späten Republik zentral ist[21], jedoch insbesondere die zahlreichen vor allem archäologischen Daten aus der römischen Kaiserzeit, die durch die lange Friedensepoche geboten werden – man bedenke, dass bereits der gesamte fünfte Band von Mommsens „Römischer Geschichte" das soziale und wirtschaftliche Leben der römischen Provinzen zum Gegenstand haben konnte.

Durchgearbeitete umfassende Wirtschaftsgeschichten fehlen. Eine sehr hilfreiche knappe Übersicht bietet Hans Klofts Zusammenfassung; einflussreich waren Hasebroeks und Heichelheims eher nichtmodernistische, auf ein bestimmtes Gebiet bezogene Darstellungen; theoretisch überholt, weil modernistisch, aber im genialen Zugriff und der Materialbeherrschung immer noch heranzuziehen sind Michael Rostovtzeffs große Werke über die Sozial- und Wirtschaftsgeschichte des Hellenismus und der Kaiserzeit; marxisierend ist Francesco De Martinos römische Wirtschaftsgeschichte, die für meinen Geschmack zu viel Forschungsmeinungen referiert statt das Material selbst zu bearbeiten.[22]

4.2.4 Anthropologie

Die historische Anthropologie[23] beschäftigt sich mit den – historisch unterschiedlichen – Grundgegebenheiten der menschlichen Existenz und mit menschlichen Verhaltensweisen. Ihre Gegenstände sind äußerst weit gefächert und betreffen sowohl Kollektive als auch das Individuum in ihrer jeweiligen historischen Andersartigkeit, und zwar zunächst unabhängig von gesellschaftlichen und politischen Sachverhalten, wohl aber in der Absicht, alle diese Gegebenheiten und Kategorien miteinander in Beziehung zu setzen. Gewiss gehört auch die Geschlechtergeschichte hierzu, jedoch stellt sie, längst dem Modedasein entwachsen, ein so zentrales Gebiet dar, dass sie schon oben als sozialgeschichtliches Phänomen behandelt wurde.

Eher spezifisch anthropologisch ist eine bestimmte und zentrale Dimension des Umgangs der beiden Geschlechter miteinander, nämlich die Geschichte der Liebe und der Geschlechtlichkeit – es ist ein Zeichen unserer Zeit, dass gerade darüber eine immer mehr anschwellende Flut von Büchern erscheint,[24] während dieses Thema zwar

---

18 T. R. Martin, Why did.
19 C. Zerner (Hg.) Proceedings Wace and Blegen; J. Salmon, Pots and Profits.
20 Zum Beispiel Y. Garlan, Nouvelles remarques.
21 D. Flach, Agrargeschichte.
22 H. Kloft, Wirtschaft; M. Rostovtzeff, Gesellschafts- und Wirtschaftsgeschichte.
23 H. Süssmuth, Historische Anthropologie; eine Zeitschrift gleichen Namens existiert seit 1993.
24 Etwa: G. Binder/B. Effe (Hg.), Liebe und Leidenschaft; A. O. Koloski-Ostrow/C. L. Lyons (Hg.), Naked Truths; A. Stewart, Art, Desire and the Body; A. Dierichs, Erotik in der römischen Kunst; J. P. Hallett/M. B. Skinner, Roman Sexualities; H. J. Larmour u.a. (Hg.), Rethinking Sexuality.

gelegentlich auch früher behandelt wurde, jedoch eher in Publikationen, denen mehr an deutlichen Illustrationen als an Forschung gelegen war. Die Quellenlage ist nun in der Tat außerordentlich gut, sei es, dass die antike Liebesdichtung unerschöpfliches Material bietet, sei es, dass die bildlichen Darstellungen gerade auf dem Gebiet des Geschlechtlichen gelegentlich von großer Explizitheit sind, woraus sich dann sofort die Frage ergibt, in welchen gesellschaftlichen Kontext dergleichen Darstellungen gehören und ob etwa, so betont von John Clarke[25], das römische Verständnis von Geschlechtlichkeit von dem heutigen – immer noch – so unterschieden war, dass Abbildungen des Geschlechtsverkehrs als eine Selbstverständlichkeit die Wände vornehmer Häuser schmückten. Die Andersartigkeit antiken Geschlechtsverhaltens zeigt sich am deutlichsten am Phänomen der gleichgeschlechtlichen Liebe.[26] Die männliche Homosexualität – über die weibliche, die es auch gab, ist weitaus weniger überliefert – war zwar nicht so durchgängig anerkannt, wie manchmal behauptet wird, nahm jedoch als Knabenliebe in der griechischen und mit leichter Abschwächung in der römischen Oberschicht einen fast selbstverständlichen Platz ein, ja hatte in Sparta und wohl auch anderswo sogar die Funktion, Kriegstüchtigkeit zu fördern statt, wie heute wohl generell gemeint wird, zu schwächen; so wieder betont von Paul Cartledge[27].

Mehr als das Verhältnis zwischen Mann und Frau stellt die größere Einheit, die Familie dar, die in ihrer griechischen und römischen Ausprägung ebenfalls zunehmend auf ihre spezifischen Strukturen hin untersucht wird[28]; hingewiesen sei in diesem Zusammenhang auf Untersuchungen zur Rolle der Väter[29] und zu Witwen und Waisen[30]. Weiter sind Gegenstand der Forschung die Vorstellungen und die konkreten Erscheinungsformen der Lebensalter[31], Kindheit[32], Jugend[33] und Alter[34], von Geburt[35] und Tod[36], wobei als Beispiel für die gesellschaftliche Bewertung bestimmter Todesarten darauf hingewiesen sei, dass in Sparta nur im Krieg gefallene Männer und im Kindbett gestorbene Frauen einen mit Namen versehenen Grabstein bekamen und dass sich die Dokumentation dieses Todes im Kindbett auf den Grabsteinen später auch auf Athen ausgedehnt hat[37].

Schließlich sei noch hervorgehoben, dass unter den Fragestellungen der Anthropologie ein Forschungsgegenstand sozusagen neu legitimiert worden ist. Standen frühe-

---

25 J. R. Clarke, Looking at Lovemaking.
26 F. Mencacci, Päderastie und lesbische Liebe (mit früherer Literatur).
27 P. Cartledge, Spartan Pederasty.
28 Siehe S. 197f. und 206f.
29 J. Martin, Zur Stellung des Vaters; B. S. Strauss, Fathers and Sons.
30 L.-M. Günther, Witwen; J.-U. Krause, Witwen und Waisen.
31 R. Garland, Greek Way of Life.
32 M. Deissmann-Merten, Zur Sozialgeschichte der Kindheit; E. Eyben, Sozialgeschichte des Kindes; M. Golden, Children and Childhood; S. Dixon, Childhood, Class and Kin.
33 E. Eyben, Restless Youth.
34 H. Brandt, Wird auch silbern mein Haar; A. Gutsfeld/W. Schmitz (Hg.), Am schlimmen Rand des Lebens?
35 A. Dierichs, Von der Götter Geburt; N. Demand, Birth, Death and Motherhood.
36 G. Gnoli/J.-P. Vernant (Hg.), La mort, les morts; R. Garland, The Greek Way of Death; D. C. Kurtz/J. Boardman, Thanatos; R. Wiegels, Die Griechen und der Tod.
37 U. Vedder, Frauentod.

re Überlegungen über griechische und römische mentale Dispositionen in der Nähe von Vorstellungen womöglich noch verherrlichter angeblicher Volkscharaktere – „agonaler Geist der Griechen" oder „Römertum" –, so beabsichtigen heutige Untersuchungen über Wertvorstellungen, die in unterschiedlichen gesellschaftlichen Schichten und zu unterschiedlichen Zeiten geherrscht hatten eine nüchterne Analyse der Andersartigkeit der antiken Welt.[38] Hervorgehoben sei etwa, dass darüber nachgedacht wird, ob die Rache, die heute unter – immer noch – christlichem Einfluss keine offen benannte Antriebskraft menschlichen Handelns darstellen darf, im antiken Griechenland legitim oder sogar gefordert war.[39]

4.2.5 Kulturwissenschaft

Die Anthropologie ist nicht immer scharf zu trennen von der großen Neuorientierung der Geschichtswissenschaft als Kulturwissenschaft, die auch die Alte Geschichte erfasst hat. Kulturwissenschaft ist zwar oftmals das, was früher einfach als Kulturgeschichte firmierte, stellt aber doch insofern etwas Neues dar, als sie die kulturellen Hervorbringungen nicht als vorwiegend separaten Gegenstand, sondern in engem Zusammenhang mit der allgemeinen Geschichte untersucht, und das zudem nicht so, dass sie die Kultur nur als Funktion gesellschaftlicher Verhältnisse, sondern als eigenständigen Bereich menschlichen Handelns auffasst. Hierzu würde zunächst einmal die gesamte Literatur-, Kunst- und Philosophiegeschichte gehören, die freilich immer noch durch die innerakademische Arbeitsteilung Gegenstand der Klassischen Philologie, der Archäologie und der allgemeinen Philosophie sind, wenngleich sich auch hier die Anzeichen interdisziplinären Arbeitens mehren; hinzu kommt, dass alle drei Wissenschaften, am stärksten die Philosophie, auch aktuelle Bedeutung haben.

Kennzeichnend für die heutige Lage ist, dass Paul Cartledges Buch, das auf Englisch einfach „History" heißt, in der deutschen Übersetzung mit Recht zu einer „Kulturgeschichte" werden konnte.[40] Aber auch sonst gibt es Darstellungen in Fülle, die alle altertumswissenschaftlichen Gegenstandsbereiche in sich vereinen und die bezeichnenderweise von Gelehrten der verschiedenen Einzelwissenschaften verfasst sind. Gewissermaßen am greifbarsten ist das naturgemäß in den großen Ausstellungskatalogen zu sehen, ob sie sich nun der griechischen Klassik, Augustus oder der Spätantike widmen.[41] Aber auch die großen Gesamtdarstellungen folgen diesem Prinzip, sei es die große CAH, seien es die Bildbände von Adolf H. Borbein und Jochen Martin,[42] seien es die monumentalen italienischen Werke von Salvatore Settis für die Griechen und von Arnaldo Momigliano und Aldo Schiavone für die Römer[43] – wie traditionell das im Grunde ist, lässt sich an den beiden „Einleitungen" in die beiden Philologien sehen, die schon im Titel bewusst an frühere Werke anknüpfen, in denen der allumfas-

---

[38] P. Cartledge, Die Griechen und wir; U. Hölscher, Chance.
[39] Etwa: H.-J. Gehrke, Die Griechen und die Rache; G. Herman, Athenian Beliefs.
[40] P. Cartledge, Kulturgeschichte.
[41] W.-D.Heilmeyer, Klassik; Kaiser Augustus; H. Beck/P. C. Bol, Spätantike.
[42] A. H. Borbein, Das alte Griechenland; J. Martin, Das alte Rom.
[43] S. Settis, I Greci; A. Momigliano/A. Schiavone, Storia di Roma.

sende Begriff der einheitlichen Altertumswissenschaft gemeint war[44]. Schließlich gibt es Arbeiten über einzelne Geschichtsepochen, die ihrerseits alle Bereiche der Geschichte und Kultur umfassen, so sämtliche Bände der „Routledge History of the Ancient World"[45] oder etwa Deborah Boedeker und Kurt A. Raaflaub für das 5. vorchristliche Jahrhundert[46], Karl Galinsky für die augusteische Zeit[47] oder Manfred Fuhrmann für die Spätantike[48].

4.2.5.1 Alltag und Sport
Ein Paradebeispiel für einen kulturwissenschaftlichen fächerübergreifenden Forschungsgegenstand ist die Alltagsgeschichte, in der Quellen der schönen Literatur und der Archäologie mit sozial- und kulturgeschichtlichen Fragestellungen zusammentreffen[49]; oft auf Grund archäologischer Befunde und natürlich mit anderen Gesichtspunkten wie dem der Religion zusammengehend. Ein wichtiges Sondergebiet innerhalb der Alltagsgeschichte stellt die von Wolfram Hoepfner enzyklopädisch zusammengefasste Geschichte des Wohnens[50] in Griechenland und Rom dar. Weitere Sondergebiete sind die griechischen und römischen Feste. Sie sind trotz Säkularisierungen immer Teil der Religionsausübung geblieben, und daher stellen sie den Oberbegriff für das Theater und vor allem für die Geschichte des antiken, vor allem des griechischen Sports dar.[51] Bis vor einiger Zeit noch am Rande von – selber oft sportlich veranlagten – Spezialisten betrieben, stellt sich zunehmend heraus, eine wie zentrale Stellung die sportliche Betätigung im öffentlichen Leben einnahm, von diesem bedingt war und es selber bedingte. Es gibt mit „Stadion" und vor allem mit „Nikephoros" einschlägige Zeitschriften sowie gute zusammenfassende Darstellungen von Ingomar Weiler und Wolfgang Decker[52]; eine Spezialstudie, die jedoch umfassend ist und eine Fundgrube für viele Aspekte des griechischen Sports eröffnet, ist Joachim Eberts Buch über Siegerepigramme[53].

4.2.5.2 Religionsgeschichte
Kulturwissenschaft begreift natürlich Disziplinen in sich, die ihrerseits eine lange eigenständige Tradition haben und deren Rubrizierung unter diesen Oberbegriff gewiss auf Befremden stoßen mag und ihnen auf einige Strecken auch Unrecht tut. Das eine ist die Religionsgeschichte[54], die deshalb wichtig ist, weil das antike – griechische so-

---

44 H.-G. NESSELRATH; F. GRAF.
45 A. KUHRT, Ancient Near East; S. HORNBLOWER, Greek World; R. OSBORNE, Greece; G. SHIPLEY, Greek World; T. CORNELL, Beginnings; M. GOODMAN, Roman World; A. CAMERON, Mediterranean World.
46 D. BOEDEKER/K. A. RAAFLAUB, Democracy.
47 K. GALINSKY, Actium and Augustus.
48 M. FUHRMANN, Rom.
49 Siehe Bibliographie 6.7.1.5.
50 W. HOEPFNER, Geschichte des Wohnens.
51 Bibliographische Angaben bei Religion, Literatur (Theater) und Sport; hier nur der Hinweis auf E. SIMON, Festivals; H. H. SCULLARD, Römische Feste; D. G. KYLE, Spectacles; sowie F. KOLB, Rom, 587–606.
52 I. WEILER, Sport alte Welt; W. DECKER, Sport Griechenland.
53 J. EBERT, Epigramme.
54 Siehe Bibliographie 6.8.2.

wohl als auch römische – Leben, wie immerhin auch das des Mittelalters und vieler heutiger außereuropäischer Kulturen, in einem hier und heute nur noch schwer nachzufühlenden Maße von religiösen Vorstellungen bestimmt war, die nicht nur auf das private, sondern auch auf das öffentliche Verhalten wirkten. Freilich: Wenn dieser Bereich in der Geschichtswissenschaft vernachlässigt worden war, so entsprach das durchaus den antiken wissenschaftlichen Vorstellungen, die ja ihrerseits in Geschichtsforschung und Staatstheorie die Religion nicht oder kaum berücksichtigt hatten. Daher muss vor einer Überbetonung des religiösen Elements in der Erforschung der antiken Geschichte gewarnt werden, weil die Zeitgenossen selber die Religion nicht in ihre staatstheoretischen und historischen Analysen einbezogen; so für ein spezielles Gebiet Tonio Hölscher.[55] Eine eigene Stellung nimmt die Geschichte des frühen Christentums und der frühen Kirche ein,[56] natürlich deshalb, weil das Christentum diejenige antike Religion ist, die alle anderen schließlich verdrängte und die gesamte folgende Geschichte Europas unverwechselbar prägt. Die Geschichte dieser Forschung ist selber Gegenstand der Geschichtswissenschaft geworden, insofern sie die Abkehr von der Vorstellung betrifft, die wesentlichen Schriftquellen als göttlich inspirierte Texte zu verstehen, und sie statt dessen als historische Quellen wie andere auch analysiert und interpretiert.

4.2.5.3 Rechtsgeschichte

Als die Wissenschaft vom Römischen Recht hat die Rechtsgeschichte[57] eine jahrhundertelange eigenständige Tradition, die in dieser ihrer Eigenständigkeit dadurch noch befestigt war, dass im europäischen Kulturraum bis zum Inkrafttreten der neuzeitlichen zivilrechtlichen Kodifikationen das römische Recht in unterschiedlichen Aggregatzuständen weitergalt, im deutschen Kulturraum als das Gemeine Recht, aber, anders als früher oft angenommen, auch in England. Das Erbe des römischen Rechts stellt also eine ideale Voraussetzung für eine zukünftige gesamteuropäische Rechtsordnung dar. Erst durch die Historische Rechtsschule, deren Hauptvertreter Carl Friedrich von Savigny war, trat die historische Bedingtheit des Rechtes in den Vordergrund, und durch diese wird deutlich, wie sehr das gesamte auch private Leben des antiken Menschen von Rechtlichem durchdrungen war – und sei es nur durch die verschiedenen Arten des rechtlichen Status, die in der Sklaverei ihren prägnantesten Ausdruck hatten. Gegenüber dem römischen Recht trat in der Forschung das griechische deutlich zurück – erst Hans Julius Wolff[58] hat es endgültig in den Gesichtskreis der Rechtsgeschichte gerückt. Das lag auch daran, dass die Griechen anders als die Römer keine Rechtswissenschaft[59] hervorgebracht hatten. Dieser Befund und seine Ursachen

---

[55] T. Hölscher, Öffentliche Räume.
[56] Auch hier kann auf die Bibliographie 6.8.3 und die früheren Ausführungen verwiesen werden, siehe S. 263–269.
[57] Siehe die Bibliographie 6.5.2 und S. 195–198, 204–207 u. ö. Eine aktuelle Darstellung *aller* Rechtssysteme des Altertums, also auch der des Alten Orients, ist U. Manthe, Rechtskulturen der Antike.
[58] H. J. Wolff, Beiträge.
[59] F. Schulz, Geschichte.

seinerseits könnte durchaus mehr Gegenstand der Forschung sein als er es gegenwärtig ist.

4.2.5.4 Naturwissenschaft, Technik, Medizin

Neben der römischen Rechtswissenschaft war die antike Wissenschaft[60] vorwiegend Naturwissenschaft und als solche zunächst eng mit der Philosophie verbunden; erst im Hellenismus hatte sie sich zu einer eigenständigen Disziplin entwickelt. Teilweise praktische Anwendung fand sie in der Technik, deren historische Entwicklung ebenfalls ausgiebig erforscht wird[61]; das interessanteste Problem ist das des technischen Fortschritts, den es in der Antike nur höchst begrenzt gegeben hat, wofür heute nach Gründen gesucht wird. Im Allgemeinen waren die Fachwissenschaften griechischen Ursprungs und behielten – trotz der „Naturalis historia" des älteren Plinius – auch später diesen Charakter bei; vorwiegend römisch aber war die Feldmesserkunst.[62] Die antike Medizin – griechische wie römische – hatte einen theoretischen wie einen praktischen Zweig; im Zuge der heutigen Frauengeschichte stößt innerhalb der Medizingeschichte die der antiken Gynäkologie auf gesteigertes Interesse[63].

4.3 Griechenland und Rom

4.3.1 Völker des Altertums, Ethnogenese, Akkulturation

Die Geschichte des Altertums betrifft zwar vor allem anderen die der griechischen und der römischen Zivilisation, jedoch in verschiedener Hinsicht auch andere Völker. Zum einen sozusagen aus Prinzip, weil es diese anderen Völker[1] und ihre Zivilisationen nun einmal gegeben hat, und so richtig es ist, sich auf die geschichtsmächtigen Zivilisationen der Griechen und Römer zu konzentrieren, so schneidet es die eigenen Erkenntnismöglichkeiten – auch hinsichtlich der vergleichenden Ethnologie – ab, alle anderen als „Randvölker" abzuqualifizieren und nicht eigens zu erforschen. Zum zweiten hat es ja auch in dem hier behandelten Zeitraum Hochkulturen gegeben, von denen vor allem die späten Ägypter, die Phönizier, die Karthager, die Perser und die Parther genannt seien, alles Kulturen, mit denen sich die Griechen und Römer auseinanderzusetzen hatten. Drittens nahmen ja auch die Griechen und Römer diese anderen Völker und Kulturen nicht nur durch die Zusammenstöße mit ihnen wahr, sondern zumindest auch in der Weise, dass sie an ihnen ihre eigene Identität bestimmten, oder aber als Fremde, die unter ihnen wohnten. Besonders die jüdische Geschichte des Altertums wird intensiv betrieben, teils von jüdischer Seite selber als Bestandteil der eigenen Identität bis heute – und sei es in Auseinandersetzung mit romantischen Mythen wie der von Judas Makkabäus durch B. Bar-Kochva[2] –, teils in dem Sinne, dass

---

60 A. STÜCKELBERGER, Fachwissenschaften.
61 H. SCHNEIDER, Technikgeschichte; B. MEIẞNER, Fachliteratur.
62 C. SCHUBERT, Land und Raum; M. J. T. LEWIS, Surveying instruments.
63 C. SCHUBERT/U. HUTTNER, Frauenmedizin (zweisprachige Textausgabe).
1 Siehe Bibliographie 6.2.
2 B. BAR-KOCHVA, Judas Maccabaeus.

die jüdische Geschichte über das Christentum ein konstitutiver Bestandteil des nachantiken Europa ist.

Wie sehr die Wissenschaft ein Teil des allgemeinen kulturellen Bewusstseins ist, zeigen die Aktualitätskurven der Beschäftigung mit den beiden Völkern, die, mit Anfängen in der Antike, zu einem gewichtigen Substrat der nachantiken Geschichte wurden, also mit den Germanen und den Kelten. Bis zum 8. Mai 1945 hatte die zudem noch in nicht geringem Maße verzerrende Beschäftigung mit den Germanen in Deutschland Hochkonjunktur, die sofort anschließend fast unter einen Generalverdacht gestellt wurde. Einen letzten Ausläufer davon kann man an einem manchmal entschuldigenden Unterton entdecken, der gelegentlich in den Publikationen aufschien, die sich mit der Entdeckung des Schauplatzes der Varusschlacht bei Kalkriese befassten[3]; auch stand gelegentlich bei der Analyse der „Germania" des Tacitus oft deren chauvinistische Rezeption im Vordergrund des Interesses. Das soll nicht heißen, dass selbstverständlich ruhig-seriöse Forschung betrieben werde; herauszuheben wären die einschlägigen Arbeiten Dieter Timpes oder auch die Existenz des „Reallexikons für Germanische Altertumskunde", und bemerkenswert ist, dass eine der positiven Taten immerhin der DDR-Akademie vorzügliche Quellen- und Handbuchpublikationen waren.[4]

Die Kelten hatten es da einfacher. Die chauvinistische Verwertung gab und gibt es zwar, sie fällt aber verhältnismäßig wenig ins Gewicht und hat eher amüsante und manchmal sogar selbstironische Züge. Die zahlreichen Keltenpublikationen insbesondere aus dem Bereich der Britischen Inseln reichen oft bis in die Gegenwart, begünstigt durch die Tatsache, dass es in Gestalt der Irischen Republik einen keltischen Staat gibt, in dem, wenn auch wohl oft mit Mühe, keltisch gesprochen wird. Aber auch die deutschsprachigen zusammenfassenden Keltenbücher jagen einander,[5] fast alle vorzüglich, und die Wahrscheinlichkeit ist sehr groß, dass zwischen der Schlussredaktion dieses Buches und seinem Erscheinen weitere erschienen sein werden.

Schließlich ist die Geschichte Griechenlands und Roms selber die Geschichte ihrer eigenen Herausbildung aus verschiedenen Komponenten (Ethnogenese[6]) sowie später die immer weiter gehende Einverleibung fremder Völker und deren Zivilisation. Zunehmend wird erkannt, dass schon die griechische Zivilisation des Archaikums bei aller Unverwechselbarkeit ohne die Einwirkung altorientalischer Elemente[7] nicht so entstanden wäre, und mit dem Hellenismus hat sie sich zwar über den gesamten Vorderen Orient verbreitet, unterlag aber ihrerseits Veränderungen, und diese Akkulturationsprozesse werden als eigener Gegenstand untersucht[8]. Dazu gehört die Einwirkung der griechischen Kultur auf die zahlreichen italischen Landstädte schon in archaischer Zeit, so auf das dann später alle anderen dominierende Rom, und selbst etwas so Erzrömisches wie das römische Recht und die römische Rechtswissenschaft sind zu dem,

---

[3] Siehe S. 152, 309.
[4] Siehe die Bibliographie 6.1.
[5] Eine Auswahl in der Bibliographie 6.2.2.7.
[6] C. Ulf, Identität.
[7] C. Baurain, Les Grecs et la mediterranée; W. Burkert, Die Griechen und der Orient; Weiteres siehe S. 60 u. ö.
[8] Exempli gratia D. M. Pippidi, Assimilation; übergreifend I. Toral-Niehoff, Akkulturation.

was sie dann wurden, erst durch die gedankliche Vorarbeit der griechischen Philosophie geworden[9].

Eine neue Dimension erhielt der Gräzisierungsprozess[10] durch die Eroberung des Vorderen Orients durch Alexander, der, nach schon vorher zu datierenden Ansätzen, dazu führte, dass die Ländermassen von Ägypten bis Indien in der unterschiedlichsten Weise gräzisiert wurden. In Ägypten scheint dieser Prozess am tiefsten gegangen zu sein, und es ist eine an der Universität Löwen besonders betriebene Forschungsrichtung, durch Namensuntersuchungen und auf andere Weise, Art und Ausmaß dieses Vorgangs zu bestimmen.[11] Selbst nach dem Verlust des Iran an die Parther ist festzustellen, dass die griechische Zivilisation weiterhin die bestimmende blieb und dass nicht wenige Städte bis tief in die Römerzeit hinein griechisch blieben[12]. Eine weitere Dimension eröffnete schließlich die interdisziplinäre Forschung, die sich mit den mehrsprachigen Felsdekreten des indischen Königs Asoka in hellenistischer Zeit beschäftigte, in denen dieser von seiner Bekehrung zum Buddhismus berichtet, und die nicht nur auch in griechischer Sprache abgefasst sind, sondern deren Terminologie der der griechischen Philosophie entspricht.[13]

Später ist es dann der Romanisierungsprozess[14] gewesen, durch den, auch vermittels des Christentums – zu dessen Verbreitung die Großräumigkeit des Römischen Friedens der Kaiserzeit entscheidend beigetragen hatte – zahlreiche außerrömische Völker an die antike Zivilisation angeschlossen wurden und sich aus, nun, Randvölkern in die europäischen Völker des Mittelalters und der Neuzeit verwandelt haben. All diese Sachverhalte und Prozesse können durch das Konzept einer historischen Kulturwissenschaft besser erfasst und verstanden werden.

4.3.2 Griechenland

4.3.2.1 Frühes Griechenland

Die wichtigsten in der Forschung zur frühen griechischen Geschichte behandelten Probleme sind die Anstrengungen, Licht in die dunklen Jahrhunderte zu bringen. Dabei hilft mehr und mehr die Archäologie, deren Funde – am eindrucksvollsten und beispielhaft die Ausgrabungen von Lefkandi auf Euböa[15] – immer mehr zeigen, welch enge Verbindungen bereits diese Zeit mit der vor allem östlichen Mittelmeerwelt hatte; auch die Präsenz der Phöniker in der Ägäis wird immer deutlicher[16], von denen die Griechen ja vieles übernommen, vor allem die Kunst des Schreibens (wieder) erlernt hatten. Die Siedlungsarchäologie verfolgt immer deutlicher den Prozess des Zusammensiedelns, also den der Polisbildung, und leitet dadurch schon zum Archaikum

---

9 Siehe S. 206.
10 J. Gerber, Hellenisierung I; V. Binder, Hellenisierung II.
11 W. Peremans, Prosopographia Ptolemaica.
12 Siehe S. 28.
13 Siehe S. 94.
14 G. Woolf, Romanisierung; H.von Hesberg (Hg.), Militär als Kulturträger.
15 Siehe S. 54.
16 Siehe S. 44.

über.¹⁷ Von zentraler Bedeutung ist dabei die Frage, welchen Quellenwert die homerischen Epen haben; nach dem Durchprobieren verschiedener anderer Lösungen hat sich nun die Meinung herausgebildet und verfestigt, dass sie ganz überwiegend die Zeit der beginnenden Archaik wiedergeben, also nicht mehr die der Dunklen Jahrhunderte und schon gar nicht die mykenische Zeit – die öffentlichkeitswirksam ausgetragene Kontroverse zwischen dem Archäologen Manfred Korfmann und dem Philologen Joachim Latacz auf der einen und dem Althistoriker Frank Kolb auf der anderen Seite, bei denen letzterer vor allem Korfmann vorwarf, mehr zu behaupten als belegt werden könne, scheint mir im Sinne Kolbs ausgegangen zu sein und die eben geäußerte Ansicht zu bestätigen.¹⁸

Da die Polis sich nicht nur siedlungsgeographisch, sondern immer noch vornehmlich durch ihre politische Verfasstheit definiert, sind Form und Geschichte der politischen Institutionen das eine wichtige Forschungsgebiet für die archaische Zeit; besonders einschlägig sind da die zahlreichen archaischen Gesetzesinschriften, die in fast gleichzeitig erschienenen Publikationen von Reinhard Koerner und von Françoise Ruzé jetzt gesammelt vorliegen und die mit der Untersuchung Karl-Joachim Hölkeskamps über die Frage der frühen Gesetzgeber zu korrelieren sind¹⁹. Sämtliche Daten über sämtliche Poleis nimmt auf und verarbeitet auch in vergleichender Hinsicht das große Polisprojekt Mogens Herman Hansens in Kopenhagen.²⁰ Diese Staatsbildung, wenn das so zu nennen erlaubt ist, war nun durchaus das Produkt einer letzten Endes auf Überbevölkerung zurückzuführenden Krise, die zunächst durch die Kolonisation gelöst wurde, und die archäologisch-historischen Forschungen zur Kolonisation nehmen den Löwenanteil an der Beschäftigung mit der archaischen Zeit ein. Während die Frage der Ursache dieser Bewegung alles in allem im eben genannten Sinne gelöst ist, ergibt die archäologisch-epigraphische Forschung – beispielhaft die Jurij Vinogradovs²¹ – ständig neue Sachverhalte, die unser Bild der frühen griechischen Städte an Mittelmeer und Schwarzem Meer immer weiter vertiefen.

Die innere Entwicklung der Poleis war freilich weiterhin dergestalt krisenhaft, dass das Adelsregiment in Frage gestellt und, teilweise auf dem Umweg über die Tyrannis, durch den timokratischen Verfassungsstaat abgelöst wurde. Die Rolle der besitzenden und sich selbst bewaffnenden Mittelschicht ist in ihrer konkreten Mechanik weiterhin Gegenstand der Forschung, auch hier mit archäologischen Befunden und Argumenten, ebenso die Erscheinungsform, die Entwicklung und die Gewichtung der Tyrannenherrschaften. Von eminenter Bedeutung sind die wirtschaftsgeschichtlichen Voraussetzungen und Konsequenzen der Erfindung des Münzgeldes, das jetzt chronologisch tiefer angesetzt wird als noch vor einiger Zeit, so dass es seine treibende Rolle im geschichtlichen Prozess verloren hat.²² Überpointiert wird gelegentlich – etwa durch die eine Weile Sensation machenden Bücher Martin Bernals über eine an-

---

17 H. Lauter, Kultplatz; Ders., Lathuresa; Ders., Attische Landgemeinden; H. Lohmann, Atene; I. Morris, Burial.
18 C. Ulf, Streit – leider, trotz Einladung, ohne Beteiligung von M. Korfmann und J. Latacz.
19 Siehe Bibliographie 6.3.1.
20 Siehe S. 276.
21 J. G. Vinogradov, Pontische Studien.
22 Siehe S. 237.

gebliche Black Athena[23] – die Frage kulturgeschichtlicher Einwirkung orientalischer Vorbilder in Religion und bildender Kunst: dass es sie gegeben hat, wusste man schon immer und wird zudem auf immer mehr Gebieten immer deutlicher, und umso deutlicher tritt die prägende Leistung der Griechen dabei hervor.[24]

Die letzten Jahre haben eine Art Boom in der Erforschung des archaischen – und klassischen – Sparta hervorgebracht. Dabei bleibt wohl immer noch bestehen, dass die seltsame Abschottung und künstlich herbeigeführte Kulturlosigkeit Spartas aus dem permanenten Bestreben der aktuellen prophylaktischen Unterdrückung der Heloten zu erklären ist. Der Endzustand muss aber doch heruntergedatiert werden, so dass erst im 5. Jahrhundert von ihm gesprochen werden kann – immerhin berichtet Herodot, der bis in die zweite Hälfte des 5. Jahrhunderts schrieb, ausgiebig über Sparta, ohne auf irgendwelche Schwierigkeiten beim Nachrichtensammeln zu sprechen zu kommen. Das archaische Athen steht erst mit Solon einigermaßen im hellen Licht der Forschung. Über ihn und über die nachfolgende Tyrannenherrschaft der Peisistratiden kann man sich wegen der besonders guten Quellenlage zusammenfassend informieren, wobei hinsichtlich der Tyrannen noch wichtige Impulse aus der Archäologie neu hinzukommen, sogar durch die richtige Auswertung der Vasenmalerei[25]. Die Kenntnis der kleisthenischen Reformen, das heißt vor allem die komplizierte Einteilung Attikas in Demen, Trittyen und Phylen wird durch epigraphische Neufunde ständig verbreitert und verfeinert, so dass weiterhin an einem angemessenen Verständnis dieser durchgreifenden Neuorganisation gearbeitet werden kann.[26]

4.3.2.2 Klassisches Griechenland

Die Perserkriege sind in ihrem Verlauf nicht mehr Gegenstand der Diskussion, wobei allerdings die Versuche insbesondere Jack Martin Balcers[27] hervorzuheben sind, die persische Sicht der Geschehnisse herauszubekommen, ein schwieriges Unterfangen, da unmittelbar über sie nur aus griechischen Quellen berichtet wird. Wegen des Dramatischen des Vorgangs und weil uns durch die Münzen immer mehr Kenntnisse zuwachsen, wird kontinuierlich an der Aufklärung des Schicksals des Themistokles als Tyrann unter den Persern gearbeitet, und ebenso ergeben sich zu der Frage, ob die Kämpfe zwischen Griechen und Persern 449 durch einen formellen Friedensschluss oder anderweitig beendet wurden, immer neue Gesichtspunkte. Der aus den Kämpfen mit den Persern hervorgegangene Erste Attische Seebund ist wegen der Wichtigkeit dieses ersten großräumigen Herrschaftsverbandes der Antike und wegen des reichen, großenteils inschriftlichen Quellenmaterials Gegenstand ausgiebiger Untersuchung. So darf neben der Zusammenfassung des seinerzeitigen Kenntnisstandes durch Russell Meiggs vielleicht mein Buch genannt werden, in dem die Triebkräfte für die Heraus-

---

23 M. BERNAL, Black Athena; wenn Bernal sich in „Black Athena writes back" mit seinen Kritikern auseinandersetzt, so hat dieses Buch jedenfalls den Wert, über diese Kritik zu informieren – mit Ausnahme meiner eigenen in der Literaturbeilage der Frankfurter Allgemeinen Zeitung vom 29.9.1992.
24 So jetzt auch W. BURKERT, Die Griechen und der Orient.
25 Siehe S. 63.
26 Siehe S. 192.
27 J. M. BALCER, Persian Conquest.

bildung dieser Organisation in der ständigen Kriegführung gesehen werden;[28] die in letzter Zeit wahrscheinlich gemachte Herabdatierung wichtiger Inschriften eröffnet meiner Ansicht nach keine umstürzend neuen Perspektiven[29]. Eine Untersuchung über das Seebundsgesetz, das die Münzen einheitlich auf attischen Fuß umstellen sollte, hat auch deshalb über den unmittelbaren Gegenstand hinausgehende Bedeutung, weil sie zudem wirtschaftsgeschichtliche Neuüberlegungen über die Rolle der Münzen selber enthält.[30]

Ausgedehnteste Studien und Darstellungen widmen sich der athenischen Demokratie[31] – wegen ihrer Wichtigkeit für die griechische Geschichte selber, wegen des ungeheuren Quellenreichtums und wegen des Interesses, das sie in einer demokratisch verfassten Gegenwart hervorruft.[32] Dabei ist die neuzeitliche Demokratie gänzlich anderer Herkunft und beruht kaum auf einem Rezeptionsvorgang; doch fehlen hier noch hinreichende Studien. Konsens herrscht im Allgemeinen, trotz gelegentlicher auf spärlichstem Quellenmaterial beruhender Versuche, frühe außerathenische Demokratien zu eruieren, darüber, dass die athenische Demokratie etwas Exzeptionelles war, das sich nur unter besonderen Bedingungen herausbilden konnte, seien es die Perserkriege, sei es der Seebund.[33] Von besonders intensiv behandelten Gebieten seien hervorgehoben das Scherbengericht (Ostrakismos) mit den Fragen der Einführung, der des nötigen Quorums sowie überhaupt der sozialgeschichtlichen Auswertung der gefundenen Ostraka,[34] sowie das Ausmaß der Partizipation[35] und der mit der Bevölkerungszahl zusammenhängenden Bewertung der athenischen Demokratie als Demokratie[36].

Interdisziplinär verhandelte Problemkreise zwischen Geschichte und Archäologie sind etwa die Frage, inwiefern der Bau von Typenhäusern seit den siebziger Jahren des 5. Jahrhunderts mit der demokratischen Staatsform zusammenhängt, oder sind die Forschungen, die die athenische Akropolis betreffen. Literaturwissenschaft und Geschichte gemeinsam behandeln den Zusammenhang zwischen Theater und Politik, insbesondere auch deshalb, weil ein Großteil der erhaltenen Stücke während des Peloponnesischen Krieges geschrieben und aufgeführt wurde und ihn oft zum Gegenstand oder zur Voraussetzung hat. Der Krieg selber ist in seinem Ablauf hinreichend bekannt, ein Problem stellten damals und heute die Ursachen seines Ausbruchs dar, und die moderne Forschung beschäftigt besonders die Frage, welche Änderungen auf politischem und sozialen Gebiet in seinem Verlauf eintraten, wobei fraglich ist, inwieweit sie seine Folge oder unabhängig von ihm eingetreten sind. Gewiss durch ihn ver-

---

28 R. Meiggs, Empire; W. Schuller, Herrschaft.
29 M. Chambers u.a., Alliance; W. Schuller, Folgen.
30 T. Figueira, Power.
31 Siehe S. 190–195 u. ö. und die Bibliographie, 6.5.1.1.1.
32 M. I. Finley, Antike und moderne Demokratie; M. H. Hansen, Was Athens a Democracy?, J. Ober/C. W. Hedrick (Hg.), Birth of Democracy; Dies., Demokratia.
33 Siehe S. 70f.
34 Siehe S. 197.
35 Siehe S. 193–194. W. Lengauer, Qualification d'âge, bestreitet m.E. zu Recht, dass das Mindestalter für die Ratsmitgliedschaft in Athen 30 Jahre gewesen sei; weil von diesem Kriterium zahlreiche strukturelle Überlegungen zur athenischen Demokratie abhängen, hat das erhebliche Konsequenzen.
36 Siehe Anm. 32.

ursacht sind die beiden Versuche, die demokratische Staatsform abzuschaffen; Gustav Adolf Lehmann und Martin Ostwald haben diese oligarchischen Bewegungen zuletzt zusammen behandelt und analysiert.[37]

Die Quellenlage bereits für das 5. Jahrhundert ist so beschaffen, dass einzelne Persönlichkeiten wie schon Themistokles, dann aber auch Perikles, Kleon, Alkibiades und Sokrates so deutlich geschildert werden, dass sie biographisch behandelt werden können; das setzt sich für das 4. Jahrhundert dergestalt fort, dass etwa Platon oder Demosthenes als Individuen hervortreten. Dieses Jahrhundert selber zieht wegen seiner Vielgestaltigkeit zunehmend das Interesse der Forschung auf sich,[38] wobei es, ein schönes Beispiel des Neohistorismus, nicht an dem so übersichtlichen 5. Jahrhundert gemessen, sondern als Epoche eigenen Rechts verstanden wird; dementsprechend hat man sich von dem unhistorisch wertenden Begriff der Krise verabschiedet. In diesem Sinne werden die Veränderungen in der demokratischen Staatsform eigens untersucht, in diesem Sinne wird der Zweite Seebund im Detail erforscht,[39] wird die spartanische Herrschaft dargestellt[40] und werden insbesondere die Versuche analysiert, entweder weitere überregionale Zusammenschlüsse zu begründen – oder, wie in Gestalt der Bünde, ältere zu vitalisieren – sowie in Form der Koine Eirene ein System kollektiver Sicherheit einzuführen[41].

Auch wissenschaftlich kommt man von der Zentrierung auf Athen und Sparta ab und hat, teils in Einzelarbeiten, teils, so in Hans-Joachim Gehrkes zusammenfassender Studie, das entdeckt, was, nach einem Vorläufer,[42] das Dritte Griechenland genannt wird. Am wichtigsten und zukunftsträchtigsten stellte sich in diesem Sinne Makedonien heraus, das demgemäß intensiv erforscht wird[43], besonders dann die Person und das Wirken seines Königs Philipps II., und sei es nur deshalb, weil dessen Grabanlage in Vergina durch Manolis Andronikos archäologisch entdeckt worden ist[44].

4.3.2.3 Alexanderzeit und Hellenismus

Die Zeiten sind vorbei, in denen sich für so etwas empfängliche Gelehrte, durch die entsprechend akzentuierten Quellen gefördert, vom über die Jahrtausende weiterwirkenden Charisma Alexanders des Großen[45] anstecken ließen und ins Schwärmen gerieten – dass sein Lebenslauf und seine Leistung gleichwohl staunenswert sind, bleibt natürlich bestehen. Die heutige Wissenschaft legt nüchterne Kommentare zu den zentralen Quellen Arrian durch A. B. Bosworth, Curtius Rufus durch J. E. Atkinson und Justin durch Waldemar Heckel und J. C. Yardley (immer noch schwärmerisch allerdings N. G. L. Hammond) sowie ebenso nüchterne Gesamtdarstellungen – etwa durch Siegfried Lauffer, A. B. Bosworth, Pierre Briant – und analysiert, vor allem im eng-

---

37 G. A. Lehmann, Oligarchische Herrschaft; M. Ostwald, Oligarchia.
38 Siehe S. 75–81.
39 Siehe S. 76.
40 Siehe S. 76.
41 Siehe S. 78, 80, 214.
42 W. Schuller, Das „dritte" Griechenland, in: GWU, Beiheft 1979, 59.
43 Siehe S. 77f.
44 M. Andronikos, Vergina.
45 W. Schuller, Inszenierung.

lischsprachigen Raum, zwar immer noch die militärische Seite des Alexanderzuges, vertieft aber sonst im Wesentlichen verschiedene Aspekte seiner Herrschaft. Das zentrale Werk dafür ist seltsamerweise immer noch Helmut Berves zweibändiges Werk von 1926, in welchem im ersten Band sämtliche Personen erfasst sind, die im Zusammenhang mit Alexander standen, sowie im zweiten Band anhand dieser Aufstellung die Struktur des Alexanderreiches systematisch durchleuchtet werden (in vielen Details jetzt zu ergänzen durch Waldemar Heckel). Nach wie vor sind in der Diskussion (zahlreiche Einzelaspekte bei Wolfgang Will) beispielsweise die Frage von Alexanders Göttlichkeit als Herrschaftslegitimation, seine wahrscheinliche Absicht, die Makedonen und die Perser durch physische Verschmelzung zu einer neuen Herrenschicht heranzubilden, oder seine letzten Pläne, die möglicherweise auf eine Erweiterung seines Reiches nach Westen gerichtet waren – die schon fast rührend-romantische Vorstellung, Alexander habe eine humanistisch-philanthropische „Einheit des Menschengeschlechts" angestrebt, ist seit einem knappen Aufsatz Ernst Badians erledigt.[46] Alexandria wird erfolgreich durch französische Archäologen ausgegraben.[47]

Gleichwohl war das Ergebnis seines Zuges doch die Gräzisierung des Vorderen Orients, ein Faktum, dessen Auswirkungen auf das römische Reich und dadurch auf das antike Europa konstitutiv gewesen sind. Da das aber weder in einer Art kulturpolitischen Absicht Alexanders gelegen haben konnte, noch da es mit der bloßen militärischen Eroberung getan war, sondern auf einer Empfänglichkeit der alten orientalischen Kulturen beruht haben musste, muss es sich schon vorher angekündigt haben, und demgemäß beschäftigt die Forschung das, was man Vorhellenismus genannt hat. Dazu gehören die innergriechischen Tatsachen, dass über die Polisgrenzen hinausgreifende Organisationsstrukturen versucht wurden, dass nichtdemokratische Staatsformen, insbesondere das Königtum, wieder an Akzeptanz gewannen, und dass, vor allem, Griechen schon vor Alexander in den Orient auswanderten, und dass die griechische Zivilisation, auch ohne physische Auswanderung, schon unter persischer Herrschaft vordrang; besonders gut lässt sich das kunstgeschichtlich fassen wie etwa in der Kunst Lykiens, zumal unter einem König, der ausgerechnet Perikles hieß.[48]

Die Forschung zum Hellenismus hat in der letzten Zeit einen erheblichen Aufschwung genommen, als Beispiel sei nur die durch Erich Gruen in Kalifornien ins Leben gerufene Schriftenreihe „Hellenistic Culture and Society" sowie der übersichtliche und verlässliche Sammelband Andrew Erskines[49] genannt. Gleichwohl – oder gerade wegen der intensiven Detailforschung – fehlt eine umfangreiche neuere zusammenfassende Darstellung (von der man sich allerdings fragt, ob sie angesichts der anderen Literatur nötig sei); sehr informativ freilich sind die reich illustrierte Zusammenfassung von Graham Shipley[50] und die Kulturgeschichte Carl Schneiders[51]. Die trümmerhafte Quellenlage ist immer noch gültig in dem Aufsatz Hermann Strasburgers[52] vorgestellt;

---

46 Knapp dargestellt bei W. Schuller, Einführung, 86–88.
47 J.-Y. Empereur, Alexandria.
48 J. Borchhardt, Zemuri; M. Wörrle, Leben und Sterben.
49 A. Erskine (Hg.), Companion.
50 G. Shipley, Greek World after Alexander.
51 C. Schneider, Kulturgeschichte.
52 H. Strasburger, Umblick.

gleichwohl ist es möglich, die Rückwirkungen der veränderten politischen Verhältnisse auf die Geschichtsschreibung einleuchtend darzulegen[53]. Begriff und Abgrenzung des Hellenismus bestimmen nach unterschiedlichen Kriterien Rudolf Kassel und Reinhold Bichler[54]; die Funktion des Königtums hat Klaus Bringmann zusammengefasst.[55]

Unsere Kenntnis des Ptolemäerreiches im Besonderen ist durch die beiden imponierenden Werke von Günther Hölbl und Werner Huß zusammengefasst worden, auf die zu verweisen hier eigentlich genügen könnte.[56] Gleichwohl soll eigens auf Sarah B. Pomeroys Werk über die Frauen[57] sowie auf Hans Julius Wolffs Darstellung des Rechts im ptolemäischen Ägypten[58] hingewiesen werden, beide Gegenstände aber doch wohl nur teilweise paradigmatisch für die Gesamtsituation in den hellenistischen Flächenstaaten allgemein. Das gilt erst recht für das besonders verdienstvolle Werk Friedhelm Hoffmanns über das ägyptische Leben nach demotischen Quellen.[59] Bezüglich des Seleukidenreichs ist ebenfalls ein erheblicher Schritt nach vorne durch, man muss schon sagen, gewaltige Leistungen getan worden; zunächst durch den „new approach" von Susan Sherwin-White und Amelie Kuhrt, der darin besteht, dem Reich mehr Bedeutung zuzusprechen, als es bisher geschah,[60] dann aber, nach Andreas Mehls Biographie,[61] durch mehrere Werke John D. Graingers über den Dynastiegründer Seleukos Nikator, die Städte im Seleukidenreich und dann durch die Herkulesarbeit einer Prosopographie und topographischen Erschließung des Riesenreiches.[62]

4.3.3 Rom

4.3.3.1 Frühes Rom

Das Hauptproblem der frühen römischen Geschichte vor allem der Königszeit, aber auch bis weit in die Geschichte der Republik hinein, ist das der Quellenlage; gleichzeitig ist dieses Problem eines, das für die Quellenkritik der Geschichtswissenschaft im ganzen paradigmatisch ist. Bis in das 18. Jahrhundert hinein galt die literarische Überlieferung, die vor allem bei Livius, in den „Römischen Altertümern" des ebenfalls in augusteischer Zeit schreibenden Dionys von Halikarnass und in den einschlägigen Biographien Plutarchs vorliegt, trotz früherer kritischer Versuche im Allgemeinen doch als authentisch. Erst die dann einsetzende systematische Kritik konnte herausarbeiten, dass diese Texte vor allem auf den Werken der römischen Annalisten[63] beruhten, die ihrerseits Sagenstoffe verwandten und im Übrigen frei erfanden. Methodisch sauberes

---

53 B. Meißner, Polis und Königshof.
54 R. Kassel, Abgrenzung; R. Bichler, „Hellenismus"; siehe auch W. Schuller, Hellenismen.
55 K. Bringmann, Geben und Nehmen.
56 Siehe die Bibliographie 6.3.5.2.
57 S. B. Pomeroy, Women in Hellenistic Egypt.
58 H. J. Wolff, Recht der griechischen Papyri Ägyptens.
59 F. Hoffmann, Ägypten.
60 S. Sherwin-White/A. Kuhrt, From Samarkand to Sardis.
61 A. Mehl, Seleukos Nikator.
62 J. D. Grainger, Seleukos Nikator; Cities; Prosopography and Gazetteer.
63 Siehe S. 255.

Arbeiten kann die Angaben dieser Texte nur dann verwenden, wenn sie mit den wenigen anderen von ihnen unabhängigen Quellen bestätigt werden – sonst liegt, nach Jochen Bleickens geistreichem Wort, „wissenschaftlich nicht vertretbarer Erzähltrieb" vor, der, wie Frank Kolb es aufgespießt hat, gelegentlich auch aus neuzeitlichen patriotischen Motiven des heutigen Italien gespeist sein kann, aber durchaus immer noch – oder wieder? – seine Liebhaber im englischen Sprachraum findet.[64]

Es ist allerdings nicht so, dass man ausschließlich auf diese literarischen Berichte angewiesen wäre. Zum einen verdienen die Listen der Ämterträger (Fasten) im allgemeinen Vertrauen, das freilich für jeden Einzelfall erneut geprüft werden muss. Zum anderen stehen als Quellen für die römische Frühzeit weiter zur Verfügung (wenige) inschriftliche Zeugnisse, die Befunde der Archäologie (nicht nur der Siedlungsarchäologie, sondern auch sonstiger materieller Hinterlassenschaften), Rückschlüsse aus späteren staatlichen und gesellschaftlichen Institutionen sowie aus der Sprachgeschichte, Rechtstexte, insbesondere der des Zwölftafelgesetzes, schließlich Texte der griechischen Geschichtsschreibung. Gleichwohl ist auch die römische literarische Überlieferung nicht ganz wertlos: Sie ist eine Quelle für ihre eigene Zeit, in der sie geformt wurde, vornehmlich die der späten Republik, und zeugt für die Vorstellungen, die man sich damals von der römischen Frühzeit gemacht hatte; dazu würden dann auch dichterische Texte wie die „Aeneis" Vergils zählen.

Als Gegenstände der Erforschung des frühen Rom wären zu nennen die siedlungsmäßige Entwicklung der Stadt und die Frage, aus welchen Bevölkerungsteilen sie sich zusammensetzte, das Problem der Stadtgründung, wobei der Begriff selber präzisiert und doch wohl auf den Sakral- oder Rechtsakt zugespitzt werden sollte, durch den eine solche Gründung erfolgte, die Rolle der Etrusker dabei und überhaupt das Verhältnis der kleinen Siedlung Rom zur mächtigen etruskischen Herrschaft. Was die innere Struktur Roms betrifft, so wird diskutiert, wie weit politische und gesellschaftliche Strukturen der Republik in die Königszeit oder welche Vorgänger oder Parallelen sie dort finden, etwa der Begriff der Klientel und sein Verhältnis zu dem der Plebs, der gentilizische Aufbau, der Begriff des Patriziats, Vorläufer politischer und sakraler Institutionen und deren etwaige etruskische Herkunft. All das ist wegen der Quellenlage allgemein sowie wegen der Verstreutheit zahlreicher mikroskopisch kleiner Einzelquellen und von deren schwierig zu bestimmendem Quellenwert von großer Komplexität, und auch daher rührt ein gelegentliches ungeduldiges Beiseiteräumen dieser verzwickten Einzelfragen. Ein anderer Weg aus dieser Lage ist der, nicht allzuviel Energie in die Erforschung der Zeit vor der Begründung der Republik zu investieren, und sich auf die Republik selber zu konzentrieren; das dabei freilich sofort auftretende Problem der Bestimmung des Zeitpunktes der Beendigung der Königszeit ist von nicht geringerer Intrikatheit, ist aber durch Robert Werners vorbildlich gewissenhafte Quellenanalyse gelöst worden, wobei der Beginn der Republik auf 472/70 bestimmt werden konnte.[65]

---

[64] Einerseits, auch zum Folgenden, J. BLEICKEN, Geschichte, 105–115 (Zitat S. 110) und F. KOLB, Rom, 41–48; andererseits T. CORNELL, Beginnings.
[65] R. WERNER, Begründung; im Übrigen siehe J. BLEICKEN, vorige Anmerkung.

Die Forschung über die frühe und hohe Republik ist heute dadurch gekennzeichnet, dass die meisten Gegenstandsbereiche, insbesondere die von innerer und äußerer Entwicklung, die lange Zeit eher voneinander getrennt behandelt wurden, immer mehr in ihrer gegenseitigen Wechselwirkung erkannt werden. Ebenso ist eine statisch-rechtliche Betrachtungsweise durch diejenige der dynamisch-historischen abgelöst worden beziehungsweise steht in einer Art Konkurrenz zu ihr. Die Herausbildung der vollendeten republikanischen Verfassung wird so mehr auf ein ständiges Reagieren auf politisch-militärische Herausforderungen zurückgeführt als auf ein apriorisches „Erfinden" charakteristischer Einrichtungen wie der Zwei- oder Mehrstelligkeit der Magistraturen, im besonderen Fall etwa die Doppeltheit des Konsulats auf die durch die Ständekämpfe nötig gewordene Integration der großen plebejischen Familien in den Staat.[66] Ein weiteres aktuelles Forschungsthema ist die Erforschung der Herausbildung der Führungsschicht der Nobilität – die nicht mehr so restriktiv definiert wird wie seinerzeit durch Matthias Gelzer –, die sich durch die Leistung legitimierte, die sie in den ständigen Kriegen, vor allem denen der Eroberung Italiens und dann im Ersten Punischen Krieg erbrachte.[67] Ebenfalls wird ausgiebig diskutiert die durch Fergus Millar fast schon provokativ erhobene Behauptung, Rom sei deshalb eine Demokratie gewesen, weil die Volksversammlung alles Wichtige entschieden habe – dem wird unter anderem zu Recht entgegengehalten, dass die politische Initiative nie bei der Volksversammlung, sondern immer nur bei der Senatsaristokratie gelegen habe.[68]

4.3.3.2 Hohe Republik

Die Expansion Roms über Italien ist, quellenkritisch bedingt, weniger in ihrem faktischen Verlauf als in ihren Antriebskräften und in ihrem Ergebnis der Organisation der Herrschaft Gegenstand der Forschung. Zu letzterer sei hervorgehoben, dass die große zusammenfassende Arbeit von Theodora Hantos zwar, wie bisher auch, die rechtlichen Bindungen zwischen Rom und den Bundesgenossen in die Betrachtung einbezieht, jedoch gleichrangig damit auf die unterschiedliche faktische Intensität des jeweiligen Verhältnisses der Bündnerstädte zu Rom abhebt.[69] Was die Antriebskräfte betrifft, so verläuft die Forschungsdiskussion hier in ähnlichen Bahnen wie bei der anschließenden Ausbreitung Roms über das gesamte Mittelmeergebiet. Kommt eine sozusagen naturgegebene Expansionslust der Römer ohnehin nicht in Frage, so ist die vorherrschende Erklärung vom eher defensiven oder präventiven Charakter der Eroberungen zuletzt dadurch relativiert worden, dass diese Triebkraft zum einen im Laufe der Entwicklung ohnehin immer mehr zugunsten eines selbstverständlich scheinenden Eroberungsstrebens zurücktrat, zum anderen aber auch durch den Gesichtspunkt einer

---

[66] Siehe S. 111.
[67] K.-J. Hölkeskamp, Entstehung; B. Bleckmann, Nobilität.
[68] M. Jehne, Demokratie in Rom?; über das Ziel hinaus schießt E. Flaig (Entscheidung und Konsens), der der römischen Volksversammlung überhaupt keine substantielle Entscheidungsfunktion zubilligen will; ähnlich wie hier auch B. Bleckmann, Nobilität, 227–230. – In der Diskussion wird überhaupt nicht der wichtige Gesichtspunkt herangezogen, dass das Rechtswesen der Republik, das im Bewusstsein und in der Praxis der Zeitgenossen einen besonders hohen Stellenwert einnahm, einen rein aristokratischen Charakter hatte, so W. Schuller, Zivilprozeß.
[69] T. Hantos, Bundesgenossensystem.

inneraristokratischen Mentalität der gegenseitigen Konkurrenz und des Leistungsstrebens modifiziert werden muss.[70]

Wirtschaftliche Komponenten im Sinne der Erschließung von Märkten kommen wegen des Mangels eines entsprechenden wirtschaftlichen Interesses der Senatsaristokratie a priori nicht in Frage, wohl aber, auch hier im Lauf der Zeit zunehmend, dadurch, dass immer ungehemmteres Beutemachen angestrebt wurde, und das betraf dann alle Schichten des römischen Volkes. Zu diesen Erkenntnissen kommt man zum einen durch die intensive Diskussion von Vorgeschichte und Ausbruch der großen Kriege, wie insbesondere der beiden ersten Punischen Kriege, des Zweiten Makedonischen und des Syrischen Krieges, zum anderen auch hier durch die Analyse der Art und Weise, wie sich die Römer nach dem jeweiligen Krieg verhielten – quellenkritisch beispielhaft seien hier Arbeiten von Alfred Heuß und Joachim Molthagen[71] sowie Karl-Ernst Petzold[72] genannt. Nach anfänglichen Versuchen einer nur indirekten Einflussnahme bildete sich erst später eine außeritalische Herrschaft heraus, deren Organisation durch das Provinzsystem sich auch erst allmählich entwickelte und das eher eine Verfestigung von zunächst ad hoc und nur der Sicherung dienenden Maßnahmen darstellte.[73] Die Außenbeziehungen Roms zu Mächten, die (noch) nicht dem Provinzsystem unterlagen, werden in zwei schon klassisch zu nennenden Werken jeweils von unterschiedlichen Gesichtspunkten aus dargestellt: Werner Dahlheim hebt auf die rechtliche, Ernst Badian dergestalt auf die machtmäßige Seite ab, dass er auch im Außenverhältnis Klientelbeziehungen namhaft machen kann.[74]

4.3.3.3 Späte Republik

Die Expansion und ihre Auswirkungen auf die römischen inneren Verhältnisse und insbesondere auf die Führungsschicht war es dann, die auch für die anschließende Epoche der späten Republik, deren krisenhafte Entwicklung und ihren schließlichen Übergang in die Kaiserzeit das grundlegende Erklärungsmuster darstellt.[75] Von Anfang an hat diese Krise die Beobachter beschäftigt, also einschließlich der Zeitgenossen. Bis heute bildet die Frage nach ihren Ursprüngen und ihrem Charakter den Mittelpunkt der Forschung. Sah die Antike die Entwicklung vornehmlich unter moralischen Gesichtspunkten wie vor allem dem Sittenverfall (Sallust), so ist an deren Stelle eine Betrachtungsweise getreten, die auf strukturelle und – neuerdings – mentale Veränderungen achtet.

Der Hauptgegenstand der Strukturforschung sind die gesellschaftlich-staatlichen Entwicklungen, die schließlich zum Kaisertum führten. Standen frühere Untersuchungen noch im Banne von Theodor Mommsen mit seiner Verherrlichung Caesars als demokratischer Monarch, auch dadurch, dass man ihr widersprach[76], so seien von den bedeutendsten Darstellungen der letzten Jahrzehnte die Bücher von Christian

---

70 W. V. Harris, Imperialism 1979 und 1984; E. Badian, Imperialismus.
71 A. Heuss, Der Erste Punische Krieg; J. Molthagen, Weg.
72 K.-E. Petzold, Eröffnung.
73 Siehe S. 204.
74 Siehe S. 223.
75 J. von Ungern-Sternberg, Weltreich und Krise.
76 E. Meyer, Caesars Monarchie.

Meier und Erich Gruen genannt, das eine mit der griffigen Formel von der „Krise ohne Alternative", das andere mit der These, die Republik habe in ihren letzten Jahrzehnten im Großen und Ganzen nicht schlechter funktioniert als früher und die Entwicklung zum Kaisertum hin sei also das Ergebnis historischer Kontingenz[77]; auch sei auf die Arbeiten Gustav Adolf Lehmanns und Giuseppe Zecchinis verwiesen, die betonen, dass es gegen Ende der Republik durchaus Konzepte gegeben habe, wie die Krise überwunden werden solle, so dass man nicht sagen könne, eine grundsätzliche Veränderung der staatlichen Struktur habe außerhalb des Vorstellungsvermögens der Zeitgenossen gelegen[78]. Über Einzelphänomene, die das sozusagen Pathologische der späten Republik hinsichtlich des Befundes, der Ursachen und der Funktion untersuchen, sei auf Jürgen von Ungern-Sternberg verwiesen, der die Entwicklung des Notstandsrechts (senatus consultum ultimum) behandelt,[79] auf Elisabeth Erdmann, Helga Botermann und Heribert Aigner, die die Rolle des Heeres bestimmen[80], auf Wilfried Nippel und Wolfgang Schuller, die sich mit dem Phänomen der politischen Gewalt befassen[81] oder auf Peter Nadig, Martin Jehne und Schuller, die die Wahlbestechung in den Blick nehmen[82]. Die Rolle der (Oberschichts-)Frauen der späten Republik ist zunehmend Gegenstand der Forschung, wobei es eine kleine Kontroverse zwischen Maria Dettenhofer und Schuller darüber gibt, ob ihr deutliches Hervortreten im Verhältnis zu früheren Zeiten ein Indiz für die allgemeine Krise darstellt, oder ob der Anschein deshalb täuscht, weil die Kenntnis dieses Phänomens eher der besseren Quellenlage zu verdanken ist.[83]

Es sind freilich doch die Darstellungen und Forschungen, die sich um Personen drehen, die im Mittelpunkt stehen. Das liegt weniger daran, dass man den das Persönliche in den Vordergrund stellenden Quellen folgt, sondern daran, dass man ausdrücklich oder implizit der Tatsache Rechnung trägt, dass Einzelpersonen auch in der historischen Wirklichkeit tatsächlich strukturbestimmend wurden. Noch am ehesten wird das Wirken und das Schicksal der beiden Gracchen nach Sachgegenständen untersucht, und das deshalb, weil beide ja nun wirklich das waren, was man als Reformer bezeichnen kann und weil zeitgenössische Quellen, die sie als Personen würdigten, nicht existieren. Ähnlich ist die Quellenlage bei der Epoche des Marius, obwohl wegen seiner ausgeprägten Persönlichkeit auch diese neben den organisatorischen und politisch dilettantischen Maßnahmen behandelt wird. Der Bundesgenossenkrieg schließlich, der ein so einschneidendes Ereignis darstellte, ist ebenfalls ein anonymes Ereignis oder eines, bei dem zahlreiche unterschiedliche Persönlichkeiten eine Rolle spielen, während an seinem Ende und zu Beginn der Endphase der Republik die rätselhaft-faszinierende Gestalt Sullas steht.

---

77 C. Meier; Res publica; E. S. Gruen, Last generation.
78 G. A. Lehmann, Reformvorschläge; G. Zecchini, Debatte.
79 J. von Ungern-Sternberg, Untersuchungen.
80 E. Erdmann, Rolle des Heeres; H. Botermann, Soldaten und die römische Politik; H. Aigner, Soldaten als Machtfaktor.
81 W. Schuller, Rolle der Gewalt; W. Nippel/J.-M. David, Plebs urbana.
82 P. Nadig, Ardet ambitus; M. Jehne, Beeinflussung; W. Schuller, Ambitus.
83 M. H. Dettenhofer, Zur politischen Rolle; W. Schuller, Frauen späte Republik (ein ähnlicher Gedanke in anderem Zusammenhang bei B. Bleckmann, Nobilität, 225 f.).

Letztmals muss hier gesagt werden, dass für eine wirkliche Biographie Sullas – der Traum manchen Althistorikers – trotz der schönen Arbeit Karl Christs immer noch zu wenig Primärquellen existieren, dass jedoch sein Reformwerk gut bekannt ist, so dass es in seinem eigenartigen Doppelgesicht aus Rückwärtsgewandtheit und vorausschauender Konstruktion von Theodora Hantos eingehend dargestellt und analysiert werden konnte[84]. Die Folgezeit dann ist die Zeit der großen Biographien, und obwohl in zunehmendem Maße auch weniger im Mittelpunkt des Geschehens und der Quellen stehende Akteure meist im englischsprachigen Bereich biographisch gewürdigt werden – wobei oft mangels Masse Allgemeines mitverhandelt wird –, sind es dann die drei Großen, die immer wieder biographisch behandelt werden: Cicero, Caesar, und, in geringerem Maße, Pompeius; hervorgehoben seien die durch Maria Dettenhofer gesammelten Biographien der jüngeren Politiker, die in der Endphase der Republik agierten und in den Strudel von deren Untergang geraten sind.[85] Für alle drei Großen gilt, dass die wegen ihrer Nüchternheit und wegen des ausgiebigen Bezugs auf die Quellen immer noch besten Biographien die Matthias Gelzers sind[86], jedoch seien noch die folgenden hervorgehoben: Manfred Fuhrmanns Cicero-Biographie ist übersichtlich und stellt die folgenreiche literarische Hinterlassenschaft des vielseitigen Mannes aus intimer Kenntnis dar[87], und Robin Seagers Pompeius kommt an verlässlicher Informationsfülle dem Gelzerschen Werk gleich[88]. Die beiden wichtigsten neueren Caesar-Biographien sind die Christian Meiers und Werner Dahlheims. Meiers leider ohne Nachweise geschriebene Biographie[89] berücksichtigt ausgiebig den politisch-gesellschaftlichen Kontext, wobei es allerdings nicht nötig gewesen wäre, Caesar, einem bundesrepublikanischen Modetrend folgend, als „Außenseiter" zu stilisieren, und Dahlheim stellt (das nun ganz im Gegensatz zum heutigen Bewusstsein) zutreffenderweise die sonst oft vernachlässigte Tatsache in den Vordergrund, dass Caesar in den letzten anderthalb Jahrzehnten seines Lebens fast ausschließlich Soldat gewesen war und unablässig Kriege geführt hatte.[90]

Die Hauptquelle für die späte Republik stellen die Schriften M. Tullius Ciceros dar, die sämtlich bequem zugänglich sind, freilich nicht ohne Erläuterung benutzt werden dürfen – sie vor allem sind es zudem, deren Wiederentdeckung in der italienischen Renaissance das geistige Profil Europas jahrhundertelang bestimmt hat. Die letzte deutsche Übersetzung der Briefe mit Erläuterungen, die sich noch an ein intaktes Bürgertum wenden konnte, diejenige Christoph Martin Wielands vom Beginn des 19. Jahrhunderts, ist zu Unrecht vergessen; Bemühungen, sie wieder zugänglich zu machen, sind im Zuge der allgemeinen Wiederentdeckung Wielands im Gange.[91] Ein

---

84 T. Hantos, Res publica restituta.
85 M. H. Dettenhofer, Perdita Iuventus.
86 Siehe Bibliographie 6.4.1.2.
87 M. Fuhrmann, Cicero.
88 R. Seager, Pompey.
89 C. Meier, Caesar; das ungewöhnliche Buch hat eine ungewöhnlich ausführliche Rezension durch einen bedeutenden Gelehrten hervorgerufen: E. Badian, Besprechung.
90 W. Dahlheim, Julius Caesar. Ich bin derselben Ansicht, werte sie aber negativer als Dahlheim und meine, Caesar habe durch sein unausgesetztes Kriegführen ab 58 die Politik verlernt gehabt (W. Schuller, Entdeckungsreisen).
91 W. Schuller, Wieland.

Faszinosum eigener Art sind die beiden Kriegsbücher über den Gallischen und den Bürgerkrieg durch den Hauptakteur selbst, C. Iulius Caesar; dass das „Bellum Gallicum" immer noch Anfangslektüre im Schulunterricht ist, sollte nicht abschrecken. Zeitgenössische Dichtung ist diejenige Catulls, die einerseits Einblicke in die Stimmungslage der jeunesse dorée der ausgehenden Republik gewährt, andererseits bis heute unmittelbar ergreift[92].

4.3.4 Kaiserzeit

4.3.4.1 Augustus

Die Forschung rechnet Augustus zumeist nicht mehr zur Republik, anders als es hier im darstellenden Teil geschehen ist. Sie hat in der letzten Zeit zu zwei großen, den Forschungsstand zusammenfassenden Biographien geführt, wobei die von Dietmar Kienast eher durch minutiöse Nachzeichnung des Forschungsstandes, die für ein größeres Publikum geschriebene von Jochen Bleicken eher durch die großen Linien hervorragt; beide betonen die Offenheit des historischen Prozesses, die gerade bei dem ungewöhnlich langlebigen Augustus besonders zu beachten ist.[93] Hinsichtlich seiner Herrschaft war allzu lange nur auf die rechtliche Seite gesehen worden – gleichwohl bleibt ein moderner Kommentar der „Res gestae Divi Augusti", des inschriftlich erhaltenen Rechenschaftsberichts des Augustus, ein Desiderat, da seit dem ausführlichen Kommentar Theodor Mommsens von 1883 nur noch kleinere Kurzkommentare erschienen sind[94] –, wobei die gesellschaftlich-politisch-psychologische Seite vernachlässigt wurde; dem helfen jetzt archäologische und kulturgeschichtliche Werke ab, die anschaulich machen, welch immensen Einfluss die Kulturpolitik auf die Herrschaftsstabilisierung hatte[95]. Sehr aufschlussreich für die Unabgeschlossenheit und für das Prekäre der augusteischen Herrschaft ist schließlich Dettenhofers Buch über vor allem den Widerstand gegen Augustus[96]. Die Forschungen zum Nachfolgeproblem, dessen Unwägbarkeit derjenigen der Staatsform des Prinzipats überhaupt entspricht und dieses in besonderem Maße charakterisiert, haben zu dem Konsens geführt, der dem Darstellungsteil zugrunde gelegt ist, so dass es hier nicht mehr im Zentrum der Aufmerksamkeit steht.

Die Quellenlage für die augusteische Zeit hat bei aller Fülle etwas Beklemmendes. Fülle zeigt sich darin, dass nun die Inschriften beginnen, zahlreicher zu werden, dass wir mit dem Monumentum Ancyranum ein zentrales inschriftliches Dokument haben, mit Tacitus' Annalen eine grandiose, wenn auch unvollständige und mit quellenkritischer Vorsicht zu benutzende Darstellung, und vor allem mit den augusteischen Dichtern – Horaz, Vergil, Properz, Tibull und Ovid – Höhepunkte der Weltliteratur; Horaz und Vergil, die nicht plumpe Schmeichler waren, sondern die nach anfänglicher Di-

---

[92] Carl Orff hat Gedichte Catulls unter dem Titel „Catulli carmina" vertont.
[93] D. KIENAST, Augustus; J. BLEICKEN, Augustus.
[94] Siehe die dreisprachigen Ausgaben von M. GIEBEL und E. WEBER.
[95] E. SIMON, Augustus; P. ZANKER, Macht der Bilder; AUSSTELLUNGSKATALOG Kaiser Augustus; K. GALINSKY, Actium and Augustus.
[96] M. H. DETTENHOFER, Herrschaft und Widerstand.

stanz später, nach den entsetzlichen Erfahrungen des Bürgerkrieges, die Pax Augusta dankbar-aufatmend preisen konnten, sind nach Cicero diejenigen lateinischen Autoren, die Europas geistiges Leben am meisten geprägt haben. Beklemmung stellt sich ein, wenn man an zahlreichen Stellen die unsichtbare lenkende, ja unterdrückende Hand des Augustus bemerken muss. Über das politische Leben sind wir ganz unvollständig unterrichtet, insbesondere muss fast alles, was Augustus' Herrschaft bedroht hatte, und das war nicht wenig, mühsam zusammengesucht und erschlossen werden. Es weht einen kalt an zu beobachten, wie er die beiden Iuliae, Tochter und Enkelin, einem schmählichen Tod ausgeliefert hat und wie eisig er auf die flehenden Bitten des verbannten Ovid, ihn doch wieder nach Rom zu lassen, (nicht) reagiert hat. Und: Augustus ist 76 Jahre alt geworden, aber seine Bildnisse zeigen ausschließlich einen jugendlich-strahlenden Helden. Das ist nicht von selbst so geschehen.

4.3.4.2 Hohe Kaiserzeit

Für die Kaiserzeit insgesamt verfügen wir über zahlreiche neuere Gesamtdarstellungen, die sich danach gruppieren lassen, ob sie angesichts der im Vergleich zur Republik wenig dramatischen Geschehnisse eher die systematischen oder doch eher die entwicklungsgeschichtlichen Aspekte betonen. Zu den ersteren zählen die Übersichten von Jochen Bleicken und Werner Dahlheim, zu den letzteren die umfassende Darstellung von Karl Christ, das Werk von Dietmar Kienast, das, es sei wiederholt, mit dem Titel „Kaisertabelle" allzu bescheiden charakterisiert ist, sowie die Sammlung zahlreicher kaiserlicher Kurzbiographien (einschließlich der Spätantike) von Manfred Clauss und das weibliche Pendant von Hildegard Temporini-Gräfin Vitzthum.[97] Egon Flaigs Buch über die Usurpationen in der Kaiserzeit[98] nimmt mit Recht für sich in Anspruch, die Untauglichkeit von Kategorien wie „Staatsrecht" oder „Legitimität" erwiesen zu haben. Dass Kaiserbiographien überhaupt in einiger Ausführlichkeit möglich sind – besonders im englischen Sprachraum –, hat seine Ursache insofern in der Quellenlage, als in der Antike selber dieses Literaturgenre im Vordergrund stand, und selbst Werke wie das des Tacitus,[99] das ja weit anspruchsvoller ist, sind stark personenzentriert geprägt. Rezeptionsgeschichtlich interessant ist, wie Ludwig Quidde das negative Caligula-Bild auf Kaiser Wilhelm II. übertrug, was zu einem nicht unerheblichen und aufschlussreichen Skandal führte[100] (was beides – Buch und Reaktion darauf – nicht eingetreten wäre, wenn man damals schon die Revision des Caligula-Bildes durch Aloys Winterling[101] gekannt hätte).

Die Personenzentriertheit der Überlieferung war einer der Gründe dafür, dass Theodor Mommsen keinen vierten Band seiner „Römischen Geschichte" geschrieben hat, sondern im fünften Band (1885) eine systematische, nach Regionen gliederte Darstellung des Reiches bot.[102] Er konnte das, und wir können das heute erst recht, weil

---

97 Siehe Bibliographie 6.4.1.3.
98 E. FLAIG, Den Kaiser herausfordern.
99 Unvergleichlich in seinem eigenen taciteischen Charakter R. SYME, Tacitus.
100 K. HOLL u.a., Caligula.
101 A. WINTERLING, Caligula.
102 Siehe S. 154.

wir über die früher allein zugängliche literarische Überlieferung hinaus durch archäologische und epigraphische Zeugnisse in großer Fülle und ständig weiter zunehmend intensiv über die Lebensverhältnisse des Imperium Romanum informiert sind – und dass es diese Quellen in diesem Ausmaß gibt, ist seinerseits eine Folge des Friedens, der, erreicht und gesichert von der römischen Herrschaft, zweieinhalb Jahrhunderte hindurch das Leben im Mittelmeergebiet bestimmte.

Demgemäß nimmt Regionalforschung auf dem Gebiet des römischen Kaiserreiches einen Großteil der althistorisch-archäologischen Forschung überhaupt ein. „Provinzialrömische Archäologie" ist der technische Ausdruck für ein Forschungsgebiet, das ganz Europa einschließlich Nordafrikas und von Britannien bis Georgien umfasst und das die jeweilige einheimische Forschung stark bestimmt. Wegen des Ausmaßes dieser Forschungen ist es ganz unmöglich, hier einen einigermaßen vollständigen Überblick zu geben. Es sei nur beispielshalber auf die Erforschung der Vesuvstädte Pompeji[103] und Herculaneum sowie des Tiberhafens Ostia[104] sowie darauf verwiesen, dass die römische Kaiserzeit auch in Griechenland selbst eingehend erforscht wird[105] und dass die Forschungen über den römisch gewordenen Osten in der letzten Zeit besonders intensiv betrieben werden, die deshalb interessant sind, weil sie zeigen, wie sich die ursprünglich höhere Kultur allmählich, jedoch nur zum Teil, der erobernden anbequemte[106] – selbst dadurch, dass sich Gladiatorenspiele im Osten ausbreiteten[107]. In einem Bezug freilich finden sich alle Regionalstudien wieder zusammen: Da der römische Limes das ganze Reich umspannte,[108] sind die Internationalen Limeskongresse Orte, an denen die Forschung über das Imperium Romanum wahrlich überregional betrieben wird. Ebenso werden die Regionalstudien[109] mit einem überregionalen Phänomen korreliert durch die Erforschung der Romanisierung der einheimischen Bevölkerung, ein erst recht überregionales Phänomen.[110]

Diese Romanisierung ist vor allem durch das römische Heer erreicht worden, und dieses Heer wird in ungezählten Einzel- und übergreifenden Studien immer weiter auf Aufbau, Rekrutierung, Funktion, Entwicklung und Auswirkung hin so intensiv erforscht, dass dieser Forschungszweig zu einer eigenen Disziplin geworden ist, die historische, epigraphische und archäologische Studien in sich vereinigt.[111] Dazu gehören auch die Kriege selber, und obwohl es existenzgefährdende Kriege nun nicht mehr –

---

103 Siehe S. 278.
104 A. G. Zevi/A. Claridge (Hg.), Ostia.
105 K. Buraselis, Kos.
106 Siehe nur G. W. Bowersock, Roman Arabia; Hellenism.
107 L. Robert, Gladiateurs.
108 So beispielsweise auch Palästina, s. nur M. Gichon, Enemies of Rome; Southern Palestine; Courtyard Pattern.
109 Für Deutschland jetzt sehr übersichtlich nach alphabetischen Stichwörtern T. Bechert, Römische Archäologie.
110 Siehe S. 294 u. ö.
111 Siehe die Zusammenfassungen G. Alföldy, Heeresgeschichte; Ders. u.a. (Hg.), Kaiser, Heer und Gesellschaft; M. P. Speidel, Roman Army Studies; eine Quellensammlung ist B. Campbell, Army. – Die durch Michael Speidel begründete heeresgeschichtliche Reihe heißt MAVORS nach dem Kriegsgott Mars; dem deutschen lesenden Publikum begegnet diese Form des Namens im West-östlichen Divan Goethes: „Wenn links an Baches Rand / Cupido flötet, / Im Felde rechter Hand / Mavors drommetet [...]" (Moganni Nameh / Buch des Sängers).

beziehungsweise noch nicht wieder – gab, so werden die Eroberungskriege an den Grenzen, die der Arrondierung und Erweiterung des römischen Herrschaftsgebietes dienten, um ihrer selbst willen und zum Teil wegen ihrer jeweiligen nationalen Dimension weiter erforscht. Dazu gehören etwa die Dakerkriege Domitians und Traians, die für das heutige rumänische Selbstverständnis wichtig sind, und dazu gehört auch der germanische Sieg über Varus, der die Romanisierung Germaniens verhinderte; die Frage, wo denn nun die erst in der frühen Neuzeit so genannte Schlacht am Teutoburger Wald stattgefunden habe, scheint nun zugunsten der Gegend um die niedersächsische Ortschaft Kalkriese geklärt zu sein.[112]

Die Wirtschaft des Reiches[113] ist vor allem hinsichtlich des Handels, des Handwerks und des Agrarwesens ebenfalls Gegenstand zahlreicher Einzelstudien, führt aber auch zu umfassenden Darstellungen, und insbesondere hier wird die Interdependenz von Quellenreichtum und Aufblühen des Reiches unter der pax Romana deutlich. All das ist an der Vitalität der zum großen Teil neu gegründeten oder neu ausgebauten Städte zu sehen, so dass, auch hier wieder in interdisziplinären archäologisch-epigraphisch-historischen Studien, die Städteforschung etwa Nordafrikas, des Vorderen Orients oder Kleinasiens eine Blüte erlebt, die der ihres Gegenstandes seinerzeit entspricht und die sich sogar auf regionale Rechtsschulen erstreckt[114]; dazu gehört auch die Untersuchung der gesellschaftlichen Schichtung innerhalb der Städte, die teilweise aus den gut erhaltenen Rechtsquellen ersichtlich ist. Die Forschung hinsichtlich der gesellschaftlichen Situation auf Reichsebene behandelt wieder die Einbeziehung immer größerer Teile der regionalen Oberschicht in die Führungsschicht des Reiches, also in den Senatorenstand, aber auch die Neuformierung und neue Funktion des Ritterstandes, vornehmlich auf dem Wege über die kaiserliche Verwaltung.[115]

Diese Verwaltung ihrerseits schließlich kann, ebenfalls durch die Rechtsquellen, aber auch durch die Epigraphik, in ihrem Ausbau und in ihrer immer größeren Bedeutung eingehend untersucht werden[116], wobei dann wieder überhaupt die Zentrale in Rom in den Blick genommen wird.[117] Hier hat die allmähliche Entwicklung des kaiserlichen Verwaltungsapparats ihren Platz, hier dann die des kaiserlichen Hofes, durchaus im Vergleich zu anderen monarchischen Höfen der Antike,[118] hier der kaiserliche Regierungsstil[119] und vor allem natürlich die Kaiser selbst. Von Augustus angefangen über die zum Teil psychopathischen Kaiser[120] seiner julisch-claudischen Dy-

---

[112] Siehe S. 152.
[113] Zu allem Folgenden generell F. VITTINGHOFF, Europäische Wirtschafts- und Sozialgeschichte.
[114] D. LIEBS, Römische Jurisprudenz in Africa.
[115] Das klassische Werk ist H. G. PFLAUM, Carrières procuratoriennes.
[116] Siehe S. 210f.
[117] Siehe S. 210.
[118] A. WINTERLING, Zwischen „Haus" und „Staat".
[119] F. MILLAR, Emperor; J. BLEICKEN, Regierungsstil.
[120] Ich möchte trotz allem an dieser Einschätzung festhalten, obwohl ich mir dessen bewusst bin, dass man mit guten Gründen auch anderer Ansicht sein kann. Wenn es für meine Bewertung einer Begründung bedürfen sollte, dann läge sie darin, dass Tacitus' Schilderung der Atmosphäre unter Domitian zwar westlichen Berufshistorikern unsachlich erscheinen mochte, jedoch im von Stalin beherrschten Russland als sehr wirklichkeitsnah empfunden wurde (Siehe auch S. 161).

nastie und die kurze, aber kraftvolle Zeit der Flavier bis zu den Herrschern des humanitären Kaisertums von Trajan bis Mark Aurel verfügen wir über zahlreiche biographische Darstellungen, in denen legitimerweise durchaus auch die Personen mit ihren höchst unterschiedlichen Charakteren Profil gewinnen.

Das entspricht der Quellenlage. Das Kaiserbild des Mittelalters und der Neuzeit und überhaupt die Vorstellungen von der Geschichte der Kaiserzeit sind in starkem Maße von den Biographen Cornelius Nepos und vor allem Sueton bestimmt worden. Die tragische Geschichtsschreibung des Tacitus übte und übt einen starken Sog auch auf die sachlichen Vorstellungen von den Ereignissen aus. Das so vermittelte Bild ist in seinen Sachaussagen durchaus kontrollierbar, auch auf Grund von Inschriften sowie durch kühle Analyse.[121] Die Dichtungen des Statius, des Silus Italicus, vor allem die Satiren Iuvenals und die beißenden Epigramme Martials sind für diese Gattungen in der europäischen Literatur bestimmend gewesen und treten, von Historikern zu wenig beachtet,[122] gleichberechtigt neben die anderen literarischen Quellen. Schließlich ist nicht nur von rechtshistorischer Bedeutung der wichtigste Teil des Corpus Iuris, die Digesten.

Aus der Überfülle der Inschriften sei eine spezifische Art hervorgehoben, die Militärdiplome, von denen immer wieder neue Stücke gefunden werden.[123] Das waren Bronzetafeln, auf denen die Verleihung des römischen Bürgerrechts und oft auch die ehrenvolle Entlassung aus dem Heeresdienst des jeweiligen Inhabers dokumentiert waren, der vorher nichtrömischer Soldat in bestimmten Einheiten des römischen Heeres gewesen war. Weil darauf zahlreiche Angaben zu Herkunft, Lebenslauf und den jeweiligen militärischen Einheiten vermerkt waren, in denen der Inhaber gedient hatte, stellen sie eine großartige Quelle für die Sozialgeschichte der Kaiserzeit einschließlich der Romanisierung des Mittelmeergebietes dar.[124]

4.3.4.3 Soldatenkaiser und Spätantike

Die Forschungen über die Zwischenphase der Soldatenkaiserzeit, die ja nicht durch das bloße Faktum der ständigen Usurpationen in ihrer unterschiedlich großen Häufigkeit und Dichte zu erklären ist, gehen entsprechend den Ereigniskomplexen, die für die Entwicklung namhaft gemacht werden können, in viererlei Richtung: Natürlich die Entwicklung des Heeres und der einzelnen Heeresteile selber, dann die negative wirtschaftliche Entwicklung insbesondere in den Städten, die sich schon in der hohen Kaiserzeit ankündigte, dann die beiden äußeren Faktoren der Neugründung des Perserreiches in Gestalt der Sassaniden und des neuen Ansturms der Germanen[125] – freilich ist als bedeutende Untersuchung, die außerhalb der bisher betretenen Pfade liegt, die mentalitätsgeschichtliche Arbeit Karl Strobels hervorzuheben.[126] Dazu kommen Untersuchungen über einzelne Kaiserherrschaften, die sich aus der großen Masse durch

---

121 W. Eck, Täuschung; D. Timpe, Romano-Germanica.
122 Aber U. Walter, Martial.
123 Aus neuer Zeit: P. Weiss, Neue Militärdiplome; W. Eck/M. Roxan, Zwei Entlassungsurkunden.
124 W. Eck/H. Wolff (Hg.), Heer und Integrationspolitik.
125 Siehe S. 167.
126 K. Strobel, Imperium Romanum.

entweder einige Dauerhaftigkeit oder durch sonstige Charakteristika herausheben; so über die „Senatskaiser" der Gordiane[127], über den durch die Sassaniden gefangen genommenen Valerian[128], über den „Restitutor Orbis" Aurelian[129] oder über die von ihm dann bezwungene palmyrenische Herrscherin Zenobia, die in gewisser Weise durchaus als römische Kaiserin agierte[130]. Vielem ist nur schwer nachzugehen, wegen des großen Quellenmangels über diese Zeit, der an den teilweise chaotischen Verhältnissen liegt – ein weiteres Beispiel dafür, dass und wie die Quantität und Qualität der Quellen von der Sache selbst abhängen.

Die Spätantike ist ihrer Rolle als Stiefkind der Forschung längst entwachsen.[131] Zu einem nicht geringen Teil liegt das daran, dass als überholt angesehene Wertmaßstäbe diese Epoche nicht mehr von vornherein als Abstiegszeit stigmatisieren, sondern dass sie in historistischem Sinne als Epoche eigenen Rechts behandelt werden kann. Möglich aber ist ihre intensive Erforschung deshalb, weil nun die Quellen wieder reichlich fließen, in Gestalt der großen Gesetzessammlungen, die sich zu einem nicht geringen Teil auch mit der staatlichen Organisation befassen,[132] der – noch keineswegs hinreichend für die Profangeschichte ausgewerteten – zahlreichen Schriften der griechischen und lateinischen Kirchenväter, aber auch in Gestalt der spätantiken Geschichtsschreibung selber – des das Geschichtswerk des Tacitus fortsetzenden antiochenischen, Latein schreibenden Griechen Ammianus Marcellinus, des in christlicher Zeit dezidiert heidnisch denkenden Zosimos und des Prokop mit seinen Justinian verherrlichenden und heimlich verabscheuenden Geschichtswerken. Dieser Quellenreichtum ist auch in der Sache ein Indiz dafür, dass sich die Verhältnisse, nachdem sie sich einmal stabilisiert hatten, im Osten des Reiches auch stabil blieben.

An heutigen Gesamtdarstellungen fehlt es nicht, die ihrerseits selber gelegentlich Zeitzeugnisse sind. Das klassische, glänzend geschriebene Werk ist natürlich „The History of the Decline and Fall of the Roman Empire" von Edward Gibbon, das neben tiefen geschichtsphilosophischen Bemerkungen auch inhaltlich weit mehr enthält, als der Titel besagt (und ein Klassiker der englischen Literatur ist); es erlebt, auch in deutscher Übersetzung, immer wieder neue Auflagen.[133] Vorzüglich zu lesen, wenn auch manchmal anders aufgenommen, als der Autor sich das dachte, ist die „Geschichte des Untergangs der antiken Welt" von Otto Seeck, die in den zwanziger Jahren des 20. Jahrhunderts ihren Abschluss fand: Der sozialdarwinistisch denkende Autor fand die Epoche, über die er schrieb und über die er Hohn und Spott ausgoss, so furchtbar, dass man sich fragt, warum er einen solch großen Teil seines Lebens mit ihr verbracht

---

127 Etwa F. Kolb, Discendenza dei Gordiani.
128 Siehe S. 167.
129 A. Watson, Aurelian.
130 A. Wieber, Augusta aus der Wüste.
131 Eine alle Bereiche umfassende und sehr lesbare Gesamtschau ist M. Fuhrmann, Rom in der Spätantike.
132 Das tut auch eine bedeutende Handschrift, die den Staatsaufbau mit seinen Ämtern und deren innerer Struktur schematisch wiedergibt; siehe K.-P. Johne, Notitia dignitatum.
133 So die 2003 erschienene sechsbändige Ausgabe bei dtv mit dem ausführlichen Nachwort von W. Nippel, Der Historiker des Römischen Reiches.

hat.[134] 1928 erschien der erste Band von Ernst Steins glänzend-nüchterner „Geschichte der Spätantike"; der zweite nach dem Zweiten Weltkrieg in französischer Sprache, und auch der erste Band ist nur noch in französischer Übersetzung zu haben, weil der Autor, nach den Nürnberger Rassegesetzen als Jude geltend, eine deutsche Neuauflage verboten hat.[135] „The Later Roman Empire" von A. H. M. Jones kümmert sich kaum um die wissenschaftliche Literatur, sondern wertet die vom Autor sämtlich gelesenen ungeheuren Quellenmassen aus – wegen dieser Fülle scheut man sich zu sagen, er wertete „nur" diese aus – und ist mit diesem doppelten Nach- und Vorteil zu einem Standardwerk geworden. Eine Art Abschluss bildet Alexander Demandts im Handbuch der Altertumswissenschaft erschienener Band,[136] während Jochen Martins in „Oldenbourgs Grundriß" erschienene Darstellung, die auch die Völkerwanderung im Titel führt, der Konzeption der Reihe entsprechend immer weiter fortgeführt wird.[137]

Die häufig ausgeprägten Charaktere der spätantiken Kaiser liefern reichlich Stoff für biographische Darstellungen. Nach Diokletian[138] ist es sofort die kraftvolle Gestalt Konstantins des Großen, die zahlreiche Biographien hervorgebracht hat, wobei die Frage seines Christentums nicht die unwichtigste ist.[139] Der interessanteste Kaiser ist dann aber der abtrünnige Julian, von dem im darstellenden Teil schon ausgiebig die Rede war.[140] Valentinian hätte eine eingehende Biographie verdient, aber erst mit Justinian sind wir schließlich wieder bei einer Persönlichkeit, die ausgiebig Stoff für biographische Darstellungen bietet – trotz des skurrilen Vorworts vorzüglich die von Rubin, neue Sichtweise Mischa Meier –, und sei es nur, um die hasserfüllte Schilderung Prokops in seiner Geheimgeschichte zu widerlegen oder, auf Rationales zurückgeführt, zu bestätigen.[141]

Fast scheint es übrigens, als seien die Kaiserinnen farbigere Gestalten gewesen als viele ihrer Gatten, Väter, Söhne oder Brüder[142]. Konstantins Mutter Helena ist oft Gegenstand von Darstellungen gewesen, die theodosischen Kaiserinnen wurden durch Keith Holum zusammenfassend gewürdigt,[143] wobei als einzelne etwa Athenais-Eudokia von Ferdinand Gregorovius eine klassische Biographie mit romantischen Zügen erhalten hat,[144] während ihre herbe und auf sie eifersüchtige Schwägerin Pulcheria auf eine parallele Behandlung bis heute warten muss, obwohl sie schließlich doch politisch gesiegt hatte. Galla Placidias Lebenslauf von schließlich geehelichter römischer Geisel bei den Westgoten bis hin zur weströmischen Alleinherrscherin musste zwangs-

---

134 Geschichte des Untergangs der antiken Welt. – Der Autor ist in seiner schwierigen Person so interessant, dass ihm gerade jüngst nicht weniger als drei ausführliche Aufsätze gewidmet sind: H. Leppin, „Spätling"; S. Rebenich, Notwendigkeit, sowie Ders., „Römische Geschichte".
135 Histoire du Bas-Empire.
136 A. Demandt, Die Spätantike.
137 J. Martin, Spätantike und Völkerwanderung.
138 W. Schuller, Diokletian.
139 Siehe S. 171.
140 Siehe S. 173.
141 Siehe gleich zu Theodora.
142 H. Temporini-Gräfin Vitzthum, Kaiserinnen, hätte sonst nicht geschrieben werden können.
143 K. Holum, Theodosian Empresses.
144 Athenais, 1881, zahlreiche Auflagen.

läufig zu biographischen Darstellungen führen,[145] erst recht das Leben von Justinians Gemahlin Theodora, die es – es sei hier deutlich gesagt[146] – von einer Zirkusprostituierten bis zur strengen Kaiserin und erfolgreichen Mitregentin ihres Mannes gebracht hat.[147]

Das Kaisertum selber mit der der Machtsicherung und der Usurpationsverhütung dienenden Überhöhung ist insbesondere von Andreas Alföldi eingehend, auch auf seine Vorbereitung in der hohen Kaiserzeit hin untersucht worden.[148] Nach ihm sind die Arbeiten Frank Kolbs zur Tetrarchie und zur Herrscherideologie hervorzuheben[149], in denen er bei beiden Phänomenen rationale und durchdachte Motive nachweist. Dem entspricht die Tatsache, dass auch in späterer Zeit die Kaiser selber bei aller Überhöhung ihrer Stellung doch ihre eigene Bindung an das Gesetz proklamierten (Valentinian III. oder Galla Placidia, mit eindrucksvollen Formulierungen), die auch heute von ihrer Gültigkeit nichts verloren haben[150]. Daher ist die Bezeichnung Dominat für diese neue Art des Kaisertums insofern schief, wenn damit gesagt werden soll, dass die Kaiser als unumschränkter „dominus = Herr" über den Staat und seine Angehörigen regiert hätten.[151]

Am ausgebreitetsten sind die zahlreichen Forschungen zur staatlichen Organisation, von den zentralen Ämtern angefangen über weitere Ämter und die territoriale Einteilung bis hin zum Berufsbeamtentum, wenngleich ihnen im allgemeinen Bewusstsein der Fachwelt weniger Aufmerksamkeit geschenkt wird als sie es, gerade wegen ihrer Beziehungen zu nachantiken europäischen Entwicklungen, verdienten.[152] Besonders interessant sind die agentes in rebus, eine Spezialtruppe, die Sicherheitsaufgaben zu erledigen hatte, freilich nicht mit totalitären Geheimpolizeien des 20. Jahrhunderts gleichgesetzt werden darf.[153] Die erhebliche Ausweitung des Berufsbeamtentums brachte es zum einen mit sich, dass die Dichte des Staatsapparats gegenüber der der hohen Kaiserzeit durchaus anwuchs, bewirkte zum anderen aber auch eine Zunahme der Korruption[154], die möglicherweise auch dadurch zu erklären ist, dass die neue Vorstellung der neutralen Staatsfunktionen mit personalistischen Auffassungen eines öffentlichen Amtes nicht in Übereinstimmung zu bringen war.

Das komplizierte Steuerwesen,[155] aber auch unmittelbar das Wirtschaftsleben betreffende Gesetze sind Gegenstand besonderer Forschung, wobei das von Siegfried Lauffer erschöpfend untersuchte Höchstpreisedikt Diokletians die spektakulärste und quellenmäßig am besten wenn auch nicht vollständig erhaltene Maßnahme ist[156]. Die

---

145 Bekannt ist der 1937 erschienene Roman von Henry Benrath, Die Kaiserin Galla Placidia.
146 Vorsichtiger S. 225.
147 Siehe S. 179.
148 A. Alföldi, Monarchische Repräsentation.
149 Siehe Bibliographie 6.4.3.3.
150 Siehe S. 209.
151 W. Schuller, Dominat.
152 Siehe immerhin die Skizzen von W. Schuller, Prinzipien, und C. Kelly, Bureaucracy.
153 W. Schuller, Grenzen.
154 W. Schuller, Korruption; R. MacMullen, Corruption.
155 W. Schuller, Steuer Spätantike.
156 S. Lauffer, Preisedikt.

Agrargesetzgebung wird unter dem Gesichtspunkt untersucht, inwiefern sie fördernd oder bekämpfend auf die Herausbildung des Großgrundbesitzes und eventueller Vorformen einer feudalen Gesellschaftsverfassung Einfluss genommen hat; für den Westen des Reiches sticht die Arbeit Jens-Uwe Krauses[157] durch große Gewissenhaftigkeit hervor. Während vor nicht allzu langer Zeit das Pächterwesen des Colonats noch konstitutiv für das angesehen wurde, was man „Übergang von der Antike zum Mittelalter" nannte, indem man durch Verabsolutierung des Terminus „glebae adscriptus" hier zunehmende Hörigkeit anzunehmen glaubte, haben jetzt vielfältige Forschungen[158] zu dem Ergebnis geführt, dass Qualität und Quantität dieses Phänomens keineswegs in entsprechender Intensität nachzuweisen sind, dass man viel häufiger als früher gedacht freie Bauern und freie Pächter anzunehmen hat.

Ähnlich verhält es sich mit der Intensität, mit der in Bezug auf den städtischen Dekurionenstand in die gesellschaftliche Struktur eingegriffen wurde; auch hier hat ausgebreitete Forschung[159] dazu geführt, die früher angenommene generelle Verarmung und Zwangsverpflichtung durchaus nach Ort und Zeit zu differenzieren. All das führt dazu, dass darüber diskutiert wird, ob die Bezeichnung „Zwangsstaat" für die Spätantike der richtige Begriff ist oder ob nicht vielmehr von der Fülle der Kaisergesetze und auch ihrem aggressiven Ton die Perspektive verfälscht wird und die gesellschaftliche Realität eher auf weite Strecken weiterhin im Sinne der hergebrachten Offenheit zu interpretieren ist.[160] Auch die gelegentlichen Aufstandsbewegungen der Bagauden und Circumcellionen, die vor noch nicht langer Zeit gerne als bedeutende revolutionäre Aktionen angesehen wurden, sind durch die Forschung inzwischen auf ihr richtiges, das heißt nach Ort und Zeit bestimmtes punktuelles Maß zurückgeführt worden.[161]

Natürlich ist ein wichtiges Forschungsthema die Außenpolitik, was konkret das Verhältnis des römischen Reiches zu den andrängenden Germanen bedeutet; auch die Auseinandersetzungen mit dem Partherreich[162] gehören hierher. Diese Forschungen werden meist im chronologischen Zusammenhang mit den einzelnen Abschnitten der Kaisergeschichte abgehandelt, es sei denn, dass die Germanen selbst Gegenstand der Forschung sind; im Übrigen sind die Germanenreiche der Gegenstand des nächstfolgenden Bandes dieser Reihe. Was die innenpolitische Rolle der Germanen betrifft, so ist Gerhard Dobeschs eingehende Untersuchung[163] aufschlussreich, verbunden mit dem Heermeister-Artikel Alexander Demandts[164] und der früheren Aufsatzsammlung Karl Friedrich Strohekers.[165] Zu den Hunnen ist das Werk von Otto Maenchen-Helfen unüberholt.[166]

---

157 J.-U. Krause, Patronatsformen.
158 Siehe ebenda.
159 W. Schuller, Decurio; H.-J. Horstkotte, Systematische Aspekte.
160 H.-J. Horstkotte, „Steuerhaftung".
161 Z. Rubin, Mass movements; dazu C. Minor, Bacaudae, und W. Schuller, Circumcellionen.
162 Siehe S. 179 u. ö.; sie sind der Gegenstand von Prokops „Perserkriegen".
163 G. Dobesch, Vom äußeren Proletariat zum Kulturträger.
164 A. Demandt, Magister militum.
165 K. F. Stroheker, Germanentum.
166 O. J. Maenchen-Helfen, Welt der Hunnen; G. Wirth, Attila, stellt eine kürzer gefasste Hunnengeschichte dar.

Griechenland und Rom 315

Die Forschungen über die Geschichte des Christentums in der Spätantike sind natürlich noch weniger als alles andere in wenigen Worten darzustellen. Hinsichtlich der letzten, der Diokletianischen Christenverfolgung und der Zulassung der christlichen Kirche sind jetzt am besten die konzisen Bemerkungen Hartwin Brandts[167] heranzuziehen, hinsichtlich der christologischen Streitigkeiten,[168] der Häretiker, der Konzilien und der Organisation des Christentums (einschließlich des im 4. Jahrhundert aufkommenden Mönchtums, auch des weiblichen), seiner Stellung im Staat[169] sowie seiner schnellen Wandlung von der verfolgten zur verfolgenden Religion[170]. Eigens hervorgehoben sei hier noch einmal die Tatsache, dass das Heidentum sich auch bei hohen und höchsten Amtsträgern noch lange Zeit halten konnte,[171] und einer abschließenden Erwähnung ist es wert, dass die Stellung der Frauen in der Kirche möglicherweise doch nicht in dem Ausmaß zurückgesetzt war, wie meistens, auch von mir, angenommen wurde.[172]

---

167 Kaiserzeit.
168 K. Berger, Theologiegeschichte.
169 E. Herrmann, Ecclesia; A. M. Ritter, Alte Kirche; R. von Haehling, Rom.
170 J. Martin, Spätantike, 207–224.
171 R. von Haehling, Religionszugehörigkeit.
172 U. E. Eisen, Amtsträgerinnen.

5 Schlusswort

Die früher oft verhandelte Frage, ob die Antike untergegangen sei und welche Ursachen das gegebenenfalls gehabt habe,[1] oder ob es eine Kontinuität gegeben habe, ist einer von den nicht seltenen Forschungsgegenständen, die nicht geklärt wurden, sondern die einfach an Interesse verloren haben. Eines allerdings wird kaum noch in Frage gestellt, nämlich die Tatsache, dass der Westteil des römischen Reiches doch vorwiegend unter dem Ansturm der Germanen beziehungsweise daran zerbrochen ist, dass sich auf seinem Boden Germanenstaaten bildeten. Natürlich gab es Kontinuitäten, so die des wenn auch sehr vereinfachten römischen Rechts und erst recht die des Christentums; wenn man aber zur Kenntnis nehmen muss, dass in karolingischer Zeit auch in der Kirche überhaupt erst einmal wieder anständiges Latein gelernt werden musste, dann ist klar, dass der kulturelle Absturz sehr tief war. Umso eindrucksvoller und wohl auch unerklärlicher ist dann aber die Tatsache, dass es Europa vermocht hat, unter anderem durch Rückgriff auf die antike Kultur, aber gewiss nicht nur, zu einer neuen und eigenständigen kulturellen und zivilisatorischen Höhe zu gelangen.

Wenn wir also die Antike als das Erste Europa bezeichnen, dann ist damit zweierlei gesagt. Zum einen dies, dass die Antike Europa war, eine erste Ausformung dessen, was sich nach ihrem Untergang – auf ihren Grundmauern oder aus ihren Überresten? – wieder neu herausgebildet hat; zum anderen aber auch dies, dass sie nicht dasselbe Europa darstellte wie das spätere, das neue, das jetzige, dass sie ein anderes Europa war. Wir sehen in der Antike eine Zivilisation, deren kulturelle Hervorbringungen nicht nur das höchstmögliche Niveau verkörperten, sondern auch eine solche Strahlkraft hatten, dass sie, trotz höchst gefährdeter und teilweise äußerst schmaler Überlieferungsbasis, dazu beitrugen, das neue Europa, das sich aus ihrem fast vollständigen Zusammenbruch in einem unerklärlichen Prozess wieder erhob, geistig-kulturell zu bilden und ihm die Gestalt zu geben, die es heute hat. Ohne die Antike gäbe es dieses Europa nicht, und trotzdem haben wir es heute mit etwas anderem zu tun.

---

1 A. Demandt, Fall Roms.

6 Bibliographie

6.1 Übergreifendes

6.1.1 Europa und Mittelmeer

ALBRECHT Michael von, Rom: Spiegel Europas, Heidelberg 1988.
ALFÖLDY Géza, Das Imperium Romanum – ein Vorbild für das vereinte Europa? Basel 1999.
BAURAIN Claude, Les Grecs et la Méditerranée Orientale, Paris 1997.
BRAUDEL Fernand, L'Antiquité et l'Histoire ancienne, in: QS 24 (1986), 5–21.
BRÜCKNER Helmut, Das Mittelmeergebiet als Kulturraum, in: J. MARTIN (Hg.), Das alte Rom, München 1994, 13–29.
CHRYSOS Evangelos u.a. / BURASELIS Kostas u.a. (Hg.), The Idea of European Community in History, 2 Bde., Athen 2003.
DIETZ Günter, Europa und der Stier, in: Bibliographie zur Symbolik, Ikonographie und Mythologie 30 (2000), 5–43.
ENDRESS Gerhard, Der Islam und die Einheit des mediterranen Kulturraums im Mittelalter, in: K. ROSEN (Hg.), Das Mittelmeer, Bonn 1998, 270–295.
FUHRMANN Manfred, Alexander von Roes, Heidelberg 1994
DERS., Bildung, Stuttgart 2002.
FUNKE Peter, Europäische lieux de mémoire oder lieux de mémoire im antiken Griechenland? In: Jahrbuch für Europäische Geschichte 3 (2002), 3–16.
GALLEY Micheline / LADJIMI Sebai, Leila (Hg.), L'homme méditerranéen et la mer, Tunis 1985.
GIRARDET Klaus Martin, Die Alte Geschichte der Europäer und das Europa der Zukunft, Saarbrücken 2001.
DERS., Bundesstaaten im antiken Griechenland und das römische Imperium als „supranationale Ordnung" – Modelle für ein vereintes Europa von morgen? In: R. MARTI (Hg.), Europa, St. Ingbert 2000, 13–48.
GOLUBCOVA E. S. (Hg.), Istorija Evropy. Tom Pervyj. Drevnjaja Evropa, Moskau 1988.
HAUSSIG Hans Wilhelm, Archäologie und Kunst der Seidenstraße, Darmstadt 1992.
HORDEN Peregrine / PURCELL Nicholas, The Corrupting Sea, Oxford 2001.
KENNEDY Hugh, Islam, in: G. W. BOWERSOCK u.a. (Hg.), Late Antiquity, Cambridge, Mass. und London 1999, 219–237.
KIENITZ Friedrich-Karl, Das Mittelmeer, München 1976.

NIPPEL Wilfried, Homo Politicus and Homo Oeconomicus. The Europaean Citizen According to Max Weber, in: A. PAGDEN (Hg.), The Idea of Europe, Cambridge und Washington 2002, 129–139.
OVADIAH Asher (Hg.), Mediterranean Cultural Interaction, Tel Aviv 2000.
PAGDEN Anthony (Hg.), The Idea of Europe, Cambridge und Washington 2002.
POIGNAULT Rémy / WATTEL-DE CROIZANT Odile (Hg.), D'Europe à l'Europe, Tours 1998.
RANFT Andreas / MEUMANN Markus (Hg.), Traditionen – Visionen, München 2003.
ROSEN Klaus (Hg.), Das Mittelmeer – die Wiege der europäischen Kultur, Bonn 1998.
SCHULZE Hagen / PAUL Ina Ulrike (Hg.), Europäische Geschichte, München 1994.
ZAHN Eva, Europa und der Stier, Würzburg 1983.

6.1.2 Rezeption

ALBRECHT Michael von, Rom: Spiegel Europas, Heidelberg 1988.
ALKER Hayward R., jr., The Dialectical Logic of Thucydides' Melian Dialogue, in: American Political Science Review 82 (1988), 805–820.
ARENHÖVEL Willmuth / BOTHE Rolf, Das Brandenburger Tor 1791–1991, Berlin 1991.
ASSMANN Aleida, Erinnerungsräume, München 1999.
ASSMANN Jan, Das kulturelle Gedächtnis, München 2000, 3. Aufl.
BACHTELER Tobias, Explaining the Democratic Peace, in: Journal of Peace Research 34 (1997), 315–324.
BAINTON Roland H., Erasmus, Göttingen 1972.
BIESTERFELDT Hans Heinrich, Hellenistische Wissenschaften und arabisch-islamische Kultur, in: J. DUMMER / M. VIELBERG (Hg.), Leitbild Wissenschaft? Stuttgart 2003, 9–37.
BORST Arno, Das Buch der Naturgeschichte, Heidelberg 1995, 2. Aufl.
BRODERSEN Kai (Hg.), Asterix und seine Zeit, München 2001.
BURRICHTER Brigitte, Eine alte Geschichte – neu erzählt, in: A & A 49 (2003), 183–194.
CALLEBAT Louis, The Modern Olympic Games and their Model in Antiquity, in: IJCT 4 (1997/98), 555–566.
COBET Justus u.a. (Hg.), Europa, Aachen 2000.
CRANE Gregory, Thucydides and the Ancient Simplicity, Berkeley u.a. 1998.
DALY Gregory, Cannae, London 2002.
FINSLER Georg, Homer in der Neuzeit, Leipzig und Berlin 1912.
FITCH James M., Vier Jahrhunderte Bauen in USA, Berlin u.a. 1968.
FORDE Steven, Varieties of Realism, in: The Journal of Politics 54 (1992), 372–393.
FUHRMANN Manfred, Europas fremd gewordene Fundamente, Zürich 1995.
DERS., Latein und Europa, Köln 2001.
DERS., Rezeptionsprozesse in der antik-europäischen Tradition, in: FS Friedrich Maier, München 1995, 10–19.
DERS., Vom Humanismus und von der humanistischen Bildung in Osteuropa, in: Gymnasium 100 (1993), 5–96.
HAUSMANN Friederike (Übs.), Francesco Petrarca, Das einsame Leben, Stuttgart 2004.
HEUSS Alfred, Herrschaft und Freiheit im griechisch-römischen Altertum, in: Propyläen Weltgeschichte. Summa historica, Berlin u.u. 1965 (Nde), 65–128
HÖLSCHER Uvo, Das nächste Fremde, München 1994.
HOLL Karl u.a., Caligula – Wilhelm II. und der Caesarenwahnsinn, Bremen 2001.

HUBER-REBENICH Gerlinde / LUDWIG Walther (Hg.), Humanismus in Erfurt, Rudolstadt und Jena 2002.
IMHOF Michael / KREMPEL Léon, Berlin, Petersberg 2002, 3. Aufl.
INNES Matthew, The Classical Tradition in the Carolingian Renaissance, in: IJCT 3 (1996/97), 265–282.
JAUSS Hans Robert, Rezeption, Rezeptionsästhetik, in: Historisches Wörterbuch der Philosophie 8 (1992), 996–1004.
JENS Walter / SEIDENSTICKER Bernd (Hg.), Ferne und Nähe der Antike, Berlin und New York 2003.
JONES Huguette (Hg.), Le monde antique et les droits de l'homme, Bruxelles 1998.
KLOFT Hans / KÖHLER Jens, Cäsarismus, in: DNP 13 (1999), 623–629.
KOCH Klaus-Dietrich, Die Aeneis als Opernsujet, Konstanz 1990.
KÖSTER Baldur, Palladio in Amerika, München 1990.
KONDYLIS Panajotis, Marx und die griechische Antike, Heidelberg 1987.
KORZENIEWSKI Uta, „Sophokles! Die Alten! Philoktet!", Konstanz 2003.
KRAMPE Christoph, Europa und das römische Recht, in: J. COBET u.a. (Hg.), Europa, Aachen 2000, 383–402. 451–459.
KUNISCH Johannes, Loudons Nachruhm, Opladen 1999.
KYTZLER Bernhard / REDEMUND Lutz / EBERL Nikolaus, Unser tägliches Griechisch, Mainz 2001.
KYTZLER Bernhard / REDEMUND Lutz, Unser tägliches Latein, Mainz 1994, 3. Aufl.
LANDFESTER Manfred, Humanismus und Gesellschaft im 19. Jahrhundert, Darmstadt 1988.
MAYER-MALY Theo, Das römische Recht im Recht der Neuzeit und der Gegenwart, in: W. SCHULLER (Hg.), Antike in der Moderne, Konstanz 1985, 183–194.
MECKSEPER Cord, Magdeburg und die Antike, in M. PUHLE (Hg.), Otto der Große und Europa, Bd. 1, Mainz 2001, 367–380.
MITTIG Hans-Ernst, Antikebezüge nationalsozialistischer Propagandaarchitektur und -skulptur, in: B. NÄF (Hg.), Antike und Altertumswissenschaft in der Zeit von Faschismus und Nationalsozialismus, Mandelbachtal und Cambridge 2001, 245–265.
MOSSÉ Claude, L'Antiquité dans la Revolution française, Paris 1989.
MÜNKLER Herfried / LLANQUE Marcus, Demokratie, in: DNP 13 (1999), 721–738.
NÄF Beat (Hg.), Antike und Altertumswissenschaft in der Zeit von Faschismus und Nationalsozialismus, Mandelbachtal und Cambridge 2001.
NIPPEL Wilfried, Antike und moderne Freiheit, in: B. SEIDENSTICKER / W. JENS (Hg.), Ferne und Nähe der Antike, Berlin und New York 2003, 49–69.
PAASCH Kathrin (Hg.), Der Schatz des Amplonius, Erfurt 2001.
PICKENS Burford, Mr. Jefferson as Revolutionary Architect, in: Journal of the Society of Architectural Historians 34 (1975), 257–279.
PIERSON William H., jun., American Buildings and Their Architects, vol.1, New York und Oxford 1986.
RAHE Paul A., Republics Ancient and Modern, Chapel Hill und London 1992.
RANIERI Filippo, Europäisches Obligationenrecht, Wien und New York 2003, 2. Aufl.
REYNOLDS L.D. / WILSON N.G., Scribes and Scholars, Oxford 1991, 3. Aufl.
RIEDEL Volker, Antikerezeption in der deutschen Literatur vom Renaissance-Humanismus bis zur Gegenwart, Stuttgart und Leipzig 2000.
RINK Annette, Das Schwert im Myrtenzweige, Wien und Leipzig 2000.

Roth Leland M., American Architecture, Boulder 2001.
Royen René van / Vegt Sunnyva, Asterix – die ganze Wahrheit, München 1998.
Rubel Alexander, Griechische Tyrannis und das Verhältnis des Subalternen zur Macht in Ernst Jüngers Eumeswil, in: FS Wolfgang Schuller, Konstanz 2000, 263–284.
Schmidt Ernst A., Notwehrdichtung, München 1990.
Schmidt Peter Lebrecht, Bemerkungen zur Position Ciceros im mittelalterlichen Geschichtsbild, in: Ciceroniana 11 (2000), 21–36.
Schnur Roman, Polen in Mitteleuropa, Baden-Baden 1984.
Schröder Wolfgang M., Grundrechtsdemokratie als Raison offener Staaten, Berlin 2003.
Schuller Wolfgang (Hg.), Antike in der Moderne, Konstanz 1985.
Ders., Apollini et musis, in: P. Bahners / G. Roellecke (Hg.), Preußische Stile, Stuttgart 2001, 165–179. 499–504.
Ders., Christoph Martin Wielands Übersetzung der Briefe Ciceros, in: Sitzungsberichte der Geisteswissenschaftlichen Klasse der Akademie gemeinnütziger Wissenschaften zu Erfurt, im Druck.
Ders., Gedanken zum Rechtsstaat, in: Bundesministerium der Justiz (Hg.), Im Namen des Volkes? Wissenschaftlicher Begleitband zur Ausstellung, Leipzig 1994, 307–318.
Ders., Das römische Recht als Leitbild für die Spätantike, in: J. Dummer / M. Vielberg (Hg.), Leitbild Wissenschaft? Stuttgart 2003, 191–204.
Ders., Latein (und Griechisch) in Heimito von Doderers Romanen „Die Strudlhofstiege" und „Die Dämonen", in: FS Gerhard Dobesch, Wien 2004 (im Druck)
Schulze Hagen, Die Wiederkehr der Antike, in: FS Ernst Nolte, Berlin 1993, 361–383 (mehrfach, auch in französischer Übersetzung, nachgedruckt).
Stein P. G., Römisches Recht und Europa, Frankfurt a.M. 1999.
Stern Robert, Modern classicism, London 1988.
Stierle Karlheinz, Lob des Klassizismus, in: Ausstellungskatalog Gerhard Merz, Düsseldorf 2002, 91–104.
Ders., Petrarca, München 2003.
Stupperich Reinhard (Hg.), Lebendige Antike, Mannheim 1995.
Thomas Stephan-Alexander, Makedonien und Preußen, Egelsbach u.a. 1994.
Thüringer Landesmuseum Heidecksburg (Hg.), Antlitz des Schönen, Rudolstadt 2003.
Trampedach Kai, Weder Bürgersinn noch Staatsgewalt, in: FS Wolfgang Schuller, Konstanz 2000, 285–305.
Unbehaun Lutz / Röser Weronika, Die Sammlung architekturtheoretischer Schriften am Rudolstädter Hof, in: Thüringer Landesmuseum Rudolstadt / Freundeskreis Heidecksburg (Hg.), Historische Bibliotheken in Rudolstadt, Rudolstadt 1999, 179–203.
Vogt-Spira Gregor / Rommel Bettina (Hg.), Rezeption und Identität, Stuttgart 1999.
Weart S. R., Never at War, 1998.
Wes Marinus A., Classics in Russia 1700–1855, Leiden u.a. 1992.
Winckelmann Johann Joachim, Schriften und Nachlaß, Mainz 1996 ff.

6.1.3 Wissenschaftsgeschichte

Calder William M. III u.a. (Hg.), Wilamowitz in Greifswald, Hildesheim u.a. 2000.
Ders. / Demandt Alexander (Hg.), Eduard Meyer, Leiden u.a. 1990.
Burstein Stanley M. u.a., Ancient History, Claremont 1997.

CHRIST Karl, Hellas, München 1999.
DERS., Neue Profile der Alten Geschichte, Darmstadt 1990.
DERS., Römische Geschichte und deutsche Geschichtswissenschaft, München 1982.
DERS., Von Caesar zu Konstantin, München 1996.
DERS., Von Gibbon zu Rostovtzeff, Darmstadt 1989, 3. Aufl.
DERS., Zur Geschichte der Historiographie, in: Historia 47 (1998), 234–252.
FLASHAR Hellmut (Hg.), Altertumswissenschaft in den 20er Jahren, Stuttgart 1995.
GEHRKE Hans-Joachim (Hg.), Alfred Heuß, Stuttgart 1998.
HEINEN Heinz (Hg.), M. Rostowzew, Skythien und der Bosporus, Band II, Stuttgart 1993.
HEUSS Alfred, B. G. NIEBUHR, in: W. SCHULLER (Hg.), Antike in der Moderne, Konstanz 1985, 105–126.
JÄHNE Armin, August Boeckh, in: WZ Humboldt-Universität Berlin, Gesellschaftswissenschaftliche Reihe 36 (1987), Heft 1.
KASSEL Rudolf, Wilamowitz nach 50 Jahren, in: DERS., Kleine Schriften, Berlin und New York 1991, 534–578.
LATACZ Joachim (Hg.), Zweihundert Jahre Homer-Forschung, Stuttgart und Leipzig 1991.
LEPPIN Hartmut, Ein „Spätling" der Aufklärung, in: FS Karl Christ, Stuttgart 1998, 472–491.
MOMIGLIANO Arnaldo, Contributi alla storia degli studi classici e del mondo antico, 9 Bde. in 12, 1955–1992.
NÄF Beat (Hg.), Antike und Altertumswissenschaft in der Zeit von Faschismus und Nationalsozialismus, Mandelbachtal und Cambridge 2001.
NIPPEL Wilfried, Der Historiker des Römischen Reiches, in: Edward Gibbon, Verfall und Untergang des römischen Imperiums, Bd. 6, München 2003, 7–114.
DERS., Über das Studium der Alten Geschichte, München 1993.
DERS., Vom Nutzen und Nachteil Max Webers für die Althistorie, in: A&A 40 (1994), 169–180.
PFEIFFER Rudolf, Geschichte der klassischen Philologie. Von den Anfängen bis zum Ende des Hellenismus, München 1978, 2. Aufl.
DERS., Die Klassische Philologie von Petrarca bis Mommsen, München 1982.
REBENICH Stefan, Theodor Mommsen, München 2002.
DERS., Theodor Mommsen und Adolf von Harnack, Berlin und New York, 1997.
DERS., Otto Seeck, Theodor Mommsen und die „Römische Geschichte", in: FS Karl Christ, Stuttgart 1998, 582–607.
DERS., Otto Seeck und die Notwendigkeit, Alte Geschichte zu lehren, in: W. M. CALDER III u.a. (Hg.), Wilamowitz in Greifswald, Hildesheim u.a. 2000, 262–298.
STE. CROIX, G. E. M. de, The Class Struggle in the Ancient Greek World from the Archaic Age to the Arab Conquest, London 1981.
SCHNEIDER Helmuth, Die Bücher-Meyer-Kontroverse, in: W.M. CALDER III / A. DEMANDT (Hg.), Eduard Meyer, Leiden u.a. 1990, 417–445.
SCHULLER Wolfgang, Alte Geschichte in der DDR, in: A. FISCHER / G. HEYDEMANN (Hg.), Geschichtswissenschaft in der DDR, Bd. 2, Berlin 1990, 37–58.
DERS., Klassenkampf und Alte Geschichte, in: HZ 236 (1983), 403–413.
DERS., Zum Ziele nahm ich die Wahrheit, in: One hundred and fifty years 1837–1987, Athen 1990, 191–194.
SCHWINGE Ernst-Richard (Hg.), Die Wissenschaften vom Altertum am Ende des 2. Jahrtausends n. Chr., Stuttgart und Leipzig 1995.

SCRIBA Friedemann, Augustus im Schwarzhemd? Frankfurt a.M. u.a. 1995.
STARK Isolde, Die inoffizielle Tätigkeit von Johannes Irmscher für die Staatssicherheit der DDR, in: Hallesche Beiträge zur Zeitgeschichte, Heft 5, Halle 1998, 46–71.
DIES. (Hg.), E. Ch. Welskopf und die Alte Geschichte in der DDR, Stuttgart 2004, im Druck.
VOGT Ernst / HORSTMANN Axel, August Boeckh, Berlin 1997.
WALTHER Gerrit, Niebuhrs Forschung, Stuttgart 1993.
WEBER Max, Die römische Agrargeschichte in ihrer Bedeutung für das Staats- und Privatrecht, hg. J. DEININGER, Tübingen 1988.

6.1.4 Allgemeines und Einführungen

ALVONI Giovanna, Altertumswissenschaften digital, Hildesheim u.a. 2001.
CHVOJKA Erhard u.a. (Hg.), Zeit und Geschichte, Wien und München 2002.
CLAUSS Manfred, Einführung in die Alte Geschichte, München 1993.
GEHRKE Hans-Joachim / SCHNEIDER Helmuth (Hg.), Geschichte der Antike, Stuttgart und Weimar 2000; dazu die Diskette NÄF Beat u. a., Geschichte der Antike, ANTIQUIT@s: www.antiquitas.ch.
GRAF Fritz (Hg.), Einleitung in die lateinische Philologie, Stuttgart und Leipzig 1997.
HANSEN Mogens Herman, The Triumph of Time, Kopenhagen 2002.
HOCKERTS Hans Günter, Zugänge zur Zeitgeschichte, in: K. H. JARAUSCH / M. SABROW (Hg.), Verletztes Gedächtnis, Frankfurt a.M. und New York 2002, 39–73.
HÖLKESKAMP Karl-Joachim u.v.a. (Hg.), Sinn (in) der Antike, Mainz 2003.
NESSELRATH Heinz-Günther (Hg.), Einleitung in die griechische Philologie, Stuttgart und Leipzig 1997.
NIPPEL Wilfried, Über das Studium der Alten Geschichte, München 1993.
SCHULLER Wolfgang, Einführung in die Geschichte des Altertums, Stuttgart 1994.
VOLLMER Dankward u.a., Alte Geschichte in Studium und Unterricht, Stuttgart 1994.

6.1.5 Nachschlagewerke

Antike Stätten am Mittelmeer, Hg. K. BRODERSEN, Stuttgart und Weimar 1999.
Geschichtliche Grundbegriffe, Hg. O. BRUNNER u.a., 8 Bde. in 9, Stuttgart 1994–1997.
Griechenland. Lexikon der historischen Stätten, Hg. S. LAUFFER, München 1989.
Der Kleine Pauly, Hg. K. ZIEGLER / W. SONTHEIMER, 5 Bde., Stuttgart 1964–1975 (NDe und Taschenbuchausgaben (KlP).
Lexikon der Ägyptologie, Hg. W. HELCK / E. OTTO, 7 Bde., Wiesbaden 1975–1992 (LexÄg).
Lexikon der Alten Welt, Hg. C. ANDRESEN u.a., Zürich und München 1965, verschiedene NDe und Taschenbuchausgaben (LAW).
Lexikon der antiken christlichen Literatur, Hg. S. DÖPP / W. GEERLINGS, Freiburg u.a.1999, 2. Aufl.
Lexikon der antiken Literatur, Hg. R. NICKEL, Düsseldorf und Zürich 1999.
Lexikon antiker Gestalten, Hg. E.M. MOORMANN / W. UITTERHOEVE, Stuttgart 1995.
Lexikon des Mittelalters, Hg. N. ANGERMANN u.v.a., 9 Bde., München und Zürich 1980 – 1998 (LexMA).

Der Neue Pauly, Hg. H. CANCIK u.v.a., 15 Bde. in 19, Stuttgart und Weimar 1996–2003 (DNP).
Paulys Real-Encyclopädie der classischen Altertumswissenschaft, Hg. G. WISSOWA u.a., 1894–1980 (RE).
Reallexikon der germanischen Altertumskunde (Hg. H. BECK u.a.), Berlin und Stuttgart 1973 ff (RGA).
Reallexikon für Antike und Christentum (Hg. Th. KLAUSER), 1950 ff (RAC).
Sachwörterbuch der klassischen Archäologie, Hg. W. MARTINI, Stuttgart 2003.
Tusculum-Lexikon griechischer und lateinischer Autoren des Altertums und des Mittelalters, Hg. W. BUCHWALD u.a., München und Zürich 1982, 3. Aufl.

6.1.6 Gesamtdarstellungen

BOARDMAN John u.a. (Hg.), The Oxford History of the Classical World, Oxford 1986.
The Cambridge Ancient History, 14 Bde., Cambridge 1970–2000 (2. bzw. 3. Aufl.)
DAHLHEIM Werner, Die Antike, Paderborn 1998, 4. Aufl.
MEYER Eduard, Geschichte des Altertums, 5 Bde. in 8, Darmstadt 1965–1975 (ND der jeweils letzten Auflage).
Oldenbourg Grundriß der Geschichte (W. SCHULLER, Griechische Geschichte; H.-J. GEHRKE, Geschichte des Hellenismus; J. BLEICKEN, Geschichte der römischen Republik; W. DAHLHEIM, Geschichte der römischen Kaiserzeit; J. MARTIN, Spätantike und Völkerwanderung).
The Routledge History of the Ancient World (A. KUHRT, The Ancient Near East; R. OSBORNE, Greece in the Making; S. HORNBLOWER, The Greek World 479–323 B.C.; G. SHIPLEY, The Greek World after Alexander 323–30 BC; T. CORNELL, The Beginnings of Rome; M. GOODMAN, The Roman World 44 BC–AD 180; Av. CAMERON, The Mediterranean World in Late Antiquity).

6.1.7 Prosopographien

BERVE Helmut, Das Alexanderreich auf prosopographischer Grundlage, 2 Bde., München 1926 (ND Hildesheim u. a. 1999).
BROUGHTON T. / ROBERT S., The Magistrates of the Roman Republic, 3 Bde., Atlanta 1986, 2. Aufl.
DAVIES J.K., Athenian Propertied Families 600–300 B.C., Oxford 1971.
FRASER P.M. / MATTHEWS E., A Lexicon of Greek Personal Names, Oxford 1987.
GRAINGER John D., A Seleucid Prosopography and Gazetteer, Leiden u.a. 1997.
GROAG Edmund u.a. (Hg.), Prosopographia Imperii Roman Saec. I. II. III, Berlin 1933 ff (PIR).
JONES A.H.M. u.a., The Prosopography of the Later Roman Empire, 3 Bde. in 4, Cambridge u.a. 1971–1992 (PLRE).
OSBORNE Michael J., Naturalization in Athens, 4 Bde. in 3, Brüssel 1981–1983.
DERS. / BYRNE Sean G., The foreign residents of Athens, Löwen 1996.
PEREMANS Willy u.a. (Hg.), Prosopographia Ptolemaica, Löwen 1950 ff.
TRAILL John S., Persons of ancient Athens, Toronto 1994 ff.

6.1.8 Akkulturation, Ethnogenese

BINDER Vera, Hellenisierung, in: DNP 5 (1998), 310–312.
FLAIG Egon, Über die Grenzen der Akkulturation, in: G. VOGT-SPIRA / B. ROMMEL (Hg.), Rezeption und Identität, Stuttgart 1999, 81–112.
GERBER Jörg, Hellenisierung I, in: DNP 5 (1998), 301–309.
HESBERG Henner von (Hg.), Das Militär als Kulturträger in römischer Zeit, Köln 1999.
PIPPIDI D. M. (Hg.), Assimilation et résistance à la culture gréco-romaine dans le monde ancien, Bukarest und Paris 1976.
TORAL-NIEHOFF Isabel, Akkulturation, in: DNP 15/3 (2003), 1245–1247.
ULF Christoph (Hg.), Wege zur Genese griechischer Identität, Berlin 1996.
VOGT-SPIRA Gregor / ROMMEL Bettina (Hg.), Rezeption und Identität, Stuttgart 1999.
WOOLF Greg, Romanisierung, in: DNP 10 (2001), 1122–1127.

6.1.9 Anthropologie

BRANDT Hartwin, Wird auch silbern mein Haar, München 2002.
BURGUIÈRE André u.a., Geschichte der Familie, Bd.1 Altertum, Frankfurt a.M. und New York 1996.
CRIBIONE Raffaella, Gymnastics of the mind, Princeton 2001.
DEISSMANN-MERTEN Marieluise, Zur Sozialgeschichte der Kindheit im antiken Griechenland, in: J. MARTIN / A. NITSCHKE (Hg.), Zur Sozialgeschichte der Kindheit, Freiburg und München 1986, 267–316.
DEMAND Nancy, Birth, Death and Motherhood in Classical Greece, Baltimore und London 1994.
DIERICHS Angelika, Von der Götter Geburt und der Frauen Niederkunft, Mainz 2002.
DIXON Suzanne (Hg.), Childhood, Class and Kin in the Roman World, London und New York 2001.
EYBEN Emiel, Restless Youth in Ancient Rome, London und New York 1993.
DERS., Sozialgeschichte des Kindes im römischen Altertum, in: J. MARTIN / A. NITSCHKE (Hg.), Zur Sozialgeschichte der Kindheit, Freiburg und München 1986, 317–363.
GARDNER Jane F., Family and Familia in Roman Law and Life, Oxford 1998.
GARLAND Robert, The Greek Way of Death, London 1985.
DERS., The Greek Way of Life from conception to old age, London 1990.
GEHRKE Hans-Joachim, Die Griechen und die Rache, in: Saeculum 38 (1987), 121–149.
GIEBEL Marion, Reisen in der Antike, Düsseldorf und Zürich 1999.
GNOLI Gherardo / VERNANT Jean-Pierre (Hg.), La mort, les morts dans les sociétés anciennes, Cambridge und Paris 1982.
GOLDEN Mark, Children and Childhood in Classical Athens, Baltimore und London 1990.
GÜNTHER Linda-Marie, Witwen in der griechischen Antike – zwischen Oikos und Polis, in: Historia 42 (1993), 308–325.
GUTSFELD Andreas / SCHMITZ Winfried (Hg.), Am schlimmen Rand des Lebens? Köln u.a. 2003.
HARRIS William V., Ancient Literacy, Cambridge, Mass. 1989.
HAVELOCK Eric A., Schriftlichkeit, Weinheim 1990.
HEDRICK Charles W., jr., Writing, Reading, and Democracy, in: FS D. Lewis, Oxford 1994,

157–174.
HERMAN Gabriel, Athenian Beliefs about Revenge, in: PCPS 46 (2000), 7–27.
KRAUSE Jens-Uwe, Witwen und Waisen im römischen Reich, 4. Bde., Stuttgart 1994f.
KURTZ Donna C. / BOARDMAN John, Thanatos, Mainz 1985.
MARROU Henri-Irénée, Geschichte der Erziehung im klassischen Altertum, Freiburg und München 1977, 2. Aufl.
MEISSNER Burkhard, Mündliche Vermittlung und schriftliche Unterweisung in der antiken Berufsausbildung, in: M. HORSTER / Ch. REITZ (Hg.), Antike Fachschriftsteller, 2002, 153–175.
OGDEN Daniel, Greek Bastardy in the Classical and Hellenistic Periods, Oxford 1996.
OLIVER G. J. (Hg.), The Epigraphy of Death, Liverpool 2000.
PATTERSON Cynthia B., The Familiy in Greek History, Cambridge, Mass. und London 1998.
POMEROY Sarah B., Families in Classical and Hellenistic Greece, Oxford 1997.
RAWSON Beryl, Children and childhood in Roman Italy, Oxford 2003.
SALLER Richard P., Patriarchy, property and death in the Roman family, Cambridge 1994.
SCHULLER Wolfgang, Die Medea des Euripides – Barbarin oder Angehörige des griechischen Kulturkreises? in: O. LORDKIPANIDZE / P. LÉVÊQUE (Hg.), Sur les traces des Argonautes, Paris 1996, 111–115.
SÜSSMUTH Hans (Hg.), Historische Anthropologie, Göttingen 1984.
TOO Yun Lee (Hg.), Education in Greek and Roman Antiquity, Leiden u.a. 2001.
WIEGELS Reiner, Die Griechen und der Tod, in: R. OCHSMANN (Hg.), Lebens-Ende, Heidelberg 1991, 1–36.

6.1.9.1 Liebe und Sexualität

BINDER Gerhard / EFFE Bernd (Hg.), Liebe und Leidenschaft, Trier 1993.
CARTLEDGE Paul, The Politics of Spartan Pederasty, in: DERS., Spartan Reflections, London 2001, 91–105.
CLARKE John R., Looking at Lovemaking, Berkeley u.a. 1998.
DIERICHS Angelika, Erotik in der römischen Kunst, Mainz 1997.
HALLETT Judith P. / SKINNER Marilyn (Hg.), Roman Sexualities, Princeton 1997.
KOLOSKI-OSTROW Ann Olga / LYONS Claire L. (Hg.), Naked Truth, London und New York 1997.
LARMOUR H. J. u.a. (Hg.), Rethinking Sexuality, Princeton 1998.
MENCACCI Francesca, Päderastie und lesbische Liebe, in: G. VOGT-SPIRA u.a. (Hg.), Rezeption und Identität, Stuttgart 1998, 60–80.
PERCY William Armstrong III, Pederasty and Pedagogy in Archaic Greece, Urbana und Chicago 1996.
STEWART Andrew, Art, Desire and the Body in Ancient Greece, Cambridge 1997.
WINTERLING Aloys, Symposion und Knabenliebe, in: G. VÖLGER / K. v. WELCK (Hg.), Männerbande Männerbünde, 1990, 15–22.

6.1.10 Nachbarwissenschaften

6.1.10.1 Klassische Philologie
DIHLE Albrecht, Griechische Literaturgeschichte, München 1991.
FUHRMANN Manfred, Geschichte der römischen Literatur, Stuttgart 1999.
HERZOG Reinhart / SCHMIDT Peter L. (Hg.), Handbuch der lateinischen Literatur der Antike, München 1989 ff.
LESKY Albin, Geschichte der griechischen Literatur, Bern und München 1971, 3. Aufl.

6.1.10.2 Epigraphik
BARTELS Klaus, Roms sprechende Steine, Mainz 2000.
BRODERSEN Kai u.a., Historische griechische Inschriften in Übersetzungen, 3 Bde., Darmstadt 1992–1999 (HGIÜ).
ECK Werner / ROXAN Margaret, Zwei Entlassungsurkunden – tabulae honestae missionis – für Soldaten der römischen Auxilien, in: Archäologisches Korrespondenzblatt 28 (1998), 95–112.
FREIS Helmut, Historische Inschriften zur römischen Kaiserzeit von Augustus bis Konstantin den Großen, Darmstadt 1984.
GIEBEL Marion, Augustus. Res gestae/Tatenbericht, Stuttgart 1999.
KEPPIE Lawrence, Roman Inscriptions, London 1991.
KLAFFENBACH Günther, Griechische Epigraphik, Göttingen 1966, 2. Aufl.
MEIGGS Russell / LEWIS David M., A Selection of Greek Historical Inscriptions, Oxford 1988, 2. Aufl.
MEYER Ernst, Einführung in die lateinische Epigraphik, Darmstadt 1983, 2. Aufl.
RHODES P.J. / OSBORNE Robin, Greek Historical Inscriptions 404–323 B.C., Oxford 2003.
ROBERT Louis, Die Epigraphik der klassischen Welt, Bonn 1970.
SCHUMACHER Leonhard, Römische Inschriften, Stuttgart 2001, 2. Aufl.
WEBER Ekkehard, Augustus. Meine Taten, Düsseldorf und Zürich 1999, 6. Aufl.
WEISS Peter, Neue Militärdiplome, in: ZPE 117 (1997), 227–268.

6.1.10.3 Numismatik
CHRIST Karl, Antike Numismatik, Darmstadt 1972, 2. Aufl.
FRANKE Peter Robert / HIRMER Max, Die griechische Münze, München 1964.
HOWGEGO Christopher, Geld in der antiken Welt, Darmstadt 2000.
KENT John P. u.a., Die römische Münze, München 1973.
MARTIN Thomas R., Why did the Greek Polis originally need coins? in: Historia 45 (1996), 259–283.
R.-ALFÖLDI Maria, Antike Numismatik, 2. Bde., Mainz 1982, 2. Aufl.

6.1.10.4 Papyrologie
BAGNALL Roger S., Reading Papyri, Writing Ancient History, London und New York 1995.
HENGSTL Joachim, Griechische Papyri aus Ägypten als Zeugnisse des öffentlichen und privaten Lebens, München 1978.

DERS., Juristisches Referat 1999–2001, in: AfP 48 (2002), 351–375.
KRAMER Bärbel, Urkundenreferat, in: AfP 49 (2003), 263–331.
RÖMER Cornelia, Christliche Texte 2001–2002, in: AfP 48 (2002), 349 f.
RUPPRECHT Hans-Albert, Kleine Einführung in die Papyruskunde, Darmstadt 1994.

6.1.10.5 Archäologie
BORBEIN Adolf / HÖLSCHER Tonio / ZANKER Paul (Hg.), Klassische Archäologie, Berlin 2000.
HEILMEYER Wolf-Dieter (Hg.), Die griechische Klassik, Berlin 2002.
SINN Ulrich, Einführung in die Klassische Archäologie, München 2000.

6.1.10.6 Geographie und Topographie (moderne)
KOLB Frank, Rom, München 2002, 2.Aufl.
LAUFFER Siegfried (Hg.), Griechenland.
MÜLLER Dietram, Topographischer Bildkommentar zu den Historien Herodots, 2 Bde., Tübingen 1987.1997.
NASH Ernest, Bildlexikon zur Topographie des antiken Rom, 2 Bde., Tübingen 1961.1962.
NEUMEISTER Christof, Das antike Rom, München 1993, 2. Aufl.
OLSHAUSEN Eckart, Einführung in die Historische Geographie der Alten Welt, Darmstadt 1991.
DERS. / SONNABEND Holger (Hg.), Stuttgarter Kolloquium zur historischen Geographie des Altertums, 1987 ff
SONNABEND Holger (Hg.), Mensch und Landschaft in der Antike, Stuttgart und Weimar 1999.
TALBERT Richard J. A., Barrington Atlas of the Greek and Roman World, Princeton und Oxford 2000.
TRAVLOS Johannes, Bildlexikon zur Topographie des antiken Athen, Tübingen 1971.
DERS., Bildlexikon zur Topographie des antiken Attika, Tübingen 1988.

6.2 Länder

6.2.1 Alter Orient
KUHRT Amélie, The Ancient Near East c. 3000–330 B.C., 2 Bde., London und New York 1997.
LEHMANN Gustav Adolf, Umbrüche und Zäsuren im östlichen Mittelmeerraum und Vorderasien zur Zeit der „Seevölker"-Invasion um und nach 1200 v.Chr., in: HZ 262 (1996), 1–38.

6.2.1.1 Ägypten
ALLAM Schafik, Geschwisterehe, in: LexÄg 2 (1977), 568–576.
ASSMANN Jan, Ägypten, Frankfurt a.M. 2000, 2. Aufl.
BECKERATH Jürgen von, Handbuch der ägyptischen Königsnamen, Mainz 1999, 2. Aufl.
HORNUNG Erik, Grundzüge der ägyptischen Geschichte, Darmstadt 1978, 2. Aufl.
SCHLÖGL Hermann A., Das alte Ägypten, München 2003.

6.2.1.2 Juden
BAR-KOCHVA Bezalel, Judas Maccabaeus, Cambridge 1989.
CLAUSS Manfred, Geschichte Israels, München 1986.
SCHÄFER Peter (Hg.), The Bar Kokhba war reconsidered, Tübingen 2003.
DERS., Geschichte der Juden in der Antike, Stuttgart und Neukirchen / Vluyn 1983.
DERS., Judeophobia, Cambridge, Mass. 1997.

6.2.1.3 Karthager
AMELING Walter, Karthago, München 1993.
CHRIST Karl, Hannibal, Darmstadt 2003.
ENNABLI Abdelmajid, Carthage retrouvée, Tunis 1995.
HUSS Werner, Geschichte der Karthager, München 1985.

6.2.1.4 Perser
STAUSBERG Michael, Die Religion Zarathushtras, Stuttgart u. a. 2002.
WIESEHÖFER Josef, Das antike Persien, München und Zürich 1993.

6.2.1.5 Phöniker
GEHRIG Ulrich / NIEMEYER Hans Georg, Die Phönizier im Zeitalter Homers, Mainz 1990.
PAVESE Carlo Odo, L'auriga di Mozia, Rom 1996.
SOMMER Peter, Europas Ahnen, Darmstadt 2000.

6.2.2 Andere Völker

6.2.2.1 Araber
BOWERSOCK G. W., Roman Arabia, Cambridge, Mass. und London 1983.
HÖGEMANN Peter, Alexander der Große und Arabien, München 1985.
RETSÖ Jan, The Arabs in antiquity, London 2003.

6.2.2.2 Etrusker
AIGNER-FORESTI Luciana, Die Etrusker: Herkunft, Ursprung, Formationsprozeß? in: FS F. Hampl, Stuttgart 2001, 115–125.
DIES., Die Integration der Etrusker und das Weiterwirken etruskischen Kulturgutes im republikanischen und kaiserzeitlichen Rom, Wien 1998.
Die Etrusker und Europa (Ausstellungskatalog Paris/Berlin 1992/1993).
FALCHETTI Franco / ROMUALDI Antonella, Die Etrusker, Darmstadt 2000.
KIMMIG Wolfgang, Etruskischer und griechischer Import im Spiegel westhallstättischer Fürstengräber, in: L. AIGNER-FORESTI (Hg.), Etrusker nördlich von Etrurien, Wien 1992, 281– 328.
Die Welt der Etrusker, Berlin 1988 (Ausstellungskatalog).

6.2.2.3 Germanen
DOBESCH Gerhard, Vom äußeren Proletariat zum Kulturträger, Amsterdam 1994.
KRÜGER Bruno (Leiter des Autorenkollektivs), Die Germanen, 2 Bde., Berlin 1983, 3. Aufl. 1986 2. Aufl.
PRINZ Friedrich, Deutschlands Frühgeschichte, Stuttgart 2003.
WOLFRAM Herwig, Die Germanen, München 1995.
DERS., Die Goten, München 1990, 3. Aufl.
DERS., Das Reich und die Germanen, Berlin 1990.
STROHEKER Karl Friedrich, Germanentum und Spätantike, Zürich und Stuttgart 1965.

6.2.2.4 Hunnen
MAENCHEN-HELFEN Otto J., Die Welt der Hunnen, Wien u.a. 1978.
WIRTH Gerhard, Attila, Stuttgart 1999.

6.2.2.5 Inder
BECHERT Heinz / SIMSON Georg von (Hg.), Einführung in die Indologie, Darmstadt 1993.
BEGLEY Vimala / DE PUMA Daniel (Hg.), Rome and India, Madison 1991.
KARTTUNEN Klaus, India and the Hellenistic World, Helsinki 1997.
SCHLINGLOFF Dieter, König Asoka und das Wesen des ältesten Buddhismus, in: Saeculum 36 (1985), 326–333.
SCHNEIDER Ulrich, Die großen Felsen-Edikte König Asokas, Wiesbaden 1978.
SCHWARZ Franz Ferdinand, Magna India Pliniana, in: WS 107/108 (1994/95), 439–465.
WITZEL Michael, Das alte Indien, München 2003.

6.2.2.6 Italiker
SCHULLER Wolfgang, Wolf Specht Stier – Die Italiker in: H. AMENT u. a., Frühe Völker Europas, Stuttgart 2003, 96–107, 290.

6.2.2.7 Kelten
BIEL Jörg, Der Keltenfürst von Hochdorf, Stuttgart 1985.
BIRKHAN Helmut, Kelten, Wien 1997.
CUNLIFFE Barry, The Ancient Celts, Oxford und New York 1997.
DEMANDT Alexander, Die Kelten, München 1998.
GREEN Miranda (Hg.), The Celtic World, London und New York 1995.
MAIER Bernhard, Die Kelten, München 2000.
PRINZ Friedrich, Deutschlands Frühgeschichte, Stuttgart 2003.
RIECKHOFF Sabine / BIEL Jörg (Hg.), Die Kelten in Deutschland, Stuttgart 2001.
SCHWERTHEIM Elmar, Forschungen in Galatien, Bonn 1994.
SPINDLER Konrad, Die frühen Kelten, Stuttgart 1991, 2. Aufl.
STROBEL Karl, Die Galater, Berlin 1996.

6.2.2.8 Keltiberer
CUNLIFFE Barry / KEAY Simon (Hg.), Social Complexity and the Development of Towns in Iberia, Oxford 1995.

6.2.2.9 Parther

CHAUMONT M.L., Recherches sur quelques villes hellénisées de l'Iran occidental, in: IA 17 (1982), 147–173.
WOLSKI Josef, Parther, in: DNP 7 (2000), 371–374.

6.3 Griechenland

ANDRONIKOS Manolis, Vergina, Athen 1984.
BORBEIN Adolf H. (Hg.), Das alte Griechenland, München 1995.
BORZA Eugene, Makedonika, Claremant 1995.
BRODERSEN Kai (Hg.), Große Gestalten der griechischen Antike, München 1999.
CARTLEDGE Paul, Die Griechen und wir, Stuttgart und Weimar 1998.
DERS. (Hg.), Kulturgeschichte Griechlands in der Antike, Stuttgart und Weimar 2000.
COSTABILE Felice (Hg.), Polis ed Olympieion a Locri Epizefiri, Soveria Mannelli 1992.
DE JULIIS Ettore M. Metaponto, Bari 2001.
DREHER Martin, Athen und Sparta, München 2001.
ERRINGTON Malcolm, Geschichte Makedoniens, München 1986.
GEHRKE Hans Joachim, Gewalt und Gesetz, in : Klio 79 (1997), 23–68.
DERS., Jenseits von Athen und Sparta, München 1986.
HANSEN Mogens Herman, 95 Theses about the Greek Polis in the Archaic and Classical Periods, in: Historia 52 (2003), 257–282.
DERS. / NIELSEN Thomas Heine (Hg.), An Inventory of archaic and classical poleis, Oxford 2004.
MUSTI Domenico, Storia Greca, Rom und Bari 1990, 2. Aufl.
PUGLIESE CARATELLI Giovanni u.v.a., Sikanie, Mailand 1985.
SCHULLER Wolfgang, Griechische Geschichte, München 2002, 5. Aufl.
DERS., Die Welt der Griechen, in: H. AMENT u.v.a., Frühe Völker Europas, Stuttgart 2003, 108–279.
SETTIS Salvatore (Hg.), I Greci, 2 Bde. in 5, Torino 1996–1998.
ULF Christoph (Hg.), Wege zur Genese griechischer Identität, Berlin 1996.
VINOGRADOV Jurij G., Pontische Studien, Mainz 1997.
WELWEI Karl-Wilhelm, Die griechische Polis, Stuttgart 1998, 2. Aufl.

6.3.1 Vorklassische Zeit

BERNAL Martin, Black Athena, 2 Bde., London 1987. 1991; Bd. 1 deutsch als Schwarze Athena, München und Leipzig 1992.
DERS., Black Athena writes back, Durham 2001.
BOARDMAN John, Kolonien und Handel der Griechen, München 1981.
BURKERT Walter, Die Griechen und der Orient, München 2002.
COLDSTREAM J. Nicholas, Prospectors and Pioneers, in: G. TSETSKHLADZE / F. DE ANGELIS (Hg.), The Archaeology of Greek Colonisation, Oxford 1994, 47–59.
DAVIES John K., Deconstructing Gortyn, in: L. FOXHALL / A.D.E. LEWIS (Hg.), Greek Law in its political setting, Oxford 1996, 33–56.
DE LIBERO Loretana, Die archaische Tyrannis, Stuttgart 1996.
DEGER-JALKOTZY Sigrid u.a. (Hg.), Floreant Studia Mycenaea, 2 Bde., Wien 1999.

GRAHAM A.J., Colony and Mother City in Ancient Greece, Manchester 1964.
HÖLKESKAMP Karl-Joachim, Schiedsrichter, Gesetzgeber und Gesetzgebung im archaischen Griechenland, Stuttgart 1999.
LAHR Stefan von der, Dichter und Tyrannen im archaischen Griechenland, München 1992.
LAUTER Hans, Der Kultplatz auf dem Turkovani, Berlin 1985.
DERS., Lathuresa, Mainz 1985.
MORRIS Ian, Burial and ancient society, Cambridge u.a. 1987
POPHAM Mervyn, Precolonisation, in: G. TSETSKHLADZE / F. DE ANGELIS (Hg.), The Archaeology of Greek Colonisation, Oxford 1994, 11–34.
RIDGWAY David, Phoenicians and Greeks in the West, in: G. TSETSKHLADZE / F. DE ANGELIS (Hg.), The Archaeology of Greek Colonisation, Oxford 1994, 35–46.
SNELL Bruno, Leben und Meinungen der Sieben Weisen, München 1971, 4. Aufl.
STEIN-HÖLKESKAMP Elke, Adelskultur und Polisgesellschaft, Stuttgart 1989.
Troia. Traum und Wirklichkeit. Ausstellungsbegleitbuch Stuttgart 2001.
TSETSKHLADZE Gocha, Greek Penetration of the Black Sea, in: DERS., / F. DE ANGELIS (Hg.), The Archaeology of Greek Colonisation, Oxford 1994, 111–135.
ULF Christoph (Hg.), Der neue Streit um Troia, München 2003.
WALTER Uwe, An der Polis teilhaben, Stuttgart 1993.

6.3.2 Sparta

BALTRUSCH Ernst, Mythos oder Wirklichkeit? in: HZ 272 (2001), 1–24.
BIRGALIAS Nikos, Helotage and Spartan Social Organization, in: A. POWELL / St. HODKINSON (Hg.), Sparta, 2002, 249–266.
DERS., L'Odyssée de l'éducation spartiate, Athen 1999.
BORING Terrence A., Literacy in Ancient Sparta, Leiden 1979.
CARTLEDGE Paul, Spartan Reflections, London 2001.
CLAUSS Manfred, Sparta, München 1983.
DETTENHOFER Maria H., Die Frauen von Sparta, in: Klio 75 (1993), 61–75.
FLAIG Egon, Die spartanische Abstimmung nach der Lautstärke, in: Historia 52 (1993), 141–160.
GELZER Thomas, Woher kommt Schillers Wanderer nach Sparta? in: FS A. SCHNEIDER, Neuenburg / Genf 1997, 409–428.
LOTZE Detlef, Bürger zweiter Klasse: Spartas Periöken, in: DERS., Bürger und Unfreie im vorhellenistischen Griechenland, Stuttgart 2000, 171–183.
MEIER Mischa, Aristokraten und Damoden, Stuttgart 1998.
POMEROY Sarah B., Spartan Women, Oxford 2002.
POWELL Anton / HODKINSON Stephen (Hg.), Sparta. Beyond the Mirage, London 2002.
REBENICH Stefan, Fremdenfeindlichkeit in Sparta? in: Klio 80 (1998), 336–359.
RICHER Nicolas, Les Éphores, Paris 1998.
SCHULLER Wolfgang, Spartanische Frauen, in: N. BIRGALIAS u.a. (Hg.), Sparta (im Druck)
THOMMEN Lukas, Sparta, Stuttgart und Weimar 2003.
DERS., Spartanische Frauen, in: MH 56 (1999), 129–149.
WELWEI Karl-Wilhelm, Apella oder Ekklesia, in: RhM 140 (1997), 242–249.

6.3.3 Athen

BADIAN E., Back to Kleisthenic Chronology, in: FS M.H. Hansen, Kopenhagen 2000, 447–464.
BÄBLER Balbina, Fleißige Thrakerinnen und wehrhafte Skythen, Stuttgart und Leipzig 1998.
BALCER Jack Martin u.a., Studien zum Attischen Seebund, Konstanz 1984.
BOEDEKER Deborah / RAAFLAUB Kurt A. (Hg.), Democracy, Empire, and the Arts in Fifth-Century Athens, Cambridge, Mass. und London 1998.
CATALDI Silvio, Akolasia e isegoria di meteci e di schiavi nell'Atene di Pseudo-Senofonte, in: M. SORDI (Hg.), L'opposizione nel mondo antico, Mailand 2000, 75–101.
DAVIES J. K. Athenian Propertied Families 600–300 B.C., Oxford 1971.
DERS., Wealth and the Power of Wealth in Classical Athens, New York 1981.
FIGUEIRA Thomas, The Power of Money, Philadelphia 1998.
FUNKE Peter, Wendezeit und Zeitenwende, in: D. PAPENFUß / V. M. STROCKA (Hg.), Gab es das griechische Wunder? Mainz 2001, 1–20.
GENTILI Bruno / PERUSINO Franca (Hg.), Le orse di Brauron, Pisa 2002.
HABICHT Christian, Athen in hellenistischer Zeit, München 1994.
KEAVENEY Arthur, The life and journey of the Athenian statesman Themistocles (524–460 B.C.?) as a refugee in Persia, Lewiston 2003.
KRON Uta, Die zehn attischen Phylenheroen, Berlin 1976.
LEHMANN Gustav Adolf, Oligarchische Herrschaft im klassischen Athen, Opladen 1997.
LEWIS David M., Cleisthenes and Attica, in: ders., Selected papers, Oxford 1997, 77–98.
LEWIS Sian, The Athenian Woman, London 2002.
LOENING Thomas Clark, The reconciliation agreement of 403/402 in Athens, Stuttgart 1987.
MEIGGS Russell, The Athenian Empire, Oxford 1972.
NOLLÉ Johannes / WENNINGER Alois, Themistokles und Archepolis, in: JNG 48/49 (1988/89), 29–70.
OLIVA Pavel, Solon, Konstanz 1988.
OSBORNE Michael J., Naturalization in Athens, 4 Bde. in 3, Brüssel 1981–1983.
RUBEL Alexander, Stadt in Angst, Darmstadt 2000.
RUSCHENBUSCH Eberhard, Introduzione, in: Plutarco, Vite parallele, Solone / Publicola, Milano 1994, 87–136.
SCHNURR-REDFORD Christine, Frauen im klassischen Athen, Berlin 1995.
SCHULLER Wolfgang, Alkibiades, in: K. BRODERSEN (Hg.), Große Gestalten der griechischen Antike, München 1999, 337–346.
DERS., Das erste Auftreten der Demokratie, in: DERS. u.a. (Hg.), Demokratie und Architektur, München 1989, 52–57.
DERS., Die Herrschaft der Athener im Ersten Attischen Seebund, Berlin und New York 1974.
DERS., Die Krisen des attischen Seebunds, in: SCI 8–9 (1989), 16–24.
DERS., Wirkungen des Ersten attischen Seebunds auf die Herausbildung der athenischen Demokratie, in: J. M. BALCER u.a., Studien zum Attischen Seebund, Konstanz 1984, 87–101.
WHITEHEAD David, The Ideology of the Athenian Metic, Cambridge 1977.
DERS., The ideology of the Athenian metic: some pendants and a reappraisal, in: PCPS 212 (1986), 145–158.

6.3.4 Klassische Zeit

BALCER Jack Martin, The Persian Conquest of the Greeks, Konstanz 1995.
CAVEN Brian, Dionysius I., New Haven 1989.
CHAMBERS Mortimer u.a., Athens' Alliance with Egesta in the Year of Antiphon, in: ZPE 83 (1990), 38–63.
DREHER Martin, Hegemon und Symmachoi, Berlin und New York 1995.
FIGUEIRA Thomas, The Power of Money, Philadelphia 1998.
FUNKE Peter, Homónoia und Arché, Wiesbaden 1980.
HÖLKESKAMP Karl-Joachim, Marathon – vom Monument zum Mythos, in: D. PAPENFUSS / V.M. STROCKA (Hg.) Gab es das griechische Wunder? Mainz 2001, 329–353.
HORNBLOWER Simon, Mausolus, Oxford 1982.
JEHNE Martin, Koine eirene, Stuttgart 1994.
KLEES Hans, Sklavenleben im klassischen Griechenland, Stuttgart 1998.
LEHMANN Gustav Adolf, Demosthenes von Athen, München 2004.
MEIGGS Russell, The Athenian Empire, Oxford 1972.
PERLMAN Shalom, Greek Diplomatic Tradition and the Corinthian League of Philip of Macedon, in: Historia 34 (1985), 153–174.
Polis & Politics. FS M. H. Hansen, Kopenhagen 2000.
SCHUBERT Charlotte, Athen und Sparta in klassischer Zeit, Stuttgart und Weimar 2003.
SCHULLER Wolfgang, Folgen einer Umdatierung des Egesta-Dekrets, in: FS J. DEININGER, Stuttgart 2002, 41–47.
DERS., Die Herrschaft der Athener im Ersten Attischen Seebund, Berlin und New York 1974.
DERS., Der Kranzprozeß des Jahres 330 v.Chr., in: L. BURCKHARDT / J. v. UNGERN-STERNBERG (Hg.), Große Prozesse im antiken Athen, München 2000, 190–200.
SEALEY Raphael, Women and Law in Classical Greece, Chapel Hill und London 1990.
URBAN Ralf, Der Königsfrieden von 387/86 v.Chr., Stuttgart 1991.

6.3.5 Hellenismus

ANEZIRI Sophia, Die Vereine der dionysischen Techniten im Kontext der hellenistischen Gesellschaft, Stuttgart 2003.
BAGNALL Roger S., The Hellenistic Period, Oxford 2004.
BERGMANN Marianne, Die Strahlen der Herrscher, Mainz 1998.
BICHLER Reinhold, „Hellenismus", Darmstadt 1983.
BRINGMANN Klaus, Geben und Nehmen, Berlin 2000.
BORCHHARDT Jürgen, Zemuri. Die Residenzstadt des lykischen Königs Perikles, in: IstMitt 40 (1990), 109–143.
DERS. / DOBESCH Gerhard (Hg.), Akten des II. Internationalen Lykien-Kongresses, Wien 1993.
CRIBIORE Raffaella, Gymnastics of the mind, Princeton 2001.
ERSKINE Andrew (Hg.), A Companion to the Hellenistic World, Oxford 2003.
FRANKE Peter Robert, Pyrrhus, in: CAH 7, 2 (1989), 456–485.
FUNCK Bernd (Hg.), Hellenismus, Tübingen 1998.
GEHRKE Hans-Joachim, Geschichte des Hellenismus, München 1995, 2. Aufl.
HABICHT Christian, Athen in hellenistischer Zeit, München 1994.

HOLT Frank L., Thundering Zeus, Berkeley u. a. 1999.
KASSEL Rudolf, Die Abgrenzung des Hellenismus in der griechischen Literaturgeschichte, in: DERS., Kleine Schriften, Berlin und New York 1991, 154–173.
MEHL Andreas, Erziehung zum Hellenen – Erziehung zum Weltbürger, in: M. LIEDTKE (Hg.), Hausaufgabe Europa, Bad Heilbrunn 1993, 37–60.
ROSTOVTZEFF Michael, Gesellschafts- und Wirtschaftsgeschichte der hellenistischen Welt, 3 Bde., Darmstadt 1955.
SCHNEIDER Carl, Kulturgeschichte des Hellenismus, 2 Bde., München 1967. 1969.
SCHULLER Wolfgang, Hellenismen, in: Ktema 21 (1996) (FS Frézouls), 95–105.
SHIPLEY Graham, The Greek World after Alexander 323–30 BC, London und New York 2000.
SIDKY H., The Greek Kingdom of Bactria, Lanham u. a. 2000.
WELLES C. Bradford, Royal Correspondence in the Hellenistic Period, London 1934 (ND Chicago 1974).
WIEMER Hans Ulrich, Krieg, Handel und Piraterie, Berlin 2002.
WÖRRLE Michael, Leben und Sterben wie ein Fürst, in: Chiron 28 (1998), 77–83.

6.3.5.1 Alexander der Große
ATKINSON J. E., A Commentary on Q. Curtius Rufus' Historiae Alexandri Magni, 2 Bde. (noch nicht vollständig), Amsterdam 1980 und 1994.
BERVE Helmut, Das Alexanderreich auf prosopographischer Grundlage, 2 Bde., München 1926 (ND Hildesheim u.a. 1999).
BOSWORTH A. B., Conquest and Empire, Cambridge u.a. 1988.
DERS., A Historical Commentary on Arrians's History of Alexander, 2 Bde., Oxford 1980 und 1995.
BRIANT Pierre, Alexandre le Grand, Paris 1974.
FRASER P.M., Cities of Alexander the Great, Oxford 1996.
HAMMOND N.G.L., The Genius of Alexander the Great, London 1997.
HECKEL Waldemar, The Marshals of Alexander's Empire, London und New York 1992.
LAUFFER Siegfried, Alexander der Große, München 1993, 3. Aufl.
SCHULLER Wolfgang, Alexander der Große – die Inszenierung eines Welteroberers, in: W. NIPPEL (Hg.), Virtuosen der Macht, München 2000, 39–54.
WILL Wolfgang (Hg.), Alexander der Große, Bonn 1998.
YARDLEY J. C. / HECKEL Waldemar, Justin, Oxford 1997.

6.3.5.2 Ptolemäisches Ägypten
ANDREWS Carol, The Rosetta Stone, London 1981.
BRASHEAR William M., Vereine im griechisch-römischen Ägypten, Konstanz 1993.
EMPEREUR Jean-Yves, Alexandria Rediscovered, London 1998.
ERSKINE Andrew, Culture and Power in Ptolemaic Egypt, in: G&R 42 (1995), 38–48.
FRASER P.M., Ptolemaic Alexandria, 3 Bde., Oxford 1972.
GRIMM Günter, Alexandria, Mainz 1998.
HÖLBL Günther, Geschichte des Ptolemäerreiches, Darmstadt 1994.
HOFFMANN Friedhelm, Ägypten, Berlin 2000.
HUSS Werner, Ägypten in hellenistischer Zeit, München 2001.

PFROMMER Michael, Alexandria, Mainz 1999.
POMEROY Sarah B., Women in Hellenistic Egypt, New York 1984.
WALKER Susan / HIGGS Peter (Hg.), Cleopatra of Egypt, London 2001.

6.3.5.3 Seleukidenreich

BAR-KOCHVA Bezalel, The Seleucid Army, Cambridge 1976.
COHEN Getzel, The Seleucid Colonies, Wiesbaden 1978.
GRAINGER John D., The Cities of Seleucid Syria, Oxford 1990.
DERS., Seleukos Nikator, London und New York 1990.
KREISSIG Heinz, Wirtschaft und Gesellschaft im Seleukidenreich, Berlin 1978.
MEHL Andreas, Seleukos Nikator und sein Reich, I. Teil, Löwen 1986.
MUSTI Domenico, Syria and the East, in: CAH 7, 1 (1984), 175–220.
OELSNER Joachim, Materialien zur babylonischen Gesellschaft und Kultur in hellenistischer Zeit, Budapest 1986.
SHERWIN-WHITE Susan / KUHRT Amelie, From Samarkand to Sardis, Berkeley und Los Angeles 1993.

6.4 Rom

GARDNER Jane F., Frauen im antiken Rom, München 1995.
HEINZ Werner, Straßen und Brücken im römischen Reich, in: AW 19 (1988), Sondernummer.
HEUSS Alfred, Römische Geschichte, Paderborn u.a., 1999, 6. Aufl.
LINTOTT Andrew, Imperium Romanum, London und New York 1993.
MARTIN Jochen (Hg.), Das alte Rom, München 1994.
MOMIGLIANO Arnaldo / SCHIAVONE Aldo (Hg.), Storia di Roma, 7 Bde., Torino 1989–1998.
PACK Edgar, Italia I (landesgeschichtlich), in: RAC 18 (1998), 1049–1202.
SCHULLER Wolfgang, Das römische Weltreich, Stuttgart 2002.
ZEVI Anna Gallina / CLARIDGE Amanda (Hg.), Ostia, Rom 1996.

6.4.1 Republik

BLEICKEN Jochen, Geschichte der römischen Republik, München 1999, 5. Aufl.
BRUNT P.A., Italian Manpower 225 B.C.-A.D. 14, Oxford 1971.
DERS., Social Conflicts in the Roman Republic, London 1971.
GALSTERER Hartmut, Herrschaft und Verwaltung im republikanischen Italien, München 1976.
GARDNER Jane F., Being a Roman Citizen, London und New York 1993.
HANTOS Theodora, Das römische Bundesgenossensystem in Italien, München 1983.
HARRIS William V., War and Imperialism in Republican Rome 327–70 B.C., Oxford 1979.
LINTOTT A.W., Violence in Republican Rome, Oxford 1968.
RADKE Gerhard, Die Erschließung Italiens durch die römischen Straßen, in: Gymnasium 71 (1964), 204–235.
SALMON E.T., The Making of Roman Italy, London 1982.
SCARDIGLI Barbara, I trattati romano-cartaginesi, Pisa 1991.

6.4.1.1 Frühe und Hohe Republik

BERNHARDT Rainer, Der Status des 146 unterworfenen Teils Griechenlands bis zur Errichtung der Provinz Achaia, in: Historia 26 (1977), 62–73.
BLECKMANN Bruno, Die römische Nobilität im Ersten Punischen Krieg, Berlin 2002.
CHRIST Karl, Hannibal, Darmstadt 2003.
DALY Gregory, Cannae, London 2002.
EDER Walter, Das vorsullanische Repetundenverfahren, Diss. FU Berlin 1969.
GRUEN Erich, The „Fall" of the Scipios, in: FS Z.Yavetz, Leiden 1995, 59–90.
HARRIS William V. (Hg.), The Imperialsm of Mid-Republican Rome, Rom 1984.
HEUSS Alfred, Der Erste Punische Krieg und das Problem des römischen Imperialismus, in: HZ 169 (1949), 457–513.
HÖLKESKAMP Karl-Joachim, Die Entstehung der Nobilität, Stuttgart 1987.
MOLTHAGEN Joachim, Der Weg in den Ersten Punischen Krieg, in: Chiron 5 (1975), 81–127.
PETZOLD Karl-Ernst, Die Eröffnung des Zweiten Römisch-Makedonischen Krieges, Berlin 1940 (ND Darmstadt 1968).
STAERMAN E. M., Die Blütezeit der Sklavenwirtschaft in der römischen Republik, Wiesbaden 1969.
WALSH Joseph J., Flamininus and the Propaganda of Liberation, in: Historia 45 (1996), 344–363.
WERNER Robert, Die Begründung der römischen Republik, München 1963.

6.4.1.2 Späte Republik

AIGNER Heribert, Die Soldaten als Machtfaktor in der ausgehenden römischen Republik, Innsbruck 1976.
BADIAN E., Besprechung von Ch. Meier, Caesar, in: Gnomon 62 (1990), 22–39.
DERS., Römischer Imperialismus in der Späten Republik, Stuttgart 1980.
BOTERMANN Helga, Die Soldaten und die römische Politik in der Zeit von Caesars Tod bis zur Begründung des Zweiten Triumvirats, München 1968.
BRINGMANN Klaus, Krise und Ende der römischen Republik (133–42 v.Chr.), Berlin 2003.
CHRIST Karl, Sulla, München 2002.
CROOK J. A. u.a. (Hg.), The Last Age of the Roman Republic, 146–43 B.C., Cambridge 2001 (ND der Ausgabe von 1994) (=CAH Bd.9)
DAHLHEIM Werner, Julius Caesar, München 1987.
DETTENHOFER Maria H., Perdita Iuventus, München 1992.
DIES., Zur politischen Rolle der Aristokratinnen zwischen Republik und Prinzipat, in: Latomus 51 (1992), 775–795.
ERDMANN Elisabeth, Die Rolle des Heeres in der Zeit von Marius bis Caesar, Konstanz 1971.
FUHRMANN Manfred, Cicero und die römische Republik, München und Zürich 1997, 4. Aufl.
GELZER Matthias, Caesar, Wiesbaden 1960.
DERS., Cicero, Wiesbaden 1969.
DERS., Pompeius, Stuttgart 1984.
GOTTER Ulrich, Der Diktator ist tot!, Stuttgart 1996.
GRUEN Erich S., The Last Generation of the Roman Republic, Berkeley u.a. 1995.

HABICHT Christian, Cicero der Politiker, München 1990.
HANTOS Theodora, Res publica constituta, Stuttgart 1988.
HUBEL Karl, Die Brieffragmente der Cornelia, der Mutter der Gracchen, Diss. Erlangen 1900.
JEHNE Martin, Die Beeinflussung von Entscheidungen durch „Bestechung", in: DERS. (Hg.), Demokratie in Rom? Stuttgart 1995, 51–76.
KÜHNERT Barbara, Die plebs urbana in der späten römischen Republik, Berlin 1991.
LEHMANN Gustav Adolf, Politische Reformvorschläge in der Krise der späten römischen Republik, Meisenheim am Glan 1980.
MEIER Christian, Caesar, Berlin 1982.
DERS., Res publica amissa, Frankfurt am Main 1988, 2. Aufl.
MEYER Eduard, Caesars Monarchie und das Principat des Pompeius, Darmstadt 1963 (ND der 3. Aufl. 1922).
MILLAR Fergus, The Crowd in Rome in the Late Republic, Ann Arbor 1998.
MOLTHAGEN Joachim, Die Durchführung der gracchischen Agrarreform, in: Historia 22 (1973), 429–458.
MOURITSEN Henrik, Plebs and Politics in the Late Roman Republic, Cambridge 2001.
NADIG Peter, Ardet ambitus, Frankfurt am Main u.a. 1997.
NIPPEL Wilfried / DAVID Jean-Michel, Die plebs urbana und die politische Gewalt in der späten römischen Republik in der jüngeren französischen und deutschen Forschung, in: H. BRUHNS u.a. (Hg.), Die späte römische Republik, Paris 1997, 237–257.
PERLWITZ Olaf, Titus Pomponius Atticus, Stuttgart 1992.
SCHULLER Wolfgang, Ambitus, in: Hyperboreus 6 (2000), 349–361.
DERS., Entdeckungsreisen in Caesars Bellum civile, in: Eirene 30 (1994), 42–50.
DERS., Frauen in der späten römischen Republik, in: FS I. Weiler, Innsbruck 2000, 255–261.
DERS., Der Mordprozeß gegen Titus Annius Milo, in: U. MANTHE / J.v.UNGERN-STERNBERG (Hg.), Große Prozesse der römischen Antike, München 1997, 115–127. 207–209.
DERS., Die Rolle der Gewalt im politischen Denken der späten römischen Republik, in: Index 5 (1974/75), 140–154.
DERS., Soldaten und Befehlshaber in Caesars Bellum civile, in: FS Z. Yavetz, Leiden 1995, 189–199.
SEAGER Robin, Pompey, Oxford 1979.
UNGERN-STERNBERG Jürgen von, Untersuchungen zum spätrepublikanischen Notstandsrecht, München und Wien 1970.
DERS., Weltreich und Krise, in: MH 39 (1982), 254–271.
ZECCHINI Giuseppe, Die staatstheoretische Debatte der caesarischen Zeit, in: W. SCHULLER (Hg.), Politische Theorie und Praxis im Altertum, Darmstadt 1998, 149–165.

6.4.2 Augustus

Augustus. Meine Taten, hg. E. WEBER, Düsseldorf und Zürich 1999, 6. Aufl.
BLEICKEN Jochen, Augustus, Berlin 1998.
BRANDT Hartwin, Marcellus „successioni praeparatus?", in: Chiron 25 (1995), 1–16.
DETTENHOFER Maria H., Herrschaft und Widerstand im augusteischen Principat, Stuttgart 2000.

GALINSKY Karl, Actium and Augustus, Ann Arbor 1995.
Kaiser Augustus und die verlorene Republik, Ausstellungskatalog Berlin 1988.
GIEBEL Marion, Vergil, Reinbek 1986.
KIENAST Dietmar, Augustus, Darmstadt 198
LA ROCCA Eugenio, Der augusteische Klassizismus, in: W.-D. HEILMEYER (Hg.), Die griechische Klassik, Berlin 2002, 627–655.
SCHÄFER Thomas, Der Augustus von Primaporta im Wechsel der Medien, in: H. J. WENDEL u.a. (Hg.), Wechsel des Mediums, Rostock 2001, 37–58.
SCHLÜTER Wolfgang / WIEGELS Rainer (Hg.), Rom, Germanen und die Ausgrabungen von Kalkriese, Osnabrück 1999.
SCHMITTHENNER Walter, Oktavian und das Testament Caesars, München 1973, 2. Aufl.
SCHUMACHER Leonhard, Oktavian und das Testament Caesars, in: SavZ 116 (1999), 49–70.
SIMON Erika, Augustus, München 1986.
SYME Ronald, Die römische Revolution, Stuttgart 2003.
ZANKER Paul, Augustus und die Macht der Bilder, Mainz 1990, 2. Aufl.

6.4.3 Kaiserzeit

6.4.3.1 Hohe Kaiserzeit

ALFÖLDY Géza, Eine Bauinschrift aus dem Colosseum, in: ZPE 109 (1995), 195–226.
DERS., Kaiser, Heer und soziale Mobilität im Römischen Reich, in: A. CHANIOTIS / P. DUCREY (Hg.), Army and Power in the Ancient World, Stuttgart 2002, 123–150.
Les années Domitien, Pallas 40 (1994).
BAUDY Gerhard, Die Brände Roms, Hildesheim u.a. 1991.
BECHERT Tilmann, Römische Archäologie in Deutschland, Stuttgart 2003.
BIRLEY Anthony R., The African Emperor, London 1988.
DERS., Hadrian, London und New York 1997.
BRUNT P.A., Charges of Provincial Maladministration under the Early Principate, in: DERS., Roman Imperial Themes, Oxford 1990, 53–95.
BURASELIS Kostas, Aelius Aristides als Panegyriker und Mahner, in: W. SCHULLER (Hg.), Politische Theorie und Praxis im Altertum, Darmstadt 1998, 183–203.
DERS., Kos between Hellenism and Rome, Philadelphia 2000.
CONTE Gian B., The Hidden Author, Berkeley u.a. 1996.
CLAUSS Manfred, Kaiser und Gott, Stuttgart 1999.
DERS. (Hg.), Die römischen Kaiser, München 2001, 2. Aufl.
DAHLHEIM Werner, Geschichte der römischen Kaiserzeit, München 2003, 3. Aufl.
DREXHAGE Hans-Joachim u.a., Die Wirtschaft des Römischen Reiches (1.–3. Jahrhundert), Berlin 2002.
ECK Werner, Die Täuschung der Öffentlichkeit – oder Die „Unparteilichkeit" des Historikers Tacitus, in: A & A 46 (2000), 190–206.
DERS. / WOLFF Hartmut (Hg.), Heer und Integrationspolitik, Köln und Wien 1986.
FLAIG Egon, Den Kaiser herausfordern, Frankfurt a.M. und New York 1992.
FREY Martin, Untersuchungen zur Religion und zur Religionspolitik des Kaisers Elagabal, Stuttgart 1989.

Gichon Mordechai, The Courtyard Pattern Castellum on the Limes Palaestinae, in: H. Vetters / M. Kandler (Hg.), Akten des 14. Internationalen Limeskongresses 1986, Wien 1990, 193–214.
Ders., Who were the Enemies of Rome on the Limes Palaestinae, in: Studien zu den Militärgrenzen Roms III, Stuttgart 1986, 584–592.
Goodman Martin, The Roman World 44 BC – AD 1890, London und New York 1997.
Griffin Miriam T., Nero, New Haven und London 1985.
Heinen Heinz, Herrscherkult im römischen Ägypten und damnatio memoriae Getas, in: RöMitt 98 (1991), 263–298.
Ders., Trier und das Trevererland in römischer Zeit, Trier 1986.
Hesberg Henner von (Hg.), Das Militär als Kulturträger in römischer Zeit, Köln 1999.
Jacques François u.a. (Hg.), Rom und das Reich in der Hohen Kaiserzeit 44 v.Chr.–260 n.Chr., 2 Bde., Stuttgart u.a. 1998. 2001.
Jones Brian W., The Emperor Titus, London und Sydney / New York 1984.
Kettenhofen Erich, Die syrischen Augustae in der historischen Überlieferung, Bonn 1979.
Kienast Dietmar, Römische Kaisertabelle, Darmstadt 1996, 2. Aufl.
Levick Barbara, Vespasian, London und New York 1999.
Meyer Hugo, Antinoos, München 1991.
Nünnerich-Asmus, Annette (Hg.), Traian, Mainz 2002.
Pflaum, Hans-Georg, Les carrières procuratoriennes équestres sous le Haut-Empire, 6 Bde., Paris 1960–1982.
Robert Jean-Noel, De Rome à la Chine, Paris 1993.
Rosen Klaus, Marc Aurel, Reinbek 1997.
Strobel Karl (Hg.), Die Ökonomie des Imperium Romanum, St. Katharinen 2002.
Strocka Volker Michael (Hg.), Die Regierungszeit des Kaisers Claudius, Mainz 1994.
Temporini-Gräfin Vitzthum Hildegard (Hg.), Die Kaiserinnen Roms, München 2002.
Urner Christiana, Kaiser Domitian im Urteil antiker literarischer Überlieferung und moderner Forschung, Diss. Augsburg 1993.
Winterling Aloys, Caligula, München 2003.
Yavetz Zvi, Tiberius, München 1999.

6.4.3.2 Soldatenkaiserzeit
Cizek Eugen, L'empereur Aurélien et son temps, Paris 1994.
Kolb Frank, La discendenza dei Gordiani, in: Annali della Facoltà di Lettere e Filosofia dell' Università di Macerata 21 (1988), 69–85.
Stoneman Richard, Palmyra and its Empire, Ann Arbor 1992.
Strobel Karl, Das Imperium Romanum im 3. Jahrhundert, Stuttgart 1993.
Watson Alaric, Aurelian and the Third Century, London und New York 1999.
Wieber Anja, Die Augusta aus der Wüste, in: Th. Späth / B. Wagner-Hasel (Hg.), Frauenwelten in der Antike, Stuttgart und Weimar 2000, 281–310.

6.4.3.3 Spätantike
Athanassiadi Polymnia, Julian, London und New York 1992.
Beck H. / Bol P. C., Spätantike und frühes Christentum, Frankfurt a.M. 1983.
Bouffartigue Jean, L'Empereur Julien et la culture de son temps, Paris 1992.

BOWERSOCK G. W., Hellenism in Late Antiquity, Cambridge u.a. 1990.
DERS., Julian the Apostate, London 1978.
DERS. (Hg.), Late Antiquity, Cambridge, Mass. und London 1999.
BRANDT Hartwin, Geschichte der römischen Kaiserzeit. Von Diokletian bis zum Ende der konstantinischen Dynastie (284–363), Berlin 1998.
BRAUN René / RICHER Jean (Hg.), L'empereur Julien, Paris 1978.
CARRIÉ Jean-Michel, Dioclétien et la fiscalité, in: AnTard 2 (1994), 33–64.
DEMANDT Alexander, Die Spätantike, München 1989.
DRIJVERS Jan Willem, Helena Augusta, Leiden u.a. 1992.
DZIELSKA Maria, Hypatia of Alexandria, Cambridge, Mass. und London 1995.
EVANS James Allan, The Empress Theodora, Austin 2002.
FUHRMANN Manfred, Rom in der Spätantike, München und Zürich 1994.
GROSS-ALBENHAUSEN Kirsten, Imperator christianissimus, Frankfurt a.M. 1999.
HOLUM Kenneth G., Theodosian Empresses, Berkeley u.a. 1982.
HOREDT Kurt, Siebenbürgen in spätrömischer Zeit, Bukarest 1982.
DERS., Siebenbürgen im Frühmittelalter, Bonn 1986.
JONES A.H.M., The Later Roman Empire 284–602, 3 Bde., Oxford 1964; NDe.
KIILERICH Bente / TORP Hjalmar, Hic est: hic Stilicho, in: JDAI 104 (1989), 319–371.
KLEIN Richard, Die Ermordung der Philosophin Hypatia, in: DERS., Roma versa per aevum, Hildesheim u.a. 1999, 72–90.
DERS., (Hg.), Julian Apostata, Darmstadt 1978.
KOLB Frank, Diocletian und die Erste Tertrarchie, Berlin und New York 1987.
DERS., Herrscherideologie in der Spätantike, Berlin 2001.
LASSANDRO Domenico, Echi dell'opposizione a Stilicone in Rutilio Namaziano e in Orosio, in: M. SORDI (Hg.), L'opposizione nel mondo antico, Mailand 2000, 299–309.
LENSKI Noel Emmanuel, Failure of empire, Berkeley 2002.
LEPPIN Hartmut, Theodosius der Große, Darmstadt 2003.
DERS., Von Constantin dem Großen zu Theodosius II., Göttingen 1996.
LIEBESCHUETZ, J.H.W.G., Barbarians and Bishops, Oxford 1990.
MACMULLEN Ramsay, Corruption and the Decline of Rome, New Haven und London 1988.
MAIER Franz Georg, Die Verwandlung der Mittelmeerwelt, Frankfurt a.M. 1968.
MARTIN Jochen, Spätantike und Völkerwanderung, München 1995, 3. Aufl.
MAZAL Otto, Justinian I. und seine Zeit, Köln u.a. 2001.
MEIER Mischa, Das andere Zeitalter Justinians, Göttingen 2003.
MINOR Clifford, Bacaudae, in: Traditio 51 (1996), 297–307.
OOST Stewart I., Galla Placidia Augusta, Chicago und London 1968.
PACK Edgar, Städte und Steuern in der Politik Julians, Brüssel 1986.
PRINZ Friedrich, Von Konstantin zu Karl dem Großen, Düsseldorf und Zürich 2000.
RICHER Jean (Hg.), L'empereur Julien, Paris 1981.
ROSEN Klaus, Julian in Antiochien, in: W. SCHULLER (Hg.), Politische Theorie und Praxis im Altertum, Darmstadt 1998, 217–230.
RUBIN Berthold, Das Zeitalter Justinians, 2 Bde. (Bd.2 hg. v. Carmelo CAPIZZI), Berlin 1960, 1995.
RUBIN Zeev, Mass movements in Late antiquity: appearances and realities, in: FS Z. Yavetz, Leiden u.a. 1995, 129–187.

SCHULLER Wolfgang, Circumcellionen 1, in: LexMA 3 (1983), 2097 f.
DERS., Diokletian, in: LexMA 3 (1986), 1070–1072.
DERS., Dominat, in: LexMA 3 (1986), 1184.
DERS., Korruption. Allgemeine Problematik, in: LexMA 5 (1991), 1448–1450.
SEECK Otto, Geschichte des Untergangs der antiken Welt, 6 Bde., Stuttgart 1920–1922 in unterschiedlichen Auflagen; NDe.
SPRINGER Matthias, Die Schlacht am Frigidus als quellenkundliches und literaturgeschichtliches Problem, in: R. BRATOZ (Hg.), Westillyricum und Nordostitalien in der spätrömischen Zeit, Laibach 1996, 45–94.
STEIN Ernst, Histoire du Bas-Empire, 2 Bde. in 3, Paris /Brügge 1959, 1949 (ND Amsterdam 1968).
WANKE Ulrich, Die Gotenkriege des Valens, Frankfurt a.M. u.a. 1990.
WES W. A., Das Ende des Kaisertums im Westen des Römischen Reiches, 's Gravenhage 1967.
WIEMER Hans-Ulrich, Libanios und Julian, München 1995.
WILLIAMS Stephen / FRIELL Gerard, Theodosius, London 1994.

6.5   Verfassung und Recht

6.5.1   Verfassung

KOLB Frank, Die Stadt im Altertum, München 1984.
LIEBESCHUETZ J.H.W.G., Decline and Fall of the Roman City, Oxford 2001.
MEIER Christian (Hg.), Die okzidentale Stadt nach Max Weber, München 1994.
OTTMANN Henning, Geschichte des politischen Denkens. Die Griechen, 2 Teilbde., Stuttgart und Weimar 2001; Die Römer und das Mittelalter, Teilbd. 1, ebenda 2002.
QUARITSCH Helmut, Der Staatsbegriff und die antiken Politik-Theorien, in: W. SCHULLER (Hg.), POLITISCHE Theorie und Praxis im Altertum, Darmstadt 1998, 278–290.
RAAFLAUB Kurt W. / MÜLLER-LUCKNER Elisabeth (Hg.), Anfänge des politischen Denkens in der Antike, München 1993.
RICH John / WALLACE-HADRILL Andrew (Hg.), City and Country in the Ancient World, London und New York 1991.
ROWE Christopher / SCHOFIELD Malcolm (Hg.), The Cambridge History of Greek and Roman Political Thought, Cambridge 2000.
SCHULLER Wolfgang (Hg.), Politische Theorie und Praxis im Altertum, Darmstadt 1998.

6.5.1.1   Griechenland
BECK Ernst, Polis und Koinon, Stuttgart 1997.
BUSOLT Georg / SWOBODA Heinrich, Griechische Staatskunde, 2 Bde., München 1920.1926, 3. Aufl. (NDe).
FUNKE Peter, Die Bedeutung der griechischen Bundesstaaten in der politischen Theorie und PRAXIS des 5. und 4. Jh. v.Chr., in: W. SCHULLER (Hg.), Politische Theorie und Praxis im Altertum, Darmstadt 1998, 59–71.
GAWANTKA Wilfried, Die sogenannte Polis, Stuttgart 1985.
GRECO Emanuele (Hg.), La città greca antica, Rom 1999.

HANSEN Mogens Herman (Hg.), A Comparative Study of Six City-State Cultures, Kopenhagen 2002.
DERS., A Comparative Study of Thirty City-State Cultures, Kopenhagen 2000.
DERS., 95 Theses about the Greek Polis in the Archaic and Classical Periods, in: Historia 52 (2003), 257–282.
DERS., (Hg.), The Polis as an Urban Centre and as a Political Community, Kopenhagen 1997.
DERS. / NIELSEN Thomas Heine (Hg.), An Inventory of archaic and classical poleis, Oxford 2004.
LEHMANN Gustav Adolf, Oligarchische Herrschaft im klassischen Athen, Opladen 1997.
LEHMANN Gustav Adolf, Ansätze zu einer Theorie des griechischen Bundesstaates bei Aristoteles und Polybios, Göttingen 2001.
LENGAUER Wlodzimierz, Das griechische Gleichheitsdenken zwischen Aristokratie und Demokratie, in: W. SCHULLER u.a. (Hg.), Demokratie und Architektur, München 1989, 17–24.
OSTWALD Martin, Oligarchia, Stuttgart 2000.
RAAFLAUB Kurt, Die Entdeckung der Freiheit, München 1985.
RHODES P.J. / LEWIS David M. (Hg.), The Decrees of the Greek States, Oxford 1997.
RZEPKA Jacek, Ethnos, koinon, sympoliteia and Greek Federal States, in: FS Benedetto Bravo / Ewa Wipszycka, Warschau 2002, 225–247.
WÖRRLE Michael / ZANKER Paul (Hg.), Stadtbild und Bürgertum im Hellenismus, München 1995.

6.5.1.1.1 Demokratie
BERTI Monica, L'antroponimo Megakles sugli ostraka di Atene, in: Minima Epigraphica et Papyrologica 4 (2001), 9–69.
BLEICKEN Jochen, Die athenische Demokratie, Paderborn u.a. 1995, 4. Aufl.
BRENNE Stefan, Ostrakismos und Prominenz in Athen, Wien 2001.
DREHER Martin, Verbannung ohne Vergehen, in: L. BURCKHARDT / J. v. UNGERN-STERNBERG (Hg.), Große Prozesse im antiken Athen, München 2000, 66–77.
FINLEY Moses I., Antike und moderne Demokratie, Stuttgart 1980.
HANSEN Mogens Herman, Die athenische Demokratie im Zeitalter des Demosthenes, Berlin 1995.
DERS., Initiative und Entscheidung, Konstanz 1983.
DERS., Was Athens a Democracy? Kopenhagen 1989.
HENNIG Dieter, Besitzgleichheit und Demokratie, in: W. SCHULLER u.a. (Hg.), Demokratie und Architektur, München 1989, 25–35.
LENGAUER Wlodzimierz, La qualification d'âge pour les membres de la boulé athénienne, in: Antiquitas 26 (2002), 43–50.
MARTINI Remo, Il decreto d'investitura dei nomoteti, in: Dike 3 (2000), 113–125.
MORAWETZ Thomas, Der Demos als Tyrann und Banause, Frankfurt a.M. u.a. 2000.
OBER Josiah, Political Dissent in Democratic Athens, Princeton 1998.
DERS. / HEDRICK Charles W. (Hg.), The Birth of Democracy, Washington 1993.
DIES. (Hg.), Demokratia, Princeton 1996.
PIÉRART Marcel, Qui étaient les nomothètes à Athènes à l'époque de Démosthène? in: E. LÉVY (Hg.), La codification des lois dans l'antiquité, Paris 2000, 229–256.

RHODES Peter J., The Athenian Boule, Oxford 1985, 2. Aufl.
SCHULLER Wolfgang, Neue Prinzipien der athenischen Demokratie, in: Der Staat 26 (1987), 527–538.
DERS., Zur Bauplanung der athenischen Demokratie des 5. Jahrhunderts, in: W. HOEPFNER (Hg.), Kult und Kultbauten auf der Akropolis, Berlin 1997, 184–194.
DERS., Zur Entstehung der griechischen Demokratie außerhalb Athens, in: K.H. KINZL (Hg.), Demokratia, Darmstadt 1995, 302–323.
SEALEY Raphael, The Athenian Republic, University Park und London 1987.
SIEWERT Peter (Hg.), Ostrakismos-Testimonien I, Stuttgart 2002.
WALLACE Robert W., The Areopagus Council to 307 B.C., Baltimore und London 1989.
WELWEI Karl-Wilhelm, Zwischen Affirmation und Kritik, in: G. BINDER / B. EFFE (Hg.), Affirmation und Kritik, Trier 1995, 23–50.

6.5.1.2 Rom

6.5.1.2.1 Republik

ASTIN A.E., The emergence of the provincial system, in: CAH 7,2 (1989), 570–574.
BLEICKEN Jochen, Die Verfassung der römischen Republik, Paderborn u.a. 1995, 7. Aufl.
DAHLHEIM Werner, Gewalt und Herrschaft, Berlin und New York 1977.
EDER Walter (Hg.), Staat und Staatlichkeit in der frühen römischen Republik, Stuttgart 1990.
FLAIG Egon, Entscheidung und Konsens, in: M. JEHNE (Hg.), Demokratie in Rom? Stuttgart 1995, 77–127.
JEHNE Martin (Hg.), Demokratie in Rom? Stuttgart 1995.
KUNKEL Wolfgang / WITTMANN Roland, Staatsordnung und Staatspraxis, München 1995.
LINTOTT Andrew, The Constitution of the Roman Republic, Oxford 1999.
SCHULLER Wolfgang, Frevel, Raub, Bestechung, in: R. EBBINGHAUS / S. NECKEL (Hg.), Anatomie des politischen Skandals, Frankfurt a.M. 1989, 83–103.
UNGERN-STERNBERG, Jürgen von, Untersuchungen zum spätrepublikanischen Notstandsrecht, München 1970.

6.5.1.2.2 Kaiserzeit

AUSBÜTTEL Frank M., Die Verwaltung des römischen Kaiserreiches, Darmstadt 1998.
BLEICKEN Jochen, Verfassungs- und Sozialgeschichte des Römischen Kaiserreiches, 2 Bde., Paderborn u.a. 1994, 3. Aufl.
DERS., Zum Regierungsstil des römischen Kaisers, Wiesbaden 1982.
ECK Werner, Die Verwaltung des Römischen Reiches in der Hohen Kaiserzeit, 2 Bde., Basel (und Berlin) 1995. 1998.
MILLAR Fergus, The Emperor in the Roman World (31 BC-AD 337), Ithaca und New York 1977.
MOURITSEN Henrik, Elections, Magistrates and Municipal Élite, Rom 1988.
PLEKET H.W., Political Culture and Political Practice in the Cities of Asia Minor in the Roman Empire, in: W. SCHULLER (Hg.), Politische Theorie und Praxis im Altertum, Darmstadt 1998, 204–216.
WINTERLING Aloys (Hg.), Aula Caesaris, München 1999.

DERS., Zwischen „Haus" und „Staat", München 1997.
WOLFF Hartmut, Die Constitutio Antoniniana und der Papyrus Gissensis I, Köln 1976.

6.5.1.2.3 Spätantike
ALFÖLDI Andreas, Die monarchische Repräsentation im römischen Kaiserreiche, Darmstadt 1970.
CLAUSS Manfred, Der magister officiorum in der Spätantike (4.–6.Jahrhundert), München 1980.
DEMANDT Alexander, Magister militum, in: RE Suppl. 12 (1970), 553–790.
GUTSFELD Andreas. Der Prätorianerpräfekt und der kaiserliche Hof im 4. Jahrhundert n.Chr., in: A. WINTERLING (Hg.), Comitatus, Berlin 1998, 75–102.
HORSTKOTTE Hermann-Josef, Systematische Aspekte der munera publica in der römischen Kaiserzeit in: ZPE 111 (1996), 233–255.
DERS., Die „Steuerhaftung" im spätrömischen „Zwangsstaat", Frankfurt a.M. 1988.
JOHNE Klaus-Peter, Notitia dignitatum, in: DNP 8 (2000), 1011–1013.
KELLY Christopher, Bureaucracy, in: CAH 13 (1998), 162–180.
KRAUSE Jens-Uwe, Spätantike Patronatsformen im Westen des Römischen Reiches, München 1987.
MIGL Joachim, Die Ordnung der Ämter, Frankfurt a.M. u.a. 1994.
NOETHLICHS Karl Leo, Beamtentum und Dienstvergehen, Wiesbaden 1981.
DERS., Strukturen und Funktionen des spätantiken Kaiserhofes, in: A. WINTERLING (Hg.), Comitatus, Berlin 1998, 13–49.
SCHOLTEN Helga, Der Eunuch in Kaisernähe, Frankfurt a.M. u.a. 1995.
SCHULLER Wolfgang, Decurio, in: LexMA 3 (1986), 626 f.
DERS., Grenzen des spätrömischen Staates, in: ZPE 16 (1975), 1–21.
DERS., Prinzipien des spätantiken Beamtentums, in: DERS. (Hg.), Korruption im Altertum, München und Wien 1982, 201–214.
DERS., Zwischen Klientel und Korruption, in: FS Robert Werner, Konstanz 1989, 259–268.
VOGLER Chantal, Constance II et l'administration impériale, Straßburg 1979.

6.5.2 Recht
EBEL Friedrich / THIELMANN Georg, Rechtsgeschichte, Heidelberg 2003, 3. Aufl.
MANTHE Ulrich, Die Rechtskulturen der Antike, München 2003.

6.5.2.1 Griechenland
BURCKHARDT Leonhard / UNGERN-STERNBERG Jürgen von (Hg.), Große Prozesse im antiken Athen, München 2000.
EFFENTERRE Henri van / RUZÉ Françoise, Nomina, 2 Bde., Rom 1994. 1995.
HILLGRUBER Michael, Die zehnte Rede des Lysias, Berlin und New York 1988.
KOERNER Reinhard, Inschriftliche Gesetzestexte der frühen griechischen Polis, Köln u.a. 1993.
KOHLER Josef / ZIEBARTH Erich, Das Stadtrecht von Gortyn und seine Beziehungen zum gemeingriechischen Rechte, Göttingen 1912.
WOLFF Hans Julius, Das Justizwesen der Ptolemäer, München 1970, 2. Aufl.

DERS., Das Recht der griechischen Papyri Ägyptens in der Zeit der Ptolemäer und des Prinzipats, 2 Bde. (Bd. 1 hg. v. H.-A. RUPPRECHT), München 2002. 1978.

6.5.2.2 Rom

ELSTER Marianne, Die Gesetze der mittleren römischen Republik, Darmstadt 2003.
FLACH Dieter / LAHR Stefan von der, Die Gesetze der frühen römischen Republik, Darmstadt 1994.
FÖGEN Marie Theres, Römische Rechtsgeschichten, Göttingen 2002.
GRUBBS Judith Evans, Law and Family in Late Antiquity, Oxford 1995.
JOHANNSEN Kirsten, Die lex agraria des Jahres 111 v.Chr., München 1970.
KASER Max / KNÜTEL Rolf, Römisches Privatrecht, München 2003, 17. Aufl.
LAUFFER Siegfried, Diokletians Preisedikt, Berlin 1971.
LENEL Otto, Das Edictum perpetuum, Leipzig 1927, 3. Aufl.
LIEBS Detlef, Lateinische Rechtsregeln und Sprichwörter, München 1998, 6. Aufl.
DERS., Römische Jurisprudenz in Africa, Berlin 1993.
DERS., Römisches Recht, Göttingen 1987, 3. Aufl.
MANTHE Ulrich / UNGERN-STERNBERG Jürgen von, Große Prozesse der römischen Antike, München 1997.
MÖNNICH Ulrike, Frauenschutz vor riskanten Geschäften, Köln u.a. 1999.
SCHULLER Wolfgang, Der römische Zivilprozeß – Recht im aristokratischen Staat, in: FS J. Bleicken, Stuttgart 2002, 90–96.
SCHULZ Fritz, Geschichte der römischen Rechtswissenschaft, Weimar 1961.
WIEACKER Franz, Römische Rechtsgeschichte, Erster Abschnitt, München 1988.

6.6 Politik und Beziehungen zwischen den Staaten

6.6.1 Krieg und Soldaten

ALFÖLDY Géza, Römische Heeresgeschichte, Amsterdam 1987.
DERS. u.a. (Hg.), Kaiser, Heer und Gesellschaft in der römischen Kaiserzeit, Stuttgart 2000.
Armées et fiscalité dans le monde antique, Paris 1977.
BAR-KOCHVA Bezalel, The Seleucid Army, Cambridge 1976.
BIELMAN Anne, Retour à la liberté, Lausanne 1994.
BINDER Gerhard / EFFE Bernd, Krieg und Frieden im Altertum, Trier 1989.
CAMPBELL Brian, The Roman Army, 31 BC – AD 337, London und New York 1994.
CHANIOTIS Angelos / DUCREY Pierre (Hg.), Army and Power in the Ancient World, Stuttgart 2002.
CONNOLLY Peter, Greece and Rome at War, London und Mechanicsburg 1998.
Guerres et sociétés dans les mondes grecs à l'époque classique, Pallas 51 (1999).
HANSON Victor Davis, Warfare and agriculture in classical Greece, Berkeley u.a. 1998.
HOFFMANN Dietrich, Das spätrömische Bewegungsheer und die Notitia Dignitatum, Düsseldorf 1969.
LLOYD Alan B. (Hg.), Battle in Antiquity, London 1996.

MEIER Christian, Die Rolle des Krieges im klassischen Athen, in: HZ 251 (1990), 555–605.
MEISSNER Burkhard, Krieg und Strategie bei den Griechen, in: Seminari Romani di Cultura Greca V, 1 (2002), 107–135.
PRITCHETT W. Kendrick, The Greek State at War, 5 Bde., Berkeley u.a. 1974–1991.
PROST Francis, Armées et sociétés de la Grèce classique, Paris 1999.
RICH John / SHIPLEY Graham (Hg.). War and Society in the Greek World, London und New York 1993.
DIES., War and Society in the Roman World, London und New York 1993.
SAGE Michael M., Warfare in Ancient Greece, London und New York 1996.
SCHULLER Wolfgang, Soldaten und Befehlshaber in Caesars Bellum civile, in: FS Z. Yavetz, Leiden u.a. 1995, 189–199.
SPEIDEL Michael P., Roman Army Studies, Bd. 1 Amsterdam 1984, Bd. 2 Stuttgart 1992.
TIMPE Dieter, Religiöse und sakrale Aspekte des Krieges im Altertum, in: Veröffentlichungen der Joachim Jungius-Gesellschaft der Wissenschaften Hamburg 83 (1996), 49–61.
DERS., Stadtstaat und Krieg in der Antike, in: W. BÖHM / M. LINDAUER (Hg.), Welt ohne Krieg? Stuttgart u.a. 2002, 137–168.

6.6.2 Zwischenstaatliches

AGER Sheila L., Interstate Arbitrations in the Greek World, 337–90 B.C., Berkeley u.a. 1996.
ALBERT Sigrid, Bellum iustum, Kallmünz 1980.
BADIAN E., Foreign Clientelae (264–70 B.C.), Oxford 1958.
BALTRUSCH Ernst, Symmachie und Spondai, Berlin und New York 1994.
BRAUND David, Rome and the Friendly King, London u.a. 1984.
CANALI DE ROSSI, Filippo, Il ruolo dei patroni nelle relazioni politiche fra il mondo greco e Roma in età repubblicana ed Augustea, München und Leipzig 2001.
CULASSO Gastaldi Enrica, Le prossenie ateniesi del IV secolo a. c., Torino 2004.
DAHLHEIM Werner, Struktur und Entwicklung des römischen Völkerrechts im dritten und zweiten Jahrhundert v.Chr., München 1968.
DERLIEN Jochen, Asyl, Marburg 2003.
DREHER Martin (Hg.), Das antike Asyl, Köln u. a. 2003.
DERS., Die Asylstätte des Romulus, in: Symposion 1997, Köln u.a. 2001, 235–252.
GAWANTKA Wilfried, Isopolitie, München 1975.
GRAHAM A.J., Colony and Mother City in Ancient Greece, Manchester 1964.
GRETHLEIN Jonas, Asyl und Athen, Stuttgart und Weimar 2003.
HEUSS Alfred, Stadt und Herrscher im Hellenismus in ihren staats- und völkerrechtlichen Beziehungen, Leipzig 1937 (ND Aaalen 1963).
JEHNE Martin, Koine eirene, Stuttgart 1994.
KNIPPSCHILD Silke, Drum bietet die Hand zum Bunde, Stuttgart 2002.
MAREK Christian, Die Proxenie, Frankfurt a.M. u.a. 1984.
TAUSEND Klaus, Amphiktyonie und Symmachie, Stuttgart 1992.

6.7 Gesellschaft und Wirtschaft

6.7.1 Gesellschaft

ADAK Mustafa, Metöken als Wohltäter Athens, München u.a. 2003.
ALFÖLDY Géza, Kaiser, Heer und soziale Mobilität im Römischen Reich, in: A. CHANIOTIS / P. DUCREY (Hg.), Army and Power in the Ancient World, Stuttgart 2002, 123–150.
BÄBLER Balbina, Fleißige Thrakerinnen und wehrhafte Skythen, Stuttgart und Leipzig 1998.
BELOCH Julius, Die Bevölkerung der griechisch-römischen Welt, Leipzig 1886.
BLECKMANN Bruno, Die römische Nobilität im Ersten Punischen Krieg, Berlin 2002.
CATALDI Silvio, Akolasia e isegoria di meteci e di schiavi nell' Atene di Pseudo-Senofonte, in: M. SORDI (Hg.), L'opposizione nel mondo antico, Mailand 2000, 75–101.
CHANIOTIS Angelos / DUCREY Pierre (Hg.), Army and Power in the Ancient World, Stuttgart 2002.
COX Cheryl Anne, Household Interests, Princeton 1998.
D'ARMS John H., Commerce and Social Standing in Ancient Rome, Cambridge, Mass. und LONDON 1981.
DAVIES John K., Athenian Propertied Families 600–300 B.C., Oxford 1971.
DERS., Wealth and the Power of Wealth in Classical Athens, New York 1981.
DEMOUGIN Ségolène u.a. (Hg.), L'ordre equestre, Rom 1999.
DIHLE Albrecht, Die Griechen und die Fremden, München 1994.
GARDNER Jane F., Being a Roman Citizen, London und New York 1993.
GARNSEY Peter, Non-Slave Labour in the Greco-Roman World, Cambridge 1980.
GAUTHIER Philippe, Métèques, Périèques et Paroikoi, in: R. LONIS (Hg.), L'étranger dans le monde grec, Nancy 1988, 23–46.
DERS., Symbola, Nancy 1972.
HALLETT Judith P., Fathers and Daughters in Roman Society, Princeton 1984.
HARRISON Thomas (Hg.), Greeks and Barbarians, Edinburgh 2002.
HÖLKESKAMP Karl-Joachim, Die Entstehung der Nobilität, Stuttgart 1987.
JEHNE Martin, Jovialität und Freiheit, in: B. LINKE / M. STEMMLER, Mos maiorum, Stuttgart 2000, 207–235.
KLOFT Hans (Hg.), Sozialmaßnahmen und Fürsorge, Graz 1988.
KÜHNERT Barbara, Die plebs urbana in der späten römischen Republik, Berlin 1991.
LÉVY Edmond, Métèques et droit de résidence, in: R. LONIS (Hg.), L'étranger dans le monde grec, Nancy 1988, 47–67.
LOTZE Detlef, Bürger und Unfreie im vorhellenistischen Griechenland, Stuttgart 2000.
DERS., Metaxy eleutheron kai doulon, Berlin 1959 (ND New York 1979).
MILLAR Fergus, The Crowd in Rome in the Late Republic, Ann Arbor 1998.
MOURITSEN Henrik, Plebs and Politics in the Late Roman Republic, Cambridge 2001.
MRATSCHEK-HALFMANN Sigrid, Divites et praepotentes, Stuttgart 1993.
NOY David, Foreigners at Rome, London 2000.
OGDEN Daniel, Greek Bastardy in the Classical and Hellenistic Periods, Oxford 1996.
PARKIN Tim G., Demography and Roman Society, Baltimore und London 1992.
PFERDEHIRT Barbara, Die Rolle des Militärs für den sozialen Aufstieg in der römischen Kaiserzeit, Mainz 2002.

Rilinger Rolf, Humiliores – Honestiores, München 1988.
Veyne Paul, Brot und Spiele, Frankfurt a.M. u.a. 1988.
Whitehead David, The Ideology of the Athenian metic, Cambridge 1977.
Ders., The ideology of the Athenian metic: some pendants and a reapptaisal, in: PCPS 212 (1986), 145–158.

6.7.1.1 Sklaverei

Bellen Heinz / Heinen Heinz, Fünfzig Jahre Forschungen zur antiken Sklaverei an der Mainzer Akademie 1950–2000, Stuttgart 2001.
Bielman Anne, Retour à la liberté, Lausanne 1994.
Flaig Egon, Sklaverei, in: Historisches Wörterbuch der Philosophie 9 (1995), 976–985.
Garnsey Peter, Ideas of slavery from Aristotle to Augustine, Cambridge 1996.
Glancy Jennifer A., Slavery in Early Christianity, Oxford 2002.
Hanson Victor Davis, Thucydides and the Desertion of Attic Slaves during the Decelean war, in : CA 11 (1992), 210–228.
Kiechle Franz, Sklavenarbeit und technischer Fortschritt im römischen Reich, Wiesbaden 1969.
Klees Hans, Sklavenleben im klassischen Griechenland, Stuttgart 1998.
Klein Richard, Die Haltung der kappadokischen Bischöfe Basilius von Caesarea, Gregor von Nazianz und Gregor von Nyssa zur Sklaverei, Stuttgart 2000.
Osterhammel Jürgen, Sklaverei und die Zivilisation des Westens, München 2000.
Rubinsohn Wolfgang Zeev, Die großen Sklavenaufstände der Antike, Darmstadt 1993.
Samson Ross, Rural Slavery, in: Historia 38 (1989), 99–110.
Schuller Wolfgang, „Sklavenarbeit und technischer Fortschritt", in: W. Heistermann (Hg.), Abhandlungen aus der Pädagogischen Hochschule Berlin, Berlin 1974, 121–136.
Ders., Spartacus heute, in: Ders., Antike in der Moderne, Konstanz 1985, 289–305.
Schumacher Leonhard, Sklaverei in der Antike, München 2001.
Shaw Brent D., Spartacus and the Slave Wars, Boston und New York 2001.
Staerman E. M., Die Blütezeit der Sklavenwirtschaft in der römischen Republik, Wiesbaden 1969.
Thornton John, Publicani, kakourgía e commercio degli schiavi, in: MedAnt 4 (2001), 325–363.

6.7.1.2 Klientel

David Jean-Michel / Ungern-Sternberg Jürgen von, La clientèle, d'une forme de l'analyse à l'autre, in: H. Bruhns u.a. (Hg.), Die späte römische Republik / La fin de la république Romaine, Rom 1997, 195–216.
Deniaux Elisabeth / Schmitt Pantel Pauline, La relation patron-client en Grèce et à Rome, in: Opus 6–8 (1987–1989), 147–164.
Gellner Ernest / Waterbury John (Hg.), Patrons and Clients in Mediterranean Societies, London 1977.
Wallace-Hadrill Andrew (Hg.), Patronage in Ancient Society, London und New York 1990.

6.7.1.3 Geschlechtergeschichte

CARTLEDGE Paul, Spartan Women, in: DERS., Spartan Reflections, London 2001, 106–126.
DETTENHOFER Maria H., Die Frauen von Sparta, in: Klio 75 (1993), 61–75.
EISEN Ute E., Amtsträgerinnen im frühen Christentum, Göttingen 1996.
FEICHTINGER Barbara / WÖHRLE Georg (Hg.), Gender Studies in den Altertumswissenschaften, Trier 2002.
FRASS Monika, Gesellschaftliche Akzeptanz „sportlicher" Frauen, in: Nikephoros 10 (1997), 119–133.
GARDNER Jane F., Frauen im antiken Rom, München 1995.
GENTILI Bruno / PERUSINO Franca (Hg.), Le orse di Brauron, Pisa 2002.
HALLETT Judith P., Fathers and Daughters in Roman Society, Princeton 1984.
HAWLEY Richard / LEVICK Barbara (Hg.), Women in antiquity, London und New York 1995.
HUBEL Karl, Die Brieffragmente der Cornelia, der Mutter der Gracchen, Diss. Erlangen 1900.
HUCHTHAUSEN Liselot, Herkunft und ökonomische Stellung weiblicher Adressaten von Reskripten des Codex Iustinianus (2. u. 3. Jh. u.Z.), in: Klio 56 (1974), 199–228.
LEWIS Sian, The Athenian Woman, London 2002.
MAISCHBERGER Martin, Was sind Männer? in: W.-D. HEILMEYER, Die griechische Klassik, Berlin 2002, 271–284.
MARTIN Jochen, Zur Stellung des Vaters in antiken Gesellschaften, in: H. SÜSSMUTH (Hg.), Historische Anthropologie, Göttingen 1984, 84–109.
DERS. / ZOEPFFEL Renate (Hg.), Aufgaben, Rollen und Räume von Frau und Mann, 2 Teilbde., Freiburg und München 1989.
MÖNNICH Ulrike, Frauenschutz vor riskanten Geschäften, Köln u.a. 1999.
POMEROY Sarah B., Women in Hellenistic Egypt, New York 1984.
SAVUNEN Liisa, Women and elections in Pompeii, in: R. HAWLEY / B. LEVICK (Hg.), Women in antiquity, London und New York 1995, 194–206.
SCHMITT PANTEL Pauline (Hg.), Geschichte der Frauen. Antike, Frankfurt a.M. u.a. 1993.
SCHNURR-REDFORD Christine, Frauen im klassischen Athen, Berlin 1995.
SCHULLER Wolfgang, Frauen in der griechischen Geschichte, Konstanz 1985.
DERS., Frauen in der römischen Geschichte, Konstanz 1987 (Taschenbuch München 1992).
DERS., Frauen in der späten römischen Republik, in: FS I. Weiler, Innsbruck 2000, 255–261.
DERS., Hetären in Griechenland und Rom, in: A. VÄTH (Hg.), Bad Girls, Konstanz 2003, 21–39.
SEALEY Raphael, Women and Law in Classical Greece, Chapel Hill und London 1990.
STRAUSS Barry S., Fathers and Sons in Athens, London 1993.
VEDDER Ursula, Frauentod – Kriegertod, in: AthMitt 103 (1987), 161–191.
THOMMEN Lukas, Spartanische Frauen, in: MH 56 (1999), 129–149.
WAGNER-HASEL Beate (Hg.), Matriarchatstheorien der Altertumswissenschaft, Darmstadt 1992.

6.7.1.4 Sport

BENTZ Martin, Panathenäische Preisamphoren, Basel 1998.
BRODERSEN Kai, Heiliger Krieg und Heiliger Friede in der frühgriechischen Geschichte, in: Gymnasium 98 (1991); 1–14.

COULSON William / KYRIELEIS Helmut (Hg.), Proceedings of an International Symposium on the Olympic Games, Athen 1992.
DECKER Wolfgang, Sport in der griechischen Antike, München 1995.
EBERT Joachim, Griechische Epigramme auf Sieger an gymnischen und hippischen Agonen, Berlin 1972.
FAGAN Garrett G., Bathing in Public in the Roman World, Ann Arbor 1999.
FISHER Nick, Gymnasia and the democratic values of leisure, in: P. CARTLEDGE u.a. (Hg.), Kosmos, 1998, 84–104.
FLAIG Egon, An den Grenzen des Römerseins, in: W. ESSBACH (Hg.), Identität und Alterität in Theorie und Methode, Würzburg 2000, 215–230.
FONTENROSE Joseph, The Cult of Apollo and the Games at Delphi, in: W. J. RASCHKE (Hg.), The Archaeology of the Olympics, Madison 1988, 121–151.
FRASS Monika, Gesellschaftliche Akzeptanz „sportlicher" Frauen, in: Nikephoros 10 (1997), 119–133.
GAUTHIER Philippe, Notes sur le rôle du gymnase dans les cités hellénistiques, in: M. WÖRRLE / P. ZANKER (Hg.), Stadtbild und Bürgertum im Hellenismus, München 1995, 1–11.
GOLDEN Mark, Sport and Society in Ancient Greece, Cambridge 1998.
GÜNTHER Linda-Marie (Hg.), Olympia und seine Spiele, Berlin u.a. 2004.
HESBERG Henner von, Das griechische Gymnasion im 2. Jh. v.Chr., in: M. WÖRRLE / P. ZANKER (Hg.), Stadtbild und Bürgertum im Hellenismus, München 1995, 13–27.
JUNKELMANN Marcus, Das Spiel mit dem Tod, Mainz 2000.
KOTSIDU Haritini, Die musischen Agone der Panathenäen in archaischer und klassischer Zeit, München 1991.
MANN Christian, Athlet und Polis im archaischen und frühklassischen Griechenland, Göttingen 2001.
DERS., Krieg, Sport und Adelskultur, in: Klio 80 (1998), 7–21.
NEILS Jenifer, Goddess and Polis, Hanover und Princeton 1992.
RASCHKE Wendy J., The Archaeology of the Olympics, Madison 1988.
ROBERT Louis, Les gladiateurs dans l'orient grec, Amsterdam 1971, 2. Aufl.
SAMIDA Stefanie, Zum Ursprung des Sports, in: Nikephoros 13 (2000), 7–46.
SINN Ulrich (Hg.), Sport in der Antike, Würzburg 1996.
THUILLIER Jean-Paul, Sport im antiken Rom, Darmstadt 1999.
WEBER Marga, Antike Badekultur, München 1996.
WEILER Ingomar, Olympia – jenseits der Agonistik, in: Nikephoros 10 (1997), 191–213.
DERS., Der Sport bei den Völkern der Alten Welt, Darmstadt 1988, 2. Aufl.
WIEDEMANN Thomas, Kaiser und Gladiatoren, Darmstadt 2001.

6.7.1.5 Alltag und Feste
BATSCH Christophe u.a. (Hg.), Zwischen Krise und Alltag, Stuttgart 1999.
BERNHARD-WALCHER Alfred, Alltag Feste Religion, Wien 1992, 2. Aufl.
DAVIDSON James N., Kurtisanen und Meeresfrüchte, Berlin 1999.
GARLAND Robert, Daily Life of the Ancient Greeks, Westport 1998.
GREINER Wilfried / PELZL Paul, Rom, Wien u.a. 1998.
HAMPE Roland / SIMON Erika, Griechisches Leben im Spiegel der Kunst, Mainz 1985, 2. Aufl.

HOEPFNER Wolfram (Hg.), Geschichte des Wohnens, Band 1, Stuttgart 1999.
KNOLL Kordelia, Alltag und Mythos, Dresden 1998.
KYLE Donald G., Spectacles of Death in Ancient Rome, London und New York 1998.
MURRAY Oswyn, Sympotica, Oxford 1990.
DERS. / TECUSAN Manuela (Hg.), In vino veritas, Rom 1995.
MUSTI Domenico, Il simposio nel suo sviluppo storico, Rom und Bari 2001.
RILINGER Rolf, Lust an der Geschichte, 2 Bde., München 1989. 1990.
SCHÄFER Alfred, Unterhaltung beim griechischen Symposion, Mainz 1997.
SCHUBERT Paul, Vivre en Égypte gréco-romaine, Vevey 2000.
SCULLARD Howard Hayes, Römische Feste, Mainz 1985.
SIMON Erika, Festivals of Attica, Madison 1983.
STROCKA Volker Michael, Alltag und Fest in Athen, Freiburg i.B. 1987.
VEYNE Paul, Brot und Spiele, Frankfurt a.M. u.a. 1989.
DERS., Geschichte des privaten Lebens, Bd.1, Frankfurt am Main 1989.
VILLANUEVA-PUIG Marie-Christine, Images de la vie quotidienne en Grèce dans l'antiquité, Paris 1992.
WEEBER Karl-Wilhelm, Alltag im alten Rom, Zürich 1995, 2. Aufl.

6.7.2 Wirtschaft

ANDREAU Jean, La vie financière dans le monde romain, Rom 1987.
AUDRING Gert, Grenzen der Konzentration von Grundeigentum in Attika während des 4. Jh. v.u.Z., in: Klio 56 (1974), 445–456.
DERS., Prolegomena zu einer Darstellung der antiken Wirtschaft, in: WZ HU Berlin, Gesellschaftswissenschaftliche Reihe 36 (1987), 41–45.
BOGAERT Raymond, Grundzüge des Bankwesens im alten Griechenland, Konstanz 1986.
BURFORD Alison, Künstler und Handwerker in Griechenland und Rom, Mainz 1985.
DIES., Land and Labour in the Greek World, Baltimore und London 1993.
CARTLEDGE Paul, The economy (economies) of ancient Greece, in: Dialogos 5 (1998), 4–24.
D'ARMS John H., Commerce and Social Standing in Ancient Rome, Cambridge, Mass. und London, 1981.
DE MARTINO Francesco, Wirtschaftsgeschichte des alten Rom, München 1991, 2. Aufl.
DREXHAGE Hans-Joachim u.a., Die Wirtschaft des Römischen Reiches (1.–3. Jahrhundert), Berlin 2002.
FIGUEIRA Thomas, The Power of Money, Philadelphia 1998.
DERS., Sitopolai and sitophylakes in Lysias' „Against the Graindealers", in: Phoenix 40 (1986), 149–171.
FINLEY Moses I., Die antike Wirtschaft, München 1977.
FLACH Dieter, Römische Agrargeschichte, München 1990.
FRAYN Joan M., Subsistence Farming in Roman Italy, Fontwell 1979.
GARLAN Yvon, Nouvelles remarques sur la chronologie des timbres amphoriques thasiens, in: JS 1993, 149–181.
GARNSEY Peter, Food and Society in Classical Antiquity, Cambridge 1999.
DERS., Non-Slave Labour in the Greco-Roman World, Cambridge 1980.
DERS. / WHITTAKER C. T. (Hg.), Trade and Famine in Classical Antiquity, Cambridge 1983.

Isager Signe / Skydsgaard, Jens Erik, Ancient Greek Agriculture, London und New York 1992.
Johne Klaus-Peter, Die Entwicklung von Kolonenwirtschaft und Kolonat mit besonderer Berücksichtigung der nördlichen Grenzprovinzen des Reiches, in: H. Bender / H. Wolff (Hg.), Ländliche Besiedlung und Landwirtschaft in den Rhein-Donau-Provinzen des römischen Reiches, Passau 1994, 73–86.
Kloft Hans, Die Wirtschaft der griechisch-römischen Welt, Darmstadt 1992.
Kreissig Heinz, Wirtschaft und Gesellschaft im Seleukidenreich, Berlin 1978.
Malmendier Ulrike, Societas publicanorum, Köln u.a. 2002.
Martin Thomas R., Why did the Greek Polis originally need coins? in: Historia 45 (1996), 259–283.
Meijer Fik / Nije Onno van, Trade, Transport and Society in the Ancient World, London und New York 1992.
Neesen Lutz, Demiurgoi und Artifices, Frankfurt a.M. u.a. 1989.
Pleket Henri Willy, Wirtschaft, in: F. Vittinghoff (Hg.), Europäische Wirtschafts- und Sozialgeschichte der römischen Kaiserzeit, Stuttgart 1990, 25–160.
Reden Sitta von, Money in the ancient economy, in: Klio 84 (2002) 141–174.
Rostovtzeff Michael, Gesellschaft und Wirtschaft im römischen Kaiserreich, 2 Bde., Leipzig 1929.
Ders., Gesellschafts- und Wirtschaftsgeschichte der hellenistischen Welt, 3 Bde., Darmstadt 1955.
Sallares Robert, The Ecology of the Ancient Greek World, London 1991.
Salmon J., Pots and Profits, in: FS John Boardman, London 2000, 245–252.
Scheidel Walter / Reden Sitta von (Hg.), The ancient Economy, Edinburgh 2002.
Schuller Wolfgang, Steuer Spätantike, in: LexMA 8 (1997), 157 f.
Sirks Boudewijn, Reconsidering the Roman Colonate, in: SavZ 119, (1993), 331–369.
Strobel Karl (Hg.), Die Ökonomie des Imperium Romanum, St. Katharinen 2002.
Vittinghoff Friedrich (Hg.), Europäische Wirtschafts- und Sozialgeschichte der römischen Kaiserzeit, Stuttgart 1990.
White K.D., Roman Farming, London 1970.
Whittaker C.R. (Hg.), Pastoral economies in classical antiquity, Cambridge 1988.
Zerner Carol (Hg.), Proceedings of the International Conference Wace and Blegen, Amsterdam 1993.

6.8 Kultur und Religion

6.8.1 Kultur

6.8.1.1 Literatur

Albrecht Michael von (Hg.), Die römische Literatur in Text und Darstellung, 5 Bde., Stuttgart 1985–1991.
Cairns Francis, Virgil's Augustan Epic, Cambridge u.a. 1981.
Cardauns Burkhart, Marcus Terentius Varro, Heidelberg 2001.
Classen Carl Joachim (Hg.), Probleme der Lukrezforschung, Hildesheim u.a. 1986.

Döpp Siegmar, Zeitgeschichte in Dichtungen Claudians, Wiesbaden 1980.
Engels Lodewijk H. / Hofmann Heinz (Hg.), Spätantike, Wiesbaden 1997.
Flashar Hellmut, Sophokles, München 2000.
Görgemanns Herwig (Hg.), Die griechische Literatur in Text und Darstellung, 5 Bde., Stuttgart 1985–1991.
Green J.R., Theatre in Ancient Greek Society, London und New York 1994.
Latacz Joachim, Archaische Periode, Stuttgart 1991.
Ders., Homer, Darmstadt 2003, 4. Aufl.
Lefèvre Eckard, Plinius-Studien VII, in: Gymnasium 103 (1996), 333–353 (mit Hinweisen auf frühere Artikel).
Lossau Manfred Joachim (Hg.), Ausonius, Darmstadt 1991.
Luther Andreas, Historische Studien zu den Bucolica Vergils, Wien 2002.
Morris Ian / Powell Barry (Hg.), A New Companion to Homer, Leiden u.a. 1997.
Nauta Ruurd R., Poetry for Patrons, Leiden u.a. 2002.
Newiger Hans-Joachim, Drama und Theater, Stuttgart 1996.
Paschoud François (Hg.), Colloque genevois sur Symmaque à l'occasion du mille six centième anniversaire du conflit de l'autel de la Victoire, Paris 1986.
Pelling Christopher (Hg.), Greek Tragedy and the Historian, Oxford 1997.
Pigeaud Jackie / Otoz José, Pline l'Ancien, Salamanca und Nantes 1987.
Prinz Friedrich, Cassiodor und das Problem christlicher Aufgeklärtheit in der Spätantike, in: HZ 254 (1992), 561–580.
Rösler Wolfgang, Dichter und Gruppe, München 1980.
Ders., Polis und Tragödie, Konstanz 1980.
Schmidt Ernst A., Zeit und Form, Heidelberg 2002.
Schmitz Christine, Das Satirische in Juvenals Satiren, Berlin und New York 2000.
Schmitzer Ulrich, Ovid, Hildesheim 2000.
Seng Helmut, Vergils Eklogenbuch, Hildesheim u.a. 1999.
Sommerstein Alan H. u.v.a., Tragedy, Comedy and the Polis, Bari 1993.
Stark Isolde, Die hämische Muse, München 2004.
Swain Simon (Hg.), Dio Chrysostom, Oxford 2000.
Veyne Paul, L'histoire agraire et la biographie de Virgile dans les Bucoliques I et IX, RPh 54 (1980), 233–257.
Vickers Michael, Pericles on Stage, Austin 1997.
Walter Uwe, M. Valerius Martialis, Paderborn u.a. 1996.
Wardy Robert, The Birth of Rhetoric, London und New York 1996.
Winkler John / Zeitlin Froma I. (Hg.), Nothing to do with Dionysos? Princeton 1990.

6.8.1.1.1 Geschichtsschreibung

Alonso-Núñez José Miguel (Hg.), Geschichtsbild und Geschichtsdenken im Altertum, Darmstadt 1989.
Ders., The Idea of Universal History in Greece, Amsterdam 2002.
Bichler Reinhold, Herodots Welt, Berlin 2001, 2. Aufl.
Ders. / Rollinger Robert, Herodot, Hildesheim u.a. 2000.
Cameron Averil, Procopius and the Sixth Century, London 1985.
Dillery John, Quintus Fabius Pictor and Greco-Roman Historiography in Rome, in: FS E. Courtney, München und Leipzig 2002, 1–23.

ECK Werner, Die Täuschung der Öffentlichkeit – oder Die „Unparteilichkeit" des Historikers Tacitus, in: A & A 46 (2000), 190–206.
EIGLER Ulrich u.a. (Hg.), Formen römischer Geschichtsschreibung, Darmstadt 2003.
FEHLING Detlev, Herodotus and his „Sources", Leeds 1989.
FLACH Dieter, Einführung in die römische Geschichtsschreibung, Darmstadt 1998, 3. Aufl.
GOMME A. W., A Historical Commentary on Thucydides, 5 Bde. (Bde. 4 und 5 mit A. ANDREWES und K. J. DOVER), Oxford 1945–1981 (verschiedene Auflagen).
HABICHT Christian, Pausanias und seine „Beschreibung Griechenlands", München 1995.
HOSE Martin, Die Erneuerung der Vergangenheit, Stuttgart und Leipzig 1994.
KOCH-PETERS Dorothea, Ansichten des Orosius zur Geschichte seiner Zeit, Frankfurt am Main u.a. 1984.
LENDLE Otto, Einführung in die griechische Geschichtsschreibung, Darmstadt 1992.
LEPPIN Hartmut, Thukydides und die Verfassung der Polis, Berlin 1999.
LIPPOLD Adolf, Die Historia Augusta, Stuttgart 1998.
MARASCO Gabriele, Greek and Roman Historiography in Late Antiquity, Leiden und Boston 2003.
MATTHEWS John, The Roman Empire of Ammianus Marcellinus, London 1989.
MEISSNER Burkhard, Historiker zwischen Polis und Königshof, Göttingen 1992.
MEISTER Klaus, Die griechische Geschichtsschreibung, Stuttgart u.a. 1990.
MOSSMAN Judith (Hg.), Plutarch and his intellectual World, London 1997.
SCHMAL Stephan, Sallust, Hildesheim u.a. 2001.
SCHMIDT Peter Lebrecht, Die Entstehung der Historia Augusta, in: Philologus (im Druck).
SCHOLZ Udo W., Q. Fabius Pictor, in: WJA 24 (2000), 139–149.
SCHREINER Johan Henrik, Hellanikos, Thukydides and the Era of Kimon, Aarhus 1997.
SCHULLER Wolfgang, Die griechische Geschichtsschreibung der klassischen Zeit, in: J.M. ALONSO-NÚÑEZ (Hg.), Geschichtsbild und Geschichtsdenken im Altertum, Darmstadt 1990, 90–112.
SHIMRON Binyamin, Politics and belief in Herodotus, Stuttgart 1989.
STRASBURGER Hermann, Umblick im Trümmerfeld der griechischen Geschichtsschreibung, in: DERS., Studien zur Alten Geschichte, Bd.3, Hildesheim und New York 1990, 169–218.
SYME Ronald, Tacitus, 2 Bde., Oxford 1958.
TIMPE Dieter, Romano-Germanica, Stuttgart und Leipzig 1995.
DERS., Was ist Kirchengeschichte? in: FS f. R. Werner, Konstanz 1989, 171–204.

6.8.1.2 Philosophie
BRICKHOUSE Thomas G. / SMITH Nicholas D., The Philosophy of Socrates, Boulder 2000.
ERLER Michael / GRAESER Andreas (Hg.), Philosophen des Altertums, Darmstadt 2000.
FLASHAR Hellmut (Hg.), Die hellenistische Philosphie, Basel 1994.
FORSCHNER Maximilian, Die stoische Ethik, Darmstadt 1995, 2. Aufl.
FUHRMANN Manfred, Seneca und Kaiser Nero, Berlin 1997.
GERSON Lloyd P. (Hg.), The Cambridge Companion to Plotinus, Cambridge 1996.
HADOT Pierre, Die innere Burg, Frankfurt am Main 1997.
HOSSENFELDER Malte, Die Philosophie der Antike 3, München 1985.
INWOOD Brad (Hg.), The Cambridge Companion to the Stoics, Cambridge 2003.
KERFERD G. B., The sophistic movement, Cambridge u.a. 1981.

Kirk Geoffrey S. u.a. (Hg.), Die vorsokratischen Philosophen, Stuttgart und Weimar 2001, 2. Aufl.
Long A. A., Hellenistic Philosophy, London 1986, 2. Aufl.
Mansfeld Jaap, Die Vorsokratiker, 2. Bde., Stuttgart 1983. 1986.
Marenbon John, Boethius, Oxford 2003.
Morford Mark P. O., The Roman Philosophers, London 2002.
Patzer Andreas (Hg.), Der historische Sokrates, Darmstadt 1987.
Riedweg Christoph, Pythagoras, München 2002.
Röd Wolfgang (Hg.), Geschichte der Philosophie, Bde. 1–4, München 1976 ff (1: W. Röd, Von Thales bis Demokrit, 1988, 2. Aufl.; 2: A. Gräser, Sophistik und Sokratik, 1993, 2. Aufl.; 3: M. Hossenfelder, Stoa, Epikureismus und Skepsis, 1985; 4: W.L. Gombocz, Die Philosophie der ausgehenden Antike und des frühen Mittelalters, 1997).
Scholten Helga, Die Sophistik, Berlin 2003.
Trampedach Kai, Platon, die Akademie und die zeitgenössische Politik, Stuttgart 1994.
Zhmud Leonid, Wissenschaft, Philosophie und Religion im frühen Pythagoreismus, Berlin 1997.

6.8.1.3 Architektur

Bechert Tilmann, Römische Archäologie in Deutschland, Stuttgart 2003.
Brühl Carlrichard, Palatium und civitas, 2 Bde., Köln und Wien 1975. 1990.
Eschebach Hans / Eschebach Liselotte, Pompeji vom 7. Jahrhundert v.Chr. bis 79 n.Chr., Köln u.a. 1995.
Fritz Hans-Joachim, Vitruv, Münster 1995.
Gruben Gottfried, Griechische Tempel und Heiligtümer, München 2001, 5. Aufl.
Heilmeyer Wolf-Dieter, Der Pergamonaltar, Berlin 1997.
Hölscher Tonio, Öffentliche Räume in frühen griechischen Städten, Heidelberg 1998.
Hoepfner Wolfram, Antike Bibliotheken, Mainz 2002.
Ders. (Hg.), Kult und Kultbauten auf der Akropolis, Berlin 1997.
Holtzmann Bernard, L'Acropole d'Athènes, Paris 2003.
Hurwitt Jeffrey M., The Athenian Acropolis, Cambridge 1999.
Kienast Hermann J., Die Wasserleitung des Eupalinos auf Samos, Bonn 1995.
Schneider Lambert / Höcker Christoph, Die Akropolis von Athen, Köln 1990.
Walter-Karydi Elena, Die Nobilitierung des Wohnhauses, Konstanz 1994.
Zanker Paul, Pompeji, Mainz 1988.
Zimmer Gerhard, Bürgerwelten, Berlin 1994.

6.8.1.4 Bildende Kunst

Ajootian Aileen, Praxiteles, in: YClS 30 (1996), 91–129.
Andreae Bernard, Römische Kunst, Freiburg u.a. 1989.
Baldassarre Ida u.v.a., Römische Malerei, Köln 2000.
Beck H. / Bol P. C., Spätantike und frühes Christentum, Frankfurt a.M. 1983.
Boardman John, Griechische Plastik. Die archaische Zeit, Mainz 1981.
Ders., Griechische Plastik. Die klassische Zeit, Mainz 1987.
Ders., Rotfigurige Vasen aus Athen. Die archaische Zeit, Mainz 1981.
Ders., Rotfigurige Vasen aus Athen. Die klassische Zeit, Mainz 1991.

DERS., Schwarzfigurige Vasen aus Athen, Mainz 1977.
BOL Peter C., Frühgriechische Plastik, 2 Bde., Mainz 2002.
BORBEIN Adolf H., Polykleites, in: YClS 30 (1996), 66–90.
EDWARDS Charles M., Lysippos, in: YClS 30 (1996), 130–153.
Euphronios der Maler, Ausstellungskatalog Berlin 1991.
Euphronios und seine Zeit, Kolloquium Berlin 1992.
FITTSCHEN Klaus (Hg.), Griechische Porträts, Darmstadt 1988.
DERS., Pathossteigerung und Pathosdämpfung, in: AA 1991, 253–270.
DERS.,/ ZANKER Paul, Katalog der römischen Porträts in den Capitolinischen Museen und den anderen kommunalen Sammlungen der Stadt Rom, 2 Bde., Mainz 1994, 2. Aufl.
GIULIANI Luca, Bild und Mythos, München 2003.
DERS., Bildnis und Botschaft, Frankfurt a.M. 1986.
HARRISON Evelyn B., Pheidias, in: YClS 30 (1996), 16–65.
HEINTZE Helga von (Hg.), Römische Porträts, Darmstadt 1974.
HÖCKER Christoph / SCHNEIDER Lambert, Phidias, Reinbek 1993.
HÖLSCHER Tonio, Klassische Archäologie, Darmstadt 2002.
DERS., Staatsdenkmal und Publikum, Konstanz 1984.
KOCH Nadia J., De picturae initiis, München 1996.
KRUMEICH Ralf, Bildnisse griechischer Herrscher und Staatsmänner im 5. Jahrhundert v.Chr., München 1997.
KYRIELEIS Helmut, Der große Kuros von Samos, Bonn 1996.
LINDENLAUF Astrid, Der Perserschutt der Athener Akropolis, in: W. HOEPFNER (Hg.), Kult und Kultbauten auf der Akropolis, Berlin 1997, 46–115.
MANNACK Thomas, Griechische Vasenmalerei, Darmstadt 2002.
NIEMEIER Wolf-Dietrich, Der Kuros vom Heiligen Tor, Mainz 2002.
NOLLÉ Margret, Denkmäler vom Satrapensitz Daskyleion, Berlin 1992.
RICHTER Gisela M. A. / SMITH R. R. R., The Portraits of the Greeks, Oxford 1984.
SCHEFOLD Karl, Die Bildnisse der antiken Dichter, Redner und Denker, Basel 1997, 2. Aufl.
SCHEIBLER Ingeborg, Griechische Malerei in der Antike, München 1994.
SIMON Erika / HIRMER Max und Albert, Die griechischen Vasen, München 1981, 2. Aufl.
TOYNBEE J. M. C., Roman Historical Portraits, London 1978.
VILLANUEVA PUIG Marie-Christine u.v.a. (Hg.), Céramique et peinture grecques, Paris 1999.
WALKER Susan, Griechische und römische Porträts, Stuttgart 1999.

6.8.1.5 Naturwissenschaften, Geographie (antike), Technik
BRODERSEN Kai, Terra cognita, Hildesheim 2003, 2, Aufl.
JOHNE Klaus-Peter, „Einst war sie ein hochberühmter und wohlbekannter Fluß", in: FS Karl Christ, Stuttgart 1998, 395–409.
DERS., Die Elbe und der nördliche Ozean in der Historia Augusta, in: G. BONAMENTE / F. PASCHOUD (Hg.), Historiae Augustae-Colloquium Perusinum 8, 2002, 291–307.
KIECHLE Franz, Sklavenarbeit und technischer Fortschritt im römischen Reich, Wiesbaden 1969.
KÜNZEL Ernst, Medizin in der Antike, Stuttgart 2002.
LEWIS M.J.T., Surveying instruments of Greece and Rome, Cambridge u.a. 2001.
MEISSNER Burkhard, Die technologische Fachliteratur der Antike, Berlin 1999.

Podossinov Alexander, Die geographische Karte im Dienste des antiken Staates ? in: FS Wolfgang Schuller, Konstanz 2002, 225–240.
Rosumek Peter, Technischer Fortschritt und Rationalisierung im antiken Bergbau, Bonn 1982.
Schneider Helmuth, Einführung in die antike Technikgeschichte, Darmstadt 1992.
Schubert Charlotte, Land und Raum in der römischen Republik, Darmstadt 1996.
Dies. / Huttner Ulrich, Frauenmedizin in der Antike, Düsseldorf und Zürich 1999.
Stückelberger Alfred, Die Fachwissenschaften, in: H.-G. Nesselrath, Einleitung in die griechische Philologie, Stuttgart und Leipozig 1997, 567–582.

6.8.2 Religion

Borgeaud Philippe (Hg.), Orphisme et Orphée, Genf 1991.
Bremmer Jan N., Götter, Mythen und Heiligtümer im antiken Griechenland, Darmstadt 1996.
Burkert Walter, Griechische Religion der archaischen und klassischen Epoche, Stuttgart u.a. 1977.
Ders., Homo necans, Berlin und New York 1974.
Clauss Manfred, Kaiser und Gott, Stuttgart 1999.
Ders., Mithras, München 1990.
Easterling P.E. / Muir J.V. (Hg.), Greek Religion and Society, Cambridge u.a. 1985.
Giebel Marion, Das Geheimnis der Mysterien, München 1993.
Giuliani Luca, Bild und Mythos, München 2003.
Graf Fritz (Hg.), Ansichten griechischer Rituale, Stuttgart und Leipzig 1998.
Ders., Griechische Mythologie, Düsseldorf 2001.
Haas Volkert, Vorzeitmythen und Götterberge, Konstanz 1983.
Habicht Christian, Gottmenschentum und griechische Städte, München 1970, 2.Aufl.
Hübner Gerhild, Die Applikenkeramik von Pergamon, Berlin und New York 1993.
Kloft Hans, Mysterienkulte der Antike, München 1999.
Kron Uta, Priesthoods, Dedications and Euergetism, in: P. Hellström / B. Alroth (Hg.), Religion and Power in the Ancient Greek World, Uppsala 1996, 139–182.
Maurach Gregor, Dionysos von Homer bis heute, in: Abhandlungen der Braunschweigischen Wissenschaftlichen Gesellschaft 44 (1993), 131–186.
Merkelbach Reinhold, Mithras, Weinheim 1984, 2. Aufl.
Muth Robert, Einführung in die griechische und römische Religion, Darmstadt 1998, 2. Aufl.
Nick Gabriele, Die Athena Parthenos, Mainz 2002.
Parker Robert, Athenian Religion, Oxford 1996.
Penglase Charles, Greek Myths and Mesopotamia, London und New York 1994.
Rüpke Jörn, Die Religion der Römer, München 2001.
Schefold Karl, Götter- und Heldensagen in der Früh- und Hocharchaischen Kunst, München 1993.
Ders., Götter- und Heldensagen der Griechen in der spätarchaischen Kunst, München 1978.
Ders., Die Göttersage in der klassischen und hellenistischen Kunst, München 1981.

DERS. / JUNG Franz, Die Urkönige, Perseus, Bellerophon, Herakles und Theseus in der klassischen und hellenistischen Kunst, München 1988.
DIES., Die Sagen von den Argonauten, von Theben und Troia in der klassischen und hellenistischen Kunst, München 1989.
SCHEID John, An introduction to Roman religion, Edinburgh 2003.
SIMON Erika, Die Götter der Griechen, München 1985, 3. Aufl.
SMALL Alastair, Subject and Ruler, Ann Arbor 1996.
TRAMPEDACH Kai, Politische Mantik (im Druck).

6.8.3 Christentum

AMELING Walter (Hg.), Märtyrer und Märtyrerakten, Stuttgart 2002.
BERGER Klaus, Paulus, München 2002.
DERS., Theologiegeschichte des Urchristentums, Tübingen und Basel 1995, 2. Aufl.
BRENK Beat, Die Christianisierung der spätrömischen Welt, Wiesbaden 2003.
BRUNERT Maria-Elisabeth, Das Ideal der Wüstenaskese und seine Rezeption in Gallien bis zum Ende des 6. Jahrhunderts, Münster 1994.
CAMPENHAUSEN Hans von, Griechische Kirchenväter, Stuttgart u.a. 1955 (zahlreiche Neuauflagen).
DERS., Lateinische Kirchenväter, Stuttgart u.a. 1960 (zahlreiche Neuauflagen).
CHRISTENSEN Arne Soby, Lactantius the Historian, Kopenhagen 1980.
CROUZEL Henri, Origen, Edinburgh 1989.
DASSMANN Ernst, Ämter und Dienste in den frühchristlichen Gemeinden, Bonn 1994.
DORMEYER Detlev, Das Neue Testament im Rahmen der antiken Literaturgeschichte, Darmstadt 1993.
EISEN Ute E., Amtsträgerinnen im frühen Christentum, Göttingen 1996.
FEICHTINGER Barbara, Apostolae apostolorum, Frankfurt a.M. u.a. 1995.
FRANK Karl Suso (Hg.), Askese und Mönchtum in der alten Kirche, Darmstadt 1975.
DERS., Petrus 1, in: DNP 9 (2000), 678–682.
FREND, W. H. C., The Donatist Church, Oxford 1983, 3. Aufl.
GROH Dieter, Schöpfung im Widerspruch, Frankfurt am Main 2003.
GUYOT Peter / KLEIN Richard, Das frühe Christentum bis zum Ende der Verfolgungen, 2 Bde., Darmstadt 1993. 1994.
HAEHLING Raban von, Die Religionszugehörigkeit der hohen Amtsträger des Römischen Reiches seit Constantins I. Alleinherrschaft bis zum Ende der Theodosianischen Dynastie, Bonn 1978.
DERS., Rom und das frühe Christentum, Darmstadt 2000.
HERRMANN Elisabeth, Ecclesia in re publica, Frankfurt a.M. u.a., 1980.
HORN Christoph, Augustinus, München 1995.
KLEIN Richard, Der Streit um den Victoriaaltar, Darmstadt 1972.
KOLB Frank, Der Bußakt von Mailand, in: FS K. D. Erdmann, o.O. 1980, 41–72.
KRAMER Bärbel, Neuere Papyri zum frühen Mönchtum, in: FS Albrecht Dihle, 1993, 217–233.
LEPELLEY Claude, Mélanie la Jeune entre Rome, la Sicile et l'Afrique, in: Kokalos 43/44 (1997/98), 14–32.

McLynn Neil B., Ambrose of Milan, Berkeley u.a. 1994.
Molthagen Joachim, Die ersten Konflikte der Christen in der griechisch-römischen Welt, in: Historia 40 (1991), 42–76.
Momigliano Arnaldo, The Life of St.Macrina by Gregory of Nyssa, in: FS Chester G. Starr, Lanham u.a. 1985, 443–458.
Morgenstern Frank, Die Kaisergesetze gegen die Donatisten in Nordafrika (Mitte 4. Jh. bis 429) im Zusammenhang mit dem antidonatistischen Wirken des Augustinus von Hippo, in: SavZ 110 (1993), 103–123.
Nippel Wilfried, Der Apostel Paulus – ein Jude als römischer Bürger, in: K.-J. Hölkeskamp u.a. (Hg.), Sinn (in) der Antike, Mainz 2003, 357–374.
Osborn Eric, Tertullian, first theologian of the West, Cambridge 1997.
Perrin Michel, L'homme antique et chrétien: l'anthropologie de Lactance 250–325, Paris 1981.
Petersen-Szemerédy Griet, Zwischen Weltstadt und Wüste, Göttingen 1993.
Rebenich Stefan, Jerome, London und New York 2002.
Ritter Adolf Martin, Alte Kirche, Neukirchen-Vluyn 1994.
Ders., Die Entstehung des neutestamentlichen Kanons, in: A. Assmann / J. Assmann (Hg.), Kanon und Zensur, München 1987, 93–99.
Schwarte Karl-Heinz, Diokletians Christengesetz, in: FS H. Chantraine, Paderborn 1994, 203–240.
Thümmel Hans Georg, Eusebius und Konstantin, in: Akademie Erfurt, SB Geisteswissenschaftliche Klasse 4 (2000), 105–145.
Ders., Die Memorien für Petrus und Paulus in Rom, Berlin und New York 1999.
Tiersch Claudia, Johannes Chrysostomos in Konstantinopel (398–404), Tübingen 2002.
Winkelmann Friedhelm, Euseb von Kaisareia, Berlin 1991.

Zeittafel

Vor Christus

ca. 1050–800	• Dunkle Jahrhunderte in Griechenland
8. Jh.	• Homer
8. Jh.	• Gründung Roms
750	• Beginn der griechischen Kolonisation
um 610	• Sappho
6. / 5. Jh.	• Sparta wird Militärstaat
594/93	• Reformen Solons in Athen
ca. 560–510	• Tyrannis in Athen
um 540	• Ionien wird persisch
525/24–456/55	• Aischylos
um 510	• Euphronios
507	• Reformen des Kleisthenes in Athen
um 500	• Befreiung Roms von den Etruskern
500–494	• Ionischer Aufstand
497–406	• Sophokles
Anfang 5. Jh.	• Begründung der römischen Republik
490	• Sieg der Athener bei Marathon über die Perser
ca. 485–424	• Herodot
ca. 485–406	• Euripides
480	• Sieg der Griechen bei Salamis über die Perser
480	• Sieg der Griechen bei Himera über die Karthager
478–404	• Attischer Seebund
462	• Endgültiger Durchbruch zur Demokratie in Athen
ca. 460–um 400	• Thukydides
ca. 450–ca. 385	• Aristophanes
ca. 450	• Zwölftafelgesetz
449	• Friede des Kallias
446–431	• Friede in Griechenland; Akropolis von Athen
431–404	• Peloponnesischer Krieg
428/27–348/47	• Platon
404	• Bedingungslose Kapitulation Athens
404/03	• Oligarchie in Athen
399	• Sokrates hingerichtet

387	Rom durch die Gallier niedergebrannt
384–322	Aristoteles
378	Zweiter Attischer Seebund
ca. 370	Foedus Cassianum
ca. 370–320	Praxiteles
367	Konsulat auch für Plebejer
359–336	Philipp II. von Makedonien
338	Sieg Philipps bei Chaironeia über die Griechen
336–323	Alexander der Große
331	Gründung Alexandrias
330	Dareios ermordet
ca. 315	Gründung des Museions von Alexandria
306	Königsproklamationen der Diadochen
287	Beschlüsse der concilia plebis sind gesetzesgleich
272	König Pyrrhos besiegt; Rom herrscht über Italien
264–241	Erster Punischer Krieg
243	Arat befreit Korinth von den Makedonen
237	Sizilien erste römische Provinz
218–201	Zweiter Punischer Krieg
217	Sieg Ptolemaios' IV. bei Raphia über Antiochos den Großen
205	Rückkehr Antiochos' des Großen aus dem Osten
200	Schlacht am Panion; Palästina seleukidisch
197	Sieg Roms bei Kynoskephalai über Philipp V.
197	Spanien provinzialisiert
196	Freiheitserklärung der Griechen durch Rom
189	Sieg Roms bei Magnesia über Antiochos den Großen
168	Sieg Roms bei Pydna über Perseus
168	Polybios als Geisel nach Rom
168	Antiochos IV. verlässt auf römischen Druck Ägypten
153–133	Aufstände in Spanien
146	Auslöschung von Karthago und Korinth durch Rom
146	Provinzen Africa und Macedonia
136–132	Sizilischer Sklavenkrieg
133	Ti. Sempronius Gracchus Volkstribun
133	Pergamon wird Provinz Asia
130	Parther erobern Mesopotamien
123–122	C. Sempronius Gracchus Volkstribun
106–43	M. Tullius Cicero
105	Marius siegt über Jugurtha
102 und 101	Marius siegt über Kimbern und Teutonen
91–88	Bundesgenossenkrieg
82–79	Sulla Dictator
73–71	Sklavenkrieg unter Spartacus
70–19	P. Vergilius Maro
63–8	Q. Horatius Flaccus

63	• Syrien durch Cn. Pompeius römische Provinz
63	• Catilinarische Verschwörung
60	• Koalition von Pompeius, M. Licinius Crassus und C. Iulius Caesar
59	• Caesar Konsul
58–51	• Caesar erobert Gallien
49–44	• Bürgerkrieg; Caesar Dictator auf Lebenszeit
44	• Caesar ermordet
43 v.Chr. – 17 n.Chr.	• P. Ovidius Naso
43	• Triumvirat von C. Octavianus, M. Antonius, M. Aemilius Lepidus
31	• Sieg Octavians bei Actium über Antonius; Octavian Alleinherrscher
27 v.Chr. – 14 n.Chr.	• Octavian herrscht als Augustus

Nach Christus

ca. 5–65	• L. Annaeus Seneca
9	• Sieg der Germanen über die Römer bei Kalkriese
14–37	• Tiberius
ca. 30	• Jesus gekreuzigt
37–41	• Gaius (Caligula)
41–54	• Claudius
ca. 45–ca.120	• Plutarch
48–58	• Missionsreisen des Paulus
54–68	• Nero
ca. 55–ca. 110	• Tacitus
69–79	• Vespasian
70	• Titus erobert und zerstört Jerusalem
79–81	• Titus
79	• Vesuvausbruch, Pompeji zerstört
81–96	• Domitian
98–117	• Trajan
106	• Eroberung Dakiens
117–138	• Hadrian
138–161	• Antoninus Pius
161–180	• Mark Aurel
193–211	• Septimius Severus
211–217	• Caracalla
212	• Fast alle Reichsbewohner römische Bürger
218–222	• Elagabal
222–235	• Alexander Severus
241–272	• Parther expandieren unter dem Sassaniden Schapur
235–284	• Soldatenkaiser
275	• Aufgabe Dakiens

Zeittafel

284–305	• Diokletian
303	• letzte Christenverfolgung
311	• Christentum erlaubt
324–337	• Konstantin der Große
330	• Weihung Konstantinopels
ca. 330–400	• Ammianus Marcellinus
ca. 340–419/20	• Hieronymus
354–430	• Augustinus
360–363	• Julian Apostata
364–375	• Valentinian I.
378	• Sieg der Goten bei Adrianopel über die Römer
379–395	• Theodosius der Große
380	• Goten erstmals zusammenhängend angesiedelt
391/92	• Verbot nichtchristlicher Kulte
395–408	• Arcadius
395–423	• Honorius
408	• Stilicho ermordet
410	• Westgoten erobern und plündern Rom
423–437	• Galla Placidia
425–455	• Valentinian III.
438	• Codex Theodosianus
451	• Abwehr der Hunnen auf den katalaunischen Feldern
455	• Wandalen erobern und plündern Rom
476	• letzter Kaiser Romulus Augustulus abgesetzt
ca. 480–524	• Boethius
482–511	• Chlodwig
527–567	• Justinian
534	• Africa zurückerobert
535	• Corpus Iuris Civilis
552	• Italien zurückerobert
568	• Langobarden erobern Norditalien
ca. 740–ca. 900	• Karolingische Renaissance
1265–1321	• Dante Alighieri
1304–1374	• Francesco Petrarca
1469–1536	• Erasmus von Rotterdam
1639–1699	• Jean Racine
1717–1768	• Johann Joachim Winckelmann
1749–1832	• Johann Wolfgang von Goethe
1759–1824	• Friedrich August Wolf
1776–1831	• Barthold Georg Niebuhr
1817–1903	• Theodor Mommsen
1848–1931	• Ulrich von Wilamowitz-Moellendorff
1881–1973	• Pablo Picasso
1950	• Jean Cocteau, Orphée

Verzeichnis der Karten

Abb. 1	Die griechischen Dialekte	61
	(nach: Brockhaus Weltgeschichte Band 2 1997).	
Abb. 2	Politische Gliederung Attikas	64
	(nach: Brockhaus Weltgeschichte Band 2 1997).	
Abb. 3	Die Perserkriege	66
	(nach: Brockhaus Weltgeschichte Band 2 1997).	
Abb. 4	Griechenland am Vorabend des Peloponesischen Krieges	72
	(nach: Brockhaus Weltgeschichte Band 2 1997).	
Abb. 5	Das Alexanderreich	83
	(nach: Brockhaus Weltgeschichte Band 2 1997).	
Abb. 6	Das etruskische Kernland	99
	(nach: Brockhaus Weltgeschichte Band 2 1997).	
Abb. 7	Mittelitalien um 300 v.Chr.	106
	(nach: Brockhaus Weltgeschichte Band 2 1997).	
Abb. 8	Der 2. Punische Krieg	117
	(nach: Brockhaus Weltgeschichte Band 2 1997).	
Abb. 9	Die Mithridateskriege	137
	(nach: Brockhaus Weltgeschichte Band 2 1997).	
Abb. 10	Die Neuordnung des Ostens durch Pompeius	139
	(nach: Brockhaus Weltgeschichte Band 2 1997).	
Abb. 11	Der römische Bürgerkrieg	142
	(nach: Brockhaus Weltgeschichte Band 2 1997).	
Abb. 12	Das Reich des Augustus	151
	(nach: Brockhaus Weltgeschichte Band 2 1997).	
Abb. 13	Römerstraßen	153
	(nach: Brockhaus Weltgeschichte Band 2 1997).	
Abb. 14	Der obergermanisch-rätische Limes	160
	(nach: Brockhaus Weltgeschichte Band 2 1997).	
Abb. 15	Völkerwanderung	175
	(nach: Brockhaus Weltgeschichte Band 2 1997).	
Abb. 16	Die Ausbreitung der Kelten	182
	(nach: Brockhaus Weltgeschichte Band 2 1997).	
Abb. 17	Das keltische Territorium am Ende des 2. Jahrhunderts v.Chr.	182
	(nach: Brockhaus Weltgeschichte Band 2 1997).	

Abb. 18 Siedlungsräume germanischer Stämme im 186
1. Jahrhundert n.Chr.
(nach: Brockhaus Weltgeschichte Band 2 1997).

Die Zeichnungen fertigte Helmuth Flubacher, Waiblingen, nach Vorlagen aus der zitierten Literatur.

Personen-, Orts- und Sachregister

Die Stichworte griechisch und römisch mit ihren Varianten sowie Italien werden nicht eigens ausgewiesen. Römische Eigennamen erscheinen, wenn die Form heute gebräuchlicher ist, unter dem Cognomen statt unter dem Gentilnamen.
Fett gedruckte Seitenzahlen beziehen sich auf die Bibliographie.

Abdera 241, 245
Abgaben, siehe auch Steuerwesen 45, 46, 89, 91, 97, 111, 114, 152, 170, 204, 234, 235
Abrechnung 193, 203
Absatzmarkt 237, 303
Abstimmung 50, 122, 141, 191, 193f., 196, 200, 201, 223, **331**
– geheim 201
– offen 201
Achäischer Bund 95, 96, 97, 119f., 248, 273
Achaia 95, 96
Achill(eus) 56, 229, 236, 239, 241
18. Jahrhundert 34, 35, 240, 242, 274, 277, 278, 300
Ackergesetze 125f., 127, 129, 135, 138, 314
Ackerkommission, gracchanische 127, 128
Ackerland 53, 54, 55, 56, 89, 112
Actium 90, 148, 223
Ada 84
Adel, adlig, siehe auch Aristokratie 49, 54, 55, 56, 57, 62, 63, 71, 77, 102, 103, 108, 125, 128, 145, 146, 150, 189, 190, 195, 204, 212, 213, 222, 224, 225, 233, 239, 240, 250, 251, **331**
Adelsethik 239
Adelsrat 45, 49, 191
Adelsstaat 212, 239, 240, 295
Adler (Feldzeichen) 131
Adoption 84, 130, 146, 147, 148, 150, 155, 157, 165, 179, 207
Adoptivkaiser siehe Humanitäres Kaisertum
Adria 100, 114
Adrianopel siehe Hadrianopolis
Ädil 107, 122, 123, 201
Ägäis 4, 47, 69, 70, 73, 75, 90, 94, 95, 212, 213, 239, 241, 294
Ägina, Ägineten 67, 237
Ägypten, ägyptisch 25f., 43, 46, 48, 53, 60, 70, 82, 84, 86, 87–91, 92, 94, 119, 120, 143, 147f., 155, 159, 163, 165, 168, 198, 227, 230, 232, 233, 234, 249, 250, 260, 261, 262, 263, 265, 266, 279, 285, 292, 294, 300, **328**, **339**, **345**, **352**
Ägyptologie 280
Aelia Capitolina 164
Aelius Aristides 164, **339**
Aemilia, Provinz 268
L. Aemilius Paullus 119
Ämterkauf 211, 253
Ämterlaufbahn 122, 136
Aeneas 256
Aeneis 239, 256, 301, **319**
Äolisch 47
Äquer 103
Aesernia 106
Aetius 177
Ätna 163, 241
Ätolischer Bund 95f.
Afghanistan 82
Afrika, Africa 20, 44, 97, 114, 118, 121, 122, 130, 132, 136, 143, 144, 150, 154, 177, 179, 217, 231, 256, 258, 260, 266, 268, 269, 308, 309, **346**, **359**, **360**
Afrika, Alte Kulturen 275
Agariste 59
Agathokles 97
agentes in rebus 313
ager Gallicus 105, 114
ager Romanus 105, 125f., 234
Agis IV. 95, 96
agoge 51, 52, 232
agon 229, 241
„agonaler Geist" 289
agora siehe Markt (platz)
Agora, Athen 197, 247
Agrargeschichte, siehe auch Landwirtschaft 287, 309
agri decumates 160
Agricola, Cn. Iulius 160, 161, 258
Agrigent 59
Agrippa, M. Vipsanius 148, 150, 156
Agrippina d.Ä. 156, 157
Agrippina d.J. 157
Ahenobarbus, L. Domitius siehe Nero
Ai Khanum 93f., 249
Aigos Potamoi 74, 76
Aischines 79, 247
Aischylos 241, 242
Aix-en-Provence 131
Akademie 246
Akademos 246
Akarnaner 95
Akkader 26
Akkulturation 280, 283, 293, **324**
Akragas 59, 114, 241, 249

Personen-, Orts- und Sachregister

Akropolis von Athen 34, 63, 191, 197, 249, 297, **356, 357**
Alalia 44, 100
Alamannen 167
Alarich 176, 177
Aleppo 92, 265
Alesia 141, 181
Alexander der Große, Alexanderreich 28, 40, 81–86, 91, 96, 97, 98, 198, 215, 246, 247, 250, 280, 294, 298, **328, 334f.**
Alexander Jannaios 93
Alexander von Roes 20, **317**
Alexander Severus 166f.
Alexander, Ti. Iulius 159
Alexanderzug 81f., 299
Alexandria 84, 87, 89, 92, 96, 120, 143, 198, 242f., 246, 249, 258, 261, 265, 266, 267, 274, 299, **335**
Alimentarstiftungen 162
Alix 36
Alkaios, alkäisch 29, 58, 62, 240, 256
Alkibiades 74, 226, 298, **333**
Alkman 52, 240
Alleinherrschaft, siehe auch Königtum, Monarchie, Tyrannis 144f.
Allgemeines Bürgerliches Gesetzbuch 32
Allgemeines Landrecht für die Preußischen Staaten 32
Allia 181
Alltag 279, 285, 290, **351f.**
Alpen 116, 118, 152, 180
Alphabet 44, 60, 183
Alphabetisierung 232
Altar 249, 253
Alte Geschichte 273, 280f.
"Alte Geschichte für Europa" 19
Alter 288
Alter Oligarch 332, 348
Alter Orient, altorientalisch 25, 27, 28, 36, 43, 46, 141, 187, 236, 277, 280, 291, 293, 299, **327f., 358**
Altertumswissenschaft 274, 275, 276, 280f., 289f.
Altertumswissenschaften 273–282
Altes Testament 43, 44, 45, 46, 187
Altorientalistik 36, 280

Amanos 119
ambitus 304, 337
Ambronen 130, 131, 185
Ambrosius 265, 269, **359**
Amerika, amerikanisch siehe USA
Amerika, Altes 275
amicitia 216
Ammianus Marcellinus 172, 174, 187, 258f., 261, 311, **355**
Ammon 45
Ammon (Gott) 84
Amnestie 75
Amoriter 45
Amphiktyonie 77, **347**
Amphipolis 73, 77
Amphitheater 262
Amphitheatrum Flavium 159
Amphitryon 37
Amphorenstempel 279, 287, **352**
Amplonius 31, 319
Ampurias 53
Amrum 130
Amt, Ämter, siehe auch Ämterkauf, Ämterlaufbahn, Magistrat 50, 56, 57, 62, 108, 147, 149, 150, 172, 189, 190, 192, 222, 267, 313, **359**
Amtsgewalt 204
Amtsrecht, siehe auch ius honorarium 107
Amun 84
Anakreon 240
Analogie 101, 102
Anastasios 178
Anatolien 232
Anaxagoras 241, 245
Anaximander 240
Anaximenes 240
Ancus Marcius 102
Andernach 184
Andersartigkeit der Antike 289
Andriskos 120
Annalisten, Annalistik 255, 257, 300f.
Annuität 56, 189, 202
Anonymität von Verfassungsregelungen 194, 199
Antakya 92
Anthemius 176
Anthropologie 244, 281, 284, 287–289, **324f.**
Anthropomorphismus 240

Antibes 53
Antigermanismus 176, 178
Antigoniden 87, 94
Antigonos Doson 94
Antigonos Gonatas 87, 94, 181
Antigonos Monophthalmos 87, 215
Antinoos 163, 339
Antioch(e)ia 92, 173, 258, 261, 265, 266, 268, 311
Antiochos 92
Antiochos III., der Große 92, 93, 96, 119, 124f., 215, 216
Antiochos IV. 90, 92, 120
Antipater 81, 87, 247
Antiphon 245, 247
Antipolis 53
Antium 104
Antoninus Pius 164, 165
Antoninuswall 164
Antonius, Heiliger 265
M. Antonius, Konsul 99 137
M. Antonius, Triumvir 90, 146–148, 256
M. Antonius Creticus 137
Antrag 191, 194, 201
Antragsrecht 191, 201
Antragsteller 196
aoidoi, Äöden 239
Apame 91, 92
Apameia in Phrygien 119
– in Syrien 92
apeiron 240
Apella 50, **332**
Apelles 251
Apenninen 109
Aphrodite 250
Apoikie 55, 212, 233
Apollo(n) 61, 69, 149
Apollonios von Rhodos 242
Apollonios von Tyana 260
Apologetik, antike 266
Apologetik, heutige 273
Apostel 263
Apostelgeschichte 266
Appian 126, 258
Appius Claudius Caecus 105
Appius Claudius Pulcher 126
Apuleius 260
Apulien 116
Aquae Sextiae 131
M.' Aquilius 131
Ara pacis 149
Araber, arabisch 20, 21, 28, 31, 86, 98, 167, 168, 187,

271, 272, 279, 308, **318, 321, 328**
Arabersturm 271
Arabia 163
Aratos 95, 96
Arausio 130
Arbeiter 236, 237
Arbogast 174, 176, 187
Arcadius 176, 178
Archäologie, archäologisch 22, 26, 34, 36, 44, 48, 55, 60, 78, 101, 154, 180, 181, 183, 185, 274, 275, 276, 277f., 283, 287, 289, 290, 294, 296, 297, 298, 299, 301, 306, 308, 327, 357
Archaische Zeit, archaisch 21, 28, 48f., 53–65, 81, 108, 199, 213, 224, 232, 233, 236, 237, 238, 249, 250, 251, 256, 287, 293, 295f., **331, 356, 358**
Archegetes 54
Archidamischer Krieg 71
Archidamos 71
Archilochos 25, 62, 239
Archimedes 116, 243
Architekt 249
Architektur, siehe auch Tempel 25, 29, 33, 34, 35, 36f., 238, 248–250, 260, 262, **356**
Archiv 191, 195
Archon, Archonten 62, 65, 67, 191, 192, 197, 198
Archon eponymos 192f.
Arelate, Synode 266
Areopag 62, 70, 191f., 242, **343**
Arezzo 236
Argonauten 242f., 252, **325, 359**
Argos 76, 93
Ariadne, Kaiserin 178, 209
Arianer, Arianismus 174, 266, 267, 268
Arier, arisch 47
Ariminum 106, 115
Ariovist 141
Aristides, Aelius 260
Aristobulos 93
Aristokrat, Aristokratie, aristokratisch siehe auch Adel 21, 25, 58,73, 100, 112, 122, 132, 135, 137, 140, 143, 203, 204, 205, 206, 222, 223, 226, 229, 230, 235, **342**

Aristonikos-Aufstand 219
Aristophanes, Komödienautor 73, 226, 234, 235, 242, 246, 251
Aristophanes von Byzanz 243
Aristoteles, aristotelisch 22, 31, 36, 75, 79, 82, 188, 189, 192, 195, 246, 251, 272, **342, 349**
Arius 266
Arkadien 78
Arles 266
Armee siehe Heer
Armenia 163
Armenien 98, 137, 138, 154, 158
Arminius 152
Armut, arm, Arme 23, 57, 96, 129, 194, 221f., 263
Arretium 236
Arrian 85, 258, 260, 298, **334**
Arsakiden 98
Arsinoe 90
Arsinoitis 90
Artemis 231
Artemision 68
artifices 236
Artus 184
Asia 122, 127, 129, 140f.
Asien 19, 69, 81, 217
C. Asinius Pollio 147, 256
Askese 265, 268, 269, **359, 360**
Askra 239
Asoka 94, 294, **329**
Aspar 178, 187
Assur 45
Assyrer, Assyrien 26, 45, 46
Assyria 163
Asterix 36, 184f., **318, 320**
Astronomie 241
Asturien 184
Asyl 216, **347**
Atarneus 79
Atatürk, Mustafa Kemal 48
Athanasios 267
Athaulf 177
Athen, Athener, athenisch 25, 34, 40, 62–65, 66, 67, 68, 69, 70, 71, 73, 74, 75, 76, 77, 78, 79, 80, 90, 96, 97, 100, 102, 120, 133, 134, 146, 163, 178, 190–198, 218, 220, 221, 225, 226, 230, 232, 236, 237, 239, 241, 242, 243, 244, 245, 246, 247, 248, 249, 250,

251, 252, 253, 282, 284, 288, 296, 297, 298, **327, 332f.**
Athena 63, 70
– Parthenos 253, **358**
Athenaios 231, 262
Athenais siehe Eudokia
Athenion 131
Atlas 282
Atomlehre 241
Attalos II. 93
Attalos III. 126, 219
Attalos-Stoa in Athen 93
Atticus, T. Pomponius 143, 218, 228, 235, 237, 273, 337
Attika, attisch 47, 48, 64, 73, 74, 192, 231, 233, 282, 296, **327**
Attila 177, **329**
Attischer Seebund, erster 69f., 70f., 213f., 220, 237, 296f., **332, 333**
Attischer Seebund, zweiter 76, 77, 80, 214, 298, **333**
Attizismus 29
auctoritas 149f.
– patrum 203
Aufklärung 32, 241, 245, 273, 274
Aufstände 23, 28, 51, 62, 65, 66, 70, 73, 81, 89f., 92, 120, 138, 141, 152, 163, 179, 314
Augsburg 154
Augusta 168, 177
Augusta Treverorum 154
Augusta Vindelicum 154
Augustinus, Aurelius 173, 177, 259, 261, 269, **349, 359, 360**
Augustus, augusteisch 29, 38, 98, 125, 146–152, 154, 155, 162, 207, 223, 235, 256, 257, 289, 290, 300, 306f., 309, **326, 338**
– Porträt 149
– von Prima Porta 152, **338**
– Tatenbericht 148, 150, **338**
Augustus (Amt) 169, 174, 176, 177, 185
Augustus, Monat 149
Augustusforum 149
Aurelian 168, 311, **340**
Aurelianische Mauer 168
Aurelius Victor 261
aurum Tolosanum 130

Personen-, Orts- und Sachregister **369**

Ausculum 105
Ausgrabungen siehe Archäologie
Ausonius, Dec. Magnus 261, 354
Außenhandel, siehe auch Fernhandel 237
Ausstellungen 273
Auszählung 193f.
Autobiographie siehe Biographie
autonomia 214
Autonomie, autonom 76, 78, 91, 132, 203, 208, 214, 216
Autorität, siehe auch auctoritas 149f., 192
Aventin 107, 129

Babylon, babylonisch, Babylonien 26, 46, 82, 85, 253, **335**
Babylonische Gefangenschaft 46
Baden, Bäder 231, **350**, **351**
Bäcker 236
Bagauden 314, **341**
Bakchylides 59, 240
Baktrien, baktrisch 82, 91, 93f., 249, **334**
Balkanhalbinsel 65, 154, 164, 174, 179, 181
banausoi 236
Bandenwesen 139
Bankwesen 238, **352**
Bar-Kochba 164
Barak, Ehud 115
Barbaren, barbarisch 18, 19, 30, 62, 81, 142f., 164, 169, 176, 185, 269, **341**, **348**
Barkiden 115, 118
Barock 33, 34
Basileios der Große 268, **349**
Basileus (Archon) 62, 193
Baudelaire, Charles 266
Bauern 49, 54, 55, 56, 57, 62, 63, 77, 89, 91, 102, 108, 112, 120, 125, 127, 131, 162, 168, 184, 189, 190, 198, 224, 233, 234, 235, 236, 237, 239
Bauplanung 192, 249, **343**
Bauto 176, 187
Bayern 184
(Ehren-) Beamte 45, 50, 57, 201
Beamtentum, Beamte 26, 40, 89, 198, 210f.

Becher des Nestor 60
Begräbnis, siehe auch Grab 229, 231
Beirut siehe Berytos
Belisar 179
Belistiche 231
Bellerophon **358**
bellum iustum 216, 347
Benedikt von Nursia 29, 265, 267
beneficium 223
Beneventum 106
Benn, Gottfried 320
Benrath, Henry 313
Bergamo 184
Bergbau **358**
Bergwerke 219
Bergwerkssklaven 219
Berlin 34, 37, 93, 183, 276, **319**
Berlin-Brandenburgische Akademie 276
Berliner Maler 252
Berlioz, Hector 37
Bern 184
Beroia, Syrien 92
Berufsbeamtentum 40, 172, 313, **345**
Berufssoldaten 131, 235
Berufssportler 230
Berytos 212, 232
Bes 44
Bestechung 130, 268
Beteiligung, siehe auch Partizipation 193
Bethlehem 265, 269
Beute 70, 112, 130, 132, 159, 162, 215, 303
Beweiserhebung 194, 196
Bibel 30, 33
Bibliothek 356
– von Alexandria 90, 242
– von Pergamon 93
Bibracte 181
Bibulus, M. Calpurnius 140, 141
Bildung 38, 177
Bindungswesen siehe Klientel
Biographie, Autobiographie 31, 81, 95, 148, 160, 161, 164, 173, 228, 298, 305, 307, 310, 312
Bischof 261, 265, 266, 267, 268, 269
Bithynia et Pontus 138
Bithynien 93, 163, 258, 260
Black Athena 295f., **331**

Boccaccio, Giovanni 33
Bodenkonzentration 233, 234, 235, **352**
Böhmen 184
Böotien, böotisch, Böoter 62, 68, 76, 78, 95, 239, 240, 251, 258
Boethius 261, **356**
Bogenschießen 229
Bologna 32, 184
Bonn 184
Borchardt, Rudolf 37
Bordeaux 261
Boscoreale 235
Bosporanisches Reich 90, 93
Bosporos 77
Botanik 243
Boulevardkomödie 242
Brand Roms 157f., 264, **339**
Brandenburger Tor 34, **318**
Brasidas 73
Brauron 231, **332**, **349**
Bregenz 184
Brennus 103
Brescia 184
Bretagne 184
Briefe 143, 162, 256, 260, 261, 266
– hellenistischer Könige 199
Britannicus 157
Britannien, britannisch 20, 31, 141, 154, 156, 160, 161, 163, 164, 177, 181, 183, 184, 185, 231, 258, 293, 308
Bronze 49, 52
Brundisium 105, 106
Bruttier 100
Brutus, M. Iunius d.Ä. 102
– d.J., 146, 228, 235
Buddha 47
Buddhismus 94, 294, **329**
Bücher-Meyer-Kontroverse 285f.
Bünde 78, 95f., 100, 199, 215, 298, **342**, **343**
Bürger, siehe auch Vollbürger 57, 128, 133, 219, 220, 237, 264, **360**
Bürgerheer 44, 62, 65, 67, 108, 112f., 193
Bürgerkriege, Rom 125, 134, 136, 142–144, 146–148, 149, 150, 152, 159, 165, 208, 235, 257, 258, 307
Bürgerkrieg, Spanischer 120
Bürgerkrone 149

Bürgerliches Gesetzbuch 32
Bürgerrecht 100, 128, 129, 132f., 144, 156, 166, 188, 199, 208, 216, 219, 220, 221, 225, 279, 310, **348**
Bürokratie siehe Beamte
Bukolik 242, 256
Buleuten 192
Bulwer Lytton, Edward 36
Bundesgenosse 213, 302
Bundesgenossenkrieg, athenischer 77
Bundesgenossenkrieg, römischer 100, 133, 203f., 220, 304
Burdigala 261
Burgund 180
Burrus, Sex. Afranius 157
Busento 177
Butherich 187
Byblos 44
Byzanz, byzantinisch 18, 30, 31, 172, 243

Caere 103, 104
Caesar, C. Iulius 23, 37, 97, 140–146, 147, 148, 149, 152, 156, 181, 183, 184, 185, 187, 224, 235, 255f., 259, 263, 303, 305, 306, **337, 338, 346**
Caesar (Amt) 169, 173
Caesarea in Kappadokien 268
Caesarea in Palästina 259, 268
Caesarenwahnsinn 319
Cäsarismus 39, 319
Caesarmörder 146, 147, 256
Calabrien 154
Caligula 39, 156, 161, 307, **319, 340**
Cambridge Ancient History 276f., 289
Candragupta 94, 105
Cannae 116, **336**
capitatio-iugatio 170
Capri 155
Capua 104, 136, 254
Caracalla 166
Caracallathermen 231
Carmina Burana 31f.
Carrhae 98, 141
Cartagena 115
Carthago Nova 115
Cassiodor 29, 261, 267, **354**
Sp. Cassius 104
Cassius Dio Cocceianus, L. 258

C. Cassius Longinus 146
Catilina, L. Sergius 138f.
Catilinarische Verschwörung 138f., 140, 256
Cato, M. Porcius d.Ä. 219, 234f., 255
Catull (C. Valerius Catullus) 256, 306
Caudinisches Joch 104
Caudium 104
Celsus, P. Iuventius 262
Censor, Zensor 105, 115, 135, 161, 202
centenarii 164
centuria 108f.
Ceres 107
Chaironeia 78, 258
Chalkedon, Konzil 267
Chalkidike 77, 78, 246
Chalkis 54, 237
Charisma, charismatisch 86, 115, 118, 139, 298
Chartres 184
Chatten 161
Chersonnes, thrakische 67
Chersonnesos (Krim) 54
Cherusker 152
China 20, **339**
Chinoiserie 36
Chios 70, 232, 248, 287
Chor, Chöre 240
Chremonideischer Krieg 96
Chremonides 96
Christen, Christentum, christlich 18, 20, 21, 22, 23, 27, 29, 30, 33, 39f., 158, 162, 170, 171, 173, 174, 177, 179, 183, 209, 218, 228, 252, 254, 256, 259, 261, 263–269, 275, 289, 291, 293, 294, 311, 312, 315, 316, **340, 349, 354, 356, 359f.**
– , Ausbreitung 264, **359**
– , Dogmatik 265–267
Christenverfolgung 162, 170, 174, 264, 265, 266, 267, 268, 315, **359, 360**
Christologie 266, 315
Christos, Christus 263, 266, 267
Christusmonogramm 171
Chrysippos 247, 251
Cicero, M. Tullius 18, 22, 24, 28, 29, 31, 69, 98, 104, 105, 123, 125, 127, 131, 138, 143, 146, 147, 173, 218,

227, 228, 231, 234, 235, 237, 239, 254, 256, 259, 261, 263, 273, 305, 307, **320, 337**
Cicero, Q. Tullius 28, 29
Cilicia 98, 148
Cinna, L. Cornelius 134
Circumcellionen 314, 341
Circus 264
civis siehe Bürger
Claudius 156f., 208, **340**
Claudius Claudianus 261, **353**
clementia Caesaris 143
clientela, cliens, clientes siehe Klientel
P. Clodius Pulcher 139, 141
Code Civil 32
Codex Gregorianus 211
– Hermogenianus 211
– Iustinianus 32, 174, 209, **350**
– Theodosianus 173, 178, 211, 212
coenobitisches Mönchtum 265
cognomen 102
Colchester 184
Collatinus, L. Tarquinius 102
collegia 139
coloni 168f., 235, 314, 352, 353
colonia 55, 97, 105, 106, 112, 125, 129, 132, 144, 164, 203, 234
Colonia Agrippinensis 154
Colosseum siehe Kolosseum
comes rei militaris
– rerum privatarum 210
– sacrarum largitionum 210
comic strips 273
comitia 102
– centuriata 108f., 110, 113, 118, 122, 200, 202
– curiata 109, 200
– tributa 109f., 123, 200f.
Commodus 165
Como 184
concilia plebis 107, 109, 110, 123, 201, 202, 207
conductores 169
Confluentes 154
consilium 172
consistorium 172
Constans 172
Constantinus siehe Konstantin der Große

Constantinus, Sohn 266
Constantius II. 172, 173, 266, **345**
Constantius III. 177
Constantius Chlorus 169, 170, 172
Constitutio Antoniniana 166, 208, 220, **344**
contio 201
consul siehe Konsul
consul sine collega 142
consul suffectus 159
Copenhagen Polis Center 276
Corbulo, Cn. Domitius 158
Cordoba 157
Corduba 157, 259
Corfinium 133
Corneille, Pierre
Cornelia 126, 227, **337**, **350**
Corpus Inscriptionum Atticarum 278
Corpus Inscriptionum Graecarum 278
Corpus Inscriptionum Latinarum 276, 278f.
Corpus Iuris Civilis 22, 32, 179f., 212, 232, 274, 310
Corpus Vasorum Antiquorum 276
corvi 114
Cosenza 177
Crassus, M. Licinius 98, 136, 140f., 152
Cratinus 232
Cremona 115
crimen maiestatis siehe Majestätsprozesse
Crispus 171, 268
Cumae 104
curiae (archaisch) 102, 200
curiae (kaiserzeitlich, spätantik) 210
curiales 210
Curio, C. Scribonius 143
cursus honorum, siehe auch Ämterlaufbahn 123, 201
Curtius Rufus, Q. 258, 298, **334**
Cyrenaica 53

Dacia 163, 168
Dahn, Felix 36, 179
Daker, Dakien 161, 162f., 167
Dakerkriege 161, 163f., 309
Dalmatien 269
Damaskus 45
damnatio memoriae 166, **339**

Damoden 332
Dante Alighieri 33, 256, 272
Dardanos 134
Dareios I. 46, 65
Dareios III. 82
Daskyleion **357**
David 45
Davis, Lindsey 36
DDR 41, 274, 276, 281, 286, 293, **322**
Decius 167, 264, 267
decuriones 210, 314, **345**
deditio 121, 216
defensor plebis, civitatis 174
Dekeleia 73, 74
Delos 69, 97, 213, 219
Delphi, siehe auch Pythische Spiele 54, 62, 67, 77, 229, 253
Demagogen, Demagogie 79
demarchos 192
Demetrios von Makedonien 119
Demetrios von Phaleron 96
Demetrios Poliorketes 87, 94, 96
demiurgoi 236
Demodokos 239
Demographie 284, **348**
Demokratie 21, 22, 25, 37, 39, 40, 57, 69, 70f., 74, 75, 76, 79, 80, 96, 110, 111, 127, 190–195, 196, 197, 199, 203, 213, 214, 221, 222, 224, 226, 230, 232, 237, 247, 249, 297, 302, **333, 342, 343, 350**
–, außerathenisch 195, 297, **343**
–, Gefährdung 196f.
–, Ideologen 195, 245
Demokratiekritik 195, **343**
Demokratietheorie 195, 245
Demokrit 241, 356
Demos (Volk) 70f., 74, 221, 225, 226
Demos(Gmeinde) 192, 241, 296
Demosthenes 75, 79, 236, 247, 251, 298, **333**
Demotisch 88, 300
Denar 238
Dendera 88
Denkmäler **357**
Deportation 45, 96
Deutschland 32, 36, 180, 181, 184, 262, 273

Diadochen 86f., 97, 215
Diäten, siehe auch Tagegeld 80, 237
Diakon 265
Dialekte 61, 62
Dialektik 245
Dichter, Dichtung 25, 52, 58, 62, 69, 90, 239, 240, 241, 242, 243, 251, 252, 256f., 306f., 310
Dichterinnen 225, 239, 240
dictator 116, 122, 134, 141, 202
– perpetuo, auf Lebenszeit 145
Didyma 249, 253
Digesten 32, 211, 232, 310
dignitas 143
Diktator siehe dictator
Dill 161
Diodor 103, 131, 248, 257
Diözese 89, 169, 172, 210
Diogenes Laertios 260
Dioiketes 89, 198
Diokletian 168, 169–171, 173, 238, 264, 266, 268, 312, 313, **340, 341, 346, 360**
–, Höchstpreisedikt 170, 238, 313, **346**
Diokletiansthermen 231
Dion 79, 97, 246
Dion Chrysostomos 260, 268, **354**
Dionysien 241, 242
Dionysios von Halikarnaß 104, 257, 300
Dionysios von Syrakus 60, 79, 97, 333
Dionysios II. 79, 97, 246
Dionysos 252, 358
Dionysostheater, Athen 191
disciplina etrusca 102
disciplina militaris 163
Diskoswurf 229, 230
Dnjestr 20
Doderer, Heimito von 37, 320, 399
Dodona 253
dokimasia 193
Dominat 313, **341**
Domitian 160f., 165, 309, **338, 340**
domus aurea 158, 159
Donatisten 266, **359, 360**
Donatus 266

Donau 46, 65, 152, 154, 159, 164, 181
Dorer, dorisch 47
Dorische Wanderung 47, 48
Dorotheus 232
Drakon 62, 190
Dreibund 140, 141
Dreißig Tyrannen 74, 245
Drittes Griechenland 298
Druiden 183, 185
Drusus 155
ducenarii 164
Dumbledore 185
Dunkle Jahrhunderte, vorchristlich 17, 47f., 49, 236, 237, 294f.
–, nachchristlich (richtiger, aber ungebräuchlich: christlich) 18, 31
Dura-Europos 92
dux, duces 210
Dynastien siehe flavische, iulisch-claudische, konstantinische, severische, valentinianisch-theodosianische
dynastisches Denken 146, 156, 170, 208, 209, 226

Ebro 115, 116
Eburacum 166
eccclesia 265
Eckermann, Johann Peter 101
Edfu 88
edictum 205
– perpetuum 164, 209, **346**
Edikt 205, 209
Edirne 164
Edom 45
Egesta **333**
Ehe 52, 197, 206, 207, 218
Ehre, Ehrgefühl 143, 239
Eigentum 205, 206, 207, 220, 283
Einführungen 275f.
Einhard 31
„Einleitung in die griechische / lateinische Philologie" 275, 289f.
Einsiedler siehe Eremit
Einzelfallentscheidung 191
eisangelia 196
Eisen 49, 56, 185, 189, 236
Eisenerz 180
Ekbatana 82
Ekklesia 50, 190

Eklogen 256
Elagabal 166f., **339**
Elbe 152, 180, **357**
Elea 241
Eleaten 241
Elektra 37
Elefanten 91, 94, 105
Elegie 239
Eleusinische Mysterien 74, 253
Eleusis 253
eleutheria 214
Elpinike 226
emancipatio 206, 207
Emanzipation, weibliche 226
Emesa 165
Emigration aus Deutschland 274
Empedokles 241
Empire (franz.) 35
Emporion 53
Engels, Friedrich 272, 283
England, englisch 32, 116, 180, 273, 291, 301, 307, 311
Q. Ennius 254, 255
Entschuldigung 63
Entzauberung 35f., 273
Entzifferung 27, 36, 47, 88
Epameinondas 76
Epheben 232
Ephesos 239, 240, 249
–, Synode 267, 268
Ephoren 50, **332**
Ephoros 248, 257
Epicharmos 242, 243
Epigonen 87
Epigramm 69, 240, 243, 260, 290, 310
Epigraphik, epigraphisch, siehe auch Inschriften 78, 278f., 280, 296, 308, **326**
„Epigraphische Datenbank für römische Inschriften" 276
epikleros 198
Epiktet 260
Epikur, Epikureismus 247, 251, **356**
Epimeleten 192
Epinikien 240
Epirus 93, 105
Episkopos 265
Epoden 256
Eppichkranz 229
Erasmus von Rotterdam 33, 274, **318**
Eratosthenes 243

Erblichkeit von Ämtern 168, 211
Erbmonarchie 208
Erbtochter siehe epikleros
Erde, Kugelgestalt 243
Eremit 265, 269
Eretria 65
Erfurt 31, **319**
Erpressung siehe Korruption
Erz 236, 237
Erziehung 51f., **325**, **331**
Erzverhüttung 180
Eselsmilch 157
Ethik 246, 247, 260
Ethnogenese 185, 293, **324**
Ethnologie 243, 244, 258, 292
Ethnos **343**
Etkind, Efim 38, 161
Etrusker, Etrurien 21, 34, 44, 53, 59, 99, 100f., 101f., 103, 109, 114, 253, 301, **328f.**
Etruskisch (Sprache) 100
Euböa 48, 54, 68, 294
Eudokia 178, 312
Eudoxia 176, 268
Eugenius 176
Eukleides, Euklid 243
Eumenes , Diadoche 86, 87
Eumenes II. 119
Eumenes, pergamenische Könige 93
Eumenes-Stoa in Athen 93
Eunuchen 172, 179, 210, **345**
Eunus 128, 131
Eupalinos 59, **356**
Eupatriden 56, 233
Euphemios 239
Euphrat 46, 163, 260, 262
Euphronios 251, **357**
Euripides 85, 195, 242, 251, 252, **325**
Europa (Königstochter) 19
Europa, europäisch 18–20, 32, 33, 35, 36, 39, 40, 41, 58, 60, 65, 66, 69, 79, 81, 92, 101, 158, 179, 180, 184, 185, 187, 188, 190, 199, 222, 231, 238, 239, 242, 254, 255, 256, 259, 260, 270f., 273, 274, 283, 284, 291, 293, 294, 299, 305, 308, 313, 316, **317f.**, **319**, **353**
Europäische Union 271
Europos 92
Eurysaces, M. Vergilius 236

Personen-, Orts- und Sachregister

Eusebius (Eusebios) von Caesarea 171, 259, 268, **360**
Eusebios von Nikomendien 268
euthynai 183
Eutropius 176
Evangelien 265f.
Exekias 251
Exemtion 198
Expansion, römische 103–106, 113–121, 122, 123, 124, 220, 234, 248, 302f.
Q. Fabius Maximus Cunctator 116, 118
Q. Fabius Pictor 255, **354**, **355**
familia 206
Familie, Familienrecht 197f., 200, 206f., 227, 242, 288, **324**, **325**, **345**
fasces 102
Faschismus 38, 274, **319**, **321**
Fasten 301
Fausta 171
Faustkampf 229
Fayum 90
Feldmesser 292
Feldzeichen 131, 152
Fellini, Federico 37, 158
Fernhandel 49, 237, 287
Feste 24, 62, 252f., 290, 351f.
Feudalismus, feudal 283, 314
Feuerwehr 140
Fichtenkranz 229
Film 37, 185, 259f.
Finanzen 61, 168, 170, 178, 192, 193, 210, 248, 285
Fisch 233
Flaccus 31
Flamininus, T. Quinctius 94, 118, 122, 217, **336**
C. Flaminius 114, 115, 116
Flaschenzug 243
Flavische Dynastie 158–161, 258, 310
Flotte 67, 68, 69, 70, 73, 74, 76, 82, 87, 104, 109, 114, 118
formula 205
Formularprozess 205, 220
Forschungsberichte 276
Forum Romanum 101, 104, 127, 147, 161, 165
Franken 167, 173, 174, 176
Frankreich 32, 53, 116, 154, 180, 181, 184f., 273, 281
Franz I. 31
Französisch 271, 311
Französische Revolution 35, 273, 275, **319**
Frauen, siehe auch Geschlechtergeschichte 24, 24f., 50f., 55, 85, 124, 166f., 197, 206f., 218, 220, 224–228, 231, 232, 242, 251, 253, 264, 265, 267, 268, 284f., 292, 304, 315, **332**, **333**, **335**, **337**, **339**, **340**, **351**, **358**, **359**
Frauenbewegung 284f.
Frauenbiographien 265, 268
Frauenkloster 268
Frauenfeindlichkeit 24, 225, 227
Fregellae 105
Freiburg i.B. 281
freie Arbeit **348**, **352**
Freigelassene, siehe auch Freilassung 144, 156, 157, 164, 218f., 254, 256, 260
Freihafen 97
Freiheit 51, 65, 75, 146, 147, 214, 215, 247, 258, 259, **318**, **342**
Freiheitserklärung 94, 118, 215, 217, **336**
Freilassung, siehe auch Freigelassene 218f., **346**, **348**
Fremde 53, 62, 220, 237, 292, 293, **348**
„Freund und Feind" 213
Freunde 198
Frieden, siehe auch pax 50, 76, 77, 78, 121, 152, 154, 164, 189, 200, 208, 209, 212, 213, 215, 257, 287, **346**
Friedrich der Große 34, 165, 247
Frigidus 176, **341**
Frömmigkeit 25
Fronto, M. Cornelius 260
Fürsorge 209
M. Fulvius Flaccus 128
Fußsoldaten 49, 56, 77, 108, 115, 189, 213
A. Gabinius 137
Gainas 176, 187
Gaius (Jurist) 123, 211
Gaius (Kaiser) siehe Caligula
Gaius Caesar 150
Galater, Galatien 93, 94, 181, 183, **330**
Galaterbrief 93, 183, 266
Galba, Ser. Sulpicius 159
Galerius 169, 171, 264
Galla 177
Galla Placidia 177, 209, 312f., **341**
Gallia Narbonensis 129f.
Gallien, Gallier 109, 116, 129, 130, 141, 142, 144, 148, 152, 158, 167, 174, 181, 183, 184, 257, 261
Gallienus 167
Gallus 173
Gamoren 56
Gandalf 185
Gast, Gastfreund 212, 229
Gau (Ägypten) 89
Gaugamela 82, 85
Gautier, Théophile 166
Gebet 252, 253
Gedrosien 82
Gehaltsgruppen 164
Geiserich 177
Gela 59
Gelasius 265
Geld, siehe auch Münzen 70, 159, 235, 237f., **352**, **353**
Geldstrafe 237
Geldwechsel 238
Gelehrte 242
A. Gellius 123, 254
Gelon 59
Gelübde 253
Gemeines Recht 32, 291
Gemeinwohl 209
Genealogie 243
Generation 244
Genf 184
Genozid 131
gens, gentes 102
Geographie, antike 25, 41, 54, 243, **357f.**
Geographie, moderne 276, 281f., **327**
Geographisches Weltbild 82
Geometrie 243
Geometrischer Stil, -Zeit 48, 60, 251
Geomoren 56
George, Stefan 166
Georgien, Georgier 20, 68, 154, 231, 308
Gergovia 181
Gerichtsbarkeit, siehe auch Rechtsprechung 49, 50

Gerichtsreden 247, 256
Gerichtsszene 56
Germanen, germanisch, Germanien, siehe auch Niedergermanien, Obergermanien 17, 21, 26, 30, 32, 130, 141, 152, 155, 158, 160, 164, 167, 173, 174, 176, 177, 178, 185–187, 211, 231, 258, 266f., 293, 309, 310, 314, 316, **329**
Germanicus 155, 157
Germanisierung 185
Germanomanie 187
Geronten 50
Gerusia 50
Gesandte, Gesandtschaft 212
Geschäftsfähigkeit 207
Geschenke 57
Geschichtsschreibung 18, 25, 31, 52, 69, 71, 75, 100, 238, 243f., 247f., 255f., 257–259, 301, 311, **354f.**
Geschichtswissenschaft 238, 291
Geschlechtergeschichte 224–228, 284f., 287, **349f.**
Geschlechtlichkeit 287f., **325f.**
Geschwisterehe 90, 328
Gesellschaft, gesellschaftlich 22, 102, 107, 108, 111, 112, 131, 207, 217–232, 283–285
Gesetz, siehe auch lex, leges und nómos 21, 50, 63, 123, 125, 174, 189, 190, 191, 201, 232, 295
Gesetzesbindung 209, 313
Gesetzeskenntnis 196
Gesetzessammlungen siehe Codex Iustinianus, Codex Theodosianus, Corpus Iuris Civilis
Gesetzgebung 63, 80, 107, 110, 128f., 134f., 164, 177, 179f., 189, 190, 191, 194, 195, 201, 203, 204, 205, 207, 209, 210, 211, 214, 295, **331**
Geta 166, **339**
Getreide 73, 78, 89, 129, 233, 235, 237
Getreidesubventionen 129, 131, 133
Gewalt 127, 132, 139, 140, 142, 304, **336–338**
Gewaltenteilung 194

Gewerbe 218, 221
Giraudoux, Jean 37
Gladiatoren 24, 136, 165, 219, 231, 308, **351**
Glaubensbekenntnis 266, 267
Glauberg 180
Glaucia, C. Servilius 132
glebae adscripti 235, 314
Gleichgewichtspolitik 215
Gleichheit 21, 22, 195, 221, 249, **342**, **343**
Goethe, Johann Wolfgang von 36, 42, 101, 260, 308
Götter 49, 54, 56, 61, 166, 183, 189, 239, 240, 244, 252, 263
Götterbild 249, 250, 253
Götterkritik 241, 245
Golanhöhen 90
Goldenes Haus siehe domus aurea
Gordiane 167, 311, **340**
Gorgias 245, 247
Gortyn 57, 190, 197, **331**, **345**
Goten 167, 174, 176, 266, **329**, **341**
Gott siehe Götter
Grabbeigaben 180, 237, 250
Grabinschriften 226, 279
Grabreliefs 226
Grabsteine 236, 288
Gracchen 125–129, 131, 133, 235, 304, **337**
Gracchus, C. Sempronius 126, 128f., 133, 139
– , Ti. Sempronius d.Ä. 120
– , Ti. Sempronius d.J. 126–128, 132, 133, 135, 275
Gräzisierung, siehe auch Hellenisierung 78, 87, 92f., 98, 294, 299
Granikos 81, 85
graphe nomon me epitedeion theinai 196
– paranomon 196
Gratian 174, 261
Grausamkeit, grausam 23, 24, 120, 126, 143, 171, 218, 264
Gregor von Nazianz 268, **349**, **360**
Gregor von Nyssa 268, 349
Griechisch (Sprache) 30, 47, 81, 254, 255
Griechisches Münzwerk 276
Großbauer 49, 102, 222, 233

Großbritannien 274
Großgriechenland 53
Großgrundbesitz 125, 126, 235, 314
Gründgens, Gustav 37
Grund und Boden 50, 220, 221
Grundrechte, siehe auch Menschenrechte 37, **320**
Gymnasion 24, 88, 228, 230, 232, 250, **350**, **351**
Gymnasium, humanistisches 36, 230
Gymnasium Classicum 38
Gymnastik 52
gymnische Agone 231
Gynäkologie 292

Hadrian (P. Aelius Hadrianus) 63, 163f., 168, 209, **339**
Hadrianopolis, Hadrianopel 164, 174
Hadriansstadt 163
Hadrianswall 163
Haeduer 141
Häresie, häretisch 266, 267, 315
Hafen, Häfen 237
Hafengebühren 97, 237
Haien, Hauke 243
Halikarnassos 71, 243
Halle an der Saale 180
Hallstatt-Kultur 180f., 185, **329**
Hamilkar Barkas 115
Handbuch der Altertumswissenschaft 276
Handel, siehe auch Fernhandel 44, 48, 58, 61, 97, 123, 184, 218, 221, 234, 237, 309, **353**
Handwerk, Handwerker 49, 184, 218, 236, 237, 309, **352**, **353**
Hannibal 92, 94, 115f., 118, 124, **336**
„Hannibal ante portas!" 116
Hannibalkrieg siehe Zweiter Punischer Krieg
Haran 98, 141
Harmosten 75
Hasdrubal 115, 118
hasta 104
Haushalt 197, 224, 226, 227, 248
hebräisch 26, 45
Hebron 45

Personen-, Orts- und Sachregister

Heer siehe auch Bürgerheer, Fußsoldaten, Reiterei 46, 50, 51, 62, 67, 73, 108, 126, 127, 128, 130, 131, 132, 135, 140, 141, 142, 143, 152, 155, 158, 159, 160, 163, 166, 167, 170, 185, 198, 207, 208, 209, 224, 304, 308, 310, **336– 339**, **346– 348**
Heermeister siehe auch magister militum 174, 176, 177, 178, 187
Heeresfolge 46, 91, 105, 111f., 216
Heeresklientel 131, 139, 141, 143, 146
Heeresversammlung 56
Hegemon, Hegemonie 77, 7880, 119, 213, 215
Hegemoniale Symmachie 213, 214, 215
Heidegger, Martin 240
Heiden, heidnisch 29, 171, 173, 174, 176, 257, 259, 261, 264, 266, 269, 311, 315
Heidenmission 264
Heiligenverehrung 265
Heiliger Frieden 350
Heiliger Krieg 350
heimarmene 248
Heine, Heinrich 82
Hekataios 243
Hekatompedon 249
Helena, Kaiserin 268, 312, **340**
Heliogabalus 166
Hellanikos von Lesbos **355**
Hellenenbund 67, 68, 213
Hellenisierung, siehe auch Gräzisierung 81, 232
Hellenismus, hellenistisch 20, 29, 78, 81–90, 98, 105, 115, 131, 144, 187, 188, 195, 198f., 215, 216, 217, 219, 221, 226f., 230, 232, 234, 235, 237, 242, 246f., 248, 249, 250, 251, 252, 253, 254, 255, 256, 257, 262, 263, 276, 279, 283, 287, 292, 293, 294, 299f., **334f.**, **358**, **359**
Heloten 51, 53, 69, 70, 77, 218, 221, 296, **331**
Helvetier 141
C. Helvidius Priscus 160

Hephaistos 56, 236
Hera 60
Heraien 231
Herakleia Pontike 55
Herakleia am Siris 105
Herakles 169, **358**
Heraklit 240
Herculaneum 160, 277, 279, 308
Hercules siehe Herakles
Herkulier 169
Hermeias von Atarneus 79
Hermenfrevel 74
Hermes 74
Herodes 28, 93
Herodot 19, 25, 31, 44, 46, 47, 53, 55, 59, 61, 65, 66, 68, 71, 101, 180f., 187, 232, 236, 237, 243f., 248, 278, 282, 296, **327**, **354**, **355**
Heros, Heroen 192
Herr der Ringe 185
Herrschaft, herrschen 21, 25, 29, 46, 50, 51. 58, 60, 62, 63, 69, 70, 71, 75, 76, 78, 79, 84, 85, 86, 87, 91, 94, 96, 98, 100, 103, 105, 114, 115, 119, 120f., 122, 124, 129, 134, 148, 164, 169, 176, 189, 195, 214, 215, 217, 222, 226, 241, 244, 260, 299, 302, 306– 308, **318**, **338**
Herrscherkult, siehe auch Kaiserkult 84, 88, 91, 198, 253f., 263, **339**
Hesiod 57, 62, 224, 239, 240
Hessen 161, 180
Hetären 179, 225, 231, 250, **350**, **351**
Hetairoi (Gefährten Alexanders) 85
Hetairoi (Reiterei) 77, 85
Hethiter 26, 27, **358**
Heuneburg 180, 181
Hexameter 29, 49, 62, 239, 242, 255, 256, 260
Hiberus 115
Hierarchie, hierarchisch 22, 89, 210, 226
Hieroglyphen, ägyptische 26, 84, 88
Hieron I. 59, 100
Hieron II. 97, 106, 113, 114, 116, 119, 234
Hieronymus 262, 265, 269, **360**

Hipparchos 63
Hipparete 226
Hippias 63, 67
hippische Agone 229, 231
Hippo Regius 258, 269
Hiram 45
Hirten 353
Hirtensklaven 128, 219
Hispania citerior 120
– ulterior 120
Hispanien siehe Spanien
Historia Augusta 259, **355**, **357**
Historiographie siehe Geschichtsschreibung
Historische Rechtsschule 291
Hitler, Adolf 38
Hochdorf 180, 184
Hölderlin, Friedrich 240, 241
Hörige 49, 314
Hof, kaiserlicher, siehe auch Zeremoniell 170, 309
Hofmannsthal, Hugo von 35, 37
Homer, homerisch 22, 24,, 31, 33, 35, 44, 49, 55, 56, 60, 62, 213, 218, 224, 225, 226, 228f., 236, 237, 239, 240, 242, 243, 252, 275, 295, **318**, **321**, **354**, **358**
homo novus 130, 255
homo oeconomicus 233
homo politicus 233
Homosexualität 51, 52, 163, 225, 251, 288, **325**, **326**
Homs 165
honesta missio 310
honestiores 221, **348**
Honorius 176, 177
Hoplit 56, 58, 189, 225, 230, 235, 236, 239
Hoplitenstaat 58, 59, 189f., 213
Horaz (Q. Horatius Flaccus) 28, 29, 90, 147, 148, 149, 219, 254, 256, 257, 306f., **354**
Humanismus 33, **318–320**
Humanitäres Kaisertum 161–165, 258, 260, 310
humiliores 221, **348**
Hunger 55, **352**
Hunnen 176, 177, 178, 314, **329**
Hybris 244
Hypatia 267f., **340**
Hypokaustenheizung 262

Hyrkanos 93

Iamblichos 261
Iason von Pherai 79
Iberer, Iberien, siehe auch Spanien 15, 154, 181
Iberien (Georgien) 154
Ibiza 44
Ibykos 62, 240
Ilias siehe Homer
Ilion, Ilios 49
Illyrien, Illyrer 114, 170, 179
Immermann, Karl 87
Imperator 145
imperium 108, 109, 135, 200, 201f., 205
– consulare 149, 150, 152, 207
– proconsulare 148f., 150, 152, 155, 156, 207
Imperium Romanum 217
indictio 170
Indien, indisch, Inder 20, 26, 47, 68, 82, 94, 294, **329**
Individuum, Individualität, Individualisierung 25, 27, 51, 218, 220, 226, 227, 228, 239, 240, 242, 247, 250, 251, 256, 265, 287
Indoeuropäisch 26
Indogermanisch 26, 98, 102, 183, 185
Indus 81, 82, 91
Industrielle Revolution 36, 286
Infinitesimalrechnung 243
Initiative und Entscheidung 194
Initiativrecht 111, 191, 201, 203, 204, 302
Inschriften, siehe auch Epigraphik 36, 45, 57, 60, 87, 94, 100, 153, 166, 170, 183, 190, 193, 199, 203, 232, 276, 278f., 285, 295, 296, 297, 301, 306, 310, **345**
Inscriptiones Graecae 276, 278
Institutionen, siehe auch Amt, Verfassung 54, 79f., 122, 148, 190, 295, 301
Institutionen Justinians 32
Instrumentalmusik 40, 230
intercessio siehe Interzession
interrex 102
Interzession, interzedieren 107f., 109, 126, 141, 202

Ionier, ionisch, Ionien 47, 55, 66, 240
Ionische Wanderung 47, 48
Ionischer Aufstand 65, 66, 243
Iovier 169
Irak-Krieg 37, 73
Iran, siehe auch Persien 82, 85, 91, 98, 294
Irland 184, 293
Isaurier 178
Ischia 54
Isegoria **332**, **348**
Isis 263
Islam 18, 187, 271, **317**, **318**
Island 26
Isokrates 79, 247
Isopolitie 216, **347**
Israel, altorientalisch 45
Israel, modern 259, 271
Issos 81
Isthmische Spiele 62, 94, 118, 217, 229, 230
Isthmos von Korinth 68
Italia (Stadt) 100
Italica 162, 163
Italien, modernes 281
Italiker, italisch 21, 59, 98, 100, 101, 102, 103, 114, 126, 128, 129, 132f., 162, 200, 216, 220, 232, 234, 293, **329**
Italische Wehrgenossenschaft 105, 115, 126, 132, **336**
Iteration, Verbot der 122, 123, 127
Ithaka 49, 239
iudex 169, 205, 206, 210
Iulia, Caesars Tocher 140, 142
–, Augustus' Tochter 150, 156, 307
–, Augustus' Enkelin 307
Iulia Domna 165, 166
Iulia Mamaea 166, 167
Iulia Maesa 166
Iulia Soaemias 166
Iulisch-claudische Dynastie 154–158
Iulius (Monat) 145
M. Iunius Silanus 130
Iupiter 169, 170
iuris periti, siehe auch Juristen 206
ius civile 205
– commune 32
– honorarium 205, 209

Iustinianus siehe Justinian
Iustinus (Kaiser) 178f.
Iustinus (Historiker) 257, 298, **335**

Jamben 37, 239
Japonismus 36
Jason, Hohepriester 230
Jastorf-Kultur 185
Jazygen 164
Jefferson, Thomas 319
Jerobeam 45
Jerusalem 45, 46, 92, 138, 159, 164, 178, 263, 265
Jessen, Jens 37
Jesus 263
Johannes Chrysostomos 176, 268, **360**
Johannesevangelium 266
Jordan 45, 90
Josephus, Flavius 138, 159, 257f.
Juda 45
Judas Makkabäus 292, 328
Juden, jüdisch 21, 25, 28, 44, 45f., 87, 89, 91, 92, 230, 263, 264, 292f., **328**, **360**
–, Aufstände 159, 163, 164, **328**
Judenfeindschaft 45, 89, **328**
Jünger Ernst **320**
Jugend 288
Jugurtha 130, 133
Jugurthinischer Krieg 130, 133, 256
Julian (P. Salvius Iulianus) 164, 262
Julian Apostata 98, 173, 185, 261, 267, 312, **340**, **341**
Jurisprudenz siehe Rechtswissenschaft
Juristen 32, 165, 179, 196, 208, 209, 267
Justinian, justinianisch 17, 22, 32, 98, 179f., 211, 212, 225, 232, 259, 261, 267, 311, 312, 313, **341**
Juvenal (Dec. Iunius Iuvenalis) 260, 310, **354**

Kabiren 253
Kaisarion 144
Kaisergesetze 209
Kaiserinnen 312f.
Kaiserkult, siehe auch Herrscherkult 263, 264, **339**, **358**

Kaisertum, Kaiser, Kaiserhof 31, 32, 128, 146, 149, 150, 155, 158, 178, 204, 209, 220, 224, 235, 247, 283, 309, 312, 313, **339, 344**, 345
Kaiserzeit 101, 121, 149, 153–168, 181, 199, 207–209, 217, 220, 222, 223, 227, 228, 231, 232, 236, 241, 247, 257–262, 263, 267, 270, 280, 286, 287, 306–310, **338–342**
Kalenderreform 144
Kalkriese 152, 293, 309, **338**
Kalliasfriede 296
Kallimachos 242
Kallinos 239
Kallisthenes 82f., 85
Kambyses 46
Kampanien 100, 104, 105, 114, 134
Kanaanäer 45
Kanon 360
Kapitol 108, 164
Kappadokien 93, 268
Karien, karisch 78, 84
karitative Dienste 173
Karl der Große 18, 30, 31, 39, 178, **341**
Karolingisch, Karolingische Renaissance 30, 31, 33, 274, 316, **319**
Karthago, Karthager 21, 44f., 53, 59, 65, 93, 97, 100, 106, 113–118, 120, 121, 124, 129, 144, 188, 216, 246, 267, 269, 292, **328**
Kartographie 41
Kasios 163
Kassander 87, 97
Katalaunische Felder 177
Kauf 205
Kaukasus 262
Keilschrift 26
Kelten, keltisch 21, 30, 52, 93, 94, 95, 103f., 105, 114, 115, 121,141, 180–185, 187, 188, 293, **329f.**
Keltenfürst von Hochdorf 184, **329**
Keltiberer 181, **330**
Kempten 184
Keos 240
Keramik siehe Vasen
Kerkyra 75
Kilikien, siehe auch Cilicia 247, 264

Kimbern 130, 131, 185
Kimon 70, 212, 226
Kinder 24, 197, 218, 219, 224, 237, 288, **324**, 325
–, außereheliche 325, **348**
Kinderopfer 44
Kirche 29, 31, 33, 170, 171, 174, 264f., 266, 291, 315, 316, **359**
–, katholische 267
–, lutherische 267
–, orthodoxe 267
–, reformierte 267
Kirchengesang 269
Kirchengeschichte 259, 268, **355**
Kirchenväter 29, 30, 40, 267–269, 311, **359**
Kition 247
Klasse 282
Klassenkampf 283, 321, 322
Klassik, klassisch 29, 34, 65–81, 225f., 241, 249, 250, 289, 296–298, **332f., 338, 356, 358, 359**
Klassische Philologie 272, 273, 274, 276, 277, 280, 281, 289, **326**
Klassizismus 29, 33, 34, 37f., 273, **320, 338**
Klazomenai 241
Kleinasien, kleinasiatisch 19, 20, 26, 46, 47, 48, 49, 55, 60, 65, 68, 70, 76, 81, 90, 91, 92, 93, 101, 119, 133, 134, 144, 154, 181, 240, 241, 243, 248, 258, 263, 268, 309, **344**
Der Kleine Pauly 275
Kleisthenes von Athen 63, 64, 65, 70, 192, 296, **332**
Kleisthenes von Sikyon 59
Kleitos 85
Kleomedes 61
Kleomenes I. 63
Kleomenes III. 95, 96
Kleon 73, 298
Kleopatra VII. 37, 90, 91, 143f., 147f., **335**
Kleriker 265
Klient, Klientel, siehe auch Heeresklientel 23, 102, 111–113, 116, 131, 140, 141, 203, 217, 222–224, 227, 271, 301, 303, **345, 347, 349**
Klientelstaaten 223

Kloster, siehe auch Mönchtum 30, 228, 261, 268, 269
Knabenliebe 225, 288
Knidos 76, 250
Koblenz 154
Koch, Claus 37
Kodifikation 32, 107, 291
Köln 154, 157
König, Königtum 44, 45, 49, 50, 55, 77, 87, 95, 97, 102f., 108, 131, 144, 193, 249, 251, 299, 300, **355**
Königsbauern 91, 198, 234
Königsfrieden 76, 214, **333**
Königskult siehe Herrscherkult
Königsland 89, 91, 234
Kohorten 131
koine 81
koine eirene 78, 80, 214, 215, 298, **333, 347**
koinon 95, **342, 343**
Kolaios 237
Kollegialität 202
Kollektives Sicherheitssystem 78, 214
Kolonen siehe coloni
Kolonialismus, europäischer 271
Kolonien, Kolonisation, griechische, siehe auch Apoikie; römische siehe colonia 53–55, 180, 225, 229, 233, 237, 239, 249, 295, **331, 347**
Kolophon 240
Kolosseum 159, 338
Kom Ombo 88
komai (Ägypten) 89
Komitien siehe comitia
Kommagene 93
Kommunismus 274, 281
Komödie, siehe auch Aristophanes 227, 241f., 243, 254, **354**
Konkubinat 207
Konon 76
Konstantin der Große 17, 170–172, 209, 238, 259, 264, 266, 268, 312, **341, 359, 360**
Konstantinische Dynastie 171, 340
Konstantinopel 172, 176, 179, 209, 212, 232, 261, 265, 268
–, Konzilien 267

Konsul, konsularisch, Konsulat 109, 113, 116, 118, 119, 120f., 122, 123, 124, 125, 127, 128, 129, 130, 131, 132, 133, 134, 135, 136, 138, 140, 141, 142, 144, 148, 156, 157, 159, 160, 161, 162, 200, 202, 219, 258, 302
Kontinuität 18, 27, 31, 41, 126, 168, 187, 316
Kontrapost 250
Kontrolle 57, 58
Konzilien 315, siehe auch Arelate, Chalkedon, Ephesos, Konstantinopel, Nikaia
Korai, Korenstatuen 225, 250
Kores 46
Korfu 249
Korinna 240
Korinth 58, 62, 68, 75, 76, 80, 95, 97, 120, 144, 212, 249
Korintherbriefe 266
Korinthischer Bund 80, 215, **333**
Korinthischer Krieg 76
Korkyra 249
Korruption, siehe auch Bestechung, Erpressung, Repetunden 123f., 130, 161, 313, **339**, **341**, **345**
Korsika 44, 114, 115, 122
Kos 308, **339**
Kosmologie, Kosmogonie 240, 252
Kranz 62, 145, 229
Kranzprozess 79, **333**
Krater von Vix 52, 180
Kreta 26, 44, 52, 57, 190, 197, 198, 221, 232
Kreuzigung 263
Krieg, Krieger 23f., 37, 49, 50, 52, 56, 57, 103, 107, 108, 109, 112, 122, 125, 126, 127, 163, 189, 200, 203, 204, 206, 213, 215, 218, 220, 224, 225, 229, 234, 239, 244, 283, 297, 305, 308f., **346f.**, **350**, **351** – einzelne Kriege am jeweiligen Ort
Kriegserklärung 215, 216
Kriegsgefangene 218, 224
Kriegsschiff 193
Kriegsschuldfrage 116, 255, 297

Krim 20, 53, 54, 90, 93, 138, 154
„Krise ohne Alternative" 304
Kritias 245
Kroisos 46
Krypteia 51
Ktesiphon 163
Ktistes 54
Kult, kultisch, siehe auch Herrscherkult 22, 54, 56, 192, 197, 206, 231, 237, 253, 264, 276
Kultbild siehe Götterbild
Kulturgeschichte 244, 289, 306
Kulturpolitik 90, 93
Kulturwissenschaft 273, 275, 281, 289f., 294
Kumulation, Verbot der 202
Kunst 18, 25, 29, 33, 34, 36, 40, 47, 52, 60, 69, 225, 238, 262, **356f.**
Kunstgeschichte 273, 277, 299
Kunsthandwerker 236
Kunstraub 124, 262
Kunstwissenschaften 281
Kupfer 237
Kuratoren 168
Kuriatkomitien siehe comitia curiata
Kurierdienst 210
Kuros, Kuroi 60, 250, **357**
Kybele 263
Kyme, Italien 59, 100, 104
Kyme, Kleinasien 248, 257
Kyniker 246
Kyniska 231
Kynoskephalai 94
Kypseliden 58, 59
Kypselos 58
Kyrene 55, 242, 243
Kyrillos 267f.
Kyros der Große 46
Kyros, Prinz 247
Kyzikos 74

Lahn 161, 184
Laien 265
Lakedaimon siehe Sparta
Lakedaimonios 212
Lakonien siehe Sparta
Laktanz (Lactantius) 268, **359**, **360**
Lamia 96
Lamischer Krieg 96
Landkarten 41, 243, **357**

Landnahme 45, 53, 55
Landvermessung **357**, **358**
Landverteilung, siehe auch Ackergesetze 63, 126, 128, 129, 131, 132, 133, 140, 141, 235, 275
Landwirtschaft, siehe auch Ackerland, Agrargeschichte, Bauern 49, 53, 55, 56, 123, 126, 188, 218, 233, 234, 255, **352**, **353**
Landwirtschaftssklaven 219
Lange Mauern 70, 73, 76
Langobarden 179
Laren 206
Lastenabschüttelung 63
Latein, lateinisch 18, 21, 29, 30, 31, 32, 33, 37, 102, 254, 256, 258, 261, 268, 311, 316, **318**, **320**
– als Amtssprache 170
Lateinamerika 220
La-Tène-Kultur 181
Lathuresa 331
Latifundien 219, 234f., 284
Latiner 103, 104
Latinerbund 103
Latinerkrieg 104
Latinisch-Faliskisch 98
Latium 29, 98, 104
Laureion 68
Lausanne 184
Lautverschiebung 185
Lebensalter 148
Lepcis Magna 165
lectio senatus 202, 207
Lefkandi 48, 54, 294
Legat 125
legati Augusti pro praetore 150, 159, 165
leges 110
leges Liciniae Sextiae 109
Legion 131, 136, 146, 152, 159
legis actio 205
Legisaktionenprozess 205
Legitimität 146
Leibwache 86, 127, 210
Leiden 184
Lemnos 260
Lenäen 241
Leningrad 38
Leo, Kaiser 178
Leo der Große 177, 265
Leonidas 68
Leonnatos 85
Leontinoi 245

Lepidus, M. Aemilius, Konsul 78 136
Lepidus, M. Aemilius, Triumvir 147
lesbische Liebe 325
Lesbos 58, 59, 70, 73, 240, 260
Lesenkönnen 22, 232, **325**, **331**
Lessing, Gotthold Ephraim 34
Leuktra 76
Lex Calpurnia 123, 124, 125
– Claudia 123, 126, 234
– de imperio Vespasiani 159
– Gabinia 137
– Hieronica 234
– Hortensia 110
– Iulia de repetundis 144
– Iulia municipalis 144
– Manilia 137f.
– Romana Visigothorum 32
– Sempronia de provocatione 128f.
– Titia 147
– Valeria de provocatione 110
– Vatinia 141
– Villia annalis 123, 125, 201
– Voconia 123, 124
Lexicon Iconographicum Mythologiae Classicae 276
Lexikon Alter Kulturen 275
Lexikon der Alten Welt 275
Lexikon des Hellenismus 275
Lexikon des Mittelalters 275
Libanios 261, **341**
Libyen 19, 165, 254
Lichas 236
Licinius 171
C. Licinius Stolo 109
Liebe 242, 256, 287f., **325f.**
Lieblingsinschriften 251
Liguria 269
Liktoren 102
Limes 160, 163, 164, 308, **339**
Limeskongresse 308
Lindos 247
Linear B 47
linearer Geschichtsverlauf 42
Lippe 184
Literatur, literarisch, siehe auch Dichtung 18, 25, 27, 29, 30, 33, 34, 37, 40, 41, 47, 125, 187, 195, 225, 238–248, 254–262, **353f.**
Literaturwissenschaft 276, 277, 280, 281, 297

Liturgie (Leistung an die Stadt) 193
Livia 150, 156
T. Livius 102, 103, 104, 116, 122, 123, 125, 127, 257, 261f., 273, 300
L. Livius Andronicus 254, 255
M. Livius Drusus d.Ä. 129
M. Livius Drusus d.J 133
„Löhne und Preise im antiken Griechenland" 287
Löwen (Belgien) 276, 294
Lokroi Epizephyrioi 190, 195, **330**
London 184
Longos 260
Lorbeerkranz 145, 149, 229
Losverfahren, siehe auch Richterlosung 68, 80, 191, 192, 194
Loyalität, loyal 84, 91, 93, 115, 141
Luca 141
Lucca 141
L. Lucceius 140
Luceres 102
Luceria 105
C. Lucilius 255
Lucius Caesar 150
Lucius Tarquinius 102
Lucretia 102
Lucullus, L. Licinius 137
lucumo 100
Lugdunum 261
Lukan (M. Annaeus Lucanus) 259
Lukaner, Lukanien 100, 105, 241
Lukas, Apostelgeschichte 266
– , Evangelium 266
Lukian 260
Lukrez (T. Lucretius Carus) 255, **353**
lustrum 202
Luther, Martin 44, 46, 216, 230, 269
Luxus 44, 48, 49, 100, 237
Lyder, Lydien 46, 55, 61, 65
Lykeion 246
Lykien 78, 299, **334**
Lyon 184, 261
Lyra 240
Lyrik 25, 240
Lysias 233, 236, 247, **345**, **352**
Lysimachos 86, 87

Lysippos 250, **357**

Macedonia 95, 120, 122
Machiavelli, Niccolò 257
Macht 43, 58, 59, 60, 63, 64, 76, 92, 94f., 97, 111, 120, 121, 123, 132, 134, 136, 140, 145, 146, 147, 148, 159, 165, 169, 178, 189, 194, 203, 204, 207, 209, 215, 216, 217, 244
Macro 156
Macrobius 223
Mäander 70
Maecenas 219, 256
Männer, männlich 51, 52, 218, 220, 224, 225, 226, 227, 228, 232, 240
Märtyrer 158, 264, 265, **359**
Magdeburg 31
magister equitum 172, 202
– militum 172, 210, **344**
– officiorum 210, **344**
Magistrat 107, 108, 109, 111, 132, 135, 144, 190, 192f., 201, 203, 204
Magna Graecia 53
Magnesia am Mäander 70
– am Sipylos 119
Magnus Maximus 174
Mailand, siehe auch Mediolanum 115, 176, 184, 269, **359**
Main 184
Mainz 154, 167, 184
Mainzer Akademie 284
Majestätsprozesse 155, 157, 160
Makedonien, makedonisch 50, 68, 75, 76, 77f., 82, 85, 87, 90, 92, 94f., 96, 97, 118, 119, 120, 181, 247, 298, **320**, **330**
Makedonische Kriege 118, 119, 303
Makkabäer 28, 92f., 216, 230
Makrina 228, 268, **360**
Malchus 44
Malerei, siehe auch Vasenmalerei 251f., 278, **356**, **357**
Maleventum 106
Malik 44
Cn. Mallius Maximus 130
Mamertiner 106, 113
Manching 181
Mancinus, C. Hostilius 127
Manichäer 170, 269

Manierismus 33
C. Manilius 137f.
Manipel 105, 131
Mantik 253
Mantineia 77
Manufaktur 236
manus, Manusehe 206, 207
Marathon 67, 197, **333**
Marathonlauf 67
Marcellus, C. Claudius 150, **338**
– , M. Claudius, Eroberer von Syrakus 116
– , Konsul 51 145
Marius, C. 130f., 132, 133, 134, 145, 235, 304
Marius, M. 231
Mark Aurel (Marcus Aurelius) 162, 164f., 167, 208, 247, 260, 310, **339**, **355**
Mark-Aurel-Säule 164
Marken (italienische Provinz) 105
Markian 178, 267
Markomannen 164, 167
Markusevangelium 266
Markt (platz) 233f., 236, 237
Mars 113, 308
Marseille siehe Massalia
Marsfeld 108, 200
Martial (M. Valerius Martialis) 260, 310, **354**
Marx, Karl 37, 272, 283, **319**
Marxismus 23, 272, 281, 282, 283f., 286, 287
Massalia, Massilia 53, 115, 143
Massinissa 121, 130
Mathematik 241, 243
Matriarchat **350**
Matthäusevangelium 266
Maurya 94
Mausoleum 78
– des Augustus 149
Maussoleion 78
Maussolos 78, **333**
Maxentius 171
Maximaltarif siehe Höchstpreisedikt
Maximianus 169, 170
Maximinus Thrax 167
Mazaios 85
meddix tuticus 100
Medea 252, **325**
Meder, Medien 46, 82, 91
Mediolanum 115

Mediterranean Historical Review 20
Medizin 244f., 292, **357**, **358**
Megakles **343**
Megale Hellas 53
Megalopolis 78, 248
Megara 55, 240
Megasthenes 94
Melania d.J. 228, **359**
Melech 44
Melek 44
Melierdialog 37, 75, **318**
Melkart 44
Melos (Insel) 74
melos, melisch (Lied) 240
Menander, Komödienautor 242, 251
Menander Soter, König 94
Menschenrechte, siehe auch Grundrechte 226, **319**
Mentalität 288f., 303, 310
Merobaudes 187
Merz, Gerhard 38, **320**
Mesopotamia 163
Mesopotamien 26, 82, 91
Messalina, Valeria 157
Messenien, Messenier 51, 53, 70, 73, 77
Messenische Kriege 51, 213
Messias 263
Messina 106, 113
Metall 236
Metapont 54, 249, **330**
Metaurus 118
Metellus Creticus, Q. Caecilius 137
Metellus Numidicus, Q. Caecilius 130
Metöken 221, 237, 247, **332**, **333**, **347**, **348**
Metropolitanverfassung 265
Meyer, Conrad Ferdinand 33
Micipsa 130
Milde 143
Milet 55, 65f., 240, 241, 243, 253
Miletu halosis 241
Militär siehe Heer
Militärdiplom 279, 310, **326**
Militärmonarchie 208
Militärtribunen 109
Milo, T. Annius 139, **338**
Miltiades 67, 70
Milvische Brücke 171
Minoisch 26, 27
Miraculix 185
Mischkultur 81

Mischverfassung 200, 203
misericordia 23
Misogynismus siehe Frauenfeindlichkeit 225
Mission 31
Mitgift 197, 207
Mithras 263, **358**
Mithridates VI. Eupator 93, 96, 133f., 137f., 144
Mithridatische Kriege 133f.
Mitleid 23
Mittelalter, mittelalterlich 17, 18, 19, 21, 25, 30, 36, 39, 43, 180, 184, 252, 260, 265, 272, 275, 283, 291, 294, 310, 314
Mitteleuropa 320
Mittelitalien 98, 100, 103, 106
Mittelmeer 20, 43, 44, 53, 81, 90, 94, 118, 120f., 122, 127, 137, 140, 163, 184, 187, 199, 208, 220, 222, 234, 235, 260, 271, 294, 295, 302, 308, **317f.**, 349
Moab 45
Modena 184
Moderne 273, 285
Moderne, Eigenständigkeit der 39f., 271, 273
Modestinus 211
Mogontiacum, siehe auch Mainz 154
moira 252
Moloch 44
Monarchie, monarchisch 26f., 79, 115, 150, 188, 195, 203, 207, 222, 283
Mont Cenis 116
Mont Lassois 180
Mont Ventoux 163
Montaigne, Michel de 34
Montanismus 267
Monte Cassino 265
Montherlant, Henry de 37
Monumentum Ancyranum siehe Res gestae Divi Augusti
Moral 22, 124, 303
mos maiorum 348
Motye 44, **328**
Mozia 44, **328**
Münchhausen, Börries Freiherr von 46

Mündlichkeit 49, 62, 183, 239, 252
Münzen, siehe auch Numismatik 53, 61, 70, 115, 128, 145, 149, 153, 168, 172, 237f., 249, 276, 278, 287, 295, 296, 297, **353**
Münzbelustigung 278
Münzreform 170, 238
Münzverschlechterung 238
Mütter 324
L. Mummius 120
Munda 144
Munizipien 203, 344
munus, munera 344
Museion von Alexandria 90, 242f., 246, 274
Musical 242
Musik 40, 241
musische Agone 228, 230, **351**
Muße 350
Mussolini, Benito 38
Mutterstadt 54, 212
Mykale 68, 70
Mykene, mykenisch 25, 26, 27, 47,48, 49, 61, 295, **331**
Mysterien 253, **358**
Mythen, Mythologie, siehe auch Sagen 60, 252, 276, **358**
Mytilene 73

Nabatäer 163, 187
Nabis 96
Nächstenliebe 263
Cn. Naevius 254, 255
Naksch-e Rustam 167
Napoleon I. 35, 116, 120, 279
Narbo Martius 130
Narbonne 130
Narcissus 157
Narses 179
Nationalsozialismus 187, 274, **319**, **321**
Naturphilosophie 240, 241, 247
Naturwissenschaft 36, 40, 246, 292, **357f.**
Naukratis 89, 262
Nazareth 263
Nazianz(os) 268
Neapel 53, 104
Neapolis 53, 104
Nebukadnezar 46
Neckar 160, 184

Nekropole 278
Nemea 62
Nemeische Spiele 229, 230
Nennig 235
Neoteriker 29, 256
Nepos, Cornelius 255, 310
Nero 157f., 159, 161, 162, 165, 170, 259, 264, **339**, **355**
Nerva, M. Cocceius 161f.
Nesiotenbund 95
Neuchâtel siehe Neuenburg
Neuenburger See 181
Der Neue Pauly 272, 275
Neues Testament 29, 81, 227, 265f., 274, **359**, **360**
19. Jahrhundert 27, 33, 81, 166, 187, 251, 258, 259, 260, 274, 275, 276, 280, 283, 284, 305, **319**
Neuplatonismus 261, 269
Neuzeit, neuzeitlich 19, 21, 25, 27, 40, 43, 88, 107, 119, 141, 184, 210, 238, 256, 260, 283, 291, 294, 301, 309, 310, **319**
Newa 104
Nicht-Rezeption 40
Nidda 184
Niedergermanien 155, 159
Nietzsche, Friedrich 240
Nika-Aufstand 179
Nikaia (Nizza) 53
Nikaia (Nicaea), Synode 171, 266
„Nikephoros" 290
Nikias 73, 74
Nikolaos von Damaskos 148
Nikomedien 258
Ninive 45
Nizza 53
nobilis 131
Nobilität 222, 302, **336**, **347**, **348**
nomen gentilicium 102
nomen ipsum christianum 264
nómos (Gesetz) 191
nomós (Gau) 89
Nomotheten 80, 191, 194, 195, 196, **343**
Nonnos 261
Nordafrika siehe Afrika
Nordamerika siehe USA
Norditalien 121, 176, 177, 181, 185
nota censoria 202

Notitia Dignitatum 311, **345**, **346**
Notstand 122, 129, 132, 134, 304, **338**, **344**
Nürnberger Rassegesetze 274, 312
Numa Pompilius 102
Numantia 127, 129, 181
Numidien, Numider 121, 130
Numismatik 61, 276, 278, **326f.**
Nyssa 268

Obergermanien 155, 159, 162
Oberitalien 32, 141
Octavia, Frau Neros 157
Octavian, siehe auch Augustus 90, 146, 147
Octavius 126
Odaenathus 168
Oder 185
Odoaker 177f., 179
Odyssee siehe Homer 54
Odysseus 49, 239
Ödipus 23, 37
Öffentlichkeit, öffentlich 21, 22, 57, 63, 190, 191, 193, 204, 205, 226, 232, 247
Öl, siehe auch Oliven 73, 230, 233
Ölbaumkranz 229
Offenheit der Geschichte 14, 58, 68, 71, 81, 143, 306
officia (Pflichten) 223
officia (Büros) 172, 211
Offizier 201, 223
Oikistes 54
oikos 197f., 198, 226, 242
Okeanos 82
Oldenbourg Grundriß der Geschichte 277, 323
Oligarchen, Oligarchie, oligarchisch 74, 75, 80, 199, 214, 241, 245, 246, 298, **332**, **342**
Oliven 235
Olymp 252
Olympia, siehe auch Olympische Spiele 54, 59, 229, 249, 250
Olympieion 163
Olympionike 62
olympische Götter 252
Olympische Spiele 62, 229, 231, **318**, **350**, **351**
Olympischer Friede 229

382 Personen-, Orts- und Sachregister

Olynth 77, 82
Oper 37, 319
Opfer 44, 62, 162, 170, 193, 252, 253, 263, 266, **358**
Opferschau 253
Opis 85
oppida 181, 187
Optimaten 132, 133, 134, 136, 138, 141
Optimus Princeps 162
Orakel 54, 62, 67, 229, 253
Orange 130
ordo equester siehe Ritterstand
ordo senatorius siehe Senatorenstand
Orff, Carl 306
Orient, orientalisch 18, 27, 48, 54, 60, 81, 84, 85, 86, 87, 240, 249, 250, 251, 296, **331**
orientalische Religionen 170, 253, 263
orientalisierender Stil 60
Origenes 267, 268, **359**
Orosius 259, **341**, **355**
Orphik 253, **358**
Osker 103, 104
Oskisch (Sprache) 100, 254
Oskisch-Umbrisch 98, 100
Ossian 185
Ostasien 47, 275
Osteuropa 272, 274, **318**
Ostgoten 179, 261
Ostia 67, 227, 308
Ostraka 279, 297
Ostrakismos 68, 70, 197, 232, 297, **343**
Otho, M. Salvius 157, 159
Otto der Große 31
Otto III. 31
Ovid (P. Ovidius Naso) 257, 306, 307, **354**
Oxford Classical Dictionary 275
Oxyrhynchos 279

Pachomius 265
Padua 257
Pächter 168, 235
Paestum 59, 100, 249
Palästina 28, 43, 90, 92, 159, 230, 263, 268
Palästra 251
Palatin 101, 149
Palermo 44, 53, 278
Palladio, Andrea **319**
Palmyra 168, 311, 340

Panaitios 247
Panathenäen 62, 63, 230, **350**
Pandschab 94
Panhellenische Spiele 59, 62, 94, 228, 229, 240
Panion 90, 119
Pannonien 165
Panopolis 261
Panoramix 185
Panormos 44, 53
Paphlagonien 93
Papinian 165, 166, 211, 262
Cn. Papirius Carbo 130
Papst 265
Papyri 36, 58, 88, 153, 227, 232, 243, 279, 285, **345**, **359**
Papyrologie 276, 279, **327**
Paris 184
Parma 184
Parmenides 241
Parmenion 81, 85
Parner 98
paroikoi 348
Paros 239
Parteien 194
Parthenon 249, 250
Parther, parthisch 20, 21, 28, 98, 138, 141, 144, 152, 158, 163, 167, 168, 173, 217, 292, 294, 314, **330**
Partizipation 80, 193, 194, 195, 297
Pasolini, Pier Paolo 37
Pataliputra 94
Patavium 257
pater familias 206
Patna 94
patres ecclesiae 267
patria potestas 206, 207
Patriarch, Patriarchat 209, 265, 267, 268
patricii siehe Patrizier
Patrizier, patricii, patrizisch 102, 103, 107, 108, 109, 110, 111, 112, 138, 140, 201, 203, 204, 222, 233, 301
Patroklos 229
Patron, patronus, Patronat 112, 131, 132, 217, 222, 223, **345**, **347**, **349**, **354**
patrona 227
Paula 265
Paulus, Apostel 23, 93, 158, 183, 262, 263f., 266, **359**, **360**

Paulus, Jurist 211, 262
Pausanias 24, 228, 231, 258, **355**
Pax Augusta 307
pax Romana 199, 263, 264, 294, 308, 309
peculium 218
Peisistratiden 58, 67, 163, 296
Peisistratos 63, 233
Peleset 43
Pella 249
Pelopidas 76
Peloponnes 47, 53, 68, 90, 94, 213, 213, 229
Peloponnesischer Bund 53, 63, 67, 69, 213
Peloponnesischer Krieg 71–75, 214, 220, 233, 242, 244, 245, 297f.
Penesten 221
Pentameter 239
Pentekontaetie 69–71
Penthesilea-Maler 252
Pergamon, pergamenisch 93, 97, 118, 119, 122, 126, 216, 219, **358**
Pergamon-Altar 93, 183, 249, 250, **356**
Periander 58, 157
Perikles, perikleisch 71, 73, 105, 195, 241, 243, 245, 251, 298
Perikles, König 299, **334**
Perinth 77
Periodonike 229
Periöken 51, 221, **332**, **348**
Peripatos 246
Perser, Persien, persisch, Persis, siehe auch Iran 19, 21, 46f., 58, 69, 70, 74, 76, 78, 80, 81, 82, 84, 87, 91, 98, 179, 187, 198, 214, 241, 248, 263, 280, 292, 296, 299, **328**
Perserbild, griechisches 46 Fußnote 15, 84f.
Perserkriege 19, 65–69, 71, 76, 82, 96, 197, 213, 244, 250, 280, 296, 297, **333**
Perserschutt 250, **357**
Perseus 358
Perseus von Makedonien 95, 119, 120
Pertinax 165
Petalismos 197
Petra 163, 187

Petrarca, Francesco 33, 163, 272f., **318**, **320**, **321**
Petronius 158, 259f., **339**
Petrus 158, 264, **359**, **360**
Peukestas 86
Pezhetairoi 77
Pferderennen 229, 251
Pflicht, siehe auch officia 247
Phalanx 56, 104, 239
Phalaris 59
Phaleron 237
Pharnakes 138, 144
Pharsalos 143
Pherai 79
Phidias 250, **357**
Philemon, Brief an 266
Philhetairos 93
Philipp II. 77, 78, 79, 80, 81, 84, 94, 215, 248, 249, 298, **333**
Philipp II. von Spanien 271
Philipp V. 94f., 118, 119, 216
Philipperbrief 266
Philippi 147
Philippus Arabs 167, 187
Philister 43, 45
Philokrates 77
Philologie 243
Philopoimen 95
Philosophie, Philosophen 18, 25, 29, 31, 40, 52, 75, 157, 164, 187, 206, 232, 240, 244–247, 251, 260, 277, 289, 292, 294, **355**f.
Philostratos 260
Philotas 85
Phöniker, phönikisch (-z-) 19, 21, 25, 26, 43f., 46, 48, 49, 54, 60, 68, 82, 90, 91, 115, 224, 236, 237, 292, 294, **328**
Phoinike, Friede von 118
Phokaia, Phokaier 44, 100
Phokis, Phoker 77, 78, 95
Phratrien 56
Phrygien 119
Phrygische Mütze 35
Phryne 250
Phrynichos 66, 241
Phylen 56, 65, 66, 90, 192, 296, **332**
Phylenregimenter 192, 193
Pi (Zahl) 243
Piacenza 115
Piazza Armerina 235
Piazza Montecitorio 164
Picasso, Pablo 37

Picenum 122
Pilum 105
Pindar 31, 59, 81, 240
Piräus 70, 237, 249
Piso, C. Calpurnius, Verschwörung 158, 162
Piso, Cn. Calpurnius 155
Pithekussai 54
Placentia 115
Plastik 52, 250f., 262, **356**
Plataiai, Plataier 67, 68
Platen, August Graf von 177
Platon 75, 79, 97, 158, 195, 225, 226, 236, 240, 245, 246, 251, 298, **356**
Plautus, T. Maccius 29, 227, 242, 254
Plebejer, siehe auch Plebs 103, 108, 109, 111, 201, 202, 203, 302
plebis scitum 107, 110, 201
Plebiszit 107
Plebs, siehe auch Plebejer 102, 107, 108, 111, 221, 222, 301, **337**, **348**
Plebsversammlung siehe concilia plebis
Plinius d. Ä. (C. Plinius Secundus) 30, 260, 292, **318**, **329**, **354**
Plinus d.J. (C. Plinius Caecilius Secundus) 162, 260, **354**
Plotin, -os 260f., **355**
Plutarch 52, 67, 95, 134, 136, 143, 146, 212, 258, 273, 300, **355**
Pnyx 191
Po 115
Poe, Edgar Allan 166
poetae docti 243
Poetik 246
Polemarchos 62, 193, 195f., 220
Polen 116, 320
Polis 55–58, 189, 190, 226, 242, 246, 247, 248, 249, 276, 295, **330**, **342**, **353**–**355**
Polisbildung 55–58, 60f., 236, 294, **331**
politeuma 88
Politikwissenschaft 36f., 246, 282
politisches Denken 190, 195, 282, **338**, **339**, **342**
Politologie 3, 92
Polizeigewalt 201

Polybios 19, 90, 92, 95, 103, 114, 120, 125, 248, 273, **342**
Polygnot 251
Polyklet 250, **356**
Polykrates 58f., 240, 241
pomerium 200
Pompeianer 144
Cn. Pompeius d.J. 144
Cn. Pompeius Magnus 136–143, 145, 255, 259, 305, **337**, **338**
Sex. Pompeius 144
Pompeius Trogus 257
Pompeji 100, 160, 188, 208, 227, 235, 277, 278, 308, **350**, **356**
pontifex maximus 263
Pontius Pilatus 150
Pontos 93, 96
C. Popilius Laenas 92, 120
P. Popilius Laenas 128, 129
Poplicola, P. Valerius 102
Popmusik 40
Poppaea Sabina 157, 159
Populare, popular 131f., 133, 134, 135, 136, 138, 139, 140, 224
pornai 225
Porphyrios 260
Porträt 149, 250f., 262, 278, **357**
Portugal 220
Poseidippos 243
Poseidonia 59, 100, 249
Positivismus 274
L. Postumius 129
Poteidaia 77, 212
Potter, Harry 185
praefecti iure dicundo 206
praefectus praetorio 155f., 157, 159, 161, 165, 169, 172, 176, 178, 210, **344**
Prähistorie 277
praenomen 102
praepositus sacri cubiculi 172, 176, 210
praeses 169, 210
Prätor, Prätur 107, 108, 109, 114, 115, 122, 123, 135, 138, 140, 144, 164, 200, 201f., 204f., 206, 208, 255
praetor maximus 108
– peregrinus 135, 202, 220
– urbanus 135, 202
Prätorianer 155, 156, 157, 158, 167

Personen-, Orts- und Sachregister

Prätorianerpräfekt siehe praefectus praetorio
Praxiteles 250, **356**
Preisamphoren 230, **350**
Preisgesänge 240
Presbyteroi 265
Prestige 56, 62, 90, 95, 124, 141, 150, 152, 168, 171, 172, 178, 192, 197, 215, 221, 228, 229, 233, 235, 236, 237, 249, 251, 276
Preußen 32, 35, 78, 320
Preußische Akademie der Wissenschaften 276, 278
Priester 22, 50, 56, 88, 183, 190, 253, 263, **358**
Priesterin 253, **358**
princeps, Prinzeps 150, 152, 156, 161
Prinzipat 148–150, 152, 207, 257
– Nachfolge 150f., 207, 208, 306
Privathäuser 249
Privileg, siehe auch Exemtion 89, 135, 142
pro consule, siehe auch Statthalter 122, 135, 204
pro praetore, siehe auch Statthalter 122, 135, 204
probuleuma 191
procuratores 150
Produktionsmittel 283
Prokop 98, 179, 259, 311, 312, 314, **354**
Properz (Sex. Propertius) 257, 306
Proprätor, siehe auch Statthalter 122, 135
propugnacula imperii 105
Propyläen 34
prorogatio 204
Prosa 240, 260
Proskriptionen 134, 147, 149
Proskynese 85
Prosopographia Imperii Romani 276
Prosopographie 299, 300
Prosopography of the Later Roman Empire 276
Prostituierte 225, 227
Protagoras 245
provincia 114, 122
Provinz 92, 95, 97, 114f., 120, 121, 122, 127, 129, 135, 138, 148, 155, 156, 161, 162, 163, 169, 172, 202, 203, 204, 207, 208, 210, 217, 265, 287, 303, **343**
Provinzialrömische Archäologie 308
Provocatio ad populum 110, 128, 202
Provokation siehe provocatio
proxenos 212, 347
Prozess, Prozesse 79, 128, 129, 155, 156, 157, 191, 194, 195f., 204f., 220, **333**, **338**, **345**, **346**
Prytanie 192
137. Psalm 46
psephisma 191
Pseudo-Xenophon siehe Alter Oligarch
Ptolemäer, Ptolemäerreich, siehe auch Ägypten 87–91, 92, 93, 94, 96, 97, 234, 300, **335**, **345**
Ptolemaios I. Soter 86, 89, 90
Ptolemaios II. Philadelphos 90
Ptolemaios III. Euergetes 90
Ptolemaios IV. Philopator 90
Ptolemaios XII. Auletes 91
Ptolemaios XIII. 143
Ptolemais (Phyle) 90
Ptolemais (Stadt) 89
publicani siehe Steuerpacht
Pulcheria 178, 209, 312
Punisch 44, 165
Punische Kriege 122
–, Erster 113f., 254, 255, 302, 303, **336**, **347**
–, Zweiter 94, 115–118, 122, 123, 125, 243, 255, 303
–, Dritter 120
Purpur 102
Pydna 95, 119, 120
Pylos 73
Pyrenäen 181
Pyrene 181
Pyrrhos 93, 105f., 113, 114
Pyrrhussiege 93, 105
Pythagoras 241, **356**
Pythagoreer 241, 243, **356**
Pythionike 62
Pythische Spiele 62, 229, **351**

Quaden 164, 174
quaestio 124
Quästor 114, 133, 135, 144, 201, 202
quaestor sacri palatii 210
Quellen, Quellenlage 24, 36, 45, 48, 49, 58, 100, 101, 104, 113, 125, 147, 152, 154, 190, 199, 286f., 291, 296, 297, 298, 299, 300f., 304, 306f., 308, 310, 311, 312
Quellenkritik 35, 49, 101, 244, 274f., 300, 302, 303, 306
Quellenwert 257, 295, 301
Querelle des Anciens et des Modernes 34, 39
Quidde, Ludwig 39, 307
Quinctilis 145
Quintilian(us), M. Fabius 260
Quirinal 101

Rache, rächen 82, 102, 121, 128, 289, **324**, **325**
Racine, Jean 34
Räuber, siehe auch Seeräuber 237
Ramnes 102
Randvölker 292, 294
Rangklassen 164
Raphia 90
Rasena 100
Rat 45, 50, 56
– der 400 62
– der 500 65, 191, 192, 193, 194
Rationalität, Rationalismus, rational 22, 25, 55, 63, 71, 84, 190, 241, 244
Rationalisierung 219
Raub 124, 181
Ravenna 141, 176, 179
Realencyclopädie der classischen Altertumswissenschaft 275
Reallexikon für Antike und Christentum 275
Reallexikon für Germanische Altertumskunde 275, 293
Rechenhaftigkeit 41, 285
Rechenschaft 193
Recht 218, **345f.**
–, germanisches 32
–, griechisches 57, 189, 195–198, 226, 291
–, römisches 18, 29f., 32f., 107, 164, 170, 179f., 189, 204–207, 208f., 211f., 220, 221, 227, 228, 232, 254, 273, 291, 293f., 302, 316, **319**, **320**

Personen-, Orts- und Sachregister

Recht des Stärkeren 245
Rechtfertigung, christliche 269
Rechtsgeschichte 273, 276, 285, 291f.
Rechtsliteratur 255, 262
Rechtsprechung, siehe auch Gerichtsbarkeit 21, 56f., 62, 88, 89, 189, 190, 193, 195, 204, 208, 210, 211
Rechtsschulen 211, 212, 232, 309
Rechtssicherheit 107
Rechtsstaat 21, 57, **320**
Rechtswissenschaft 29, 164, 196, 206, 209, 211, 212, 262, 291, 293f., **346**
Rederecht 191
Redezeit, Begrenzung 196
Reformation 33
Regensburg 184
Reggio 53
Regionalstudien 308
Regionen Attikas 192
Regulus, M. Atilius 114
Rehabeam 45
Reichenhall 180
Reicher Stil 250
Reichselite 208
Reims 184
Reisen 163, 324
Reiterei 49, 56, 77, 115, 200
religio licita 171
Religion, religiös 22, 25, 27, 47, 89, 170, 173, 183, 197, 206, 218, 231, 239, 240, 241, 242, 248, 252–254, 257, 263, 290f., **358f.**
Religionskritik 240
Religionspolitik 173, 178
Remagen 184
Renaissance(n) 18, 22, 30, 34, 238
–, italienische 30, 31, 32, 33, 101, 255, 305, **320**
–, karolingische 30, 31, 33
–, ottonische 31
renovatio imperii 30, 31
Repetunden 124, 129, 135, 144, **336**
Res gestae Divi Augusti 306
restitutor orbis 168, 311
Revolution, neuzeitliche 283
Revolution, römische 128, 132, 133
rex 102
rex sacrorum 102

Rezeption(en) 18, 19, 25, 27–38, 39, 40, 41, 43, 89, 184f., 188, 189, 238, 242, 254, 256, 271–273, 293, 297, 307, **318–320**
Rezitieren 230
Rhegion 53, 106, 113
Rhein 20, 141, 152, 154, 155, 161, 167, 184, 185
Rhetorik, Rhetoren 25, 29, 75, 79, 196, 232, 247, 251, 258, 260, 261, 268, **354**
Rhodos 78, 97, 118, 119, 219, 237, 242, 247, 287
Richter 45, 56, 57, 80, 129, 133, 135, 191, 193, 196
Richtereid 191
Richterlosung 194, 196
Ricimer 177, 187
Rienzo, Cola di 278
Rimini siehe Ariminum
Rinascimento 33
Ringen 229
Ritus, Riten 252f., 263, **358**
Ritter, Ritterstand 123, 129, 130, 135, 138, 147, 150, 156, 164, 172, 208, 222, 235, 237, 309, **339**, **348**
Robbe-Grillet, Alain 37
Römerbrief 266
„Römertum" 289
römisch-karthagische Verträge 44, 114
Rohstoffe 44, 54
Rokoko 33, 34
Rom (Stadt) 98, 158, 162, 164, 168, 172, 177, 231, 232, 236, 262, 264, 265, 269, 282, 301, 307, **327**, **359**
–, Eroberung 103, 109, 176f., 177, 181, 259, 269
Roman, antiker 25, 259, 260
Romane, historische 273
Romanisierung 100, 152, 165, 170, 187, 220, 235, 257, 294, 308, 309, 310, **324**, **339**
Romulus 102, **347**
Romulus Augustulus 178
Rostra 104, 147
Rotation 56
Rousseau, Jean Jacques 34, 269
Routledge History of the Ancient World 290
Rubico 142

Rudiae 254
Rudolstadt 260
Rückwirkung 129
Rüstung siehe Waffen
Rufinus 176
Ruhr 184
Ruma 10
Rumänen, Rumänisch 168, 220, 235, 309
P. Rupilius 128
Russland 274, **320**
Rutilius Claudius Namatianus 261, **341**

Sabina 163
Sabiner 122
sacer (Republik) 108, 112
sacer (Spätantike) 172
sacrosanctitas 108, 126, 207
Saddam Hussein 46
Sänger, fahrende 239
Säkularität, säkular 22, 25
Säulenheilige 265
Sagen, sagenhaft, siehe auch Mythen 101, 102, 190, 192, 242, 243, 251, 300, **358f.**
Sagunt 115, 116, 181
Sahara 154, 262
Salamis 68, 70, 197
salarium 150
C. Sallustius Crispus (Sallust) 130, 131, 255, 256, 257, 303, **355**
Salomon 45
Salvius 131
Salz 180
Salzkammergut 180
Samarkand 335
Samniten 100, 104, 105
Samnitenkriege 104, 110, 113
Samos, Samier 58, 59, 60, 68, 70, 74, 220, 237, 241, 247, 249, 287, **356**, **357**
Samosata 260
Samothrake 253
Sanherib 45
Sanskrit 47
Sappho, sapphisch 29, 62, 225, 240
Sardes 46, 65, **335**
Sardinien 44, 114, 115, 122
Sarmaten 164
Sassaniden 20, 98, 167, 173, 178, 310, 311
Saticula 105

Satire 255, 256, 260, 310
Satrap, Satrapie 46, 78, 81, 85, **357**
Saturninus, L. Appuleius 132, 133
Satyrspiel 241
Saul 45
Scaevola, Q. Mucius 126
Schäferdichtung 242
Schapur 167
Schatzfunde 278
Schatzhaus 253
Scheidung 197, 207
Scherbengericht siehe Ostrakismos
Schicht 282
Schiedsrichter 196, 215f.
Schiedsspruch 121, 130, **347**
Schiffbau 236
Schildbeschreibung 56, 236
Schilderhebung 185f.
Schildkröte 241
Schiller, Friedrich von 59, 69, 79, 97, 230, 240, 260, **331**
Schinkel, Karl Friedrich 35
Schlachten siehe am jeweiligen Ort
Schmähgedichte 239
Schmied 56, 236
Schmitt, Carl 37
Schnelligkeit 193f., 196
Schofet 45
Scholastik 31, 272
Schopenhauer, Arthur 36
Schottland 32, 154, 184, 262
Schreibenkönnen 52, 232, **325**, **331**
Schrift 22, 26, 36, 44, 48, 60, 294
Schriftlichkeit 22, 86, 239, 252
Schuldsklaverei 63
Schule 88, 232
Schwab, Gustav 36
Schwarzes Meer 20, 53, 55, 59, 78, 133, 154, 172, 233, 257, 295, **330**
Schwarzwald 160, 181
Schweiz 130
Schwimmen 231
Scipio, Cn. Cornelius 116
– , Q. Caecilius Metellus Pius 144
– , L. Cornelius 119, 124f.
– , P. Cornelius d.Ä. 116
– , P. Cornelius – Africanus

maior 116, 118, 119, 122, 124f., 126, 145, 162
– , P. Cornelius – Aemilianus Africanus minor Numantinus 122, 123, 127
– , P. Cornelius – Nasica 127
Scipionen 248, **336**
scrinia 1972
secessio plebis in montem sacrum 107
SED 247
Seebund siehe Attischer Seebund
Seefahrt 54, 55, 237, 239, 243
Seelenlehre 241
Seeräuber 137, **334**
Seevölker 26, 43, 46, **327f.**
Seianus, L. Aelius 156, 169
Seidenstraße 317
seisachtheia 63
Selbstmord 102, 129, 138, 155, 156, 158, 159, 166, 176, 247, 259
Seleukia 92
Seleukiden, Seleukidenreich 87, 90, 91–93, 98, 119, 138, 198f., 234, 300, **335**, **346**, **353**
Seleukos I. Nikator 91, 92, 94, 300, **335**
Selinunt 59
Selinus 59, 249
sella curulis 102, 149
Sellasia 92
Semitisch 26
Senat, Senatoren, Senatorenstand, Senatsaristokratie, senatorisch 102, 111, 112, 113, 118, 120, 122, 123, 124, 125f., 126, 127, 129, 130, 131, 132, 133, 135, 136, 138, 139, 140, 141, 142, 143, 144, 145, 146, 147, 148, 149f., 155, 156, 157, 158, 159, 160, 161, 162, 164, 165, 166, 167, 172, 202f., 206, 207, 208, 209, 211, 222, 223, 224, 227, 228, 234, 235, 247, 257, 259, 261, 269, 279, 302, 303, 309
Senatsbeschluss siehe senatus consultum
Senatskaiser 311
senatus consultum 202, 209
– de Bacchanalibus 202, 203

– ultimum 129, 132, 139, 304
Seneca, L. Annaeus 157, 158, 259, **355**
senex 102
Sentinum 105
L. Septimius Severus 165f., **339**
Q. Sertorius 136
Servilia 228
Q. Servilius Caepio 130
Servius Tullius 102
P. Sestius 139
Severische Dynastie 165–167, 220, 258, 260, **339**
Severusbogen 165
sexagenarii 164
L. Sextius Lateranus 109
Sextilis 149
Sexualität siehe Geschlechtlichkeit
Sezession 107
Shakespeare, William 146
Shaw, George Bernard 37
Sidon 44
Sidonius Apollinaris 261
Sieben gegen Theben 252
Sieben Weise 63, 331
Siebenbürgen 161, 163, 340
Siebenjähriger Krieg 165, 247
Siedlungsarchäologie 278, 294f., 301
Siedlungsgeographie 295
Siegerepigramme 290, **350**
Sikyon 59, 95
Silber 68, 237, 238
C. Silius 157
Silius Italicus 310
Simeon Stylites 265
Simonides 240
Singen 230
Siphnos, Siphnier 253
Sitophylakes 352
Sittenverfall 303
Siwa 84
Sizilien, sizilisch 44, 53, 59, 73, 74, 97, 106, 114f., 116, 118, 120, 122, 127f., 131, 136, 218, 219, 235, 241, 245, 247, 257, **330**, **359**
Sizilische Expedition 73
Skandinavien 185
Skeptizismus 246, **356**
Sklaven, Sklaverei 23, 24, 49, 51, 63, 67, 74, 120, 121, 123, 131, 168, 206, 217–219, 220, 221, 224,

234, 235, 236, 237, 253, 254, 263, 284, 291, **332**, **333**, **336**, **348f.**, **357**
Sklavenaufstände 219, **349**
Sklavenhaltergesellschaft 283
Sklavenkriege, siehe auch Spartacus 127f., 131, 219, 284
Skulptur siehe Plastik
Skythen 65, 185
Slawen 30
socii navales 114
Söhne 350
Söldner 45, 97, 106, 113, 114, 183, 198, 237
Sogdien 82
Sokrates 158, 236, 240, 245f., 248, 251, 298, **355**, **356**
Soldaten siehe Heer
Soldatenkaiser 167f., 169, 170, 187, 209, 211, 238, 260, 310, **340**
solidus 172, 238
Soloi 247
Solon 62f., 190, 233, 239, 296, **332**
Somatophylakes 86, 87
Sondervollmachten 122, 136, 204
Sonnenuhr des Augustus 149
Sophistik, Sophisten 245f., 260, **355**, **356**
Sophokles 23, 242, **353**
Sostratos 237
Sozialgeschichte siehe Gesellschaft
Sozialpolitik 23, **348**
Sozialprestige siehe Prestige
Spätantike 21, 40, 86, 221, 228, 235, 236, 237, 251, 261, 262, 275, 289, 290, 311–315, **320**, **340f.**, **353**, **355**, **356**
Späte Republik 125–152, 255, 258, 301, 303–306, **336–338**
Spanien, siehe auch Iberien 20, 32, 44, 53, 115, 116, 118, 120, 122, 124, 125, 126, 127, 136, 140, 142, 143, 144, 148, 152, 157, 158, 159, 177, 179, 224, 234, 259, 260, 273
Sparta, spartanisch, Spartaner 25, 49–53, 63, 65, 67, 68, 69, 70, 71, 73, 74, 75, 76, 77, 80, 94, 95, 96, 97, 180,
198, 213, 214, 216, 218, 226, 232, 236, 239, 240, 245, 248, 288, 296, 298, **331f.**, **333**, **349**, **350**
Spartacus 136, 219, **349**
Spartiaten 50, 51f., , 68, 73, 76
Speerwurf 229
spezifisches Gewicht 243
Sphakteria 73
sphärische Geometrie 243
Spiele, öffentliche 201
Spitamenes 91
Split 170
Sport, siehe auch Gymnasion, Panhellenische Spiele 24, 52, 88, 228–231, 232, 240, 251, 253, 290, **349**, **350f.**
Sprachgeschichte 301
St. Petersburg 38, 104
Staat 21, 22, 23, 55, **342**, **344**
Staatsaufträge 202
Staatsland, römisches siehe ager Romanus
Staatslehre, -philosophie, -theorie 50, 78, 79, 94, 127, 246, 256, 282, 291
Staatsmarxismus siehe Marxismus
Staatspächter 234
Stadion, Stadionlauf 229, 231
„Stadion" 290
Stadt, städtisch 21, 22, 23, 24, 26, 28, 44, 47, 49, 53, 54, 55, 56, 58, 59, 75, 77, 78, 84, 91f., 94, 100, 104, 112, 138, 154, 165, 168, 173, 181, 188, 198, 203, 204, 208, 210, 213, 214, 215, 216, 220, 230, 237, 264, 283, 294, 309, 310, 314, **335**, **341**, **342**, **347**, **356**
– , oberitalienische 32
Stadtarchäologie 278
Stadtplanung 249, 278
Stadtpräfekt 261
Stadtstaat 45, 188, 189, 198, 200, 204, 215, **347**
Städtegründung 84, 101, 102, 154, 164, 249, 301
Ständekämpfe 107f., 111, 201, 222, 302
Stageira 246
Stalin, Josef Wissarionowitsch 38, 283, 309
Stamm, Stämme 45, 47, 53, 59, 141, 188

Statius, P. Papinius 310
Statthalter, siehe auch praeses, Prokonsul, Proprätor, Provinz 98, 120, 121, 1222, 123, 126, 135, 140, 148, 150, 152, 159, 162, 169, 202, 204, 207, 208, 210, 211, 258, 265, 269
– Exzesse 123f., 262
Status 169, 220, 221, 237, 282, 291
Steckenbleiben der Entwicklung 40
Stein von Rosette 88, 89, **335**
Sterben **325**
Sterbender Gallier 183, 250
Stesichoros 240
Steuerpacht, Steuerpächter 89, 123, 129, 141f., **349**, **353**
Steuerwesen, siehe auch Abgaben 89, 166, 168, 170, 193, 198, 210, 313, **340**, **341**, **345**, **353**
Stilicho 176, 187, 261, **340**, **341**
Stimmsteine 196
Stoa, stoisch, Stoiker 164, 247, 248, 259, 260, 261, **355**, **356**
Stoa poikile 247
Storm, Theodor 243
Straßburg 173
Straßen, römische 105, 123, 154, **335**, **336**
Strategen 65, 67, 192, 193
Strauss, Richard 37
Strenger Stil 250, 251f.
Sturm und Drang 34
Stuttgart 276
Subventionen 233
Sueben 141
Süditalien 177, 195, 218, 219, 241, 245, 252
Sünden 171
Suessa 105
Sueton (C. Suetonius Tranquillus) 31, 145, 158, 159, 258, 310
Suffeten 45
sui iuris 206, 207
Sulla, L. Cornelius 96, 133–135, 136, 137, 139, 140, 141, 143, 144, 145, 147, 200, 202, 304f., **337**
Sumer, sumerisch 26

Personen-, Orts- und Sachregister

Susa 76
Symbola **348**
Symmachie 213, **347**
Symmachus, Q. Aurelius 261, **354**
Sympolitie 343
Symposion 240, 251, **326**, **351**, **352**
Synode siehe Konzil
Synoptische Evangelien 266
Syrakus, syrakusanisch 53, 59, 60, 61, 73, 74, 97, 106, 113, 114f., 116, 197, 212, 234, 242, 243, 246, 247
Syrakusai 53
Syria 92, 98, 138, 148
Syrien, Syrer 45, 81, 91, 92, 128, 155, 163, 165, 166, 261, 265, 266
Syrische Kriege, siehe auch Antiochos der Große 303

Tacitus, P. Cornelius 38, 155, 158, 161, 187, 254, 257, 258, 259, 260, 293, 306, 307, 309, 310, **339**, **354**
Tadschikistan 82
Tagegeld, siehe auch Diäten 193, 194
Tagesordnung 192, 194
Tagos 77
Talent (Gewichts- und Geldeinheit) 114, 118
Tanagra 251
Tanagra-Figuren 250, 251
Taormina 53
Tarasikodissa siehe Zenon, Kaiser
Tarent 52, 53, 105, 180, 254
Tarquinius Superbus 102
Tarsos 264
Tauber 184
Taufe 171
Tauromenion 53
Tauros 92
Tauschhandel 237
1001 Nacht 98
taxis 193
Taygetos 51
Technik, technisch 22, 36, 40, 180, 292, **357f.**
technischer Fortschritt 236, 292, **349**, **357**, **358**
Techniten **334**
Teilhabe siehe Partizipation 193
Telamon 115

Tempel 54, 59, 60f., 63, 88, 89, 91, 92, 174, 193, 236, 237, 248f., 253, 277, **356**
Tempelarchiv 195
Terenz (P. Terentius Afer) 29, 227, 242, 254
Terrakotta-Figuren siehe Tanagra-Figuren
Terrorismus 37
Tertullian 267, **360**
Tessin 184
Testament 124
Tetrarchie 169, 313
Teutoburger Wald, Schlacht 152, 155, 309
Teutonen 130, 131, 185
Textgeschichte 31, 272
Textilien 236
Thales 240, **356**
Thapsus 144
Theater 24, 25, 52, 69, 75, 226, 228, 241f., 250, 252, 285, 290, 297, **354**
Theben, thebanisch 67, 68, 75, 76, 77, 78, 81, 97, 240, **359**
Themistokles 67–69, 70, 250, 296, 298, **332**
Theoderich der Große 179, 261
Theodora 179, 225, 313, **340**
Theodosius der Große 174, 176, 177, 264, 267, 268, 269, **341**
Theodosius II. 177, 178, 209, 267, **342**
Theognis 239f.
Theogonie 239, 252
Theokrit 235, 242, 256
Theologie 266
Theophanu 31
Theophilus 232
Theophrast 234
Theopomp 248
Thermen 231, 262
Thermopylen 68f., 119, 240
Theron 59
Thesaurus Cultus et Rituum Antiquorum 276
Theseus 195, 358
Thesmotheten 62, 193, 195f.
Thespiai, Thespier 68, 69
Thessalien, Thessaler 68, 77, 95, 143, 221
Thessalonicherbrief 266
Thessalonike 269
Thomas von Aquin 272

Thrakien, Thraker 68, 77, 87, 161
Thukydides 37, 71, 73, 74, 75, 195, 212, 244, 245, 247, 248, 259, 278, 282, **318**, **349**, **355**
Thurioi 105, 245
Tiberius 150, 154, 155, 169, 258, **340**
Tibull (Albius Tibullus) 257, 306
Ticinus 116
Tierhatzen 231
Tigris 20, 26, 82
Timokratie 295
Timoleon 97, 212
Tities 102
Titus 159f.
Tivoli 163
Tod 288
Todesstrafe 155, 162, 264
Töchter 197, 198, 206, **348**, **350**
Töpfer 236
Toleranz 174
Toleranzedikt 171, 264
Tolkien, J. R. R. 185
Tolosa 130
Tophet 44
Topographie 243, 282, **327**
Topoi (Ägypten) 89
Toscana 34, 100, 277
Totalitarismus 38
Totenglauben 183f.
Totes Meer 45
Toulouse 130
Tragische Geschichtsschreibung 310
Tragödie 241f., 254, 259, **354**
Traian (M. Ulpius Traianus) 161, 162f., 168, 170, 258, 264, 309, 310, **339**
Traianssäule 163
Transport 353
Trasimenischer See 116
Trebia 116
tribuni plebis, siehe Volkstribunen
tribunicia potestas 149, 150, 155, 207
tribus 107, 109f., 122, 201
tribus rusticae 122
– urbanae 122
Tribus-, Tributkomitien siehe comitia tributa
Tribut 45, 70, 114, 167, 176, 214, 237, 249

Trier 154, 161, 169, 184, 235, 269, 276, **339**
Trierarchie 193
trittys 192, 296
Triumphbogen 262
Triumvirat, „Erstes", siehe Dreibund
Triumvirat, „Zweites" 147f.
Troizene 68
Troja, Trojaner 263, **359**
Troja-Ausstellung 271, **331**
Trojanischer Krieg 49, 239, 252, 256
Troyes 177
Tschechoslowakei, Besetzung 1968 75
Tübinger Atlas des Vorderen Orients 276, 282
Türken 30, 271
Türkenkriege 19
Tullus Hostilius 102
Tunis 271
Turkovani **331**
Tusci 100
tutor 207
Tyana 260
Typenhäuser 297
Tyrann, Tyrannis 58–60, 62, 63, 65, 67, 70, 79, 85, 96, 97, 102, 127, 145, 146, 162, 166, 199, 233, 236, 240, 241, 247, 248, 295, 296, **331**
Tyrannenmördergruppe, Athen 250
Tyrannenmord 63, 145, 166
Tyros 43, 44, 45, 46, 82, 84
Tyrsenoi 100
Tyrtaios 52, 56, 62, 239

UdSSR 281
Überbevölkerung 55, 225, 233, 295
Übergang von der Antike zum Mittelalter 314, 316
Ugarit 44
Uldin 176
Ulpian 165, 211, 262
Umbrisch, Umbrer, Umbrien 98, 100, 254
Unfreie 218
Universalgeschichte 248, 257, **354**
Universitäten 32, 36, 38
Unteritalien siehe Süditalien
Urbanisierung 154, 262
Urbanistik 283

Urgesellschaft 283
USA 19, 20, 35, 37, 39, 42, 199, 273, 274, 284f., **318**
Usbekistan 82
Usurpation 157, 169, 173, 174, 208, 211, 307, 310, 313, **339**
Utica 44, 121

Vadimonischer See 105
„Vae victis!" 103, 181
Väter 197, 206, 227, 288, **348, 350**
Valens 174, 268, **341**
Valentinian I. 174, 177, 312
Valentinian II. 174, 176
Valentinian III. 177, 313
Valentinianisch-theodosianische Dynastie 174, 176–178, **359**
Valerian 98, 167, 264, 310
Vandalen 177, 179, 269
Varro, M. Terentius 101, 255, **353**
Varus, P. Quinctilius 152, 309
Vasen 48, 100, 287, 353
–, geometrische 48, 60, 62
–, korinthische 251
–, ostgriechische 251
–, rotfigurige 63, 251, **356**
–, schwarzfigurige 60, 62, 180, 251, **356**
Vasenmaler, Vasenmalerei 52, 60, 63, 231, 236, 251, 296, **357**
Vater des Vaterlandes 145, 149
vedisch 47
Veji 103
Velia 241
"Veni, vidi, vici" 143
Venusia 105
Vercellae 131
Vercingetorix 141, 184
Vererbung von Königreichen 90, 126f., 147, 219
Verfassung 21, 22, 27, 54,79, 89, 97, 103, 106–111, 126, 135, 136, 144, 145, 152, 188–195, 198–204, 207f., 209–211, 223, 245, 246, 302, **342–345**
Verfassungsstaat 60, 295
Vergil (P. Vergilius Maro) 29, 33, 149, 235, 239, 242, 254, 256, 257, 301, 306f., **338, 353, 354**

Vergina 249, 298, **330**
Verlaine, Paul 166
Vermögen 57, 189, 197, 200, 206, 207, 222
Vermögenslose 190, 195
Verona 184
Verres, C. 234
Verschmelzungspolitik 85, 299
Verschuldung 63
Verschwörungen 85, 145, 156, 158, 161, 165, siehe auch Catilina, Piso, Seianus
Vertrag, Verträge 44, 50, 74, 76, 104, 105, 114, 115, 127, 197, 203, 212, 213, 216
Vertreibung aus Deutschland 274
Verwaltung 121, 156, 158, 161, 164, 208, 209, 210, 309, **344**
Verwissenschaftlichung 35f.
Vespasian (T. Flavius Vespasianus) 159f., 208, **339**
Vesuvausbruch 160, 260
Veteranen 132
veto 202
Via Appia 105, 106
Via Flaminia 115
vicarius 169, 210
Vicenza 184
Victoriaaltar 269, **354, 359**
Vienne 174
Vierhundert, athenische Verfassung 245
Vierkaiserjahr 159
vigintisexviri 201
Vikar siehe vicarius
Villa, Villen 219, 235
Villa Hadriana 163
L. Villius Annalis 123
A. Vitellius 159
Vitruvius Vaccus (Vitruv), M. 260, **356**
Vivarium 261
Vix 52, 180
Völkerrecht 116, 212, 215, 216, **347**
Völkerwanderung 19, 174, 175, 312
Volksbeschluss 191, 196, 232
Volkscharakter 289
Volksgericht 80, 190, 193, 194, 195, 196, 205
Volkstribunen 107, 109, 111, 114, 120f., 123, 126, 127, 128, 129, 132, 133, 135,

136, 137, 142, 149, 201, 202
Volksversammlung, siehe auch comitia, concilia plebis, ekklesia 45, 49, 50, 56, 57, 63, 65, 70, 71, 80, 96, 102, 108f., 110f., 112, 122, 126, 127, 128, 132, 141, 189, 190f., 192, 193, 194, 195, 196, 197, 200, 203, 204, 205, 214, 220, 223, 232, 247, 252, 279, 302
– , Dauer 193
Vollbürger 50, 191, 197
Volsker 103
Vorderer Orient, Vorderasien, Naher Osten 19, 20, 25, 26, 28, 46, 47, 48, 53, 100, 154, 155, 159, 167, 168, 227, 234, 253, 282, 293, 294, 299, 309
Vorfahren, Kult 197, 206
Vorhellenismus 299
Vormund 107
Vornamen 206
Vorsokratiker 240, 245f., **355**, **356**
Voß, Johann Heinrich 49
Vulcanus 236
Vulgarrecht 211

Währungsreform 170
Waffen 49, 56, 104f., 108, 123, 184, 189, 236
Waffenlauf 229, 230
Wagenrennen 229, 230, 231, 251
Wahlen 57, 63, 65, 110, 112, 141, 149, 190, 193, 200, 201, 202, 203, 207, 223, 227, **350**
Wahlbestechung siehe ambitus
Wahrsagekunst, siehe auch Mantik 102
Waisen 288, **325**
Wales 184
Wasserleitung 58, 236, **356**
Wasseruhr 196
Waugh, Evelyn 171, 268
Wehrbauern 198
Wehrdienst 191
Weichsel 185
Weide 234, 235
Weihgeschenk 250, 253
Wein 73, 233, 234
Werbung 273
Werke und Tage 239

Werte 289
Weser 185
Westgoten 32, 176, 177, 179, 259, 269, 312
Wettlauf 229, 231
Wieland, Christoph Martin 256, 305, **320**
Wien 184, 202
Wilde, Oscar 166
Wilhelm II. 39, 307, **319**
Winckelmann, Johann Joachim 34, 277, **320**
Wirtschaft, wirtschaftlich 22, 24, 32, 53, 169, 170, 205, 207, 221, 226, 227, 228, 233–238, 278, 285–287, 295, 297, 303, 309, 310, 313, **339**, **340**, **352f.**
Wissenschaftsgeschichte 19, 27, 35f., 273–275, **321f.**
Witwen 288, **325**
Wohnen 278, 290, **351**, **356**
Worms 184
Württemberg 180
Wulfila 266
Wunder 40

Xenokrates 59
Xenophanes 240, 241
Xenophobie 53, **332**
Xenophon 79, 231, 245, 247f.
Xerxes 67, 68, 82

York 166, 184

Zama 118
Zarathustra 98, 328
Zeit 322
Zeitgeschichte 41
Zeitkritik 256
Zela 144
Zemuri 334
Zenobia 168, 311, **340**
Zenon, Kaiser 178, 179, 209
Zenon, eleatischer Philosoph 241
Zenon, Begründer der Stoa 247
Zensor siehe censor
Zensusverfassung 57, 58, 74, 79, 110, 189, 190, 195, 199
Zensuszahlen 234
Zenturiatkomitien siehe comitia centuriata
Zeremoniell 170, 209
Zeugen 196

Zeus 19, 63, 84, 92, 229, 249, 250, 252, **334**
Zion 46
Zitiergesetz 211f.
Zivilprozess 346
Zoll, Zölle 97
Zoologie 243
Zoroaster 98
Zosimos 311
Zügigkeit 193, 196
Zürich 184
Zusatzanträge 191
Zwang (sstaat) 52, 209, 210, 314, **345**
20. Jahrhundert 24, 27, 37, 38, 41, 120, 161, 210, 311, 313
Zweite Sophistik 260
Zweiter Tempel 46
Zweiter Weltkrieg 19, 26, 286, 312
Zwölfstädtebund, etruskischer 100
Zwölftafelgesetz 107, 112, 204, 301
zyklischer Geschichtsverlauf 42
Zypern 44, 247

Autorenregister

Fett gedruckte Seitenzahlen beziehen sich auf die Bibliographie.

ADAK, Mustafa 221, **347**
AGER, Sheila A. 215, **347**
AIGNER, Heribert 304, **336**
AIGNER-FORESTI, Luciana 100, 101, **328f.**
AJOOTIAN, Aileen 250, **356**
ALBERT, Sigrid 216, **347**
ALBRECHT, Michael von 272, 277, **317**, **318**, **353**
ALFÖLDI, Andreas 313, **344**
ALFÖLDY, Géza 19, 159, 308, **317**, **338**, **346**, **347**
ALKER, Hayward R. jr. 37, **318**
ALLAM, Schafik 90, **328**
ALONSO-NÚÑEZ, José Miguel 248, **354**, **355**
ALROTH, Brita **358**
ALVONI, Giovanna **322**
AMELING, Walter 45, 188, **328**, **359**
AMENT, Hermann **329**, **330**
ANDREAE, Bernard 262, **356**
ANDREAU, Jean 238, **352**
ANDRESEN, Carl **323**
ANDREWES, Antony **355**
ANDREWS, Carol **335**
ANDRONIKOS, Manolis 298, **330**
ANEZIRI, Sophia 88, **334**
ANGERMANN, Norbert **323**
ARENHÖVEL, Willmuth 34, **318**
ASSMANN, Aleida 272, **318**, **360**
ASSMANN, Jan 272, **318**, **328**, **360**
ASTIN, Alan E. 115, **344**
ATHANASSIADI, Polymnia 173, **340**
ATKINSON, J. E. 298, **334**
AUDRING, Gert 233, 286, **352**
AUSBÜTTEL, Frank M. **344**
AUTENRIETH, Georg 28

BACHTELER, Tobias 37, **318**
BADIAN, Ernst 217, 223, 299, 303, 305, **332**, **336**, **347**
BÄBLER, Balbina 220, **332**, **347**
BAGNALL, Roger S. 327, **334**
BAHNERS, Patrick **320**
BAINTON, Roland H. 33, **318**
BALCER, Jack Martin 296, **332**, **333**
BALDASSARRE, Ida **356**
BALTRUSCH, Ernst 53, 213, **331**, **347**
BAR-KOCHVA, Bezalel 92, 198, 292, **328**, **335**, **346**
BARTELS, Klaus **326**
BATSCH, Christophe **351**
BAUDY, Gerhard 158, **339**
BAURAIN, Claude 293, **317**
BECHERT, Heinz 47, **329**
BECHERT, Tilmann 154, 308, **339**, **356**
BECK, Ernst 199, **342**
BECK, H. **323**
BECK, Herbert 289, **340**, **356**
BECKERATH, Jürgen von 84, **328**
BEGLEY, Vimala **329**
BELLEN, Heinz 217, 284, **348**
BELOCH, Karl Julius 284, **347**
BENDER, Helmut **352**
BENTZ, Martin 230, **350**
BERGER, Klaus 264, 315, **359**
BERGMANN, Marianne 198, **334**
BERNAL, Martin 295f., **331**
BERNHARD-WALCHER, Alfred **351**
BERNHARDT, Rainer **336**
BERTI, Monica 197, **343**
BERVE, Helmut 86, 299, **323**, **334**
BICHLER, Reinhold 243, 244,

300, **334**, **354**
BIEL, Jörg 184, **329**
BIELMAN, Anne 218, **346**, **348**
BIESTERFELDT, Hans Hinrich 31, **318**
BINDER, Gerhard 287, **325**, **343**, **346**
BINDER, Vera 294, **324**
BIRGALIAS, Nikos 51, **331**, **332**
BIRKHAN, Helmut **329**
BIRLEY, Anthony R. 163, 165, **339**
BLECKMANN, Bruno 302, 304, **336**, **347**
BLEICKEN, Jochen 101, 107, 111, 115, 116, 146, 190, 196, 200, 207, 222, 277, 301, 306, 307, 309, **323**, **336**, **338**, **343**, **344**, **346**
BOARDMAN, John 53, 288, **323**, **325**, **331**, **353**, **356**
BÖCKH, August 35, 278, 279, 280, 285, **321**, **322**
BOEDEKER, Deborah 290, **332**
BÖHM, W. **347**
BOGAERT, Raymond 238, **352**
BOL, Peter C. 250, 289, **340**, **356**
BONAMENTE, Giorgio **357**
BORBEIN, Adolf H. 250, 277, 282, 289, **327**, **330**, **356**
BORCHHARDT, Jürgen 78, 299, **334**
BORGEAUD, Philippe 253, **358**
BORING, Terrence A. 52, **331**
BORST, Arno 30, 260, **318**
BORZA, Eugene N. 77, **330**
BOSWORTH, A. B. 298, **334**
BOTERMANN, Helga 303, **337**
BOTHE, Rolf 34, **318**
BOUFFARTIGUE, Jean 261, **340**
BOWERSOCK, Glen W. 173, 308, **317**, **328**, **340**

Autorenregister

Brandt, Hartwin 150, 170, 270, 288, 315, **324**, **338**, **340**
Brashear, William M. 88, **335**
Bratoz, Rajko **341**
Braudel, Fernand 271, **317**
Braun, René 173, **340**
Braund, David 223, **347**
Bravo, Benedetto **343**
Bremmer, Jan N. 252, **358**
Brenk, Beat **359**
Brenne, Stefan 197, **343**
Briant, Pierre 298, **334**
Brickhouse, Thomas C. 245, **355**
Bringmann, Klaus 300, **334**, **337**
Brodersen, Kai 36, 63, 229, **318**, **322**, **326**, **330**, **333**, **350**, **357**
Broughton, T. Robert S. **323**
Brückner, Helmut 20, **317**
Brühl, Carlrichard 278, **356**
Bruhns, Hinnerk 337, **349**
Brunert, Maria-Elisabeth 265, **359**
Brunner, Otto **322**
Brunt, Peter A. 111, 158, **336**, **339**
Buchwald, Wolfgang 30, **323**
Bücher, Karl 285f., **321**
Büchner, Karl 161
Buraselis, Kostas 164, 260, 308, **317**, **339**
Burckhardt, Leonhard **333**, **343**, **345**
Burford, Alison 233, 236, **352**
Burguière, André **324**
Burkert, Walter 252, 293, 296, 331, **358**
Burrichter, Brigitte 37, **318**
Burstein, Stanley M. 276, **321**
Busolt, Georg 189, **342**
Byrne, Sean G. 221, **324**

Cairns, Francis 256, **353**
Calder, William M. III 280, 281, **321**
Callebat, Louis 228, **318**
Cameron, Averil 259, 290, **323**, **354**
Campbell, Brian 308, 346
Campenhausen, Hans von 267, **359**
Canali De Rossi, Filippo 217, 223, **347**
Cancik, Hubert **323**
Canfora, Luciano 281
Capizzi, Carmelo **341**
Cardauns, Burkhart 255, **353**
Carrié, Jean-Claude 170, **340**
Cartledge, Paul 50, 51, 52, 226, 286, 288, 289, **325**, **330**, **331**, **349**, **350**, **352**
Castello, Gabriele Lancillotto 278
Cataldi, Silvio 221, **332**, **348**
Caven, Brian 97, **333**
Chambers, Mortimer 297, **333**
Chaniotis, Angelos **338**, **346**, **347**, **348**
Chantraine, Heinrich **360**
Chaumont, M.-L. 28, **330**
Christ, Karl 115, 133, 273, 305, 307, **321**, **326**, **328**, **336**, **337**, **357**
Christensen, Arne Soby **359**
Chrysos, Evangelos **317**
Chvojka, Erhard 42, **322**
Cizek, Eugen 168, **340**
Claridge, Amanda 308, **336**
Clarke, John 288, **325**
Classen, Carl Joachim 255, **353**
Clauss, Manfred 45, 84, 154, 164, 178, 179, 210, 263, 275, 307, **322**, **328**, **331**, **339**, **344**, **358**
Cobet, Justus 30, 271, **318**, **319**
Cohen, Getzel 92, **335**
Coldstream, J. N. 54, **331**
Connolly, Peter **346**
Conte, Gian B. 158, 259, **339**
Cornell, Tim 290, 301, **323**
Costabile, Felice 195, **330**
Coulson, William D. E. 229, **350**
Courtney, Edward **354**
Cox, Cheryl Anne **348**
Crane, Gregory 37, **318**
Cribiore, Raffaella 88, **324**, **334**
Crook, John A. 37
Crouzel, Henri 267, **359**
Culasso Gastaldi, Enrica 212, **347**
Cunliffe, Barry 188, **329**, **330**

D'Arms, John H. 237, **348**, **352**
Dahlheim, Werner 35, 101, 115, 140, 154, 158, 216, 263, 272, 277, 303, 305, 307, **323**, **337**, **339**, **344**, **347**
Daly, Gregory 116, **319**, **336**
Dassmann, Ernst **359**
David, Jean-Michel 222, 304, **337**, **349**
Davidson, James N. **351**
Davies, John K. 57, 221, **323**, **331**, **332**, **348**
De Angelis, Franco **331**
De Juliis, Ettore M. 54, **330**
De Libero, Loretana 58, 63, **331**
De Martino, Francesco 287, **352**
De Puma, Daniel **329**
Decker, Wolfgang 228, 290, **350**
Deger-Jalkotzy, Sigrid 47, **331**
Deininger, Jürgen 35, 322, **333**
Deissmann-Merten, Marieluise 288, **324**
Demand, Nancy 288, **324**
Demandt, Alexander 184, 210, 232, 280, 312, 314, **316**, **321**, **329**, **340**, **344**
Demougin, Ségolène **348**
Deniaux, Elisabeth 222, **349**
Derlien, Jochen **347**
Dettenhofer, Maria H. 178, 226, 304, 305, 306, **331**, **337**, **338**, **349**
Dierichs, Angelika 287, 288, **324**, **325**
Dietz, Günter 19, **317**
Dihle, Albrecht 220, 277, **326**, **348**, **359**
Dillery, John 255, **354**
Dixon, Suzanne 288, **324**
Dobesch, Gerhard 78, 314, **320**, **329**, **334**
Döpp, Siegmar 261, **323**, **353**
Dormeyer, Detlev 267, **359**
Dover, Kenneth James **355**
Dreher, Martin 50, 68, 76, 197, 214, 216, **330**, **333**, **343**, **347**
Drexhage, Hans-Joachim **339**, **352**
Drijvers, Jan Willem **340**

Autorenregister

Droysen, Johann Gustav 82, 87
Ducrey, Pierre **338**, **346**, **347**, **348**
Dummer, Jürgen **318**, **320**
Dzielska, Maria 268, **340**

Easterling, P. E. 252, **358**
Ebbinghaus, Rolf **344**
Ebel, Friedrich **345**
Ebert, Joachim 229, 290, **350**
Eck, Werner 155, 157, 310, **326**, **339**, **344**, **354**
Eder, Walter 124, **336**, **344**
Edwards, Charles M. 250, **357**
Effe, Bernd 287, **325**, **343**, **346**
Effenterre, Henri van **345**
Eigler, Ulrich 255, **354**
Eisen, Ute E. 264, 315, **349**, **359**
Elster, Marianne 201, **345**
Empereur, Jean-Yves 299, **335**
Endress, Gerhard 271, **317**
Engels, Lodewijk J. 261, 277, **353**
Ennabli, Abdelmajid 188, **328**
Erdmann, Elisabeth 304, **337**
Erdmann, Karl Dietrich **359**
Erler, Michael 240, **355**
Errington, Malcolm 77, **330**
Erskine, Andrew 90, 242, 299, **334**, **335**
Eschebach, Hans 278, **356**
Eschebach, Liselotte 278, **356**
Essbach, W. **351**
Evans, James Allan 179, **340**
Eyben, Emiel 288, **324**

Fagan, Garrett G. 231, **350**
Falchetti, Franco **329**
Fehling, Detlef 244, **355**
Feichtinger, Barbara 265, **349**, **359**
Figueira, Thomas 233, 297, **332**, **333**, **352**
Finley, Moses I. 282, 286, 297, **343**, **352**
Finsler, Georg 33, **380**
Fisher, Nick 230, **350**
Fischer, Alexander **322**
Fitch, James M. 35, **318**
Fittschen, Klaus 250, 262, **357**

Flach, Dieter 107, 201, 255, 287, **345**, **352**, **355**
Flaig, Egon 50, 208, 217, 231, 302, 307, **324**, **331**, **339**, **344**, **349**, **351**
Flashar, Hellmut 246, **321**, **353**, **355**
Fögen, Marie Theres 204, **345**
Fontenrose, Joseph 229, **351**
Forde, Stephen 37, **318**
Forschner, Maximilian 247, **355**
Foxhall, Lin **331**
Frank, Karl Suso 265, **359**
Franke, Peter Robert 61, 105, **326**, **334**
Fraser, Peter M. 84, 89, **323**, **334**, **335**
Frass, Monika **349**, **351**
Frayn, Joan M. 234, **352**
Freis, Helmut **326**
Frend, W. H. C. 266, **359**
Frey, Martin 167, **339**
Frézouls, Edmond **334**
Friell, Gerard 174, **341**
Fritz, Hans-Joachim 260, **356**
Fuhrmann, Manfred 19, 33, 138, 157, 247, 254, 259, 270, 272, 277, 290, 305, 311, **317**, **318**, **326**, **337**, **340**, **355**
Funck, Bernd 57, **334**
Funke, Peter 63, 78, 199, **317**, **332**, **333**, **342**

Galinsky, Karl 290, 306, **338**
Gall, Lothar 14
Galley, Micheline 20, 271, **317**
Galsterer, Hartmut 105, **336**
Gardner, Jane F. 124, 206, 220, **324**, **335**, **336**, **348**, **349**
Garlan, Yvon 281, 287, **352**
Garland, Robert 288, **324**, **351**
Garnsey, Peter 217, 222, **348**, **349**, **352**
Gauthier, Philippe 221, 230, **348**, **351**
Gawantka, Wilfried 189, 216, **342**, **347**
Geerlings, Wilhelm **323**
Gehrig, Ulrich 44, **328**
Gehrke, Hans-Joachim 52, 101, 215, 276, 277, 282,

289, 298, **321**, **322**, **323**, **324**, **330**, **334**
Gellner, Ernest 222, 271, **349**
Gelzer, Matthias 136, 138, 140, 302, 305, **337**
Gelzer, Thomas 69, **331**
Gentili, Bruno 231, 332, **349**
Gerber, Jörg 294, **324**
Gerson, Lloyd P. 260, **355**
Gibbon, Edward 311, **321**
Gichon, Mordechai 308, **339**
Giebel, Marion 256, 306, **324**, **326**, **338**, **358**
Girardet, Klaus M. 19, **317**
Giuliani, Luca 251, 262, **357**, **358**
Glancy, Jennifer A. 218, **349**
Gnoli, Gherardo **325**
Gnoli, Tommaso 288
Görgemanns, Herwig 277, **353**
Goetz, Hans-Werner 30
Golden, Mark 228, 288, **325**, **351**
Golubcova, E. S. 270, **317**
Gombocz, W. L. **356**
Gomme, Arnold Wycombe 244, **355**
Goodman, Martin 154, 290, **323**, **339**
Gotter, Ulrich 146, **337**
Graeser, Andreas 240, **355**, **356**
Graf, Fritz 252, 253, 254, 275, 277, 290, **322**, **358**
Graham, A. J. 54, 212, **331**, **347**
Grainger, John D. 300, **323**, **335**
Greco, Emanuele 188, **342**
Green, J. R. 241, **354**
Green, Miranda 184, **329**
Gregorovius, Ferdinand 312
Greiner, Wilfried **351**
Grethlein, Jonas 216, **347**
Griffin, Miriam T. 157, **339**
Grimm, Günter **335**
Groag, Edmund **324**
Groh, Dieter 267, **359**
Gross-Albenhausen, Kirsten **340**
Grubbs, Judith Evans **345**
Gruben, Gottfried 59, 60, **356**
Gruen, Erich S. 125, 299, 304, **336**, **337**

Autorenregister

Günther, Linda-Marie 288, **325**, **351**
Günther, Rosmarie 39
Gutsfeld, Andreas 210, 288, **325**, **344**
Guyot, Peter 263, **359**

Haas, Volkert 60, **358**
Habicht, Christian 84, 96, 138, 254, 258, **332**, **334**, **337**, **355**, **358**
Hadot, Pierre 260, **355**
Haehling, Raban von 174, 315, **359**
Halbwachs, Maurice 272
Hallett, Judith P. 287, **325**, **348**, **350**
Hallof, Klaus und Luise 57, **225**
Hammond, N. G. L. 298, **334**
Hampe, Roland **351**
Hampl, Franz **328**
Hansen, Mogens Herman 42, 80, 188, 189, 190, 194, 196, 283, 295, 297, **322**, **330**, **332**, **333**, **342**, **343**
Hanson, Victor Davis 218, **346**, **349**
Hantos, Theodora 105, 134, 302, 305, **336**, **337**
Harnack, Adolf von **321**
Harris, William V. 22, 303, **325**, **336**
Harrison, Evelyn B. 250, **357**
Harrison, Thomas 220, **348**
Hasebroek, Johannes 287
Haug, Wolfgang Fritz 272
Hausmann, Friederike 32, **318**
Haussig, Hans Werner 20, **317**
Havelock, Eric A. 23, **325**
Hawley, Richard **350**
Heckel, Waldemar 298, 299, **335**
Hedrick, Charles W. jr. 232, 297, **325**, **343**
Heichelheim, Fritz M. 287
Heilmeyer, Wolf-Dieter 28, 249, 289, **327**, **338**, **350**, **356**
Heinen, Heinz 166, 169, 217, 284, **321**, **339**, **348**
Heintze, Helga von 262, **357**
Heinz, Werner 154, **335**
Heistermann, Walter **349**
Helck, Wolfgang **322**
Hellström, Pontus **358**

Hengstl, Joachim 89, 279, **327**
Hennig, Dieter **343**
Herman, Gabriel 289, **325**
Herrmann, Elisabeth 315, **359**
Herzog, Reinhart 254, 262, **326**
Hesberg, Henner von 228, 294, **324**, **339**, **351**
Heuss, Alfred 21, 35, 101, 199, 303, **318**, **321**, **335**, **336**, **347**
Heydemann, Günther **322**
Higgs, Peter 91, **335**
Hillgruber, Michael 80, **345**
Hirmer, Albert 251
Hirmer, Max 61, 251, **326**
Hockerts, Hans Günter 41, **322**
Hodkinson, Stephen 50, 331, **332**
Höcker, Christoph 249, 250, **356**, **357**
Högemann, Peter **328**
Hölbl, Günther 87, 300, **335**
Hölkeskamp, Karl-Joachim 57, 63, 69, 295, **322**, **331**, **333**, **336**, **348**, **360**
Hölscher, Tonio 22, 262, 277, 291, **327**, **356**, **357**
Hölscher, Uvo 17, 41, 289, **319**
Hoepfner, Wolfram 90, 249, 278, 290, **343**, **351**, **356**, **357**
Hoffmann, Dietrich **346**
Hoffmann, Friedhelm 88, 300, **335**
Hofmann, Heinz 261, 277, **353**
Hohlweg, Armin 30
Holl, Karl 39, 307, **319**
Holt, Frank L. 93, **334**
Holtzmann, Bernard 249, **356**
Holum, Kenneth G. 174, 312, **340**
Horden, Peregrine 20, 271, **317**
Horedt, Kurt 168, **340**
Horn, Christoph 269, **359**
Hornblower, Simon 78, 244, 290, **323**, **333**
Hornung, Erik **328**
Horster, M. **325**
Horstkotte, Hermann-Josef 314, **344**, **345**
Horstmann, Axel 280, **322**

Hose, Martin 258, **355**
Hossenfelder, Malte 246, **355**, **356**
Howgego, Christopher J. 237, **326**
Hubel, Karl 227, **337**, **350**
Huber-Rebenich, Gerlinde 33, **319**
Huchthausen, Liselot 228, **350**
Hübner, Gerhild 254, **358**
Hurwit, Jeffrey M. 249, **356**
Huss, Werner 44, 87, 188, 300, **328**, **335**
Huttner, Ulrich 292, **358**

Imhof, Michael **319**
Innes, Matthew 31, **319**
Inwood, Brad 247, **355**
Irmscher, Johannes **322**
Isager, Signe 233, **352**

Jacques, François 154, **339**
Jähne, Armin 280, **321**
Jakobs, Horst Heinrich 204
Jarausch, Konrad H. **322**
Jauss, Hans Robert 28, **319**
Jehne, Martin 214, 302, 304, **333**, **337**, **344**, **347**, **348**
Jens, Walter **319**
Johannsen, Kirsten 129, **345**
Johne, Klaus-Peter 169, 311, **345**, **352**, **357**
Jones, Arnold Hugh Martin 209, 312, **324**, **340**
Jones, Brian W. 160, **339**
Jones, Huguette 21, **319**
Jung, Franz **358**
Junkelmann, Marcus 231, **351**

Kandler, M. **339**
Karttunen, Klaus 20, 94, **329**
Kaser, Max 204, **345**
Kassel, Rudolf 281, 300, 321, **334**
Kasten, Helmut 231
Keaveney, Arthur 70, **332**
Keay, Simon 188, **330**
Kelly, Christopher 313, **345**
Kennedy, Hugh **317**
Kent, John P. **326**
Keppy, Lawrence **326**
Kerferd, G. B. 245, **355**
Kettenhofen, Erich 165, **339**
Kiechle, Franz 236, 349, **357**
Kiilerich, Bente 176, **340**

Autorenregister

KIENAST, Dietmar 146, 152, 306, 307, **338**, **339**
KIENAST, Hermann J. 59, **356**
KIENITZ, Friedrich Karl 271, **318**
KIMMIG, Wolfgang 52, **329**
KINZL, Konrad H. **343**
KIRK, Geoffrey S. 240, **355**
KLAFFENBACH, Günther **326**
KLAUSER, Theodor **323**
KLEES, Hans 218, **333**, **349**
KLEIN, Richard 173, 218, 263, 268, 269, **340**, **349**, **359**
KLOFT, Hans 23, 233, 234, 253, 287, **319**, **348**, **353**, **358**
KNIPPSCHILD, Silke **347**
KNOLL, Kordelia **351**
KNÜTEL, Rolf 204, **345**
KOCH, Klaus-Dietrich 37, **319**
KOCH, Nadia J. 278, **357**
KOCH-PETERS, Dorothea 259, **355**
KÖHLER, Jens 39, **319**
KÖHN, Rolf 30
KOERNER, Reinhard 57, 295, **345**
KÖSTER, Baldur **319**
KOHLER, Josef 57, **345**
KOLB, Frank 21, 101, 169, 188, 269, 283, 290, 295, 301, 311, 313, **327**, **340**, **342**, **359**
KOLOSKI-OSTROW, Ann Olga 287, **325**
KONDYLIS, Panajotis 37, **319**
KORFMANN, Manfred 295
KORZENIEWSKI, Ute 34, **319**
KOTSIDU, Haritini 230, **351**
KRAMER, Bärbel 265, 279, **327**, **359**
KRAMPE, Christoph 33, **319**
KRAUSE, Jens-Uwe 288, 314, **325**, **345**
KREISSIG, Heinz 198, 234, 284, **335**, **353**
KREMPEL, Léon **319**
KRON, Uta 65, 192, 253, **332**, **358**
KRÜGER, Bruno 185, **329**
KRUMEICH, Ralf 250, **357**
KÜHNERT, Barbara 222, **337**, **348**
KÜNZEL, Ernst **357**
KUHRT, Amelie 25, 43, 290, 300, **323**, **327**, **335**
KUNISCH, Johannes 272, **319**

KUNKEL, Wolfgang 107, 108, **344**
KURTZ, Donna C. 288, **325**
KYLE, Donald G. 290, **351**
KYRIELEIS, Helmut 229, 250, **350**, **357**
KYTZLER, Bernhard 271, **319**

LA ROCCA, Eugenio 29, **338**
LADJIMI SEBAI, Leila 20, 271, **317**
LAHR, Stefan von der 107, 201, 240, **331**, **345**
LANDFESTER, Manfred 36, **319**
LARMOUR, David H. J. 287, **325**
LASSANDRO, Domenico 176, **341**
LATACZ, Joachim 49, 56, 62, 274, 295, **321**, **354**
LAUFFER, Siegfried 81, 282, 298, 313, **322**, **327**, **335**, **346**
LAUTER, Hans 295, **331**
LEFÈVRE, Eckart 260, **354**
LEHMANN, Gustav Adolf 43, 74, 199, 247, 280, 298, 304, **327f.**, **332**, **333**, **337**, **342**
LENDLE, Otto 243, **355**
LENEL, Otto 209, **346**
LENGAUER, Wlodzimierz 22, 297, **342**, **343**
LENSKI, Noel Emmanuel 174, **341**
LEPELLEY, Claude 154, 228, **359**
LEPPIN, Hartmut 174, 189, 244, 259, 312, **321**, **341**, **355**
LESKY, Albin 277, **326**
LÉVÊQUE, Pierre **325**
LEVICK, Barbara 159, **339**, **350**
LÉVY, Edmond 221, **343**, **348**
LEWIS, A.D.E. **331**
LEWIS, David M. 63, 190, **326**, **332**, **342**
LEWIS, M. J. T. 292, **357**
LEWIS, Sian 226, **332**, **350**
LIEBESCHUETZ, J. H. W. G. 176, 188, **341**, **342**
LIEBS, Detlef 204, 209, 262, 309, **346**
LIEDTKE, Max **334**
LINDAUER, M. **347**
LINDENLAUF, Astrid 250, **357**
LINKE, Bernhard **348**

LINTOTT, Andrew W. 107, 126, 132, 200, **335**, **336**, **344**
LIPPOLD, Adolf 159, **355**
LLANQUE, Marcus 39, **319**
LLOYD, Alan B. **346**
LOENING, Thomas C. 75, **332**
LOHMANN, Hans 295
LONG, A. A. 246, **355**
LONIS, Raoul **348**
LORDKIPANIDZE, Othar **325**
LOSSAU, Manfred Joachim 261, **354**
LOTZE, Detlef 218, 221, 281, **332**, **348**
LUDWIG, Walther 33, **319**
LUTHER, Andreas 256, **354**
LYONS, Claire L. 287, **325**

MACMULLEN, Ramsay 313, **341**
MAENCHEN-HELFEN, Otto 314, **329**
MAIER, Bernhard **329**
MAIER, Franz Georg 18, **341**
MAIER, Friedrich **318**
MAISCHBERGER, Martin 224, **350**
MALMENDIER, Ulrike **353**
MANN, Christian 229, 230, **351**
MANNACK, Thomas 251, **357**
MANSFELD, Jaap 240, 241, **356**
MANTHE, Ulrich 291, **337**, **345**, **346**
MARASCO, Gabriele 259, **355**
MAREK, Christian 212, **347**
MARENBON, John 261, **356**
MARG, Walter 75
MARROU, Henri-Irénée 232, 289, **325**
MARTIN, Jochen 277, 282, 310, 312, 315, **317**, **323**, **324**, **335**, **341**, **350**
MARTIN, Thomas R. 287, **326**, **353**
MARTINI, Remo 191, **343**
MARTINI, W. **323**
MATTHEWS, E. **323**
MATTHEWS, John 259, **355**
MAURACH, Gregor 252, **358**
MAYER-MALY, Theo **319**
MAZAL, Otto 179, **341**
MAZZA, Mario 271
MCLYNN, Neil B. 269, **359**
MECKSEPER, Cord 31, **319**
MEHL, Andreas 88, 91, 300, **334**, **335**

Autorenregister

Meier, Christian 140, 188, 222, 241, 270, 303f., 305, **337, 342, 346**
Meier, Mischa 56, 179, 312, **332, 341**
Meiggs, Russell 70, 296, 297, **326, 332, 333**
Meijer, Fik 237, **353**
Meissner, Burkhard 292, 300, **325, 346, 355, 357**
Meister, Klaus 243, **355**
Mencacci, Francesca 288, **325**
Merkelbach, Reinhold 263, **358**
Meumann, Markus 19, **318**
Meyer, Eduard 280, 285f., 303, **321, 323, 337**
Meyer, Ernst **326**
Meyer, Hugo 163, **339**
Migl, Joachim 209, **345**
Millar, Fergus 222, 302, 309, **337, 344, 348**
Minor, Clifford 314, **341**
Mittig, Hans-Ernst 38, **319**
Nije, Onno van 237, **353**
Mönnich, Ulrike 207, **346, 350**
Molthagen, Joachim 264, 303, **336, 337, 360**
Momigliano, Arnaldo 228, 273, 289, **321, 335, 360**
Mommsen, Theodor 154, 278f., 280, 287, 303, 306, 307, **321**
Moormann, Eric M. 272, **323**
Morawetz, Thomas 71, 195, **343**
Morford, M. P. O. 259, **356**
Morgenroth, Wolfgang 185
Morgenstern, Frank 266, **360**
Morris, Ian 49, **331, 354**
Mossé, Claude 35, **319**
Mossman, Judith 258, **355**
Mouritsen, Henrik 208, 222, **337, 344, 348**
Mratschek-Halfmann, Sigrid 221, **348**
Müller, Dietram 282, **327**
Müller-Luckner, Elisabeth 282, **342**
Münkler, Herfried 39, **319**
Muir, J. V. 252, **358**
Murray, Oswyn 240, **351**
Musti, Domenico 91, 240, **330, 335, 351**
Muth, Robert 252, **358**

Nadig, Peter 304, **337**

Näf, Beat 274, 276, **319, 321, 322**
Nash, Ernest 236, 282, **327**
Nauta, Ruurd R. 260, **354**
Neckel, Sighard **344**
Neesen, Lutz 236, **353**
Neils, Jenifer 230, **351**
Nesselrath, Heinz-Günther 253, 275, 277, 290, **322, 358**
Neumeister, Christof 282, **327**
Newiger, Hans-Joachim 241, **354**
Nick, Gabriele 253, **358**
Nickel, Rainer **323**
Niebuhr, Barthold Georg 35, 101, 274f., **321, 322**
Nielsen, Thomas Heine 330, **342**
Niemeier, Wolf-Dietrich 250, **357**
Niemeyer, Hans Georg 44, **328**
Nije, Onno van 237, **353**
Nippel, Wilfried 21, 233, 264, 274, 275, 281, 304, 311, **318, 319, 321, 322, 335, 337, 360**
Nitschke, Arthur **324**
Noethlichs, Karl Leo 40, 209, 211, **345**
Nollé, Johannes 70, **332**
Nollé, Margret **357**
Nolte, Ernst **320**
Nootebohm, Cees 31
Noy, David 220, **348**
Nünnerich-Asmus, Annette 162, **339**

Ober, Josiah 71, 195, 297, **343**
Ochsmann, R. **325**
Oelmann, Ute 166
Oelsner, Joachim 91, **335**
Ogden, Daniel 325, **348**
Oliva, Pavel 62, **332**
Oliver, G. J. **325**
Olshausen, Eckart 276, 281f., **327**
Ondaatje, Michael 31
Oost, Stewart Irvin 177, **341**
Osborn, Eric 267, **360**
Osborne, Michael J. 220, 221, 324, **332**
Osborne, Robin 290, **323, 326**
Osterhammel, Jürgen 23, **349**
Ostwald, Martin 298, **342**

Otoz, José 260, **354**
Otto, Eberhard **322**
Ottmann, Henning 22, 282, **342**
Ovadiah, Asher 271, **318**

Paasch, Kathrin 31, **319**
Pack, Edgar 103, 173, **335, 341**
Pagden, Anthony **318**
Papenfuss, Dietrich **332, 333**
Parker, Robert 252, **358**
Parkin, Tim **348**
Paschoud, François 261, **354, 357**
Patterson, Cynthia B. 197, **325**
Patzer, Andreas 245, **356**
Paul, Ina Ulrike 270, **318**
Pavese, Carlo Odo 44, **328**
Pelling, Christopher 241, **354**
Penglase, Charles 60, **358**
Percy, William Armstrong III 225, **326**
Peremans, Willy 294, **324**
Perlman, Shalom 215, **333**
Perlwitz, Olaf 237, **337**
Perrin, Michel 268, **360**
Perusino, Franca 231, **332, 349**
Petersen-Szemerédy, Griet 265, **360**
Petzold, Karl-Ernst 303, **336**
Pfeiffer, Rudolf 277, **321**
Pferdehirt, Barbara **348**
Pflaum, Hans-Georg 309, **339**
Pfrommer, Michael **335**
Pickens, Burford 35, **319**
Piérart, Marcel 191, **343**
Pierson, William H. jr. 35, **319**
Pigeaud, Jackie 260, **354**
Pippidi, D. M. 293, **324**
Pleket, Henri Willy 199, 286, **344, 353**
Podossinov, Alexander 41, **357**
Poignault, Rémy 272, **318**
Polanyi, Karl 286
Pomeroy, Sarah B. 51, 197, 226, 300, **325, 332, 335, 350**
Popham, Mervyn 48, **331**
Powell, Anton 50, **331, 332**
Powell, Barry 49, **354**
Prinz, Friedrich 18, 261, **329, 341, 354**

Autorenregister

PRINZ, Otto 30
PRITCHETT, W. Kendrick 346
PROST, Francis 346
PUGLIESE Caratelli, Giovanni 61, **330**
PURCELL, Nicholas 20, 271, **317**

QUARITSCH, Helmut 282, **342**

R.-ALFÖLDI, Maria 327
RAAFLAUB, Kurt W. 21, 214, 282, 290, **332, 342**
RADKE, Gerhard 105, **336**
RAHE, Paul A. 35, **319**
RANFT, Andreas 19, **318**
RANIERI, Filippo 33, **319**
RASCHKE, Wendy J. 229, **351**
RAWSON, Beryl **325**
REBENICH, Stefan 53, 267, 269, 280, 312, **321, 332, 360**
REDEMUND, Lutz 271, **319**
REDEN, Sitta von 233, 286, **353**
REITZ, Ch. **325**
RETSÖ, Jan 187, **328**
REYNOLDS, D. L. 31, **319**
RHODES, Peter J. 65, 190, 192, **326, 342, 343**
RICH, John 188, **342, 346**
RICHER, Jean 173, **340, 341**
RICHER, Nicolas 50, **332**
RICHTER, Gisela M. A. 250, **357**
RIDGWAY, David 54, **331**
RIECKHOFF, Sabine 184, **329**
RIEDEL, Volker 37, **320**
RIEDWEG, Christoph 241, **356**
RILINGER, Rolf 221, **348, 351**
RINK, Annette 37, **320**
RITTER, Adolf Martin 266, 315, **360**
ROBERT, Jean-Noel 20, **339**
ROBERT, Louis 308, **326, 351**
RÖD, Wolfgang **356**
ROELLECKE Gerd **320**
RÖMER, Cornelia 279, **327**
RÖSER, Weronika **320**
RÖSLER, Wolfgang 240, 241, **354**
ROLLINGER, Robert 244, **354**
ROMMEL, Bettina 320, **324**
ROMUALDI, Antonella **329**
ROSEN, Klaus 164, 173, 271, **317, 318, 339, 341**

ROSTOVTZEFF, Michael 287, **321, 334, 353**
ROSUMEK, Peter **358**
ROTH, Leland M. 35, **320**
ROWE, Christopher 22, **342**
ROXAN, Margaret M. 310, **326**
ROYEN, René van 36, **320**
RUBEL, Alexander 73, **320, 332**
RUBIN, Berthold 179, 312, **341**
RUBIN, Zeev 314, **341**
RUBINSOHN, Wolfgang Zeev **349**
RÜPKE, Jörn **358**
RUPPRECHT, Hans-Albert 327, **345**
RUSCHENBUSCH, Eberhard 62, **332**
RUZÉ, Françoise 295, **345**
RZEPKA, Jacek 199, **343**

SABROW, Martin **322**
SAGE, Michael M. **346**
SALLARES, Robert 233, **353**
SALLER, Richard P. 206, **325**
SALMON, E. T. 103, **336**
SALMON, J. 287, **353**
SAMIDA, Stefanie 228, **351**
SAMSON, Ross **349**
SAVIGNY, Carl Friedrich von 291
SAVUNEN, Liisa 227, **350**
SCARDIGLI, Barbara 14, 258, **336**
SCHADEWALDT, Wolfgang 49
SCHÄFER, Alfred 240, **352**
SCHÄFER, Peter 45, 164, **328**
SCHÄFER, Thomas 152, **338**
SCHEFOLD, Karl 67, 250, 251, 252, **357, 358f.**
SCHEIBLER, Ingeborg 251, **357**
SCHEID, John 154, **359**
SCHEIDEL, Walter 233, 286, **353**
SCHIAVONE, Aldo 276, 289, **335**
SCHLIEMANN, Heinrich 47
SCHLINGLOFF, Dieter 94, **329**
SCHLÖGL, Hermann A. **328**
SCHLÜTER, Wolfgang 152, **338**
SCHMAL, Stephan 256, **355**
SCHMIDT, Ernst A. 37, 256, **320, 354**
SCHMIDT, Peter Lebrecht 31, 254, 262, **320, 326, 355**
SCHMITT, Carl 20

SCHMITT Pantel, Pauline 222, **349, 350**
SCHMITTHENNER, Walter 146, **338**
SCHMITZ, Christine 260, **354**
SCHMITZ, Winfried 288, **325**
SCHMITZER, Ulrich 257, **354**
SCHNEIDER, A. **331**
SCHNEIDER, Carl 299, **334**
SCHNEIDER, Helmuth 276, 285, 292, **321, 322, 358**
SCHNEIDER, Lambert 249, 250, **356, 357**
SCHNEIDER, Ulrich 94, **329**
SCHNUR, Roman 33, **320**
SCHNURR-REDFORD, Christine 226, **333, 356**
SCHOFIELD, Malcolm 22, **342**
SCHOLTEN, Helga 210, 245, **345, 356**
SCHOLZ, Udo W. 255, **355**
SCHREINER, Johan Henrik 244, **355**
SCHRÖDER, Wolfgang M. 37, **320**
SCHUBERT, Charlotte 292, **333, 358**
SCHUBERT, Paul **351**
SCHULLER, Wolfgang 21, 32, 34, 40, 51, 53, 57, 70, 71, 74, 79, 86, 91, 100, 132, 136, 139, 143, 192, 194, 204, 206, 210, 211, 214, 224, 225, 227, 244, 247, 252, 257, 264, 274, 275, 277, 281, 282, 296, 297, 299, 300, 304, 312–314, **319–323, 325, 329, 330, 332–337, 339, 341–346, 349, 350, 353, 355, 357**
SCHULZ, Fritz 291, **346**
SCHULZE, Hagen 17, 20, 31, 270, **318, 320**
SCHUMACHER, Leonhard 146, 217, **326, 338, 349**
SCHWARTE, Karl-Heinz 170, **360**
SCHWARZ, Franz Ferdinand 20, **329**
SCHWERTHEIM, Elmar **330**
SCHWINGE, Ernst Richard 276, **322**
SCRIBA, Friedemann 38, 274, **322**
SCULLARD, Howard Hayes 290, **352**
SEAGER, Robin 136, 305, **338**

Autorenregister

Sealey, Raphael 189, 197, **333**, **343**, **350**
Seeck, Otto 311f., **321**, **341**
Seidensticker, Bernd 319
Seng, Helmut 256, **354**
Settis, Salvatore 276, 289, **330**
Seyfarth, Wolfgang 187
Shaw, Brent D. 219, **349**
Sherwin-White, Susan 300, **335**
Shimron, Binyamin 244, **355**
Shipley, Graham 86, 290, 299, **323**, **334**, **346**
Sidky, H. 93, **334**
Siewert, Peter 68, 197, **343**
Simon, Erika 48, 251, 252, 290, 306, **338**, **351**, **352**, **359**
Simson, Georg von 47, **329**
Sinn, Ulrich 228, 277, **327**, **351**
Sirks, Boudewijn 169, **353**
Skinner, Marilyn B. 287, **325**
Skydsgaard, Jens Erik 233, **352**
Small, Alastair 254, **359**
Smith, Nicholas D. 245, **355**
Smith, R. R. R. 250, **357**
Snell, Bruno 63, **331**
Sommer, Michael 43, **328**
Sommerstein, Alan H. 241, **354**
Sonnabend, Holger 281, **327**
Sontheimer, Walter **322**
Sordi, Marta **332**, **341**, **348**
Späth, Thomas **340**
Speidel, Michael P. 308, **347**
Spindler, Konrad 184, **330**
Springer, Matthias 176, **341**
Staerman, E. M. 284, **336**, **349**
Stark, Isolde 241, 274, **322**, **354**
Starr, Chester G. **360**
Stausberg, Michael 98, **328**
Ste.Croix, G. E. M. de 281, 282, **321**
Stein, Ernst 311, **341**
Stein, Peter G. 32, **320**
Stein-Hölkeskamp, Elke 55, **331**
Stemmler, Michael 348
Stern, Robert **320**
Stewart, Andrew 287, **326**
Stierle, Karlheinz 14, 33, 38, 273, **320**

Stoneman, Richard 158, **340**
Strasburger, Hermann 248, 299, **355**
Strauss, Barry S. 288, **350**
Strobel, Karl 134, 286, 310, **330**, **340**, **353**
Strocka, Volker Michael 156, **332**, **333**, **340**, **352**
Stroheker, Karl Friedrich 314, **329**
Stückelberger, Alfred 292, **358**
Stupperich, Reinhard **320**
Süssmuth, Hans 287, **325**, **350**
Swain, Simon 260, **354**
Swoboda, Heinrich 189, **342**
Syme, Ronald 258, 307, **338**, **355**

Talbert, Richard J. A. 282, **327**
Tausend, Klaus 213, **347**
Tecusan, Manuela 240, **351**
Temporini-Gräfin Vitzthum, Hildegard 154, 157, 164, 178, 307, 312, **340**
Thielmann, Georg **345**
Thomas, Stephan-Alexander 78, **320**
Thommen, Lukas 50, 226, **332**, **350**
Thornton, John 218, **349**
Thümmel, Hans Georg 158, 264, 268, **360**
Thuillier, Jean-Paul 231, **351**
Tiersch, Claudia 176, **360**
Timpe, Dieter 258, 259, 268, 293, 310, **347**, **355**
Too, Yun Lee 232, **325**
Toral-Niehoff, Isabel 293, **324**
Torp, Hjalmar 176, **340**
Toynbee, J. M. C. 262, **357**
Traill, John S. **324**
Trampedach, Kai 246, 253, **320**, **356**
Travlos, Johannes 282, **327**
Tsetskhladze, Gocha 55, **331**

Uitterhoeve, Wilfried 272, **323**
Ulf, Christoph 293, 295, **324**, **330**, **331**
Unbehaun, Lutz 260, **320**

Ungern-Sternberg, Jürgen von 129, 222, 303, 304, **333**, **338**, **343**, **344–346**, **349**
Urban, Ralf 214, **333**
Urner, Christiana 161, **340**

Väth, Anke **350**
Vedder, Ursula 288, **350**
Vegt, Sunnyva 36, **320**
Veh, Otto 179
Vernant, Jean-Pierre 288, **325**
Vetters, Hermann **339**
Veyne, Paul 235, **348**, **352**, **354**
Vickers, Michael 242, **354**
Vielberg, Meinolf **318**, **320**
Villanueva Puig, Marie-Christine 251, **352**, **357**
Vinogradov, Jurij G. 295, **330**
Vittinghoff, Friedrich 270, 309, **353**
Völger, G. **326**
Vogler, Chantal 172, **345**
Vogt, Ernst 277, 280, **322**
Vogt-Spira, Gregor **320**, **324**, **325**
Vollmer, Dankward 275f., **322**

Wagner-Hasel, Beate **340**, **350**
Walker, Susan 91, 250, **335**, **357**
Wallace, Robert W. 191, **343**
Wallace-Hadrill, Andrew 188, **342**, **349**
Walsh, Joseph J. 139, **336**
Walter, Uwe 189, 310, **331**, **354**
Walter-Karydi, Elena 249, **356**
Walther, Gerrit **322**
Wanke, Ulrich 174, **341**
Wardy, Robert 247, **354**
Waterbury, John 222, 271, **349**
Watson, Alaric 311, **340**
Wattel-de Croizant, Odile 272, **318**
Weart, S. R. 37, **320**
Weber, Ekkehard 148, 306, **326**, **338**
Weber, Marga 231, **351**
Weber, Max 35, 233, 281, 283, 284, 285, **318**, **321**, **322**, **342**

Autorenregister

WEEBER, Karl-Wilhelm 352
WEILER, Ingomar 228, 290, 337, 350, 351
WEISS, Peter 310, **326**
WELCK, K. v. **326**
WELLES, Charles Bradford 199, **334**
WELSKOPF, Elisabeth Charlotte **322**
WELWEI, Karl-Wilhelm 50, 55, 71, 195, **330, 332, 343**
WENDEL, Hans Jürgen **338**
WENNINGER, Alois 70, **332**
WERNER, Robert 103, 301, **336, 345, 355**
WES, M. A. 178, **320, 341**
WHITE, Kenneth Douglas 234, **353**
WHITEHEAD, David 221, **333, 348**
WHITTAKER, C. R. 222, **234, 352**
WIEACKER, Franz 205, **346**
WIEBER, Anja 311, **340**
WIEDEMANN, Thomas 231, **351**
WIEGELS, Rainer 152, 288, **325, 338**

WIEMER, Hans Ulrich 97, 173, **334, 341**
WIESEHÖFER, Josef 46, **328**
WILAMOWITZ-MOELLENDORFF, Ulrich von 281, **321**
WILL, Wolfgang 299, **335**
WILLIAMS, Stephen 174, **341**
WILSON, Nigel G. 31, **319**
WINKELMANN, Friedhelm 268, **360**
WINKLER, John J. 241, **354**
WINTERLING, Aloys 156, 225, 307, 309, **326, 340, 344, 345**
WIPSZYCKA, Ewa **343**
WIRTH, Gerhard 314, **329**
WISSOWA, Georg **323**
WITTMANN, Roland 107, 108, **344**
WITZEL, Michael 47, **329**
WÖHRLE, Georg **349**
WÖRRLE, Michael 299, **334, 343, 351**
WOLF, Friedrich August 35, **274**
WOLFF, Hans Julius 88, 291, 300, **345**

WOLFF, Hartmut 166, 310, **339, 344, 352**
WOLFRAM, Herwig 187, **329**
WOLSKI, Josef 98, **330**
WOOLF, Greg 294, **324**

YARDLEY, J. C. 298, **335**
YAVETZ, Zvi 155, **336, 338, 340, 341, 346**

ZAHN, Eva **318**
ZANKER, Paul 149, 262, 277, 278, 306, **327, 338, 343, 351, 356, 357**
ZECCHINI, Giuseppe 304, **338**
ZEITLIN, Froma I. 241, **354**
ZERNER, Carol J. 287, **353**
ZEVI, Anna Galina 308, **336**
ZHMUD, Leonid 241, **356**
ZIEBARTH, Erich 57, **345**
ZIEGLER, Konrat **322**
ZIMMER, Gerhard 250, 251, **356**
ZOEPFFEL, Renate 281, **350**

Geschichte ist keineswegs die Kenntnis vom Vergangenen, sondern in Wahrheit: die Wissenschaft von der Zukunft; von dem nämlich, was jeweils in dem betrachteten Abschnitte Zukunft war, oder es werden wollte. Denn hier liegt das wirkliche Geschehen, die Strom-Mitte, die Rinne der stärksten Strömung.

...

Von hint' nimmt sich jedwede G'schicht anders aus, als von vorn.

Heimito von Doderer
(aus: Die Dämonen, München 1985, S. 445 u. S. 573)

Historisches Wissen in kompakter Form auf dem neuesten Stand der Forschung!

Das Handbuch der Geschichte Europas vermittelt in kompakter, umfassender Form historisches Wissen auf dem neuesten Forschungsstand. Alle 10 Bände werden von führenden Historikern geschrieben, die auf langjährige Lehrerfahrungen an Universitäten zurückblicken können. Deshalb richtet sich das Handbuch der Geschichte Europas als Lehrwerk neben Studierenden auch an Schüler der gymnasialen Oberstufe. Es stellt Grundwissen in verständlicher Form dar und arbeitet die Deutungen der einzelnen Epochen heraus.
Reihenherausgeber ist Peter Blickle.

Gliederung jedes Bandes:

- Charakter der Epoche
- Geschichte aller europäischen Länder (Länderkapitel)
- Europäische Gemeinsamkeiten (Sachbereichskapitel) gegliedert nach:
  - Verfassung und Recht
  - Politik und internationale Beziehungen
  - Gesellschaft und Wirtschaft
  - Kultur und Religion
- Forschungsstand, Forschungskontroversen, Forschungsperspektiven
- Bibliographie

Bände:
Band 2, Hans-Werner Goetz
Europa im frühen Mittelalter, 500–1050

Band 3, Michael Borgolte
Europa entdeckt seine Vielfalt, 1050-1250

Band 5, Günter Vogler
Europas Aufbruch in die Neuzeit, 1500–1650

Band 6, Heinz Duchhardt
Europa am Vorabend der Moderne, 1650–1800

Band 8, Jörg Fisch
Europa zwischen Wachstum und Gleichheit, 1850-1914

In kürze erscheinen diese Bände:
Band 4, Michael North
Europa expandiert, 1250–1500

Band 7, Wolfgang von Hippel
Europa zwischen Reform und Revolution, 1800–1850

Band 10, Rainer Hudemann
Europa auf dem Weg zur Union, 1945–1990

UTB. Lehrbücher mit Kompetenz aus dem Verlag Eugen Ulmer.